U0454388

中文社会科学引文索引（CSSCI）来源集刊

人文论丛

2023年

第1辑（总第39卷）

陈　锋　主编

教育部人文社会科学重点研究基地
武汉大学中国传统文化研究中心

WUHAN UNIVERSITY PRESS
武汉大学出版社

图书在版编目(CIP)数据

人文论丛.2023年.第1辑:总第39卷/教育部人文社会科学重点研究基地,武汉大学中国传统文化研究中心.—武汉:武汉大学出版社,2023.6
ISBN 978-7-307-23828-2

Ⅰ.人… Ⅱ.①教… ②武… Ⅲ.社会科学—2023—丛刊 Ⅳ.C55

中国国家版本馆CIP数据核字(2023)第115260号

责任编辑:李 程　　责任校对:李孟潇　　版式设计:马 佳

出版发行:**武汉大学出版社** (430072 武昌 珞珈山)
(电子邮箱:cbs22@whu.edu.cn 网址:www.wdp.com.cn)
印刷:武汉中科兴业印务有限公司
开本:787×1092 1/16 印张:24.5 字数:592千字 插页:2
版次:2023年6月第1版 2023年6月第1次印刷
ISBN 978-7-307-23828-2 定价:89.00元

目　录

人文探寻

经济与社会

文史考证

日常生活与物质文化

哲学与思想

文学与诗学

学术评论

人 文 探 寻

访谈者按：冯天瑜先生于本年元月12日因病辞世。2020年4月以来，作为冯先生生前“口述自传”的记录者，此前已有《与李慎之、唐德刚、谷川道雄三先生议封建》《上世纪七十年代心路历程》二文经先生修改定稿付梓，均收入先生《文明思辨录》文集中。本文是先生在进行口述回忆工作期间的一次学术访谈记录，亦早经先生审定。今特刊此文，以寄吾侪同仁之哀思。

《明夷待访录》与中西“民主”观念诸问题

□ 冯天瑜

在冯天瑜先生近半世纪的学术生涯中，明清文化史一直是他所主要关注和致力的领域之一。早在1984年，先生已出版《明清文化史散论》一书，筚路蓝缕，奠定规模。后又于2003年出版《解构专制——明末清初“新民本”思想研究》（与谢贵安合著）、2006年出版《明清文化史札记》、2018年出版《袭常与新变：明清文化五百年》诸书，持续深耕拓进，这几部著作中收录了多篇对《明夷待访录》的思想诠释与文本研究方面的文章。先生还在其《“看家书”》一文中曾列举其平生最为看重的三部中外经典，其中之一即明末清初思想界黄宗羲的《明夷待访录》，指出“这部仅十万言的论著把中国古典的政治学说推向高峰。西方近代的政治哲学，如卢梭的《民约论》（后来翻译为《社会契约论》）、孟德斯鸠的三权分立思想，提供了今之政治建构的理论基石，而黄宗羲的《明夷待访录》在若干方面可以与孟德斯鸠、卢梭的思想相比肩”。数十年来，冯先生于《明夷待访录》的“近代性”问题再三致意，并着重对其中所蕴含的“新民本”思想进行阐发。2020年7月3日晚间，先生应邀进行《〈明夷待访录〉近代性考辨》网络直播讲座，向广大听众绍介此书之精义。翌日，就相关问题，与先生进行了一次学术访谈。

一

姚彬彬（以下简称“姚”）：冯先生您好！昨日先生在网上进行了一次关于《明夷待访录》的学术讲座，社会反响热烈。数十年来，先生在多种著作中指出，以黄宗羲《明夷待访录》为代表的“晚明遗献”中早已蕴含了逼近近代民主观念的思想精义。对于这一问题，中国近百年来的思想文化界一直存在不同意见，其中一种看法坚持认为，“民主”观念（当然也包括“科学”等）是西方文化中的特殊产物，中国近代以来逐渐兴起的民主思潮完全是因为受到了西学东渐的影响，认为只有西方先哲讲的“民主”才是真正意义上的“民主”，对于这种观点，先生有何评述？

冯天瑜（以下简称“冯”）：近代以来的许多文化界、思想界和学界的中外人士曾围绕着这一问题发表过不少意见，一直存在着很大分歧和差异，其中有一种观点就认为，诸如民主、自由、科学这些理念，都是西方文化中独有的。其在中国的传播，是在西学东渐后的被动接受，从而逐渐渗入中国文化中，认为中国文化与包括“民主”观念在内的整个现代文化的关系，只有外因而无内因，这种观点值得商榷。

以“民主”这一观念为例，许多西方人士，也包括不少中国人士都认为，其发端于古希腊的雅典民主政治，并由古希腊-古罗马的文化传统延续到近代，由文艺复兴和启蒙运动以来的那些自由主义哲人进一步发挥阐扬而形成思想体系。这些思想在近代以来传入中国，而中国固有的文化中并无民主传统。——这一观点，我们可将之称为“近代思潮的外因论”，也就是冲击-反应论，是说被西方文化思潮冲击之后，中国文化才发生了被动的反应。这种看法的流传广泛，在社会的方方面面都有表现，并不仅限于学术界，不过学术界的观点较有代表性。

同时，中外学术界也存在另一种看法，认为民主、自由、科学等，都是普世性的价值观念，在不同民族、不同国度的文化中以种种不同形态呈现出来，并非只是西方（或西欧）一线单传的产物，不同的国家民族，其文化发展到一定高度之后，都很可能会生出一些相近的思想观念。民主自由也好，科学理性也好，是人类共同的内在诉求，不应是某个特定文化圈的特殊产物。

我们探讨中国文化的近代转型，需要兼顾内因和外因。西方思潮对中国文化发生冲击碰撞以后，是一个与中国固有文化相融会，而出现进一步的创造性转化的过程，这种文化的新创造，就是中国近代文化的客观表现。

美国学者科文在20世纪70年代写了一本书，叫《在中国发现历史》，认为不能以西方中心论来看待中国的历史，而是要立足于中国以看待中国的历史。他这本书反思了当时美国学界研究中国近代史的误区，认为研究中国的近代社会和文化，不能只着眼于西方世界的冲击和影响，更要重视中国历史本身的内在发展走向，把外部的影响与中国文化的内在生命结合起来，才能真正发现中国的历史。这一看法相当正确，不仅是中国，研究任何一个国家或民族与现代文化的关系，都应作如是对待。

对这一问题，如果作宏观性的理论梳理，所涉太过复杂，所以，我们可以从一个具体的案例入手，来对这一问题进行分析，这样不仅清晰具体，也更容易落于实处。

在中国的明清之际，也就是从16世纪末到17世纪中期这一时段，这是中国历史上的一个重要的文化变革和转型的时期，许多新思想蓬勃兴起，侯外庐先生将之称为“早期启蒙时期”，他的《中国思想通史》的第五卷就是集中讲这一段的，这一卷的单行本又叫做《中国早期启蒙思想史》，之所以如此界定，是因为这一时期整个社会的发展都有些不一样了，诸如市民阶层和商业资本力量的崛起、人性解放意识的勃兴，以及反思礼教专制思想的萌蘖等。就政治理念而言，则出现了我们称为“新民本”的思想，这与先秦以来的中国旧有的孟子的民本思想存在深刻的内在联系，但同时又体现出诸多新意，有重要的突破。当时这一类作品有很多，诸如顾炎武《日知录》、王船山的《读通鉴论》里面也有一些相关论述，而最具代表性的，则是黄宗羲的《明夷待访录》。

《明夷待访录》被后人称为一部“奇书”，梁启超赞许其“于晚清思想之骤变，极有力焉”；刘师培将其与卢梭的《社会契约论》相并列，称读毕“五体投地而赞扬靡止”。《明夷待访录》以空前鲜明的态度宣示告别秦汉以下的君主专制，出现了迈向近代民主制度的基本愿景，主要有这么几点：

(1) 超越传统民本思想只批判暴君的设限，赞扬“古之君”（“公天下”时代的尧舜禹），谴责“今之君”（“私天下”时代的全体专制君主），否定皇权政治。(《明夷待访录·原君》)

(2) 超越传统民本思想为了“尊君”而“谏君”的设限，破除沿袭两千年的“君臣主奴”论，倡导君臣皆为天下苍生服务的“君臣同事”论。(《明夷待访录·原臣》)

(3) 为克服政治权力世袭制，力倡发挥选贤而出的宰相的功能(《明夷待访录·置相》)，抨击绝对君权的派生物——宦官干政(《明夷待访录·奄宦》)。

(4) 法制当以天下为本位，称颂为天下苍生服务三代之法为“公法”，秦汉以下作为帝王之具的法为“一家之法”，是“非法之法”，这样的法愈繁密，“天下之乱即生于法之中”。(《明夷待访录·原法》)

(5) 超越传统民本思想“庶人不议”“不在其位不谋其政”的设限，主张学校议政，“天子所是未必是，天子所非未必非”，应当“公其非是于学校”，以制衡朝廷把持舆论。(《明夷待访录·学校》)

(6) 突破“重本（农）抑末（商）”传统，倡导“工商皆本”。(《明夷待访录·财计》)

《明夷待访录》呼吁走出中世纪的近代社会，从农本型自然经济迈向工商发达的商品经济，政治从“君治”通往“民治”，显现了中国本土文化自生的“近代性”趋势。

这种思想的发生，并非孤立现象，明清之际的黄宗羲、顾炎武、王船山，还有傅山、唐甄等人，他们在当时是一个文化群体，他们的政治理念中存在着一些共性，这个共性就是体现出一定程度的近代性，超越了古代中国的主体政治思想的局限。

姚：日本学者沟口雄三，也将这一时期称为“前近代”，认为这是中国历史走向“近代”的序章。

冯：是的，沟口雄三所使用的“前近代”一词，在日本的汉学界是个习用已久的概念，可导源于老一辈的内藤湖南所界定的“近世”一词。内藤湖南在他的《中国近世史》等书中认为，中国从宋代开始已经出现了“近代性”的种种因子，诸如贵族制的衰落、人民地位的提高、科举考试面向全民的制度化、货币经济的增长以及城市平民文化的兴起等方面，这些特征虽然部分在唐代已有萌蘖，但在宋代才成为主导，并在明清两代得到了进一步的发展，此亦其“唐宋变革论”的主要观点。因此，他主张把宋、元两代称为中国的“近世前期”，明、清两代则为“近世后期”。这一看法颇具卓识，相当深刻，但也存在一些过分理想化的情况。我跟沟口先生很熟悉，在日本讲学期间与他进行过多次有相当深度的讨论，现在，他的著作国内大多数都翻译出来了，影响不小。——总之，日本学者把中国的“近世”或“前近代”延伸到了宋代，恐怕还是有一些勉强和有意无意拔高的意味的。国内的侯外庐先生他们提出的“早期启蒙”，恐怕也有可能受到过日本学界这种思路的影响。当然，20世纪初期的章太炎、梁启超他们也有一些类似的观念，与日本学界相互呼应。

此外，厘清明清之际这些哲人们的思想来源，这一点非常重要。曾有一些学者提出，由于明代中后期以降西方天主教的传教士们陆续来华传教，有一定社会影响，因此觉得这之后出现“新民本”思想，可能受到了他们所传播的西方思想的启发。对此，我可以断言，这一情况并不存在，他们并未受到过西方政治思想的影响，对此问题我曾作过仔细的爬梳。

首先，虽然在明清之际时，西学东渐已然滥觞，但当时的西学的传播者，实为天主教的耶稣会士，若利玛窦、罗明坚、龙华民等，都是该会成员。而耶稣会则又是天主教内部相当保守的一派，施行半军事组织，仿军队建制，纪律森严。其教义以三愿（贫穷、贞洁、服从）为基础，强调对教皇的绝对服从，坚决反对当时在欧洲已然风起云涌的宗教改革运动，至于说他们可能有什么民主的政治理念，那就更加谈不上了。

其次，我曾经广泛查阅过他们的著作文献，没有发现任何谈到与西方政治思想有关的内容。——事实上，从利玛窦一直到清初的汤若望，他们确实对传播西方文化有一定贡献，但那是在自然科学方面，即以天文历算与地理知识方面为主。而且，像黄宗羲、顾炎武、王夫之这三位，也并未与传教士们有什么交往，只有王夫之的著作中曾提到过一点对他们的历算之学的看法。要之，明末清初由耶稣会士所传播的科学知识，确实对后来中国人的思维世界发生了重要影响，但他们并未就西方早期的民主思想向中国人做过任何介绍。

澄清这一问题非常重要，也有一定的方法论启示，也就是说，我们在学术上下任何论断，都要有文献证据的支撑，做到无征不立，“大胆假设”固然需要，但“小心求证”的过程必不可少。通过这样的爬梳，我们也就搞清楚了，明清之际思想家们的有关思想，确实是由中国思想文化传统中自行生成的，有它自身的内在历史逻辑。

姚：对此我也有一点体会，近百年以来的学界和思想界，受到宋明儒影响较深的人，思维比较天马行空；而较为认同清儒的人，则学风比较平实质朴。

冯：这就是中国思想中的宋学和汉学两种传统的分野。“历史感”还是很重要的，在这方面，近代的一些学者可作典范，若章太炎、梁启超、钱穆他们，既有很深刻的哲学思辨能力和形而上的精神追求，同时学风也很严谨扎实、思路清晰，在他们身上，考据、义理、辞章并重的人文传统是整体呈现的。

也有一些看法可能就有些言之过当，像熊十力在他的《读经示要》等书中认为，中国人在上古时代已经有民主思想了，包括《周礼》的精义，甚至觉得《周易·乾卦》中的“群龙无首”说的就是民主制度，这显然就脱离了历史语境。

二

姚：先生以上所论，已涉及一个重要的理论问题，也就是如何看待人类不同文化中的共性和差异的关系的问题。钱锺书有一句很有名的话，叫做“东海西海，心理攸同；南学北学，道术未裂”。认为任何高度发展的文化间，其思想内在理路总会有不约而同的共同性，但是，也有相当多的学者更愿意去寻找一些中西同类思想间在具体论说上的歧异，把“差异性”看得比“共同性”更重要。对于中西文化思想间的同异关系问题，我们应如何看待？

冯：这两种方法视角各有其道理，都是有价值的。无论是研究中西文化的共同性，还是研究它们的差异性，这两方面不应该相互排斥。高度发展的文化之间，这两个属性都是存在的，如果去无限放大其中一面，对另一面全然弃之不顾，甚至加以否认，则会陷入一种片面性。

这样讲并不是简单地搞折中，就共同性而言，文化的共同性取决于人的共同性，不同国家和民族的人，首先他们都是作为一个基本的“人”而存在的，人的生活方式、生产方式、生存环境，乃至人的基本需求、思维方式，都是存在共性和共鸣的。马克思曾经引述过一位科学家的看法，是说如果我们只看不同民族、不同分工的人之间大脑相应区域的差异，那每个人之间都全是差异了，这种看法是很危险的。

姚：确实如此，如果我们立足于某一国家民族的“人”的立场，会觉得到处都是不同的“人”，有中国人、欧美人、日本人、印度人等，觉得彼此间差异很大。但若换位思考，假设作为“人”去研究动物，比如猴子，我们先看到的总是“猴子”的共同属性，而并非先看到不同品种的猴子间的差异。

冯：这就像在科幻作品中，外星人眼中的“人类”，还不都是一样的？——人类基本共性的存在，这是毫无疑问的，就像你刚才引述的钱锺书的那句“东海西海，心理攸同”的话，他这句话来源于陆九渊的那句“东海有圣人出焉，此心同也，此理同也。西海有圣人出焉，此心同也，此理同也。……千百世之上有圣人出焉，此心同也，此理同也。千百年之下有圣人出焉，此心同也，此理同也”。所以熊十力甚至认为，站在更高的视角，会发现文化的古与今的变化都并不大。这个看法也是很有见地的。

同时，我们也不能忽视不同文化之间的差异性，如果忽视了这个，那么文化史的研究则会成了一笔糊涂账。——就中国文化而言，中国文化与西方文化相比，差异还是非常大的，中国的地理环境与西方文明的距离非常遥远，在相当长的历史时期中处于相互隔绝的状态。而在西方的地中海文化圈（尤其是东地中海文化）中，彼此临近的不同的文化体系间，如古埃及文化、亚述文化，以及后来的古希腊文化，它们相互交流影响，非常活跃。而东地中海文化圈又与波斯文化相邻，波斯文化又与古印度文化相连接，所以西方文化到南亚文化这一带，自古以来的相互沟通就比较多，亚历山大的东征一直打到了印度的西北部，也就是恒河流域。

但中国文化与西方文化之间则被高原和大漠隔离，外部文化对中国发生深刻的影响，那是在佛教文化传入中国之后，虽然在此之前中国因为与中亚和西亚游牧民族的战争，以及通过丝绸之路，与西方有一些间接的交往，但文化影响非常有限。也就是说，中国因为自身地理环境的独立性，也导致了其文化本身的独立性。以中国的文字为例，全世界的文字后来大多都走向了拼音化，唯独中国仍然保留着以“六书”为原则的方块字，汉字文化的发展，至少是从甲骨文时代以来三千余年的连续不断的独立演进过程。所以中国文化的独立性，确实是客观存在的。

在这个意义上，明清之际新民本思想的出现，是在中国自身的文化环境中生长出来的，但我们现在回过头看，又发现这种思想居然与西方的近代的启蒙文化间确实存在许多共同性，所谓“闭门造车，出而合辙”，所以，研究文化史问题，无论是文化间的共同性，还是差异性，我们都应该给予高度重视，不可偏废。

三

姚：*时下还有一种很流行的观念，一些学者认为中国传统思想中本来就有更好的“民主”，如孟子的民本思想，他们甚至认为这类中国传统思想较之西方民主观念不仅毫不逊色，甚至还更加高明和完善，先生对这种思想有何评价？*

冯：这种看法显然是一种非历史的、脱离历史语境的判断。中国先秦时期民本思想的形成，滥觞于两周，于东周时期粗具大体，这种思想的形成，主要有两方面的原因。

首先，民本思想出现的背景，是周代（并可上溯至殷商）正式确立的宗法封建制度，即上有天子，中有公卿大夫等各级贵族，贵族阶层受天子之封敕而拥有土地和人民；最下层则是以农民为主的庶民阶层。通过反映西周社会生活的相关文献我们可以了解到，当时在这三个等级之间，社会矛盾是客观存在的，但相对比较缓和。而到了东周以后，所谓“天子失官，学在四夷”，在社会统治的整体状况中，天子的权力也逐渐被虚化，庶民阶层被中间的贵族阶层来直接管理统治，因此，君（各诸侯国的国君）与民的统治与被统治的关系变得更加直接，矛盾也就日益尖锐化，因此，迫切需要出现能够调节这种矛盾的办法和思路。

晚周以降，为解决这一问题，出现了两种基本思路，一种是尊君论，强化君的地位，要求民对君绝对服从，这种思想主要是法家一派的；诸子中包括儒家的其他派别，则出现了民本论思想，这种思想在《左传》和《孟子》中有比较集中的反映。主张民本论的思想者们看到了民众的力量和他们的重要性，他们提出，若国君不能善待庶民，不能保障庶民的基本生存条件，那么，民众到了忍无可忍的程度时，就会反抗甚至推翻国君的统治。——但这种说法，仍然还是站在君本位的立场上来讲的，仍以庶民如草（所谓“小人之德草”），还是要被国君和贵族阶层来控制的，先秦诸子各家中相应的论述都有不少，孟子讲得最为透彻。

孟子的民本思想相当开明，强调国君要爱民、政治要清明，但也仍然还是站在国君立场上去思考问题，要解决的是君治社会的长治久安问题。我们可从《孟子·梁惠王下》中的这些话中得到印证：

王曰："寡人有疾，寡人好货。"对曰："昔者公刘好货，《诗》云：'及积乃仓，乃裹糇粮，于橐于囊。思戢用光。弓矢斯张，干戈戚扬，爰方启行。'故居者有积仓，行者有裹囊也，然后可以爰方启行。王如好货，与百姓同之，于王何有?"

王曰："寡人有疾，寡人好色。"对曰："昔者，太王好色，爱厥妃，《诗》云：'古公亶父，来朝走马，率西水浒，至于岐下。爰及姜女，聿来胥宇。'当是时也，内无怨女，外无旷夫。王如好色，与百姓同之，于王何有。"

这是孟子与齐宣王的对话。齐宣王说自己喜欢财富和好色，孟子说，你喜欢这些不要紧，但如果你只知聚敛财富，老百姓却没饭吃，你的财富再多也保不住；你的后宫佳丽再多，但如果老百姓穷得都娶不上老婆了，也一样会去造反。所以要施行仁政，将自己的嗜好"与百姓同之"，才能维护自己的统治。

孟子一方面宣扬民本主义，另一方面又强调"礼义"，不许紊乱上下等级名分，一再宣告"君臣大义"不可违背。他还说："为政不难，不得罪于巨室。""位卑而言高，罪也。"(《孟子·娄离上》)可见，孟轲的"民本"，并无民权、民治的含义，只是重视民众在社会生活中的基础作用，主张保障民众的生存权利和从事再生产的条件，以便维持社会的长治久安。

稍晚于孟子的荀况提出民为水、君为舟，水可载舟、亦可覆舟的著名论说：

君者舟也，庶人者水也。水则载舟，水则覆舟。(《荀子·王制》)

孟、荀两家尽管多有歧见，但他们都发现民众的力量不可忽视。这句话后来在唐太宗与魏徵的"君臣对"中出现，成为"明君贤臣"的佳话（见《贞观政要》)。后世的那些现实主义诗人，若杜甫、白居易等作家在挥写揭露社会弊端的诗篇时，除了现实生活的启示外，晚周民本思想的影响也是显而易见的。诸如"朱门酒肉臭，路有冻死骨""可怜身上衣正单，心忧炭贱愿天寒"等名句中，显现孟子痛陈"庖有肥肉，厩有肥马，民有饥色，野有饿莩"的余韵流风。

中国先秦的民本思想，归根结底还是君主主义的组成部分，旨在为君王"治道"贡献计策。并不能因民本主义重视民生，就可以将之简单比附于西方近代民主义，如果认为民本思想更为高明，那更不知从何说起。民主思想，当包含"民有""民治""民享"("of the people，by the people，for the people"）三方面内容，"民治"则是"民有"和"民享"的基础所在，若"民治"缺位，则民主无从谈起。——我曾经写过一篇文章说到这一问题，我说谓予不信，可遍查中国古书，看看是否能找出一条主张"民治"，也就是呼吁人民自己选择领袖，让人民共同治理国家的记载来?

中国传统的民本思想生成和开展于君本位（同时也是官本位）的社会条件下，其在中国的传统的政治理念当中，当然是极难得和极有价值的。但即使是黄宗羲、顾炎武他们所开启的"新民本"思想，超越了先秦民本思想的许多局限，更为逼近西方民主主义，也一样不能简单地完全等同。

四

姚：最后，请先生谈谈《明夷待访录》一书的历史影响和思想贡献，以及对“新民本”思想继续开展的期许。

冯：明清之际的“新民本”思想，是在当时的社会背景下综合了多方面的原因而产生的。首先，这一思想继承了先秦以来固有的，倡“民贵君轻”说的民本思想，以及中古以降，像魏晋南北朝时期的阮籍、鲍敬言，唐代的无能子等濡染了道家的现实批判意识的“非君论”。其次，明代中后期以来市民文化蓬勃兴起，商品经济的繁盛，乃至民间书院热衷臧否朝政得失的风气，是其酝酿而生的背景因素。

明代是中国专制主义的君主集权政治发展到了登峰造极程度的时期，同时其弊端也充分暴露，最终导致了国家沦亡于异族，顾炎武谓之“亡天下”。在当时的士人看来，这并非一家一姓的改朝换代而已，而标志着文明沦亡于野蛮。这也促使他们反思自身文化的弊病，乃至制度的弊病，所以，《明夷待访录》对于秦汉以来宗法专制时代的“今之君”的制度，给予了全盘否定。——传统的民本思想，其实更多的是主张和期待有一个好皇帝，但并不触及制度问题，“新民本”思想则更深刻地认识到君主集权专制制度本身就是社会的大害，这是一个明显的超越。

《明夷待访录》中提出，正常的君臣关系应该是一种同事关系，而非主奴关系。认为朝廷不能垄断舆论，对于重要问题的是非判断标准不能完全由朝政决定，须得有“学校”进行公议。黄宗羲理想中的“学校”，实际上就是由民众中最有思想、有知识的人来代表和反映民众的普遍意愿，这一构想与西方近代民主政治中的议会制非常接近。

《明夷待访录》中提出的“工商皆本”思想也非常重要，传统中国所说的“四民”，士、农、工、商，士大夫属于统治阶层，在社会生产发展上则强调以农为本，工、商的社会地位都比较低下，商人更属于四民之末，即使再有钱，也是被歧视的。明代中后期以来由于商品经济的日趋发达，人们认识到了工、商业于国计民生一样必不可缺，所以“工商皆本”的思想就是强调，凡是对民生有利的，同样都是“本”，而不应仅仅以农为本。这在理论的高度上，提升了工商业的社会地位，亦与近代以来的西方经济学观念暗合，这也是黄宗羲的超前性思想之一。

近代政治的走势是以“民治”代“君治”、“群治”代“独治”，主张制衡和分权。《明夷待访录》对传贤制的赞赏、对世袭制的批评，以相权分君权的设计，其《封建》篇说：“若封建之时，兵民不分，君之视民犹子弟，民之视君犹父母，无事则耕，有事则战”云云，认为往古的封建时期的领主分权制度，也值得重新借鉴。在这一点上，顾炎武在《日知录》中也有类似的看法，认为应该综合秦以前封建制和秦以后郡县制的优长，才能重建更合理的政治制度。

姚：辛亥革命前后，章太炎等人也提出，要在推翻清廷后建立地方自治的国家政治体制。

冯：章太炎他们的这类思想的直接来源正是《明夷待访录》等晚明遗献，近代的民主主义革命者许多人都强调要搞地方自治，他们也经常引证《明夷待访录》中的有关论述。但是，一旦真正拥有了权力，可能想法又会变了，这也是中国文化无形中的一种共业的牵扯力量，几乎每个人都逃不掉。

黄宗羲等晚明思想者也有此深刻认识，觉得当时的历史条件尚不成熟，所以唐甄把自己的著作叫做《潜书》，意即“潜存待用”，是留待后人来实现的。《明夷待访录》书名中隐藏的含义也是如此，我对此做过考证。

“明夷”是《周易》六十四卦中第三十六卦的卦名，明夷卦取象“太阳落入地中”，一些易学家释“明”为日，释“夷”为灭、没。故“明夷”意谓日落，比喻贤人被囚系或贬斥。故黄宗羲以“明夷”借指贤明之臣因逢暗主，不能伸张清正英明的政见，无法显其明智。所谓“待访”，黄宗羲在“自序”中说：“吾虽老矣，如箕子之见访，或庶几焉！”他以箕子自比，企望圣君前来造访，以便陈述自己改革弊政、兴邦定国的见地。故《明夷待访录》书名全义可释为：在日入于地中，贤人的政见不得伸张的黑暗时代，我记录下这些建策，以等待圣明之君前来造访。

姚：也有学者怀疑黄宗羲内心深处有期待清廷统治者来造访和起用他的动机。

冯：清人黄肖堂和近人章太炎便有此猜测，怀疑黄宗羲欲以《明夷待访录》为条陈，当作出仕清廷的见面礼。这种判断过于孟浪，未对黄宗羲进行全面了解，实在是有些诬枉了人。

黄宗羲中年抗清，始而亡命日本试图请兵，继而起义兵于浙江，避清兵于四明山，随鲁王守舟山，出生入死，艰辛备尝。直至晚年，他始终以“明遗民”自居，守持“朝不坐，宴不与”，不仕清朝的原则，并推辞清廷博学鸿儒之诏及明史馆之聘，守持民族气节。当他的弟子万斯同应诏北上，赴北京明史馆以备顾问，黄宗羲支持万斯同及自己的儿子黄百家入明史馆，意在存一代之史，而非臣服清廷，他特为赠诗，奉劝万斯同“不放河汾声价倒，太平有策莫轻题”，要求万斯同在参与著述明史的同时，政治上同清廷采取不合作态度，勿向清廷建太平之策。万斯同忠实地遵循自己老师的嘱托，以“布衣史家”为始终。

遍读《明夷待访录》亦可得见，他的政治理想，决非承袭明代旧制的清朝所可容纳，黄宗羲锐利的目光是投向未来的。正如梁启超在《三百年来中国学术史》中所说：“梨洲云云，自为代清而起者说法。”黄宗羲的同时代人顾炎武对此也心领神会。他在读毕《明夷待访录》后致书黄宗羲说：“大著《待访录》，读之再三，于是知天下未尝无人，百王之敝，可以复起，而三代之盛，可以徐还也。”“三代盛世”是中国士人虚拟的理想社会的代称，顾炎武同样终生不仕清廷，他的《日知录》同黄宗羲的《明夷待访录》一样，都不是“为今人道也”，而是期待于未来的“王者起”，“待一治于后王”。

社会制度到底还是强势存在，在君主专制制度尚未衰微之时，“新民本”思想只能是压在巨石下的小草，难获申张。尽管早期启蒙思潮在明清鼎革之际的孔隙中略有生发，清朝君主专制强固后立即被掩压，《明夷待访录》被列为禁书，只有理学、考据学盛极一时。直至西学东渐的清末民初启蒙思想方重获生机，成为近代文化勃兴的一个助力。当力倡社会革新的维新变法派兴起之际，觉醒者才发现这部蒙上厚厚尘埃的著作的灿烂光华。梁启超在《清代学术概论》中指出：“后此梁启超、谭嗣同辈倡民权共和之说，则将其书（指《明夷待访录》）节钞，印数万本，秘密散布。于晚清思想之骤变，极有力焉。”孙中山领导同盟会从事反清革命，最倚重的中国古典也是《明夷待访录》，他给日本友人赠送的书籍中，《明夷待访录》的《原君》《原臣》篇是常选之目。

这样，在《明夷待访录》杀青两百多年以后，终于有人造访黄宗羲，向这位老前辈求教了。不过，前来拜谒、就教的，不是某一个“圣明之君”，而是近代中国亟求社会进步的整整一代先进的人们。

《明夷待访录》对传统的民本论和中古异端作创造性扬弃，其政治理念在若干方面直逼近代民主理念，但毕竟没有正式跨进民主主义门槛。在“立新”方面，《明夷待访录》还保留着若干“天之生斯民也，以教养托之于君”这种未脱离其时代性的论调，传统民本论中所欠缺的“民治”观念，在“新民本”思想中仍未清晰呈现，因此，“民治”思想的发展和健全，自是后人应致力的方向。

于 2020 年 7 月 4 日访谈，2020 年 7 月 15 日笔录完稿

（作者单位：武汉大学中国传统文化研究中心）

清代以来“汉学”与“宋学”分野观念之形成及其内在两难*

□ 姚彬彬

【摘要】汉学与宋学的分野观念正式确立于清代。清代乾嘉以降，在“宋学派”学者看来，所谓“汉学”无非“考证”，以之为无关安身立命、不顾大道精义的饾饤琐屑之学；反之，在“汉学派”眼中，所谓“宋学”也无非都是些纯任主观空谈“义理”的游谈无根之论。但平心而论，“汉学”群体的学者，其中多有对义理问题颇有创见者，“宋学”群体的学者，也未必都不重视训诂考据。汉代学术中已有义理关注向度，而考据学本身亦可溯源于宋代学术。乾嘉以来汉宋之分的学术壁垒的形成，实为学术共同体“阵营”形成后的简单化的解释模式，这一解释模式后被泛化和绝对化，造成理论困境，也构成后世“清代汉学无义理”偏见的产生根源。要之，清代中期以来学林惯常所称的“汉宋之别”，很难就“考据”与“义理”二者进行非此即彼的划分，最多只是在方法意识上有所偏重。
【关键词】汉学；宋学；义理；考据；乾嘉学派

中国古典学术有“汉学”与“宋学”的分野，此二词被确立为彼此分列的学派意义，始于清儒。《四库全书总目提要》谓：“自汉京以后，垂二千年，儒者沿波，学凡六变”，但“要其归宿，则不过汉学、宋学两家，互为胜负”①。不过，查考古人撰述，“宋学”与“汉学”二词渊源甚早。“宋学”一词，于元明诸儒著述中已时有见之，元代理学家吴澄在其《故县尹萧君墓志铭》中，称赞志主之季子肖士资“器识超异，绍宋学，文艺最优”②，此之所谓“宋学”，似仅以国号名前代之学术思想。而邓元锡《潜学编》卷十云：“宋学主理，晚乃辟支于知识以名理，而迷离于本。王文成公始悟心之良知。”③ 蔡汝楠为唐枢《酬物难》所撰之《叙》云：“夫义理之辨，枝蔓于季宋之世；学问之首，即困以

---

* 本文为国家社科基金后期资助项目“《周易》诠释与清代新义理学的思想源流”（21FZXB015）阶段性成果。

① （清）永瑢、纪昀主编：《四库全书总目提要》，海南出版社 1999 年版，第 13 页。

② （元）吴澄：《故县尹萧君墓志铭》，《全元文》第 15 册，凤凰出版社 2005 年版，第 528 页。

③ （明）邓元锡：《潜学编》，明万历三十五年左宗郢刻本。——本文所引用刻本古籍文献，皆据“爱如生中国基本古籍库”原刊影印电子版。

事物之难。岭越互明，得闻心学。先生弘以自得，广牖同志，呶呶群言，比幸甫息。《酬物》之著，物物而酬之，则是重立宋学之帜，而矛盾于师门之说。"① 可见明儒所谓之"宋学"，特指程朱理学及与之相关的格物之学，以之区别于王守仁心学。而"汉学"一词，宋儒著述中已见，如刘克庄《季父易藁序》："易学有二：数也、理也。汉儒如京房、费直诸人，皆舍章句而谈阴阳灾异，往往揆之前圣而不合，推之当世而少验。至王辅嗣出，始研寻经旨，一扫汉学，然其弊流而为玄虚矣。"② 此"汉学"专指汉代象数易学，系与王弼开启的义理派易学相对而称者。王弼扫除象数，以《周易》所阐为"六合之外"天道之玄言，为宋明儒讲求天道性命之旨开启先河，故清儒纪昀认为："平心而论，《易》自王弼始变旧说，为宋学之萌芽。"③ 由此可见，通过对易学学派沿革的分判，汉、宋二学之门户意识，于宋世已微见端倪。

清代学术史上汉学、宋学对立意识的清晰呈现，则始于"汉学"作为学派的正式独立，钱穆先生指出："汉学之称始于三吴惠氏。"④ 惠栋（1697—1758）平生考据汉代象数易学原旨，启清儒"汉学"名义之端绪，此后汉、宋分论，渐成通说，概念意涵则扩展为两种经学的研究范式："汉学"非特指易学之一端；而举凡理气心性之辨，无论程朱抑或陆王，皆称"宋学"。

一、清代学术"汉学"与"宋学"概念意涵之确定

总结乾嘉以降清儒的惯常理解，汉学派的方法侧重文献训诂，在其治学价值取向上颇近于现代历史学之径路，其对待经典的诠释原则为"我注六经"；宋学派以孔子为哲人，以儒家经典为载道之具，偏重于有关理气心性的哲学思辨，尤重道德论，其对待经典的诠释原则为"六经注我"。周予同先生说：

> "汉学"一派学术的存在，固远在两汉时代；但"汉学"这名词的采用，却在清代"汉学派"复兴的时候。"汉学"这名词乃由于与"宋学"对峙而成立。所谓"汉学"，因为它产生于汉代；所谓"宋学"，因为它产生在宋代，也就是指……宋、元、明时代的学术思想的主潮而言。中国从两汉一直到清末以前，这二千余年的长时期中，所谓学术思想就以"汉学"和"宋学"为两大主潮。⑤

事实上，如果不拘泥于乾嘉时期部分学者的门户意识，而回归清代学术的原初语境上而言，"汉学"并非指狭义的"汉代学术"，而是指发端于汉代，旨在研究经典文献中的名物训诂问题的学问。刘师培曰："古无汉学之名，汉学之名始于近代，或以'笃信好古'该汉学之范围。然治汉学者，未必尽用汉儒之说；即用汉儒之说，亦未必用以治汉

① （明）蔡汝楠：《酬物难叙》，（明）董斯张辑：《吴兴艺文补》卷三十四，明崇祯六年刻本。
② （宋）刘克庄：《后村居士集》卷二十四，宋刻本。
③ （清）纪昀：《阅微草堂笔记》，上海古籍出版社 2016 年版，第 8 页。
④ 钱穆：《〈清儒学案〉序》，《中国学术思想论丛》第 8 册，三联书店 2019 年版，第 431 页。
⑤ 周予同：《"汉学"与"宋学"》，《周予同经学史论》，上海人民出版社 2010 年版，第 217 页。

儒所治之书。是则所谓汉学者，不过用汉儒之训诂以说经，及用汉儒注疏之条例以治群书耳。”① 就此而言，“汉学”实即“考据学”之别称。漆永祥指出，清代以降称“考据学”之名众多：“如戴震、段玉裁、凌廷堪等人常称考核学，《四库提要》多称考证学，孙星衍、江藩等人则称考据学，另有朴学、实学、汉学、制数学、名物典制之学等通称，近今人则多称为乾嘉学术或乾嘉考据学。”② 清人所谓“汉学”的具体意涵，本为一种研究文献的治学方法取向。某一学者取“汉学”之法治经，其实并不妨碍他同时也兼有其“义理”方面的追求，如陈登原先生所说：“清人之学，非汉学所能包，即有汉学，亦与汉人有异；汉人之学，亦不限于名物训诂。”③ 故清代早期学者，在“考据”和“义理”二者尚未形成“非此即彼”的观念。就“清学之开山”，也就是明末清初的顾炎武、黄宗羲、王夫之而言，他们皆对“宋学”有自己的裁断和取向，孙钦善指出：“从总的思想倾向看，王夫之和顾、黄一样，也是反对宋明理学的。但细分起来，三人还有些差别，即：顾炎武反对陆、王，修正程、朱；黄宗羲修正陆、王，反对程、朱；王夫之则宗师张载，修正程、朱，反对陆、王。”④ 首擎“汉学”旗帜之惠栋，虽颇不慊于宋人经说，却亦服膺乃父惠士奇（1671—1741）“六经尊服、郑，百行法程、朱”的名论，不否定宋儒之学在士人立身修德上可资取法的价值。

清初学者的“宋学”渊源与瓜葛，钱穆先生早年在《中国近三百年学术史》中已有颇多论述，其开宗明义谓：

> 治近代学术者当何自始？曰：必始于宋。何以当始于宋？曰：近世揭橥汉学之名以与宋学敌，不知宋学，则无以平汉宋之是非。且言汉学渊源者，必溯诸晚明诸遗老。然其时如夏峰、梨洲、二曲、船山、桴亭、亭林、蒿庵、习斋，一世魁儒耆硕，靡不寝馈于宋学。继此而降，如恕谷、望溪、穆堂、谢山乃至慎修诸人，皆于宋学有甚深契诣。而于时已及乾隆，汉学之名，始稍稍起。而汉学诸家之高下浅深，亦往往视其所得于宋学之高下浅深以为判。道咸以下，则汉宋兼采之说渐盛，抑且多尊宋贬汉，对乾嘉为平反者。故不议宋学，即无以识近代也。⑤

又谓：“明清之际，诸家治学，尚多东林遗绪。梨洲嗣轨阳明，船山接迹横渠，亭林于心性不喜深谈，习斋则兼斥宋明，然皆有闻于宋明之绪论者也。不忘种姓，有志经世，皆确乎成其为故国之遗老，与乾嘉之学，精气夐绝焉。”⑥ 以汉、宋二学之分立，乃至渐成势如水火之势，始于乾嘉。

就乾嘉时期的“钦定”《四库全书总目提要》而言，其所谓“夫汉学具有根柢，讲学者以浅陋轻之，不足服汉儒也，宋学具有精微，读书者以空疏薄之，亦不足服宋儒也”⑦。

① 刘师培：《近代汉学变迁论》，《刘师培论学论政》，复旦大学出版社 1990 年版，第 133 页。
② 漆永祥：《乾嘉考据学研究（增订本）》，北京大学出版社 2020 年版，第 1 页。
③ 陈登原：《国史旧闻》（三），中华书局 2000 年版，第 524 页。
④ 孙钦善：《中国古文献学史》下册，中华书局 1994 年版，第 886~887 页。
⑤ 钱穆：《中国近三百年学术史》上册，商务印书馆 1997 年版，自序第 1 页。
⑥ 钱穆：《中国近三百年学术史》上册，商务印书馆 1997 年版，第 1 页。
⑦ （清）永瑢、纪昀主编：《四库全书总目提要》，海南出版社 1999 年版，第 13 页。

由这类叙述看，当时的“汉学”与“宋学”已然习惯性代指“考据”与“义理”二学之分途。彼时首倡学问之途有“义理”“考核”“文章”三分说者为戴震（1724—1777），认为“义理”与“考核”（即“考据”）二者当是相济为用，相互支撑的关系，文章（即“辞章”）之术则为“等而末者”之事，微不足道。① 王鸣盛（1722—1798）则有“义理”“考据”“经济”“词章”四分之说，认为“四者皆天下所不可少，而能兼之者，则古今未之有也。……是故义理与考据，常两相须也；若夫经济者事为之末，词章者润色之资，此则学之绪余焉已尔”②。亦兼重“义理”与“考据”二者。

不过，尽管当时部分“通儒”有调和考据、义理分野之倾向，但将传统学术严格划定汉宋之别的畛域，壁垒森严，已在学界隐隐成风。惠栋的再传弟子江藩（1761—1831）所撰《汉学师承记》，列汉学学者五十六人，又撰《宋学渊源记》，列宋学学者三十九人。然其并不掩饰自己的学术思想倾向，在《汉学师承记》卷一中，江藩几乎彻底全盘否定宋明儒学的价值，谓：

> 宋初承唐之弊，而邪说诡言，乱经非圣，殆有甚焉。如欧阳修之《诗》，孙明复之《春秋》，王安石之《新义》是已。至于濂、洛、关、闽之学，不究礼乐之源，独标性命之旨，义疏诸书，束置高阁，视如糟粕，弃等弁髦，盖率履则有余，考镜则不足也。元明之际，以制义取士，古学几绝，而有明三百年，四方秀艾困于帖括，以讲章为经学，以类书为博闻，长夜悠悠，视天梦梦，可悲也夫！③

《汉学师承记》由江藩在嘉庆二十三年（1818）刊刻于阮元幕府，宗宋学的桐城派姚鼐（1732—1815）弟子方东树（1772—1851）读此书后大为愤慨，于道光六年撰《汉学商兑》痛诋汉学，其中谓：“近世有为汉学考证者，著书以辟宋儒、攻朱子为本，以言心、言性、言理为厉禁。”“历观诸家之书，所以标宗旨，峻门户，上援通贤，下詟流俗，众口一舌，不出于训诂小学、名物制度。弃本贵末，违戾诋诬，于圣人躬行求仁修齐治平之数一切抹杀。名为治经，实足乱经；名为卫道，实则畔道。”④ 在他的《辨道论》一文中更谓“汉学”曰：

> 以六经为宗，以章句为本，以训诂为主，以博辨为门，以同异为攻，不概于道，不协于理，不顾其所安，骛名干泽，若飘风之还而不傥，亦辟乎佛，亦攻乎陆、王，而尤异端寇仇乎程、朱，今时之弊盖有在于是者，名曰“考证汉学”。⑤

由此可见，在乾嘉后期的宋学派学者看来，所谓“汉学”无非“考证”，以之为无关

---

① （清）戴震：《与方希原书》，《戴震集》，上海古籍出版社2018年版，第189页。

② （清）王鸣盛：《西庄居士始存稿》卷二五《王戆思先生文集序》，《续修四库全书》第1434册，上海古籍出版社2002年版，第327页。

③ （清）江藩：《国朝汉学师承记》，中华书局1983年版，第3页。

④ （清）方东树：《汉学商兑》，上海古籍出版社2018年版，第1页。

⑤ （清）方东树：《考槃集文录》，上海古籍出版社2010年版，第99页。

安身立命、不顾大道精义的饾饤琐屑之学；反之，在汉学家眼中，所谓"宋学"也无非都是些纯任主观空谈"义理"的游谈无根之论。

二、"汉学"非无义理追求，"宋学"亦有考据向度

中国传统学术凡有关哲学思想方面的思考探索，本均可称"义理"，有学者指出："至迟在东汉初，'义理'已取得了它18世纪以来所具有的最流行的意义，即：它不同于具体的言语名物的训诂考证，而是对历史事件、世界、宇宙及人生等等问题的理论性的思考。"① "义理"自非宋明儒所专有之学，正如"考据"也并非汉儒或清儒专有之学。晚清经学家皮锡瑞（1850—1908）认为，考据学本自宋始盛，其谓："谓汉学出自汉儒，人皆知之；汉学出自宋儒，人多不知。国朝治汉学者，考据一家、校刊一家、目录一家、金石一家、辑搜古书一家，皆由宋儒启之。……汉学专门精到之处，自视宋儒所得更深，然觞源导自前人，岂宜昧所自出！以此推论，则汉宋两家之交哄，夫亦可解纷矣。"② 张舜徽先生亦指出，"当乾嘉朴学极盛时，举世以征实博考相高，鄙蔑宋儒空疏不足道，诋讥朱子尤厉"，实则朱子于文献考据之学亦甚有贡献，得风气之先，"有清一代之学术，莫不渊源于两宋"，"两宋诸儒实为清代朴学之先驱"，③ 其说与皮锡瑞基本符契。钱穆所撰《朱子新学案》特辟"朱子之考据学"一节，谓"清儒标榜考据之学，以与宋儒义理之学为敌对。校勘训诂，皆考据也。而考据之事则不仅于校勘训诂。朱子于考据，既精且博"，"朱子未尝不知学问中不可无考据，又已性好之，然在全体学问中，考据一项，自有其应占之地位"。④ 即使高度评价清儒之学具有"科学精神"的胡适、傅斯年等亦不讳言于此，胡适谓："这种考证方法不用来自西洋，实系地道的国货。三百年来的考证学，可以追溯到宋，说是西洋天主教耶稣会士的影响，不能相信。我的说法是：由宋渐渐的演变进步，到了十六七世纪，有了天才出现，学问发达，书籍便利，考证学就特别发达了，它的来历可以推到十二世纪。"⑤ 傅斯年则说："近千年来之实学，一炎于两宋，一炎于明清之际。两宋且不论，明中世后焦竑、朱谋𬙊、方密之实开实学之风气。开风气者为博而不能精……（清代）亭林（顾炎武）、百诗（阎若璩）谨严了许多。然此时问题仍是大问题，此时材料仍不分门户也；至乾嘉而大成。"⑥

故以"宋学"回归其自身的历史语境中，理解为"有宋一代之学术"，其特征固然以理气心性之义理辨析为主，然实亦考据学之滥觞。同样，若以"汉学"指称"汉代学术"，其中亦自有丰富的义理学资源。按周予同先生的意见，"汉学"之中，可分"三大派"，其中"今文学派"在思想方面"相信'天人相与'的学说，而专谈阴阳、占验、灾异"。另外的"古文学派"与兼采今古文（但主要倾向于古文经说，以汉末郑玄为代

① 吴通福：《清代新义理观之研究》，江西人民出版社2007年版，第2~3页。
② （清）皮锡瑞：《南学会讲义》，《皮锡瑞全集》第8册，中华书局2015年版，第44~45页。
③ 张舜徽：《广校雠略·汉书艺文志通释》，华中师范大学出版社2004年版，第95~96页。
④ 钱穆：《朱子新学案》第5册，九州出版社2011年版，第309页。
⑤ 胡适：《考证学方法之来历》，《胡适全集》第13册，安徽教育出版社2003年版，第133页。
⑥ 傅斯年：《致王献唐》（1931年4月20日），《傅斯年全集》第7卷，湖南教育出版社2000年版，第100~101页。

表）的“通学派”，他们的“迷信色彩”要“比今文派减少些”。① 今文学派的那些“天人相与”之说其实正是汉儒典型的义理学思想，古文学派在这方面虽然“减少些”，但也一样热衷于谶纬。有学者研究指出：“在东汉之前，古文经师对于谶纬基本上持赞同态度，在思想上还影响了谶纬，如刘歆的很多思想在谶纬中都有体现。王莽一方面利用‘符命’和谶纬为自己篡夺政权积极制造舆论，另一方面在政治改制上则主要依靠古文经学。到了东汉，谶纬取得了‘国宪’的地位，虽然遭到一些古文经师的批评，但由于其不可置疑的地位，古文经师也积极从图谶中寻找资源以争取上层的认可。”② 所谓“通学派”的郑玄也一样如此，亦“以木火土金水五行，统辖时令、方向、神灵、音律、肤色、臭味、道德。并将帝王之系统及国家之制度，纳入其中”。③ 两汉学术思想之共性，实如顾颉刚所言：“汉代人的思想的骨干，是阴阳五行，无论在宗教上、在政治上、在学术上，没有不用这一套方式的。”④

清儒取法汉儒经说，虽以文辞训诂为主，认为汉儒“去古未远”，其说比宋明儒可信。但他们在研究“汉学”的过程中，不可能不受到汉儒的这些可称为一套“自然哲学”的义理思想的影响和濡染。汉儒的那套旨在贯通“天人之际”的哲学思考，最集中地表现在他们的“象数”《易》说之中，而复兴象数派易学，亦为乾嘉汉学的主要构成部分之一。举凡乾嘉时期有“通儒”之称者，若惠栋、戴震、焦循这三代学人，惠、焦皆以研究易学命家，戴震则常取《周易》经传之说来证成自己的思想体系，在一定意义上说，乾嘉诸儒并未忽视对于宇宙人生的形而上思考，他们在这方面的探讨，大多隐含在他们的易学研究中，清儒研《易》者几无不涉及义理。⑤

堪称清学“殿军”人物之一的刘师培于 1905 年撰《汉宋学术异同论》，文中以汉、宋之学皆有其所蔽，亦各具其长：“夫汉儒经说虽有师承，然胶于言辞立说，或流于执一。宋儒著书虽多臆说，然恒体验于身心，或出入老释之书，故心得之说亦兼高出于汉儒。”⑥ 其文专辟一节“汉宋义理学异同论”，认为汉宋两家皆各有其义理学，清儒看待汉宋义理的同异问题主要有两种取向：

> 近世以来，治义理之学者有二派。一以汉儒言理平易通达，与宋儒清净寂灭者不同，此戴、阮、焦、钱之说也。一以汉儒言理多与宋儒无异，而宋儒名言精理大抵多本于汉儒，此陈氏、王氏之说也。⑦

---

① 周予同：《“汉学”与“宋学”》，《周予同经学史论》，上海人民出版社 2010 年版，第 218 页。

② 任蜜林：《谶纬与古文经学关系之再检讨——以刘歆为中心》，《哲学动态》2019 年第 7 期。

③ 吕凯：《郑玄之谶纬学》，台湾“商务印书馆”1982 年版，第 40 页。

④ 顾颉刚：《秦汉的方士与儒生》，上海古籍出版社 2005 年版，第 1 页。

⑤ 参见姚彬彬：《从“以经解经”到“以〈易〉解经”——清代以来儒学经典诠释中的一条哲学性进路》，《福建师范大学学报》（哲学社会科学版）2020 年第 6 期。

⑥ 刘师培：《汉宋学术异同论》，《清儒得失论——刘师培论学杂稿》，中国人民大学出版社 2011 年版，第 208 页。

⑦ 刘师培：《汉宋学术异同论》，《清儒得失论——刘师培论学杂稿》，中国人民大学出版社 2011 年版，第 208~209 页。

以乾嘉汉学脉络中“反宋学”的学者戴震、阮元、焦循、钱大昕是一派，倾向折中汉宋的陈氏（陈澧）、王氏①为另一派。就刘师培本人的意见而言，应较为倾向于后者的看法，认为宋儒的义理思想并非如戴震等人所言皆出于佛道二氏，“夫学问之道有开必先，故宋儒之说多为汉儒所已言”②。具体如：“濂溪言无极而太极，即汉由无形而生有形之说耳”，以其说见于何休《公羊解诂》与赵岐《孟子章句》中。“本原之性、气质之性，二程所创之说也，然汉儒言性亦以性寓于气中，惟宋儒喜言本原之性，遂谓人心之外别有道心，此则误会伪书之说矣。”以宋儒“气质之性”说汉儒亦有言之，然“本原之性”说可能导源于宋儒崇信《伪古文尚书》中《大禹谟》的“人心道心”之辨。此外，若“觉悟”之说于《说文》《白虎通》中已有言之，然汉儒以觉悟由学问来，宋儒言觉悟则濡染禅家澄心默坐之意；宋儒主张理欲对立、除情去欲，实则汉儒亦不乏去欲之说，宋儒之弊是将“天理人欲不两立”的关系绝对化了。至若宋儒主一、主敬、体用、下学上达、知几、扩充、存养众说，于汉儒著述中皆可找到类似的说法。③ 由此，刘师培总结说：

> 则宋儒之说孰非汉儒开其先哉。乃东原诸儒于汉学之符于宋学者，绝不引援，惟据其异于宋学者，以标汉儒之帜。于宋学之本于汉学者，亦屏斥不言，惟据其异于汉儒者，以攻宋儒之瑕。是则近儒门户之见也。然宋儒之讥汉儒者，至谓汉儒不崇义理，则又宋儒忘本之失也。此学术所由日歧欤。④

在刘师培看来，清代学术汉宋二派之争，汉学学者以宋学所主者皆出入佛老之伪说，宋学学者则讥汉学者不通义理，皆属于门户偏见，这显然是公允执中之论。

三、后世“清代汉学无义理”说的发生原因及其误区

清代乾嘉时期学风自以汉学为盛，“乾嘉以来，家家许郑，人人贾马，⑤ 东汉学烂然如日中天矣”⑥。与汉学立异维护宋学的则以方苞、姚鼐、翁方纲等“桐城派”文士为主，晚清曾国藩崛起，其学以宋学为主，主张调和汉宋，又为宋学的发展带来了一股活力，形成钱穆所说“道咸以下，则汉宋兼采之说渐盛，抑且多尊宋贬汉”之状况。——汉学与宋学，同时也是对待传统文化的两种态度，简单说即“求史实之真”与“求义理

---

① 此“王氏”所指不详（核查《国粹学报》原刊亦作“王氏”），经与吴仰湘、孟琢诸兄讨论，疑或当为“黄氏”之误植，刘师培在前文曾提到黄式三，与陈澧并论。

② 刘师培：《汉宋学术异同论》，《清儒得失论——刘师培论学杂稿》，中国人民大学出版社 2011 年版，第 209 页。

③ 刘师培：《汉宋学术异同论》，《清儒得失论——刘师培论学杂稿》，中国人民大学出版社 2011 年版，第 209~211 页。

④ 刘师培：《汉宋学术异同论》，《清儒得失论——刘师培论学杂稿》，中国人民大学出版社 2011 年版，第 211 页。

⑤ 许，许慎，是《说文解字》的著者；郑，郑玄，马融弟子，曾遍注群经；贾，贾逵，专攻《春秋左氏传》；马，马融，东汉经学大师，设帐讲经，授徒千数。

⑥ 梁启超：《清代学术概论》，上海古籍出版社 2005 年版，第 62 页。

之通”的分野，晚近以来双方仍然壁垒森严，若近代“整理国故”运动所持以汉学原则为主，作为“文化保守主义者”的新儒家群体传承的是宋学学脉。乃至1928年成立由傅斯年执掌，后迁至台湾地区的“史语所”之所以与牟宗三等“第二代新儒家”及其后学关系几近势如水火，其中亦有“汉宋之争”的思想背景隐含其中。

由于近代以来章太炎、梁启超、胡适、顾颉刚、傅斯年这一系主导时代文化风气的学者均总体上持“尊汉抑宋”的态度，并隐隐然对于新儒家派的“文化保守主义”有所压制，无论在思想取向上，乃至学界恩怨导致的微妙心态上，都导致了新儒家群体多对清代学术评价不高。1950年前后，新儒家学者群中除了老一辈的马一浮、熊十力、梁漱溟等选择留在内地，稍晚一辈的，尤其是熊十力门下弟子们，大多选择在后半生居于港台。1958年，由唐君毅、张君劢、牟宗三、徐复观联署发表《为中国文化敬告世界人士宣言》，这一文件的发表“标志着海外新儒学的真正崛起，同时意味着中国儒学的现代转化进入新的阶段”①。他们认为，当代中国文化欲汲取现代西方文明中的科学、民主与政治制度的成果，需要跟儒学结合而完成转化。而儒学中的“心性之学乃中国文化之神髓所在”②，当以心性之学为本源。宣言明确反对清代至五四期间，主流知识界对于心性之学的排斥，认为未来当以儒学的心性之学为基础和本位，完成中西哲学的会通，进而由“内圣学”开出民主制度的“新外王学”。20世纪60年代末，号称“亚洲四小龙”的中国台湾地区、香港地区与韩国、新加坡经济崛起，它们又都被认定为处于“儒家文化圈”中，儒家文化基础与现代体制的结合问题，由此引发了全球性关注。兼之台湾地区在1966年推出所谓“中华文化复兴运动”推波助澜，作为“新宋学”的现代新儒家学派，终于迎来了他们的黄金时代。由此，新儒家的“清学观”，也逐渐在学界引起较大影响。

其中，牟宗三对清代学术的总体判断表明了延续宋明儒义理学脉络的典型立场，他讲中国哲学一向只讲到明末为止，在牟氏看来，清儒并无对形而上问题的真切思考。他在《中国哲学十九讲》中的一段话概括了他对清学的总体判断：

> ……它不能承中国传统文化的精神，所以知识分子完全变了。这一变，影响就很大。所以我们讲中国的学问，讲到明朝以后，就毫无兴趣了。这三百年间的学问我们简直不愿讲，看了令人讨厌。③

牟氏全盘否定清代学术的观点主观立场鲜明，其成因应该是多方面的：首先，当然是汉、宋之争这一传统基本观点的延续；其次，乃师熊十力曾在《读经示要》诸书中亦表达过对清学的不满，当有师承的影响；再次，与牟氏平生颇有恩怨的胡适、傅斯年等一向推崇清学，这里面难免也会渗透了一些微妙的心理情结；最后，牟氏以五四新文化运动为清代汉学精神的衍生，故否定清学的态度又与他的文化立场乃至政治立场相关。牟宗三之说虽只能视为“一家之言”，但影响相当不小，郑吉雄指出：“回顾二十世纪出现过的诸

---

① 颜炳罡：《中国儒学的现代转化》，《人民日报（海外版）》，2013年2月20日。

② 牟宗三、徐复观、张君劢、唐君毅：《中国文化与世界》，《文化意识宇宙的探索——唐君毅新儒学论著辑要》，中国广播电视出版社1992年版，第346页。

③ 牟宗三：《中国哲学十九讲》，台湾学生书局1983年版，第418页。

种《中国思想史》、《中国哲学史》一类书籍，受到前述提倡宋明理学的观点的影响，凡涉及清代思想，总表达了种不太想讲、但又不得不讲的态度，因此这一类思想史论著中‘清代’的部分，普遍显得支离、片断，模糊不清。撰著者往只取黄梨洲（宗羲，1610—1695）、戴东原、康南海（有为，1858—1927）、谭复生（嗣同，1865—1898）等数人，稍作介绍，亦不认为彼等为第一流的思想家。对于清代思想的本质，或模糊处理，或语焉不详。总的来说，百年来关于清代学术的论点虽多，但对于清代思想真精神，能中肯颇中肯綮的论点其实甚少。”① 郑吉雄的这一叙述基本符合事实②，晚近以来的一些学人何以逐渐形成“清代汉学无义理”的这种印象，细究其说，实为一种“由果溯因”之论。——毋庸讳言，乾嘉后期的一些学者，确实不乏惟务纠缠于一字一句，往而不返，而流于“碎义逃难”的风气。刘师培曾对此有颇中肯綮的总结：

> 自征实之学既昌，疏证群经，阐发无余。继其后者，虽取精用弘，然精华既竭，好学之士，欲树汉学之帜，不得不出于丛缀之一途，寻究古说，摭拾旧闻。此风既开，转相仿效，而拾骨积襞之学兴。一曰据守。笃信古训，跼蹐狭隘，不求于心，拘墟旧说，守古人之言而失古人之心。二曰校雠。鸠集众本，互相纠核，或不求其端，任情删易，以失本真。三曰摭拾。书有佚编，旁搜博采，碎壁断圭，补苴成卷，然功力至繁，取资甚便，或不知鉴别，以赝为真。四曰涉猎。择其新奇，随时择录，或博览广稽以侯心获，甚至考订一字辨证一言，不顾全文，信此屈彼。此四派者，非不绝浮游之空论，溯古学之真传，然所得至微，未能深造而有得。或学为人役，以供贵显有力者之求。③

晚清王闿运在他的青年时代，曾对彼时之学风深感抵触。他在28岁时钻研经学，感到“时则学者习注疏，文章皆法郑、孔，有解释，无纪述；重考证，略辩论。读者竟十行辄引几卧”④。类似王闿运的印象和看法，清代后期以来所在多有，然乾嘉学术日渐流于琐碎，乃至逐渐沦为“工具化”，而确实罕见义理关怀的情况，实出于“乾嘉末流”，但若于惠栋、戴震等初期大师亦就此一概而论，显然有失公允。

---

① 郑吉雄：《从乾嘉学者经典诠释论清代儒学的属性》，彭林编：《清代经学与文化》，北京大学出版社2005年版，第249页．

② 黄爱平《“乾嘉新义理学”与清代汉学研究》文中总结晚近倾向于认为清代学术缺乏义理关怀和思想性的看法众多，如：1978年，台湾学者陆宝千著《清代思想史》，在论及清代经学时，即断言：“考据之本无与于义理也”，故“清儒之学，琐屑纤细，乃其本色，并无宗旨之可言也。究其本质，是术而非学”。朱维铮于1999年发表《清学史：学者与思想家》，认为“清代在中国学术史上呈现的辉煌，与它在中国思想史上显示的沉闷，恰成反比”，由此表明，不仅“学问与思想殊途而不同归是可能的”，而且“学者与思想家判然有别”。葛兆光在2000年出版的《中国思想史》第二卷中，也认为清代学术思想界处于一种普遍的“失语”状态，造成这种情形的原因，不仅在于高压政策，更重要的还在于“国家与权力通过真理的垄断对于生活和思想的控制”。见《“近代中国与近代文化”学术研讨会论文集》，北京师范大学2007年版，第137~138页。

③ 刘师培：《近代汉学变迁论》，《清儒得失论——刘师培论学杂稿》，中国人民大学出版社2011年版，第271~272页。

④ 沃丘仲子：《近代名人小传》，中国书店1988年版，第2页。

如梁启超在《清代学术概论》中所总结的，古今任何一种思想学说，皆有启蒙期（生）、全盛期（住）、蜕分期（异）、衰落期（灭）之四阶段，吾人所谓“由果溯因”之论者，多习于以“衰落期”之流弊，归诿于“启蒙期”乃至这种学说的本身，这类观念在思想学术史上非常普遍，但在学理上实在是有缺失的。

清初诸儒以王学为祸国之学，以晚明之亡国，在很大程度上应由王学造成的“束书不观”“平日袖手谈心性”而忽视经世实学的风气承担责任。此实“王学末流”之弊，不能归诿于“王学”本身，否则，无法解释王守仁本人冠绝一世的事功成就，也不能解释阳明心学何以在晚近中日思想界重又复兴，引发热烈回响。清初李绂已有见于此，其尝讥好诋王学之人，若身处于王守仁的时代，“能抗刘瑾乎？能诛宸濠乎？能靖粤西之乱乎？此实学与虚说之辨”①。

近代以来的一些佛学者，认为中国佛学之所以在宋以后日渐衰落，是因为背离了印度的原本宗旨，或以中国佛学的佛性论为“性觉”之伪说，或以中国佛教流行的“如来藏”说本为“不了义”，由此导致后世僧团逐渐濡染于神秘主义，乃至与民间信仰混一的状况。这其实也是将“末流”之弊归诿于“中国佛学”本身的“由果溯因”思路。若按这一思路，不仅不能解释何以隋唐时期佛学达到的繁盛程度，更不能解释被他们视为“正统”的印度佛教，何以后来也同样为印度的巫术和民间信仰所吞没，渐入衰亡。

故若追究“清学末流”流于琐碎之弊，亦应着眼于学说演进的规律。古今思潮，一旦成为“显学”之后，难免鱼龙混杂，盖如钱锺书言：“大抵学问是荒江野老屋中二三素心人商量培养之事，朝市之显学必成俗学。”② 用梁启超的“四阶段”说，任何学说演进至“蜕分期”和“衰落期”之际，恐皆难免沦为“俗学”，但自不能以“俗学”阶段的状况来否定该学说本身，更不能就此简单归咎于该学说的初始特征，此理至为显明。

四、结　　语

晚近以来有不少学者对清代汉学大师们的义理学造诣给予高度评价，如张岱年谓：“中国近三百年来……有创造贡献的哲学家，都是倾向于唯物的。这三百年中最伟大卓越的思想家，是王船山、颜习斋、戴东原。在宇宙论都讲唯气或唯器；在知识论及方法论，都重经验及知识之物的基础；在人生论，都讲践形、有为。所谓践形，即充分发展人的形体，这种观念是注重动、生、人本的。我们可以说，这三百年来的哲学思想，实以唯物为主潮。”并明确提出自己的哲学态度：“现代中国治哲学者应继续王、颜、戴未竟之绪而更加扩展。王、颜、戴的哲学，都不甚成熟，但他们所走的道路是很对的，新的中国哲学，应顺着这三百年来的趋向而前进。”③ 胡适则尤为推测戴震的哲学思想，他说：“戴震在清儒中最特异的地方，就在他认清了考据名物训诂不是最后的目的，只是一种‘明

① （清）李绂：《心性说》，《穆堂初稿》卷十八，清道光十一年奉国堂刻本。

② 钱锺书：《致郑朝宗函》（1988 年 7 月 7 日），《郑朝宗纪念文集》，鹭江出版社 2000 年版，第 295 页。

③ 张岱年：《哲学上一个可能的综合》，《张岱年全集》第一卷，河北人民出版社 1996 年版，第 273 页。

道’的方法。他不甘心仅仅做个考据家，他要作个哲学家。”① 戴震之后的凌廷堪、焦循、阮元等延续此一进路，故胡适认为：“从戴震到阮元是清朝思想史上的一个新时期；这个时期，我们可以叫做‘新理学时期’。”② 即使从不讳言自己倾向于宋学立场的钱穆，也承认清儒存在“对于传统权威之反抗精神”，“求平恕，求解放，此乃乾、嘉诸儒之一般意见”。③

要之，清代乾嘉以降汉宋之分的学术壁垒的形成，更多的是一种学术共同体“阵营”确立后的简单化的解释模式，这一解释模式后被泛化和绝对化，从而造成近于削足适履式的理论困境和两难问题，以至于强化了清中期以降学林的门户之见，影响迄至晚近。但克实而言，“汉学”群体的学者，其中多有对义理问题颇有关注并有所创见者，“宋学”群体的学者，也未必都不重视训诂考据。故清代中期以来学林惯常所称的“汉宋之别”，很难就“考据”与“义理”二者进行非此即彼的划分，最多只是在方法意识上有所偏重而已。

（作者单位：武汉大学中国传统文化研究中心）

① 胡适：《戴东原的哲学》，《胡适全集》第六册，安徽教育出版社 2003 年版，第 356 页。

② 胡适：《戴东原的哲学》，《胡适全集》第六册，安徽教育出版社 2003 年版，第 458 页。

③ 钱穆：《前期清儒思想之新天地》，《中国学术思想史论丛》第 8 册，生活·读书·新知三联书店 2019 年版，第 8 页。

传统文化语词的日常介入

——论作为古陶瓷黑釉系釉色的“玄”*

□ 周 璇 高思新

【摘要】传统文化语词是中华传统文化在现实世界的言说，这种言说通过文化符号对人类生活的物质世界进行规定，这种规定以“器以载道”思想作为通达二者的重要途径。作为与人类现实生活关系密切的陶瓷，其制器思想也依据于此。黑釉系古陶瓷色彩系统的形成与作为颜色词的“玄”与“黑”相关，并具有互指性。并且这种孳乳色彩系统最终为“玄”的语义指征所规定，使黑釉系釉色形成了在色相、饱和度、光泽等方面的孳乳色彩系统，从而构建了中国古陶瓷艺术的独特文化符号，并使其成为中国传统文化的重要组成部分。

【关键词】传统文化语词；日常介入；玄；黑釉系

中华传统文化是建构古代中华文明的精神力量，这种力量往往通过“天”“道”“玄”等的关键语词传递至人们的思想以及社会现实中，并使这些关键语词成为这种力量在现实世界中的言说。这种种言说不仅通过语言来表达其思想，而且通过文化符号对人类生活的物质世界进行规定，并借由这种规定创造出与文化相应和的古代中华文明。在对具体物质世界的创造与使用过程中，“器以载道”思想成为通达二者的重要途径，因此制器、用器贵在对道的追寻和表达。作为与人类现实生活关系密切的陶瓷，其制器、用器思想也依据于此。原始瓷器产生伊始，黑釉系陶瓷即伴随人类生活，其用器与制器均绵延至今，而黑釉系陶瓷对于釉色的选择，不仅与传统文化关键语词有着密切的关系，而且据其语义赋予了特殊的指称，因此，通过探寻人们对它赋予的指称，以及指称所对应的形式和内容，可以窥见传统文化语词经由具体物质形式和生活方式，如何介入人类的日常生活，从而影响人的思想和认知。

在大量文献中，古陶瓷黑釉系的色彩之美往往被称为“玄色之美”，黑釉系也被指称为玄色釉。例如文物出版社出版的《玄色之美：中国历代黑釉瓷器珍品》① 一书，不仅以玄色来指称黑釉系色彩，更将其囊括为自东汉产生起至清代的黑釉系瓷的釉色。这些釉

---

* 本文为吉林省教育厅社科项目“吉林省缸窑陶艺新釉研究”（1505220）阶段性成果。

① 深圳博物馆、深圳市文物管理办公室、深圳市文物考古鉴定所编著：《玄色之美——中国历代黑釉瓷器珍品》，文物出版社 2012 年版。后略为“玄色之美”展览。

色既包括酱色、赤黑、乌金等饱和度不等的色彩，也包括天目系列的富含光泽的色彩。因此，实际上这里的玄色并不仅仅指单纯色彩值意义上的黑色，而是一个黑釉系的孳乳色彩系统，这就凸显了玄色与黑釉系的互指问题和孳乳问题。此书是以 2011 年深圳博物馆举办的“玄色之美：中国历代黑釉瓷器珍品展”为基础所出版的专业文献，该展览以黑釉系瓷器专题展品体系完备、展品丰富、规模最大而著称，集结了自黑釉系陶瓷产生的东汉时期及至明清时期的黑釉系瓷器。胡敏丽撰写的《禅风与儒韵：记深圳博物馆的两个展览》① 一文，将上述展览和吉州窑黑釉瓷器展一并归为玄色釉瓷器展。并在文中指出“玄色之美”展览：“参展方包括深圳博物馆、山西博物院、内蒙古博物院、内蒙古考古研究所、景德镇陶瓷考古研究所、婺源博物馆及上海高悟楼、九砚山房、观叶楼、广州红苒精舍、暂得楼、深圳宝光艺术等十多家公私收藏机构”。由此可见，集结了多所专业学术机构举办的学术性展览，对于“玄色”这一关键语词的选择，其学术性和普适性也是经过推敲，并充分考虑了其合理性的，也可以看出这种指称是在学术性和普适性均被普遍承认的前提下的结果。另外，诸多对彭城窑、涂山窑、建窑等与黑釉系瓷器相关文献的研究中，也以玄色釉来指称黑釉系釉。② 但，值得注意的是，二者在陶瓷领域中的这种互指关系，并没有作相应的论述来进行必要的辨析，似乎这种互指是不言自明、天经地义的。这种互指虽然是事实的存在，但这种互指是如何产生的，也即二者的可互指性何以存在呢？实际上，以上所列举的文献所提及的玄色釉不仅包括黑色釉，而且包括深棕色釉、酱色釉、乌金釉、天目釉等光泽各异、饱和度不等的釉色，与纯粹物理学色彩值意义上的黑色并非完全等同。以下从玄与黑作为颜色词的语义出发，从语词的指称的产生入手，逐步进行解析。在分析这种互指的必然性和孳乳现象背后的文化、思想关联的基础上，厘清“玄”与黑釉系孳乳色彩之间的关系。

一、“玄”与“黑”的颜色词释义及其异同

在语言实践中，语词指称的产生经由它的内涵形成，并由内涵决定其外延，而这个内涵往往指的正是所指称的语词的本质属性，经由其内涵派生出外延，从而产生符合其内涵的事物被同一语词指称的孳乳现象。因此，符合这一本质属性及其外延的事物被同一语词指称，产生同一语词既指称单一事物，同时这个指称还有被延展成为一个事物链条的可能性，从而产生孳乳现象。另一方面，也会产生同一事物有可能具有多个指称的现象，那是因为同一事物往往不只具有单一的内涵和本质属性，因此在不同的内涵及其外延下获得不同的指称。对于颜色词的指称而言，也可以看到同样的现象的发生，即：同一颜色词指称一个孳乳色系的色彩，以及同一色彩被不同颜色词指称的问题。因此，这就引出了一个颜色词的孳乳派生特征以及不同语词的互指问题，也引出了语词指称时对于其内涵的倾向性的问题。

① 胡敏丽：《禅风与儒韵——记深圳博物馆的两个展览》，《收藏界》2012 年第 6 期，第 47～52 页。

② 参见刘志国：《瑰丽的玄色之美——谈彭城窑黑釉天目茶具艺术》，《东方收藏》2015 年第 12 期，第 45～50 页；宁娟：《茶之清幽，盏之玄色》，《文物鉴定与鉴赏》2021 年第 2 期，第 10～12 页；王永超：《涂山窑的玄色世界》，《收藏》2018 年第 1 期，第 54～57 页。

作为颜色词，“玄”的普遍使用主要在周秦时期，而“黑”则从殷商时期至今，姚小平列出的颜色词的演变进程如下①：

(1) 殷商	(2) 周秦	(3) 汉晋南北朝	(4) 唐宋至近代	(5) 现代
幽【黑】	玄，黑【黑】	黑【黑】	黑【黑】	黑【黑】

姚小平认为甲骨文中，表示颜色的词如幽、白、赤、黄、青分别表示黑、白、红、黄、青（包括绿和蓝）五种颜色，其中幽对应的就是黑色。而在周秦时代，“幽”的基本色称地位为“玄”“黑”所取代。在此，他特别指出，在周秦时期（特别是前期），用得最多的是“玄”而不是“黑”（如《诗经》《尚书》）。不过作为颜色词的“玄”更多地倾向于微含赤色的黑，周秦以后，“玄”逐渐多用于表示幽远深奥等非颜色的社会文化意义的语义。通过上述研究，可以明显看出以下现象：

（一）作为颜色词的互指现象及使用差异

无论是“幽”还是“玄”，作为颜色词，其核心指征是以“黑”为主的，这也意味着这三个语词的互指具有一定的合理性及历史渊源。与此同时，语词本身的语义也使三者具有不同的倾向性。“幽”作为最先产生的用于指征黑色的语词，其语义倾向于“幽深、幽远”所产生的色彩感受。其后的“玄”，许慎《说文·玄部》中记载：“幽远也，黑而有赤色为之玄。象幽而入覆之也。”② 在此，玄与幽的本义非常接近，都有幽远之意。但是玄作为颜色有了一个新的倾向性：黑而有赤，也即玄是黑中泛红的色彩。肖世孟在《先秦色彩研究》中指出：“在历代文献和金文中，玄主要指天色、水色、服色”，并认为“玄”的黑色之义，由“悬”义而来，悬于高远之物，幽远而神秘，视觉的幽远之处是不可捉摸的黑色。③ 笔者认同肖世孟在此处的说法。玄作为黑色的语义，既有幽的幽远、幽深之义，又有幽远之处不可捉摸、变化莫测的含义。但另一方面，玄有了作为黑色的色彩倾向性：黑而有赤。作为幽、玄、黑三者而言，黑色作为极端色的无彩色，更为确定和明晰，倾向于表达颜色本身。而幽、玄更多地倾向于语义本身的引申义和扩展的社会文化意义。幽、玄可以表示天色、水色，并引申为对天、道的表征，如“玄天”“玄酒”“幽玄”④ 等，尤其对于“玄”而言，虽然表示的是黑色，但在表示颜色的同时，更强调其文化意义。例如“玄天”的指称，不能以黑天或幽天来指称。贾公彦疏的《周易》第二卦中强调：“天玄与北方黑二者大同小异，何者？玄黑虽是其一，言天只得谓之玄天，不得言黑天。若据北方而言，玄黑具得称之，是以北方言玄武宿也。”⑤ 这里指出了玄、黑是可以互指的，在此都表示同一的颜色指征，但是，在强调社会学意义的时候，倾向于用

① 姚小平：《基本颜色调理论述评——兼论汉语基本颜色词的演变史》，《外语教学与研究》1988年第1期，第19~28页。

② （汉）许慎撰，（宋）徐铉校定：《说文解字》，中华书局1963年版。

③ 肖世孟：《先秦色彩研究》，人民出版社2013年版，第148页。

④ 《周书·武帝纪上》：“至道宏深，混成无际，体色空有，理极幽玄”，此处为幽深玄妙之意。

⑤ 《周礼注疏》，（清）阮元校刻：《十三经注疏》，中华书局1980年版，第918页。

具有相应的内涵语义的玄来指称。例如玄天强调的是神秘幽远，因此不能用黑天，只能用玄天。而北方作为方位词，玄黑皆可用。但在对北方星宿的指称中，强调其神秘性及社会学意义时，用的也是玄武，而非黑武。

（二）“玄”与“黑”作为颜色词的孳乳色彩系统

颜色词作为语词，其指称由其本质属性决定。因此，在内涵基础上的外延导致所指称的事物被延展为一个庞大的系统，而非某个确定的单一色彩，这往往就会造成孳乳色彩链条的产生，也会使语词不仅对具体的某一个色彩有指征性，对一个系列的孳乳色彩也具有指征性。并且很多颜色词的词源，也即其本质属性，“往往来自某种具体物体的颜色或具有某种颜色的物体。物体的颜色本来就不是那么纯粹的。这也是造成颜色词的模糊性和多义性的一个原因”①。如果从“玄”指称天色来看，玄色所指称的悠远神秘实际上形容的是感觉，而不是具体的一个确定的色彩，例如“玄酒”“玄玉”“玄羽”“玄贝”。虽然都是表黑义，但这些具体的物的黑并不是同一的，水（玄酒为祭祀用水，非酒）的黑与玉、羽毛、贝壳的黑，色彩、色泽、色值都有或多或少的差异。而“黑”的语义派生现象更为丰富和复杂。侯立睿在《古汉语黑系颜色词疏解》中，审定出的古汉语黑系颜色词就有 151 个，其中单音节词 80 个。② 这也是本文以黑釉系而不是黑釉作为研究主体的原因之一。因为黑色的孳乳系统本身就很庞大，而随着社会生产的发展，色彩愈加丰富，这种黑系的孳乳色彩系统也就更为繁杂，以黑釉系来进行把握会更为容易。侯立睿将古汉语中的单音节黑系颜色词谱系分为两大类，一类是无彩色系列中的黑色，一类是彩色系列中的近黑色，参见表 1：

表 1

<table>
<tr><td rowspan="7">无彩色系列中的黑色</td><td>纯黑色：鸦、骊、黸、漆、黳、鬒、黸、黔</td></tr>
<tr><td>黑色：猴、秬、黟、黰、缜、䵟、皯、蘻、滋、黑、黵、黶、焌、黢、袀、黸、玈、黔、绿</td></tr>
<tr><td>深黑色：乌、溜、幽、黝、墨、缁、湽、艳</td></tr>
<tr><td>灰黑色：皂、黛、黕、黩、甄</td></tr>
<tr><td>浅黑色：䵣</td></tr>
<tr><td>阴暗黑色：冥、黭、黤、暗、黯、黪、黴、奂、黢、默、纂、䵌、黤、黓</td></tr>
<tr><td>灰色：灰</td></tr>
<tr><td rowspan="7">彩色系列中的近黑色</td><td>黑红色：雀、蚁、玄、纂、綦、元、殷</td></tr>
<tr><td>褐色：雀</td></tr>
<tr><td>紫黑色：鹊、黮</td></tr>
<tr><td>灰紫色：铅</td></tr>
<tr><td>深（蓝）绿色：苍、青</td></tr>
<tr><td>黑黄色：焦、黎、黧、黗</td></tr>
<tr><td>黑蓝紫色：绀、緅、缲</td></tr>
</table>

① 伍铁平：《论颜色词及其模糊性》，《语言教学与研究》1986 年第 2 期，第 97 页。

② 侯立睿：《古汉语黑系颜色词疏解》，中国社会科学出版社 2016 年版，第 78、258、259 页。

从表1可以明显看出，由黑色派生的古汉语孳乳色彩系统异常庞大。在此，侯立睿是将玄色作为黑色的孳乳系统的一种来看待的，而且将其划分在彩色系列的近黑色中，表黑红色。从玄的这种色彩表征来看的话，这种划分是具有一定的合理性的。另外，他也指出了玄的孳乳色彩：玄绀和玄青，玄绀色暗黑而微红，玄青则为深黑色。

但毋庸置疑，玄黑的互指和派生的历史性往往更多地体现在其文化意义上。虽然姚小平认为这种现象主要在周秦时期，实际上其后各个历史阶段都有玄色存在，并且所指称的颜色也有变化。尤其在制染中，例如明代起制染的“玄色”主要指含蓝的深黑色，同时也泛指黑色，而不是之前的泛红的黑色。二者都有孳乳色彩系统存在，但玄是被包含在黑的孳乳色彩系统之中的。不过在用于礼仪用语的时候，往往用“玄”指代“黑”来表达庄重典雅的语义色彩，因此，“玄”作为色彩，更倾向的是其社会意义的指征。以上是二者作为色彩的初步解析，但作为具体的生产行业和社会生活中的颜色，往往还会受到生产、生活的发展以及社会变迁的影响。对于古陶瓷的釉色来讲，玄与黑的指称具有更为贴合的互指性，以及同样复杂的孳乳色彩系统。

二、作为釉色的“玄”与“黑”的互指、孳乳现象及其社会文化内涵

颜色词往往从具体的物像产生，其后逐渐抽象化，然后才成为特定的语词。因此，颜色词对于色彩的指征往往来源于具体物体的颜色或具有某种颜色的物体，这就使颜色词所表征的色彩以及互指、孳乳的色彩系统，受到相应的具体物体的影响。另外，当成为特定的颜色词之后，再指征于其他类别的物体的色彩时，也会受到这种类别的物体的影响。而当这种物体是通过人类的社会生产来创造的，无疑又会受到具体生产创造时的社会意义、色彩观念、工具、材料、技术等的影响，例如“玄”最开始是从天的颜色而来，表泛红的黑色，但其后被用于丝织物的颜色表征时，就产生了变化和孳乳。从一开始的泛红的黑色，及至明代起，由于制染工艺、色彩观念等的改变使“玄色”变为含蓝的深黑色，并泛指黑色，从而使颜色词的互指和孳乳色彩系统产生变化或者拓展，这种变化在古陶瓷器表面的釉色当中也有充分的体现。

（一）作为釉色的“玄”与“黑”的互指和孳乳现象

作为釉色的“玄”与“黑”的互指和孳乳现象首先与陶瓷本身作为社会生产的重要组成部分相关，尤其与陶瓷生产的材料、技术等有直接的关系。从历史上看，黑色是古陶瓷最早使用的釉色之一。原始陶器的黏土使用的是未经提纯的自然黏土，这种自然黏土大部分杂质含量较高，尤其红色黏土，富含赤铁矿、磁铁矿等。红黏土中高铁黏土主要由黏土矿物和褐铁矿赤铁矿等组成，其中的褐铁矿、赤铁矿含铁量高达30%~40%，是我国主要的铁矿来源之一。在现在的陶瓷工业中，较高纯度的赤铁矿——赭石，依然是常用的氧化铁的添加物之一。红黏土中的铁锰含量都很高，在较高温度烧结尤其使用还原气氛烧成后，不仅使陶器坯体颜色烧成为深褐色，并且通过含铁量高的表面黏土层与烧制的植物灰烬的熔融，极易形成原始的褐色、赭石色、黑色等色的草木灰釉。我国较早的原始陶器的

烧造主要使用的正是坑烧、熏烧等强还原烧成方式。如果通过经验积累，进一步调整高含铁黏土的用量，增加草木灰含量，并充分粉碎研磨，使表面涂层烧成温度得以继续降低的话，与后期成熟的黑釉配方的化学组成已经非常接近。最早的真正意义上的黑釉约在东汉时期出现，陶工主要使用含氧化铁量较高的黄黑色黏土混合草木灰，作为釉料装饰在陶瓷器的表面，烧造出微泛黄或青的黑釉。① 实际上以氧化铁为发色剂的黑釉系釉色，随着氧化铁比例的多少变化，呈现从橙褐、赭石至黑色的颜色，因此以氧化铁作为发色剂的黑釉普遍呈现的色相是偏红色的黑色。氧化铁比例越高黑色越重，如果过量，或者基础釉中有分相的情况，还会造成釉中铁的晶体的析出和液相的分离，使釉中晶体可以发育出兔毫、油滴等饱含炫目光泽的结晶效果，从而产生天目类的釉色。而且，高含量的氧化铁作为发色剂时，会使釉面的生成对气氛不甚敏感，烧成时的氧化或者还原气氛对其烧成后的发色影响不大，对坯体原料的纯度要求也不高。因此，以氧化铁作为发色剂生产黑釉系产品成为各窑厂运用最为广泛的一种选择。这种选择的结果就是烧成的黑釉系釉色呈现从深棕、酱色到乌金，以及天目等色彩和光泽变化丰富的釉面，但其最为普遍的显现效果就是带赤的黑色。另外，自明代起也出现了含蓝的黑色，与织物中“玄色”的色彩变化的指征有相关性，也与含钴原料的发色剂的广泛使用有相关性，因为含蓝的黑色正是在黑釉中添加了钴原料的结果。这些色彩与玄色的色彩指征是基本一致的，因此依然存在其互指性。

作为手工制作和生产的产物，这种生产过程中氧化铁含量的细微变化、釉料的厚度和浓度、坯体表面的形体变化、坯体铁含量的多少、坯釉化学组成的变化、烧成温度和气氛的变化等，都会使釉色呈现相应的变化，并且这种变化作为手工制作是无法避免的。这种变化的结果虽然还在黑釉系的范畴之中，但是色彩和色泽孳乳变化却异常丰富。例如唐代长沙窑的一件黑釉模印贴花蝴蝶纹双耳罐（参见图 1）②，所使用的釉色为氧化铁发色的黑釉，在使用相同浓度釉料、其他条件均与罐身相同的情况下，由于贴塑花纹的坯体部位体积较为突出，在烧成后釉料从高处向低处流动，从而使贴塑部位釉色明显变淡。而在坯体下方，为了避免釉料过厚导致流釉到底部，造成陶瓷器与窑具的粘连，从而产生废品，近底部的位置釉料覆盖较薄，颜色又会随之减淡，呈现出淡黄色的釉色，与黑色的色彩指征有较大出入。但这种变化在实际手工制作过程中却是无法避免的，尤其在流动性较大的釉料中。例如图 2 所示的釉料，可以明显看出流动性较强。为了避免烧成时釉料流至底部，粘到下面的匣钵或者其他窑具上，都会在施釉时留有部分空间，使其在烧成中釉料的流动有足够的余地，从而提高烧成率。在同一器物上的情况如此，而在不同的器物上，手工制釉、施釉和坯体造型、烧成控制等的变化更为复杂，所生成的釉色延展孳乳也因之更为丰富。

---

① 深圳博物馆、深圳市文物管理办公室、深圳市文物考古鉴定所编著：《玄色之美——中国历代黑釉瓷器珍品》，文物出版社 2012 年版，第 200 页。

② 深圳博物馆、深圳市文物管理办公室、深圳市文物考古鉴定所编著：《玄色之美——中国历代黑釉瓷器珍品》，文物出版社 2012 年版，第 58 页。

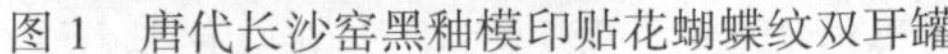

图1 唐代长沙窑黑釉模印贴花蝴蝶纹双耳罐

图2 日本静嘉堂文库美术馆藏南宋曜变天目建盏

(二)“玄”与黑釉系陶瓷色彩的社会文化语义

古陶瓷制作过程中，除了材料、技术、工具等对黑釉系的色彩形成影响，更重要的是社会学意义上的影响。在特定的社会生产、生活或者文化意义条件下，陶瓷的器型、釉色、表面装饰、款识等朝向不同的倾向发展、变化。这些部分的发展变化不仅丰富繁杂，而且是社会文化意义的具体表征。以两宋建盏为例进行分析，可以看到清晰的社会文化意义在古陶瓷釉色上的具体化和物质显现的路径。

首先，“古人之看待色彩，是站在社会学立场的，纯审美的意识却相对淡漠”①。不过两宋时期作为黑釉瓷的黄金时代，黑釉系瓷器的生产在社会生活的实用基础上，因应了社会审美意识的需要，也兼及了审美的呈现。两宋时期商品经济的发展，使茶酒成为日常生活中重要的组成部分，茶器和酒器因而在社会生活和社会文化中有着重要的地位。尤其茶文化的盛行，不仅影响了茶器的形制，还因为当时的饮茶斗茶之风盛行而影响了釉色的选择和发展。上自皇宫贵胄，下至贩夫走卒、寺院禅堂均喜好饮茶斗茶，其中尤以文人士大夫热衷于此。宋代的饮茶习惯与唐代不同，需要将团茶碾压粉碎，注入热水，然后在茶盏中使用茶筅进行搅打击拂，使茶汤泛起较浓厚的白色乳花，再进行斗茶和品饮。而斗茶时，由盏面乳花的丰厚程度、有无水痕、乳花咬盏时间的长短等因素来决定胜负。因此为了衬托茶汤的白色，使用黑釉盏最为适宜。蔡襄《茶录》强调“茶色白，宜黑盏。建安所造者绀黑，纹如兔毫，其坯微厚，熁之久热难冷，最为要用。出他处者，或薄或色紫，皆不及也。其青白盏，斗试家自不用”②。水痕的多少是斗茶胜负的关键，越长时间不出现水痕者越佳，《茶录》记载“建安斗试，以水痕先者为负，耐久者为胜”。这种斗茶文化的兴盛，对茶盏的色釉提出了两个重要的要求：其一，色黑为佳，以衬托乳花；其二，釉面光泽度好，才能不易挂水痕，易于击拂。这两个要求，既源于点茶、斗茶、饮茶的功用，又是对于茶汤审美的需要。

① 江澄清：《中国色彩论》，甘肃人民美术出版社2007年版，第40页。

② 蔡襄撰，宋一明译注：《茶经（外三种）译注》，上海古籍出版社2014年版，第97、94页。

其次，釉色的生产和发展与此一时期的社会文化意义相关联。例如，文人士大夫作为斗茶风尚的主体，其所受到的宋明理学的影响也渗透到两宋建盏黑釉系色彩的生产和发展之中。从而使建盏呈现出以下两个突出特点：一个是器型简洁，绝少装饰；一个是基本使用单色釉。以简洁淳朴的造型，单一的色釉来获得自然而然、天人合一的审美需要。在此基础上，这种自然而然和天人合一还要能体现出宇宙千变万化、幽远神秘的美感，天目系黑釉的釉色正是这种审美观的完美显现。天目系釉色由单一的色釉通过窑火的烧成和控制，使釉面生成千变万化的效果，尤其是兔毫、曜变天目盏（参见图 2）①，颇有禅宗“无所矫饰，自然天成”的韵味，在观赏时随光线、角度千变万化，产生如同在一隅中见宇宙星空的视觉感受。

再次，此一时期正是中国画走入“水墨玄界”的时代，宋人称画为“墨戏”②，水墨兴起，墨、黑、玄的通用使水墨画成为“道”的载体。而水墨的使用，正是强调以黑色的墨来反映内在精神，而非外在色彩。强调“水墨为上”，“运墨而五色具”。③ 这种思潮影响了黑釉系瓷器的色彩选择，“玄”作为黑釉系色彩的审美取向，使黑色釉的孳乳色彩系统不仅丰富多彩，在光泽上也有卓越的表现。如图 2 所呈现的天目盏中的曜变天目黑釉，其色彩和光泽随光线照耀角度、观看角度的变化，产生千变万化的观感。此时的黑釉系色彩的变化孳乳，在不同的角度和不同的光线中，呈现了不同色彩的玄妙光泽，充满幽远深奥的韵味，已经很难以单纯的黑色来形容，因此，以“玄”来指称的话，恐怕更为恰切。

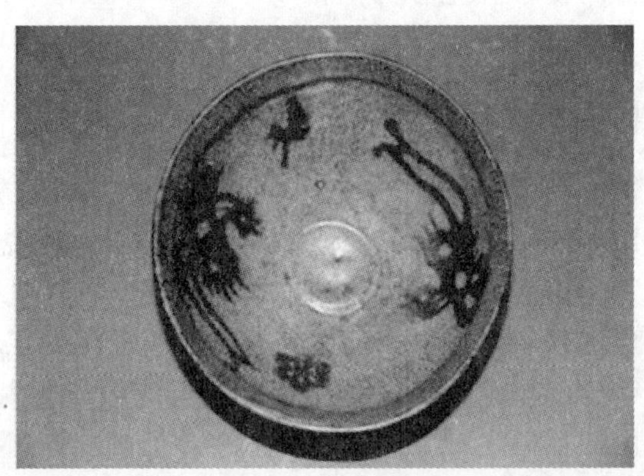

图 3　南宋吉州窑釉上贴花双凤纹盏（中国吉州窑博物馆藏）

从作为颜色词的“玄”“黑”，到作为釉色的“玄”“黑”，可以明晰看到，当作为文化意义和精神色彩意义的时候，倾向于使用“玄”，而在单纯表征颜色、或者日常使用的时候，往往使用“黑”。并且在釉色中，实际的黑釉系已经远远超出了物理学的黑色的色彩值的范畴，无论色彩还是光泽，都有着复杂丰富的孳乳系统。但细究其间，或隐或现地

① 图片来源于日本静嘉堂文库美术馆网站。

② 江澄清：《中国色彩论》，甘肃人民美术出版社 2007 年版，第 89 页。

③ （唐）张彦远：《历代名画记》卷二，浙江人民美术出版社 2011 年版。

存在这样一个昭然若揭的底象，即："玄"的社会意义和精神色彩，始终影响和规定着黑釉系色彩的生产、发展和变化，并在一定意义上，指称古陶瓷黑釉系色彩及其孳乳系统。

三、"玄"的哲学内蕴及符号表征

黑釉系古陶瓷的制作和生产，与中国古代造物思想息息相关，其釉色的孳乳色彩发展轨迹为相应时代的社会生产、生活、文化意义所构成的生活世界所规定。其原因在于，作为艺术范畴的由人创造的通过物，釉色与器型相依托所构成的形式，对所存在的生活世界进行表达。"任何艺术的形式都是有内容的形式。这便证明了艺术作为赋予形式的活动就是赋予内容或者是意义的活动。"① 在思考作为釉色的玄与黑时，将其作为形式与内容来思考的话，其形式就在于黑及其孳乳色所产生的黑釉系色彩系统，而"玄"则是作为其精神意义上的内容来存在的。因此，从形式和内容来理解二者的关系，就能理解二者的互指性，以及为何产生复杂的，甚至超过平常意义上所指称的黑色的孳乳色彩系统，也能理解何以在强调釉色的社会学意义的时候，以"玄"来指称，而不是以"黑"来指称。据此，二者进一步成为赋予与被赋予的关系。江澄清认为："自西周以后，色彩观念便大为改变了，色彩几乎成了礼与道的象征，用以别内外、示尊卑、祀鬼神，这是广义的社会学、民俗学的色彩观念。因之，用之于祭祀、社交、葬仪的陶瓷用品，亦无不受制于此。"② 从色彩观念的礼与道的象征来思考釉色中的"玄"与"黑"的话，二者正是赋予与被赋予的关系。那么，黑釉系古陶瓷孳乳色彩为何被赋予"玄"的称谓，二者之间这种联系又是如何确立的呢?

（一）"玄"的哲学意蕴

陶瓷作为由人所创造的艺术品，主要有以下两种类型，一种是作为欣赏的纯艺术陶瓷，另外一种是兼具实用功能的实用陶瓷。但无论哪种类型，都受到创作者的创作意图、接受者的审美意识，以及创作所必须的工具和技术的规定。在工具和技术逐步提高的过程中，釉色的丰富性就会愈加繁多。在可选择性和可能性所需要的工具和技术被解决后，生产结果作为外在形式最终为创作意图和接受者的审美意识构成的内在观念和内容所左右。黑釉系釉色作为最早使用的釉色之一，能够延绵不断，正是主导这种内在观念和内容的创作意图和审美意识共同作用的结果。而创作意图和审美意识的倾向性则主要受到特定的文化心理所形成的色彩观念的影响。

中国的传统色彩观念，在系统化之后，更多的是基于思想意义和文化意义影响的结果，而非西方色彩观念中视觉或光学意义上的结果。这就使中国传统色彩一定程度上具有特殊的语义，对于具体色彩的语义而言，如果不纳入色彩观念的语境中进行思考，就很难呈现其在历史语境中所表达的内在意图和社会意义。陈彦青考察我国的传统色彩观念的产生发展过程，提出色彩的使用有一个从简单到复杂的过程，并将色彩观念的生长推论如下："1、浑然一色，2、二色初分（阴阳、黑白、纯杂），3、三色观（黑、白、赤），4、

① 彭富春：《美学原理》，人民出版社 2011 年版，第 215 页。

② 江澄清：《中国色彩论》，甘肃人民美术出版社 2007 年版，第 120 页。

四色观（黑、白、赤、黄），5、五色观（黑、白、赤、青、黄），6、玄色统辖下的五色系统（玄黄——黑、白、赤、黄、青）及间色系统的产生。"① 从这个生长系统可以看出，黑从色彩观念二色初分伊始就是色彩系统中的核心存在。在色彩系统趋于完善后，以"五德终始说"构建的五行五色与间色构建出中华色彩系统，在这个色彩系统中，玄黄意味着天地的颜色，玄更倾向于文化意义和精神色彩，黑实际上成为对颜色的指称。因此，玄作为黑釉系陶瓷孳乳色彩的指称，首先是赋予黑釉系陶瓷文化意义和精神色彩。

从陶瓷史来看，陶瓷无疑具有这种文化意义和精神色彩的承载力。这种文化意义和精神色彩，与中国传统文化中作为底色的儒道释三者的哲学理念所建构的色彩观念密切相关。儒道释作为中国传统文化的基石，三者的色彩观共同构建了中国传统色彩观念，三者对于色彩的指向和规定都根基于自身的哲学理念，甚至基于这种规定发生历史性的色彩事件。例如孔子所指出的"恶紫夺朱"②，就由于对特定色彩的好恶，从而对社会政治、文化产生巨大的影响。儒家经典《周礼》提出五正色及在此基础上出现的间色的色彩结构，成为中华色彩观念的基本建构。而在五正色中，"天玄地黄"是在五方五色之上的等级最高的色彩搭配，作为儒家概念中的色彩系统，玄意味着天，因此是具有最高等级的色彩。道家则从玄的观念出发，以阴阳来解释世界，并选取了黑白两种颜色来指代阴阳。玄在道家色彩观念中就是道的体现，因此选取与之相通的黑作为道的象征色，这也就使得黑转化为"玄"的色彩符号。这种玄（黑）色彩观，首先影响了中国传统绘画的色彩观，使水墨（黑白）逐渐成为中国绘画的主流，而在水墨兴盛的历史时期，黑釉系陶瓷器的生产也处于兴盛期。宋代水墨山水的主流与当时黑釉系陶瓷器尤其是茶盏的盛行，以及饮茶风尚的风行，在时间维度上就是相应和的。苏东坡《水调歌头》中所提及的茶盏正是建盏中的兔毫盏："老龙团，真凤髓，点将来。兔毫盏里，霎时滋味舌头回。"③ 此一时期黑釉系茶盏尤其是建盏的盛行，还与当时禅宗的茶礼有很紧密的关联。禅宗"茶禅一味"的理念赋予禅茶以修行的仪式功能，使当时禅宗尤其是南禅的僧侣间盛行以茶参禅，而茶礼中点茶的盛器往往就是黑釉系的建盏。佛教对于黑釉系的偏爱是与其色彩观念相关的，《大日经疏六》中对"黑""玄"的关系以及二者在佛教色彩中的符号意义进行了解析："黑为如来寿量常住之身，如是妙身，毕竟无像，故作深玄色"，并且指出"而诸众生有渐入者，有超升者、有顿入者，然其所趣，毕竟同归，故云一切内深玄也"。④ 在此，黑是深玄色，是如来的常住之身，也是参悟后的终极同归，意味着"慧之色""如来究竟之色"⑤。因此，黑与深玄在此是同一的，指向佛教的终极追求，以及智慧的象征。作为禅茶仪式的盛器，选择"玄"的表征色"黑"为其颜色，也就顺理成章了。

由上可见，儒道释自身的色彩观念中，"玄"都具有反映其自身哲学理念的指向，黑作为玄的色彩语言，当然地成为承载其意义的色彩表达。另一方面，中国古代制器思想的核心理念在于器以载道，器只是形式，道才是追求的内容，而"道"，正是中国传统思想

① 陈彦青：《观念之色：中国传统色彩研究》，北京大学出版社 2015 年版，第 7、12 页。

② 杨伯峻译注：《论语译注：阳货第十七》，中华书局 2006 年版，第 211 页。

③ 邹同庆、王宗堂：《苏轼词编年校注》，中华书局 2002 年版。

④ （唐）一行：《大日经疏》卷六。

⑤ （唐）一行：《大日经疏》卷六。

中的哲学基点。作为社会生活重要组成部分的陶瓷器而言，无论生产，还是使用，都受到这一理念的深刻影响。及此，“玄”也就成了古陶瓷黑釉系孳乳色彩的指称。

(二)“玄”所形成的色彩语言与符号表征

中国的色彩，被中国古代文明作为情感和观念的语言，以文化符号的方式运用到社会生活之中。儒道释三者的色彩观念在具体呈现时，也会遵循借此产生的文化符号和色彩语言。“在中国文化史上任何一个政权，任何一种宗教，无不假色彩以明道示礼……于是，色彩便成了一种文化符号。”①进而，通过这种文化符号的语义，形成特定的语言，言说和表达特定的文化理念，对历史、文化、政治、经济生活施以深刻的影响。玄正是以其本身的语义对黑釉系色彩符号化，使其成为一种色彩语言，从而获得对黑釉系古陶瓷孳乳色彩的规定。这种规定，意味着玄的语义是所形成的规则的建立，而规则的建立，依靠的是黑釉系孳乳釉色所形成的语言符号的言说。不难看出，玄在中国传统文化中的语义，其核心是“天、道”，并进一步生发出“幽远、自然、神秘、玄妙、变化”等的语言指征。据此，进一步考察黑釉系古陶瓷孳乳色彩如何表达出相应的语言指征，也即玄的语义是如何通过色彩语言进行表达，从而对黑釉系古陶瓷孳乳色彩形成相应规定的。笔者试以宋代黑釉系古陶瓷鼎盛期所生产的茶盏——吉州窑盏和建盏的釉色作为对比，从当时社会审美倾向进行分析如下：

其一，黑釉系盏追求釉色呈现出高饱和度的深沉幽远的黑色调之美，是“玄”的语义所形成的对于釉色的色彩语言的规定和表征的偏爱。吉州窑盏往往在坯体上先施黑釉或酱色釉，再将剪纸覆上，然后再上一次白釉，烧成后图案呈酱黑色，釉面其余部分则呈泛黄绿、蓝白的酱色。而建盏只在坯体上施一种富含氧化铁的釉，通过烧成使其自然生成光泽丰富的酱黑至黑色的深色釉，根据光泽和析晶的不同被称为兔毫、油滴、曜变、鹧鸪斑等。根据王佐1459年左右增补后的《新增格古要论》记述，吉州窑“其色与紫定类器相类，体厚而质粗，不甚值钱”②。与其相近成书于1467年的《君台观左右账记》称之为鼈盏、能皮盏，也记述其与天目胎质接近，价廉。③ 书中记载鼈盏有花鸟纹，价值千匹，油滴盏价值五千匹，而曜变盏值钱万匹，价格是其十倍。中日两份著述时期相近，基本可以相互佐证此一时期人们对黑釉系不同饱和度黑釉茶盏的喜好程度，商品的价格实际上取决于当时人们对于此种品类商品的价值判断，也反映出社会喜好的风向。这种社会喜好的程度正是社会审美倾向的反映。从价格最高的建窑天目盏到价格低廉的吉州窑盏，釉色从深到浅，吉州窑盏虽然装饰精致，然而缺少建盏酱黑色至深黑色的孳乳色彩釉面所呈现的神秘幽远的气质。可以看出在这种社会审美意识倾向下，“玄”的幽远神秘的语义所形成的对于釉色的色彩语言的规定和表征的偏爱。因此，首先可以看到黑釉系在“玄”的语义规定下，更倾向于高饱和度的幽深的黑色调。

其二，黑釉系盏追求宛若天成的自然之美，暗含自然而然的天、道的理念。宋代对于建盏类专注于釉色所呈现的自然天成的色相之美的喜好，远超于在釉色上再进行花色装饰

① 江澄清：《中国色彩论》，甘肃人民美术出版社2007年版，第4、12页。

② （明）王佐：《新增格古要论》，浙江人民美术出版社2011年版，第252页。

③ ［日］《君台观左右账记》，塙保己一：《群书类丛》卷361，经济杂志社1905年版，第672页。

的吉州窑盏的喜好。宋代黑釉系吉州窑盏主要以漏花的方式，通过剪纸漏花，使烧成后的釉面出现各种吉祥图案（如龙、凤、鹿、蝶、折枝花等，如图3），或吉祥词句（常见“福寿康宁”“长寿富贵”等），还有一类比较特别的是在施釉后放入植物的叶子（常用桑叶），以烧成釉面中带有木叶纹的茶盏。这类装饰的产生是在茶戏的基础上形成的，茶戏追求茶盏中映出种种幻象，吉州窑盏因应于此种需求而出现剪纸漏花的装饰工艺，比之建盏装饰手段尤为复杂，然而烧成后的釉面纹饰人工痕迹尤重。无论其装饰的是纹饰图案还是语句，其装饰的目的在于纹饰图案或语句本身的文饰所蕴含的符号意义的表达，同时也就使使用者和欣赏者聚焦于此，从而忽略了对于茶道的哲理的体悟。建盏则重在天成，只施以一种富含氧化铁的釉料，通过烧成使其产生天然的结晶和色相变化。这种变化使釉色获得自然而然的酱黑至黑色的孳乳色彩釉面，几无人工刻意加工的纹饰等的痕迹，使使用者及欣赏者专注于其釉色色相本身的自然天成之美，以及对于茶道本身的天、道的体认。因此蔡襄才会在《茶录》中提出，“建安所造者绀黑，纹如兔毫，其坯微厚，熁之久热难冷，最为要用。出他处者，或薄或色紫，皆不及也。其青白盏，斗试家自不用”①。这种建构于“玄”的自然而然、重在天成的审美意愿，使黑釉系古陶瓷孳乳色彩减少了人的制作痕迹，尊重并倾向于釉色本身自然产生的色彩语言的言说所获得的色彩表征。

其三，黑釉系盏推崇在不同光线和视角下形成变幻莫测的光泽变化，这种光泽感正契合于神秘、玄妙、变化的“天、道”。如图4中的宋建窑黑釉油滴盏，其釉面结晶如同夜空繁星，也如同水面漂浮的油滴，在不同的角度和光线观赏，都会闪烁不同的光泽。图3中日本静嘉堂文库美术馆藏的南宋曜变天目建盏，被誉为盏中可见宇宙的茶盏（细节见图5），则更具有绚烂夺目的光泽。这种变幻莫测的釉面光泽变化，以及灿若星辰的曜变结晶，如同夜观繁星，观照宇宙的审美感受，相较于吉州窑盏一目了然的图纹装饰所表达的意味，更让人感受到耐人寻味、深不可测的玄幻之美。这种变化无穷的光泽所产生的色彩语言，不仅言说了“玄”的不可捉摸、神秘玄妙的语言表征，也是“玄”作为天人合一的宇宙观的道的表征。

图4　宋建窑黑釉油滴盏
（福建省南平市建阳区博物馆藏）

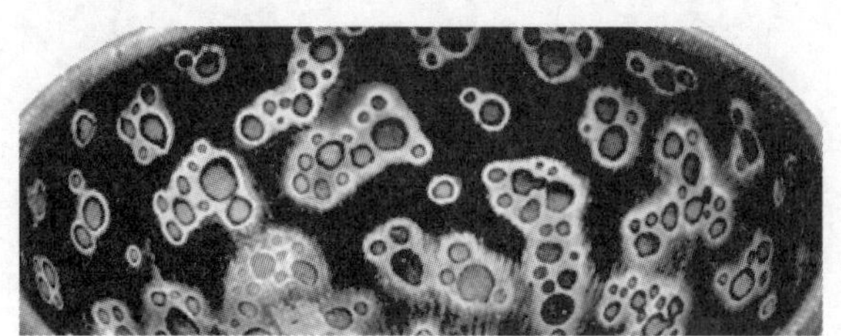

图5　南宋曜变天目建盏局部
（日本静嘉堂文库美术馆藏）

及此，通过对黑釉系中的两种釉色的比较，可以明显看出“玄”对于黑釉系古陶瓷孳乳色彩的规定，通过色相、饱和度、光泽等诸方面的色彩语言的倾向性的彰显，从而表

① 蔡襄撰，宋一明译注：《茶经（外三种）译注》，上海古籍出版社2014年版，第97、94页。

达出“玄”“幽远、自然、神秘、玄妙、变化”的语言指征。并进一步阐释了“玄”所蕴含的对“天”“道”的语义的言说。

四、结　　语

黑釉系古陶瓷是中国古代陶瓷的主流品种之一，在不同的历史时期，作为中国历史文化的重要载体与物质呈现，与其时代相应和的多种多样的器物传递着天人合一的宇宙观，以及观照世界的精神追求。黑釉系古陶瓷孳乳色彩系统以其幽玄、深邃、曜目的色彩和光泽显现出中国传统文化中“天”“道”的哲学意蕴。以“玄”所指称的黑釉系色彩孳乳派生出丰富繁杂的色彩系统，深刻彰显了中国传统美学中儒释道三者在审美认知与哲学智慧中的最高理想。黑釉系古陶瓷伴随着中国古代社会和文化的传承发展，与社会文化和社会精神相应和，紧密相伴于人类现实中的日常生活，扮演着精神超越与日常存在中的桥梁，以器以载道的方式，将“玄”的社会意义、精神色彩和文化符号融于人们的日常所观、所思、所感，从而使其融入中国人的生活世界和精神世界。

通过对作为黑釉系古陶瓷釉色的“玄”的多维解读，使我们进一步窥见中华传统文化中的关键语词如何影响着人类生活的现实世界，以及如何通过人所制造和使用的具体的物，将其语意传达至人类的日常生活领域，并进一步构建人类社会的精神世界。这一路径不仅是“道”“器”通过人所获得的通达路径，也是人在“造器”“用器”时的思想路径。及此，这条路径不仅成为传统文化语词的言说之道，是中华传统文化借由关键语词对人类社会日常规训的介入之道，更是以此深刻影响人的思想和行为的路径。

（作者单位：武汉大学哲学学院、《湖北社会科学》杂志社）

近代中国“艺术”概念的生成与重构

□ 李冰楠

【摘要】19世纪，“艺术”概念是挟裹在“美学”相关知识观念中传入中国的。其虽未在“英汉字典”中达成译介，却以“上艺”“雅艺”“精艺”“美艺”等词汇形式出现于中文语境，呈现出审美性与情感性并重的特点。20世纪，“美术”和“艺术”逐渐成为指称近代西方“艺术”的主要表达，二者的古今转换及意涵互动，反映了此时期“艺术”概念生成的主要特征。“艺术”概念在中国落地后，并未被束之高阁，而是在各界人士阐发、运用之下，广泛参与了近代中国知识体系的重塑与民族话语的建构。经此过程，“艺术”概念融入了中国的历史文化语境，最终得以确立和本土化。

【关键词】艺术；美术；美学；概念史

一、引　　言

19世纪以来西学东渐的浪潮，有力推动了东亚文化圈知识体系的再整合，中西思想、文化交流规模达空前高度。此背景下，作为西方艺术、美学史上核心中坚概念的“艺术”(Art)，经由西—中、西—日—中的路径传至中国，对晚近中国“艺术”概念的确立产生了重要影响。

既往学者皆注意到了“艺术”概念场景变换所涉及的古今演绎和中西涵化，并以中—西—日的三边互动关系为横向坐标，对其术语、词群和相关概念展开了多向度考察。其视野不限于“艺术”“美术”的语义探究和意涵追踪，更是延及对其学科体系形成及文化脉络展开的研究。① 然而，学界鲜少关注“艺术”概念形成时所衍生的不同词

① 参见冯天瑜：《新语探源——中西日文化互动与近代汉字术语生成》，中华书局2004年版，第366页；冯天瑜、黄长义：《中国文化近代转型的内因与外力》，中国社会科学出版社2017年版，第416~427页；柳素平：《明清时期中西日间“艺术”词义的互动及文化史意义》，《湖北社会科学》2006年第8期；刑莉：《中西“美术”概念及术语比较》，《南京艺术学院学报》2006年第4期；(转下页)

汇外壳,①对其传入背后所涉及的中西知识整合，及在特定历史情境下展开的概念本土化过程也缺乏深度探讨。

本文拟在吸取既有研究成果的基础上，充分关注“艺术”概念在中文语境下衍生的术语群，并以其确立、展开和互动为线索，钩稽“艺术”概念在中国的生成、重构过程；不仅如此，本文还力图把握“艺术”概念传入背后隐含的新旧知识整合，并从民族话语建构的视角，考察其在中国的受容过程。

二、西方“艺术”的汉译与初传

“艺术”概念在西方有着漫长的发展历程。柯林伍德有言：古拉丁语 Ars 类似于希腊语τέχνη，指技艺或专门技能；17 世纪，美学概念才从技艺哲学中分离出来；18 世纪，这种分离日渐明显，由此出现“美的艺术”（Fine Arts）与“实用艺术”（Useful Arts）的区分；19 世纪，“艺术”才最终表现为 Art 这一压缩概括的形式，并在理论层面与技艺完全区分。②克里斯特勒亦指出，早期“艺术”主要指囊括工艺或科学在内的所有人类活动，18 世纪后，构成美学基础的近代艺术体系（绘画、雕塑、建筑、音乐、诗歌）才逐渐定形。③可见，至迟在 18 世纪，以美感经验为核心的“艺术”概念已在西方世界逐步确立，而其传入中国则是 19 世纪后的事。

就早期“英汉字典”中 Art 的译名及词组而言，其基本意涵仍停留在与社会实践活动密切相关的知识、技艺层面，尚未触及美感经验层面。无论是马礼逊《英华字典》将 Art 译为“业”“学业”“艺业”④，还是卫三畏《英华韵府历阶》将 Art 译为“艺”、Arts 译为“百艺”⑤，其所强调的皆为 Art 的应用性与实践性。即便麦都思所编《英华字典》将 Art 的译名扩展至“手艺”“艺业”“法术”“技术”“技艺”“伎俩”，并增添 the art of war（武艺）、the art of driving（御艺）、a curious art（秘法）等语例⑥，其所呈现的仍为

（接上页）林晓照：《近代中国的“美术”：观念与学科的纠葛（1880—1927）》，中山大学博士学位论文，2008 年；王琢：《从“美术”到“艺术”——中日艺术概念的形成》，《文艺研究》2008 年第 7 期；文韬：《“艺术”内涵的近代衍化——文化交流向度的语词考察》，《近代史研究》2013 年第 1 期；王杰泓：《中日近代术语对接的复象现场与历史经验——以“文学”“艺术”“文艺”为例》，《文学评论》2017 年第 2 期；吴键：《西潮却自东瀛来：明治日本与近代“艺术”的概念革命》，《南京艺术学院学报》（美术与设计）2021 年第 2 期。

① 就笔者所见，仅林晓照对此问题进行了探讨，然尚有深入空间。见林晓照：《晚清“美术”概念的早期输入》，《学术研究》2009 年第 12 期。

② R. G. Collingwood, *The Principle of Art*, The Clarendon Press, 1938, pp. 5, 6.

③ Paul Oskar Kristeller, The Modern System of the Arts: A Study in the History of Aesthetics Part I, *Journal of the History of Ideas*, 1951, 12 (4), pp. 498, 527.

④ Robert Morrison, *A Dictionary of the Chinese Language in Three Parts*, Part III., The Honorable East India Company's Press, 1822, p. 30.

⑤ S. Wells Williams, *An English and Chinese Vocabulary, in the Court Dialect*, The Office of the Chinese Repository, 1844, pp. 8, 176.

⑥ W. H. Medhurst, *English and Chinese Dictionary*, The Mission Press, 1848, p. 73.

以百工技艺和巫术艺术为内容的古典义 Art①。而后罗存德更是沿袭此思路，以致由中国人邝其照编纂的《华英字典集成》也将 Art 译为“手艺”“技艺”“技术”。② 由此可知，近代西方以审美、情感表现为特征的“艺术”，并未经 Art 及其相关词群的翻译传入中国。

真正意义上开启“艺术”概念传入中国先机的，当为伴随西方教育、学术、文化等书籍而来的美学知识的输入。

1873 年，花之安所著《大德国学校论略》（又名《西国学校》）对德国教育规置进行了详细介绍，其中便涉及西方美学观念。该书论及“入妙之法”一课有言：

> **论美形**，即**释美**之所在。一论山海之美，乃统飞潜动植而言；二论各国**宫室之美**，何法鼎建；三论**雕琢之美**；四论**绘事之美**；五论**乐奏之美**；六论**词赋之美**；七论**曲文之美**，此非俗院本也，乃指文韵和悠、令人心惬神怡之谓。③

此处“入妙之法”“论美形”“释美”皆为“美学”的早期表达方式。而“宫室”“雕琢”“绘事”“乐奏”“词赋”“曲文”皆被作为审美对象，纳入美学研讨范畴，这已初步触及近代西方“美的艺术”这一问题域。鲍姆嘉通曾在《美学》中指出：“美学是以美的方式去思维的艺术，是美的艺术的理论”④；黑格尔亦在《美学》中有言：美学的对象就是“美的艺术”，美学就是“艺术哲学”或“美的艺术的哲学”⑤。花之安在此对美学观念的叙述，呈现出了以建筑、雕刻、绘画、音乐、诗歌五大门类为主体的艺术美，这基本契合西方艺术哲学的框架，开启了近代“艺术”概念传入中国之滥觞。

除此之外，花之安还于 1879 年至 1883 年在《万国公报》上连载《自西徂东》（*Civilization, China and Christian*）。该书在介绍西方文化、教育的过程中，对艺术及美学观念亦有论及。⑥ 在《上艺之华美》中，花之安首次用“上艺”指称西方“艺术”。其文载：

> 技艺者，为世所适用，而**上艺**则为人所美观，而不拘于用世，所以与技艺不同也。……泰西之**上艺**则有五，建造、雕刻、丹青、律乐、诗歌也。……**上艺**者，贵表出其**华美**者也。⑦

花之安将“上艺”的门类概括为建造、雕刻、丹青、律乐、诗歌，强调其审美属性。不

---

① 柯林伍德认为叠加于“艺术”的陈旧意涵包括百工技艺（craft）与巫术艺术（magical art）。见 R. G. Collingwood, *The Principle of Art*, The Clarendon Press, pp. 31, 32.

② W. Lobscheid, *English and Chinese Dictionary with the Punti and Mandarin Pronunciation*, 1866—1869, pp. 88, 89；邝其照：《华英字典集成》，循环日报 1899 年版，第 21 页。

③ ［德］花之安：《西国学校》，孙家鼐编：《续西学大成》，光绪丁酉年上海飞鸿阁书林石印本，第 3 页。

④ 朱光潜：《西方美学史》，商务印书馆 2017 年版，第 322 页。

⑤ ［德］黑格尔：《美学》，朱光潜译，商务印书馆 2017 年版，第 3 页。

⑥ 此处所引为 1884 年由中华印务总局承刊印刷、在香港出版的单行本《自西徂东》。

⑦ ［德］花之安：《上艺之华美》，《自西徂东》，上海书店出版社 2002 年版，第 192 页。

仅如此，他还围绕“华美”展开了对西方美学知识的介绍：首先，他将“华美”分为天然、人工二类，这已涵盖自然美和艺术美两大美学领域；其次，他将“华美”原则概括为“声之华美，色之华美”“表出美德”“表出真理”“灵魂之华美”，这便从形体、道德、真理、宗教四个维度，展现了“美”的逻辑层级和内在结构；再次，他将音乐、诗歌归于“声之华美”，建筑、绘画、雕刻归于“色之华美”叙述，这已触及艺术美学的范畴；最后，他以“内外俱臻”为标准，强调“华美”创作者应兼具技艺之精和心性之纯，使作品既有“形体之美”亦能“表出真理”，这已涉及艺术创作技巧和理论。① 总而言之，花之安对“上艺”的引介，伴随着以“华美”为核心的美学知识的出现，这便直击“艺术”的审美内核。

1882 年，颜永京所译《肄业要览》首次用“雅艺”对译 Fine Art，Art 及 Aesthetic Culture，以此指称西方“美的艺术”“艺术”及“审美文化”。此书译自斯宾塞《论教育》（*Education：Intellectual，Moral，and Physical*）部分文段。兹举如表 1：

表 1 **颜永京《肄业要览》中英文文本对比**

颜永京《肄业要览》	斯宾塞《论教育》
玩物适情……包括稗官、野乘、歌谣、音乐、字画、雕虫等**雅艺**②	what training best fits...for the enjoyments of Nature, of Literature, and of the **Fine Arts** ③
于是人人必有余暇，用心于**雅艺**④	there is a great increase of spare time; then will the beautiful, both in **Art** and Nature⑤
雅艺虽足以加人，而加人之欢情……终不及上四学之切于人生⑥	**Aesthetic Culture** as largely conductive to human happiness...it must yield precedence to those kinds of culture which bear directly upon daily duties⑦

可见，颜永京将歌谣、音乐、字画、雕虫等纳入“雅艺”中，极言其在怡情、审美方面的功用，这与近代西方“艺术”概念已基本一致。尤其是后文用大量笔墨描述“雅艺”在情感触发、互动方面的作用，更是将其创作准则、鉴赏标准深入心理学⑧层面加以论述，如他所言：“雅师必须先明乎人之心与性，其施用若何，动情若何，然后得雅艺之

① ［德］花之安：《上艺之华美》，《自西徂东》，上海书店出版社 2002 年版，第 194、195 页。

② ［英］史本守：《肄业要览》，颜永京译，鸿宝书局光绪二十八年石印本，第 11 页。

③ Herbert Spencer，*Education*：*Intellectual*，*Moral*，*and Physical*，University Press of the Pacific，2002（1905 reprinting），pp. 44，45.

④ ［英］史本守：《肄业要览》，颜永京译，鸿宝书局光绪二十八年石印本，第 11 页。

⑤ Herbert Spencer，*Education*：*Intellectual*，*Moral*，*and Physical*，University Press of the Pacific，2002（1905 reprinting），p. 45.

⑥ ［英］史本守：《肄业要览》，颜永京译，鸿宝书局光绪二十八年石印本，第 11 页。

⑦ Herbert Spencer，*Education*：*Intellectual*，*Moral*，*and Physical*，University Press of the Pacific，2002（1905 reprinting），pp. 45，46.

⑧ 原文为“心才学”（psychological principles）。

准绳以遵用。……若究此理，此等功力乃本于心才学。”① 这已触及西方艺术美学理论。

1883 年，丁韪良所撰《西学考略》在对西方教育、学术进行介绍时首次言及“精艺”。他不仅将“精艺”概括为具有审美属性的音乐、丹青、雕镂，还以精神、物质两个维度的功能指向为标准，呈现出“精艺—百艺”这组对立概念。如他所言：

> **精艺**与**百艺**不同……**工艺**所求在供给日需，人之起居饮食胥赖之，**精艺**则不在物之体专于有用而在物之美足以娱人。②

实际上，“百艺”在早期西人撰述中使用频率颇高：郭士立在《东西洋考每月统记传》有言：“盖学问渺茫，普天下以各样百艺文满，虽话殊异其体一而矣”③，用“百艺”指称学问、知识与技能；卫三畏在《英华韵府历阶》中更是将 Arts 翻译为“百艺”，泛指百工技艺④。丁韪良将“精艺”从“百艺”中抽离出来，强调其在精神层面的审美追求，这已接近近代西方“艺术”。不仅如此，他还依托“美”的原理，论述了“精艺”的产生过程，认为“美”源于“踵事增华”的事物发展规律，以及人兽生理属性的本质差异。⑤人相较于兽而言，不仅谋求物质满足，更有精神层面的追求，故对“美”“恶”有特殊的感知与把握，由此促使“精艺”产生。

1897 年，由朱树人翻译的《巴黎书库提要》直接用“美艺”概括“绘画、雕刻等技”。此文译自 1892 年“巴黎阿芒哥伦书肆”印行的书籍,⑥ 其原书虽因信息不足无法考证，但可推断“美艺”是对法文 Beaux Art 的翻译。值得注意的是，朱树人以“美”字冠于“艺”前，相较“上艺”“雅艺”“精艺”而言，无疑更加突出其审美特点。

总而言之，以美感经验为核心的“艺术”，虽未在早期“英汉字典”中达成译介，却伴随西方教育、学术、文化等书籍，以“上艺”“雅艺”“精艺”“美艺”等词汇形式传入中国。即便此时关于“艺术”的引介较为零散且译名多样，但其展开过程基本围绕“美学”知识这一主脉，由此呈现出审美性与情感性并重的特点。可以说，与工匠之艺的二元对立，以及与“美学”概念的意涵交织，反映了 19 世纪初入中文语境的“艺术”概念的主要特征。

三、“艺术”在中国的确立与定型

20 世纪初，随着日本伦理学、心理学、哲学等译书传入中国，“美术”逐渐成为指称西方“艺术”的主要表达。同时，“艺术”也逐渐摆脱古典义，与“美术”出现于同一语境，二者产生了一定的译名混用和意涵交织。可以说，以“美术”和“艺术”为代表

---

① ［英］史本守：《肄业要览》，颜永京译，鸿宝书局光绪二十八年石印本，第 12 页。

② ［美］丁韪良：《西学考略》，岳麓书社 2016 年版，第 76 页。

③ 爱汉者：《东西洋考每月统记传》，中华书局 1997 年版，第 13 页。

④ S. Wells Williams, *An English and Chinese Vocabulary, in the Court Dialect*, The Office of the Chinese Repository, 1844, p. 8.

⑤ ［美］丁韪良：《西学考略》，岳麓书社 2016 年版，第 76 页。

⑥ 朱树人：《巴黎书库提要》，《实学报》1897 年第 6 期，第 377 页。

的术语的古今转换及意涵互动，反映了此时期“艺术”概念生成的主要特征。

（一）新名“美术”的确立

中国古籍中并无“美术”这一合成词。19 世纪 80 年代起，由日本转输而来的“美术”频频现于游记、著述，或以美术博览会、美术院、美术家等形式出现①，或具工艺制造、农商百业、手工技术之意味②，或与文学、音乐、哲学等人文色彩浓厚的科目并举③。其正式在中文语境确立与 Fine Art、Art 的对译关系，成为表述“艺术”概念的固定术语，则与王国维、蔡元培、严复的译介活动紧密相关。

1902 年，王国维翻译了元良勇次郎《伦理学》，该书《伦理学学语中西对照表》中首次出现“美术—Fine Art”这一对译关系。对于“美术”之意涵，该书界定道：“人民之精神活动之结果，能表出人之精神”；又言：“美术借物象之助，而生最高尚且调和的感情之最大量道义”。④ 在此，“美术”作为精神产物和情感载体的属性被强调。在同年所译《心理学》中，王国维还用“美术的感觉”对译 Aesthetic Sense，认为“美术”旨在满足人类“主观上之美妙性”“使人之精神高尚”。⑤ 此译法虽有混淆“美术”与“美学”之嫌，却使“美术”的审美意涵更加突出。不仅如此，王国维所译桑木严翼《哲学概论》，还将“美术”纳入美学的研讨范畴，其文载：“汗德之美学分为二部：一优美及壮美之论，一美术之论也”⑥，这便使“美术”在学理上获得一席之地。实际上，王国维后续对“美术”的引介，亦是基于西方哲学及美学发展脉络展开的。他曾引叔本华哲学思想，将“美术”表述为“实念之知识”及“离充足理由之原则而观物之道”；继而认为雕刻、绘画、诗歌、音乐都是将“美术”之“实念”寓于不同物体的结果。⑦ 他还将“美术”融入西方“美学”的叙事架构，以“优美”“壮美”两个美学范畴对“美术”下属类目进行归拢，认为“自然及艺术中普通之美”皆属“优美”，而“自然中之高山大川、烈风雷雨，艺术中伟大之宫室、悲惨之雕刻象，历史画、戏曲、小说”则属“壮美”。⑧ 这不仅丰富了“美术”在学理层面的意涵，而且开启了以“美术”为载体的西方哲学及美学知识输入的渠道。

1903 年，蔡元培所译《哲学要领》亦对“美学”“美术”进行了界定。该书是德国学者科培尔在日本文科大学讲课的内容，由日本下田次郎笔述。书中以“美学”对译

---

① 林晓照：《晚清“美术”概念的早期输入》，《学术研究》2009 年第 12 期。

② 林晓照：《“美术”殖产：清末的“美术”形象》，《学术研究》2012 年第 1 期。

③ 梁启超：《论民族竞争之大势》，《新民丛报》1902 年第 2 期，第 2 页；梁启超：《中国地理大势论》，《新民丛报》1902 年第 8 期，第 41~44 页。

④ ［日］元良勇次郎：《伦理学》，王国维译，谢维扬等编：《王国维全集》第 16 卷，浙江教育出版社 2009 年版，第 743、519、721 页。

⑤ ［日］元良勇次郎：《心理学》，王国维译，谢维扬等编：《王国维全集》第 17 卷，浙江教育出版社 2009 年版，第 377、463 页。

⑥ ［日］桑木严翼：《哲学概论》，王国维译，谢维扬等编：《王国维全集》第 17 卷，浙江教育出版社 2009 年版，第 288 页。

⑦ 王国维：《叔本华与尼采》，《教育世界》1904 年第 84 期，第 2、3 页。

⑧ 王国维：《古雅之在美学上之位置》，《教育世界》1907 年第 144 期，第 1、2 页。

Aesthetics，认为其研究对象是“美之原理”；又以“美术”对译 Art，将其归为“制造品之不关于工业者”及美学中的“特别之部”。① 这便进一步揭示了“美学”与“美术”的趋同和分殊：一方面，二者皆以“美”为要素展开，借此构成其根本属性和研究对象；另一方面，二者研究路径各有侧重，前者偏向于学科、学理，后者则重点关注载体、形式。这种认知一直延续至蔡元培《美术的起源》一著。书中，他将“美术”的涵义区分为广义与狭义，广义主要指“美学或美术学”，狭义则专指“建筑、造像（雕刻）、图画与工艺美术（包括装饰品）”。② 前者所揭示的，便是“美术”“美学”之趋同；后者所阐明的，则为二者之界别。

1906—1907 年，严复在《寰球中国学生报》刊布其译作《美术通诠》。此书原名为 *Judgement in Literature*，由英国倭斯弗所著，共有八篇，严复所译为前三篇。在首篇《艺术》中，严复以“美术”对译 Fine Art，由此展开对其类目、形式及鉴赏标准的阐说。首先，该文将“美术”界定为用以“娱心”的营建、雕塑、绘画、音乐、诗赋，直言其与“民德民智”关联甚密，是移风易俗的手段。其次，该文基于主、客观的认知维度，揭示了“美术”在道与器间的存在方式：一方面，“美术”由“客观之物外”达于“主观之人心”；另一方面，“美术”依赖于“物材”而存在于“形上”。这便在保留“美术”审美意涵的基础上，调和了其在形而上与形而下间的矛盾，使其在“美学”与“工匠之艺”间确立起合适的定位。最后，该文对以“美术”为载体产生的物象塑造、意境传达及情感互通过程进行了诠释，将其概括为“托意写诚”，这进一步揭示了“美术”的作用原理。③

即便此时的知识分子对“美术”已有丰富的认知，但他们对“美术”译名的把握仍不甚稳定。除上述所举外，严复所译《社会通诠》以“美术”对应 Artistic④；王国维在《红楼梦评论》中以“美术”对译 Art⑤；颜惠庆所编《英华大辞典》以“美术”对译 Aesthetics⑥；鲁迅在《拟播布美术意见书》中，将“美术”译为 Art 或 Fine Art⑦。虽然他们在译名问题上各抒己见，但对“美术”内容的认知却十分一致，都将其类目概括为建筑、雕塑、绘画、音乐、诗歌，与近代西方“艺术”概念基本吻合。如此一来，先前流布于中文撰述中的“上艺”“雅艺”“精艺”“美艺”也逐渐被“美术”取代：如在颜惠庆所纂《英华大辞典》中，Fine Art 共出现 24 次，其中 18 处被译为“美术”⑧；又如在赫美玲所编《官话》中，Fine Art 虽有“美术”“雅艺”“美艺”三个译名，但“美术”

① 蔡元培：《哲学要领》，商务印书馆 1903 年版，第 11 页。

② 蔡元培：《美术的起原》，《新潮》1920 年第 2 卷第 4 期，第 6 页。

③ 严复：《美术通诠》，《寰球中国学生报》1906 年第 1 卷第 3 期，第 3~5 页。

④ 严复：《社会通诠》，光绪二十九年石印本，第 15 页；Edward Jenks, *A History of Politics*, Macmillan Company, 1918, p. 110.

⑤ 王国维：《红楼梦评论》，《教育世界》1904 年第 76 期，第 6 页。

⑥ 颜惠庆：《英华大辞典》，商务印书馆 1908 年版，第 33 页。

⑦ 周树人：《拟播布美术意见书》，《教育部编纂处月刊》1913 年第 1 卷第 1 期，第 1、2 页。

⑧ 颜惠庆：《英华大辞典》，商务印书馆 1908 年版，第 108、383、516、615、836、837、891、906、907、941、1030、1238、1672、1890、2006、2238、2245、2500、2583 页。

是作为学部审定的“部定”词被收录的，更具权威性①。至此，以“美术”为载体，“艺术”概念在中国得以确立，并达成在译名与意涵层面的初步对应。

（二）从“美术”到“艺术”

“艺术”是古汉语中为数不多的双音节合成词。其意涵范围甚广，且伸缩性极强，既可泛指各类学术，亦可特指方技、术数，又可表达囊括琴、棋、书、画、射、御、医、骑等在内的各类杂伎、游戏。② 在晚清西学东渐的浪潮中，“艺术”不失时机地迎来了意涵的近代化转向，被广泛用于西方物质工业文明、自然科学技术相关语境，成为先进工艺、科技的代名词。如黄遵宪《日本国志》将“艺术”与“武备”“轮舶”“电线”等并置于同一语境③；又如梁启超《西学书目表序例》以“艺术”指称算学、重学、电学、化学、声学、光学等科目④。“艺术”首次脱离形而下的使用语境，确立起与 Art 的对应关系，则离不开王国维、严复的译介活动。

1902 年，“艺术”一词首次被王国维采取，用以描述西方美学发展历程。在《哲学概论》中，王国维不仅将“艺术”与“美学”“美术”并置于同一语境，还将“特别之艺术”阐释为“美之学理”的载体，进而纳入“论美”的行列。⑤ 这使“艺术”初步具有审美属性。自此之后，“艺术”多次作为“美术”的等义语，出现于王国维语用当中，如《〈红楼梦〉评论》所言：“美术之为物，欲者不观，观者不欲；而艺术之美所以优于自然之美者，全存于使人易忘物我之关系也。”⑥ 又如《教育家之希尔列尔》所载：“美术文学非徒慰藉人生之具，而宣布人生最深之意义之艺术也。”⑦ 再如《古雅之在美学上之位置》所云：“艺术中伟大之宫室、悲惨之雕刻象，历史画、戏曲、小说等皆是也。”⑧ 其中“艺术”已然脱离形而下的使用语境，且与“美术”并无明显意涵区分，二者皆指具有审美属性的建筑、雕塑、绘画、音乐、诗歌，与近代西方“艺术”的知识范畴基本一致。

首次厘定“美术”与“艺术”在 Art 概念体系内部层级结构、逻辑序列，并对二者意涵进行界别的，当为严复。他在 1906—1907 年所译《美术通诠》中将 Art 译为“艺术”、Fine Arts 译为“美术”、Lesser Arts 和 Mechanical Arts 译为“实艺”。其中“美术”特指用以怡情的营建、雕塑、绘画、音乐、诗赋；“实艺”则以适用为目的，包含匠、

---

① Karl Ernst Georg, *English-Chinese Dictionary of the Standard Chinese Spoken Language and Handbook for Translators*, Statistical Department of the Inspectorate General of Customs, 1916, p. 73.

② 文韬：《雅俗与正变之间的“艺术”范畴——中国古典学术体系中的术语考察》，《文艺研究》2014 年第 1 期。

③ 黄遵宪：《日本国志》卷 4《邻交志上一》，光绪十六年羊城富文斋刊，第 1 页；黄遵宪：《日本国志》卷 32《学术志一》，光绪十六年羊城富文斋刊，第 21、22 页。

④ 梁启超：《西学书目表序例》，《时务报》1896 年第 8 期，第 4 页。

⑤ ［日］桑木严翼：《哲学概论》，王国维译，谢维扬等编：《王国维全集》第 17 卷，浙江教育出版社 2009 年版，第 287、288 页。

⑥ 王国维：《〈红楼梦〉评论》，《教育世界》1904 年第 76 期，第 5 页。

⑦ 王国维：《传记：教育家之希尔列尔》，《教育世界》1906 年第 118 期，第 5 页。

⑧ 王国维：《古雅之在美学上之位置》，《教育世界》1907 年第 144 期，第 1、2 页。

冶、梓、庐等各种手工技艺；而“艺术”则囊括“美术”与“实艺”，兼及审美性与应用性，是作为二者的上位概念出现的。① 实际上，Art 与 Fine Art 本就是上、下位概念的关系，其投射至中文语境后，衍生出了“艺术”“美术”两个译名，二者长期处于混用状态，导致意涵无法区分。严复在此对二者译名及意涵重作厘定，并以体系化形式呈现二者关系，这在一定程度上结束了两者的混用状态，使其意涵进一步明确。这一体系在后续著述中亦有呈现，如在颜惠庆所纂《英华大辞典》和赫美玲所编《官话》中，“艺术”和“美术”都用于对译 Art 相关词条。其中“艺术”既可表述具有美感的“细巧之艺术”，又可表达工艺色彩明显的“机器艺术”“工业艺术”“力学艺术”“重学艺术”；而“美术”仅出现于 Fine Art 相关语境，意涵范围显然小于“艺术”，可见二者上、下位概念的关系。②

即便“美术”与“艺术”的意涵趋于明晰，二者在实际语用中仍呈现出复杂的状况，这具体表现为“美术”意涵的扩大化，及“艺术”意涵的缩小化。③

就“美术”而言，虽然王国维、严复已界定了其与“工匠之艺”的区分，但在实际语用中，两者界限仍十分模糊。李叔同所撰《释美术》一文，便将“宫室衣服、舟车器什”等人工、手工制品一并纳入“美术”之中④；黄遂生刊发的《化学美术工艺新书目录》，其内容也多为工艺、制造相关技术⑤。此外，广泛流布于社会的美术工艺所、美术补习会、美术传习所中，皆包含织布、刺绣、造花、摘棉等手工技艺。⑥ 这便使“美术”囊括了“实艺”的内容，由此衍生出“工艺美术”这一下位概念。

就“艺术”而言，虽然严复厘定的“艺术”兼具审美性与应用性，但在意涵演变过程中，其审美性被不断强调，应用性则逐渐淡化。天虹一友在《艺术浅说》中不仅直言“艺术所以求美”，还将包含机械、制造在内的“实艺”从“艺术”中剔除，别名为“工技”。⑦ 吕澄、陈独秀在《美术革命》将“艺术”界定为“凡物象为美之所寄者”，将“美术”界定为绘画、建筑、雕刻，二者涵义才彻底得以理清。⑧ 匡世在《什么是艺术?》中强调“艺术”之于情感表达的作用，认为无论是“诗歌、小说、局本、音乐、图画、

---

① 严复：《美术通诠》，《寰球中国学生报》1906 年第 1 卷第 3 期，第 3 页；W. Basil Worsfold, *Judgement in Literature*, J. M. Dent & co, 1900, pp. 2. 3.

② 颜惠庆：《英华大辞典》，第 108、109 页；Karl Ernst Georg, *English-Chinese Dictionary of the Standard Chinese Spoken Language and Handbook for Translators*, Statistical Department of the Inspectorate General of Customs, 1916, p. 73.

③ 此处论断仅就“美术”“艺术”在 20 世纪初发展的总体趋势而言的，并非绝对的。即便在 1910 年后，也不乏用“艺术”表示“实艺”，河用“美术”表达“优美艺术”的例证。

④ 李叔同：《杂俎：节录日本东京美术学校毕业生李君叔同来函（释美术）》，《女学生杂志》1912 年第 3 期，第 35、36 页。

⑤ 黄遂生：《化学美术工艺新书目录》，《香艳杂志》1915 年第 6 期，第 1、2 页。

⑥ 《组织美术工艺所》，《农工商报》1907 年第 18 期，第 21、22 页；《女校附设美术假期补习社》，《申报》，1909 年 7 月 19 日，第 2 张第 3 版；《新法美术刺绣传习所简章》，《申报》，1912 年 7 月 23 日，第 7 版。

⑦ 天虹一友：《艺术浅说》，《学艺》1918 年第 3 期，第 2 页。

⑧ 吕澄、独秀：《通信：美术革命》，《新青年》1919 年第 6 卷第 1 期，第 84 页。

雕刻”，凡是能使观赏者体会到同样感情的都是“艺术”。① 可见“艺术”已完全与“实艺”划清界限，专指具有美感之物；作为其下位概念的“美术”也进而狭义化，专指空间艺术。经此演变历程，“艺术”取代了“美术”，成为指称近代西方“艺术”概念的主要术语。

总之，20 世纪后，西方“艺术”概念是以“美术”“艺术”二词为载体实现其跨语境传输的。二者虽出场次序不同，但都经历了一定程度的古今转换和意涵变迁。其中，“美术”作为先出者，经历了与“美学”的意涵重叠和属性界别；“艺术”作为后出者，经历了与“美术”的名实交错和意涵互动。经此过程，“艺术”概念在中国始得确立与定型。

四、“艺术”知识的整合与重塑

“艺术”概念的确立，伴随着新兴艺术美学知识的输入，而其与旧有知识间，也不可避免地产生了一定碰撞。有鉴于此，以王国维、刘师培、姜丹书、蔡元培等为首的知识分子，积极运用“艺术”的思维，对中国传统学术文化进行归拢和观照，由此促进了“艺术”知识的整合与重塑。

19 世纪 90 年代末，人们对“艺术”尚缺乏完整、系统的认知，而作为近代术语的“美术”便已进入中文语境，与既有知识体系产生了一定碰撞和交汇。康有为所编《日本书目志》，不仅将体操、游戏、插画、茶汤、将棋等传统技艺纳入“美术门”，更将“方技”这一传统学术门类附于“美术门”之后。② 梁启超在《中国地理大势论》中，将书法、碑帖、梆子腔、昆曲都纳入“美术音乐”类别之下，颇有采择“美术”之意涵而在中国文化语境重新解读、使用的倾向。③ 中国古代并不存在“美的艺术”这一知识范畴，康、梁便以旧有知识体系为基础加以比附，从而实现“美术”观念与中国传统文化间的调和。然而，这并不能从根本上解决中西异质文化间的龃龉与裂痕，在多数知识分子心中，中国缺乏“美术”是既定事实。

随着“艺术”概念在中文语境落地，人们对其知识范畴的认知日渐明晰，而他们完善旧有学术的需求也日益迫切。于他们而言，以西方“艺术”概念的思维观照中国学术文化，继而对旧有知体系进行整合、重塑，才是促进知识文化更革的良策。

王国维在界定“美术”意涵的过程中，便引入了大量西方艺术美学知识，他不仅将这些知识应用于中国文学作品鉴赏，而且积极推动其与中国传统文化的结合，力图建构中国美学理论。这表现为以下三方面：其一，王国维将《红楼梦》称为“我国美术上之唯一大著述”，他不仅将书中的人物经历、情节展开归为“悲剧”和“壮美”的艺术表现形

① 匡世：《什么是艺术?》，《学生文艺丛刊汇编》1924—1925 年第 2 卷第 2 期，第 5 页。此卷刊发时间不详，但该刊存续期为 1924—1937 年，且此卷书画落款均为甲子、乙丑，可推测其刊发于 1924—1925 年。

② 康有为：《日本书目志》，姜义华等编：《康有为全集》第三集，中国人民大学出版社 2020 年版，第 470、471 页。

③ 梁启超：《中国地理大势论》，《新民丛报》1902 年第 8 期，第 41～44 页。

式，而且立足于此著书写“人类全体之性质”以触动“吾人之感情”的艺术创作手法，对其情感表达方式进行分析。① 这便将西方艺术美学思想应用到了中国文学批评的实践。其二，王国维十分重视对中西学术资源的利用，并由此建构其文艺理论和鉴赏学说。如他将康德“不关利害之快乐”及叔本华“纯粹无欲之我”的审美观点，同邵雍“以物观物”及苏轼“寓意于物”的学术思想糅合，提出有“我”“无我”之境的审美范畴，进而上升至“境界说”的理论阐发。② 这无疑是以西方学术资源推动中国知识整合的举动。其三，王国维在参酌西方美学思想的基础上，提出了“古雅”这一新的美学概念，进而将中国钟鼎、摹印、碑帖、书籍，以及神、韵、气、味等评鉴标准纳入“古雅”之中，由此开创了全新的审美范畴。③ 以上种种，都不可不谓推动中西知识整合的有益尝试；而西方艺术美学知识也经此实现了在中文语境中的吸收与再诠释。

刘师培在界别“美术之学”与“征实之学”性质、功能差异的基础上，也积极勾勒中国“美术学”的演变轨迹。在《论美术与征实之学不同》中，刘师培通过稽古探源的考证，将中国传统书法、词章、绘画、小说，归于以“贵美”“饰观”和“性灵”为特征的“美术”之中。④ 在《中国美术学变迁论》中，刘师培更是以“美”为标准，对上古至宋“美术”的发展状况进行钩稽、评述。他指出“上古之民，则鲜知饰美”；唐虞后，“美术”才日渐昌盛；至周代，“美术”与礼乐制度产生了紧密联系，被视为“至尊”；东周时期，“崇真黜美”之说盛行，“美术”遭到非议；两汉之时，“美术”则“与礼文相辅，以适度为工”；魏晋时期，“美术”首次脱离礼法，成为“适性怡情”的工具；及至唐代，“美术”以“黜伪崇真”为追求；宋代的“美术”则“偏于赏鉴，笃于好古，耻于求新”。⑤ 经此论述，刘师培廓清了中国“美术学”的发展脉络；而中国“艺术”知识也由此实现了整合与重塑。

1916年姜丹书所纂《美术史》，是中国人编写的第一部艺术通史类著作。在此书中，姜丹书不仅吸取了西方“艺术”的叙述体系，按照画、雕刻、建筑、工艺美术四大类目，对中国“美术史”进行归拢；还十分强调“美术”的“国民性”，如他所言：“凡一国之文化如何，国民性如何，国民思想如何，均可于其美术观之。”⑥ 故而在编纂此书过程中，姜丹书十分注重传统文献的挖掘和运用。这种书写方式，无疑是将中国传统学术资源与西方“艺术”知识框架相结合，重塑“艺术”知识体系的过程。

蔡元培在对人类“美术”发展、演进历程进行追溯时，也不自觉地将西方艺术学观点投射至中国传统文化上。在《美术的进化》中，他将“美术”进化规律总结为“由简单到复杂、由附属到独立、由个人的进为公共的”，进而将周代武舞、元代曲本、明代昆

① 王国维：《〈红楼梦〉评论》，《教育世界》1904年第78期，第19、22页；王国维：《〈红楼梦〉评论》，《教育世界》1904年第81期，第31、36页。

② 王国维：《孔子之美育主义》，《教育世界》1904年第69期，第1、2页；王国维：《论叔本华之哲学及其教育学说》，《教育世界》1904年第75期，第7页；王国维：《人间词话》，《国粹学报》1908年第47期，第3页。

③ 王国维：《古雅之在美学上之位置》，《教育世界》1907年第144期，第1~7页。

④ 刘师培：《论美术与征实之学不同》，《国粹学报》1907年第33期，第5、6页。

⑤ 刘师培：《中国美术学变迁论》，《国粹学报》1907年第3卷第6期，第1~5页。

⑥ 姜丹书：《美术史》，商务印书馆1916年版，第1页。

曲归为舞蹈艺术的早期形式；将古代墓地、寺观的石刻、木雕、铜铸等作为雕刻艺术的早期形式；将传统历史画、风俗画、山水画视为图画艺术的早期形式；将宗教寺观、帝王宫殿看作建筑艺术的早期形式；将传统诗词、戏曲、小说归为诗歌艺术的早期形式；将竹筒吹奏视为音乐艺术的早期形式。① 这便拓展了中国艺术史的解释范围和空间。

此外，孙宝瑄曾将《毛诗》归于“美术学”范畴，② 蔡元培、鲁迅亦多次将文学、文章归于“美术”门，③ 这些都推动了以审美经验为内核的文学学科的建立，此过程中隐含的中外学术交汇与新旧知识更迭是不可忽视的。

五、“艺术”民族话语的诠释与建构

清末民初，面对西方文明的冲撞与民族危机的加剧，以救亡图存、陶铸国魂、保存国粹、改良国民为目标的言论风起云涌。而“艺术”也在时人探索精神文明建设的过程中被赋予民族性、国民性的重要意义。

早在1899年，梁启超便高呼“中国魂安在乎”④，寻求民族精神的立足之基。随后，他便将“美术”纳入民族精神的探讨范畴。如在《论民族竞争之大势》中，他将民族主义阐释为制造“国家之原动力”，继而将风俗、习惯、法律、文学、美术纳入民族特性的范围之内，以其为民族竞争的必要条件加以提倡。⑤ 在《新民说》中，他又将“美术”与道德、法律、风俗、习惯、文学并举，作为“民族主义之根柢源泉”“国民独具之特质”加以阐释。⑥ 经此论述，“美术”被赋予民族主义的意味，成为国家文明的具象表达。

同时，随着清末“国粹主义”思潮的高涨，“美术”也被纳入“国粹”之中。1905年，由黄节、邓实等人创办的《国粹学报》便以“发明国学，保存国粹”为宗旨⑦；第二年，该报即增设美术篇，将金石、音乐、刻镂、图画、书法、歌词等内容纳入其中，以发扬先民“高尚优美之风”，激发时人爱国之情⑧。同年，《大公报》所刊《论保存国粹》指出：“近今时贤所谓国粹者……若文章，若美术，凡属快心目，渝性灵者，皆是也。”⑨ 于国粹派而言，在意识形态领域破除西化之弊病、树立国学的主体性是当务之急，而“美术”作为人类情感、文化之表出，自然成为发扬中国文化、凝聚民族情感的首选，其民族主义色彩不言而喻。

“艺术”民族话语的建构过程也伴随着时人对其功能指向认知的日渐明晰。王国维曾

---

① 蔡元培：《美术的进化》，《北京大学日刊》1921年第807号，第3版。

② 孙宝瑄：《忘山庐日记》，上海古籍出版社1983年版，第529页。

③ 贺昌盛：《现代中国“美学”学科的确立——从“词章”到“美术/美学”》，《中国文学评论》2018年第2期，第19、20页。

④ 任公：《饮冰室自由书：中国魂安在乎》，《清议报》1899年第33期，第2、3页。

⑤ 梁启超：《论民族竞争之大势》，《新民丛报》1902年第2期，第2页。

⑥ 梁启超：《新民说》，《新民丛报》1902年第1期，第8页。

⑦ 黄节：《〈国粹学报〉发刊辞·国粹学报略例》，《国粹学报》1905年第1期，第2页。

⑧ 《国粹学报增广门类》，《国粹学报》1906年第24期，第1页。

⑨ 《论保存国粹》，《大公报》1906年第1436期，第2页。

在《论教育之宗旨》中将人的精神力量分为知力、感情、意志三种，由此延及教育层面的知育、美育和德育。在他看来，科学旨在满足人类对知力的追求，在理想上表现为求“真”；道德与人类意志的养成密切相关，在理想上表现为求“善”；而美术则是培养人类感情的重要手段，与求“美”的理想相关。① 由此，王国维将“美术”视为慰藉人类情感、培养国民精神的手段加以提倡。严复也曾注意到“美术”移风易俗的作用，他在《法意》中指出：“安上治民以礼，而移风易俗以乐，美术者，统乎乐之属者也”，将“美术”比附为中国传统的“乐”，认为其能潜移默化地影响人类日常生活、提升民族精神文明形态。② 蔡元培亦强调“美术”对于培养民族性、国民性的重要性，他将德、法二国由“美术”滋养而成的民族性归纳为“美”与“高”，进而指出：“凡民族性质偏于高者，认定目的，即尽力以达之，无所谓劳苦，无所谓危险。……凡民族性质偏于美者，遇事均能从容应付，虽当颠沛流离之际，决不改变其常度。”③ 于他而言，“高”是勇猛精进、不畏劳苦的民族性，“美”为泰然自若、锲而不舍的民族性，二者皆源发于“美术”。在《美学的研究法》中，蔡元培更是论及“美术”与“民族”的关系，认为人类社会发展程度不同、区域不同，会演成“各民族的特性”及“各种不同的文化”，而“美术”作为民族特性的具象表达，会因民族不同而呈现出差异。④ 这便将“美术”纳入了民族文化的范畴。

20 世纪 20 年代，随着国民革命运动的开展，知识分子更是将民族主义的目光投射至“艺术”上。傅彦长便力倡“民族主义的艺术”和“民族的艺术文化”。他认为在礼教文化、宗教文化与艺术文化中，唯有后者是“活的，动的，使民气发扬的”，而拥有艺术文化的民族也“必定享受富贵，必定征服异族而奴使其民”，由此，他力主发扬“艺术方面的民族主义”。⑤ 金小天亦撰《艺术上之民族精神》，强调“欲保存一民族之文化，又必须保存一民族之艺术”，于普遍性中保存其特殊性。⑥ 在他看来，自海通以来，西方文化便日渐浸润于东方，而“艺术西化”则“民族亦必西化”，唯有培养艺术上的民族精神，方可避免东方艺术为西方艺术所侵灭。⑦ 1928 年，以埜人为名发表于《新闻报》的《所谓“民族艺术”问题》从学理层面对“民族艺术”这一命题的立论根据进行了探讨。该文基于构成民族的“种族”“地理”“文化”三要素，肯定不同民族间差异、个性的存在，进而认为“艺术”是具有民族特色和民族个性的；不仅如此，该文还从“艺术”创作原理出发，指出“艺术”非为模仿所成，而是“有生命的创作”，故而其目的可以相同，但内容各具特色。⑧ 1929 年叶秋原所作《艺术之国际性与民族性》则从“艺术”与“政治”的关系入手，对政治运动中民族主义在“艺术”上的呈现，及“艺术”所表露的民

① 王国维：《论教育之宗旨》，《济南汇报》1903 年第 30 期，第 18 页。

② 严复：《法意》卷 19《论关于国民精神、行谊、风俗之法典》，清宣统元年铅印本，第 538 页。

③ 蔡元培：《我之欧战观》，新潮社编：《蔡孑民先生言行录》，第 53~55 页。

④ 蔡元培：《美学的研究法》，《绘学杂志》1921 年第 3 期，第 14、15 页。

⑤ 傅彦长：《民族主义的艺术》，《艺术评论》1924 年第 59 期，第 6 页；傅彦长：《民族的艺术文化》，《民国日报》1927 年 5 月 14 日，第 1、2 版。

⑥ 小天：《艺术上之民族精神》，《盛京时报》1926 年 3 月 17 日，第 7 版。

⑦ 小天：《艺术上之民族精神（八）》，《盛京时报》1926 年 3 月 24 日，第 7 版。

⑧ 埜人：《所谓“民族艺术”问题》，《新闻报》1928 年 1 月 1 日，第 5 张第 3 版。

族精神对政治运动的反作用进行分析。① 经此阐发，“艺术”所具有的民族性被进一步强调。

总而言之，在清末民初的社会改革实践中，“艺术”不可避免地受到了民族主义思潮的浸染，进而被知识分子纳入民族话语的行列，成为培养爱国精神和国民性的手段。这使“艺术”概念被打上了深刻的时代烙印，从而融入中国的历史文化语境，最终实现本土化。

六、结　语

近代中国“艺术”概念的生成与重构过程，为我们提供了概念跨域际传输、受容的典型范例。

从概念的对译与词化角度而言，“艺术”虽为西方 Art 投射至中文语境的产物，但其初入中国并非经由翻译这一渠道，却是挟裹在“美学”相关知识中呈现出来的；即便在20世纪后，“艺术”与 Art 的对译仍呈现出一定的偏差，这具体表现为“艺术”“美术”“美学”“工艺”间对译关系的混乱交错及意涵界限的暧昧模糊。这表明概念在异质文化传输过程中所遭遇的裂痕与阻隔是不可避免的：一方面，概念的传输和对译都是在特定时空内发生的，而其在既有语境中仍保持着动态变化的过程；另一方面，新概念在投射至其他语境后，会衍生出特定的术语群，这些术语在中西交错的历史坐标中，会不可避免地出现古今转换、地位升降、名实交错和意涵互动。在这种情况下，提出任何绝对化的观点，都是不严谨的，故而本文仅为对近代中国“艺术”概念形成过程完整化把握的尝试。

从概念确立所涉及的知识传输与整合角度而言，“艺术”概念始终是嵌于“美学”学科体系及知识框架内出现的。这一方面源于西方“艺术”在知识范畴形成过程中与“美学”有着学理上的内在关联，另一方面源于二者在早期输入中国时沿循相似的传输路径，故而二者在中文语境中也不可避免地有了一定程度的重合与交织。正因如此，“艺术”概念的确立打开了美学知识输入中国的渠道，这也推动了旧有学术体系的完善和知识的整合。

从概念的本土化历程而言，本文着眼于民族话语建构的视角考察“艺术”概念的本土化过程。“艺术”概念传入中国后，并未被束之高阁，而是广泛参与了中国知识的建构和社会的形塑，由此被纳入了民族化进程，融入了中国的社会历史文化语境。经此过程，“艺术”概念在中国得以确立、渗透和本土化。

（作者单位：武汉大学中国传统文化研究中心）

① 叶秋原：《艺术之国际性与民族性》，《申报》1929年8月6日，第7、8版。

经济与社会

晚明藩王就藩与王朝政局：以天启年间“三王之国”为例*

□ 谢宁静

【摘要】“三王之国”是天启朝重要政治事件。瑞王朱常浩、惠王朱常润、桂王朱常瀛为明神宗之子，于天启七年就藩，是明朝最后一批分封且就藩的藩王。明中叶以后，藩王就藩对漕运和地方行政的干扰愈发严重，但三王之国颇受节制。在辽东战事吃紧和朝廷财政危机下，俭省三王就藩用度成为权宦魏忠贤及阉党和地方有司的共同诉求。崇祯初年，受倒阉之官场舆情影响，三王之国被认为为魏忠贤所薄。细究三王藩封的路线择选、沿途供应及冲突事件和舆论变化，有助于深入探析明末藩王就藩和王朝政局的关系，重新理解就藩的政治意义。

【关键词】三王之国；晚明财政；阉党；藩王；地方社会

一、引　言

晚明藩王是否完全失去存在的政治价值，而于王朝政局无甚意义？有关宗室与政局的讨论集中于宗室反乱事件，宗室在政治中的作用鲜少被留意。① 其原因有二：其一，基于明前期削藩和藩禁的史实所作之判断，藩王在明中叶后被长期隔绝于朝局之外，基本丧失政治军事特权。② 赵毅认为自成化朝到崇祯朝，宗室作为一个阶层，失去存在的政治意义。③ 其二，相关研究多关注彼时宗室与晚明社会经济方面的关联，探讨其人口、宗禄、庄田、犯罪等问题，揭露其作为经济破坏者和犯罪者的面相，顾诚甚至将宗室问题视作导

＊ 本文是国家社会科学基金项目“上供物料征纳与明代财政体制变迁研究”（22CZS035）、中央高校基本科研业务费专项基金项目“明代长江流域王府研究”（2662021MYQD006）阶段性成果。

① ［日］佐藤文俊：《福王府与明末农民反乱》，王岗编：《张献忠与李自成：第二次全国明末农民战争史学术讨论会论文集》，四川人民出版社1989年版。

② 如暴鸿昌认为宗室有一个由盛到衰，从政治军事特权者变为经济特权者的演变过程。暴鸿昌：《明代宗藩特权的演变》，《北方论丛》1984年第5期。

③ 赵毅：《明代宗室政策初探》，《东北师大学报》（哲学社会科学版）1988年第1期。

致明朝覆亡的主要原因之一。①

然诚如柯律格所言，这些世袭贵族在明代历史研究中基本上被忽略了，他从分封出发，认为："明代藩王的重要性体现在对上古秩序的重建恢复之上，没有证据表明这一原则在当时受到了质疑和挑战。"② 大卫·罗宾逊（David Robinson）亦言，即使皇子们（princes）"被剥夺了对于他们属地的政治和军事控制权"，他们在礼仪上的重要性及其与皇帝之间的纽带使得他们具有举足轻重的地位。③

册封、婚礼、就藩等大型礼仪能否顺利举行与彼时皇子们的权势直接关联。其中，就藩礼将完成诸王由皇子向地方藩王身份的重大转化。从册封到就藩期间，诸王居于北京藩邸，可留意两点：其一，诸王为皇帝亲子或亲弟，与在位者关系亲近，不能说毫无政治意义；有的还面临议储风波（如景王、福王），与朝局有关系万重。其二，诸王往往在离京前趁机索要财富，在就藩途中凌辱官员和索财，前者往往遭朝臣奏请削减，后者造成诸王与沿途官员的紧张关系。既有研究主要考察诸王就藩后在地方的活动，较少论及分封与王朝政局的关联。④

瑞王朱常浩、惠王朱常润、桂王朱常瀛为明神宗之子，于天启七年（1627）三月陆续就藩，是明朝最后一批分封且就藩的藩王。受崇祯朝清算阉党之影响，官场舆情多认为"三王之国"为魏忠贤所薄，苛待宗室一度成为扳倒魏忠贤的主要罪状之一。三王之国时，正值以魏忠贤为首的阉党集团专权时期，朝野颂珰和建造生祠之风盛行，与之同时，朝廷财政空虚，辽东军费告急，魏忠贤和阉党如何处理三藩并举事宜，三王将如何实现王府权势？相关讨论有利于进一步理解明末复杂的政治局势，以及藩王于晚明政局之意义。

二、三王之国与晚明政局

瑞王常浩（神宗第五子）、惠王常润（第六子）、桂王常瀛（第七子）的分封与就藩颇费周折。按典制，"众子封王爵，必十五岁选婚，出居京邸。至长，始就藩"⑤。册封、选婚、就藩有既定顺序，若有环节延迟，将影响其后就藩。嘉靖后始封的诸王册封、选婚和就藩情况参见表1：

---

① 顾诚：《明代的宗室》，明清史国际学术研讨会秘书处论文组编：《明清史国际学术讨论会论文集》，天津人民出版社1982年版，第89页。又参见王毓铨：《明代的王府庄田》，《莱芜集》，中华书局1983年版。赵毅：《明代宗室的商业活动及其社会影响》，《中国史研究》1989年第1期。张德信：《明代宗室人口俸禄及其对社会经济的影响》，《东岳论丛》1988年第1期。雷炳炎：《明代宗藩经济犯罪述论》，《暨南史学》2009年第6辑。陈锋：《中国俸禄制度史》，武汉大学出版社2005年版，第400~430页。

② 柯律格：《藩屏：明代中国的皇家艺术与权力》，黄晓鹃译，河南大学出版社2016年版，序言第4~6页。

③ David M. Robinson, '*Introduction*', *in Culture*, *Culture*, *Courtiers*, *and Competition*: *The Ming Court* (*1368—1644*), Cambridge, MA, and London: Harvard University Asia Center, 2008, pp. 1-20.

④ 有研究在探讨"争国本"时涉及诸王册封事宜。如李佳：《君臣冲突与晚明士大夫政治——以万历朝"国本之争"为中心》，《求是学刊》2017年第6期。相关研究较少讨论就藩问题。

⑤ 申时行等：《大明会典》卷56《礼部十四·王国礼二·就藩》，《原国立北平图书馆甲库善本丛书》第427册，国家图书馆出版社2013年版，第1583页。

表 1　**嘉隆万三朝亲王册封、选婚和就藩情况**

藩王	出生	册封（年龄）	成婚（年龄）	就藩（年龄）
景王①	嘉靖十六年	嘉靖十八年（3）	嘉靖三十一年（16）	嘉靖四十年（25）
潞王②	隆庆二年	隆庆五年（4）	万历十年（15）	万历十七年（22）
福王	万历十四年	万历二十九年（16）	万历三十一年（18）	万历四十二年（29）
瑞王③	万历十九年	万历二十九年（11）	万历四十三年（25）	天启七年（37）
惠王④	万历二十二年	万历二十九年（8）	万历四十六年（25）	天启七年（34）
桂王	万历二十五年	万历二十九年（5）	万历四十六年（22）	天启七年（31）

景、潞、福三王选婚年龄大致合乎礼制。受“争国本”的影响，瑞、惠、桂三王的册封、成婚和就藩一再延期，远超规定。神宗偏爱朱常洵，迟迟未立东宫，至万历二十九年（1601），常洛被册立为东宫，常洵、常浩、常润、常瀛并封亲王。⑤ 但直至万历四十二年（1614）福王就藩洛阳，三王婚礼才渐得安排。

万历四十五年（1617），瑞王成婚已两年，臣子奏请依祖制分封，未获圣裁。⑥ 两年后，礼部奏请三王之国并拟选封地，未有回旨。⑦ 万历四十八年（1620），万历遗诏才令三王“各择善地，令早就藩封”⑧。天启元年（1621），地方始造三王府邸，以备就藩。⑨ 天启六年（1626）十二月，礼部奏定之国日期：“瑞王天启七年三月十一日，惠王三月二十二日，桂王四月十七日。”⑩

三藩并举，开支甚大。在正式就藩前，须预先选拔文武官员、内官、内使、护卫、旗

① 景王册封和选婚年龄见《明世宗实录》卷 389、卷 542，嘉靖三十一年九月丙申、嘉靖四十四年正月丁未，台湾“中央研究院”历史语言研究所 1962 年版，第 6838、8763 页。

② 张廷玉：《明史》卷 120《潞王翊镠列传》，中华书局 1974 年版，第 3652 页。《明神宗实录》卷 128，万历十年九月庚午，台湾“中央研究院”历史语言研究所 1962 年版，第 2393 页。

③ 瑞王出生和选婚时间见《明神宗实录》卷 522、卷 528，万历四十二年七月甲寅、万历四十三年正月丙子，台湾“中央研究院”历史语言研究所 1962 年版，第 9385、9939 页。

④ 惠、桂二王年龄推算和选婚时间见《明神宗实录》卷 528、卷 566，万历四十三年正月丙辰、万历四十六年二月丁未，台湾“中央研究院”历史语言研究所 1962 年版，第 9915、10657 页。

⑤ 张廷玉：《明史》卷 120《瑞王常浩列传》，中华书局 1974 年版，第 3652 页。

⑥ 《明神宗实录》卷 549，万历四十四年九月壬辰，台湾“中央研究院”历史语言研究所 1962 年版，第 10397 页。

⑦ 《明神宗实录》卷 583，万历四十七年六月甲子，台湾“中央研究院”历史语言研究所 1962 年版，第 11099 页。

⑧ 《明神宗实录》卷 596，万历四十八年七月戊戌，台湾“中央研究院”历史语言研究所 1962 年版，第 11449 页。

⑨ 《明熹宗实录》卷 6，天启元年二月壬子，台湾“中央研究院”历史语言研究所 1962 年版，第 290 页。

⑩ 沈国元：《两朝从信录》卷 32，《四库禁毁书丛刊》史部第 30 册，北京出版社 2000 年版，第 642 页。

校人役，置办仪仗、禄米、船只、车马等项。“王府官属及军校分为四运，先后启行。”① 船车、夫马、廪粮等供应，及护卫、迎送、祭祀等事宜主要由沿途州县承担。三王之国时，明廷财政已十分糟糕。为应付万历三大征，朝廷频繁动用老库银、常盈库银、太仆寺的马价银、南京存留银以及各省财库的存银。“耗尽了张居正整顿财库之后所节省下来的银两。”② 万历四十六年（1618）努尔哈赤举兵反明，辽东战争爆发，军费急速增加，明廷数次大规模加派税赋，征收辽饷。“到崇祯十二年凡辽饷、剿饷、练饷的加派达1500万两……与万历四十五年以前相比，二十余年暴涨五倍。”③ 朝廷“库藏空虚，内外交困”④。

探究三王就藩事需留意彼时朝局。此时的政治要务，莫过于以魏忠贤为首的宦官专权和辽东军务。三王在京等候就藩的数年中，由于东林党与阉党两大政治集团的对抗，朝局数次动荡。先是朱常洛即位月余便在“红丸案”中猝然崩逝。其后“移宫案”生，在尚书周嘉谟、科臣杨涟等东林党的运作下，朱由校即位，即明熹宗，出现“东林势盛，众正盈朝”的局面。⑤ 天启四年（1624）杨涟疏劾魏忠贤二十四大罪，魏忠贤惊惧，但此举未得熹宗支持。为扳倒东林党，阉党令内阁首辅叶向高去职。次年，魏忠贤造“六君子之狱”，杨涟、左光斗等六人遇害。天启六年（1626），“内外大权一归忠贤”⑥。之后总揽之国事的应为阉党。

至于辽东战局，事关朝廷安危，且阉党可借边功为己牟利，颇为魏忠贤所重视。天启七年（1627），魏忠贤助饷银三万济辽，朝廷“荫弟侄一人世袭锦衣指挥使”⑦。同年，魏忠贤已与袁崇焕合作。四月，袁崇焕与蓟辽总督阎鸣泰共同疏请在宁远为魏忠贤建造生祠。⑧ 此时，在军需及人事任命上，魏忠贤大多满足袁崇焕的要求。⑨ 国用日匮，辽东兵兴，三王就藩从一开始便有了俭省的基调。

三、省财节费的三王之国

就藩安排涉礼部（册印、冠袍、服饰）、户部（禄米、食盐）、兵部（护卫、官旗、

---

① 《明孝宗实录》卷103，弘治八年八月癸丑，台湾“中央研究院”历史语言研究所1962年版，第1879页。

② 林美玲：《晚明辽饷研究》，福建人民出版社2007年版，第21页。

③ 赵轶峰：《论明末财政危机》，《明代的变迁》，上海三联书店2008年版，第242页。

④ 李邦华：《条陈太仓银库疏》，《文水李忠肃先生集》卷1《西台疏草》，《四库禁毁书丛刊》集部第81册，北京出版社2000年版，第44页。

⑤ 张廷玉：《明史》卷243《赵南星列传》，中华书局1974年版，第6299页。

⑥ 张廷玉：《明史》卷315《魏忠贤列传》，中华书局1974年版，第7820、7821页。

⑦ 傅维鳞：《明书》卷18《熹宗悊皇帝本纪》，《四库全书存目丛书》史部第38册，齐鲁书社1997年版，第170页。

⑧ 《明熹宗实录》卷83，天启七年四月壬寅，台湾“中央研究院”历史语言研究所1962年版，第4022页。

⑨ 袁崇焕若想在辽东施展抱负，不能不与魏忠贤党人合作（或最少不能与他们对抗）。罗炳绵：《天启朝袁崇焕人际关系的变化》，东莞市政协编：《袁崇焕研究论文选集》，广东人民出版社2005年版，第400页。

校尉）、工部（车舆、器械）。据内官监李永贞奏：“三王之国，忠贤节省以数万计。”魏忠贤因之得赏，“命赐敕奖励荫弟侄一人锦衣卫指挥使”①。之国事宜总体由阉党负责，“节省数万计”虽有为魏忠贤邀功之嫌，但就事实而言，就藩的车船夫役及礼节性开销都有俭省。以下就此展开叙述：

其一，就藩用车及夫役较此前有所减少。天启七年（1627）正月，顺天府尹李春茂称：“三王之国，该府所属地方启行，有车轿人夫在途，有膳羞廪粮以及拽船夫役，费极浩繁，即百分撙节，亦须得六万余两。而库贮无几，或照往例动支太仆寺马价银，如数给发备办札行，该寺又称难措。臣等参酌潞、福二藩旧例，今值财力困乏，虽不能及福藩，亦不敢减于潞藩，计三王共合用车四千四百四十三辆，夫八千四百九十六名。乃府臣既苦束手，寺臣复切攒眉，宜于该寺量借银一万五千两，发府支应，余则该府自为措处。”朝廷命太仆寺借银二万两。② 但此时太仆寺马价银几乎耗尽。③ 太仆寺卿言，“近奉本部另札三王之国该放脚价修船银一万八千两，而冏库四朝之积皆尽矣”④。为筹经费，李春茂又挪用顺天各按差和户部库等银一万，共二万八千两，但与预算的六万两之数相去甚远。⑤ 是否另有自筹暂不得知，但依当时状况判断，难以足额。

其二，三王之国所用船只数量大幅下降，漕运管理（限制陋规和勒索）得到加强。在此需先说明的是，瑞王就藩路线变更，三王均经大运河南下：

> 瑞、惠、桂三王同时就藩，初议从陆由河南入潼关，至汉中，已饬备矣。已改从水道出襄郧，有司错愕靡措。⑥

瑞王封地陕西汉中，陆行更便，但最终却和惠、桂二王一同由大运河南下，再由汉水北上，经襄、郧抵汉中。由于就藩日期已定，地方有司已有预备，突然更改令“有司错愕靡措”。特意绕路远行的原因至少有二：其一，原定陆行不太安全。天启七年（1627）二月，陕西澄城爆发农民起义，地方动荡。⑦ 其二，水路更为安全且便于获利。往昔走运河就藩的藩王往往借机大行走私。加之途经不少经济富庶的商业城市，皇亲势要可借机索要财物。如弘治间李东阳谈起就藩，“他如游手之徒，号称皇亲名目，附搭盐船，声言各

---

① 《明熹宗实录》卷79，天启六年十二月己酉，台湾“中央研究院”历史语言研究所1962年版，第3818页。

② 《明熹宗实录》卷80，天启七年正月癸酉，台湾“中央研究院”历史语言研究所1962年版，第3871页。

③ 朝廷除了靠各种方式的实物改折和搜刮外，还会搜荡太仓蓄积及挪借太仆寺的马价银。赵轶峰：《论明末财政危机》，《明代的变迁》，上海三联书店2008年版，第240~241页。

④ 《明熹宗实录》卷81，天启七年二月丁卯，台湾“中央研究院”历史语言研究所1962年版，第3965页。

⑤ 《明熹宗实录》卷80，天启七年正月乙亥，台湾“中央研究院”历史语言研究所1962年版，第3875页。

⑥ 张樨：《明赠刑部尚书李若珪传》，《（乾隆）顺德府志》卷16《艺文下》，《中国地方志集成·河北府县志辑》第67册，上海书店出版社2006年版，第341页。

⑦ 学界以此事件为明末农民战争起点。顾诚：《明末农民战争史》，光明日报出版社2012年版，第28、29页。

处，马头起盖店房，网罗商税”①。船只越多，获利越丰。但三王船只数较嘉靖后就藩藩王有所减少（参见表2）。

表2 **藩王就藩船只数量比较**

<table>
<tr><th>王府</th><th>身份</th><th>就藩时间</th><th>船只数</th><th>数据来源</th></tr>
<tr><td>郑、淮、荆、襄、梁</td><td>仁宗子</td><td>宣德四年</td><td>200~300</td><td rowspan="5">《明孝宗实录》卷145②</td></tr>
<tr><td>德、秀、吉、崇、徽</td><td>英宗子</td><td>成化三年至十七年</td><td>700</td></tr>
<tr><td>吉王</td><td>英宗子</td><td>成化十三年</td><td>未知</td></tr>
<tr><td>益王</td><td>宪宗子</td><td>弘治八年</td><td>700</td></tr>
<tr><td>兴、岐</td><td>宪宗子</td><td>弘治七年至八年</td><td>共计900</td></tr>
<tr><td>景</td><td>世宗子</td><td>嘉靖四十年</td><td>大小千艘</td><td>王樵《海岱记》③</td></tr>
<tr><td rowspan="2">潞</td><td rowspan="2">穆宗子</td><td rowspan="2">万历十七年</td><td>500</td><td>王世贞《议处听用船只以供大典疏》④</td></tr>
<tr><td>925</td><td rowspan="2">朱国祯《涌幢小品》⑤</td></tr>
<tr><td rowspan="2">福</td><td rowspan="2">神宗子</td><td rowspan="2">万历四十二年</td><td>1173</td></tr>
<tr><td>1200余</td><td rowspan="2">《明熹宗实录》卷74⑥</td></tr>
<tr><td>瑞、惠、桂</td><td>神宗子</td><td>天启七年</td><td>少于1500</td></tr>
</table>

弘治间兵部有言，宣德之后，“各府亦远涉江湖”，“比来所用车船比之宣德、成化中已增数倍”。⑦ 据嘉靖间景王就藩情形可知船只来源有兵部马快船、漕运卫所北还粮船及由户部雇募的其他军民船只。⑧ 从表2可知，就藩船只数量总体有增多之势，后来者往往比照前人来请求。瑞、惠、桂三王之国时船只数量，据兵部尚书冯嘉会奏，减至人均不足500艘：

① 《明孝宗实录》卷212，弘治十七年五月甲寅，台湾“中央研究院”历史语言研究所1962年版，第3981~3982页。

② 《明孝宗实录》卷145，弘治十一年十二月丙申，台湾“中央研究院”历史语言研究所1962年版，第2529页。

③ 王樵：《海岱记》，《方麓集》卷7，《景印文渊阁四库全书》集部第224册，台湾“商务印书馆”1986年版，第234页。

④ 王世贞：《议处听用船只以供大典疏》，《弇州山人续稿》卷142《文部》，《四库提要著录丛书》集部第122册，北京出版社2011年版，第89页。

⑤ 朱国祯：《涌幢小品》卷5《王府》，中华书局1959年版，第103页。

⑥ 《明熹宗实录》卷79，天启六年十二月丙午，台湾“中央研究院”历史语言研究所1962年版，第3809页。

⑦ 《明孝宗实录》卷145，弘治十一年十二月丙申，台湾“中央研究院”历史语言研究所1962年版，第2529页。

⑧ 杨博：《酌议景王之国事宜疏》，《杨襄毅公本兵疏议》卷5，《四库全书存目丛书》史部第61册，齐鲁书社1997年版，第362~363页。

> 一查《大明会典》一款，亲王之国，用船不过五百只。惟福王就藩用船至一千二百余只，料理数月，尚不能办。今三王既同时之国，而期又在转盼。无论照福王例万万不能，就使各照《会典》开数，统计有一千五百之多。臣部亦限于时迫于势，苦无术以取盈，乞斟酌量减，庶易于催办。①

冯嘉会之奏得允。船只数锐减或与漕粮济边的用船需要有关。黄仁宇认为在明朝与后金的战争中，如何将粮食运到辽东是一个非常大的难题。② 船只需求缺口甚大，专督辽饷侍郎李长庚上奏：“夫粮饷二百万，以每舟载五百石计之，须得四千舟始可完二百万之运，而臣所造雇津船二百只、淮沙船五百只尔。”③

一些漕规得到重申以防止王府势要借机敛财。为防止随从人役任意开闸影响漕河管理，河道总督李从心言：“三王舟行，挑浚工程已毕。但济宁以北诸闸所以蓄养水力，恐三王随从人役不知规例，擅自开闸，或带板而行，则后水不继，船必浅阁，欲速而反迟矣。”得旨允准，“设闸启闭，关系漕规，随从员役，自应遵守，恃强违扰的准指名参处”④。

其三，三王之国礼仪花销的俭省。据《大明会典》载，洪武初定亲王就藩礼，亲王离京时要辞别祖陵、辞别天子、接受百官辞别、沿途接受所过州县文武官迎接、沿途合祀神祇，抵达封地时“本处文武官率耆老出城迎接，不行礼。导王诣社稷、山川坛祭祀，各官及耆老随班陪祭。礼毕，送王至宫，升殿，行贺礼”。且每个环节的礼仪，都须备祭品祭物，产生开销：

> 一沿途祭应祀神祇，并至封国告祭社稷、山川等神，俱翰林院撰祝文，礼部差官着落所在官司支给官钱买办祭物。

除却置办祭品祭物，还须搭盖棚殿以备官员朝谒，弘治间定“通州搭盖席殿、正殿三间，仪门一间、厢房六间，四围席墙以候朝谒”，以景王就藩为例：

> 嘉靖三十九年定，时景王就藩，先期辞长陵等陵，俱用酒果。临行日，祭承天门，总告京都应祀神祇，王自行礼。是日祭大通河神，遣太常寺官行礼。一沿途告祀直沽天妃之神、淮河之神、扬子江之神、小孤山之神、汉江之神。一道经南京谒拜孝陵，行翰林院撰祝文，太常寺关领香帛，南京太常寺备办酒果，候王至日行礼。其南

---

① 《明熹宗实录》卷79，天启六年十二月丙午，台湾“中央研究院”历史语言研究所1962年版，第3809页。

② 黄仁宇：《明代的漕运》，张皓、张升译，九州出版社2016年版，第105页。

③ 程开祜：《筹辽硕画》卷44，《清史资料》第一辑《开国史料（一）》第12册，台联国风出版社1968年版，第5551页。李长庚在天启五年督辽饷。金日升：《颂天胪笔》卷14《上起用·李冢宰》，《四库禁毁书丛刊》史部第6册，北京出版社2000年版，第90页。

④ 《明熹宗实录》卷80，天启七年正月丙申，台湾“中央研究院”历史语言研究所1962年版，第3902~3903页。

> 京各衙门官员赴王行幄处行礼，见毕即回。一至国，告祀南岳衡山之神，望祭社稷之神、山川之神。王自行礼，俱用牲醴，其祝文翰林院撰写，祭品行所在官司备办。一到国之后，谒拜显陵，合用酒果及沿途往来供应俱行各该有司备办。谒拜毕即日回府。①

置办祭品、搭盖棚殿皆有开销。官员拜见常携厚礼以赠。瑞、惠、桂时期，相关礼节大大减省。第一，祭礼减省。“亲王道经及就国之后宜谒祖陵。三王俱经南京宜谒孝陵，瑞王过承天，惠王、桂王就国俱宜谒显陵”，经礼部奏请，以地方疲困为由，朝廷取消了拜谒孝陵和显陵之行程，“俱遣官祭告”。② 第二，沿途经过各王府之相见礼“一概俱免”③。第三，各府县只保留官员出入境的迎送之礼。④

其四，沿途夫役、膳馐、廪粮等项都有不同程度的减省。护送桂王的兵部协理尚书邵辅忠言：

> 四监体悉，厂臣节制，俾臣得行其事。一宫眷而下廪给口粮总计，一府所经驿站应支之数，豫为封解。臣与承奉自收自散。一船用夫若干，领以夫头，押以丞簿，统以府佐，督令迎送出境。一用夫逾万，则地方穷于夫议，每船十折其四，责船头水手拽纤撑篙；一王舟所至，费用浩繁，书仪下程一切禁止。⑤

山东巡抚李精白表明已将三王经过所用船只、夫役、膳馐、廪粮等项，“俱照顺天裁减”⑥。

透过以上分析可知，在以魏忠贤为首的阉党的安排下，三王之国的船只、夫役、膳馐、廪粮，以及一些礼节开销都有不同程度的削减。而三王走大运河，也不易再通过旧例敛财。此时阉党已掌握运河沿线。天启七年（1627）正月，“明熹宗及当时王朝的实际主政者——司礼监秉笔兼提督东厂太监、‘九千岁’魏忠贤，以查核京通仓库、漕运、河道等处的财政收入实数为由，外派内廷太监于运河之上”。此时宦官“其职权范围之大，空前绝后”⑦。在其把控下，可以有效约束宗藩的敛财之举。

---

① 申时行：《大明会典》卷56《礼部十四·王国礼二·就藩》，《原国立北平图书馆甲库善本丛书》第427册，国家图书馆出版社2013年版，第1583~1585页。

② 《明熹宗实录》卷82，天启七年三月乙亥，台湾“中央研究院”历史语言研究所1962年版，第3984页。

③ 《明熹宗实录》卷82，天启七年三月己卯，台湾“中央研究院”历史语言研究所1962年版，第3990页。

④ 《明熹宗实录》卷81，天启七年二月丁卯，台湾“中央研究院”历史语言研究所1962年版，第3961页。

⑤ 《明熹宗实录》卷82，天启七年三月庚寅，台湾“中央研究院”历史语言研究所1962年版，第4004页。

⑥ 《明熹宗实录》卷82，天启七年三月辛未，台湾“中央研究院”历史语言研究所1962年版，第3971页。

⑦ 胡克诚：《皇权与财政：试论明代大运河上的宦官角色》，《运河学研究》2021年第1期。

对此，三王主动表示赞成。瑞王疏言：“如供应一节载在书册者，按数取给，自足赡用……其地方官员，除入境一迎，出境一送外，其余日期俱回司府州县理事，不得多带仆马、人夫在于沿途地方，益增骚扰。”桂王亦言：“又如先年各藩之国旧例……臣概郄不受……以节糜费……”① 三王得朝廷嘉奖。

览三王所奏，无非是配合既定安排，节约用度以体恤朝廷。在后文的叙述中，三王并未完全如其所陈，这番表态一来是为博贤名，但更多是迫于形势。于三王而言，首要目标是顺利就藩，其次才是谋利。就藩能否顺利主要仰仗阉党。瑞王想改走运河，更需争取熹宗及魏忠贤的赞成。这种俭省的论调将为沿途有司留下灵活操作的空间，而由于党争的作用，安排就藩亦成为多方势力的博弈之场。

四、从沿线供应看三王之国中的权力博弈

就藩牵涉到沿线府县的夫役和日常饮食供应。夫役为临时征发，往往由所至之境内有司负责此段路程夫役，会典未载其详情，有记载嘉靖“查得藩封旧例合用人夫数至三万一千余名，皆系各州县计丁派拨”，但实际上各地情况不同，夫役常由有司灵活征发或用银雇役。② 亲王所过州县驿递原本只负责上供柴薪，不支廪给。③ 嘉靖四十年（1561）题准供用膳馐及随从廪给。各有字号，照数供应，随支注销。④ 至天启间三王之国时，所过州县供应肉类：“所经郡县上供王及妃日各肉八十斤，次妃及长子各六十斤，余妾及诸子各四十斤。”⑤

虽有规定，但往昔诸王就藩之时，身为皇帝亲子或亲弟，身份显赫，王府下人往往勒索夫役，索要供给远超规制，地方颇受其扰。弘治间，倪岳指出承奉等官“克害夫役，凌虐有司，经过地方，势同劫夺”，望能节制。⑥

此种情形至嘉万时更甚。其一，日常供应之费高昂，如景王至仪真，王舟膳食供应之费“一夕五万矣”。⑦ 其二，地方苦于夫役，有司遭致欺压。景王就藩，山东等处提刑按察司佥事王樵目睹王舟勒索夫役，“有投水溺死者，缢者逃者”，有司遭致凌辱，“临清知州为王府人围逼，至欲自戕”，“王舟夜过某闸，束燎不续，致问巡抚、巡按安在，孟知

---

① 《明熹宗实录》卷 81，天启七年二月丁卯，台湾“中央研究院”历史语言研究所 1962 年版，第 3960~3964 页。

② 王纪：《为藩封议留营军挽舟疏》，陈子龙辑：《皇明经世文编》卷 473，《四库禁毁书丛刊》集部第 29 册，北京出版社 2000 年版，第 236 页。

③ 《明孝宗实录》卷 201，弘治十六年七月癸未，台湾“中央研究院”历史语言研究所 1962 年版，第 3737 页。

④ 申时行：《大明会典》卷 148《兵部三十一 · 驿传四 · 驿递事例》，《续修四库全书》第 791 册，上海古籍出版社 1995 年版，第 528 页。

⑤ 盛枫：《孚先曾祖鏒祖光华父思述叔应明兄德先》，《嘉禾征献录》卷 12，《续修四库全书》第 544 册，上海古籍出版社 1995 年版，第 473 页。

⑥ 倪岳：《会议灾异陈言事》，陈九德：《皇明名臣经济录》卷 4《保治》，《四库禁毁书丛刊》史部第 9 册，北京出版社 2000 年版，第 64 页。

⑦ 陶望龄：《淮安府知府范先生槚墓志铭》，焦竑辑：《国朝献征录》卷 83《南直隶》，第 6 册，广陵书社 2013 年版，第 3503 页。

县至于被锁此可见矣”。① 为供夫役，王樵日夜调度，在王事结束后引病乞归。②

瑞、惠、桂三王同时就藩，由运河南下，至扬州过江，再西行武昌后转陆行。就藩的一些情形散见于地方史志，笔者择其一二来分析：

其一，路线变更。扬州府如皋县原不在既定路线内，但县令王珍锡被安排：

> 三王之国，皋非所取道，而当事者称公老成超练，属主供亿，口众而绪纷，最难调矣。公擘画指麾，周详暇豫，有缩额而无溢格，人受部署，帖然无哗者，舆论服之。皋之迎王者千人，涉泗抵徐，其裹粻皆民营也。公为减其十之四，而分营兵睥卒之饩于官者四百人，以益之海艘之抵辽者赋于皋，以二十计，而权珰衔命辄增其半。公却之，以二十艘受事而已。③

先后接待三位亲王，加之还有辽饷加派，压力空前。于王珍锡而言，有两大要务：第一，负责境内王事；第二，用海船运输县内部分赋税于辽东以支应军费。从能左右就藩路线的实情和“权珰”来推断，此“当事者”应为阉党。无论是魏忠贤看重王珍锡的个人能力，抑或故意为难。好在王知县顺利完成就藩事宜，将地方供应减少四成，又分本地营兵维护秩序，省下二十艘船物资。理漕宦官见其能省，希望可以再增加十艘的物资，但被王知县拒绝。

其二，扬州换舟风波。瑞王先至扬州，忽然要求换舟，“并谓将渡大江，恐前舟往返已数千里，不堪渡江故也”，据扬州推官王征判断，王舟坚固完好，“不过随从各官借此以为需索”。王府势要催促威胁：“不速换王舟，可将各官姓名开来。”④ 时“道府厅县咸相顾错愕莫能对”，王征同众官一同会见护送王舟的兵部右侍郎赵绂，并冒言相辩：

> 王独扬州之王也欤哉？扬州府出办王舟及诸从王之舟不下数百艘，今往返已数千余里，正宜檄取江南大舟来换，以节其劳可也。奈何又令更换？彼江之南独非王土王臣耶？况王舟原自坚完美好，既能经数千里风浪，岂不能渡一苇之江？即王驾果能久泊此河干乎？且当时本部逆知王舟势必过江以南，胡为不先传檄，令江以南舣舟北岸以待？岂扬州之舟可驰候二千里外直至通湾，而江南之舟独不可移寸地以向仪真北岸乎？众宫讵敢不遵王命，第势难猝办，且亦必不能办。各官姓名备在宦林册内，夫亦相用再行开报者？

① 王樵：《海岱记》，《方麓集》卷 7，《景印文渊阁四库全书》集部第 224 册，台湾“商务印书馆”1986 年版，第 234 页。

② 王樵：《山东乞休疏》，《方麓集》卷 1，《景印文渊阁四库全书》集部第 224 册，台湾“商务印书馆”1986 年版，第 98 页。

③ 昌日乾：《邑侯王公太还去思碑》，《存笥小草》卷 2，《四库禁毁书丛刊》集部第 60 册，北京出版社 2000 年版，第 557 页。

④ 王征：《两理略》卷 2《三迎王舟》，李之勤辑：《王征遗著 · 两理略》，陕西人民出版社 1987 年版，第 48 页。

扬州为运河转长江之处。扬州已出船数百从通州湾迎王南下至江北，正欲渡江至南岸后换江南之船接替。换船不合情理，若早先提出，可直接让江南船只到江北接替。“众宫讵敌不遵王命，第势难猝办，且亦必不能办”及“各官姓名备在宦林册内”，反映出众官的联合抗衡。赵绂回禀瑞王后，次日，“王舟遂移泊仪真”。仪真风险，各官日日“赴王舟傍起居”，“次日侵晨，舟果发，风极顺利，顷刻十数里”，换船风波平息，诸官得瑞王奖赏，其后二王未有换船之言。① 推官王征力抗亲王成功的原因恐怕在于，第一，王舟已经离开阉党负责的大运河进入长江，长江风大浪急，仰赖地方官员安全护送。第二，王征得到了扬州官员群体的支持。

其三，三王道经武昌之风波：

> 又三王之国驻武昌，逆流风阻，舳舻相属珰珥云袂，视文武将吏如隶卒，颐呼而目詈之。供应既繁，疲于奔命，派牵夫数千百名，祇候骚扰，城市鼎沸。先生曰：“风可祭也。”即于望山门外设坛致祷，百官罗拜。……五更，东北风大作，王舟不能留，扬帆衔尾而去，官民大快。②

求风者为武昌推官邓来鸾，史载：“三王之国，权珰私人护行，舟所过郡县箕敛以迎，有司栗栗惧。”③ 得宦官护送，三王态度强横。邓来鸾能促进三王尽快过境减少骚扰的关键在于其求得东北风。施珊珊指出，天子所受之天命，包括对气候的影响力，往往为征兆和民谣所认可和威胁。“地方官的合法权利也具有同样的形式。”④ 设坛求风，得上天感应，又似有地方官借助天意成功对抗藩王权威之意。

从以上事件可见，三王的权势与此前福、景诸王难以相较，有司、阉党负责三王就藩事各有考虑。阉党可借奉王事故意为难有关官员，而其中有司博弈成功与否的关键就在于能否妥善处理好就藩事宜。地方有司出于财政考虑灵活减省，不少地方官员因以奉王事又不扰民之举而受称颂，“杨邦宪……巡抚江西，时三王之国……邦宪集所属计费，悉下藩司措之，所不足令诸郡县括官帑以济役夫，悉官授直不得调民间一丁，以是闾阎毫无所苦”⑤。于三王而言，他们为熹宗叔辈，与皇权关系稍远，又不得熹宗重视；作为过境之王，诸王与这些地方官只有短暂接触，无法也不必与之过多纠缠。不唯如此，在一些冲突中，宦官并未继续与有司纠缠，可见三王尽快就藩是清流士大夫和阉党的共同诉求。

---

① 王征：《两理略》卷2《三迎王舟》，李之勤辑：《王征遗著·两理略》，陕西人民出版社1987年版，第48~49页。

② 程青溪：《邓绣倩先生传》，任继愈主编，吴翌凤编：《中华传世文选·清朝文征（上册）》，吉林人民出版社1998年版，第16~17页。

③ 《（乾隆）广济县志》卷3《山川》，《故宫博物馆藏稀见方志丛刊》第76册，故宫出版社2013年版，第153页。

④ 施珊珊：《生祠与明代政治》，邵长财译，广东人民出版社2022年版，第279页。

⑤ 《（咸丰）青州府志》卷45《传二之八·人物传八》，《中国地方志集成·山东府县志辑》第32册，凤凰出版社2004年版，第213~214页。

五、三王之国与阉党的起落

筹办“三王之国”之事为阉党带来荣誉和政绩。天启七年（1627）五月，总督漕河太监崔文升、总河臣李从心、总漕臣郭尚友、山东巡抚李精白等漕运官员各疏为魏忠贤请功，“魏忠贤志存社稷，泽及蒸黎，三桐齐封，不惊旁河之鸡犬。千艘相接，尽恬破浪之鱼龙”，奏求为其建造生祠。① 朝廷“以藩封大典叙录沿河效劳诸臣”，阉党李从心、李精白等皆得封赏。②

天启七年（1627）十月，时朱由检已入主大位，群臣纷纷疏陈阉党罪状，其中嘉兴府海盐县贡生钱嘉征的弹劾成为倒魏的转折点——“自是言者相继而起，元恶乃除”③。钱历数魏忠贤十大罪状，罪状之五为克剥藩封，“今三藩一时之国，其庄田赐赉合三藩不及福藩之一。而忠贤封公侯伯之田土，拣选膏腴不下万顷。是祖宗本支百世之亲反不若一豪悍之家奴”④。

其后，乔若雯疏述“三王之国”事惨状：

> 恭诠三王皆神宗之爱子，先帝之叔父……自魏忠贤擅权，一手把定，即金枝玉叶亦被摧残，一时并出，虽曰“就封”，其实逐之，此其心抑叵测矣。其随封者，概靳不与，犹属小节，过南京应谒孝陵，过承天应谒显陵，皆以省费借口……即此而忠贤之罪，已上通于天矣……何三王皆贤，而瑞王居首，三王皆贫，而瑞王为最……惟有丰其赡田……⑤

乔若雯从礼制角度弹劾魏忠贤免除三王拜谒孝陵、显陵之举，无可厚非。但钱、乔二人将三王之国赡田与福藩相较得出其待遇低下之结论言过其实，“丰其赡田”之语更是惊骇。且不论此前不少朝臣曾因福王赏赐和养赡太过而奏请减免，⑥ 在天启朝三王庄田朝廷已经努力予之。如惠、桂二王原请庄田共六万顷，后考虑到福王两万顷的先例，朝廷将二王赡田下调到各两万顷，并敦促各省尽快完成。⑦ 钱、乔二人之语，有失公允。至于魏忠贤

---

① 《明熹宗实录》卷87，天启七年八月癸卯，台湾“中央研究院”历史语言研究所1962年版，第4213~4214页。

② 《崇祯长编》卷2，天启七年九月庚辰，台湾“中央研究院”历史语言研究所1962年版，第33页。

③ 朱彝尊：《静志居诗话》卷18《钱嘉征》，《续修四库全书》第1698册，上海古籍出版社1995年版，第423页。

④ 外史氏辑：《圣朝新政要略》卷1，天启七年十月二十七日，《续修四库全书》第438册，上海古籍出版社1995年版，第568页。

⑤ 乔若雯：《督祀告竣疏》，《(康熙）临城县志》卷7《艺文》，《中国地方志集成·河北府县志辑》第71册，上海书店出版社2006年版，第99页。

⑥ 李邦华：《请裁福藩养赡疏》，《文水李忠肃先生集》卷1《西台疏草》，《四库禁毁书丛刊》集部第81册，北京出版社2000年版，第27~31页。

⑦ 毕自严：《度支奏议》湖广司卷1，篇名从缺，上海古籍出版社2008年版，第198页。

“逐”三王，“摧残”三王实属夸张。

众臣将三王之国事与为魏忠贤建造生祠之事相提并论值得留意。礼科给事中闫可陛在弹劾时言“创建两祠者，李精白也。三王之国，不行迎送，而德州建祠亲诣上梁，何其悖逆如此！”① 李精白是否怠慢尚缺乏史料佐证。但阉党的确存在借奉王事行搜刮钱财之举。《启祯两朝剥复录》中记载原任武库司郎中郭文衡事迹：

> 一，讨差催船办送三王之国。一路自张湾至山东各口岸刷船得厚贿者卖放，无贿者锁打，充差无不畏之如虎。得银数千后，又倡言逆珰分封之德，所过不扰，议建祠于经过地方恐吓有司厚礼。②

之国途中，有内监监督防止夹带，如护送瑞王内监张邦诏便搜出船户挟带私盐。③ 与费用减省、秩序整顿基调相反的是，阉党获利不少。除了事后表彰，还有额外收入——无论是之国的船只夫役，还是建造生祠，二者都可以被用来索贿。

在晚明中央和地方财政空虚，各省为辽东军费疲于奔命的情况下，魏忠贤俭省之举可谓皆大欢喜。为魏忠贤建造生祠属于阉党和攀附外臣的主动之举，魏忠贤本人早已无法掌控此种愈演愈烈的造神运动，着意俭省的魏忠贤在某种程度上已经与利用三王之国为己邀功和敛财的阉党有所脱离。崇祯朝为了倒魏，苛待三王之罪皆被归于魏忠贤，然正如谈迁所言，“今以哲庙升遐之速，先异维城，过疑逆珰，非持平之论也”④。

六、结　　语

藩王就藩属桐封大典，牵涉中央与地方两个层面，前者负责总体事宜，后者负责沿途夫役和日常供应。就藩亲王身份尤贵，往往趁机需索，花销有增多之势。但进入天启朝，由于王朝危机和阉党专权，三王之国呈现出新的局面。透过本文，可有以下结论：

其一，藩王就藩是新封亲王首次进入地方社会视野的重要典礼，也是新藩向社会展现个人权势的重要场合，且由于就藩耗费时日，这一典礼被赋予了额外的经济色彩。格尔茨借其在巴利岛的观察指出：“皇家庆典主义是皇室政治的策动力；公众仪式不是用于装点国家的花招，相反，即便在国祚终结之际，国家也仍是表演公众仪式的手段。权力服务于盛典，而非盛典服务于权力。”⑤ 就藩途中沿途大小祭祀、官员迎送，皆是亲王展现个人魅力与权势的重要场合。就藩路线的择选，沿途船只、夫马、日常供应，尤其是王府势要

---

① 金日升：《颂天胪笔》卷15《启事·礼科给事中闫可陛奏为阉党建祠献媚显干法纪恳乞圣明立赐处分以畅公论疏》，《四库禁毁书丛刊》史部第6册，北京出版社2000年版，第232页。

② 吴应箕：《启祯两朝剥复录》卷8《己巳京察·原任武库司郎中今升云南参政郭文衡》，《北京图书馆古籍珍本丛刊》史部·杂史类第13册，书目文献出版社1988年版，第674页。

③ 《明熹宗实录》卷83，天启七年四月己亥，台湾“中央研究院”历史语言研究所1962年版，第4017页。

④ 谈迁：《国榷》卷68，天启七年三月戊寅，上海古籍出版社2008年版，第160页。

⑤ ［美］克利福德·格尔茨：《尼加拉——十九世纪巴黎剧场国家》，赵丙祥译，商务印书馆2018年版，第12页。

借机勒索、船只夹带，给就藩之旅带来更多经济方面的意义。就藩途中藩王与地方有司之种种冲突，主要出于彰显王权和增加额外收益的需要。

其二，就藩途中的礼仪秩序、供应皆与亲王权威直接相连，天启末期新的政治局势共同造成瑞、惠、桂三王权势削弱的局面。皇权为藩王权力的直接来源，与在位者关系的疏远影响着藩王就藩期间的权势与供给。万历、泰昌、天启三朝的迅速迭更造成瑞、惠、桂三王在就藩时期权势和待遇不如此前就藩的潞、景、福三藩。诸王就藩前，其权势直接来源于皇帝。受万历帝偏爱福王和国本之争事件的影响，三王选婚和就藩一再拖延，这释放出三王并不受万历皇帝重视的政治信号。其后三王之兄光宗常洛即位，双方血缘亲近，此时地位最崇。但光宗在位仅月余，新即位的天启帝与三王并不亲近，得不到皇权的有力支持，三王难以与权宦及其他外廷官员集团相抗衡。

其三，受晚明党争影响，三王际遇和社会舆情亦有不同。三王就藩事宜主要由魏忠贤及阉党负责，直隶、山东、浙江，这些运河沿线省份大多为阉党势力范围。① 在护送三王之国途中，为建祠寻找财源和增长私人财富的欲望，阉党趁机索贿敛财。天启前期，魏阉当政，昆、浙、宣三党投降了内监。② 至天启末期，阉党中原因反对东林党而加入的党派或其他官员已有脱离阉党之意，对颂珰和建祠不予支持，这些地方官员占据的比如湖广武昌，则希望减少三王之国额外供应和骚扰，出现有司与百姓、阉党和三王两派对立的局面。但无论是阉党还是其他党派的外廷之臣，其共同诉求都是三王可以在省财节费的前提下顺利且尽快就藩，不少官员因安排得当而颇受赞誉（无论是朝廷嘉奖还是地方志中的称颂）。在这样的局势中，出现三王之国较此前诸王花费减省、权势削弱的局面。至崇祯一朝，伴随着倒阉风波，出现三王之国为魏忠贤所薄及王室遭受苛待之舆论，而这种舆论将为三王在封地扩张权势和增加财源带来新的契机。③

（作者单位：华中农业大学马克思主义学院）

① 叶晔：《晚明党争人物的地理分布和特征》，《中国历史地理论丛》2005 年第 2 辑。

② 谢国桢：《明清之际党社运动考》，引论，上海世纪出版集团 2006 年版，第 5 页。

③ 进入崇祯朝，诸王权势扩张将有新的转机。参见吴滔、谢宁静：《晚明新封藩王的财源与权势——以惠王为例》，《厦门大学学报》（哲学社会科学版）2021 年第 3 期。

清代湖南卫所改制中的屯田归并与屯户编里

——以长沙府为中心的考察

□ 仇慧君

【摘要】清代卫所改制，屯田及大部分军户被归并到就近州县。由于裁卫归县与清初赋役改革同时进行，清丈编区作为里甲赋役改革的主要办法，也用在了屯田屯户的归并过程中。相比于屯户编里，屯田税粮的归并更受到官府的重视。在就地编区的指导下，屯田与附近民田一同清丈并编入赋役区划。屯田与民田保持着相当程度的区隔，融合仍有很大的空间。因为各州县赋役变革的影响，屯户编入里甲的形式分为屯户依屯田清丈编区、另立屯里和散附各都甲三种方式。

【关键词】卫所；屯田归并；屯户编里；长沙府

裁卫归县作为清前期一个重要的制度变革，一直以来备受学界关注。郭松义、顾诚、彭雨新等学者对于清代卫所改制、裁卫归县前后屯田性质的变化和军户户籍的转变等问题都进行了相当深入的讨论，为进一步研究奠定了良好的基础。①

在卫所归并州县后，如何将散处州县的屯田粮银进行统一规划征收和屯户编入里甲，成为州县面临的新挑战。湖南长沙府的屯田归并和屯户入籍方式展现出多种形态，本文即试图以各州县不同的里甲赋役改革方式为切入点，展开对长沙府屯田屯户归并多种形态的原因的考察，在展现清代卫所改制丰富复杂面相的同时，希图能在更深层意义上认识清前期里甲赋役改革的内涵及其对卫所改制的深刻影响。

---

① 参见郭松义：《清朝政府对明军屯田的处置和屯地的民地化》，《社会科学辑刊》1986 年第 4 期；顾诚：《卫所制度在清代的变革》，《北京师范大学学报》（社科版）1988 年第 2 期；彭雨新：《清代土地开垦史》，农业出版社 1990 年版；陈曦：《清朝对明代云南卫所屯田的处置》，《云南民族大学学报》（哲学社会科学版）2006 年第 4 期；谢湜：《“以屯易民”：明清南岭卫所军屯的演变与社会建构》，《文史》2014 年第 4 辑；毛亦可：《清代卫所归并州县研究》，社会科学文献出版社 2018 年版；于志嘉：《“以屯易民”再议：从蓝山县宁溪所军户谈起》，台湾《明代研究》第 34 期，2020 年；张爱萍：《清代卫所改制中的户籍编制与徭役承应——以麻阳县为中心的考察》，《历史档案》2022 年第 1 期。

一、清丈编区：清代湖南卫所屯田归并的主要方法

明初湖南各州县并无屯田，时经元明鼎革，人民流散，田地荒芜，各州县和卫所遂产生以卫所军户顶种民田的办法。洪武、永乐年间，湖南各卫所相继在多个州县进行屯种。如益阳县，于永乐二年将该县东南、西北荒田分别拨归长沙卫军和常德卫军屯种。①

入清后，卫所制度得以保留，由于鼎革兵祸，荒芜甚重，急需开垦土地恢复生产。彭雨新曾指出，顺治中期湖南兴办屯垦失败，“从兴屯中所收取的军粮实效是甚为有限的”②。清初卫所裁并也是在这一基础上展开的。

顺治十一年，桂阳所并入郴州所，拉开了清代湖南卫所改制的序幕，康熙二十七年，裁撤长沙卫、茶陵卫、常德卫，归并到包括长沙府属全部十二州县在内的十七个州县。③

在裁卫归县后，面对屯田税粮不清无从征收这一难题，适逢时任偏沅巡抚兴永朝规定限期一年内完成田亩清丈，故长沙府大多数州县选择以清丈来把握民屯田经界。其中善化、湘潭等县在借清丈厘清屯田屯户时，选择将屯田就近与民田混编入赋役区划。这也是长沙府屯田归并中采用的主要方法。

以湘潭之卫所屯田为例，善化黄氏曾有族人置田于湘潭县三都八甲第六十八区内，其家谱内抄录康熙三十年湘潭县清丈底册，内载该区内田亩之所属业户、田种、田亩顷数等信息，为我们了解民屯田一体清丈编区提供了珍贵文本，囿于篇幅，摘录区内“业主黄忠和”户下部分田产如下：

一业主 黄忠和	承丈自
民熟田二十一亩九分五厘三毫三丝六忽	计四十邱
外水乡三十四亩	计六十二邱
熟塘一亩八分一厘八毫一丝九忽	一口
熟地一分一厘六毫六丝	一块
水乡荒田二亩四分一厘七毫五丝	计四邱
荒塘一亩	一口
三都八甲六十八区地名西牛桥大水平	自耕
一业主 黄忠和	承丈自
长卫军熟田一十三亩二分七厘四毫四丝三忽	计二十二邱
熟塘一十二亩三分二厘六毫	一口
荒田九分二厘二毫九丝	一邱

① 参见《（乾隆）益阳县志》卷6《赋役·长常二卫田赋》，《故宫珍本丛刊·湖南府州县志》第164册，海南出版社2001年版，第258页。

② 彭雨新：《清代土地开垦史》，农业出版社1990年版，第16、24页。

③ 《钦定大清会典事例》卷556《兵制·官制·卫所》，《续修四库全书》第546册，上海古籍出版社2002年版，第702页；《（光绪）湖南通志》卷48《赋役志一·户口一》，《续修四库全书》第662册，上海古籍出版社2002年版，第517~522页。

荒塘无

三都八甲六十八区地名石子塘　　　　　　　佃户卢学贤①

由这份清丈册可以看出，湘潭县在康熙三十年清丈时就已将散处民田中的屯田就近与周边民田一道清丈，并就近与民田一同编区。屯、民田就近共编一里的事实也在官修志书中得到体现，如湘潭志载每都的民田、屯田亩数与疆界四至、地理风貌。②

与湘潭类似，康熙三十年，善化也利用清丈将散杂民田中之屯田就近与民田一同编入赋役区划。康熙五十九年，各县又再次清丈。归并善化县的这部分屯户在康熙五十九年清丈过程中，对于截此次清丈中丈溢之屯田以补民缺，表现出极大抗拒：

> 伊等不以三十年印册为凭，而假托以下县之卫册为据，盖卫册只有一笔粮数并无田地塘坝坵亩数目，其册内人民不知死故几十百年，可以任其移挪作弊。若照依三十年区册外丈增者挨截，则田地坵亩丝毫难以混淆，不劳余力，即日可以截补。今伊等将三十年区册藏匿，致陷通邑册籍难成，误公害民缕情上呈等情。除批准逐户公截外，合行示谕。为此示仰合邑绅士民等各宜遵照五十九年丈增之田，无论屯、民，逐户挨截，星夜立即攒造送县以凭申赍。③

无论是藏匿康熙三十年之清丈区册并持空载粮数之卫册为据，还是诘问知县“此番截补奉何部例”，种种行为均从侧面反映出屯民对州县管理的抗拒态度，无论此种抗拒是出于维护自身利益还是对屯民出身身份的高度认同，都显示出在裁卫归县三十余年后屯户在融入州县地方社会方面仍有很大空间。而在此时，地方政府只得强行推行截屯补民，善化知县特发明示对民屯一视同仁逐户挨截，从此掌握了各屯田的经界与地籍，至此，屯田在康熙三十年间就被列入全县统一的赋役区划体系的事实再次强化，进一步加深了屯户融入地方社会的进程。

由于清丈方法和时间的不同，即使都选择就近编屯田入民田赋役区划这一方法，各州县步调并不一致。在善化、湘潭等县均已完成屯田清丈与编入民田都区等一系列措施时，许多州县对于屯田归并与征收办法的规划实施仍未完成。如衡阳等县是在偏远巡抚赵申乔莅任后推行废甲编区的进程中，才逐渐废除卫所征收体制实现屯田的就地编区的。④ 各州县之间屯田归并的时间差，更彰显出屯田归并的进程快慢、归并形式与各州县赋役变革进程有着直接关系。

---

① 《康熙三十年湘潭第三都八甲甲总严祥生编区丈明民赋清册底》，善化《经铿黄氏家谱》卷二十六《祭田图志》，清光绪十八年敦睦堂七修。

② 《（乾隆）湘潭县志》卷5《疆域·厢都》，《中国地方志集成·湖南府县志辑》第12册，江苏古籍出版社2002年版，第51页。

③ 曾天用：《截屯补民示》，《（嘉庆）善化县志》卷16《职官》，《中国方志丛书·华中地方》第1123号，成文出版社2014年版，第697页。

④ 参见《归并卫屯全垦编区始末》，《（乾隆）衡阳县志》卷3《田赋》，《中国地方志集成·湖南府县志辑》第36册，江苏古籍出版社2002年版，第79~83页。

二、屯田归并后的科则与津贴银的加征

湖南屯田科则低于民田，是自明代卫所设立以来就有的传统："其田皆民所弃之瘠壤也。故科粮以资食而为赋甚轻，自不与民同科"①。入清后，除有宝庆府误报科则导致屯田科则高于民田外，湖南大部分州县平均科则稍低于民田。② 如湘阴县卫田归并后，"科粮视民赋为轻，并归州县征收，依旧额曰屯田"③。

乾隆年间，长沙府归并州县之屯田迎来了屯田粮饷制度上的重要变化，即津贴银（又称"帮贴"）的加征。以长沙全府观之，津贴银最早出现于乾隆六年，主要目的是襄济漕运。如湘阴县，"乾隆六年始令民买军田，田去差存，加征帮费，以济漕运，于是乎有津贴"④。乾隆四十一年，为襄助岳州卫疲敝之运丁，醴陵县归并屯田"加征帮费，贴给岳州卫运军，以利漕运，谓之津贴银"⑤。且不仅长沙府，衡州府、澧州所属州县原归并旱卫屯田均有津贴银，"按亩量加津贴，以襄运务，一切运造等事毋许牵涉旱卫屯丁"⑥。

漕运屯田加征津贴银本是清代中后期漕粮加赋的主要形式之一。⑦ 但在湖南，卫所有水、旱之分，顺治以来裁撤归并之卫军，多为旱卫，"水卫仍以屯户之名领运"⑧。一般而言，加征津贴银只针对漕运屯田中屯田与运丁脱离的情况⑨，但湖南则不同，其津贴银原只应向水卫屯田征收，而实际上则将其扩大化，向原本与漕无涉的旱卫屯田征收，遂出现了旱卫屯田归并州县之后仍需缴纳津贴银的情况，也因此前述长沙府宪特别强调旱卫屯田只征津贴银，"一切运造等事毋许牵涉旱卫屯丁"。

至于津贴银征收的标准，在湘阴县，"乾隆四十一年定湘阴县屯田，每银一两科津贴银七钱三厘四毫七丝一忽八尘二渺九茫，解粮道库贴给运军，不入钱粮奏销分数"⑩。善

---

① 《(康熙）宝庆府志》卷30《庶政志·屯政》，《北京图书馆古籍珍本丛刊·史部·地理类》第37册，书目文献出版社1988年版，第482页。

② 参见毛亦可：《清代卫所归并州县研究》，社会科学文献出版社2018年版，第185~187页。

③ 《(光绪）湘阴县志》卷21《赋役志》，《中国地方志集成·湖南府县志辑》第10册，江苏古籍出版社2002年版，第325页。

④ 《(光绪）湘阴县图志》卷21《赋役志》，《中国地方志集成·湖南府县志辑》第10册，江苏古籍出版社2002年版，第326页。

⑤ 《(民国）醴陵县志》卷3《赋役志·赋税》，《中国地方志集成·湖南府县志辑》第14册，江苏古籍出版社2002年版，第395页。

⑥ 《奉各上宪援例优免一切民差存案详稿·长沙府宪张详文长沙府为违例勒充录恳察免事》，中湘《许氏六修族谱》卷24《详稿》，清光绪二十三年太岳堂六修。

⑦ 参见晏爱红：《清代漕粮加赋初探》，《中国经济史研究》2009年第4期。

⑧ 《(民国）醴陵县志》卷3《赋役志·赋税》，《中国地方志集成·湖南府县志辑》第14册，江苏古籍出版社2002年版，第395页。

⑨ 参见李文治、江太新：《清代漕运》，社会科学文献出版社2008年版，第182页。

⑩ 《(光绪）湘阴县图志》卷21《赋役志》，《中国地方志集成·湖南府县志辑》第10册，江苏古籍出版社2002年版，第326页。

化县是“银五两二钱零五厘，加津费银三两八钱五分二厘”①，津费几乎占饷银三分之二。而长沙县则是“正饷银八钱一分八厘，加津四钱四分六厘”②，津费占饷银的比例低于善化，但也在一半以上。屯田加征的津贴银在其他州县缴纳比例与变化如何，尚待进一步挖掘史料。

在此例办照之后，所有屯田由原先的只照屯田则例交纳饷银，变成“饷银后再加津贴银”，在契约等民间文书中又被称为“加津照派”。三府州县屯田加津照派实行甚有成效，各属州县契约、方志等文献资料中均有显露。如乾隆十三年湘潭县的屯田买卖契约中尚未出现津贴银，“方维安……愿将分关内十一都一甲十八区长卫右三屯军熟时田七十二亩，共计八十六坵，大小水塘五口，正饷银壹两六钱九厘，其田系本塘水与刘人河茂塘水注荫……”③ 但在乾隆四十一年之后的契约中几乎毫无例外都出现“加津照派”字样，如道光十二年的买卖契约曾载：

> 刘尔炽父子今将祖遗父给关分内十一都二甲十八区长右三屯，地名岳阳塘石路，上水田一坵二亩五分，系岳阳塘水注荫，册名刘忠孝，正饷四分二厘，加津照派……④

这一部分按亩量加之津贴银，附入屯田，民户在买佃屯田耕种时亦需加纳此部分津贴银。整个清代甚至到民国，“屯田”“屯粮”“军粮”等称呼得以在民间一直保留下来⑤，与屯田科则异于民田且加征津贴银有着直接关系，而这些名称的存在也在一定程度上揭示了屯田彻底民田化仍有很大的空间。

三、屯户编入里甲

在屯田归并后，如何将屯户编入州县里甲，成为州县迫切需要解决的问题。在湖南，屯户归并州县存在着多种形态，以长沙府为例，卫所屯户编入里甲的形式，大致可分为三种：

第一种是州县在屯田清丈编区的同时就已完成屯户的归并，并没有针对屯户进行编里。在长沙府属州县中，有相当一部分，比如长沙、湘潭、湘乡、宁乡等县，都推行了设立赋役区划的改革，里甲已变为以土地税粮为登记重点的赋役区划⑥。因此，相比于归并屯田并编区的迫切，地方政府对于屯户的归并编里并不在意，其突出表现就是在各类史料

---

① 善化《经铿黄氏家谱》卷26《祭田图志》，清光绪十八年敦睦堂七修。

② 善化《经铿黄氏家谱》卷26《祭田图志》，清光绪十八年敦睦堂七修。

③ 湘潭《中湘石潭刘氏四修族谱》卷3《祠田老契》，民国三十六年怡怡堂四修。

④ 湘潭《中湘石潭刘氏四修族谱》卷3《祠田老契》，民国三十六年怡怡堂四修。

⑤ 如益阳王氏谱载：“自民国以来，水旱频仍。国赋、堤费、军粮、军米、杂费等类每年入不敷出……水田二坵共计六斗六升正，粮载长卫里王永光户内……”参见益阳《王氏六修族谱》卷2《永光公祀田引》，民国三十二年太原堂六修。

⑥ 参见仇慧君：《清前期的里甲赋役变革——以湖南废甲编区为切入点的考察》，《安徽史学》2022年第2期。

中都没有找到有关这些州县编立屯里的痕迹，但是以契约文书来看，这些州县又已实现屯田就近与民田共同编入赋役区划，可见在屯田清丈且纳入州县赋役区划的同时，附在屯田之上的屯户也一并纳入了仍以里甲、都区为命名的赋役区划中。

第二种是于民里之外另立屯里，多以屯都、屯厢等命名，带有浓厚屯卫色彩。这一部分中又分为两小类。第一类是未实行构建赋役区划的茶陵、醴陵、湘阴等县。如茶陵县在康熙二十一年，为区别于民籍，设屯籍八区。而到了同治时期，茶陵屯籍八区中的一屯、二屯、五屯等三区已完全融入民都，无法分辨，所谓“久附民都，未详其处”①，无独立属境，实际上就是附入民里；而其余屯籍五区三、六、七、八、十屯等皆有属境，并辖属屯户住居之村落，与其他三屯性质截然不同，茶陵也因此形成了屯户散附民都与屯籍五区独立民都之外两种形式并存的局面。又如醴陵在裁卫归县后，“别立屯都，醴陵屯田隶长沙、茶陵两卫，在治西军境黄谷田东冈营下湖荡山田澧州一带，计田地塘共一百二十八顷二十二亩一分九厘，科粮五百七十七右三斗九升五合”②。但《(同治)醴陵县志》称所立屯都，与该县康熙二十一年改编里甲所新增之新十五都等都性质相同，为没有属境的空都。③

而第二类则是已经进行完赋役区划改革的善化、益阳等县，在完成清丈屯田并与民田一体编入赋役区划的同时，却仍于民都之外另立屯都，似乎与前述湘潭等县稍有区别。善化的第一次赋役改革即是康熙十九年重新编排都甲，仍以人户为里甲编排内容重点；在第二次即是康熙三十年清丈编区，里甲编排内容变为以田粮为重点，强调“按粮丈编”④，“民粮分作十都，田赋多寡不等，似宜仍前六都承粮，每都均粮若干以合通邑总数”⑤。对于屯厢，善化县志曾不断强调其为承丈后所编，“自康熙三十年承丈后均为民陆都、屯三厢当差，至六十年成垦复分为十都，屯厢如旧”⑥，其中“承丈”“成垦”等信息都在反复揭示善化里甲编排重点已变为田地税粮这一事实，屯田税粮既已被编入赋役区划，善化新编屯三厢仍是以田粮为重点而非屯户实际人户，那么新编屯厢的动机是什么呢？

翻阅史料，安仁县志有载：“康熙二十七年裁卫归县，凡茶陵卫屯田之在安仁者，计归屯粮一千零一十石，嗣又奉文将屯户之有民田者并归一处，共粮一千六百石零，与民一体充差，另编曰新安都。”⑦ 从这段史料中可以看出，在安仁县，并没有所谓的对屯户实

① 《(同治)茶陵州志》卷4《城池·图籍》，《中国地方志集成·湖南府县志辑》第18册，江苏古籍出版社2002年版，第41页。

② 《(民国)醴陵县志》卷3《赋役志·赋税》，《中国地方志集成·湖南府县志辑》第14册，江苏古籍出版社2002年版，第395页。

③ “此外又有空都，如新十五都、新二十二都及屯都、承恩、隆恩五都，皆无属境。”参见《(同治)醴陵县志》卷一《舆地志·都境》，《中国方志丛书·华中地方》第283号，台湾成文出版社1975年版，第60页。

④ 善化《经铿黄氏家谱》卷24《兆域图志》，清光绪十八年敦睦堂七修。

⑤ 《(光绪)善化县志》卷3《疆域·都甲》，《中国地方志集成·湖南府县志辑》第5册，江苏古籍出版社2002年版，第38页。

⑥ 《(光绪)善化县志》卷3《疆域·都甲》，《中国地方志集成·湖南府县志辑》第5册，江苏古籍出版社2002年版，第37页。

⑦ 《(嘉庆)安仁县志》卷2《地舆·乡都》，《中国地方志集成·湖南府县志辑》第23册，江苏古籍出版社2002年版，第37页。

际人户进行编排的编里行为，里甲编排重点的改变，使得屯田的归并在某种意义上就代表了屯户的归并，而新建屯都也是以屯户所买的民粮为编排内容重点，并不涉及实际的屯军人户。以此观之，善化已编屯田粮税入赋役区划，却仍要编立与屯相关的都里——编排重点仍是田地税粮，这一行为背后的逻辑与屯户买佃民田就要承担民田差役直接相关。由于屯户可以自由买卖民田，对于没有豁免民田差役特殊权利的普通屯民来说，在民役出于民田的情况下，如果不将这部分买民田之屯民编入里甲承充民差，可以想见本该由业此部分民田者承充的民役将无人承充，必定会牵累别里，而这是官府所不愿见到的；另一方面，对于有民田之屯民来说，接受官府编入屯都的安排，不失为获取额外户籍的机会。善化之屯厢正是在此种逻辑下编排而成的。以上述州县情况观之，张爱萍以麻阳为观察对象得出的“屯田归并与军户成为里甲编户之间存在一定的时间差”①，这一点在分析善化、安仁屯田屯户归并特点时并不适用。于志嘉曾就湖南蓝山县的军户在立兴宁一户前这些军户是否已经失去户籍这一问题，与谢湜进行了探讨，她认为“湖南蓝山县的兴宁一户……是‘附籍军户’以原本购自民户之产，另行向州县申请立户以获取额外的户籍”②。以此观之，善化、安仁二县以屯户有民田者另立屯都的内涵，则与蓝山县附籍军户立兴宁一户更为接近。

与善化相比，益阳归并屯户另立为长卫里、前所里的事实更显隐秘。县志中所列二十三里中并不包含“长卫里”“前所里”，但在诸多家谱契约以及方志都发现了长卫里、前所里的存在③，如《(同治)益阳县志》有载：“十九里，高家湾，田壹石贰斗肆升陆合陆勺，长卫里，屯粮壹斗捌升，咸丰六年公买高焕卿业。”④ 从十九里高家湾这一处田产的小字注解中可知，此处为屯田，其田赋缴纳不在十九里缴纳，而是在长卫里。考虑到益阳不禁止跨区过割导致许多里出现了田地在此里此区而粮额登记与缴纳皆在别里别区的现象⑤，且益阳二十三里中各里俱有清晰的边界四至⑥，只能确定长卫里确实是登记屯田并无具体属境的册籍之里，与前述醴陵之空都类似。

第三种则是湘阴县，时民户都里之下为甲-团结构，军户入籍即采取散附各都立团的方式：“军屯分隶各都，又别为团。如七都安居、东庄二团间曰福星团，为长沙陈氏军田，别隶长沙。其十七都永和团、七都沙坡团之间五方冲，亦以军田畸零不成团。”⑦不同

---

① 参见张爱萍：《清代卫所改制中的户籍编制与徭役承应——以麻阳县为中心的考察》，《历史档案》2022年第1期。

② 于志嘉：《“以屯易民”再议：从蓝山县宁溪所军户谈起》，台湾《明代研究》第34期，2020年。

③ 益阳《王氏六修族谱》卷2，民国三十二年太原堂六修；益阳《曾氏贵房五修族谱》卷三八《西园公价买尹家嘴墓田契》，民国十八年五修。

④ 《(同治)益阳县志》卷6《田赋志四·公业》，《中国地方志集成·湖南府县志辑》第83册，江苏古籍出版社2002年版，第159页。

⑤ 仇慧君：《清前期的里甲赋役变革——以湖南废甲编区为切入点的考察》，《安徽史学》2022年第2期，第35页。

⑥ 《(同治)益阳县志》卷首《图》，《中国地方志集成·湖南府县志辑》第83册，江苏古籍出版社2002年版，第50~62页。

⑦ 《(光绪)湘阴县志》卷2《舆图》，《中国地方志集成·湖南府县志辑》第10册，江苏古籍出版社2002年版，第18页。

于上述善化、益阳将屯户所有民田作为屯都编排的内容，湘阴之团的编排内容以军田为重点，在一定程度上更接近张爱萍所指出的麻阳县早期以屯田屯户散附民都各甲完成屯田屯户归并的方式。①

从上述三种方式可以看出，许多州县在屯田屯户归并州县过程中，都不约而同地把田地税粮作为里甲编排的重点。从这个原则来看，前述湘潭、善化等县归并屯田在清丈并采取与民田同编赋役区划的融入方式时，实际上就已完成屯户编入里甲。

四、结 语

在裁卫归县后，长沙府属州县借助清丈厘清了归并的卫所屯田的经界与归属，并在后续的赋役改革中将屯田税粮与民田税粮一道组成了里甲的登记重点。在实行编区并成功建立了赋役区划的地区，由于里（都）甲的登记重点已完成从人户到田地税粮的过渡，因此与屯户编入里甲相比，屯田的归并往往更受地方政府的重视。屯田与就近民田一同编入赋役区划，其钱粮催收也与民田一样用州县所派书役，并可以自由买卖，这几个方面都大大加深了屯田屯户与地方的融合。但是由于屯田不同于民田科则和后来加征的津贴银，屯田的民田化程度也不可高估，终清之世，屯田始终带有鲜明的屯卫色彩，并一直持续到了民国年间。

（作者单位：武汉大学历史学院）

① 张爱萍：《清代卫所改制中的户籍编制与徭役承应——以麻阳县为中心的考察》，《历史档案》2022年第1期。

产权意识与行政强力：1929—1934年宜昌商会与政府间的商埠局归属权博弈*

□ 罗道福

【摘要】宜昌商埠局在民国时期宜昌市政建设中发挥了重要的作用。但由于商埠局发起成立时官款、商款的来源混淆不清，从而导致商埠局管理的混乱，进而引发1929—1934年宜昌商会、宜昌县政府、湖北省政府等三方围绕商埠局归属权展开了长达5年的博弈。究其本质乃是商埠局产权不清晰，其背后则是对宜昌市政建设控制权的争夺。最终，宜昌商埠局划归湖北省第九区行政督察专员公署暂行管理，而如需使用收益，则应经过省财政、民政两厅及省政府批准，这反映出国民党“训政”体制下，商会模糊的产权意识让位于行政强力的过程。

【关键词】宜昌商会；政府；商埠局；博弈

政商关系一直是近代商会史研究中的重要主题。对于南京国民政府时期商会与政府之间的关系，学界的观点经历了一个变化的过程：由最初的商会完全屈从于政府，成为政府的附庸，到商会并未完全屈服于政府的强权统治，而是具有一定独立自主性的商人团体，并在相关经济领域依旧发挥一定的作用。① 以上相关研究提供了理解南京国民政府时期商会与政府之间关系的重要框架。目前关于南京国民政府时期政商关系的研究成果，以上海商会、天津商会等大城市商会为主，而对于小城市商会的研究则相对欠缺，因此，本文选

* 本文曾提交“全球史视野下的中国商业与对外贸易”——第四届中国近代经济史研讨会及第一届报冰堂经济史学论坛暨“经济变迁中的国家与市场”学术研讨会，相关专家提出很多宝贵意见，在此深表谢忱。

① 相关研究成果主要有：徐鼎新、钱小明：《上海总商会史（1902—1929）》，上海社会科学院出版社1991年版；朱英：《转型时期的社会与国家：以近代中国商会为主体的历史透视》，华中师范大学出版社1997年版；朱英：《再论国民党对商会的整顿改组》，《华中师范大学学报》（人文社会科学版）2003年第5期；郑成林：《1927—1936年国民政府与商会关系述论》，《近代史研究》2003年第3期；郑成林：《抗战时期国民党对商会的管理与控制》，《华中师范大学学报》（人文社会科学版）（转下页）

取宜昌商会为研究个案①，试图深化对南京国民政府时期政商关系的了解和认识。

宜昌商埠局自发起成立起，便以开辟商埠、发展商业为主业，为近代宜昌的市政建设和城市发展发挥了重要作用，但由于商埠局发起成立时官款、商款的来源混淆不清，从而导致宜昌商会与政府间关于商埠局归属权的争夺。巧合的是，北洋政府于 1914 年 1 月 3 日公布《公司条例》，南京国民政府于 1929 年 12 月 26 日颁布《公司法》，两部法律的颁布时间与宜昌商埠事务所（商埠局前身）发起的时间及商埠局归属权争执开始的时间刚好在同一年。那么，这两部法律对宜昌商埠局的成立及归属权的争执究竟有什么影响？在此背景下，对 1929—1934 年宜昌商会与政府间关于商埠局博弈的来龙去脉进行考察和分析，希冀剖析宜昌商会对产权的认识及政府对行政权力的控制，以加深对南京国民政府时期政商关系的研究。

一、宜昌商埠局的成立及归属权之争的缘起

宜昌地处长江中上游汇接之处，素有“川鄂咽喉”之称。1876 年，根据中英不平等条约——《烟台条约》的规定，宜昌被辟为通商口岸，外商纷纷到达宜昌开设洋行。轮船通航后，宜昌形成了以转口贸易为主要特色的商业模式：以宜昌为枢纽，向长江上游西南各省输送工业品，向长江下游东南各省输出农副土特产品。②但相比长江水路的发达，宜昌的陆路交通却显得较为落后，给宜昌的商业发展带来了很多不便，“鄂属宜昌府为川鄂要津，然商业不甚发达”。随着川汉铁路的修建，大量工人涌入宜昌，加上川江轮船公司订购蜀通轮往来宜昌、重庆，湖北当局意识到宜昌商埠太过狭窄，应当扩充商场，当即“札饬宜昌府，相度地势，测绘详图，贴说具报”③，湖北省咨议局“决议赞成此举”。这是宜昌第一次发出开辟商埠的声音。

（接上页）2011 年第 6 期；张芳霖、李大鹏：《政府、商会、同业公会关系研究——以 1906—1937 年江西南昌为例》，《江西社会科学》2013 年第 1 期；朱英：《1934 年天津商会改选纠纷与地方政府应对之策》，《武汉大学学报》（人文科学版）2015 年第 1 期；郑成林、史慧佳：《南京国民政府度量衡改制中的商会参与》，《历史研究》2017 年第 4 期；刘杰、郑成林：《训政体制下商人组织与政治互动——以汉口商会为中心（1929—1938）》，《安徽师范大学学报》（人文社会科学版）2019 年第 6 期；魏文享：《抗战胜利后的天津商人与政府摊派（1946—1949）》，《史学月刊》2020 年第 2 期。

① 目前，关于宜昌商会的研究成果相对比较薄弱，对于南京国民政府时期的宜昌商会基本没有涉及。相关研究成果主要有：罗萍：《近代宜昌商会的建立及其特点》，《湖北社会科学》2009 年第 1 期；罗萍：《宜昌商会与辛亥革命在宜昌的“有序失败”》，《兰州学刊》2009 年第 1 期；罗萍：《宜昌商会的“柔性社会权力”与辛亥宜昌“有序革命”》，《社会科学辑刊》2009 年第 2 期；罗萍：《浅析清末民初宜昌商会与政权集团的合作关系——以国家-社会关系为视角》，《三峡大学学报》（人文社会科学版）2012 年第 3 期；张超：《民国时期湖北“武宜兵变”研究（1920—1921）》，华中师范大学硕士学位论文，2017 年；张超：《秩序与主权：宜昌商民自请设立租界事件探析（1920—1921）》，《史林》2019 年第 5 期。

② 宜昌市商业志编纂委员会编：《宜昌市商业志》，1990 年，第 1 页，宜昌市图书馆藏。

③ 《议辟宜昌商埠》，《吉林官报》第 6 期，1910 年 3 月 11 日，第 65~66 页。

辛亥革命打断了宜昌开辟商埠的进程，直到1915年7月19日一篇来自《时报》的新闻才将宜昌开辟商埠之事重新纳入时人的视野："宜昌开埠通商已四十余年……华洋商贾渐次移居，杂处其间……故外人时有扩埠之议。前岁宜昌商会虞利权之外溢，陈请大府设立商埠事务所，为筹备自辟之计，已经咨部核准"①。可以看出，由于宜昌城区地势狭小，中外商人都认为开辟商埠有利于宜昌商业的发展，这应该是宜昌开辟商埠的客观需求。1914年，作为宜昌商界代表的宜昌商会，担心开辟商埠的权利为外商所把持，即刻向有关政府当局陈请设立商埠事务所，湖北省署据此转呈农商部备案并获批准。因此，宜昌商埠事务所最初是由宜昌商会发起的。1915年4月，宜昌商埠事务所开始成立，"本年四月，段巡按持拨款、委任分发道尹金峙生君，督办开埠事宜，前往设局办理"②，拟从修建四条马路着手。至1916年12月，宜昌南门及东门外之地已逐渐"建筑一新"，已经修好了数条三十尺宽的马路，马路两旁的房屋也已翻新，"所盖房屋俱系二层楼西式者"③。随后，宜昌商埠事务所继续推行各项措施，如全城改筑马路，推行橡皮车；创办水电；组织市政公会；整顿花捐等。④ 经过商埠事务所两年多的开辟和修筑，宜昌城市面貌已发生不小的改变。

为了进一步加强对宜昌商埠事务的管理，促进宜昌商埠的发展，荆南道尹呈请湖北省署并转呈北洋政府，"将先设之商埠事务所，遵章改设商埠局，并以现充该所所长胡俊采，请派充该局长"⑤。1917年3月16日，北洋政府发布大总统令，"胡俊采已有令明发。宜昌开埠系由商会发起，并有各商铺借捐之款，此后工程款目暨关于埠务各项设施，应饬该局长随时与商会协商妥筹，以资进行"⑥。宜昌为通商口岸，自辟商埠牵涉较多，因此该项大总统令由国务总理、外交总长、内务总长、财政总长、农商总长等共同签署，以显示对宜昌成立商埠局的重视。该令中还明确了关于工程款项及商埠局事务，商埠局局长应该与商会共同协商，内务部还要求该局长将办理埠务情形随时具报咨部，以备考核，由此，宜昌商埠局又具有"官督商办"的形式。另外，该令明确指出宜昌开辟商埠是由商会发起，并有各商铺借捐之款。从字面意思理解，宜昌最初设立商埠事务所的资金并非仅有商民之款，对比前文所引"段巡按持拨款……前往设局办理"，有段巡按持"拨款"之说，该"拨款"应该是湖北省巡按使公署下拨用于商埠事务所的官款。而1920年4月22日来自天津《益世报》的一篇关于宜昌开辟商埠的报道中又称"（荆南道尹）迄以财政困难，无力及此而止，故始由商会完全发起开埠款，由商会先为分别招集股款，将来埠成，经

---

① 《宜昌开辟商埠之先声》，《时报》，1915年7月19日，第6版。

② 《宜昌开辟商埠之先声》，《时报》，1915年7月19日，第6版。关于宜昌商埠事务所的具体成立时间，暂未见民国报刊及档案有相关记载，只能暂以该报刊所载时间为准。另，《宜昌市志》中载宜昌设商埠局的时间为1914年2月，该时间应为宜昌商埠事务所（宜昌商埠局前身）的发起时间，参见宜昌市地方志编纂委员会编：《宜昌市志》，黄山书社1999年版，第13页。

③ 《宜昌商埠之发达》，《新闻报》，1916年12月20日，第2版。

④ 《宜昌自辟商埠之进行观》，《大公报》（天津），1917年2月22日，第6版。

⑤ 《内务部咨湖北省长：该省呈请派胡俊采充宜昌商埠局长一案现已奉批令应即录批请查照文》（1917年3月21日），《政府公报》第437号，1917年3月30日，第16页。

⑥ 《令兼署湖北省长王占元：呈请派充宜昌商埠局长由》（1917年3月16日），《政府公报》第424号，1917年3月17日，第10~11页。

费有余，抑或官力充足，再行发还事宜，仍归官办，俾易进行”①，该报道却认为宜昌商埠的发起款完全是由商会集股筹措。因此，宜昌商埠事务所发起成立和宜昌商埠局成立时的资金应该都有官款和商款，但具体数额及其所占比例是多少，因史料阙如，无法判断。

宜昌商埠局成立后，该局长会同商会会长、绅董等二十余人开会讨论，经众决议，拟先筹集六十万元先行建筑横宜马路及房屋码头。② 然好景不长，商埠局“迭因兵事停顿，不及进行，而局用虚糜，存款坐耗”，此种情形甚至引起宜昌绅民的强烈反对，湖北省署不得不于1922年8月将商埠局改为商办，由宜昌县商会暂行接收，“以省开支而节浮费”，并“妥拟善后办法，呈候核夺”。③ 是年，宜昌绅民“复行呈请政府立案，即以所遗之地作为永远基金，并由地方公举商会会长为局长，负责整理之责”④。至此，宜昌商埠局已完全改为商办，局长也由宜昌商会会长担任。管理制度的变更再加上发起成立时官款、商款混淆不清，这就为后来宜昌商会与政府间关于商埠局的归属权之争埋下伏笔。在宜昌商埠局的主持下，宜昌市政建设取得较大发展，民国时期宜昌城市建设框架基本形成。此后至1946年4月，由于归属权的纷争及战乱影响，宜昌商埠局工作停滞不前，宜昌市政建设基本没有大的变化。

二、纷争初起：宜昌商埠局撤销，拟交由宜昌县新设的建设局办理

因宜昌政权更迭、战乱频繁等，1929年5月，宜昌商埠局产业临时交由宜昌县公安局保管。这一做法引起了宜昌商会及广大绅民的强烈不满，由此掀起了关于宜昌商埠局归属权长达5年的纷争。

1929年7月，代理宜昌县长胡干城向湖北省政府呈称，宜昌经费支绌，建设难期，请提会讨论等情。7月底⑤，湖北省政府召开第十五次政务会议决定，“准照新颁之县组织法设建设局，原有商埠局撤销，一切事务交建设局办理”⑥。商埠局撤销的消息传入宜昌，宜昌商民“莫名惶惑”。为了收回商埠局权利，8月初，宜昌商会及宜昌各界联合成立了一个专门机构——宜昌市民收回宜昌市商埠局委员会，专门办理收回宜昌商埠局相关事宜。8月11日，宜昌市民收回宜昌市商埠局委员会电呈湖北省政府和民政厅，要求宜昌县公安局将商埠局交由该会办理。该会认为，宜昌商埠局“纯为市民所有，既不属于

① 《宜昌开辟商埠之急进》，《益世报》（天津），1920年4月22日，第11版。

② 《宜昌开辟商埠之急进》，《益世报》（天津），1920年4月22日，第11版。

③ 《宜昌商埠局改归商办》，《民国日报》，1922年9月1日，第8版。

④ 《湖北省民政厅关于将宜昌县公安局管辖商埠产业交该县接管的呈文》，1933年4月25日（该档案目录标明日期为1932年4月25日，应为档案管理人员笔误），LS001-005-0426-0001，湖北省档案馆藏。按：该档案中指出，宜昌商埠事务所刚成立时所购地皮为一万六千余方，现余地皮三千一百余方。

⑤ 关于湖北省政府第十五次政务会召开的具体时间，档案中并没有明确说明，根据后文所说省府第十九次政务会召开时间为1928年8月21日，而政务会大致每周召开一次，故推断第十五次政务会召开时间大概为7月底。有关省政府委员会议及其职能，参见钱端升等：《民国政制史》（下），上海人民出版社2011年版，第386~388页。

⑥ 《湖北省政府关于公安局收商埠局务交该会办理经决议根据本府第十五次政务会议议决案办理的代电》，1929年8月21日，LS001-003-0019-0001，湖北省档案馆藏。

国有省有，或公产营产范围，更非县有财产”，应归市民收回自办，毫无疑义，表现出对商埠局产权的初步认识。该会还指出公安局接管商埠局后的种种弊端，如两任局长不思委管之意，彭局长卷款潜逃，杨局长移交不清，虚糜公款等，并严词指出“当局者只知肥己不图远大，反将市民固有之产业提供一二官吏之牺牲”①，从而使得商旅裹足，百业停废。

湖北省政府接到电呈后，于 8 月 21 日提交第十九次政务会议讨论，决定仍然维持上述第十五次政务会议决议，而且还态度强硬地强调“案经决定，碍难变更，所请应毋庸议”。从湖北省政府复文的态度上，可以看出省府将商埠局移交建设局的明确态度。实际上，国民政府成立后，局科分设，各局皆直接受省政府主管各厅之指挥监督，虽曰直属于县长，然实际上县长并不能直接指挥监督，县之事权已成县长与各局分治之势，故其行政权并不集中。② 可以看出，湖北省政府希望通过新设立的建设局来办理原商埠局事务，从而控制商埠局产业，继而将宜昌市政建设的权力从宜昌商会手中收回。

8 月底，接到湖北省政府的复电后，宜昌商民大为失望，商会主席李坤元随即联合宜昌城区保卫团团董吴锡青等 7 人，以及其他社会各界召开联席会议，再次呈文省府收回成命，准予仍交地方自办，他们坚持认为“宜昌商埠局产业为市民所有，既不属于国有省有之公产营产范围，复非县有财产，其不能归公产处接收及县建设局接办”③。考虑到事情过于复杂，而呈文内容太过简单，难以详细说明情况，宜昌商会特别推派第一区保卫团团董吴锡青，以及商会执行主席张清夫等两人，专门赴省府请愿，面呈一切，以表达商会收回商埠局产业的强烈态度和达到引起省府重视的目的。9 月 10 日，湖北省政府批复宜昌市商会主席李坤元等，“宜昌市原有公产仍归市有，由宜昌县长及公安局长、财政局长、教育局长、建设局长、市党部代表一人、商会代表一人组织市政会议，以县长为主席，所有市内应办事务依照武昌市政会议办法办理，由该市政会议议决，交由各主管局所分别执行”④，同时令饬宜昌县长将“市政会议迅予组织成立，具报备查”。此时的宜昌正在为建市作准备，湖北省政府的复文没有直接回复商会主席李坤元等所请，而是把商埠局产业纳入公产，由即将新成立的宜昌市政会议办理。对于宜昌商会来说，两次争取均告失败，可以接受的是商会主席进入即将新成立的市政会议领导集体中，这使商界在争取自己的利益方面具有一定的决策权。然而，由于宜昌达不到立市的标准，宜昌市政会议随即于 1931 年 3 月撤销，⑤ 而建设局也未按期成立，商埠局产业仍归宜昌县公安局保管。

---

① 《湖北省政府关于公安局收商埠局务交该会办理经决议根据本府第十五次政务会议议决案办理的代电》，1929 年 8 月 21 日，LS001-003-0019-0001，湖北省档案馆藏。

② 参见钱端升等：《民国政制史》（下），上海人民出版社 2011 年版，第 529 页。

③ 《湖北省政府关于李坤元等呈请宜昌商埠局产业原为市民所有再恳仍交地方自办批文》，1929 年 9 月 10 日，LS001-003-0019-0002，湖北省档案馆藏。

④ 《湖北省政府关于李坤元等呈请宜昌商埠局产业原为市民所有再恳仍交地方自办批文》，1929 年 9 月 10 日，LS001-003-0019-0002，湖北省档案馆藏。

⑤ 郑龙昌：《宜昌三次建市的经过》，宜昌市政协文史资料研究委员会编：《宜昌市文史资料》第 12 辑，1991 年，第 87 页，宜昌市图书馆藏。按：1930 年国民党中央通过市组织法原则六项，其中第三项，“具有下列条件之一者，设市隶属于省政府：甲、人口在三十万以上者，乙、市所收营业税、牌照费、土地税，每年合计占该市总收入二分之一者”，参见钱端升等：《民国政制史》（下），上海人民出版社 2011 年版，第 703 页。

三、博弈进入高潮：宜昌商埠局属于市民所有，地方公有，还是省有国有？

时隔两年，1933 年 4 月，兼宜昌县长罗宣祉向湖北省民政厅呈文称，据该县财务委员会第二次常会讨论认为，宜昌商埠局“完全系地方公有，公安局保管乃暂时性质”，根据总司令部所颁《“剿匪”区内整理县地方财政章程》第十三条，“各县县政府设立财委会，凡县有之教育、自治、慈善各款，以及其他一切现有之公款、公产均属之，原设之公款收支及公产管理之机关，概由财委会接管”①，现在教育、慈善各项公产都已先后移交接管，那么商埠局产业理应遵章交由县财委会接管。民政厅则认为，根据湖北省政府前委员会第二十五次政务会议决议，宜昌市原有公产仍归市有，且“市有与县有性质不同，既经钧府委员会决议，仍归市有，似未便遽准拨交县财委会保管，致蹈违背省府议案之嫌”②，并随后向湖北省政府呈文请示。

在兼宜昌县长罗宣祉向民政厅的呈文中，完全转呈了宜昌财务委员会所述关于商埠局的成立经过及发展历程，内容非常详细完备，其目的是为了说明“宜昌商埠局产业完全系地方公有，公安局保管乃暂时性质”，既然是地方公产，而公安局又只是暂时保管，那么根据“总司令部”所颁条例，商埠局产业交由财委会接管完全合理。相对而言，民政厅的意见则有所牵强，既然宜昌市政会议早经撤销，宜昌也已撤销市制，“市有”一说就显得勉强。

湖北省政府收到民政厅呈文后，于 5 月 10 日发文令民政、财政及建设厅等三厅共拟办法，再另行讨论。5 个月过去后，11 月 26 日，经过民政、财政两厅派员查明宜昌公安局经费收支详情，并拟具各项意见认为“商埠局产业系经前委员会议决划为宜昌市有，如果划为县有，诚恐全县人士不无发生争执，转于发展商埠之进行有碍”，建议“连同市税捐一并交由宜昌营业税局受理征收”。③ 湖北省政府据此呈文豫鄂皖三省“剿匪”总司令部并得到令准。民政、财政两厅给出的意见主要有两点，一是商埠局产业理应遵照省府前委员会决议，划为市有；二是利用宜昌商会和宜昌县长都想将商埠局划归办理的想法，提出为免引起全县人士的争执，建议交由宜昌营业税局办理。应该说，民政、财政两厅给出的意见颇令省政府满意。自此，宜昌商埠局又回到湖北省政府直接控制的营业税局手中。

就在民政、财政两厅派员调查宜昌县公安局经费收支情况期间，11 月 3 日，宜昌县商会主席李坤元联合城区各法团、士绅召开联席会议，第三次强烈要求将商埠局产业发还地方收管，作为繁荣市面发展商业的基本，并于 11 月 22 日联名呈文湖北省政府。为证明商埠局“纯为市民所有”，该呈文同样详述了商埠局成立及发展历程，不过其重点在于突出商埠局的商办性质，如称“本地绅商曾经合筹巨资共计十余万元开辟商埠事业”，“原

① 《“剿匪”区内整理县地方财政章程》（1932 年 12 月 22 日，豫鄂皖三省“剿匪”总司令部公布），《湖北地方政务研究周刊》第 1 卷第 5 期，1933 年 8 月 1 日，第 31~32 页。

② 《湖北省民政厅关于将宜昌县公安局管辖商埠产业交该县接管的呈文》，1933 年 4 月 25 日（该档案目录标明日期为 1932 年 4 月 25 日，应为档案管理人员笔误），LS001-005-0426-0001，湖北省档案馆藏。

③ 《湖北省政府关于宜昌公安局将保管商埠产业交由财委会接管的训令、指令》，1933 年 5 月 10 日，LS001-005-0426-0002，湖北省档案馆藏。

由地方公举商会会长为局长，借资整理”等，这在宜昌商会的呈文中尚属首次，表明宜昌商会对产权的概念有了更清晰的认识。该呈文认为，为了繁荣市面，应该注重交通，发展实业，但“政府库藏空虚，又无从拨款扶植”，“若将商埠局发还充作救济地方、恢复市民之用，则可望有一线生机，况以宜昌人民血汗所置之产业，以之实施于宜昌，名实既副”。① 宜昌商会认为，于情于理，商埠局产业都应交还市民手中。该呈文还称，商埠局本来就是地方集资开办，将之用于救济地方，“与法令并无丝毫抵触”，现宜昌全市失业人口日渐增多，如果不加以安置，“恐其饥寒交迫流为匪类”，既从法律的层面体现商埠局产业发还地方收管的合法性，又从社会保障的角度突出商埠局产业发还地方收管对维护社会稳定的作用。应该说，宜昌商会的这份呈文内容还是比较完整的，站在繁荣地方市面的立场，从情、理、法等多个维度说明商埠局产业发还地方收管的重要性和必要性。但是，湖北省政府在 12 月 1 日给宜昌商会主席李坤元等的批复中，与对兼宜昌县长罗宣衪的批复内容一致，即“商埠局产业，拟连同市税捐一并交由宜昌营业税局受理征收”②，同时态度明确地说明该处理意见已经得到了豫鄂皖三省“剿匪”总司令部的批准。

1934 年 1 月，宜昌县公安局和营业税局遵照湖北省政府批令，准备将商埠局产业进行交接，宜昌商会闻讯甚为担忧，随即联合宜昌各法团公司讨论应对方案。1 月 24 日，宜昌商会主席李坤元联合救济院长吴锡青等宜昌各法团，电呈湖北省政府主席、民政厅长及财政厅长。呈文依旧坚称宜昌商埠局产业是由地方人士出资购买兴办，是为繁荣地方之用，现在市政衰败已达极点，“经各法团公司决议，仿照沙市成立市政整理委员会，拟即以商埠局产业充其基金，仍循旧例官督商办，庶与省府拨归市有之议案不相抵触”③，希望省府将商埠局产业令饬发还并分令公安局和营业税局暂缓接收。该电文内容重点在于提出仿照沙市成立市政整理委员会的方案，这样就使得商埠局产业符合省府将其拨归市有的议案精神。而为了收回商埠局产业，除了继续坚称商埠局产业乃是宜昌地方绅商出资购买兴办外，宜昌商会也不得不采取“官督商办”的折中办法，而通过电报的方式呈文，也可以看出宜昌商会的急迫心情。

就在湖北省政府研究批复宜昌商会的同时，1 月 29 日，湖北省第九区行政督察专员吕咸④也通过快邮代电呈文湖北省政府及民政、财政两厅。该专员呈称，宜昌商业一落千

---

① 《湖北省政府关于宜昌公安局将保管商埠产业交由财委会接管的训令、指令》，1933 年 5 月 10 日，LS001-005-0426-0002，湖北省档案馆藏。

② 《湖北省政府关于宜昌市面凋落恳将商埠局产业交地方收管的训令、批文》，1933 年 12 月 1 日，LS001-005-0426-0003，湖北省档案馆藏。

③ 《李坤元等关于将宜昌商埠局产业作为成立市政整理委员会基金的电文》，1934 年 1 月 24 日，LS001-005-0426-0006，湖北省档案馆藏。

④ 湖北省第九区行政督察专员吕咸此时应同时兼任宜昌县县长，再加上专员公署设于宜昌县城，所以吕咸的呈文更多是代表宜昌县政府的意见。按：在 1993 年版的《宜昌县志》中，1933 年 10 月至 1934 年 3 月期间，宜昌县县长为吕成；而在档案中，1934 年 3 月担任第九区行政督察专员兼宜昌县县长的为吕咸，经仔细核查，应为同一人，吕成应为县志编纂者笔误所致。参见湖北省宜昌县地方志编纂委员会编：《宜昌县志》，冶金工业出版社 1993 年版，第 583 页；以及《第九区专员公署关于宜昌商埠局产业发还县财委会接收保管的呈文以及湖北省政府指令》，1934 年 3 月 7 日，LS001-005-0426-0013，湖北省档案馆藏。

丈，失业增多，贫民栖身茅棚又遭遇大火，应速救济以杜社会隐患，“查宜昌原有商埠局产业及各项收入，每月不下八百元，自公安局代为保管时期，该局仍照旧开支人事费六百余元，图书馆经费二百余元，所有商埠局收入悉数开支，并未移充警饷”①，希望省府将商埠局收归县有，将商埠局所有收入用作兴修贫民住宅，而所遗局址可辟作宜昌民众公园，并准备在该局所设中山图书馆开一个简易识字班。表面上看，第九区行政督察专员吕咸的这份呈文目的，是希望将商埠局产业收入用作社会福利事业，如修建贫民住宅，开简易识字班等，但其背后本意仍然是将商埠局收归县有，也正因为如此，湖北省政府才将这份呈文以及宜昌商会前几天的呈文请求并归一案处理。

2 月 8 日，湖北省政府收到了民政、财政两厅关于第九区行政督察专员吕咸，请将商埠局产业发还地方管有相关情形的调查呈文。该文称，“查商埠局产业，系由前清四家盐税所欠前清盐局之款，作基金经费”，这与宜昌商会及第九区行政督察专员的呈文中对商埠局经费来源的描述截然不同。如前所述，1933 年 11 月 26 日，民政、财政两厅在派员查明宜昌公安局经费收支详情后认为，“商埠局产业系经前委员会议决划为宜昌市有，如果划为县有，诚恐全县人士不无发生争执，转于发展商埠之进行有碍”，建议“连同市税捐一并交由宜昌营业税局受理征收”，湖北省政府据此呈文豫鄂皖三省“剿匪”总司令部并得到令准。因此，民政、财政两厅在该份呈文中认为，既然“将商埠局产业连同市税捐一并交由宜昌营业税局受理征收”的方案已经得到了豫鄂皖三省“剿匪”总司令部的批准，那么此次“自应仍照原案办理”，“至由宜昌营业税局征收后，关于该商埠建设事项，有必需动用之处，仍照成案，准由该区行政督察专员报厅核准拨给，在财政上既可收统一之效，而于该处商埠之发展亦不致阻碍进行”。② 湖北省政府完全赞同该方案，随即训令第九区行政督察专员吕咸遵照办理，并转饬宜昌商会知照。③

四、无奈的妥协：宜昌商埠局由湖北省第九区行政督察专员公署接收

在接到湖北省政府关于将商埠局产业维持原案，继续交由营业税局接收的训令后，1934 年 3 月 7 日，湖北省第九区行政督察专员兼宜昌县县长吕咸再次向省府上呈请示长文，其内容主要有以下三点：一是简述商埠局建立及发展过程，“由地方绅商所合筹约计值洋十余万元，原为开辟商场振兴市政之用”，后其管理权虽经波折，如暂交公安局代为保管等，但“其所有权自应依然存在”；二是宜昌市面衰败已达极点，人民极度困苦，而

① 《湖北省第九区专员公署关于将宜昌商埠局产业及各项收入收归县有的代电》，1934 年 1 月 29 日，LS001-005-0426-0008，湖北省档案馆藏。按：该档案目录名为湖北省第五区专员公署关于将宜昌商埠局产业及各项收入收归县有的代电，应为档案管理人员笔误。

② 《湖北省民、财政厅关于宜昌商会请发还商埠产业一案仍按原案办理的呈文》，1934 年 2 月 7 日，LS001-005-0426-0009，湖北省档案馆藏。

③ 《湖北省政府关于第九区专员办理发还商埠产业一案的训令、指令》，1934 年 2 月 13 日，LS001-005-0426-0010，湖北省档案馆藏。

政府财政困难不能拨款，“现既核定此项产业不再令由公安局代管，正可即时交还地方，俾作一切建设公益事业之用”；三是将商埠局所有产业及收入发还交本县财务委员会接收保管。① 与该专员前几次呈文内容做一对比，可以发现内容大致相同，其目的都是想要把商埠局产业收归县有，交由县财务会接收保管。因此，湖北省政府接到呈文后，于 3 月 16 日训令该专员表示维持原案办理。

5 月，湖北省第九区行政督察专员罗经猷关于商埠局市县两方争执管理权经过情形暨所拟办法呈文湖北省政府，该文将争执要点分为三项，“一为归市则县争，正如两厅所谓宜昌无市政机关，皮之不存毛将焉附；二为归县则市争，以为此项产业完全属于市有而不属于县有；三为归营业税局经理则市县均极怀疑，以为政府借此收为省有”②。应该说，该呈文把宜昌商埠局归属权争执情形分析得还是非常清晰的，其本质乃是产权不清晰。究其原因，乃是宜昌商埠事务所发起成立和宜昌商埠局成立时的资金来源混淆不清，从而导致商埠局管理制度的混乱，即如该文所言“宜昌商埠局产业原为混合公款暨绅商捐款所购置，该局撤销后，官管商管纷更不已”。而该文所述双方争执中的第三项更是直接了当，指出了将商埠局产业划归营业税局经理乃是省政府想收为省有的说法，而这种做法引起了市县的怀疑，这就为商埠局产业归属权的变更做好了准备，显示了该专员的呈文策略。接下来，该呈文便称，按照专员公署办事细则第六条第八项规定，关于辖区内公产公物之清理事项，是公署该有之责，提出商埠局产业“既纠纷不已，似不如拨交本署暂为管辖清理，所有每年收益，悉作兴复市面之用，惟动用之先，仍应遵照省府及两厅命令造具预算，呈准施行”③。该方案是在原有方案上提出的，既能一定程度上解决目前纷争，又考虑到省府的想法，具有较高可行性。因此，6 月 13 日，湖北省政府指令第九区行政督察专员罗经猷，表示“应准如拟办理”，并即刻呈文豫鄂皖三省“剿匪”总司令部。6 月16 日，豫鄂皖三省“剿匪”总司令部指令湖北省政府批准备案。④

1934 年 5 月，湖北省政府主席张群巡视鄂西，宜昌县商会主席李坤元等趁此时机向其呈文，希望省府令准第九区行政督察专员公署接收商埠局产业，用作组织成立宜昌市政整理委员会基金，并根据宜昌市场详情，提出四点建议：“一是在川汉铁路遗轨的基础上，兴修通往保康、兴山等北乡县道，使得该地木耳、白蜡等土产及煤、锡、铁矿能够顺利运出；二是开通宜、巴小轮航线，行驶宜、巴、秭归一带，使得上游油漆、纸张等手工业产品可以运达宜昌；三是在宜昌江岸码头建设趸船，以便货物装卸；四是结合宜昌土产种类，因地制宜，开设纱布、食油、皮草等各类工厂，以供应本地消费及增添本地贫困人

---

① 《第九区专员公署关于宜昌商埠局产业发还县财委会接收保管的呈文以及湖北省政府指令》，1934 年 3 月 7 日，LS001-005-0426-0013，湖北省档案馆藏。

② 《第九区专员罗经猷关于商埠局市县两方争执管理权经过情形及所拟办法的呈文以及湖北省政府的指令、呈文、训令》（原档案目录日期为 1934 年 0 月 0 日，核查后以该档案中省府指令发布时间为准），1934 年 6 月 13 日，LS001-007-0181-0003，湖北省档案馆藏。

③ 《第九区专员罗经猷关于商埠局市县两方争执管理权经过情形及所拟办法的呈文以及湖北省政府的指令、呈文、训令》（原档案目录日期为 1934 年 0 月 0 日，核查后以该档案中省府指令发布时间为准），1934 年 6 月 13 日，LS001-007-0181-0003，湖北省档案馆藏。

④ 《豫鄂皖三省“剿总”关于宜昌商埠局产业市县两方争执管理权经过情形及所拟办法等情的指令及湖北省政府的训令》，1934 年 6 月 18 日，LS001-007-0183-0001，湖北省档案馆藏。

群谋生手段。”① 宜昌商会的这份呈文与其之前的呈文有着明显的不同之处，该呈文没有再坚持将商埠局产业收回商会管理，而是希望由第九区行政督察专员公署接收，作为组织成立宜昌市政整理委员会基金之用，同时提出了兴复宜昌市场的四点详细意见，这与上述第九区行政督察专员罗经猷的呈文目的总体是一致的，应该是双方达成了某种协议。由于史料阙如，具体的细节无从得知，这也反映了宜昌商会的无奈和妥协。6 月 15 日，湖北省政府批文回复，该问题已经该区专员呈文反映，省府也已令准，希望宜昌县商会等遵照执行。

7 月 1 日，湖北省第九区行政督察专员公署与宜昌县营业税局办理交接手续，“将接管商埠局产业，暨关防文卷簿据款项杂俱等件，造具清册，业于本月一日，照案接收清楚，派员继续办理”②。7 月 22 日，湖北省第九区行政督察专员罗经猷据此呈文湖北省政府，8 月 3 日，省府指令该专员准予备案并训令财政厅知照。至此，宜昌商会与政府间持续 5 年的商埠局归属权博弈就此落下帷幕。

此后，由于抗日战争爆发，作为抗战大后方门户的宜昌经常遭受日军飞机的轰炸，以及中日双方军队争夺宜昌的拉锯战，宜昌商埠局产业损失殆尽。抗战胜利后，为再次准备建市，1946 年 5 月 1 日，宜昌市政筹备委员会正式成立，宜昌县商会主席任子卿任常务委员。③ 随后，湖北省政府批准将宜昌商埠局产业拨作宜昌市政筹备委员会专款经费。④

五、结语和讨论

晚清局所滥觞于道、咸战乱应急的特定环境下，尤其是清末新政时期的局所对于转变政府职能起到了积极作用，特别是对地区经济、文化发展的推动较为显著。⑤ 从宜昌商埠事务所到宜昌商埠局，民国时期宜昌市政建设取得较大发展，基本形成了近代宜昌的城市面貌。

作为宜昌商埠局的前身，从宜昌商埠事务所的设立过程来看，宜昌商会是最初的发起人，向宜昌商界招股集资，可以看出商办的气息十分明显，但从政府拨款、委任督办、具报考核等关键词，又可以看出官督的显著特征。因此，从最初的宜昌商埠事务所到后来的宜昌商埠局，都体现出其是一个较为典型的官督商办企业。但由于开始设立时的官款、商款混淆不清，以及官督商办模式的经营不善，而后又变成由宜昌商会会长担任局长的完全商办模式，最后又因战乱等，商埠局产业交由宜昌县公安局保管，这就造成宜昌商会、宜

---

① 《宜昌县商会等关于拟组织宜昌市政整理委员会并恳让准专员公署接收商埠局产业的呈文及湖北省政府的批文》（原档案目录日期为 1934 年 5 月 0 日，核查后以该档案中省府批文时间为准），1934 年 6 月 15 日，LS001-007-0181-0004，湖北省档案馆藏。

② 《湖北省第九区行署关于报送接收宜昌商埠局产业及关防文卷款项等件情形及日期的呈文及湖北省政府的指令、训令》，1934 年 7 月 22 日，LS001-007-0183-0002，湖北省档案馆藏。

③ 《宜昌市政筹备委员会关于第一次常会记录的代电》，1946 年 5 月 3 日，LS031-015-0285-0020，湖北省档案馆藏。

④ 《湖北省政府财政厅关于拟具六区专署将宜昌前商埠局产业拨作市政建设经费意见的签呈及相关材料》，1946 年 5 月 28 日，LS020-001-0040-0004，湖北省档案馆藏。

⑤ 关晓红：《晚清局所与清末政体变革》，《近代史研究》2011 年第 5 期，第 6、22 页。

昌县政府及湖北省政府等三方为了争夺宜昌商埠局产业而相互博弈的局面。对于宜昌商会来说，作为宜昌商埠局前身——宜昌商埠事务所的发起人，他们多次呈文始终坚称，商埠局产业纯为市民所有，于情于理都应发还市民，由市民收回自办，以达到将商埠局收回由商会所代表的商界手中的目的。因此，在前三次向湖北省政府呈文争取失利后，不得不向政府妥协，表示只要能将商埠局发还商会，可以回归官督商办的管理模式。对于宜昌县政府来说，作为地方政权的代表，它们则称商埠局乃地方公有产业，并据以当时的法令呈文湖北省政府，意图将商埠局产业收回县政府财务委员会。对于湖北省政府来说，它们则称商埠局产业乃宜昌市有、省有甚至国有公产，并通过新建建设局、营业税局等省政府直属机构，将商埠局牢牢控制，以达到控制宜昌市政建设的目的。

因此，宜昌商埠局到底是市民所有，或是县有财产，还是属于国有省有之公产？成为宜昌商会、宜昌县政府及湖北省政府等三方博弈的焦点。究其本质乃是商埠局产权不清晰，其背后则是对宜昌市政建设控制权的争夺。1914 年 1 月 3 日，北洋政府公布《公司条例》，并明定于 1914 年 9 月 1 日起施行；1929 年 12 月 26 日，南京国民政府颁布《公司法》，并明定于 1931 年 7 月 1 日起施行。民国时期出台的这两部公司法，为近代中国工商业的发展提供了法律保障，对近代中国的经济发展起到了重要的推动作用，其对于宜昌商埠局的成立及发展的影响是毋庸置疑的。从宜昌商会的呈文中也可以看到其对于商埠局产权的认识从模糊逐渐清晰的过程，但这两部法律在宜昌商埠局的成立及归属权的争执过程中所起的作用却又是非常有限的。宜昌商会在商埠局归属权的争夺过程中，并没有主动运用近代产权手段甚至诉诸法律的途径来收回商埠局的权利，而依旧采取不断呈文的传统方式。尽管宜昌商会在不断的呈文中采取了不同的策略，但在湖北省政府的强力行政下，依旧改变不了商埠局被政府控制的命运，这反映出国民党“训政”体制下，模糊的产权意识让位于行政强力的过程。

（作者单位：武汉大学历史学院）

文 史 考 证

春秋侯国公墓群体形态与分布规律考察

——以枣阳郭家庙曾国墓地为中心

□ 刘玉堂 张钰晨

【摘要】 湖北枣阳郭家庙曾国墓葬遗址为春秋早期曾国公墓，该墓葬遗址位于地势平坦的江汉平原岗地之上，北倚桐柏山，南临滚河，不仅符合古人在墓地选址所追求的背山面水的地理格局，而且暗合“营高畅之地，以护佑子孙”的心理需求。以郭家庙考古发掘材料为基础，结合建筑景观学及环境心理学相关理论，从建筑空间组合的角度考察，发现郭家庙曾国墓葬群体空间布局具有两个显著特点：即整体布局呈向心型群体空间组合形态和流线关系布置呈以主墓为中心环绕式展开形态。利用现有考古发掘数据结合周制测算，其外部群体空间尺度控制基本符合“百尺为形，千尺为势”的设计原则。郭家庙曾国墓地的上述特点，在某种程度上体现了春秋侯国公墓群体形态与分布规律的共同特征。

【关键词】 春秋侯国公墓；郭家庙曾国墓葬；墓葬选址；群体形态；分布规律

远古时期，人类对于大自然诸多现象无法予以合理解释，从而形成了万物有灵与灵魂不灭的思想，这对后世丧葬文化产生了深远的影响。旧石器时代人类所使用的工具十分简陋，对于尸体的处理通常是置之荒野，或用土简单掩埋。如《孟子·滕文公上》所云：“盖上世尝有不葬其亲者。其亲死，则举而委之于壑。他日过之，狐狸食之，蝇蚋姑嘬之。”① 这种简易掩埋尚不能称为“墓葬”。随着物质条件的改善和社会的发展，人类对社会生活有了更高的需求，从而产生了丧葬文化，原始社会时对逝者的随意处理，被墓葬类型空间替代。刘熙《释名》曰：“墓，慕也，孝子思慕之处也。”② 为便于后代对先祖的缅怀，有必要选择符合礼制的基址，并对基址中的墓葬空间进行规划与设计，进而产生对“规则”和“秩序”的追求。而任何一个空间都不会是孤立的个体，其存在必然与周边其他空间和外部环境密切相关。只有与相同类型的建筑空间构成群体组合，才能在较大的空间范围内建立起一种新的秩序，通过空间环境充分展示该建筑群体的气场、价值及表

① 《孟子注疏》，（清）阮元校刻：《十三经注疏》，中华书局2009年版，第5888页。

② （东汉）刘熙：《释名》，中华书局2020年版，第122页。

现力。人类在确定好所需求的空间类型后，首先是为所营造的空间选择合适的场地，其次是对场地内的空间形态进行规划及对现有的外部环境加以利用。建筑的群体空间形态与建筑的个体空间形态是相互作用和联系的，只有将它们融为一体，才能最大限度地实现其功能价值。

《周礼·春官宗伯》记载："冢人掌公墓之地，辨其兆域而为之图。先王之葬居中，以昭穆为左右。凡诸侯居左右以前，卿、大夫、士居后，各以其族。凡死于兵者，不入兆域。凡有功者居前，以爵等为丘封之度，与其树数。"① 周人因受视死若生观念的影响，对墓葬的重视程度不亚于宫殿、住宅等建筑。他们通常认为墓葬的地形地貌、方位和安全，将会长久影响到子孙后代的命运。不仅如此，墓葬与居住建筑的建造技术也是相互借鉴和推进的，二者在选址、布局、设计、计算等方面都有相同的问题需要考量。固此，至少在春秋早期，人们在墓葬规划时，会对墓葬场地空间形态进行整体布局，并对墓地中各墓的空间形态作出周密准确的设计。对此，湖北枣阳郭家庙春秋早期曾国墓地给我们提供了难得的实证。

目前已发表的著述大多将郭家庙曾国墓葬断代为西周晚期至春秋早期，但黄凤春认为，从器物的类型学以至年代学判定，其年代应当在春秋早期，与苏家垄曾国墓地的年代相当。② 湖北省文物考古研究所《湖北枣阳郭家庙墓地曹门湾墓区（2014）M10、M13、M22 发掘简报》中所公布的陶器、青铜器等器物呈现出的年代迹象，也证明郭家庙曾国墓葬的年代定为春秋早期是较为合适的。湖北省文物考古研究所及相关单位分别于 2002 年和 2014 年对郭家庙曾国墓地进行了发掘，共发掘出 144 座墓葬，绝大部分墓葬保存完好且整体布局完整，为研究该墓葬群体空间形态提供了可贵的材料。对春秋时期郭家庙曾国墓葬群体形态与分布规律的分析，有助于揭示春秋早期诸侯国公墓③群体空间分布的特征。

一、郭家庙曾国墓地的环境选择

周代人们很注重对各类环境进行分析以趋利避害，充分利用空间形态与外部环境的和谐统一来满足自己的需求。《管子·乘马》云："凡立国都，非于大山之下，必于广川之上，高毋近旱而水用足，下毋近水而沟防省。"④ 即建筑选址应遵循近水利而避水患的原则，既要接近水源，又要确保地势高于洪水位。尤其是在水灾较多的南方，人们为了保证居处位置高且干燥，通常会选择河岸的凸起段，即被称为"汭位"或"腰带水"的沉积区。此种地理位置不只是高燥可避开河流的冲刷，还因为沉积的缘故使地段面积变大形成肥沃的土地，此即《管氏指蒙》所谓："抱如玉带缠腰，悠扬而停憩……"⑤ 正由于"汭

① 《周礼注疏》，（清）阮元校刻：《十三经注疏》，中华书局 2009 年版，第 1697 页。

② 黄凤春：《关于曾国的政治中心及其变迁问题》，《中原文化研究》2018 年第 4 期，第 42～48 页。

③ 公墓：殷周时期的族葬将具有血缘关系的同一族人合葬在一起。他们生前聚族而居，死后聚族而葬。血缘相亲的族葬制是原始氏族社会"公共墓地"制的延留。

④ 黎翔凤撰，梁运华整理：《管子校注》，中华书局 2004 年版，第 83 页。

⑤ （东汉）管辂：《管氏指蒙》，卷下，明刻本，第 278 页。

位”是聚集吉气的福地，故无论是居所还是墓葬，人们都乐于选择这种有利的环境和地形，枣阳郭家庙曾国墓地正是位于“汭位”之上。

先秦时期对环境的处理主要凭借对自然界的长期观察和日常生活经验的积累，人们根据所选基址的地质、地文、水文、日照、风向、气候、植被等一系列的自然因素，对基址作出优劣的判断，并趋吉避凶进行相应的规划设计，营造出人、建筑、自然三者和谐统一的环境。无论是日常居住建筑，还是墓葬建筑，当时人们在进行建筑基址选择时，主要把握以下方面：一是注重基址的整体性选择与规划；二是根据具体位置的选择，制定适宜的营造方式；三是强调背山面水；四是追求负阴抱阳；五是讲求土壤和水的质量；六是宜坐北朝南；七是选择植物生长茂盛之地，以获得充足的生气；八是对所选择的基址进行人工改造。由此看来，至少在周代，人们在对建筑进行场地规划设计时，会综合考虑人文因素与自然因素的和谐统一，充分满足人们的生存需求和心理需求。

郭家庙曾国墓地位于枣阳市吴店镇东赵湖村一个地势高、气候干燥的岗地上，其东北部为鄂、豫交界的桐柏山余脉，西南部是从随州西延且呈东西走向的大洪山余脉，南临汉江支流滚河，因其地势东北高、西南低，出现了水由东向西“倒流”的特点。而枣阳市整体为丘陵、岗地的地貌，无疑为郭家庙曾国墓地提供了广阔的空间。墓地由北向南绵延，南北长 1500 米，东西宽 800 米，总面积达 120 万平方米，分为郭家庙墓区和曹门湾墓区，分别位于两个相对独立的山岗上，充分体现了时人的墓葬建筑理念。《周易·乾传》云：“水流湿，火就燥，云从龙，风从虎，圣人作而万物睹。”① 说明人们在进行墓葬等建筑选址时强调山水相生，即“负阴抱阳”“背山面水”的自然环境。南方多山川，受自周代已经形成的堪舆理论的影响，主张将墓葬选址于“背倚山峰、面临平原”的山冲之地②，且因受“灵魂不灭”思想的影响，多将墓葬定于地势较高的位置，既可防止尸体迅速腐化，又能保佑先祖灵魂永驻。《庄子》云：“人之生，气之聚也；聚则为生，散则为死，若死生为徒，吾又何患！故万物一也……通天下一气耳。”③ 又《葬书》曰：“葬者，乘生气也……”④ 而这所谓的“气”，时刻存在于宇宙之间。《青囊经》云：“阴阳相乘，祸咎踵门。天之所临，地之所感。形止气蓄，万物化生。气感而应，鬼福及人。是故天有象，地有形，上下相须，而成一体，此之谓化机。”⑤ 上述文献记载表明墓葬选址与阳宅选址相同，即尽可能选择环境优美的“聚气”之地，使先祖的灵魂聚气而生，以福佑子孙。郭家庙曾国墓葬所选之地正好符合这一标准。郭家庙墓地所在地的地势属于丘陵岗地，周边是一望无际的平原，而郭家庙墓区和曹门湾墓区则分别位于各自范围内两个至高点上，不仅可以显示出墓区所葬之人地位之尊贵，而且根据该地区整体海拔来看具有明显的规避水患的优势。《史记·淮阴侯列传》记：“太史公曰：‘吾如淮阴，淮阴人为

① 《周易正义》，（清）阮元校刻：《十三经注疏》，中华书局 2009 年版，第 28 页。

② 罗宗真先生在《六朝考古》一书中指出：“综合六朝及以前各代的‘风水’都可以看到是‘背倚山峰，面临平原’即指坟墓宜葬在两山环抱的山腰上，面临开阔的平原；换言之，也就是我们通常听说的‘山冲’之地。”

③ （清）王先谦撰，沈啸寰点校：《庄子集解》，中华书局 1987 年版，第 186 页。

④ （东晋）郭璞：《葬书》，清文渊阁四库全书本，第 1 页。

⑤ （明）余象斗著，孙正治、梁炜彬点校：《地理统一全书》，中医古籍出版社 2012 年版，第 228 页。

余言，韩信虽为布衣时，其志与众异。其母死，贫无以葬，然乃行营高敞地，令其旁可置万家。余视其母冢，良然。'"① 郭家庙曾国墓地的选址表明，至少在春秋早期，已有将先祖之墓置于高敞之地以保佑子孙的观念，此种观念至汉代仍为人们所传承。

周人在建筑选址时注重对自然环境予以综合考量并加以利用，如《诗经·公刘》所云："相其阴阳，观其流泉，其军三单。度其隰原，彻田为粮。度其夕阳，豳居允荒。"② 说明周代先民根据山川形胜及水土状况对环境进行规划，并使用木杆测记日影予以定向，以观察山川阴阳向背及冷暖。方位确定后，就可根据该地区的整体状况对环境进行规划，营造出良好的宏观生态环境和局部小气候。人们之所以多选择背山面水的环境，是因为背山既可以抵御冬日北方袭来的寒风，又可获得良好的日照；面水则既可以使人们感受夏日水面的清风，又方便生活用水。郭家庙曾国墓地位于江汉平原的北缘，滚河流域中游，周边为一望无际的丘陵和平原，附近无大型的山川与河流依凭，似乎与背山面水之必备要素不符。然而，通过查阅相关地形图可知，其北部的桐柏山是距离郭家庙墓地最近的大型山脉，其南面的滚河也是一条丰水，即郭家庙曾国墓地恰好北倚桐柏山，南临滚河，且位于滚河流域的"汭位"凸岸，尤其适合墓葬所需的地理环境。《葬书》曰："山来水回贵寿而财……此富贵寿考之穴也。"③ 说明这种墓地选择观念至魏晋依然盛行。

二、郭家庙曾国墓葬群体空间形态组织分布

随着人类自我意识地不断提高，加强自然环境与人造环境的和谐共生，促进人类生前和死后居住环境的不断优化，已成为人类追求的目标之一。《周礼·春官宗伯》云："冢人，下大夫二人，中士四人，府二人，史四人，胥十有二人，徒百有二十人。冢，封土为丘垄，象冢而为之。墓大夫，下大夫二人，中士八人，府二人，史四人，胥二十人，徒二百人。墓，冢茔之地，孝子所思慕之处。〇茔，音营。职丧，上士二人，中士四人，下士八人，府二人，史四人，胥四人，徒四十人。职，主也。"④ 自西周开始，已设置有专门的官职对丧葬活动进行规划和管理，且通过对所设官职的分析，可以看出周代丧葬已是一项十分重要的活动，每位官员须各司其职以保证丧葬活动有序开展。《周礼·春官宗伯》云："冢人掌公墓之地，辨其兆域而为之图。"⑤ 说明冢人的主要职责是为墓地选址规划，并为之绘制图纸。但对于墓地选址和规划的方法与原则，《周礼》未见详细的记载。李伯谦在《从晋侯墓地看西周公墓墓地制度的几个问题》一文中，对周代墓葬规划设计进行了探讨和归纳，但对于墓区内部的空间形态组织则缺乏相应的解释。事实上，在场地环境组群之中，空间形态的组织是一个全局性问题，它不仅关系到该群体组合的整体布局，而且决定着参与丧葬活动的人流管理，故墓葬建筑群体空间形态的规划尤为重要。

通过对郭家庙曾国墓葬发掘简报和相关研究成果的综合考察，发现该墓葬的群体空间

---

① 《史记》，中华书局 1982 年版，第 2629 页。
② 《毛诗正义》，（清）阮元校刻：《十三经注疏》，中华书局 2009 年版，第 1170 页。
③ （东晋）郭璞：《葬书》，清文渊阁四库全书本，第 78 页。
④ 《周礼注疏》，（清）阮元校刻：《十三经注疏》，中华书局 2009 年版，第 1625 页。
⑤ 《周礼注疏》，（清）阮元校刻：《十三经注疏》，中华书局 2009 年版，第 1697 页。

分布具有如下特征：（1）墓地位于周台遗址和忠义寨城址的西向；（2）墓地分为北岗郭家庙墓区和南岗曹门湾墓区两个部分，分别位于两个相邻的地势较高的岗地之上，由最大墓圹所处的岗顶向两侧缓坡有规律地展开布局；（3）墓葬由早期的偏东北向晚期的朝西南发展。郭家庙墓区和曹门湾墓区除了具有上述共同特征，还因各自地貌特征、区域范围的不同，在布局上存在相异之处。其中郭家庙墓区的布局特征有二：一是郭家庙墓区比曹门湾墓区地块要大，墓区的墓葬分布在岗地的最高处，南北长 120 米、东西宽 50 米，整齐有序地排列成前后两排，由北向南展开，墓向为东西向，依地势呈长条状分布；二是东面一排以 M60、M50 为中心，西面一排以 M21、M52 为中心，均由大到小、由北向南依次分布。曹门湾墓区的布局特征亦有二：一是墓区中的 M1 和 M2 是最大墓，位于该墓区北部地势较高处，其余小型墓以 M1、M2 为北界有规律地由北向南分布于该墓区；二是在 M1、M2 的西南方向布置占地面积最大的车马坑，该车马坑在现已发掘的春秋车马坑中也是最大的，应为墓主身份的象征。两个墓区均符合当时“葬于北首”的礼仪，与叶家山曾国墓地、三门峡虢国墓地和北赵晋国墓地等西周早期的墓葬布局规律基本相同，即墓区内等级较高的墓葬位于遗址突出位置，呈南北向分布。①

《礼记·檀弓上》云：“古也，墓而不坟。”注曰：“凡葬而无坟，谓之墓。”②《周易·系辞下》：“古之葬者厚衣之以薪，葬之中野，不树不封……”③ 可知在战国之前还处于“不树不封”的时代。至于《墨子·节葬下》曾抨击贵族：“棺椁必重，葬埋必厚，衣衾必多……丘垄必巨……”④ 其抨击的对象是丧葬之风奢靡时出现的丘垄式墓葬。郭家庙曾国墓葬时代为春秋早期，属于无坟丘的墓葬样式。古人在进行群体空间设计时，通常会将建筑和周边环境如地势地貌、山水植被等一并进行空间组合，从其大小、高低、远近、主从、明暗等关系的变化来满足人们的心理需求。而郭家庙曾国墓葬处于不树不封的时代，因此墓葬设计者在进行场地规划和设计时会刻意追求场地的空间格局与自然环境的山川走势相谐，从而营造出一种神圣、崇高、肃穆而又充满生机的氛围，既遵典礼之规制，又合山川之胜势。

由于受自古以来群居生活、血缘观念的影响，两周时期人们十分注重建筑的群体组合关系，通过一种群体空间将血缘相近的亲人聚集在一起，并在同一群体空间内的不同空间完成不同性质的活动，寻求内心所需要的一种团聚氛围。这种现象不只是体现在社会活动场所地面空间上，也同样出现在地下空间的营造之中。中国传统建筑通常以“间”为单位，相互联系组织形成群体建筑空间，不仅展现了中国传统建筑的和谐之美，而且反映出社会层次的高低及贫富差距的大小，郭家庙墓地的群体建筑空间组合充分证实了这一点。

中国传统建筑中每一个建筑单体或者建筑群体组合空间形态，都是围绕着一个中心来进行组织的，这一规律随房屋的出现而产生。根据现已发掘的陕西西安半坡仰韶房屋遗

---

① 方勤：《曾国历史与文化——从“左右文武”到“左右楚王”》，上海古籍出版社 2018 年版，第 131 页。

② （汉）刘熙撰，（清）毕沅疏证，（清）王先谦补，祝敏徹、孙玉文点校：《释名疏证补》，中华书局 2008 年版，第 301 页。

③ 《周易正义》，（清）阮元校刻：《十三经注疏》，中华书局 2009 年版，第 181 页。

④ 吴毓江：《墨子校注》，中华书局 2006 年版，第 263 页。

址，可知此种向心型的平面构图方式最早可追溯至新石器时代，并在中国沿用数千年未变。上文所揭郭家庙曾国墓葬建筑布局，显然受到向心型平面布局的影响。有学者认为："向心型的平面布局可能和古代帝王以自己为中心的统治思想有关。"① 我们认为此说有以偏概全之嫌。须知在人类的各种感觉中，视觉的穿透力最强且最敏锐，其获得的信息量是其他感觉所不能比拟的。人类的视网膜由中央凹、黄斑和周围视觉构成，它们各不相同又相互合作。其中中央凹是位于视网膜中央的一个小凹，其工作时会对观察对象进行扫描，尤其是空旷的场地中，扫描多集中在中心或近处的狭窄地带，并且会针对场地的中心来回摆动。正因如此，人们在有意识地进行空间形态设计时，都会将重要的事物布置在中心位置，强调其存在感和重要性。德国心理学家勒温将环境中心位置的空间或者物体称为心理场中的点场，位于中心的点主要起一个核心作用，通常是受欢迎的物体能在其周围形成引力场。② 由此可见，向心型的平面布局主要是由人类本能感觉所造成的结果，但不能完全排除其与帝王中心的统治思想之间具有某种关联。通常墓葬建筑遗址都位于空旷的户外空间，在环境空间中心自然处于自我紧张的状态，而位于中心的点和物体则给予该环境空间核心的东西及力量。人类对于图示平面布局最初的认知来自传承过程中的经验积累，而随之与不同的环境进行接触，就变得更加丰富起来。人类在认知和适应环境的过程中增长智慧，并在这一过程中产生认知。③ 实验表明：只有与旧有认知有关的知识，最能引起兴趣并促进新知识的产生。④ 可见向心型空间形态布局能传承数千年，与人类本能反应有很大的关系。建筑空间性功能和地形条件会带给建筑群体组合的多样性，受其最初对空间认知和布局的影响，造成空间形态各具特色纷繁多样，而向心性就是蕴含在这个多样性之中的共性，是衡量建筑群体和谐统一的标准，也是确定一个建筑群体组合完整的最终尺度。按说郭家庙曾国墓葬建筑为追求庄严、肃穆的氛围，在墓葬建筑群体空间形态的组织上应追求按轴线进行对称布局，沿纵深方向逐一展开，但通过上文对郭家庙墓葬的考察，显然尚未采用轴线对称布局的方式而是选择了"向心型"的布局方式。

空间形态中的流线组织同样是空间形态的重要部分，直接关系到该空间形态中的人流活动。群体空间形态的流线组织有如下类型：（1）沿一条轴线向纵深方向展开；（2）沿纵向主轴线与横向副轴线两个方向纵横发展；（3）作迂回、环绕式展开。⑤ 郭家庙曾国墓葬虽未发现有明显轴线关系的流线组织，但墓葬之间却显示出以主墓为中心、环绕式展开的流线关系的突出特点，这与秦以后盛行的以轴线沿纵深方向展开是有明显差异的。

至少自周代起，人们已主要通过日影来判断方位，由于北回归线以北地区日影是朝向北方，且建筑的北面不能受到太阳光的直射，因而多将北面视为幽暗之方。而逝者向阴，故墓葬建筑在整体布局时，多置于北方，以便逝者安息。根据三《礼》、《墨子》、《楚

① 李允鉌：《华夏意匠：中国古典建筑设计原理分析》，天津大学出版社 2005 年版，第 140 页。

② 勒温·库尔特，德国心理学家，拓朴心理学的创始人。生活空间：即是"场"，它包括人及与之有关的心理环境，指在特定时间内影响个体人心理因素的总体。

③ 胡正凡：《环境心理学》，中国建筑工业出版社 2012 年版，第 12～13 页。图式、同化、顺化、平衡则形成了人认知活动中的"认知结构"。

④ 胡正凡：《环境心理学》，中国建筑工业出版社 2012 年版，第 12 页。认知或思维过程是在人脑内由神经细胞的活动完成的，大脑是具有代偿性的，不同于机器，信息加工只是一种类比或者模拟。

⑤ 彭一刚：《建筑空间组合论》，中国建筑工业出版社 2008 年版，第 81 页。

辞》等文献记载，春秋时期的丧礼主要有六大仪式：招魂、浴尸、小殓、大殓、殡、祭奠（朝夕哭、卜筮、葬日）。在行招魂之礼时，会将逝者置于正室北窗之下，而坟墓是用来安放尸骸的，故将坟墓置于北方以利于招魂。根据考古发掘报告得知，郭家庙墓葬建筑位于城之北，重要墓葬多由北向南进行布置。① 《礼记 · 檀弓下》解释说："葬于北方北首，三代之达礼也，之幽之故也。"② 亦即以北方北首为尊为贵。

《墨子 · 节葬下》云："此存乎王公大人有丧者，曰棺椁必重，葬埋必厚，衣衾必多，文绣必繁，丘陇必巨；存乎匹夫贱人死者，殆竭家室；乎诸侯死者，虚车府，然后金玉珠玑比乎身，纶组节约，车马藏乎圹，又必多为屋幕、鼎鼓、几梃、壶滥、戈剑、羽旄、齿革，寝而埋之，满意。若送从，曰天子杀殉，众者数百，寡者数十；将军、大夫杀殉，众者数十，寡者数人。"③ 可见周代在置办丧礼之时，会根据逝者生前的身份和地位随葬相应的物品。因此对墓葬建筑的群体空间形态进行布局和设计时，不仅需要考虑主要贵族墓圹的位置，还需对其陪葬坑妥善布局。《尚书 · 舜典》："敷奏以言，明试以功，车服以庸。" 孔颖达疏："人以车服为荣，故天子之赏诸侯，皆以车服赐之。"④ 车在夏商周不仅是一种交通工具，而且是车主地位与身份的标志。三《礼》中多记载有关周代用车等级的规定，说明到周代以车马为身份等级象征的制度更加凸显。车马坑作为墓主人身份的象征，在诸多陪葬坑中所需空间最大，故其所处位置也是该墓葬空间形态设计必须考虑的问题。根据《枣阳郭家庙曾国墓地曹门湾墓区考古主要收获》《郭家庙曾国墓地的性质》所提供的资料可知：郭家庙墓区有车马坑 2 座即 GCHMK1、GCHMK2，车坑 2 座即 GCHK1、GCHK2；曹门湾墓区有车马坑 1 座即 CHMK1、车坑 1 座即 CHK1、马坑 2 座即 MK1、MK2。结合郭家庙墓区的墓葬分布图观察：GCHMK1、GCHK1、GCHK2 三座墓葬均位于郭家庙墓区的西南端，其墓向为东西向，与该墓区其他墓葬保持一致。李德喜、郭德维在《中国墓葬建筑文化》中指出东周时期车马坑分布情况有南北两种：北方诸国的车马坑与主墓的分布情况有三类布局，即横向、横向错位和纵向错位；而南方诸国以楚国为代表，车马坑与主墓在同一中轴线上，呈横向列式排列，与主墓保持纵横交错的关系。如果根据李德喜、郭德维关于车马坑南北布局互异的观点观照郭家庙曾国墓葬的车马坑布局，就不难发现该墓葬车马坑的布局有较明显的特殊性，与南北方的情况均不相同。虽然郭家庙墓区 GCHK1、GCHK2 车坑的归属问题尚存争议，但根据其他车马坑的分布情况分析，基本可以确定车马坑均位于所属主墓以南且与之距离较近，与其他陪葬坑一同环绕在主墓周围。

探讨墓葬的空间形态布局时不可忽视的一个问题，就是规划者在进行空间形态设计时如何对其基本尺度进行控制。早在新石器时代人类已产生数理观念，从《周易 · 系辞下》"近取诸身，远取诸物"⑤ 的记载可知，当时已出现通过迈步、拉绳子、立树干等进行测

① 方勤、胡刚：《枣阳郭家庙曾国墓地曹门湾墓区考古主要收获》，《江汉考古》2015 年第 3 期，第 3~11 页。

② 《礼记正义》，（清）阮元校刻：《十三经注疏》，中华书局 2009 年版，第 2819 页。

③ 吴毓江：《墨子校注》，中华书局 2006 年版，第 263 页。

④ 《尚书正义》，（清）阮元校刻：《十三经注疏》，中华书局 2009 年版，第 268 页。

⑤ 《周易正义》，（清）阮元校刻：《十三经注疏》，中华书局 2009 年版，第 179 页。

量的方法。《尚书·序》亦载："画八卦、造书契，以代结绳之政。"① 说明作为祭祀用的测量工具规、矩在当时已经产生。至于有关具体长度的单位产生于何时，典籍虽未见明确记载，却透露出些许信息，早期的长度单位多与人体相关联，测量尺度主要以人体某部位的长度或以人体的动作为标准。《史记·夏本纪》记："禹……身为度……"② 相传禹在治水时即以其身体为一个标准长度单位。《大戴礼记·主言》云："布手知尺"③，《孔子家语》："布指知寸，布手知尺，舒肘知寻"④。《说文解字》："周制以八寸为尺，十尺为丈，人长八尺故曰丈夫"，"十寸也，人手却十分动脉为寸口，十寸为尺。尺，所以指尺规矩事也。……"⑤ 从上述文献传递的信息可知，分、寸、尺、丈等为周代最常用的基本长度单位。⑥ 郭家庙曾国墓葬的时代为春秋早期，其地与中原地区毗邻，受周文化的影响较大，故可用周制长度单位对其进行分析。吴大澂《权衡度量实验考》根据其所收藏的玉器及铜剑，推断出周尺存在三种类型。但据目前藏于南京大学的一把铜尺，经吴其昌、郭沫若等鉴定为东周之物，杨宽、罗福颐等也将其定为东周尺，据铜尺现存状况得知：尺分十寸，每寸刻度为 2.31 厘米，公认为是比较可靠的周尺的数值，故本文将以此为依据。此规制寸与尺之间以十进制推演而成，1 周尺=0.23 米，而"十尺为丈"，可知 1 丈=2.3 米。《周礼·地官司徒·大司徒》："以土圭之法测土深，正日景，以求地中。日南则景短多暑，日北则景长多寒，日东则景夕多风，日西则景朝多阴。日至之景，尺有五寸，谓之地中：天地之所合也，四时之所交也，风雨之所会也，阴阳之所和也。然则百物阜安，乃建王国焉，制其畿，方千里而封树之。"⑦ 说明周代已经使用石圭来作为测量日影的标准，并已出现尺、寸的基本长度单位，但此时尺、寸的确切长度仍比较模糊，因此在进行墓葬等场地规划时可能以尺、寸为相对长度单位。《周礼》中提及"冢人掌公墓之地，辨其兆域而为图。先王之葬居中……"说明在墓葬群体空间布置之初，会以分封至此地位最高的先祖的墓圹为中心，依礼制将其余墓葬布置在周围，逐渐发展成为完整的墓葬区。正因为墓葬布置受此葬区第一座等级最高的贵族墓葬尺度的影响，故该墓就成为统一该墓区群体空间设计的标准尺度。根据郭家庙曾国墓地现已发掘的墓葬判断，位于郭家庙墓区带墓道的 GM21 极有可能为郭家庙墓地中第一座等级最高的墓葬，故本文有关尺度的分析以其为标准。根据考古发掘报告得知 GM21 墓东西长度和南北最大宽度均约 11 米，换算成周尺（1 尺=0.23 米），可知 GM21 为 50 尺×50 尺（5 丈×5 丈）；若以 GM21 的开口方向 92°为平行方向对郭家庙墓区展开分析，换算成周尺则 GM21 正位于 5 丈×5 丈的单位之内，以此单位为规则，将郭家庙墓区（参见图 1）的所有墓圹进行分隔，在不受地理条件影响的情况下，基本上都能满足这一规则。曹门湾墓区（参见图 2）等级最高墓 M1 的选址与郭家庙墓区的选址有所不同，其开口方向与 GM21 也不尽一致，但对曹门湾墓区进行分析

① 《尚书正义》，（清）阮元校刻：《十三经注疏》，中华书局 2009 年版，第 235 页。

② 《史记》，中华书局 1982 年版，第 51 页。

③ （清）王聘珍：《大戴礼记解诂》，中华书局 1983 年版，第 5 页。

④ （东汉）王肃：《孔子家语》卷一，四部丛刊景明翻宋本，第 27~28 页。

⑤ （汉）许慎撰，（宋）徐铉校定：《说文解字》卷十下，中华书局 2013 年版，第 215 页。

⑥ 卢嘉锡总主编，丘光明、邱隆、杨平著：《中国科学技术史·度量衡卷》，科学出版社 2001 年版，第 12 页。

⑦ 《周礼注疏》，（清）阮元校刻：《十三经注疏》，中华书局 2009 年版，第 1516 页。

时，将 50 尺×50 尺的单位与 M1 的开口方向保持平行，根据现已发掘的墓葬情况也基本上可以满足这一规则（文中图示均根据考古发掘资料绘制）。

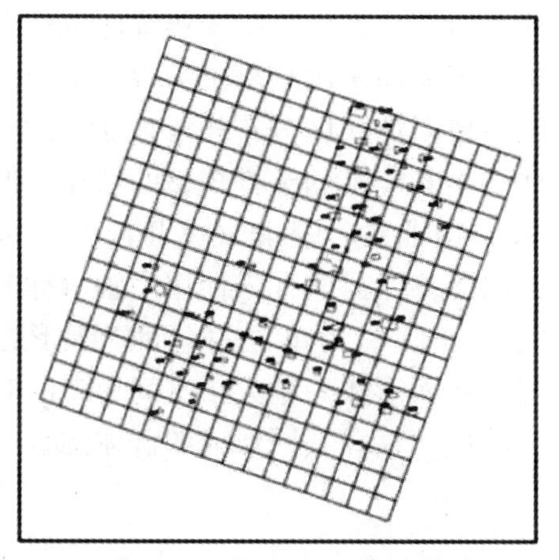

图 1　郭家庙墓区分布示意图

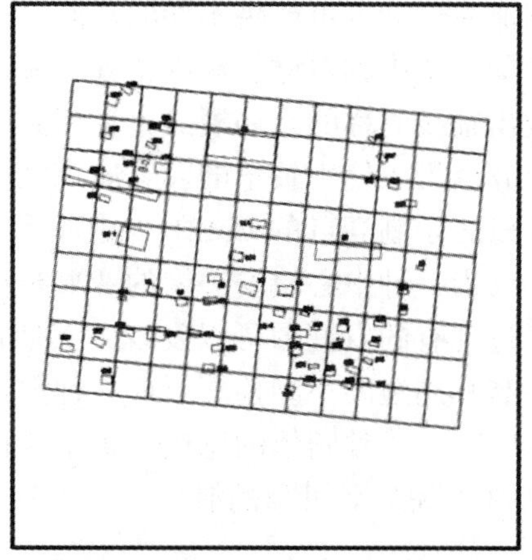

图 2　曹门湾墓区分布示意图

三、郭家庙曾国墓葬群体形态分布规律的典型特征

根据上文对郭家庙墓葬的分析，其群体空间形态分布规律具有如下典型特征：

（一）主从方向明确

郭家庙曾国墓葬选址和群体空间分布规律无不体现出主从特征。在选址上，郭家庙曾国墓葬位于枣阳滚河畔的罗家岗和椿树岗岗垄之上，周边为平原地貌，似无大型山脉作为该遗址背后的祖山以为依靠，但若拓宽视野，不难发现距离该遗址最近的东北向的桐柏山，正是其祖山；其面朝滚河，地势平坦并且具有一定的坡度，形成背山临水的理想格局。其空间形态设计并未因处于同一岗垄之上而将其整体的方位定为正北或正东，而是选择朝向桐柏山的东北向整体布局，旨在依靠桐柏山高大的山脉和茂密的森林为郭家庙墓葬抵挡冬日的寒流。

郭家庙墓地虽在总体布局上背靠东北朝向的桐柏山，却又根据局部地貌略有调整：郭家庙墓区中等级最高、面积最大的 GM21 墓圹位于该墓区的岗地至高点，其余墓圹以此为中心向东北和西南方向有规律地依次分布。曹门湾墓区墓圹由于投入使用的时间晚于郭家庙墓区，其等级制度更加森严，布局更加规整，所有墓圹均以位于东北向的 M1 墓为中心，其余墓呈环状如众星拱月般从西南方位将其环绕；其夫人墓 M2 则位于 M1 右边的平坦高地上，成为曹门湾墓区的次中心，四周的小型墓从西南方位将 M2 环绕。为追求“福厚之地，雍容不迫”“地贵平夷”的福泽之境，周代等级较高的贵族墓的前面通常会留有平坦宽敞的空地以为“堂局”，这从郭家庙曾国墓地 M1、M2、GM21、GM60 的布局也已得到证实。由于对周代步、尺之间的关系尚不十分明确，前方所留空地的具体数值难以确定，但通过将现今发掘所测量出的数据（M1、M2、GM21、GM60 距离其周边墓圹最近的距离不小于 11 米左右）换算成周尺，前方空地的长宽距离不会低于 50 周尺。

周人在群体空间形态设计时，解决完选址、尺度统一等问题后，群体空间内部的空间组织同样是该群体空间形态设计中一项十分重要的工作，因为它控制着整个空间布局的流线，根据流线设计方可产生不同的平面组织方式。自周代开始，中国传统建筑空间组合方式的主流即强调中轴对称、规则整齐、流线明确。郭家庙曾国墓葬虽为曾国贵族公墓，却并未体现出轴线对称的布局模式，且郭家庙墓区与曹门湾墓区分布相对独立，故在布局上也略有差异。投入使用较早的郭家庙墓区虽未体现出其应有的整齐规整的特点，但其根据地形特征以居于制高点的 GM21 为中心形成一种自由曲线，呈非规整几何图形布局的方式，仍不失为一种中心镇安边缘的变形布局。曹门湾墓区虽同样未使用中轴对称的布局模式，但通过现有的发掘图可以发现，其使用的是以"院"为单位的空间组织形态，即各大型墓葬与其周边的小型墓葬形成一种围合空间，从而形成一种大小空间形态的对比，使人在其中时产生一种归依的感受。正是这种大、小型的墓葬共同形成的群体围合空间，成为后世墓园"院落空间"的雏形。

（二）数量关系清晰

早在仰韶文化时期，生活在黄河流域的人类已经建造起半地穴式住宅。现代研究发现，即使是这种最原始的建筑形式也已融入度量衡的应用，其长度单位也多以人体各部位之间的长度和彼此之间的距离为依据。郭家庙曾国墓葬中已明显存在这样一种基本尺度关系，表现出清晰的数量关系，用于统一该墓地的整体规划。

首先，郭家庙曾国墓地以"百尺为形"来控制个体及局部空间形态尺度。① 郭家庙曾国墓葬在组群空间形态布局中基本满足《管氏指蒙》《郭璞古书葬经·内篇》《葬书》关于"千尺为势，百尺为形"的规定。形势的概念早在相传为鬼谷子所撰、唐代李虚中所注的《李虚中命书》和《六韬》中已经出现。周代虽然已有"形势"一词，但此时形势的含义为局势、情况之意，属于一种抽象的概念。但时人在创作时追求"制器尚象"，不断认识和把握环境景观关系中群体空间构成的主从与虚实、整体与局部、动静与阴阳等视觉感受和内在规律，使抽象的形势关系变成一种结合数量关系，从而形成系统而丰富的规划设计理论，由"势"来控制群体空间关系，"形"来控制个体及局部关系。古人制定出"千尺为势，百尺为形"的具体外部空间构成的尺度标准，并应用于各种营造实践之中。结合现代的相关理论研究成果分析，不难发现古代设计者是在深刻理解和掌握人体行为及心理知觉等基础之上，才总结出如此精练的"外部空间模数"的。结合周尺（1 周尺=0.23 米）分析，位于郭家庙墓区的 GM21 的尺寸及其四周的空地，基本上都框定在 50 尺×50 尺的单位内，其余墓圹与其的距离以及各墓之间的距离同样是按百尺之内的规律分布，可见"百尺为形"的空间尺度规定并非虚言。日本芦原义信和英国吉伯德曾得出相同的研究结论："外部空间可以采用内部空间尺寸 8~10 倍的尺度，在外部空间设计时采用每行程 20~25 米的模数，以此为率均可构成较为舒适的外部空间。"② 郭家庙墓葬

① 刘玉堂、张钰晨：《春秋早期侯国墓葬空间构成的形态特征及其影响因素——以枣阳郭家庙曾国墓葬为中心考察》，《长江大学学报》（社会科学版）2020 年第 4 期，第 38~47 页。

② 王其亨：《风水理论研究》，天津大学出版社 2005 年版，第 123 页。

的空间布局均满足此结论，与芦原义信等人的理论恰相吻合。在汉代之前虽未见关于规划设计尺度问题的文献记载，但人类已将经验的积累明确应用于实践之中。根据现代理论可知，在百尺为形的具体尺寸标准的控制下，可以使建筑个体体量既不失“尺度控制”，又富有人性化，因为面阔百尺的建筑空间在视距百尺处观看，正好属于十分舒适的水平视角。①

其次，郭家庙曾国墓葬遗址以“千尺为势”来控制大范围空间形态尺度。古人用“势”的标准控制群体空间形态的大空间范围距离及视距，故“千尺为势”成为衡量群体空间的尺度。以周尺计算，“千尺”约为230米，郭家庙墓区和曹门塆墓区的墓葬空间均在此范围之类。现代心理学研究表明，在以人为中心的外部群体空间设计中，230米是比较合理的尺度规定，该尺度范围内既是人适宜步行的距离，又是人远观视距的一个限定值，能避免产生疏离感，并且可以使同一个墓区内的所有墓圹体现出统一性。通过测量，郭家庙墓地距离桐柏山的直线距离约为整数倍230米（参见图3），说明时人对远景的借用超过千尺的控制之时，十分注重借势造形为群体空间进行衬底，从而获得极度舒适的群体空间形态。

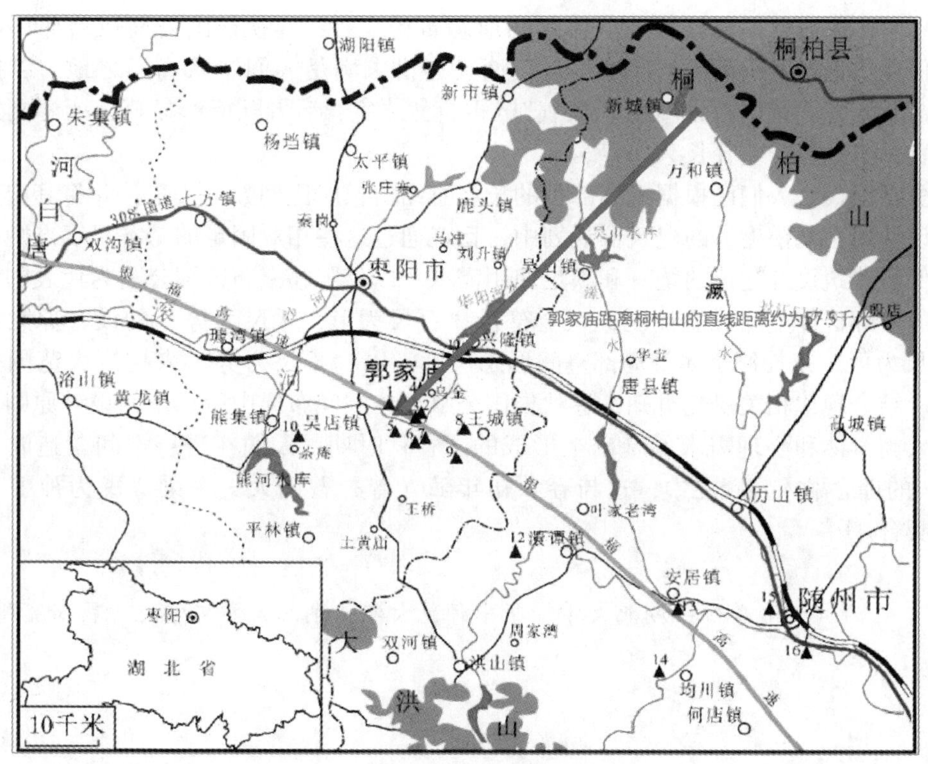

图3　郭家庙与桐柏山距离示意图

① 在水平向上，人的双目合同视野，最佳视角在60°以内，一般以水平视角在54°时为设计中的最佳视角。

四、结　语

曾国系周天子所分封，其公族为姬姓，可视为周文化在南方的代表；其位于汉水东岸，与南方强国楚国为邻，不能不深受楚文化影响，故枣阳郭家庙曾国墓地的群体形态与分布规律在春秋侯国公墓中无疑具有典型意义。

本文虽仅以枣阳郭家庙曾国墓地为对象进行研究，但结合梁带村芮国墓地①、三门峡虢国墓地②、平顶山应国墓地③等春秋侯国公墓的群体形态与分布规律观察，发现各墓地在群体空间形态布局上均未遵照《周礼》的“昭穆”进行布局。春秋时期公墓地由于受自古以来群居生活、血缘观念的影响，通常将血缘相近的亲人埋葬在一个共同的群体空间里，并对这一群体空间进行合理的规划和设计，使同族亲人在逝去之后仍可寻求内心所需要的团聚氛围。在上述这些春秋侯国公墓布局之中，尚未发现有明显的轴线关系的流线组织，各墓葬之间多以主墓为中心环绕式展开。春秋侯国公墓在布局形态上虽有诸多共同特征，但由于各自地貌特征、区域范围的不同，在布局上仍存在相异之处，这与秦以后普遍盛行的公族墓葬以轴线沿纵深方向展开是有显著区别的。

从枣阳郭家庙曾国公族墓地群体空间形态布局来看，春秋侯国公墓在墓葬环境选址时，不仅注重选择背山面水的环境格局，而且还讲求满足人们“营高畅之地，以护佑子孙”的心理需求。前者可以“藏风聚气”，得自然之宜；后者既能彰显墓区所葬之人的地位之尊贵，又有益于墓葬长久保存。

至少在周代，人们已根据人体部位的长度总结出长度比例数量关系，并将其应用于小型建筑设计乃至规模庞大的建筑群规划中，旨在通过这些相对固定的基本尺度准则、数量关系来保障建筑设计建造的统一和满足使用需求。以枣阳郭家庙曾国公墓为代表的春秋侯国公墓的外部群体空间尺度控制，完全符合“百尺为形，千尺为势”的设计原则，即通过“百尺为形”来控制个体及局部空间形态尺度，以“千尺为势”来控制大范围空间形态尺度。结合现代相关研究可知，春秋侯国公墓群体空间布局中所运用的设计原则，均是在满足人类身体和心理需求的基础上形成的。春秋时期，人们在进行空间营造时，已将“人本”的理念融入实践之中，这与春秋初年随（曾）曾国大夫季梁“民为神主”的思想恰相契合。④

（作者单位：湖北大学、华中师范大学；湖北大学文学院古籍研究所）

① 孙秉君、张天恩、吕智荣等：《陕西韩城梁带村芮国墓地西区发掘简报》，《考古与文物》2010年第1期，第14~21页。

② 中国科学院考古研究所：《上村岭虢国墓地》，科学出版社1959年版。

③ 河南省文物考古研究所：《平顶山应国墓地》，大象出版社2012年版。

④ 《左传正义》，（清）阮元校刻：《十三经注疏》，中华书局2009年版，第4390页。

杨国忠的罪与罚

——兼论唐代“谋反”罪与政治斗争

□ 曾　成　周伶俐

【摘要】 马嵬驿之变发生时，兵变发起者可能对杨国忠冠以了“谋叛”“谋反”等多种罪名。唐肃宗即位后，唐廷正式将杨国忠的罪行定性为“谋反”。这种追认既是为了使马嵬驿之变的结果符合唐代律令体系的相关规定，也是为了掩盖马嵬驿之变时皇权衰微的尴尬现实，以图达到重振皇纲的目的。马嵬驿之变后，杨氏家族的后裔虽仍能正常出仕，但政治前途受到较大负面影响，家族势力再不复天宝盛时景象。由杨国忠案观察，在唐代政治斗争中，对政敌冠以“谋反”罪似乎已成为一种政治文化传统。而这一传统的形成，可能与《唐律》的轻刑主张及其对“谋反”罪的特殊规定有很大关联。

【关键词】 杨国忠；马嵬驿之变；唐律；谋反罪

作为唐玄宗时代的核心人物之一，学界对杨国忠的关注与研究由来已久，取得了诸多成果。① 然而，现有研究主要是从杨国忠的个人生平及政治经历入手，对其身后的定罪与判罚情况关注不多。本文拟从唐廷对杨国忠的定罪入手，尝试探讨杨国忠及其家族的受罚情况，并以此为契机，讨论唐代“谋反”一词的名与实，从而为唐代政治史与法律史研究提供更多鲜活的例证。

一、马嵬驿之变中禁军诛杀杨国忠的不同借口

要讨论唐廷对杨国忠及其亲属的定罪与判罚，首先需要回顾禁军将士在马嵬驿诛杀诸杨时所使用的借口。对此，传世文献记载不一，如表 1 所示：

① 陈寅恪：《记唐代之李武韦杨婚姻集团》，《金明馆丛稿初编》，生活·读书·新知三联书店 2009 年版，第 266~295 页；黄永年：《六至九世纪中国政治史》第七、八章，上海书店出版社 2004 年版，第 221~288 页；赵文润：《天宝后期唐朝与南诏之间的两次战争》，《史学集刊》1984 年第 4 期，第 21~27 页；［加］蒲立本：《安禄山叛乱的背景》，丁俊译，中西书局 2018 年版，第 155~167 页；任士英：《唐代玄宗肃宗之际的中枢政局》，社会科学文献出版社 2003 年版。

表1　**史籍所见马嵬驿之变中诛杀杨国忠的不同借口**

<table>
<tr><th colspan="2">书目</th><th>叙述主体</th><th>表　　述</th></tr>
<tr><td rowspan="2">《安禄山事迹》</td><td rowspan="2">卷下</td><td rowspan="2">众军</td><td>杨国忠与吐蕃同反</td></tr>
<tr><td>尔是逆贼，更何道人</td></tr>
<tr><td rowspan="2">《旧唐书》</td><td>《杨国忠传》</td><td>军士</td><td>杨国忠与蕃人谋叛</td></tr>
<tr><td>《韦见素传》</td><td>六军将士</td><td>国忠反叛，不可更往蜀川，请之河、陇</td></tr>
<tr><td>《太平御览》</td><td>“帝王部”</td><td>众兵士</td><td>杨国忠连蕃人谋逆</td></tr>
<tr><td>《新唐书》</td><td>《杨国忠传》</td><td>众军</td><td>国忠与吐蕃谋反</td></tr>
<tr><td rowspan="3">《资治通鉴》</td><td rowspan="3">“至德元载六月”条</td><td>军士</td><td>国忠与胡虏谋反</td></tr>
<tr><td>陈玄礼</td><td>国忠谋反，贵妃不宜供奉，愿陛下割恩正法</td></tr>
<tr><td>将士</td><td>国忠谋反，其将吏皆在蜀，不可往</td></tr>
</table>

由表1可见，成书时间最早的《安禄山事迹》在同一文段中兼有“反”和“逆贼”两种说法。有学者指出，唐人并未将“反”与“逆”严格区分，存在混用的情况。① 主要取材于唐代国史的《旧唐书》则存在“谋叛”“反叛”两说。可见，“叛”是《旧唐书》对杨国忠所犯罪行的核心定位。在《太平御览》中，杨国忠的行为被定义为“谋逆”。而《新唐书》与《资治通鉴》则采用了“谋反”的说法。

总之，史籍中关于马嵬驿之变时众军诛杀杨国忠的理由有谋反、谋逆和谋叛三种说法，主要对应于《唐律》中的“谋反”“谋叛”两项罪名。②《唐律疏议》曰：“五刑之中，十恶尤切，亏损名教，毁裂冠冕，特标篇首，以为明诫。其数甚恶者，事类有十，故称‘十恶’。”③“谋反”“谋叛”分别位于“十恶”中的第一和第三位。两者量刑上有所不同：

> 一曰谋反。谓谋危社稷。【疏】议曰：案《公羊传》云：“君亲无将，将而必诛。”谓将有逆心，而害于君父者，则必诛之。《左传》云：“天反时为灾，人反德为乱。”然王者居宸极之至尊，奉上天之宝命，同二仪之覆载，作兆庶之父母。为

---

① 石冬梅认为：“谋反罪……有时也称为大逆”，可能不同史料对同一案件的记载在表达上存有差异性。参见石冬梅：《论唐代的谋反罪》，《燕山大学学报》（哲学社会科学版）2007年第2期，第98页。但据李勤通研究，自北周后，“谋反”和“谋大逆”绝对分离，不称“反逆”而称“谋反”。参李勤通：《唐律“逆”罪的形成及其原因辨析》，《唐史论丛》第31辑，三秦出版社2020年版，第23~45页。我们认为，由于“谋反”是种性质特殊的罪行，朝廷在处理时应是十分谨慎的。因此，我们并不能简单地将这种差异看作文本上的差异，而应细探罪名定义时的具体情境。

② “谋逆”并不等同于“谋大逆”。《唐律疏议》曰：“二曰谋大逆。谓谋毁宗庙、山陵及宫阙。【疏】议曰：此条之人，干纪犯顺，违道悖德，逆莫大焉，故曰‘大逆’。”参（唐）长孙无忌等：《唐律疏议》卷1“名例”条，中华书局1983年版，第7页。“大逆”应做狭义理解，即“谋毁宗庙、山陵及宫阙”。而“谋逆”应与“谋反”等同视之。如《唐律疏议》“谋反”条提到谋反涉及“将起逆心”。结合后引赦文看，“逆贼”“谋逆”“逆谋”“逆人”等说法都对应“十恶”中的“谋反”罪。

③ （唐）长孙无忌等：《唐律疏议》卷1“名例”条，中华书局1983年版，第6页。

子为臣，惟忠惟孝。乃敢包藏凶慝，将起逆心，规反天常，悖逆人理，故曰“谋反”。①

三曰谋叛。谓谋背国从伪。【疏】议曰：有人谋背本朝，将投蕃国，或欲翻城从伪，或欲以地外奔，即如莒牟夷以牟娄来奔，公山弗扰以费叛之类。②

据此，“谋反”的重点在于危害社稷。谋反者不论使用何种方式，也不论是否已经实施，只要是“有无君之心”，都属于“谋反”。③“谋叛”则着重于对原有国家的背叛，或割据自立，而不一定有推翻现有政权的打算。换言之，“谋叛”发生于国与国或中央与地方之间，且不一定对君主构成威胁，“谋反”则直接威胁君主自身。

那么，《旧唐书》为何独以“谋叛”给杨国忠定罪呢？我们注意到，安史之乱爆发后，是杨国忠首倡西逃。《旧唐书·韦见素传》记载，天宝十五载（756）六月，“玄宗苍黄出幸，莫知所诣。杨国忠以身领剑南旄钺，请幸成都”④。《通鉴》载：“杨国忠自以身领剑南，闻安禄山反，即令副使崔圆阴具储偫，以备有急投之，至是首唱幸蜀之策。”⑤可见安史之乱爆发后杨国忠确实在蜀地进行了一些准备活动。陈玄礼认为，杨国忠有与吐蕃人勾结、谋逃吐蕃的动机。且当马嵬驿之变发生时，杨国忠正好在与吐蕃使者交涉，故而也容易被冠以“谋叛”的罪名。

然而，司马光在编撰《资治通鉴》时却并未接受《旧唐书》中的说法，而将其改以“谋反”定论。学界一般认为《资治通鉴》博采史料、统一体例、规范言辞，充分借鉴了唐、五代的史学成果，对史料去取之审慎精当一般还应在两《唐书》之上。⑥那么，司马光为何选择了“谋反”，而不采用“谋叛”或“大逆”的说法呢？纵观杨国忠的政治生涯，虽然他曾发动针对南诏的天宝战争，也因担任剑南节度使而拥有部分兵权，但其主要目标仍是为了希望获得皇帝的宠幸以巩固自身权势，绝非意图自立或叛国。白居易就曾一针见血地指出，“天宝宰相杨国忠，欲求恩幸立边功”⑦。这或许就是司马光放弃《旧唐书》“谋叛”说而采“谋反”说的主要原因。

二、马嵬驿之变后唐廷对杨国忠所犯罪行的追认

如前所述，杨国忠是在马嵬驿之变中被乱军斩杀的。当时事发突然，唐廷并未对他进行正式审判。但在杨国忠死去之后，尤其是唐肃宗即位后，唐廷不可避免地要议定并公布

① （唐）长孙无忌等：《唐律疏议》卷1“名例”条，中华书局1983年版，第6~7页。

② （唐）长孙无忌等：《唐律疏议》卷1“名例”条，中华书局1983年版，第8页。

③ （唐）长孙无忌等：《唐律疏议》卷1“名例”条，中华书局1983年版，第7页。

④ 《旧唐书》卷180《韦见素传》，中华书局1975年版，第3276页。

⑤ 《资治通鉴》卷218“至德元载六月壬辰”条，中华书局1956年版，第6970页。

⑥ 参［英］杜希德：《唐代官修史籍考》，黄宝华译，上海古籍出版社2015年版，第175~182页；黄永年：《唐史史料学》，中华书局2015年版，第10~12、25~28页；熊展钊：《〈资治通鉴·唐纪史源〉研究》，华中师范大学博士学位论文，2017年，第219~223页。

⑦ （唐）白居易：《新丰折臂翁》，顾学颉点校：《白居易集》卷3，中华书局1979年版，第62页。

杨国忠的罪行，从而使马嵬驿之变的结果合法化。那么，唐廷最终加诸杨国忠的究竟是何种罪名？其间可有变化？这正是本节所要讨论的内容。

马嵬驿之变后，唐廷对杨国忠所犯罪行有了一系列表述，主要见于三道赦文。①其中，发布年代最早的《肃宗即位赦》称：

> 大辟罪已下、常赦所不免者、咸赦除之。其逆贼李林甫王鉷杨国忠近亲合累者，不在免限。②

《至德二载收复两京大赦》则称：

> 常赦所不免者，咸赦除之。其逆人能自投降，率众款附及杀获逆人，其以郡县军城降者，并如超赏。应与安禄山同谋反逆枝党及李林甫、王鉷、杨国忠等一房，并不在免限。③

而《乾元元年册太上皇尊号赦》称：

> 其左降官、诸色流移配隶安置罚镇效力之类、亡官失爵、解退放归田里、及安禄山支党缘坐、不在免限。李林甫王鉷杨国忠等一房、去年十二月十五日制后所犯、并准前制处分。④

一般来说，朝廷颁布赦文，许多罪行都能得到赦免，但“十恶”往往被排除在外。这是因为“十恶”所包含的罪行在根本上危及君主统治，或侵犯了伦理纲常和尊卑等级制度。⑤ 杨国忠等不被赦免正因如此。《肃宗即位赦》中，杨国忠被明确定性为“逆贼”，判罚理应参照十恶中的“谋反”。到收复两京时，赦文则不再将杨国忠称为“逆贼”，连

---

① 唐代中后期，赦文的内容逐渐扩展，呈现出差遣化的特点，职能也由非常态文书转变为构建立法体系和法律秩序的方式之一。参魏斌：《唐代赦书内容的扩展与大赦职能的变化》，《历史研究》2006年第4期；《“伏准赦文”与晚唐行政运作》，《中国史研究》2006年第1期，第21~35页。邵治国认为，赦宥制度最初是为了补救法律漏洞，随后逐渐频繁和固定化，到唐代已成了具有功能性的完善的体系和制度，较重要的影响是以赦改律。参邵治国：《唐代赦宥制度研究》，人民出版社2018年版，第302~303页。戴建国：《唐宋大赦功能的传承演变》，《云南社会科学》2009年第4期，第133~142页。陈俊强：《皇权的另一面：北朝隋唐恩赦制度研究》，北京大学出版社2007年版。

② 《肃宗即位赦》，（宋）宋敏求编：《唐大诏令集》卷2，中华书局2008年版，第8页。

③ 《至德二载收复两京大赦》，（宋）宋敏求编：《唐大诏令集》卷2，中华书局2008年版，第685页。

④ 《乾元元年册太上皇尊号赦》，（宋）宋敏求编：《唐大诏令集》卷2，中华书局2008年版，第57页。

⑤ 邵治国：《唐代赦宥制度研究》，人民出版社2018年版，第235~238页。但据陈俊强研究，所引赦文中提及的“常赦所不免者”，正是包含十恶在内的重罪；肃宗朝常常是“常赦所不免者，咸赦除之”，但文中所引赦文仍不赦免杨国忠等“逆贼”，可见安史之乱尚未平息，朝廷对于反逆者深恶痛绝。参陈俊强：《皇权的另一面：北朝隋唐恩赦制度研究》，北京大学出版社2007年版，第204、210页。

坐范围也从“近亲合累者”变为“一房”。至乾元元年，杨氏罪行更是依情况不同进行了分别处理。这些转变应当如何理解呢？

所谓“近亲”，据《通典》载：“（王）肃言文武不得称远庙，不得为二祧者，凡别远近，以亲为限，亲内为近，亲外为远。”① 近亲、远亲原是用以区分宗庙性质的标准。可见“近亲”的血亲范围大致是五服以内。实际上，早在《晋律》中就出现了“准五服以制罪”的说法，瞿同祖将其定义为“服制定罪”。② 唐代“服制定罪”的特征明显，呈现出女子亲等拔高、血缘亲疏及宗法意识增强、宗法原则补救等特点。③ 但在罪责株连上，《唐律》又呈现出两个特点：其一，《唐律》中规定应株连亲属的犯罪种类不多，仅有谋反、谋大逆、谋叛、杀一家非死罪者三人及肢解人、造畜蛊等，是历代法律中涉及株连的犯罪罪名最少者；其二，与前述相反，唐代株连不以服制等级笼统划分，而是标出了每一具体受株连的亲属称谓。这是五服制度在株连方面的退让，也是皇权和宗族权走向融合的表现。④ 赦文中对杨国忠的判罚，原则上应辐射至以杨国忠为中心的五服之内之人。

关于“一房”，《唐律疏议》中提到，“假有亲兄弟，大房造蛊，以毒小房，既同父母，未知父母合免以否？”⑤ 可见“一房”应指当事人及其直系子孙，不涉及他的兄弟以及更远的血缘亲属。

如此可见，唐廷对于杨国忠所犯罪行的连坐范围逐渐从“近亲合累者”缩小为“一房”，由五服以内转变为杨国忠的直系子孙，处罚有由重转轻的趋势。这与唐廷对安史之乱中从伪诸臣的处理趋势相一致。⑥

同时，我们还注意到，虽然现存史籍中并未明确提到唐廷为杨国忠所定罪名，但都无一例外将其与李林甫、王鉷并列。可见，在唐廷眼中，杨国忠所犯之罪与李、王相同或类似。而唐廷对李、王二人的判罚，主要见于《王鉷赐自尽诰》与《李林甫除削官秩诏》。

《王鉷赐自尽诰》称：

---

① （唐）杜佑：《通典》卷47《礼典七》，王文锦点校，中华书局1988年版，第1300页。

② 瞿同组：《中国法律与中国社会》，中华书局1981年版，第337页。

③ 李博、张亮：《伦理与正义的平衡——唐律对“服制定罪”的发展及思想价值评析》，《青岛科技大学学报》（社会科学版）2017年第3期，第116页。

④ 张伯晋、福津：《“准五服制罪”于唐代法律中之流变》，《法制与社会》2007年第4期，第245页。

⑤ （唐）长孙无忌等：《唐律疏议》卷18《盗贼律》“制造蛊毒”条，中华书局1983年版，第338页。

⑥ 关于对安史之乱中伪臣的处理，仇鹿鸣认为以乾元元年为界，唐廷处理陷伪臣僚经历由严惩向怀柔的转变，且对“贰臣”处理更严格，这反映出“忠”这一观念在唐宋间发生了明显的变化。参仇鹿鸣：《一位“贰臣”的生命史——〈王伷墓志〉所见唐廷处置陷伪安史臣僚政策的转变》，《文史》2018年第2辑，第43~70页。豆兴法认为唐廷对伪臣的处理经历了“宽大—严厉—宽大”的转变过程，这由其时政局决定。参豆兴法：《唐廷处理降贼官吏的政策及其转变》，《怀化学院学报》2015年第2期，第44~47页。任士英认为唐廷对伪臣的处理还取决于玄宗、肃宗对立的二元格局。双方通过对伪臣采取或怀柔或严惩的方式，确认自身的合法性和权威性。参任士英：《唐代玄宗肃宗之际的中枢政局》，社会科学文献出版社2003年版，第237~288页。

> 邢縡**久怀逆谋，专构恶党**，其弟銲，始终结约，常与交通，托云弟识，其实由己。今神明所殛，凶党伏辜，从刑且疏，欲逃其罚。①

《李林甫除削官秩诏》：

> （李林甫）淫祀夜祷于神祇，厌胜家崇于蛊道。遵空养素，实繁有徒，既毕禬禳，旋剿其命。阿布斯振降塞上，委于绥辑，敢行交结，输竭深衷。严室焚香，要之誓信，指期撤警，纵以叛离。且肆犬羊之群，**侵轶我疆场**；方申犄角之契，**图危我宗社**。可隐之状，所不忍言。②

由此看来，李、王二人与邢縡、阿布思交往甚密，即诏书所说的“常与交通”“敢行交结”。《新唐书·李林甫传》认为玄宗“诏林甫淫祀厌胜，结叛虏，图危宗社”，王鉷被陈希烈“固争当以大逆”。③ 也就是说，李、王二人被视作邢縡、阿布思谋反的协从者，因而被定为谋反罪。

然而，细读文献可知，李林甫与王鉷有谋反之名却无谋反之实。两人实际上是死于政治斗争。据《旧唐书·王鉷传》记载，鉷“与銲别生，嫉其富贵，故欲陷鉷耳，遂特原銲不问，然意欲鉷请罪之”④。可见，邢縡谋反一事与王鉷并不相关。陈希烈及杨国忠在审问其弟王銲时，“使法吏以牍背喻风旨于凶首，引公爱弟銲连坐”⑤，从而将王鉷牵连其中。王銲的证词实际是受杨国忠操控而来。显然王鉷的谋反罪只是杨国忠为谋求政治权力而设计的一桩冤案。⑥

李林甫案大致也是如此。杨国忠与安禄山同谋，“诬奏林甫与蕃将阿布思同构逆谋，诱林甫亲族间素不悦者为之证”⑦。唐玄宗因此以“林甫淫祀厌胜，结叛虏，图危宗社”之名削除李林甫官职。⑧ 但正如《旧唐书·李林甫传》所言：“及国忠诬构，天下以为冤。”⑨ 这显然又是一桩为争取政治权利而刻意打造的冤案。从这一角度看，杨国忠案确与李林甫和王鉷案有一定的相似之处。

从身份上看，王鉷、李林甫与杨国忠都是所谓“开元之倖人”，即凭借君主的恩宠而

---

① 《王鉷赐自尽诰》，（宋）宋敏求编：《唐大诏令集》卷2，中华书局2008年版，第679页。

② 《李林甫除削官秩诏》，（宋）宋敏求编：《唐大诏令集》卷2，中华书局2008年版，第679页。

③ 此处“大逆”应是逆与反混用的情况，应做“谋反”看待。参见《新唐书》卷223《李林甫传》、卷134《王鉷传》，中华书局1975年版，第6349、4566页。

④ 《旧唐书》卷150《王鉷传》，中华书局1975年版，第3230页。

⑤ 常衮：《御史大夫王公墓志》，（宋）李昉：《文苑英华》卷942，中华书局1966年版，第4953页。

⑥ 任士英认为，王鉷案是以李、杨二人为核心的中枢辅政集团和以李亨为核心的太子集团之间的斗争。参任士英：《唐代玄宗肃宗之际的中枢政局》，社会科学文献出版社2003年版，第123~288页。

⑦ 《旧唐书》卷160《李林甫传》，中华书局1975年版，第3241页。

⑧ 《新唐书》卷223《李林甫传》，中华书局1975年版，第6348页。

⑨ 《旧唐书》卷160《李林甫传》，中华书局1975年版，第3241页。

独揽大权者。① 不论他们的行政能力如何，凭借恩宠上位本就很难维持长久。诚如侯旭东所说，这种信任型君臣关系不像礼仪型君臣关系那样持久，需要不断加以经营和维护，不断经历考验，十分脆弱。宠臣通过反复斗争来谋取君主信任是无可避免的。② 加之宠臣往往“或以括户取媚，或以漕运承恩，或以聚货得权，或以剥下获宠”，引起他人不满势所必然。③ 如宋人吕祖谦评：“唐李林甫、杨国忠初以利相为用，后亦以利相倾覆。”④ 显然，这三人虽然背负“逆贼”的名号，实际上却是因政治斗争而死，时人对此十分清楚。因此，唐廷常将此三人并提而未将其与安禄山等确有谋反行为的人并列。

在此三人中，杨国忠“谋反”罪实际波及的范围之大、罪责之重又远超李林甫和王鉷。

按《唐律疏议·盗贼律》：

> 谋反及大逆者，皆斩；父子年十六以上皆绞，十五以下及母女、妻妾、祖孙、兄弟、姊妹若部曲、资财、田宅并没官，男夫年八十及笃疾、妇人年六十及废疾者并免。伯叔父、兄弟之子皆流三千里，不限籍之同以异。⑤

据此，谋反的死刑法理范围应为谋反者父子三代。妻女及三代以上并不入死刑，而是没官为奴。至于堂表亲关系则适用流刑，甚至可以依制减免。以李林甫为例，由于其被定谋反罪时已身死，因而仅对其本人进行削官秩处理，“诸子司储郎中粤、太常少卿屿及岫等悉徙岭南、黔中，各给奴婢三人，籍其家”⑥。也就是说，对其子并未如《唐律疏议》所述处以绞刑。此当即所谓“特宽恒典”。⑦ 王鉷亦是如此。“（王）銲决杖死于朝堂，赐鉷自尽于三卫厨……男准除名，长流岭南承化郡，偁长流珠崖郡，至故驿杀之；妻薛氏及在室女并流。”⑧ 其子虽最终在流放途中被杀，但其时判罚却只是流刑而非绞刑。这同样与《唐律》的规定有所出入。总体而言，李、王二人的刑罚均比《唐律》规定得更轻。

与李、王二人不同的是，杨国忠案的连坐范围较为广大，远超《唐律》所规定的范围。在马嵬驿之变中，除杨国忠本人及诸子外，本不适用死刑的杨国忠的妻子乃至堂姐妹包括杨贵妃都被杀死。⑨ 当然，这是事变发起者出于斩草除根的目的而不得不刻意为之。

---

① 《旧唐书》卷150《王鉷传》，中华书局1975年版，第3232页。

② 侯旭东：《宠：信—任型君臣关系与西汉历史的展开（上）》，《清华大学学报》（哲学社会科学版）2016年第6期，第95页。

③ 《旧唐书》卷150《王鉷传》，中华书局1975年版，第3232页。

④ （宋）吕祖谦：《增修东莱书说》卷15《周书》，浙江古籍出版社2017年版，第201~202页。

⑤ （唐）长孙无忌等：《唐律疏议》卷17“贼盗”条，中华书局1983年版，第321页。

⑥ 《李林甫除削官秩诏》，（宋）宋敏求编：《唐大诏令集》卷126，中华书局2008年版，第679页。

⑦ 《新唐书》卷223《李林甫传》，中华书局1975年版，第6349页。

⑧ 《旧唐书》卷150《王鉷传》，中华书局1975年版，第3232页。

⑨ 《旧唐书》卷160《杨国忠传》，中华书局1975年版，第3247页。

除此之外，我们还应注意到，肃宗朝对于杨国忠罪名的追认还带有重塑皇权的意味。① 马嵬驿之变事发突然，陈玄礼所领禁军将士未经禀报玄宗便直接诛杀了杨国忠及其亲属。杨国忠死后，玄宗“慰劳军士，令收队”，但“军士不应”。② 可见，此时事态已完全超出玄宗的控制范围。在玄宗回护贵妃时，韦谔劝道：“今众怒难犯，安危在晷刻，愿陛下速决！”③ 很明显，是否听从六军所言甚至决定了玄宗的生死。玄宗此时已无法依据自身意愿行事，皇权于此际显得孱弱无力。从这一意义上讲，马嵬驿之变不啻是一次在特殊局势下臣下对皇权的公开挑战。

因此唐肃宗即位后，为了重新树立皇帝的权威，有必要对马嵬驿之变进行重新定性。而将马嵬驿之变的结果纳入现有律令体系正是为其“正名”的有效方法。在此背景下，将杨国忠定为“谋反”罪，一方面可以给马嵬驿之变时禁军将士的“僭越”行为提供合理化依据，另一方面说明朝廷的法律体系即使在特殊情况下仍旧具有约束力。以李唐皇室为中心的唐廷仍然是纲常伦理的核心。如此一来，发生在马嵬驿的这场以下犯上的政变，就能够被重新解释为朝廷对杨氏家族有法可依、有律可考的惩处了。

三、马嵬驿之变后的杨国忠家族

纵观史籍，在马嵬驿之变后，唐廷对杨氏家族并未赶尽杀绝。天宝年间，杨国忠作为玄宗宠臣，一度权势熏天。史称“杨国忠借椒房之势，承恩幸，带四十余使”，权重天下。④ 他的兄弟姐妹均获宠，“韩、虢、秦三夫人与铦、锜等五家，每有请托，府县承迎，峻如诏敕，四方赂遗，其门如市”⑤。包括杨国忠和杨贵妃在内的杨氏七家一时显赫至极。马嵬驿之变后，杨氏七家中，杨国忠、杨贵妃两家均无孑遗。其余五家也仅有少量后裔存世。

诸杨权盛时，杨氏以贵妃和玄宗为中心，结成了一个庞大且紧密的姻缘网络。《旧唐书·玄宗杨贵妃传》载：“韩国夫人婿秘书少监崔峋，女为代宗妃。虢国男裴徽尚肃宗女延光公主，女嫁让帝男。秦国夫人婿柳澄先死，男钧尚长清县主，澄弟潭尚肃宗女和政公主。”⑥ 这种裙带关系网使杨家在得宠时更加繁荣，也使马嵬驿之变后唐廷对诸杨的处理变得十分微妙。总体上看，与皇室通婚的杨氏族人并未受到毁灭性打击。

诸杨之中，韩国夫人之女在马嵬驿之变后仍是代宗妃，并未遭到废黜。秦国夫人的丈

---

① 任士英认为，马嵬驿之变是肃宗为夺取皇权制造的一场兵变。参任士英：《唐代玄宗肃宗之际的中枢格局》，社会科学文献出版社 2003 年版，第 225～232、242～252 页。皇权在“谋反”案件中影响显著。唐代皇帝常将律令用作巩固皇权的工具。参严韡：《唐代前期的皇权与司法》，中国政法大学硕士学位论文，2008 年，第 53 页。君主为集中皇权，常使用政治手段将事件合法化。参邱冬华：《唐前期死刑执行之异化：以谋反为例》，《佳木斯教育学院学报》2011 年第 1 期，第 366 页。

② 《资治通鉴》卷第 218“至德元年六月”条，中华书局 1956 年版，第 6974 页。

③ 《资治通鉴》卷第 218“至德元年六月”条，中华书局 1956 年版，第 6974 页。

④ 《旧唐书》卷 48《食货志》上，中华书局 1975 年版，第 2086 页。

⑤ 《旧唐书》卷 51《玄宗杨贵妃传》，中华书局 1975 年版，第 2179 页。

⑥ 《旧唐书》卷 51《玄宗杨贵妃传》，中华书局 1975 年版，第 2181 页。

夫柳澄之弟柳潭作为和政公主驸马，他在安史之乱中不仅未受牵连，还因护驾有功得到升迁。① 柳潭死后，其子柳晟因“代宗怜之，召养宫中，令与皇太子、诸王俱受学”②。唐德宗即位后，柳晟因与其有旧，愈受恩宠，官至左金吾卫大将军。

再如杨玄珪一房，则几乎未受马嵬驿之变波及。杨玄珪和杨国忠一样同属杨汪的后人，是杨国忠的族叔。杨玄珪之子杨锜，初尚太华公主，后娶万春公主。万春公主初嫁杨国忠之子杨昢。杨昢在马嵬驿之变中被杀，万春公主遂改嫁杨锜。③ 显然马嵬驿之变后，杨锜仍然保持与皇室的姻亲关系。其子杨暅也得尚“宜□县主”。

杨锜之孙杨逈的墓志中记载：

> 公讳逈，字居然，其先弘农人也。缨冕不歇，炳焕相聊，虽曰四代五公，其后益炽。公曾大父玄珪，任银青光禄大夫、守工部尚书赠太子少保；大父锜，任银光禄大夫、守卫尉卿、驸马都尉、尚万春公主、赠太常卿；父暅，任中散大夫、守光禄卿尚宜□县主；世秉懿德，姻袭金枝。④

杨逈的祖父、父亲以及杨逈本人都与皇家有姻亲关系，即所谓“世秉懿德，姻袭金枝”。杨逈本人很可能是门荫入仕，起家文敬太子庙令，后历任左监门卫胄曹参军、左威卫胄曹参军、河中府河东县尉、太府寺主簿等职。⑤ 可见，杨氏一族在安史之乱后仍然可以正常出仕，其父祖官资仍获承认，本人的政治前途也并未断绝。

另据杨玄珪第十子杨鉷的墓志记载，杨鉷在安史之乱后仍然正常任官，位至苏州别驾（从四品下）。⑥《唐会要》评价他是“守其位而无其事，受厚禄而虚其用”⑦。可见他虽无突出的政治才干，但仍升至较高官位。

---

① 据《和政公主神道碑》记载：“属狂将兴祸，称兵向阙。玄宗亲御阛阇，临视诛讨。驸马率领家竖、折冲张义童等，斗于门中；公主及宁国彀弓迭进。驸马乘胜突刃，所向无前，斩馘擒生，殆逾五十。节使时宰具以表闻。”参颜真卿：《和政公主神道碑》，（宋）王谠：《唐语林》卷5“补遗”条，大象出版社2019年版，第197~198页。

② 沈亚之：《银青光禄大夫检校户部尚书左金吾大将军兼御史大夫上柱国河南县开国公食邑二千户赠紫金鱼袋太子少保柳公行状》，（宋）李昉：《文苑英华》卷977，中华书局1966年版，第5143页。

③ 《新唐书》卷83《万春公主传》称：“万春公主，杜美人所生。下嫁杨朏，又嫁杨锜。薨大历时。”（中华书局1975年版，第3660页）杨朏，旧书作“杨昢”。按：杨国忠之子暄、晓、晞之名皆为“日”字旁，作“昢”是。

④ 贾文度：《唐故太府寺主簿弘农杨府君墓志铭》，周绍良：《唐代墓志汇编》，上海古籍出版社1992年版，第2151页。

⑤ 杨逈可能系门荫入仕。据其墓志记载，杨逈的起家官为“文敬太子庙令”。杨逈之父杨暅任中散大夫，品秩为正五品上。据《新唐书·选举志》关于门荫入仕的相关规定，正五品子应从“从八品上”叙（中华书局1975年版，第1172页）。据《唐六典》卷14“诸太子庙署”条载：“诸太子庙，令各一人，从八品上。”（中华书局1992年版，第402页）也就是说，杨逈任文敬太子庙令，恰好符合门荫入仕的制度规定。且墓志未见杨逈有任何科举经历。因此，他由门荫入仕的可能性更大。

⑥ 张式：《唐故检校秘书少监兼苏州别驾弘农杨公墓志铭并序》，胡戟：《珍稀墓志百品》，陕西师范大学出版社2016年版，第166~167页。

⑦ （宋）王溥：《唐会要》卷78“诸使杂录上”条，中华书局1960年版，第1437页。

综合看来，在马嵬驿之变后，杨氏一族未被赶尽杀绝。杨氏后人在安史之乱后仍能正常出仕。但是，这并不代表杨氏一族并未受到杨国忠谋反案的任何影响。且不说杨国忠的直系亲属在马嵬驿之变中几乎全部被杀，就连其家人也是基于与皇室的姻亲关系才得以幸存。如前述柳潭在避难蜀中时“躬水薪”，极尽卑微之态才得以保存地位。① 其子柳晟也是因为幼年时与德宗有过同窗之谊才得以位列高官。② 又如韩国夫人的女儿为代宗妃，“妃倚母家，颇骄婀。诸杨诛，礼寖薄”，随代宗返回京城后便薨逝。可见其恩宠也是随着诸杨被诛日渐浅薄，直至最终丧命。③ 前述杨玄珪之子杨鉷，“建中初，执事之臣避玄宗之论，除越州别驾”，显然也受到了马嵬驿之变的牵连。④ 而杨锜、杨暄、杨迥三代虽然均与皇家通婚，但通婚对象由公主降至县主。这也反映出杨国忠家族在安史之乱后家族名望和政治势力明显下降。杨氏一族的政治声誉和发展前景均受到较大负面影响。

四、唐代冠政敌以“谋反”罪的法律背景

从历史上看，借“谋反”罪惩处政敌的做法古已有之。至迟在汉代，“谋反”的罪名就已经在政治斗争中被滥用。⑤ 而这种情况在唐代仍然得以延续。以唐初著名的“房遗爱案”与“长孙无忌案”为例，房遗爱与高阳公主企图夺取本应由房遗直承袭的爵位，反被房遗直告发谋反。“高宗令长孙无忌鞠其事，因得公主与遗爱谋反之状。”⑥ 此案牵连甚广，惩处严苛，“诏遗爱、万彻、令武皆斩，元景、恪、高阳、巴陵公主并赐自尽”⑦。在长孙无忌案中，显庆四年（659），“中书令许敬宗遣人上封事，称监察御史李巢与无忌交通谋反，帝令敬宗与侍中辛茂将鞠之”，而高宗“竟不亲问无忌谋反所由，惟听敬宗诬构之说，遂去其官爵”。⑧房遗爱与长孙无忌相继死于政治斗争，且罪名都是“谋反”。武周朝“谋反案”更为繁多。清人赵翼曾开列了一份武周朝死于政治斗争之人的名单，数目之巨令人瞠目。⑨ 据陈巧凤等人统计，武则天时代诛杀朝臣数目约为 3197 人，几乎全部是以谋反罪诛杀的。⑩ 玄宗一朝，除本文所论李林甫、王鉷、杨国忠三人的谋反案外，还有“杨慎矜案”也是如此。李林甫与王鉷借谶纬之说诬告杨慎矜谋反，称其“家有谶

① 《新唐书》卷 83《诸帝公主传·肃宗七女》，中华书局 1975 年版，第 3661 页。

② 《旧唐书》卷 183《柳晟传》，中华书局 1975 年版，第 4750 页。

③ 《新唐书》卷 77《贞懿独孤皇后传》，中华书局 1975 年版，第 3500 页。

④ 张式：《唐故检校秘书少监兼苏州别驾弘农杨公墓志铭并序》，胡戟：《珍稀墓志百品》，陕西师范大学出版社 2016 年版，第 166~167 页。

⑤ 石冬梅根据对《汉书》和新、旧《唐书》的粗略统计，认为西汉 220 多年间谋反案有 37 件，唐代 290 年间谋反案 29 件（唐后期藩镇发动的军事叛乱不计在内）。参石冬梅：《论唐代的谋反罪》，《燕山大学学报》（哲学社会科学版）2007 年第 2 期，第 100 页。

⑥ 《旧唐书》卷 66《房遗直、房遗爱传》，中华书局 1975 年版，第 2467 页。

⑦ 《资治通鉴》卷 199“永徽四年二月”条，中华书局 1956 年版，第 6280 页。

⑧ 《旧唐书》卷 65《长孙无忌传》，中华书局 1975 年版，第 2455~2456 页。

⑨ 参（清）赵翼著，王树民校证：《廿二史劄记校证》卷 19“武后之忍”条，中华书局 2013 年版，第 412 页。

⑩ 陈巧凤、张剑光：《武则天时期的“谋反”罪探析》，《乾陵文化研究》第 4 辑，三秦出版社 2008 年版，第 442 页。

书，谋复祖业”，最终致使杨慎矜三兄弟自尽，子女、朋党流配远郡。① 上述诸例表明，在唐代，对政治斗争的失败者冠以“谋反”罪似乎已经成为一种具有高度历史延续性的政治文化传统。② 那么，缘何“谋反”罪会成为政治斗争中惩处政敌时最常用的罪名呢？

由于《唐律》保存相对完整，我们得以细致观察唐代政治斗争中，冠政敌以“谋反”罪这一特殊政治文化现象的法律背景。我们注意到，相比前代，《唐律》主张轻刑，对许多罪名的判罚较为谨慎，连坐范围相较前代也有所缩小。以死刑为例，《唐六典》称，唐太宗颁布的《贞观律》“比古死刑，殆除其半”。③ 正因如此，唐前期能被纳入死刑范围的罪名相对较少。只有类似于“谋反”这样的重罪，才保留了重责和连坐的传统。④

同时，《唐律疏议》对于谋反罪的惩处有非常详细的规定：

> 即虽谋反，词理不能动众，威力不足率人者，亦皆斩。父子、母女、妻妾并流三千里，资财不在没限。其谋大逆者，绞。【疏】议曰：即虽谋反者，谓虽构乱常之词，不足动众人之意；虽骋凶威若力，不能驱率得人；**虽有反谋，无能为害者**：亦皆斩。父子、母女、妻妾并流三千里，资财不在没限。注云“谓结谋真实，而不能为害者”。若自述休征，言身有善应；**或假托灵异，妄称兵马；或虚论反状，妄说反由**：如此传惑众人，而无真状可验者，“自从袄法”，谓一身合绞，妻子不合缘坐。“谋大逆者，绞”，上文“大逆”即据逆事已行，此为谋而未行，唯得绞罪。律不称“皆”，自依首从之法。⑤

由此看来，《唐律》对“谋反”罪的规定主要有三种情况：一是谋反且造成后果，二是确有谋反但未造成危害，三是假托灵异或自称谋反而未施行。正如李勤通研究，唐律继承了隋律以来的对“谋反”的单独定罪，并将罪罚标准前移至“谋”，将其合法性上升至先验论的高度。⑥ 换言之，当事人无需有实际谋反行径，只需要“将图逆谋”，便可以“谋反”定罪。这就为加罪者“制造”谋反证据大开方便之门。

综合来看，唐代对政治斗争中的失败者冠以“谋反”罪主要有两点原因。一方面

---

① 《资治通鉴》卷215“天宝六载十一月”条，中华书局1956年版，第6881页。同书（第6882页）载：“赐慎矜及兄少府少监慎余、洛阳令慎名自尽；敬忠杖百，妻子皆流岭南；瑄杖六十，流临封，死于会昌。嗣虢王巨虽不预谋，坐与敬忠相识，解官，南宾安置。自余连坐者数十人。”

② 这里所说的失败者，主要是指参与政争的核心人物。在唐代，政争的参与者人数众多，处罚也各有不同，但几乎所有核心人物都以“谋反”定罪。

③ （唐）李林甫：《唐六典》卷6“刑部尚书”条，中华书局1992年版，第183页。从数量上说，汉律中死刑就有610条，《开皇律》死刑396条（一说403条），而旧书《刑法志》载唐律“比隋代旧律，减大辟者九十二条”（第2138页），可见其时对于死刑、肉刑这类涉及生命健康问题的刑法十分慎重。

④ 据石冬梅研究，相比汉魏时期，唐律严格限制了谋反罪的连坐范围，处罚力度小很多。总体而言，唐代对谋反罪的判罚也是相对较轻的。参石冬梅：《论唐代的谋反罪》，《燕山大学学报》（哲学社会科学版）2007年第2期，第100页。

⑤ （唐）长孙无忌等：《唐律疏议》卷17“贼盗”条，中华书局1983年版，第322页。

⑥ 李勤通：《唐律“逆”罪的形成及其原因辨析》，《唐史论丛》第31辑，三秦出版社2020年版，第32页。

"谋反"罪是"十恶"之首，是唐律中罪责最重、连坐范围最广的罪名。冠以"谋反"罪能够对涉案人员进行最严厉的惩罚，从而在最大程度上打击政治对手。另一方面，"谋反"在制造罪证时相对较易，即便没有开展实际的谋反行动，也可以因"谋"定罪。如前述杨慎矜案中，李林甫、王鉷就通过制造伪证，坐实了杨慎矜谋反之事。① 最终李、王二人成功铲除杨慎矜诸党并连坐数十人，给予了政敌以最大程度的打击。正因具有以上两方面的特征，"谋反"罪在唐代政治实践中出现了广泛的名实不符的状况。名义上，"谋反"只对应于《唐律》中明确规定的诸种情形；但在实际的政治运作层面，"谋反"罪却成为唐代残酷政治斗争的合法外衣。

五、结　　论

综合前文，马嵬驿之变发生时，兵变发起者可能对杨国忠冠以了"谋叛""谋反"等多种罪名。唐肃宗即位后，唐廷正式将杨国忠的罪行定性为"谋反"。这种追认既是为了使马嵬驿之变的结果符合唐代律令体系的规定，也是为了掩盖马嵬驿之变时皇权衰微的尴尬现实，以图达到重振皇纲的目的。

当然，由于对杨国忠的定罪属于事后追认，因此唐廷始终无法彻底化解马嵬驿之变时对杨国忠及其亲属的处罚不完全符合《唐律》规定的情况。同时，由于杨国忠案展现出非常明显的政治性，使得其间名与实的乖离无可避免。马嵬驿之变后，杨氏后裔虽仍能正常出仕，但政治前途受到较大负面影响，家族势力再不复天宝盛时景象。

由杨国忠案观察，在唐代政治斗争中，对政敌冠以"谋反"罪似乎已成为一种政治文化传统。而这一传统的形成，可能与《唐律》的轻刑主张及其对"谋反"罪的特殊规定有很大关联。

总之，通过深入探究唐廷对杨国忠的定罪与处罚情况，不仅有助于厘清马嵬驿之变的相关史实，而且能够为我们贴近观察唐代皇权政治与律令体制的互动提供一个内涵丰富的可贵实例。

（作者单位：湖北省社会科学院文史研究所）

① 《旧唐书》卷150《杨慎矜传》，中华书局1975年版，第3227页。

义疏与正义：唐初义疏学视域下的杨士勛《穀梁疏》研究*

□ 许超杰

【摘要】由范宁作注、杨士勛作疏的《穀梁注疏》是《穀梁》学史上最为重要的经典。由于范宁《穀梁集解》主合汇三传而不守《穀梁》一家之学，故杨士勛《穀梁疏》虽以《穀梁集解》为底本，但并未恪守“疏不破注”的义疏学传统。杨士勛以《穀梁传》为核心，在补苴范宁注之缺失与违背《穀梁》传文脉络的基础上，试图建构一套《穀梁》学释经体系，以彰显《穀梁》“正义”。杨士勛《穀梁疏》可谓目前尚存的第一种恪守《穀梁》一家之学的著作。对于《穀梁》学而言，杨士勛疏或许比范宁注更为重要。

【关键词】《穀梁传》；杨士勛；范宁；义疏学

《四库全书荟要·〈春秋穀梁传注疏〉提要》曰：

> 《春秋穀梁传注疏》二十卷，晋范宁集解，唐杨士勛疏，宋邢昺等奉诏订正。令太学传授《穀梁》，主于说经，多得精义。魏晋以来，尹更始、唐固等说者共若干家。宁据经诘传，较之何休之注《公羊》，不啻数倍过之。士勛此书颇能疏通范氏之旨。①

此条《荟要》提要与《总目》颇不相同，其言“宁据经诘传，较之何休之注《公羊》，不啻数倍过之”，盖以范宁据经驳传为是。《文溯阁四库全书提要·春秋穀梁注疏》即曰：

> 自后为其学者有尹更始、唐固、麋信、孔衍、江熙、段肃、张靖等十余家，而宁采集之以成是传。……沉思是传，其义精审，为后儒所称。盖杜预注《左氏》、何休注《公羊》皆独主其说，不敢稍有异同，是多所回护；宁治《穀梁》而能知其非，

* 本文为国家社科基金后期资助项目“《穀梁》释经学及其建构史研究”（19FZXB055）阶段性成果。

① 江庆柏等整理：《四库全书荟要总目提要》，人民文学出版社 2009 年版，第 157 页。

较他家为最善矣。①

由是可知，四库馆臣盖将范宁能够注《穀梁》而不回护《穀梁》视为其善。但就注经之学而言，其注一家而不守其学，似非注之正体。故四库馆臣有以善之者，亦是历代《穀梁》家所以短范宁者。即便是杨士勋为范宁《穀梁集解》作疏，亦多有不从范宁，甚至明确驳斥之者。所以然者，盖范宁非恪守《穀梁》之学者，而杨士勋则以《穀梁》为鹄的。易言之，杨士勋虽为范宁注作疏，然要其归则在建构一套符合《穀梁》传义的《穀梁》学体系。

一、未通此传之意：唐初义疏学与杨士勋之“疏亦破注”

范宁《穀梁集解》虽然并非恪守《穀梁》的专门之学，但相较于其他《穀梁》注本，仍较胜一筹，是以成为东晋之后最为重要的《穀梁》注本。以是之故，杨士勋亦为范宁《穀梁集解》作疏以解之。经学义疏体起于六朝，唐初编撰《五经正义》，是后遍疏群经，可谓义疏学发展之顶端，但同时也是义疏学走向衰亡之标志。② 今存义疏之书，自当以唐初《五经正义》最为重要，《五经正义》亦奠定了“疏不破注”的疏体特点。③ 孔颖达《礼记正义·序》述其作疏之体曰：

> 去圣逾远，异端渐扇，故大、小二戴共氏而分门，王、郑两家同经而异注。……其为义疏者，南人有贺循、贺瑒、庾蔚、崔灵恩、沈重宣、皇甫侃等；北人有徐道明、李业兴、李宝鼎、侯聪、熊安等。其见于世者，唯皇、熊二家而已。熊则违背本经，多引外义，犹之楚而北行，马虽疾而去逾远矣；又欲释经文，唯聚难义，犹治丝而棼之，手虽繁而丝益乱也。皇氏虽章句详正，微稍繁广，又既遵郑氏，乃时乖郑义，此是木落不归其本、狐死不首其丘。此二家之弊，未为得也。④

孔氏对皇、熊二家之分析，实即关乎义疏学师法家法之论。就此点而言，孔颖达《春秋正义·序》亦有相似之论：

> 其为义疏者，则有沈文何、苏宽、刘炫。……刘炫于数君之内实为翘楚，然聪慧辩博固其罕俦，而探赜钩深未能致远。……又意在矜伐，性好非毁，规杜氏之失凡一

① 金毓黼编：《文溯阁四库全书提要》，中华书局2014年版，第472~473页。

② 参见牟润孙：《论儒释两家之讲经与义疏》，《注史斋丛稿（增订本）》，中华书局2009年版，第88~155页。关于南北朝唐初之义疏学，亦可参看乔秀岩：《义疏学衰亡史论》，生活·读书·新知三联书店2017年版。

③ “疏不破注”一直作为唐初以降疏体的基本特点为学界所接受，近年吕友仁对此观念予以检讨，认为《五经正义》之疏皆可破注，为学界提供了更为精确的认识。但笔者以为，《五经正义》中自然存在所谓“疏以破注”的情况，但这并不是普遍现象，而只是当经、传、注不合时的特殊处理。详见吕友仁：《孔颖达〈五经正义〉义例研究》，上海古籍出版社2019年版。

④ （唐）孔颖达：《礼记正义·序》，《十三经注疏》第5册，艺文印书馆1973年版，第4页。

百五十余条，习杜义而攻杜氏，犹蠹生于木而还食其木，非其理也。①

即以刘炫义疏不守杜氏家法为非。“疏不破注”，是可谓唐初义疏学之特点，亦唐初官修《五经正义》与六朝义疏学之差异所在。是以，孙诒让《周礼正义略例》曰：“唐疏例不破注，而六朝义疏家则不尽然。”② 皮锡瑞亦曰：“著书之例，注不驳经，疏不驳注；不取异义，专宗一家。曲徇注文，未足为病。”③ 在皮锡瑞看来，为了贯彻“疏不破注”的原则，即使注文有误，仍然要“曲为之说”。易言之，“疏不破注”的核心是以“注”为一家之学，必须以其为准则。经传让位于注，对于疏而言，注是其最为核心之准则与对象。“自《五经正义》颁行，而后贾氏疏《仪礼》《周礼》，徐氏疏《公羊》，杨氏疏《穀梁》，亦用孔氏之例，执守一家之言，例不破注。”④ “疏不破注”可谓唐初以降疏体之重要标准。杨士勋与编《左传正义》⑤，故其必明了“疏不破注”之原则。但因为范宁虽注《穀梁》，却选择合汇三传、择善而从，故“疏不破注”的原则与《穀梁疏》之间势必就会存在较多矛盾。这也是惟有《春秋》三传才会出现的问题，盖无论注、疏，都要面对《春秋》经与传两层文本。孔颖达《春秋正义·序》曰：

汉德既兴，儒风不泯。其前汉传《左氏》者有张苍、贾谊、尹咸、刘歆，后汉有郑众、贾逵、服虔、许惠卿之等，各为诂训。然杂取《公羊》《穀梁》以释《左氏》，此乃以冠双屦，将丝综麻，方凿圆枘，其可入乎？晋世杜元凯又为《左氏集解》，专取丘明之传以释孔氏之经，所谓子应乎母、以胶投漆，虽欲勿合，其可离乎？今校先儒优劣，杜为甲矣，故晋、宋传授以至于今。⑥

是以，孔颖达之疏《左传》，其之所以选择杜预《集解》，正是因为杜预恪守《左传》一家之学。而无论是前汉之张苍、贾谊、尹咸、刘歆，还是后汉的郑众、贾逵、服虔、许惠卿，都杂取《公羊》《穀梁》以释《左氏》，孔颖达认为是“以冠双屦，将丝综麻，方凿圆枘”，故不可入。也就是说，孔颖达在《左传》上的“疏不破注”是建立在注与传相合的基础上，或者说注以释传的基础上的。以是而论，范宁《穀梁集解》就属于“以冠双屦，将丝综麻，方凿圆枘”之列。由于《穀梁》无善释，故杨士勋不得不选择范宁注以为义疏之底本，但这亦不过是退而求其次的选择。也正是这种选择背后并不符合唐初义疏

---

① （唐）孔颖达：《春秋正义·序》，《十三经注疏》第6册，艺文印书馆1973年版，第3~4页。

② （清）孙诒让撰，汪少华整理：《周礼正义》，中华书局2015年版，第9页。

③ （清）皮锡瑞撰，吴仰湘整理：《经学历史》，《皮锡瑞全集》第6册，中华书局2015年版，第66页。

④ 刘师培撰，万仕国点校：《国学发微》，《仪征刘申叔遗书》第4册，广陵书社2014年版，第1416页。

⑤ 《春秋正义·序》曰：“虽课率庸鄙，仍不敢自专，谨与朝请大夫国子博士臣谷那律、故四门博士臣杨士勋、四门博士臣朱长才等，对共参定。”（《左传注疏》，《十三经注疏》第6册，艺文印书馆1973年版，第4页）就是而言，则杨士勋当为《左传正义》之主要编撰者。

⑥ （唐）孔颖达：《春秋正义·序》，《左传注疏》，《十三经注疏》第6册，艺文印书馆1973年版，第3页。

学对注本恪守一家的原则，所以，杨士勋虽然明了“疏不破注”的准则，但其释范宁《集解》则多有“破注”之处。盖当《穀梁传》与范宁注相违背之时，杨士勋仍以《穀梁传》为准的，而以之驳范宁之说。如僖公四年，“夏，许男新臣卒”，范宁注曰：

十四年冬蔡侯肸卒，传曰：“诸侯时卒，恶之也。”宣九年辛酉晋侯黑臀卒于扈，传曰：“其地，于外也。其日，未逾竟也。”然则新臣卒于楚，故不日耳，非恶也。

杨士勋疏驳此注曰：

宋公和卒，传曰“诸侯日卒，正也”，则日卒由正，不由善恶。蔡侯肸卒，传曰“时卒，恶也”，则似不日卒由善恶，不由正者。凡诸侯虽则正卒，有恶者亦不得书日，成十五年“夏六月，宋公固卒”、僖二十四年“冬晋侯夷吾卒”、十四年“冬蔡侯肸卒”是也。身既是庶，虽则无恶，亦不得书日，故传云“日卒，正也”，明不日是不正，昭十四年“八月，莒子去疾卒”、定十四年夏五月“吴子光卒”、襄十八年冬十月“曹伯负刍卒”是也。日卒有二义，故传两明之。是诸侯正而无恶，纵在外在内卒书日，不正无恶则书月。但有大恶，不问正与不正皆时也。“宋共公卒”书月者，彼为葬日，表其违例，故不得书时也。虽例言之，则此许男新臣亦是不正也。故范直以“非恶”解之，不云正与不正。又昭二十三年“夏，六月，蔡侯东国卒于楚”，范云“不日，在外也”，则此新臣亦在外，故不书日。襄二十六年“八月，壬午，许男宁卒于楚”，彼亦在外而书日，则宁是正可知也。然则庶子逾竟未逾竟并皆不日，嫡子在外在内并皆书日，则新臣由不正而不书日。注云“卒于楚，故不日”者，以新臣非直不正，又兼在外，传例云“其日，未逾竟”，故顺传文书之。其实由正与不正，不论在外在内也。其襄公二十六年传注云“在外已显”者，彼宁实是正，经言“于楚”，则在外之文已显，必不须去日，故亦顺传文言之。必知由正不正，不由在外在内者，宣九年范注云：“诸侯正卒则日，不正则不日。而云未逾竟者，恐后人谓操、扈是国，故发传日未逾竟是也。”知新臣无罪者，以薨于朝会，乃有王事之功，明无罪。或以为许男新臣亦正也，但为卒于楚，故不日。“许男宁卒于楚”书日者，以“新臣卒”无“于楚”之文，故去日以见在外而卒也。许男宁经有在外之文，故书日以明其正。“晋侯黑臀卒于扈”，是正未逾竟，故亦书日，与许男异。故范以为“其日，未逾竟”者，表其非国，不释日与不日。范氏之注，上下多违，纵使两解，仍有僻谬，故并存之，以遗来哲。①

杨士勋以《穀梁传》推诸侯卒书日、书月、书时之例，以为《穀梁》当以“诸侯正而无恶，纵在外在内卒书日，不正无恶则书月；但有大恶，不问正与不正皆时也”为例。但范宁以在内在外、逾竟与否为书日、书月、书时之标准，故与《穀梁》传例不符。以《穀梁》传例论之，则“范氏之注，上下多违”。杨士勋言“纵使两解，仍有僻谬”，事

① （晋）范宁注，（唐）杨士勋疏：《春秋穀梁注疏》卷7，《十三经注疏》第7册，艺文印书馆1973年版，第72~73页。

实上，更重要的并不是范宁之解不够圆融，而是其说与《穀梁》传例不符，故杨士勋驳注以从传。又如僖公元年，“冬十月壬午，公子友帅师败莒师于丽，获莒挐”，《穀梁》曰：

莒无大夫，其曰莒挐，何也？以吾获之，目之也。内不言获，此其言获，何也？恶公子之绐。绐者奈何？公子友谓莒挐曰：“吾二人不相说，士卒何罪？”屏左右而相搏，公子友处下，左右曰：“孟劳。”孟劳者，鲁之宝刀也，公子友以杀之。然则何以恶乎绐也？曰：弃师之道也。

范宁注曰：

江熙曰：“经书败莒师，而传云二人相搏，则师不战，何以得败？理自不通也。夫王赫斯怒，贵在爰整，子所慎三，战居其一。季友令德之人，岂当舍三军之整，佻身独斗，潜刃相害，以决胜负者哉？虽千载之事难明，然风味之所期，古犹今也。此又事之不然，传或失之。”

杨士勋疏曰：

《老子》云：“以政治国，以奇用兵。”季子知莒挐之可擒，弃文王之整旅，佻身独斗，潜刃相争，据礼虽乖，于权未爽。纵使礼违，犹须申传。况传文不知，江生何以为非乎？又且季子无轻斗之事，经不应书获，传不须云“弃师之道”。既经传文符，而江熙妄难。范引其说，意亦同之，乃是范失，非传失之。又经书获，所以恶季子之绐。今江熙云季子令德也，则是非独不信传，亦是不信经。①

《穀梁传》言鲁公子季友帅师与莒师战于丽，季友与莒挐屏左右而相搏，季友杀莒挐。范宁引江熙之说，即不认为季友与莒挐相搏而杀之。同时，通过经文“经书败莒师”，更证当为师战。是即疑《穀梁》之记载也。范宁引江熙之说，即认同江熙之论，亦有以疑传也。但杨士勋则认为，“季子无轻斗之事，经不应书获，传不须云‘弃师之道’”，既然“经传文符”，则江熙之难传为妄论。更进一步说，“又经书获，所以恶季子之绐”，即所谓经传相符，而“江熙云季子令德也，则是非独不信传，亦是不信经”，则进一步推论江熙、范宁疑传亦疑经。江熙之说是否符合《春秋》经义可以再论，但江熙明确疑传，以为“传或失之”，“公子友帅师败莒师于丽”之事必不如《穀梁》所载，则无疑义。就《穀梁》专家之学而言，固当恪守《穀梁》一家之说。就此条而言，范宁、江熙之论显然是驳传之说，杨士勋为《穀梁》作疏，虽以范注为注本，但其核心在于《穀梁》学，固不能驳传以释传也。由是而论，江熙、范宁之说是否符合《春秋》容可再议，但其不符《穀梁》之学则无疑问也。杨士勋以《穀梁》家学而驳之，可谓的当。

---

① （晋）范宁注，（唐）杨士勋疏：《春秋穀梁注疏》卷 7，《十三经注疏》第 7 册，艺文印书馆 1973 年版，第 70 页。

由是而论，杨士勋《穀梁疏》所守之一家为“穀梁”而非范宁，“疏不破注”的原则在《穀梁疏》中并不成立。如果说孔颖达等所撰《五经正义》，贾公彦《仪礼疏》《周礼疏》、徐彦《公羊疏》等，都是恪守注家一家之学，那么，《穀梁》因为范宁注并不专守《穀梁》学，而使杨士勋疏成了一种特例。虽然无论是孔颖达还是贾公彦、徐彦，都难免有破注之处，但像杨士勋疏这样“以传为宗”，不惜“守传以破注”，则使杨士勋《穀梁疏》在一定程度上成为《穀梁》的一种“以疏为注”之新体，其疏也在一定程度上试图重构《穀梁》学体系与脉络。

二、疏注以补注：杨士勋疏对范注之梳理与补充

虽然范宁《穀梁集解》不谨守《穀梁》家学，但杨士勋既以范注为底本，则其疏自当以范注为中心。是以，杨士勋虽多有驳注、破注之处，但更多的则是对范注的梳理，进而阐发其义。如隐公元年，“夏五月，郑伯克段于鄢”，范宁注曰：“段有徒众，攻之为害必深，故谨而月之。”杨士勋对范宁此条注文作了颇为细致的分析，其言曰：

> 案下四年“九月，卫人杀祝吁于濮”，传曰：“其月，谨之也。”范云：“讨贼例时也。卫人不能即讨祝吁，致令出入自恣，故谨其时月所在，以著臣子之缓慢也。”此云“为害必深，故谨而月之”。彼祝吁以二月弑君，卫人以九月始讨，传云“其月，谨之也”，明知谨臣子之缓慢。此无历时之事，传云“段之有徒众也”，故知为害必深，故谨而月尔。庄九年“齐人杀无知”，不书月者，无知虽复历年，时月尚浅，又无重害，故直书时也。宣十一年“楚人杀陈夏征舒”书月者，为陈不能讨而借外楚力，故祸害深也。①

范宁言“段有徒众，攻之为害必深，故谨而月之”，但就讨贼之例而言，“郑伯克段于鄢”实为特例，故杨士勋引下文“九月，卫人杀祝吁于濮”“齐人杀无知”为比，以见“讨贼”书时书月之体例。是以，杨士勋此条可以说是真正的“疏”，即梳理注文之义。又如文公二年，“八月丁卯，大事于大庙，跻僖公”，范宁注曰：“大事，祫也。时三年之丧未终，而吉祭于大庙，则其讥自明。”杨士勋疏曰：

> 旧解范云其讥自明者，谓吉禘于庄公书吉，此大事于大庙不书吉者，以同未满三年，前已书吉，则此亦同讥，故云其讥自明。此解取杜预之意也。然杜云其讥已明，故得以吉禘并之，范云其讥自明，焉知远比吉禘？盖范意以丧制未终，不待讥责，其恶足显，故云自明也。②

---

① （晋）范宁注，（唐）杨士勋疏：《春秋穀梁注疏》卷1，《十三经注疏》第7册，艺文印书馆1973年版，第10页。

② （晋）范宁注，（唐）杨士勋疏：《春秋穀梁注疏》卷10，《十三经注疏》第7册，艺文印书馆1973年版，第99页。

杨士勋此条疏文梳理了旧解对于范宁此注的理解，指出其出于杜预之意。同时辨析杜注与范注之差异，辨明范宁“其讥自明”之说与杜预不同，而是来自对丧制的不同理解。这就为我们理解范注提供了更为深层、细致的梳理，利于把握范注之内涵。又如庄公二十四年，“冬，戎侵曹，曹羁出奔陈，赤归于曹郭公”，《穀梁》曰：“赤盖郭公也，何为名也？礼，诸侯无外归之义，外归非正也。”范宁引徐乾之说曰：

> 郭公，郭国之君也，名赤，盖不能治其国，舍而归于曹。君为社稷之主，承宗庙之重，不能安之而外归他国，故但书名以罪而惩之。不直言赤，复云郭公者，恐不知赤者是谁，将若鲁之微者故也。以郭公著上者，则是诸侯失国之例，是无以见微之义。①

对于范宁引徐乾说以注此条，但就此而言，似实有异说，故杨士勋疏曰：

> 薄氏驳云：“赤若是诸侯，不能治国，舍而归曹，应谓之奔，何以诡例言归乎？”徐乾又云：“不言郭公，疑是鲁之微者，若是微者，则例所不书，何得以微者为譬？”二事俱滞，而范从之者，凡诸侯出奔其国者，或为人所灭，或受制强臣，迫逐苟免，然后书出。今郭公在国，不被迫逐，往曹事等如归，故以易辞言之，不得云出奔也。凡内大夫未得命者，例但书名。若使赤直名而无所系，别文同侠等，故又云郭公也。徐乾之说理通，故范引而从之。②

即对范宁引徐乾说之脉络予以梳理，以使后人明了范宁之注何以如此。与此相仿，庄公元年，“三月，夫人孙于齐”条亦是对范注之梳理；但不一样的是，杨士勋在范注之外，提供了另一种理解，可谓是对范注之补充。《穀梁》此条发传曰：

> 孙之为言犹孙也，讳奔也。接练时，录母之变，始人之也。不言氏姓，贬之也。人之于天也，以道受命；于人也，以言受命。不若于道者，天绝之也；不若于言者，人绝之也。臣子大受命。

范宁注曰：

> 臣子则受君父之命，妇受夫之命。若，顺。言义得贬夫人。

杨士勋疏曰：

---

① （晋）范宁注，（唐）杨士勋疏：《春秋穀梁注疏》卷6，《十三经注疏》第7册，艺文印书馆1973年版，第60页。

② （晋）范宁注，（唐）杨士勋疏：《春秋穀梁注疏》卷6，《十三经注疏》第7册，艺文印书馆1973年版，第60页。

> 天之道，臣事君、子事父、妻事夫也。夫者妻之天，故曰“人之于天也，以道受命”，谓事夫之道也。臣子之法，当受君父教令，故曰“于人也，以言受命”。“不若于道者，天绝之也”，谓文姜杀夫，是不顺于道，故天当绝之。“不若于言者，人绝之也”，谓臣子不顺君父之命，则君父当绝之。“臣子大受命”，谓君父既绝天人，臣子受君父之命，故不得不贬也。其注云“臣子则受君父之命”者，解经中“以言受命”也。云“妇受夫之命”者，解“以道受命”也。恐此说非也，但旧为此解，不得不述。或当“人之于天也，以道受命”，谓顺天道以事夫也。“于人也，以言受命”，谓臣受君命也。“不顺于道者，天绝之”，天道妻当事夫，今夫人反弑公，是不顺天也，故“天绝之”。“不顺于言者，人绝之”，谓妇当受夫之命，夫人不受夫命，是不顺人也，故“人绝之”。“臣子大受命”者，臣谓群下，子谓庄公，上受命于天，下受命于君，是大受命也。以其受君之命，故臣子得贬退夫人也。①

范宁以“臣子则受君父之命，妇受夫之命”解传文“人之于天也，以道受命；于人也，以言受命”，但杨士勋在详细分疏“人之于天也，以道受命；于人也，以言受命。不若于道者，天绝之也；不若于言者，人绝之也”的基础上，对旧解提出质疑，认为“恐此说非也”。即对范宁注予以梳理，从而提出对此条传文的两种不同理解。但其并未明确驳注，仅仅只是提出两种可能，以供读者参酌。事实上，杨士勋对范注之补充颇多，更多的则是在范注之外，补充与范注不同之旧解与他说。如僖公五年，“冬，晋人执虞公”，《穀梁》曰：“执不言所于地，缊于晋也”，范宁注曰：“时虞已包裹属于晋，故虽在虞执而不书其处。”杨士勋疏曰：

> 旧解云执人例不书地，此云“不地，缊于晋也”者，凡执人不地者，亦以地理可明故也。若“晋会诸侯于溴梁，执莒子、邾子”，“楚合诸侯于申，执徐子”，皆因会而执之，则在会可知，故不假言地。至如灭人之国，执人之君，则亦是就国可知也。经若书晋灭虞，则是言其地。今不书灭虞，即不举灭国之地，不谓执人当地也。所以不言灭虞者，晋命先行于虞，虞已属晋，故不得言之也。或以为“执不言所于地”，谓不书执虞公于虞也；“缊于晋也”，谓虞已苞裹属晋，故不得言也。理亦通耳也。②

杨士勋提出旧解以不书地为执人之常例，但《穀梁》此言，“执不言所于地，缊于晋也”，那么，《穀梁》之说与旧解似乎存在矛盾。范宁仅仅是围绕传文书注，而未提及旧解；杨士勋则是在提出旧解的基础上，对旧解“执人例不书地”之义予以分疏，从而认为二者并不矛盾。在解决此矛盾的基础上，又提出“或说”，即在范宁注之外，提出了另一种解

① （晋）范宁注，（唐）杨士勋疏：《春秋穀梁注疏》卷5，《十三经注疏》第7册，艺文印书馆1973年版，第44页。

② （晋）范宁注，（唐）杨士勋疏：《春秋穀梁注疏》卷7，《十三经注疏》第7册，艺文印书馆1973年版，第75~76页。

释。杨士勋认为这种解释也符合《穀梁》之说，即所谓“理亦通耳”。从而为此条传文的解读提供了更为丰富的解释与可能。而宣公十二年，“夏六月乙卯，晋荀林父帅师及楚子战于邲，晋师败绩”条，则是在范宁未注的情况下，提供了旧解与徐邈说两种解读指向。《穀梁》曰：“绩，功也；功，事也。日，其事败也。”杨士勋疏曰：

> 旧解此战事书日者，为败之故也。特于此发之者，二国兵众，不同小国之战，故特发之。徐邈云：“于此发传者，深闵中国大败于强楚也。今以曰为语辞，理足通也。”但旧解为日月之日，疑不敢质，故皆存耳。①

范宁此条无注，杨士勋提出旧解和徐邈二说，不但补充了前此《穀梁》家对此条之理解，亦让我们看到此文存在不同的理解。这可以说是保存了不同的异说，更是对范宁注缺略之补充。就杨士勋对范宁注之补充而言，不但包括范宁未注而杨士勋疏补之者，亦包括范宁已注而杨士勋以为未完而补说者。如隐公五年，“九月，考仲子之宫”，范宁注曰：“失礼宗庙，功重者月，功轻者时，庄二十三年‘秋，丹桓宫楹’是也。”杨士勋疏曰：

> 考者谓立其庙祭之成为夫人也。此所以书之者，仲子孝公之妾、惠公之母，惠公虽为君，其母唯当惠公之世得祭，至隐不合祭之，故书以见讥也。不言立者，不宜立。为庶母筑宫，得礼之变，但不合于隐之世祭之，故止讥其考，不讥立也。《公羊》《左氏》妾子为君，其母得同夫人之礼。今《穀梁》知不然者，《丧服记》云：“公子为其母练冠麻麻衣縓缘，既葬，除之。”传曰：“何以不在五服之中也？君之所不服，子亦不敢服也。”郑玄云：“子，君之庶子。”是贵贱之序，嫡庶全别，安得庶子为君即同嫡夫人乎？故穀梁子以为“于子祭，于孙止”。②

范宁注只是就经文书时书月之别出注，而其所以讥者，虽下传文有述，但范宁并未详论。杨士勋则就“考仲子之宫”与“立仲子之功”予以梳理，提出在传文“礼，庶子为君，为其母筑宫，使公子主其祭也，于子祭、于孙止”的脉络下，惠公立仲子之宫合礼，而隐公祭之则不合礼，故“止讥其考，不讥立”了。而其所以如此者，则在礼制所规定之贵贱之序、嫡庶之等。穀梁子之说与郑玄等礼家之说相符。如果没有杨士勋的梳理、补释，我们就无法明了《穀梁》何以讥其“考仲子之宫”，亦不知其所讥之依据为何。

简言之，杨士勋无论是就范注予以梳理，还是对范注的补充与补释，抑或对经传的补诠，要在疏通《穀梁》之内涵与脉络，使《穀梁》之诠释从范宁《春秋》学的视角重新回到《穀梁》体系中。

---

① （晋）范宁注，（唐）杨士勋疏：《春秋穀梁注疏》卷12，《十三经注疏》第7册，艺文印书馆1973年版，第121页。

② （晋）范宁注，（唐）杨士勋疏：《春秋穀梁注疏》卷12，《十三经注疏》第7册，艺文印书馆1973年版，第121页。

三、重探《穀梁》体系：杨士勋《穀梁疏》对《穀梁》脉络之梳理

既然杨士勋的目的是要使《穀梁传》的诠释重新回到《穀梁》体系之中，那么，对于《穀梁》义例之梳理即成为首要任务。杨士勋在梳理《穀梁》传文和范宁注文的基础上，对《穀梁》体例作了颇多提炼。如对于日食，杨士勋于隐公“三年春王二月己巳，日有食之”条下曰：

> 《穀梁》之例，书日食凡有四种之别，故此“二月己巳，日有食之”，传云：“言日不言朔，食晦日也。”桓十七年“冬十月朔，日有食之”，传云：“言朔不言日，食既朔也。”彼是二日食矣。又庄十八年“三月，日有食之”，传云：“不言日、不言朔，夜食也。”又桓三年“七月壬辰朔，日有食之既”，传云：“言日言朔，食正朔也。”是有四种之别。①

对《春秋》所记日食，依据《穀梁传》予以梳理和区分。桓公二年，“三月，公会齐侯、陈侯、郑伯于稷，以成宋乱”，《穀梁》曰：“以者，内为志焉尔，公为志乎成是乱也。此成矣，取不成事之辞而加之焉，于内之恶而君子无遗焉尔。”杨士勋曰：

> 十四年传云“以者，不以者也”，僖二十一年传云“以，重辞也”，此传云“以者，内为志焉尔”，则“以”有三种之义。范于僖二十一年注云“以有二义矣”者，以“内为志焉”与“不以”者正是一事耳。“以成宋乱”者，公也，非诸侯故也，是以云“内为志焉尔”，其实以者仍是不以之例，故注彼为二事焉。②

杨士勋在范宁注的基础上，对《穀梁》书“以”之例予以梳理和分析，从而对《穀梁》“以”例予以概括。杨士勋对《穀梁》传例之概括、梳理颇多，可见杨士勋实可谓已成《穀梁》一家之学。但对于《穀梁》学而言，除了对本传的梳理，或许更为重要的，是如何在三传异同中展现《穀梁》之义。要达到此一目的，杨士勋必当逸出范注之外，在辨析《穀梁》脉络的基础上，比较三传异同，探寻《穀梁》传之脉络与意义。

可以说，杨士勋《穀梁疏》很大程度上是建立在辨析三传异同的基础之上的，盖惟有辨清《穀梁》与二传脉络之异同，才能谈《穀梁》之去取与义例。如僖公“十有六年春王正月戊申朔，陨石于宋五”，范宁注引刘向曰：“石，阴类也；五，阳数也。象阴而阳行，将致坠落。”杨士勋疏曰：

> 何休云：“石者，阴德之专者也。鹢者，鸟中之耿介者，皆有似宋襄公之行。宋

① （晋）范宁注，（唐）杨士勋疏：《春秋穀梁注疏》卷1，《十三经注疏》第7册，艺文印书馆1973年版，第14页。

② （晋）范宁注，（唐）杨士勋疏：《春秋穀梁注疏》卷3，《十三经注疏》第7册，艺文印书馆1973年版，第29页。

> 襄欲行霸事，不纳公子目夷之谋，事事耿介自用，卒以五年见执，六年终败，如五石六鹢之数。天之与人，昭昭著明，甚可畏也。”贾逵云：“石，山岳之物。齐，大岳之胤。而五石陨宋，象齐桓卒而五公子作乱，宋将得诸侯而治五公子之乱。鹢退，不成之象，后六年霸业退也。鹢，水鸟，阳中之阳，象君臣之讼阋也。”许慎《异义》载《穀梁》说云：“陨石于宋五，象宋公德劣国小，阴类也。而欲行霸道，是阴而欲阳行也。其陨，将拘执之象也。是宋公欲以诸侯行天子道也。”六鹢退者，郑玄云：“六鹢俱飞，得诸侯之象也。其退，示其德行不进，以致败也。得诸侯，是阳行也。被执败，是阴行也。”是二说与刘向合耳。其何休、贾逵之言，并是《公羊》《左氏》旧说，非《穀梁》意也。①

杨士勋此疏实是紧扣范宁注而发，其言许慎引《穀梁》说、郑玄说与刘向说合，实以刘向为《穀梁》家，许慎引《穀梁》家说，而郑玄之言亦为《穀梁》之说，即皆《穀梁》家言。其引许慎、郑玄之说，实可视为对刘向说之深化与细化。而同时提出何休、贾逵说，则是意在辨析此条存在三传异说，而《穀梁》与二传不同。事实上，就此条而言，何休、贾逵之言虽与刘向、许慎、郑玄不同，但似仍有可通之处。但杨士勋之所以定要予以辨析，即是要指明三传不可通说之意。就此点而言，更为明显的是，三传明显存在解释歧异之时，杨士勋对不可用二传之说的强调。如文公四年，“夏，逆妇姜于齐”，《穀梁》曰：

> 其曰妇姜，为其礼成乎齐也。其逆者谁也？亲逆而称妇，或者公与？何其速妇之也？曰：公也。其不言公，何也？非成礼于齐也。曰妇，有姑之辞也。其不言氏，何也？贬之也。何为贬之也？夫人与有贬也。

杨士勋疏曰：

> 宣元年已有传，今故深发之者，彼书夫人，此直云妇姜，嫌文异也，故彼此明之。以彼称夫人，又书至，此不然者，《公羊传》曰：“其谓之逆妇姜于齐何？娶于大夫者，略之也。”徐邈亦以为不书至、不称夫人，下娶贱，略之。若以诸侯下娶大夫便为略贱，则大夫亦不得上娶诸侯。且天子得下婚诸侯，何为诸侯不得下娶大夫？是《公羊》之言不可以解此也。盖不称夫人、不言至者，以其妇礼成于齐，故异于余称。传云“夫人与有贬也”者，解不称氏之意，非释不称夫人也。②

杨士勋首先梳理《公羊传》对于经文此条不书夫人而称妇姜的脉络，从而引出作为《穀梁》家的徐邈说，即将徐邈说的依据指向《公羊传》，进而指出《公羊》之不合理处。故

① （晋）范宁注，（唐）杨士勋疏：《春秋穀梁注疏》卷 8，《十三经注疏》第 7 册，艺文印书馆 1973 年版，第 84 页。

② （晋）范宁注，（唐）杨士勋疏：《春秋穀梁注疏》卷 10，《十三经注疏》第 7 册，艺文印书馆 1973 年版，第 100~101 页。

就《穀梁》脉络而言，必不能引《公羊》以解之。从而在解读《穀梁》与《公羊》之异的基础上，提出其理解的《穀梁》学解读。事实上，杨士勋所作的就是诠释此条的《穀梁》学脉络。

因为杨士勋《穀梁疏》的目的在于梳理《穀梁》诠释脉络，故三传异同之比较仅可谓第一步工作，更重要的是在比较之后，对《穀梁》学脉络予以梳理与诠释。上文“逆妇姜于齐”条实即指向了对《穀梁》学脉络的梳理，但此条之梳理并不算典型，我们可以来看隐公二年，“十有二月乙卯，夫人子氏薨”条。《穀梁》曰：“夫人薨不地。夫人者，隐之妻也。卒而不书葬，夫人之义，从君者也。”对于“夫人子氏”之身份，范宁并未出注，但此条三传之解读皆异。杨士勋疏曰：

> 《左氏》以子氏为桓公之母，《公羊》以为隐公之母，《穀梁》知是隐公之妻者，以隐推让，据其为君而亦称公，故其妻亦称夫人也。夫既不葬，故其妻亦不葬，以经文上下符合，故为隐妻。而《左氏》桓未为君，其母称夫人，是乱嫡庶也。《公羊》以为隐母，则隐见为君，何以不书葬？若以让不书葬，何为书夫人子氏薨？故穀梁子以为隐妻也。①

对于“夫人子氏”的三传异说，杨士勋对《穀梁》何以认为其为隐公之妻予以梳理。其以“以隐推让，据其为君而亦称公，故其妻亦称夫人”，同时以“夫既不葬，故其妻亦不葬”为证，认为《穀梁》之说为确。杨士勋的诠释，或者说《穀梁传》的解读，是否就是《春秋》之义可以再论，但就杨士勋而言，其疏确实是梳理了《穀梁》此条之脉络，让我们理解了《穀梁》文本背后的深层内涵，可谓的当。隐公七年“滕侯卒”条亦复如是。《穀梁》释曰：“滕侯无名，少曰世子，长曰君，狄道也，其不正者名也。”杨士勋疏指出三传之别，并予以诠释曰：

> 《左氏》以滕侯无名为未同盟，故薨不得以名赴。《公羊传》云：“滕侯何以不名？微国也。微国则其称侯何？《春秋》贵贱不嫌同号，美恶不嫌同辞。”今《穀梁》以为用狄道也，故无名者。若《左氏》以为未同盟故不名，何为《春秋》之内亦有不盟而书名者？若《公羊》以为微国不名，则邾子克、许男新臣何以名？故穀梁子以为用狄道也，本来无名字。②

对于滕侯无名之缘由，《左传》以为“未同盟，故薨不得以名赴”，《公羊》以为“微国”，而《穀梁》则以为滕用狄道而本无名字。杨士勋通过反推，即“若《左氏》以为未同盟故不名，何为《春秋》之内亦有不盟而书名者”，则《左传》之说不能成立；“若《公羊》以为微国不名，则邾子克、许男新臣何以名”，则微国之君亦书名，故《公羊》

---

① （晋）范宁注，（唐）杨士勋疏：《春秋穀梁注疏》卷1，《十三经注疏》第7册，艺文印书馆1973年版，第14页。

② （晋）范宁注，（唐）杨士勋疏：《春秋穀梁注疏》卷2，《十三经注疏》第7册，艺文印书馆1973年版，第22页。

说不能成立。通过排除《左传》《公羊》二说，事实上并不能就证明《穀梁》之说即为确解。如范宁所言，“凡传以通经为主，经以必当为理，夫至当无二而三传殊说……既不俱当，则固容俱失”，《左传》《公羊》解读之误并不能就指向《穀梁》之确。杨士勋与范宁之异就在于，范宁是《春秋》家，其虽以《穀梁》为注释底本，但其目的在于通经；但杨士勋则是要抉发《穀梁》一家之学，故其重在比读三传之异同，而异中唯以疏通《穀梁》为鹄的。是以，也可以认为，杨士勋比读三传以诠释《穀梁》脉络之真确，事实上就在一定程度上指向了“《穀梁》善于经”的字面意义，即《穀梁》较二传所释更符合《春秋》之义。

可以说，就目前存世之《穀梁》学著作而言，杨士勋《穀梁疏》可谓第一本真正意图恪守《穀梁》一家之学的著作。如范宁所言不虚，其注《穀梁》之前，《穀梁》注本多引据二传以为说，而范注亦复意在《春秋》而非《穀梁》，那么，杨士勋实可称得上第一位真正的《穀梁》学专家，而其《穀梁疏》亦可谓第一本真正的《穀梁》一家之书。以是而论，杨士勋《穀梁疏》亦可谓“《穀梁》正义”。

（作者单位：湖南大学岳麓书院）

听政的朝礼化*

——唐初太极宫早朝的渊源与制度

□ 黄晓巍

【摘要】 唐代以前，朝参礼仪、听政制度是独立并行的两套系统，一属于礼制，一属行政制度。在北魏孝文帝亲临朝堂听政的基础上，伴随着隋唐初宫城空间的调整，唐初形成了新的朝会礼制类型——早朝。唐初太极宫的早朝包含太极殿视事、两仪殿视事两项制度。太极殿视事属于正衙常参，包括朝参、对仗奏事、仗下奏事等环节；两仪殿视事为内殿视事，有常规视事、非常规召对两种形式。早朝的出现扩充了朝会的制度、类型与功能，既强化了君主在日常行政中的礼仪权威，也丰富了唐初君主听政的内容和层级，加强了君主对政务的支配力。唐初早朝的生成，既是唐初朝礼改革、政治制度建设的组成部分，也是唐以降"听政的朝礼化"趋势的起点，反映了唐初礼制、政治制度的改革方向和路径。

【关键词】 早朝；常日视事；朝礼改革；太极殿；两仪殿

隋唐初继承魏晋南北朝的制度，并为之作系统性的整理与建设。① 其制度建设的范围极广，三省六部制、五礼体系、地方行政体制等都在整合、改革之列。以创置早朝为核心的唐初朝礼改革，亦是其中的一项重要内容。

所谓"早朝"，狭义而言，大抵是指每日或常日早晨，皇帝至相应的宫殿接受臣僚朝参、奏事的制度，随着"从此君王不早朝"诗句的流传，早朝之名也广为人知。早朝包含朝参礼仪、听政制度，是唐初确立的新型朝会礼制。在唐初的太极宫中，早朝包含太极殿视事、两仪殿视事这两项具体的制度形式。

太极宫是唐代的宫城，也是朝会等礼仪的举行场所。太极宫以承天门为宫城正门，太极殿为正殿，两仪殿为内殿。《唐六典·尚书工部》记载了唐初朝会与太极宫空间的对应关系：

---

* 本文是国家社会科学基金青年项目"唐五代朝会礼制研究"（22CZS019）、湖南省社会科学评审成果委员会课题（XSP22YBC509）阶段性成果。

① 参见陈寅恪：《隋唐制度渊源略论稿》，生活·读书·新知三联书店 2001 年版。

宫城在皇城之北……若元正、冬至大陈设，燕会，赦过宥罪，除旧布新，受万国之朝贡，四夷之宾客，则御承天门以听政。其内曰太极殿，朔、望则坐而视朝焉。其内曰两仪殿，常日听朝而视事焉。①

此宫城即太极宫。《唐六典·尚书工部》描述了唐初承天门大朝会、太极殿朔望朝参、两仪殿常日视事的空间与制度结构。其中，“常日听朝而视事”即属于早朝的类型，可简称为“常日视事”。唐初这三种朝会中，大朝会、朔望朝参是汉魏以来相承的传统制度；作为早朝的常日视事则不见于汉魏南北朝，系隋唐初的新创之制。

早朝的确立引发了唐初朝会礼制的深刻改变：在朝会类型方面，唐初较以往新增了早朝的类型；在制度层面，新增了太极殿视事、两仪殿视事两项制度；在功能上，早朝兼朝参、听政为一体，扩充了朝会礼制的功能与内容，还具有中枢决策方式改革的意义。唐初朝会制度、类型、功能的扩充，遂使中国古代朝会礼制的结构发生了重大转变，我们称之为唐初“朝礼改革”。

唐代文献对唐初早朝（太极殿视事、两仪殿视事）的具体记载稀少且零碎，这可能是唐初早朝还在生成完善之中，尚未定型的缘故。《唐六典》所记“常日听朝而视事”的名称，只是对早朝要点的概括性说明；《唐会要》的相关记载中，有临朝、视朝、受朝、视事等说法，皆随文而称之。② 史籍记载无定名的现象，是唐初早朝新创的反映，却导致了学界对唐初早朝关注的缺失。

学界对唐初太极宫及其朝会已有相关研究，如松本保宣归纳了隋唐初太极殿、两仪殿的功能，对太极宫朝会也有所分析③；中国近年的硕博士学位论文中，也有关注唐代太极宫及其朝会的，推动了有关认识的扩展和深化④。但是，既往研究未曾关注太极殿视事、两仪殿视事的创置，故而唐初早朝的渊源与制度就是一个有必要作专门研讨的问题。由唐初早朝的研究，引出对唐初君主听政礼制化的思考，深化对唐初制度建设、朝礼改革的认识，则是在梳理考辨基础上应作的进一步努力。

一、文书行政与君主听政：唐初早朝溯源

自秦汉至南北朝，朝会礼制只有大朝会、朔望朝参两种形式，在国家五礼体系中通常属于“嘉礼”。⑤ 作为君主接受臣僚朝参的礼仪，这一时期的朝会很少有君主听政的功能。盖隋唐以前，君主御殿听政作为中枢行政、决策系统的组成部分，与朝会礼制并行而

---

① 《唐六典》卷7《尚书工部》，中华书局2014年版，第217页。

② 王溥：《唐会要》卷24《受朝贺》，上海古籍出版社2006年版，第531页。

③ ［日］松本保宣：《唐代前半期の常朝——太極宮を中心として》，《东洋史研究》第65卷第2号，2006年。参见［日］松本保宣：《唐王朝の宫城と御前会议——唐代听政制度の展开》，晃洋书房2006年版。

④ 参见赵强：《唐代朝会制度研究》，南开大学博士学位论文，2006年；陈扬：《唐太极宫与大明宫布局研究》，陕西师范大学硕士学位论文，2010年；贾鸿源：《唐宋宫城礼仪空间研究》，复旦大学博士学位论文，2018年。

⑤ 《晋书》卷21《礼志下》将“元会仪”列入“宾礼”（中华书局1974年版，第649~651页）。

不相扰。

更重要的是，隋唐以前的君主听政尚未形成稳固的制度形式。秦汉时期的“三公九卿制”为“事务型政府”，为处理各类事务，固有君臣议政决策的必要。但是，此时政治事务在地方、有司、宰相、皇帝中层层分属，皇帝掌军国大事而不亲庶务。因而秦汉时虽有君臣议政，有时也会形成惯例，却难以制度化。

另外，自秦汉以来文书行政就是朝廷政务运作的基本形式。《史记》对秦始皇勤政的记载，“天下之事无小大皆决于上，上至以衡石量书，日夜有呈，不中呈不得休息”①，即指秦始皇批阅文书而言。魏晋南北朝时期，行政决策以文书处理为主要形式。唐初的尚书、中书、门下三省，推其机构之源皆为皇帝的秘书机构，帮助皇帝完成文书的收发和处理。三省外朝化的历程，也是两汉至隋唐文书行政深化发展的结果与体现。② 在此“政务型政府”之中，君主御殿听政也难以完成其制度化的进程。

在这样的中枢决策机制的背景下，君主对御殿听政的需求非但不高，有时甚至会因决策压力、风险而排斥御殿听政。秦二世即位，“赵高说二世曰：‘先帝临制天下久，故群臣不敢为非，进邪说。今陛下富于春秋，初即位，奈何与公卿廷决事？事即有误，示群臣短也。天子称朕，固不闻声。’于是二世常居禁中，与高决诸事。其后公卿希得朝见”③，秦二世废弃御殿听政，既是由于赵高为擅权而进谗言，也是因为御殿听政对皇帝临机决断的能力有较高的要求，一旦出现决策失误，为群臣所轻视，反而会危害统治。这并非赵高的虚言恫吓，而是切实存在的政治风险。又如大同六年（540）八月辛未，梁武帝下诏：

> 经国有体，必询诸朝，所以尚书置令、仆、丞、郎，旦旦上朝，以议时事，前共筹怀，然后奏闻。顷者不尔，每有疑事，倚立求决。古人有云，主非尧舜，何得发言便是。是故放勋之圣，犹咨四岳，重华之睿，亦待多士。岂朕寡德，所能独断。自今尚书中有疑事，前于朝堂参议，然后启闻，不得习常。其军机要切，前须咨审，自依旧典。④

自汉代以来的朝政运作以尚书集议为主，尚书省官员“旦旦上朝，以议时事”，议定后形成文书，进呈皇帝取裁。在这一由集议到文书的政务运作中，皇帝的政务负担较轻，决策失误的风险也较小；一旦转为皇帝听朝而视事的决策模式，群臣“每有疑事，倚立求决”，便会导致皇帝的负担加重、决策风险提高。梁武帝“主非尧舜，何得发言便是”以及“岂朕寡德，所能独断”的表态，从皇帝的角度说明了君主御殿听政、决策的压力与风险。唐太宗曾说“朕每临朝，欲发一言，未尝不三思，恐为民害，是以不多言”⑤，

---

① 《史记》卷6《秦始皇本纪》所载“侯生、卢生”相谋之语（中华书局1982年版，第258页）。

② 参见祝总斌：《两汉魏晋南北朝宰相制度研究》，北京大学出版社2017年版，第323~324页；孙国栋：《唐代三省制之发展研究》，《唐宋史论丛》，上海古籍出版社2010年版，第147页。

③ 《史记》卷6《秦始皇本纪》，中华书局1982年版，第271页。

④ 《梁书》卷3《武帝本纪下》，中华书局1973年版，第84页。

⑤ 《资治通鉴》卷192“贞观二年”条，中华书局1956年版，第6054页。

这既是唐太宗对决策的慎重，又体现了御殿听政的决策压力与风险。

但是，君主御殿听政无疑有助于强化皇权，它的制度化发展也是皇权强大的体现。梁武帝虽然要求群臣集议后再上奏，却也表示“军机要切，前须咨审，自依旧典”，保留御殿听政、决断军机的形式与功能，以保障行政的运转及维护皇帝的决策权。当有为之君在位，欲操政务于己之时，通常便会扩大御殿听政的范围，提高听政的频率，以至形成御殿听政的惯例。如秦始皇勤政，故“听事，群臣受决事，悉于咸阳宫”①；汉宣帝中兴，“令群臣得奏封事，以知下情。五日一听事”②。唐初君主听政的制度化、礼制化，正是在皇帝积极参与政务决策、增强君权的历史脉络下，经过长期演化而逐渐实现的。

北魏孝文帝亲临朝堂，是君主听政制度演化的一个重要节点。秦汉至南北朝时期，各级官员的“集议”是中央政务运作的重要内容。自汉代以来，集议制度逐渐完善，有大议、公卿议、有司议、三府议等多种形式。③ 其中，在朝堂举行的公卿集议，是最主要的集议形式。公卿讨论之后的决定，通常会形成文本进呈给皇帝，皇帝认可即从之，不认可即命重新召集官员，再议其事。

魏晋南北朝时期的宫城虽各有其名，如曹魏与西晋的洛阳宫、南朝的建康台城、北魏平城宫与洛阳宫、东魏邺南城宫城等，但宫城构造则基本相似，都以太极殿为正殿，作为举行各种国家典礼的场所，尚书省等中央政务机构则列于太极殿的南面，从而形成了以太极殿为中心的宫阙制度。④ 如图 1 所示，北魏洛阳宫的朝堂位于太极殿之外，与尚书省相连。朝堂原为尚书分曹治事、参议之所，随着尚书职权与组织的扩大，逐渐成为公卿百官入朝议政之地。⑤ 前引梁武帝诏书中说“自今尚书中有疑事，前于朝堂参议，然后启闻”，也与朝堂的这一功能相对应。

北魏孝文帝时期，随着君权的复振，孝文帝为了加强皇帝对朝政的掌控，采取了君主亲临朝堂、决断大政的形式。《魏书·穆亮传》记载：

> 后高祖临朝堂，谓亮曰：“三代之礼，日出视朝。自汉魏以降，礼仪渐杀。《晋令》有朔望集公卿于朝堂而论政事，亦无天子亲临之文。今因卿等日中之集，中前则卿等自论政事，中后与卿等共议可否。”遂命读奏案，高祖亲自决之。⑥

---

① 《史记》卷 6《秦始皇本纪》，中华书局 1982 年版，第 257~258 页。

② 《汉书》卷 8《宣帝纪》，中华书局 1962 年版，第 247 页。

③ 参见［日］渡边信一郎：《天空の玉座——中国古代帝国の朝政と仪礼》，柏书房 1996 年版，第 30~34 页。另参见秦涛：《律令时代的“议事以制”：汉代集议制研究》，西南政法大学博士学位论文，2014 年；李都都：《南北朝集议制度考述》，郑州大学硕士学位论文，2009 年；魏向东：《试论唐代政事堂宰相集议制度》，《苏州大学学报》1989 年第 2、3 期合刊。

④ 参见［日］渡边信一郎：《中国古代的王权与天下秩序——从日中比较史的视角出发》，徐冲译，中华书局 2008 年版，第 101~107 页。

⑤ 王德权：《决杖于朝堂——隋唐皇帝与官僚群体互动的一幕》，《唐研究》第 21 卷，北京大学出版社 2015 年版，第 167 页。

⑥ 《魏书》卷 27《穆亮传》，中华书局 1974 年版，第 670 页。

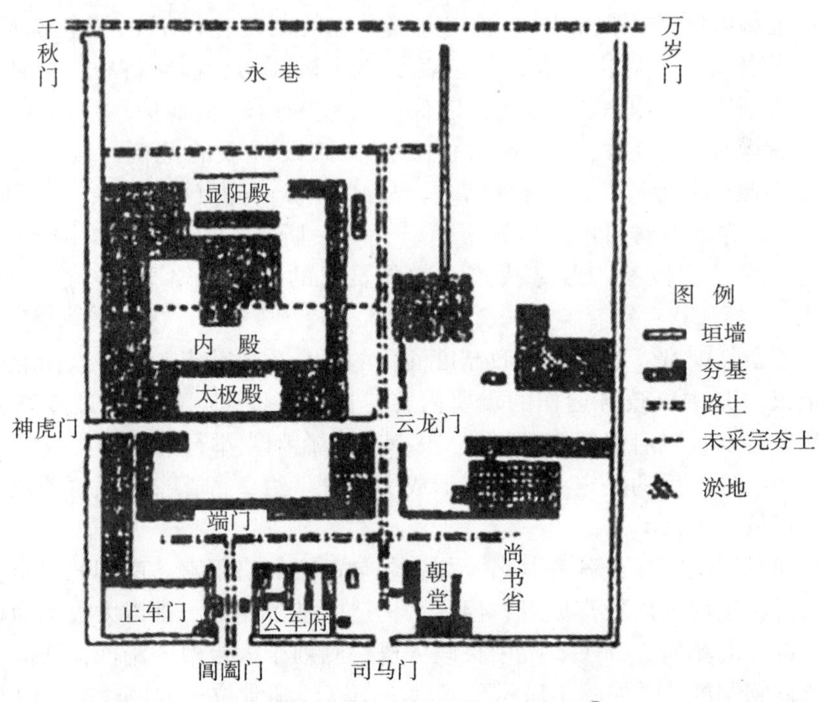

图 1　北魏洛阳宫（局部）示意图①

孝文帝决定，公卿先于朝堂集议，其后皇帝御朝堂听读奏案，亲临而决断政务。学者认为，皇帝亲临朝堂，表现出以皇帝为中心的朝政一元化企图。② 孝文帝亲临朝堂与梁武帝拒绝“独断”，其进退之别体现了南北朝皇权发展方向的差异。

北魏孝文帝以后，君主御殿听政逐渐稳固下来，成为北朝中枢决策的常规方式。如北齐孝昭帝“日昃临朝，务知人之善恶，每访问左右，冀获直言”③。隋文帝也是“每旦临朝，日侧不倦”④。又据《资治通鉴》记载：

> 独孤皇后，家世贵盛而能谦恭，雅好读书，言事多与隋主意合，帝甚宠惮之，宫中称为“二圣”。帝每临朝，后辄与帝方辇而进，至阁乃止。使宦官伺帝，政有所失，随即匡谏。候帝退朝，同反燕寝。⑤

隋文帝时期，每日或常日的临朝听政已成常态。独孤皇后“使宦官伺帝，政有所失，

① 引自［日］渡边信一郎：《中国古代的王权与天下秩序——从日中比较史的视角出发》，徐冲译，中华书局 2008 年版，第 104 页。

② ［日］渡边信一郎：《天空の玉座——中国古代帝国の朝政と仪礼》，柏书房 1996 年版，第 82 页。

③ 《北齐书》卷 6《孝昭本纪》，中华书局 1972 年版，第 84 页。

④ 《隋书》卷 46《杨尚希传》，中华书局 1973 年版，第 1253 页。

⑤ 《资治通鉴》卷 175“陈太建十三年（隋开皇二年）十月”条，中华书局 1956 年版，第 5446 页。

随即匡谏”的做法，也从侧面表明隋文帝视朝并非只是礼仪活动，而包含了决断政务的功能。

值得注意的是，隋文帝临朝听政的地点，已不在朝堂而在宫城正殿。这一地点的改变，当是隋唐初宫城建设的影响所致。

隋文帝开皇二年（581）下诏兴建新都大兴城，大兴城属于东西对称、南北向的中轴线布局。其中，宫城在大兴城中轴线的正北方，隋时称大兴宫，唐代改称太极宫。与大兴城东西对称、南北向布局的原则相应，隋唐太极宫（大兴宫）对魏晋南北朝宫城结构作了中轴对称化的改造。①

魏晋南北朝的宫城，朝堂与尚书省相连，列于太极殿之南，呈不规则、不对称的结构。隋大兴宫（唐太极宫）的设计则如图 2 所示，尚书省已被迁出宫城，与尚书省相连的朝堂亦被取消，而于承天门两侧设置了东朝堂、西朝堂。② 这一变化仅就建筑形态来说，是对不对称的朝堂作了中轴对称的改造；从政治的角度来看，则弱化了尚书省的职权，

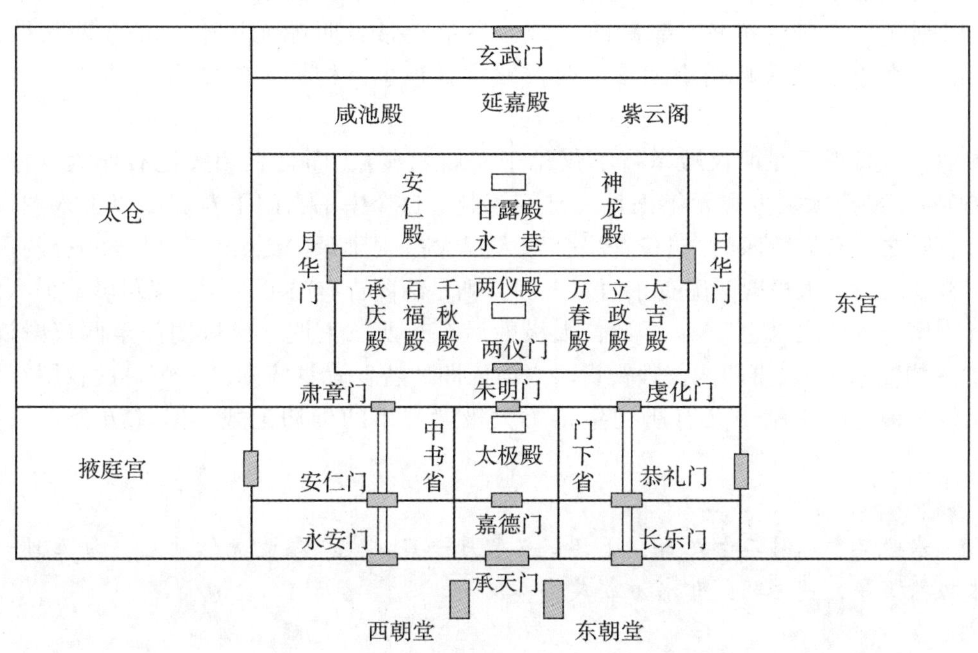

图 2　隋大兴宫、唐太极宫（局部）示意图③

① 参见杨宽：《中国古代都城制度史研究》，上海古籍出版社 1993 年版，第 188~189 页；钱国祥：《中国古代汉唐都城形制的演进——由曹魏太极殿谈唐长安城形制的渊源》，《中原文物》2016 年第 4 期。

② 唐代东、西朝堂的新作用，是作为对庶民展示的礼仪表演空间，举行各种礼仪象征活动。参见王德权：《决杖于朝堂》，《唐研究》第 21 卷，北京大学出版社 2015 年版，第 174 页。

③ 引自贾鸿源：《唐宋宫城礼仪空间研究》，复旦大学博士学位论文，2018 年。此图系贾鸿源博士据李健超先生《唐长安 1 : 2.5 万复原图》［《西北大学学报》（自然科学版）1993 年第 2 期］改绘。

削弱了尚书集议、朝堂公卿集议的地位。并且，朝堂被拆分和迁移之后，便无法再作为皇帝受朝的空间了，皇帝临朝的地点遂由朝堂转移到了宫殿。前引《资治通鉴》的记载中，隋文帝便当是御大兴殿（太极殿）视朝的，独孤皇后与隋文帝“方辇而进，至閤乃止”中的“閤”，即大兴殿后的便殿、便閤。独孤皇后至閤而止，隋文帝出御大兴殿听朝而视事，“候帝退朝，同反燕寝”。

因此，在北魏孝文帝亲临朝堂之后，隋代的宫城建设进一步促成了君主听政的制度化发展，到唐代就正式形成了早朝的朝会类型，并发展出了太极殿视事、两仪殿视事两种制度。早朝以君主听政为核心功能，是对君主听政活动的制度化，其出现改变了唐初朝会的结构和功能，是唐初朝礼改革的主要内容。

二、唐初太极殿视事、两仪殿视事的并行结构

隋代建设宫城时，于大兴殿后建中华殿为天子便殿，唐太宗贞观五年（631）改称两仪殿。① 据《唐六典·尚书工部》的记载，皇帝“常日听朝而视事”是在两仪殿，从而承天门大朝会、太极殿朔望朝参、两仪殿常日视事，构成了规整有序的“三朝”结构。

诚然，常日视事在两仪殿举行不仅见于《唐六典》，而且有相关记载作为支撑。如《资治通鉴》载唐太宗贞观元年正月“己亥，制：自今中书、门下及三品以上入閤议事，皆命谏官随之，有失辄谏”，胡三省注引宋人程大昌《雍录》云，“太极之北有两仪殿，即常日视朝之所。太极殿两庑有东西二上閤，则是两閤皆有门可入，已又可转北而入两仪也。此太宗时入閤之制也”。② 据此，太极殿后有东西二上閤，穿过閤门至两仪殿议事，是为“入閤”，入閤议事即两仪殿视事。大臣入閤“皆”命谏官随之，可见两仪殿视事具有经常性。但是，文献中又有唐初皇帝御太极殿视事的确切记载。据《唐会要·受朝贺》：

> 永徽二年八月二十九日，下诏：“来月一日，太极殿受朝。此后，每五日一度，太极殿视事，朔望朝，即永为常式。”③

唐初常日视事的频率不定，根据政务之繁简、君主之勤怠而调整，有每日至每五日举行的不同频率。兹取《唐会要·受朝贺》的记载，④ 制成表1如下：

---

① 徐松撰、李健超增订《增订唐两京城坊考（修订版）》卷一注：“隋曰中华殿，贞观五年改。中叶以后，帝后丧亦多殡此殿。按《旧书令狐德棻传》：高宗召宰臣及宏文馆学士于中华殿。是其时兼用旧名。”（三秦出版社2006年版，第5页）

② 《资治通鉴》卷192“贞观元年正月”条，中华书局1956年版，第6031页；程大昌：《雍录》卷3《古入閤说》，中华书局2002年版，第64页（文字与此略有出入）。

③ 王溥：《唐会要》卷24《受朝贺》，上海古籍出版社2006年版，第531页。

④ 王溥：《唐会要》卷24《受朝贺》，上海古籍出版社2006年版，第531页。

表 1 **《唐会要》所见唐初常日视事朝会频率**

内　　容	频率	地点
贞观十三年十月三日，尚书左仆射房玄龄奏："天下太平，万几事简，请三日一临朝。"诏许之	三日一度	
（贞观）二十三年九月十一日，太尉（长孙）无忌等奏请视朝坐日①，上（高宗）报曰："朕幼登大位，日夕孜孜，犹恐拥滞众务，自今以后，每日常坐。"	每日	
永徽二年八月二十九日，下诏："来月一日，太极殿受朝。此后，每五日一度，太极殿视事，朔望朝，即永为常式。"	五日一度	太极殿
显庆二年二月，太尉长孙无忌等奏以天下无虞，请隔日视事，许之	隔日	

表 1 反映了唐太宗、高宗朝，常日视事之时间频率屡变的特点。每五日一度的太极殿视事，亦为太极殿常日视事朝会的一种具体形式。此外，《新唐书·百官志》记载"起居郎"之职如下：

> 起居郎二人，从六品上。掌录天子起居法度。天子御正殿，则郎居左，舍人居右。有命，俯陛以听，退而书之。季终，以授史官。……每仗下，议政事，起居郎一人执笔记录于前，史官随之。②

皇帝御正殿受朝，必立仪仗，在森严的仪仗环绕中，皇帝接受百官朝参；其后仪仗撤下，官员进奏"议政事"。此处的正殿无疑是指太极殿，仗下议政事即太极殿视事的主要流程。

因此，唐初常日视事或在太极殿、或在两仪殿举行，都有文献为依据，皆为唐初存在过的君主听政形式。问题在于，太极殿视事与两仪殿视事之间关系如何，是此消彼长，抑或并存互补？唐太宗立晋王为太子时的议政、宣布程序，是解答这一问题极好的切入点。据《资治通鉴》记载：

> 承乾既废，上御两仪殿，群臣俱出，独留长孙无忌、房玄龄、李世绩、褚遂良……无忌等请上所欲，上曰："我欲立晋王。"无忌曰："谨奉诏，有异议者，臣请斩之！"……
>
> 上乃御太极殿，召文武六品以上，谓曰："承乾悖逆，泰亦凶险，皆不可立。朕欲选诸子为嗣，谁可者？卿辈明言之。"众皆欢呼曰："晋王仁孝，当为嗣。"上悦。③

① 整理本句读作"视朝，坐日"点断，从文意改。王溥：《唐会要》卷 24《受朝贺》，上海古籍出版社 2006 年版，第 531 页。

② 《新唐书》卷 47《百官志二·门下省起居郎》，中华书局 1975 年版，第 1208 页。

③ 《资治通鉴》卷 197"贞观十七年四月"条，中华书局 1956 年版，第 6196 页。另参见《旧唐书》卷 65《长孙无忌传》，中华书局 1975 年版，第 2454 页。

贞观十七年四月，前太子李承乾被废之后，唐太宗召集百官，议立太子。其第一阶段，群臣会集两仪殿，太宗临御，稍后群臣尽出，留长孙无忌、房玄龄等重臣商议，决定立晋王李治为太子；第二阶段，太宗御太极殿，召集文武六品以上官员，通过仪式性的问答，最后宣布立晋王为太子。

在唐太宗废立太子这一极特殊的事件中，唐初两仪殿视事、太极殿视事并存互补的基本特性得到了很好的展现。大抵两仪殿作为内殿，是皇帝与宰辅重臣商议大政之所；太极殿作为正殿，则是皇帝召集百官、布告大政之所。

唐高宗时有一个事例，也可以佐证唐初太极殿视事、两仪殿视事的并行。据《册府元龟》记载：

> （永徽）三年，自去年九月不雨至于正月，诏避正殿，御东廊以听政，仍令尚食减膳。至二月壬寅，大雨雪。乙巳，复御两仪殿南面视事。①

就在永徽二年（651）八月二十九日，唐高宗下诏“每五日一度，太极殿视事”②。至永徽三年正月，因持续性的干旱不雨，唐高宗遂下了避正殿（太极殿）而御东廊听政之诏，前后呼应，足以确证太极殿视事的存在。

随后至永徽三年二月壬寅大雨雪，二月乙巳（二十一日）遂复御两仪殿视事——此则为两仪殿视事的存在证明。其中，“复御”两仪殿视事的表述，表明此前因干旱“避正殿，御东廊以听政”时，两仪殿视事亦因而暂停，至此恢复。

综上而论，唐初太极殿视事、两仪殿视事互相关联、同时并存又各有分工，就是合乎情理的结论了。《唐六典·尚书工部》仅言两仪殿“常日听朝而视事”，至少是不全面的。

三、朝参与奏事：唐初早朝的制度内容

唐初创立的早朝礼制，尽管事实上具备了朝会礼制的各种要素，但由于其行政、日常的属性，并不能理所当然地成为朝会礼制的组成部分。甚至在相当程度上，唐初的常日视事仍具有相当多的“非常”因素，如唐高祖李渊“每视事，自称名，引贵臣同榻而坐”③，就是早朝制度尚未完全定形的具体表现。《大唐开元礼》记载了大朝会、朔日受朝的礼制，而无早朝，这可能是《贞观礼》《显庆礼》的延续，表明在唐前期的礼书系统中，早朝并未被国家礼制接纳。

不过，如唐代《仪制令》规定：

> 诸在京文武官职事九品以上，朔望日朝。
>
> 其文武官五品以上，及监察御史、员外郎、太常博士，每日朝参。

---

① 《册府元龟》卷26《帝王部·感应》，凤凰出版社2006年版，第260页。

② 王溥：《唐会要》卷24《受朝贺》，上海古籍出版社2006年版，第531页。

③ 《资治通鉴》卷185“武德元年六月”条，中华书局1956年版，第5794页。

文武官五品以上，仍每月五日、十一日、二十一日、二十五日参。三品以上，九日、十九日、二十九日又参。①

参与朔望朝参、早朝的官员范围及其朝参频率，共同构成了唐代文武百官朝谒班序、官员身份等级的基本尺度。这一“令”文的规定不详其时，然当在唐前期即已经确定，表明早朝有了法令的确认，迈出了礼制化的重要一步。《唐六典·尚书工部》将唐初朝会与古之三朝相类比，将大朝会、朔望朝参、常日视事（早朝）并立，在政典的意义上赋予了早朝“三朝”之一的礼制地位。此后杜佑的《通典》，立有“元正、冬至受朝贺(朔望朝参及常朝日附)”一门，也将早朝作为朝会礼制的组成部分，附入大朝会之下。②

《唐会要》卷24有“受朝贺”“朔望朝参（常朝日附）”两门，虽然没有为早朝专立一门，但亦已将其视为朝会礼制的内容了。③《唐会要》虽是由宋初的王溥修成，但却是以苏冕所修的《会要》与杨绍复等续修的《续会要》为基础的，④ 则唐代的《会要》很可能就已经以早朝为朝会礼制了。到宋代的《太常因革礼》中，既有元正冬至大朝会、朔望入阁，也有属于早朝类型的视朝、常参起居，⑤ 在礼书中将早朝纳入了朝会礼制的范畴。

因此，虽然唐前期的礼书不载早朝礼制，但发展到唐后期至宋初，作为朝廷法令的《仪制令》，作为政典的《唐六典》，作为典章制度通史的《通典》，作为本朝典制之书的《会要》，作为礼书的《太常因革礼》，都记载了早朝的相关制度及沿革，共同体现了早朝的形成、听政的朝礼化趋势。

唐初早朝的形成，亦即君主听政的朝礼化，直接结果是形成了早朝这一朝会类型以及太极殿视事、两仪殿视事两种具体制度。其中，太极殿视事作为正殿常朝，制度化的程度更高，礼仪色彩也更为显著。前引《新唐书·百官志》所载“起居郎”之职云，“天子御正殿，则郎居左，舍人居右。有命，俯陛以听，退而书之。……每仗下，议政事，起居郎一人执笔记录于前，史官随之”。当太极殿视事时，以仪仗之进退可分为两个阶段：第一阶段有司陈列仪仗、皇帝御殿、百官朝参、对仗奏事，起居郎、起居舍人旁听并记录皇帝之命；仪仗退出之后为第二阶段，群臣随仪仗退出，宰执重臣留下“议政事”，由起居郎、史官执笔记录。可见太极殿视事仪仗森严、流程清晰，兼具朝参、听政的功能。

---

① 王溥：《唐会要》卷25《文武百官朝谒班序》引《仪制令》，上海古籍出版社2006年版，第564~565页。

② 杜佑：《通典》卷70《礼典·元正冬至受朝贺（朔望朝参及常朝日附)》，王文锦等点校，中华书局1984年版，第1926~1935页。

③ 王溥：《唐会要》卷24，上海古籍出版社2006年版，第531~535、541~547页。

④ 王溥：《唐会要》前言，上海古籍出版社2006年版，第2~3页。

⑤ 欧阳修等：《太常因革礼》目录，《丛书集成初编》第1043册，商务印书馆1936年版，第13~15页。

太极殿视事时百官奏事，有对仗奏事、仗下奏事两种形式。① 唐玄宗开元六年（718）七月二十八日，诏：

> 百司及奏事，皆合对仗公言，比日以来，多仗下独奏。宜申明旧制，告语令知。如缘曹司细务，及有秘密不可对仗奏者，听仗下奏。②

此则诏令的目的是提倡“对仗公言”，但是即便如此，如“曹司细务”、机密事务等实际政务处理的内容，仍属于仗下奏事的范畴。盖对仗奏事是指臣僚朝参后朝班未散、仪仗未退时的奏对，但在此仪仗齐全的场合，作程序性、礼仪性的汇报尚可，详议政事则实有不便。因此对仗奏事更多是礼仪性的问答和布告，仗下奏事才是唐初君主听政的主要方式。③

对仗奏事、仗下奏事的功能区分，至迟在唐高宗时已经形成。《新唐书·百官志》记载：

> 高宗临朝不决事，有所奏唯辞见而已。许敬宗、李义府为相，奏请多畏人之知也，命起居郎、舍人对仗承旨，仗下与百官皆出，不复闻机务矣。④

许敬宗、李义府以“奏请多畏人之知”，故要求仪仗撤出时，起居郎、舍人与百官一同退出，不许旁听君相所论的“机务”。则当时仗下奏事尚且运转良好，所谓“高宗临朝不决事”，是指对仗奏事仅存官员辞、见等礼仪性活动，而君臣奏对、决断政务的功能则弱化了。另外，起居郎、舍人既随仗而出，就导致仗下奏事时君相所论的军国大事缺乏记录，史遂有阙，因此导致了“时政记”的出现。据《旧唐书·姚璹传》记载：

> 自永徽以后，左、右史虽得对仗承旨，仗下后谋议，皆不预闻。璹以为帝王谟训，不可暂无纪述，若不宣自宰相，史官无从得书。乃表请仗下所言军国政要，宰相一人专知撰录，号为时政记，每月封送史馆。⑤

正是在太极殿视事、仗下奏事已经制度化的背景下，修撰《时政记》的规定才出现并长期延续。

---

① 参见谢元鲁：《唐代中央政权决策研究》（增订本），北京师范大学出版社 2020 年版；［日］松本保宣：《唐代前半期の常朝——太极宫を中心として》，《东洋史研究》第 65 卷第 2 号，2006 年，第 283~284 页；［日］松本保宣：《唐初の对仗·仗下奏事》，《立命馆文学》619 号，2010 年，第 129~142 页；叶炜：《论唐代皇帝与高级官员政务沟通方式的制度性调整》，《唐宋历史评论》第 3 辑，社会科学文献出版社 2017 年版。

② 王溥：《唐会要》卷 25《百官奏事》，上海古籍出版社 2006 年版，第 556 页。

③ 参见叶炜：《论唐代皇帝与高级官员政务沟通方式的制度性调整》，《唐宋历史评论》第 3 辑，社会科学文献出版社 2017 年版。

④ 《新唐书》卷 47《百官志二·门下省起居郎》，中华书局 1975 年版，第 1208 页。

⑤ 《旧唐书》卷 89《姚璹传》，中华书局 1975 年版，第 2902 页。

太极殿视事的制度化，还体现在参与官员范围的确定。据唐代《仪制令》规定，“其文武官五品以上，及监察御史、员外郎、太常博士，每日朝参”①，这些有资格、有义务参与太极殿视事的官员，是为“常参官”②。

相较于太极殿视事而言，两仪殿视事的制度化程度较低，礼仪也较为简便。据《资治通鉴》记载，唐太宗贞观十八年四月：

> 上御两仪殿，皇太子侍。上谓群臣曰：“太子性行，外人亦闻之乎?”司徒无忌曰：“太子虽不出宫门，天下无不钦仰圣德。”上曰：“吾如治年时，颇不能循常度。治自幼宽厚，谚曰：‘生狼，犹恐如羊’，冀其稍壮，自不同耳。”无忌对曰：“陛下神武，乃拨乱之才，太子仁恕，实守文之德；趣尚虽异，各当其分，此乃皇天所以祚大唐而福苍生者也。”③

这段出自两仪殿视事时的对话，发生于唐太宗与“群臣”之间。前述唐太宗废立太子时，“御两仪殿，群臣俱出，独留长孙无忌”等重臣与议。这两处的“群臣”不当理解为在京文武百官，而是指获准参与两仪殿视事的官员。前引《资治通鉴》载唐太宗贞观元年下诏“自今中书、门下及三品以上入阁议事，皆命谏官随之，有失辄谏”，则参与两仪殿视事的“群臣”或即“中书、门下及三品以上”的范围，较太极殿视事的规模为小。

除了相对正式的听政、议事之外，两仪殿视事还能容纳非正式的召见、论道。如《资治通鉴》载唐中宗景龙二年（708）：

> 上以安乐公主将适左卫中郎将武延秀，遣使召太子宾客武攸绪于嵩山。攸绪将至，上敕礼官于两仪殿设别位，欲行问道之礼，听以山服葛巾入见，不名不拜。仗入，（自太极殿前唤仗从东、西上閤门入，立于两仪殿前。）通事舍人引攸绪就位；攸绪趋立辞见班中，再拜如常仪。④

这显然不是两仪殿视事的制度化形态，而只能是非常规的情形。两仪殿的非常规召见、论道，构成了常日视事朝会的补充。并且，由这则记载可见，唐初宫廷仪仗常设于太极殿前；两仪殿礼仪减省，不常设仪仗，只在有特别需要时从太极殿唤仗入。唐中宗为了表示对武攸绪的重视和优礼，“听以山服葛巾入见，不名不拜”，也体现了两仪殿视事的简便特性。

四、结　　语

综上所述，从北魏孝文帝至隋唐初，君主听政逐渐地制度化、朝礼化了。在此过程

① 王溥：《唐会要》卷25《文武百官朝谒班序》，上海古籍出版社2006年版，第564~565页。

② 《新唐书》卷48《百官志三》：“文官五品以上及两省供奉官、监察御史、员外郎、太常博士，日参，号常参官。”（中华书局1975年版，第1236页）

③ 《资治通鉴》卷197“贞观十八年四月”条，中华书局1956年版，第6208页。

④ 《资治通鉴》卷209“景龙二年十一月”条，中华书局1956年版，第6628页。

中，强化皇权的主观需求、中枢决策的客观需要，是促成早朝形成的主要动因。太极殿对仗奏事、仗下奏事、两仪殿视事、两仪殿非常规召对，构成了君主听政的多个层级，体现了君主对政务支配权力的极大加强。自唐初以降，早朝的具体制度屡经变迁，但早朝类型则长期延续，并以君主听政的核心功能成为唐以降中枢决策的基本方式之一。此后，中枢政治的变动，常常围绕着听政的礼制化进程而消长，对唐宋以降的政治史产生了深远的影响。

（作者单位：湖南大学岳麓书院）

话语与意图：王安石变法中作为政争工具的思想观念

□ 尚振扬

【摘要】从“言语-行动”的视角来看，王安石变法期间，变法派与反变法派把“天”、“公”、祖宗之法和先王之政等观念当作了政争的理论武器。反变法派借助灾异谴告说，要求废除与修改新法；变法派不仅认为灾害、天象与变法之间不存在联系，而且使用灾异谴告说回击反变法派。两派士大夫利用朝廷之公与天下之公的观念推动或反对变法，展开了围绕公论的争夺。反变法派通过推崇祖宗之法表示对变法的反对，而变法派诉诸先王之政论证了变法的合理性；他们分别察觉到了对方的意图，从其援引的祖宗之法和先王之政中引申出了相反的诉求。两派士大夫出于政治斗争的需要，灵活地阐发“天”、“公”、祖宗之法和先王之政等观念，使之表现出实用化与功利化的倾向。这种把精神活动与政治实践相结合的做法加剧了变法派与反变法派斗争的烈度。

【关键词】王安石变法；“言语-行动”；“天”；“公”；祖宗之法；先王之政

一、问题的提出

北宋熙宁年间，王安石在宋神宗的支持下，开启了一场涉及政治、经济、教育、军事等多方面的变法大业。① 在此期间，因为政见分歧，士大夫群体逐渐分化成以王安石为首的变法派和以司马光为代表的反变法派两个阵营。随着变法的推进，反变法派中的元老重臣在政争中遭到排斥，赋闲洛阳，与同居此地的邵雍、二程等人相互应和，结成了一个远离京师的知识集团，以致出现了“政治重心与文化重心严重分离的现象”②。

① 学界习惯上把宋神宗熙宁、元丰年间的变法称为王安石变法。20 世纪 80 年代以来，已有学者有意识地区分了王安石变法与熙丰变法。参见叶坦：《引言：变法之君》，《大变法：宋神宗与十一世纪的改革运动》，生活·读书·新知三联书店 1996 年版，第 1~2 页；崔英超、张其凡：《熙丰变法中宋神宗作用之考析》，《暨南学报》（人文科学与社会科学版）2004 年第 3 期。本文说的王安石变法是指王安石在熙宁年间领导的变法运动。

② 葛兆光：《中国思想史》第 2 卷，复旦大学出版社 2013 年版，第 165 页。

变法派和反变法派之间的斗争是王安石变法研究中的经典话题。20 世纪 80 年代以后，围绕这一问题的研究大致有如下三个视角。第一种是阶级分析与阶级斗争的视角，这类研究认为变法派和反变法派分别代表了地主阶级中不同阶层的利益，两派士大夫之间的纷争是两条不同政治路线的斗争。① 第二种视角把变法派与反变法派的斗争解读为思想与学术之争，认为两派之间的对立是儒学内部不同流派的斗争。② 第三种视角则认为变法派与反变法派都有寻求变革的想法，但两派在治国方案与施政措施上的看法不一致，二者之间的斗争是政策性的分歧。③ 这些研究探讨了变法派与反变法派斗争的性质与原因。与此相关的另一个问题是，两派士大夫如何组织与展开斗争，即他们在政争中采取了哪些手段、诉诸哪些理论资源？近年来有学者注意到王安石新学与变法之间的关联，指出王安石通过阐释经学义理来为变法提供辩护。④ 这些研究侧重于分析王安石如何把经学当作支撑变法的理论武器，而较为忽略变法派其他成员和反变法派采取的论争策略。

其实，在变法中，两派士大夫都面临着选择斗争策略或理论工具的问题。据说，反变法派曾打算让策试应试者批驳“天变不足畏，人言不足恤，祖宗之法不足守”的说法。王安石在听闻“三不足”之说后，逐条做出了回应，并且指出一旦这道题目出现在策试中，定将阻碍变法进程。⑤ 学界对于“三不足”之说的提出者有不同的看法。⑥ 不过，如果我们不纠缠于这个说法到底是由谁提出的，而是调整观察视角，自然不难从中看到变法派和反变法派围绕“天”“公”和祖宗之法等观念展开的交锋。检视史料，可以发现两派士大夫在争论中屡屡援引“天”、“公”、祖宗之法和先王之政等观念，尽管他们的阐发与意图并不一致。因此，在“言语-行动”的视角下，对变法派和反变法派的斗争仍有进一步讨论的空间。本文拟从揭示“天”、“公”、祖宗之法和先王之政在传统思想中的二重面相入手，进而聚焦两派士大夫在争论中对这些观念各取所需的言说策略，以期加深对王安石变法之争的认识。

---

① 邓广铭：《北宋政治改革家王安石》，河北教育出版社 2007 年版，第 314 页；漆侠：《王安石变法》（增订本），河北大学出版社 2009 年版，第 222~223 页。

② 刘复生：《北宋“党争”与儒学复兴运动的演化》，《社会科学研究》1999 年第 6 期；季平：《王安石和司马光的政治思想探源》，《四川师院学报》1985 年第 3 期；刘成国：《尊经卑史——王安石的史学思想与北宋后期史学命运》，《四川大学学报》（哲学社会科学版）2006 年第 1 期。

③ 王曾瑜：《王安石变法简论》，《中国社会科学》1980 年第 3 期；顾全芳：《重评司马光与王安石变法》，《学术月刊》1990 年第 9 期。

④ 姜广辉、许宁宁：《再评王安石：新法、新学的关联审视》，《陕西师范大学学报》（哲学社会科学版）2018 年第 3 期。刘力耘：《王安石〈尚书〉学与熙宁变法之关系考察》，《中国史研究》2019 年第 1 期。俞菁慧：《〈周礼·泉府〉与熙宁市易法》，《首都师范大学学报》（社会科学版）2014 年第 4 期；《〈周礼〉“比闾什伍”与王安石保甲经制研究》，《中国史研究》2016 年第 2 期。俞菁慧、雷博：《北宋熙宁青苗借贷及其经义论辩》，《历史研究》2016 年第 2 期。

⑤ 杨仲良：《皇宋通鉴长编纪事本末》卷 59《王安石事迹上》，黑龙江人民出版社 2006 年版，第 1047 页。

⑥ 邓广铭：《北宋政治改革家王安石》，河北教育出版社 2007 年版，第 116~117 页；漆侠：《王安石变法》（增订本），河北大学出版社 2009 年版，第 229 页；王荣科：《王安石提出“三不足”之说质疑》，《复旦学报》（社会科学版）2000 年第 1 期。

二、对自然之天与道德之天的取舍

（一）反变法派对灾害成因的分析与应对

“天”是中国传统思想中的重要概念之一。萧延中认为，“天”是生活世界里的客观实体，最初呈现为“天象”的形式，随着经验与观测的积累，人们渐渐地从“天象”中窥测出了“天意”。所谓“天象”，是指宇宙自然本体的图像；“天意”包含知识和思想，带有强烈的象征意义，能够传达对人间政治生活的褒贬臧否。① 换言之，“天”在传统社会中可以被大致区分为方位之天和预设之天，前者把“天”当作独立于人类社会的客观存在；后者则把“天”视为具有道德属性的人格神。由于对“天”的认识有所不同，天人关系理论也就相应地呈现出不同形态。在思想史上，荀子作为天人相分论者的代表，把“天”当作无意志的、自在的自然，认为“天”遵循客观的运行规律，既不神秘，也不会影响到国家的治乱兴衰。相反，董仲舒系统阐述天人相关理论，提出了灾异谴告说。该学说在自然现象与政治、人事之间建立起外在的实质联系，认为天事与人事是互通的，灾害预示着上天对君主的警示，若君主不知悔改，国家的败亡就会随之而来。

在变法期间，发生了地震、干旱等灾害。两种不同面相的“天”满足了变法派与反变法派的各自需要，他们在争论中灵活调动“天”的不同含义，进而表达了对于变法的不同看法。反变法派往往把灾害与天意联系起来，认为这是上天对变法降下的惩罚，纷纷要求废除与修改各项新法及罢免王安石。熙宁三年四月，程颢在给宋神宗的上疏中指出，“天时未顺，地震连年，四方人心日益摇动，此皆陛下所当仰测天意，俯察人事者也”②，委婉地对变法提出了反对。从熙宁六年冬季起，干旱已经持续了好几个月。对此，神宗颇感焦虑，故向韩维咨询应对之举。韩维指出，只采取“损膳避殿”等常规惯例“不足以应天变”③，要想从根源上解决旱灾，就需要广开言路，兼听对于变法的不同意见，同时也要免除百姓拖欠的税赋。很明显，韩维是在灾异谴告说的逻辑下，暗示变法导致天旱不雨，而解决之道就在于修正新法，减轻百姓的负担。随后，韩维借着草拟诏令的机会，以“冀以塞责消变”为由，④ 鼓励反变法派同侪上书朝政阙失。司马光在接到诏令后表示，诸项新法中存在各种各样的问题，若能有针对性地加以修正，就能解除旱灾，“中外欢呼，上下感悦，和气熏蒸，雨必沾洽矣”。而且他还把旱灾的成因指向了王安石，表示“灾异之大，古今罕比”的原因在于王氏未能正确地辅佐神宗。⑤ 旱灾发生后，监安上门郑侠也揭橥“天”的道德性面相，要求神宗罢免王安石与废除新法。他上书言：“天旱由王安石所致，若罢安石，天必雨。”⑥ 如果神宗罢停各项新法，就能“早召和气，上应天

① 萧延中：《中国思维的根系——研究笔记》，中央编译出版社 2020 年版，第 196~219 页。
② 陈邦瞻：《宋史纪事本末》卷 37《王安石变法》，中华书局 2018 年版，第 330 页。
③ 李焘：《续资治通鉴长编》卷 251，中华书局 1986 年版，第 6138 页。
④ 李焘：《续资治通鉴长编》卷 251，中华书局 1986 年版，第 6137 页。
⑤ 李焘：《续资治通鉴长编》卷 252，中华书局 1986 年版，第 6167、6161 页。
⑥ 李焘：《续资治通鉴长编》卷 254，中华书局 1986 年版，第 6207 页。

心，调阴阳，降雨露”。为了增强自己的说服力，郑侠更是信誓旦旦地承诺：“行臣之言，自今已往至于十日不雨，乞斩臣于宣德门外，以正欺君慢天之罪。”① 巧合的是，待到第二天宋神宗下令暂停在开封地区执行新法后，“是日，果大雨，远近沾洽”②。郑侠以上天与人间政事之间的感应为依据要求罢停新法，并且他的话居然还得到了“证实”！这样的结果“验证”了道德之天的存在与效力，给变法派带来了沉重一击。

（二）变法派灵活解读“天”与天人关系

同样是面对旱灾，变法派就采取了与反变法派不同的看法。王安石倾向于从自然规律的意义上解读旱灾，他反复向神宗表示旱灾与变法之间不存在丝毫联系，不能因为出现了干旱就废止新法。熙宁七年三月，神宗因为“天旱民饥”而不赞成在成都地区设立市易务，王安石读出了神宗想法背后的灾异谴告逻辑，于是，他切断干旱与政事之间的感应关系，强调“若因天旱人饥，便废修政事，恐无此理”③，劝说神宗不能因为干旱就放弃设立市易务的计划。同年四月，神宗又因为旱灾而动了废除保甲法和方田法的念头。王安石表示，降水短缺乃是正常的自然现象，即便是尧、汤也曾遇到过这类问题，所以当务之急在于积极推行新法，“益修人事”④。除此之外，王安石还强调了天象的自然属性。熙宁八年十月，宋神宗听闻天空中出现了一颗彗星，联系近年来频发的自然灾害，他深感不安，进而对变法产生了怀疑。对此，王安石指出，“天文之变无穷，人事之变无已，上下附会，或远或近，岂无偶合？此其所以不足信也”⑤。王安石旨在通过否定天人之间的关联，打消神宗的顾虑。然而神宗并没有彻底摆脱疑虑，反倒是提及了百姓对变法怨声载道的情况。王安石则以天气变化为例，宽慰神宗说“祁寒暑雨，民犹怨咨”⑥，故而没有必要把民间的哀怨放在心上。可见，王安石在自然规律的层面上解读灾害与天象，尝试撇清其与上天道德意志的关系，力求通过这种办法使宋神宗坚定继续推行变法的决心。作为政争的另一方，反变法派当然看穿了王安石和变法派的意图。例如，富弼在听到变法派“灾异皆天数，非关人事得失所致者”的言论后，感叹道：“人君所畏惟天，若不畏天，何事不可为者”，认为这种说法迷惑神宗的心智，“使辅拂谏争之臣，无所施其力”，于是“上书数千言，力论之”。⑦

不仅如此，为了顺利推动变法，王安石还肯定了天与人之间的某种关联，从而在天人关系的议题上表现得更为灵活。熙宁五年五月，王安石对神宗说：“盖人和则天地之和应，人不和则天地之和不应，自然之理也。”⑧ 在这里，有两点值得注意。第一，王安石所说的“应”指的是人事与天事之间的呼应，在他看来，自然万象会根据人间政事的和谐程度而做出不同的反馈。这反映了他把人间的政事和谐摆在首要位置，巧妙地调整了天

① 李焘：《续资治通鉴长编》卷 252，中华书局 1986 年版，第 6153、6154 页。
② 陈邦瞻：《宋史纪事本末》卷 37《王安石变法》，中华书局 2018 年版，第 357 页。
③ 李焘：《续资治通鉴长编》卷 251，中华书局 1986 年版，第 6118 页。
④ 李焘：《续资治通鉴长编》卷 252，中华书局 1986 年版，第 6147 页。
⑤ 李焘：《续资治通鉴长编》卷 269，中华书局 1986 年版，第 6597 页。
⑥ 陈邦瞻：《宋史纪事本末》卷 37《王安石变法》，中华书局 2018 年版，第 362 页。
⑦ 《宋史》卷 313《富弼传》，中华书局 1977 年版，第 10255 页。
⑧ 李焘：《续资治通鉴长编》卷 233，中华书局 1986 年版，第 5657 页。

人关系的侧重点。第二，王安石进而认为天人之间的关系是种客观规律，这就在承认天人之间存在某种联系的同时，也剔除了其中的神秘感应成分。时隔不久，神宗鉴于百姓不习惯保甲法而再次萌生了修改是法的想法。对此，王安石要求神宗顺应“天”，“陛下正当为天之所为。知天之所为，然后能为天之所为”，体察“天”所昭示的道理与规律，超越百姓惯习的羁绊，按照原先部署坚定推行保甲法。为了进一步说服神宗，王安石还打了个比方，他把“天之所为”比作河流决口，指出有生生之德的“天”之所以不体恤河水决口而导致的财产损失，是因为其“任理而无情故也”。① 可见，在王安石眼中，“天”象征着客观规律，他把天意和保甲法联系到一起，劝导神宗应在天意的指示下施行保甲法，万万不可因为百姓的不适应而有所退让。

对于反变法派利用道德之天反对变法的政争策略，王安石当然了然于胸。正是如此，也就容易明白他缘何因为反变法派对富弼“天付忠纯”的评价而感到“大恨之”了。② 面对反变法派的攻击，王安石也在利用灾异谴告说的逻辑做出反击。推行市易法之后，华山发生了山崩。文彦博认为这预示了上天的不满与示警，问题的根源则在于市易司的敛钱行径。为了不使这类言论干扰神宗推行市易法的决心，王安石回应说“华州山崩，臣不知天意如何”，并且还拾起文彦博的腔调，以退为进，表示“（天）若有意，必为小人发，不为君子”，反倒是把矛头转向了文彦博。③ 有意思的是，同反变法派一样，变法派也会借用道德之天的面相来支持自己的论说。曾公亮虽然身为变法派的一员，但他与王安石并未处处保持一致。在一场争论中，曾公亮逐渐把话题引到了王安石压制异论上。对此，宋神宗持怀疑态度。为了说服神宗，曾公亮不惜发誓：“此言若诬，天实临之！”④ 当苏轼指责自己不能纠正变法时，曾公亮又把人格化的天搬了出来，回应道：“上与安石如一人，此乃天也。”⑤ 这样就既为自己做了辩解，又不动声色地助推了变法的开展。

三、天下之公与朝廷之公的政治意涵

（一）王安石利用公观念推动变法

和“天”一样，“公”也是中国传统政治思想的核心主题之一。根据刘泽华先生的研究，甲骨文中已出现了“公”字；在西周到春秋战国这段时期里，“公”从对人、物、事的指称逐渐扩展成带有政治公共性含义的社会价值和道德概念。⑥ 日本学者沟口雄三认为，“公”之所以会发生这样的转变，原因与“天”密不可分。在比较中日两国的天道观

① 李焘：《续资治通鉴长编》卷236，中华书局1986年版，第5742页。

② 杨仲良：《皇宋通鉴长编纪事本末》卷69《青苗法下》，黑龙江人民出版社2006年版，第1226页。

③ 李焘：《续资治通鉴长编》卷236，中华书局1986年版，第5810页。

④ 杨仲良：《皇宋通鉴长编纪事本末》卷68《青苗法上》，黑龙江人民出版社2006年版，第1204页。

⑤ 李焘：《续资治通鉴长编》卷215，中华书局1986年版，第5238页。

⑥ 刘泽华：《春秋战国的“立公灭私”观念与社会整合（上）》，《南开学报》（哲学社会科学版）2003年第4期。

时，沟口发现，“和日本的天道观相比，中国的天观之最独特的思想创造，是有一个生成调和的天，特别是调和人的生存的天”①。生成调和的“天”具有无私不偏的品格，对万事万物流露出均等的关怀，展现了公正的意志与普遍的惠及。当这样的观念渗透到政治领域，也就形成了天下为公的理想。然而，有学者指出，以天道、天理为依归的“公”要求君主循天道、顺民心，谨记保民、养民的治国宗旨，但这种基于天下、民心的“公”在现实中经常无法落地生根，所以士大夫退而求其次，把天道层面的“公”降格为王朝的整体利益和正常的统治秩序，认为君主做到这些，也就算达成了一种较低意义上的“公”。② 也就是说，在中国传统思想中存在着天下之公和王朝之公两种观念，与前者相比，后者因其一家一姓的私意而处于下位。在变法中，变法派与反变法派便调动了这两种不同的公观念。

其实，在两派士大夫那里，他们都意识到了天下与朝廷的不同。王安石对神宗表示，创立市易法是为“天下立法，要均天下之利，立朝廷政事”③。曾布向神宗说：“窃以朝廷议更差役之法，志于便民，故虽遣使四方询访利害，而旷日弥月，未有成法可以施之天下者。”④ 反变法派的杨绘指责推行免役法的官员“务敛之多而行之峻，致天下不尽晓朝廷之意”⑤。刘挚也要求神宗惩罚因修整漳河水利而欺压百姓的官员，“使天下皆知此役之害非朝廷意”⑥。可见，在变法派与反变法派看来，朝廷与天下的含义不同，二者之间虽有联系，但终究不能混同。变法期间，两派士大夫均基于朝廷之公与天下之公的观念，阐发了各自的诉求。面对曾公亮指责自己打压有关青苗法的不同看法时，王安石以维护朝廷法令与朝廷权威为由，反驳说在青苗法被当作“朝廷诏令”得到推行后，各级官员就应该积极贯彻执行，自己之所以要反对那些不同的声音，并不是逞一时口舌之快，而是“欲朝廷法令尊，为人所信，不为浮议妄改而已”⑦。王安石针对保甲法的一个设想是用保甲民兵逐渐取代原先招募的兵士。他向宋神宗指出，“恃募兵以为国，终非所以安宗庙、社稷”⑧。反观保甲法，“此极天下一大事，若成就即宗庙社稷安”⑨。通过对比两种兵制，王安石突出了保甲法在维护社稷安定方面的功效，意在劝导神宗坚定实行保甲法。

出于推动变法的需要，王安石不仅给出了维护朝廷利益的理由，而且他还举起了彰显天下之公的旗帜。王安石发扬以天下为己任的精神，启发神宗说：“欲成天下之务，在通天下之志，若不能通天下之志，即不能运动天下变移风俗，则何由成天下之务？”⑩ 熙宁

---

① 沟口雄三：《中国的思想》，赵世林译，中国财富出版社 2012 年版，第 12 页。

② 张星久：《帝制中国的两种基本“公”“私”观及其制度表现——一个从制度回溯观念的尝试》，《武汉大学学报》（哲学社会科学版）2006 年第 6 期。

③ 李焘：《续资治通鉴长编》卷 236，中华书局 1986 年版，第 5738 页。

④ 李焘：《续资治通鉴长编》卷 225，中华书局 1986 年版，第 5470 页。

⑤ 李焘：《续资治通鉴长编》卷 223，中华书局 1986 年版，第 5421 页。

⑥ 李焘：《续资治通鉴长编》卷 223，中华书局 1986 年版，第 5422 页。

⑦ 杨仲良：《皇宋通鉴长编纪事本末》卷 68《青苗法上》，黑龙江人民出版社 2006 年版，第 1204 页。

⑧ 李焘：《续资治通鉴长编》卷 229，中华书局 1986 年版，第 5580 页。

⑨ 李焘：《续资治通鉴长编》卷 235，中华书局 1986 年版，第 5706 页。

⑩ 李焘：《续资治通鉴长编》卷 234，中华书局 1986 年版，第 5688 页。

四年五月，外界对于收取免役钱议论纷纷，为了降低外界的影响，王安石勉励神宗说："浅近之人，何足以知天下大计，其言适足沮乱人意而已。"① 熙宁八年四月，有人向神宗反映了青苗法执行过程当中出现的问题，这使得神宗在推行青苗法上有所让步。对此，王安石显得有些焦躁与失落，抱怨说："天下事如煮羹，下一把火，又随下一勺水，即羹何由熟也?"② 从王安石的一系列言论中，可以发现他把各项新法提升到事关天下的高度，强调了推行变法的重要性。不只是王安石，变法派的其他成员也会利用天下之公的观念来达到推进变法的目的。例如，曾任宁州通判的邓绾在给神宗的上书中称赞青苗法和免役法深受当地百姓的欢迎，并据此推测，"以所见宁州观之，知一路，一路观之，见天下皆然，此诚不世之良法"③。邓绾一步步地推导新法受欢迎的程度，最终把落脚点放在天下的层面上，表达了对于变法的支持与拥护。

（二）反变法派的理由及公论之争

在反变法派那里，两种不同的公观念也被用作表达自身政见的手段。司马光指责王安石占据要津、误导神宗，做了许多不当的事，致使"宗庙社稷有累卵之危"④。而且，他还向神宗表明，自旱灾发生以来，百姓本已缺衣少食，但基层官吏仍然强制征收青苗钱与免役钱，更是极大加重了百姓的困苦。如果这样的状况持续数月，就有可能酿成农民起义，危及朝廷的正常统治秩序，"此乃宗庙社稷之忧"⑤，一想到这些，实在是令他寝食不安。司马光设想了新法可能诱发的朝政动荡，显示出对于变法的否定。杨绘曾先后谈及了免役法的利好与可能存在的问题，这被曾布视为邪诐欺罔之举。面对曾氏的指责，杨绘向神宗辩解说，自己认为免役法的初衷是好的，之所以会先表明免役法的好处、然后再指出其中的不足，是想通过这种方式全面评估免役法的利弊，尽可能地把弊端转化成利好，"欲有裨于圣政"⑥。杨绘极力塑造自己心向朝廷的形象，在为自己洗脱污名的同时，也在暗地里批评了免役法。

不仅如此，反变法派还在反对变法时调动了天下之公的观念。熙宁四年五月，吕诲在临去世前叮嘱司马光："天下事尚可为，君实勉之!"⑦ 吕诲自知将不久于人世，但他依旧对"天下事"念念不忘，期许司马光能以天下为己任，积极纠正变法，给反变法派注入了一股强大的支持力量。在和司马光的对话中，神宗表示青苗法已经取得了显著成效。司马光回应说："兹事天下知其非，独安石之党以为是尔。"⑧ 司马光不仅把变法派与天

---

① 李焘：《续资治通鉴长编》卷 223，中华书局 1986 年版，第 5427 页。

② 杨仲良：《皇宋通鉴长编纪事本末》卷 69《青苗法下》，黑龙江人民出版社 2006 年版，第 1228 页。

③ 杨仲良：《皇宋通鉴长编纪事本末》卷 69《青苗法下》，黑龙江人民出版社 2006 年版，第 1223 页。

④ 李焘：《续资治通鉴长编》卷 220，中华书局 1986 年版，第 5340 页。

⑤ 李焘：《续资治通鉴长编》卷 252，中华书局 1986 年版，第 6166 页。

⑥ 李焘：《续资治通鉴长编》卷 225，中华书局 1986 年版，第 5479 页。

⑦ 李焘：《续资治通鉴长编》卷 222，中华书局 1986 年版，第 5404 页。

⑧ 杨仲良：《皇宋通鉴长编纪事本末》卷 69《青苗法下》，黑龙江人民出版社 2006 年版，第 1221 页。

下对立起来，而且还进一步指出天下众人的观点正确而变法派一小撮人的看法错误。通过这种方式，司马光否定了青苗法。富弼也借言天下道出了对青苗法的反对，他指出"窃观朝廷力行支散青苗钱斛，必谓有利于天下"①。一个"窃"字反映出这句话的字面意思并不是富弼的本意，他真正想说的是青苗法存在危害，于天下不利。

随着宋代公共意识的兴起，宋人对公论、公议观念做出了多重阐发。② 虽然变法派和反变法派都标榜自己代表了天下之公，但他们对公论的标准却有着不同的界定，从而引发了一场谁才能真正代表公论的争夺。综合王安石在变法期间的言行，大致可以发现他是在应当、正确的意义上解读公论的。王安石认为新法中蕴藏了施政的"理"，开展变法是治国理政的内在要求。他鼓励神宗坚定变法的决心，"力行不倦，每事断以义理"③。王安石期望神宗按照义理的要求推动变法，这在某种程度上折射出他把自己视为义理化身的倾向。因此，王安石对反变法派多有指责。他责备欧阳修"徒事于华词而不知道，适足以乱俗害理"④。当神宗打算任命司马光为枢密副使时，王安石表示这种做法"是为异论之人立赤帜也"⑤。在得知神宗想要授予陈襄知制诰一职后，则向神宗表明，此举将使得"流俗之所以胜而襄之计中也"⑥。王安石用"异论之人"与"流俗"指代反变法派，在他那里，这两个词不仅仅意味着反变法派的不同政见，更深层的意思是说他们的政见是不合理的，反变法派不可能占有公论。对于反变法派来说，他们已看透了变法派的意图。例如，吕公著揭穿了王安石的做法，"主议者一切诋为流俗浮议"，引得王氏"怒其深切"。⑦

反变法派也以代表公论自居，不过，他们的认定标准明显不同于前者。在反变法派那里，公论包含了两层意思：一指意见是公正的；二指大多数人的看法，而多数人的看法又暗示了其正确性。所以，反变法派屡屡指责变法派"尽沮公议"⑧"沮废公议"⑨。不仅如此，他们还把公论与流俗对立起来，指责变法派颠倒是非，把公论说成流俗之言。例如，赵抃批评王安石"以天下之公论，为流俗之浮议"⑩。同样，王安石也意识到了反变法派的逻辑，他抨击范镇"每托于论议之公，欲济倾邪之恶"⑪。另外，王安石也在提防反变法派利用公共舆论阻挠变法。当神宗质疑官户与坊郭户缴纳的助役钱较少时，王安石

---

① 李焘：《续资治通鉴长编》卷227，中华书局1986年版，第5147页。

② 任锋：《中国思想史中的公论观念与政治世界》，许纪霖编：《知识分子论丛》第10辑，江苏人民出版社2012年版，第197~199页；陈晔：《词汇与理念：宋代政治概念中的"公议"》，《安徽师范大学学报》（人文社会科学版）2019年第1期。

③ 李焘：《续资治通鉴长编》卷215，中华书局1986年版，第5232页。

④ 杨仲良：《皇宋通鉴长编纪事本末》卷69《青苗法下》，黑龙江人民出版社2006年版，第1218页。

⑤ 杨仲良：《皇宋通鉴长编纪事本末》卷68《青苗法上》，黑龙江人民出版社2006年版，第1205页。

⑥ 李焘：《续资治通鉴长编》卷215，中华书局1986年版，第5235页。

⑦ 陈邦瞻：《宋史纪事本末》卷37《王安石变法》，中华书局2018年版，第338页。

⑧ 杨仲良：《皇宋通鉴长编纪事本末》卷68，黑龙江人民出版社2006年版，第1207页。

⑨ 陈邦瞻：《宋史纪事本末》卷37《王安石变法》，中华书局2018年版，第340页。

⑩ 李焘：《续资治通鉴长编》卷210，中华书局1986年版，第5101页。

⑪ 李焘：《续资治通鉴长编》卷216，中华书局1986年版，第5265页。

表示情况的确如此，并指出如果向他们征收高额的助役钱，“则在官者须作意坏法，造为议论。坊郭等第户须纠合众人，打鼓截驾，遮执政，恐陛下未能不为之动心”①。

四、策略化使用祖宗之法与先王之政

（一）祖宗之法：推崇和回应

秦汉以降，祖宗家法在王朝政治中发挥着重要影响，“历代开国者颁布所实施的具有本朝特色的法令规矩，常被称为‘祖宗故事’乃至‘祖宗圣训’；后嗣帝王经常引述祖宗朝的典制法规，作为处理目前事务的裁断准则”②。到了宋朝，祖宗家法囊括的政事大大增加，尊崇祖宗之法成了政治中的突出现象。所谓祖宗之法，“是一动态累积而成、核心精神明确稳定而涉及面宽泛的综合体。它既包括治理国家的基本方略，也包括统治者应该循守的治事态度；既包括贯彻制约精神的规矩设施，也包括不同层次的集体章程。从根本上讲，它是时代的产物，是当时的社会文化传统与政治、制度交互作用的结晶”，“更接近于一套行为标准、精神原则”。③ 不过，在宋人将祖宗之法提升到一个新高度的同时，也随之产生了另一个问题。作为一套行为标准与精神原则，祖宗之法规定了政治活动的基本规范，有利于为处理政事提供操作性与稳定性的保障。但另一方面，祖宗之法的实质精神是“事为之防，曲为之制”，④ 在“矫失以为得”的立制逻辑下，⑤ 祖宗之法也就意味着因循守旧的不良风气。对于祖宗之法的两面性，刘挚一针见血地评论说：“乐无事者以谓守祖宗成法，独可以因其所利，据旧而补其偏，以致于治，此其所得也；至昧者则苟简怠惰，便私胶习而不知变通之权，此其所失也。”⑥

在变法中，反变法派虽然推崇祖宗之法，但也意识到其中存在缺陷，主张通过缓慢的、渐进的改革加以完善。吕公著指出祖宗法度“日月既久，事或有弊”，期望神宗重新找回当初的良法美意，“仰思先烈，俯察物情，凡所施为，务在仁厚”。⑦ 文彦博承认祖宗之法“但有废坠不举之处耳”，在透露出寻求变革的同时，又批评当前的变法有些轻率，“盖更张之过也”。⑧ 在复振祖宗之法的变法思路下，反变法派对变法派多有指责。司马光斥责条例司“所改更者未必胜于其旧，而徒纷乱祖宗成法，考古则不合，适今则

---

① 杨仲良：《皇宋通鉴长编纪事本末》卷70《役法》，黑龙江人民出版社2006年版，第1239页。

② 邓小南：《祖宗之法：北宋前期政治述略》，生活·读书·新知三联书店2006年版，第21页。

③ 邓小南：《祖宗之法：北宋前期政治述略》，生活·读书·新知三联书店2016年版，第9、13页。

④ 李焘：《续资治通鉴长编》卷17，中华书局1986年版，第382页。

⑤ 叶适：《叶适集·水心别集》卷12《法度总论二》，中华书局2010年版，第788页。关于叶适对于“矫失以为得”的详细讨论，参见尚振扬：《纪纲与法度：叶适政治制度学说研究》，武汉大学硕士学位论文，2020年，第28~30页。

⑥ 李焘：《续资治通鉴长编》卷224，中华书局1986年版，第5442~5443页。

⑦ 李焘：《续资治通鉴长编》卷210，中华书局1986年版，第5096页。

⑧ 李焘：《续资治通鉴长编》卷221，中华书局1986年版，第5369页。

非宜”①。刘挚有感于变法以来的乱象，批评变法派把“国家百年之成法铲除废革，存者无几”②。葛兆光在研究古代文献时指出，“追忆中的古代往事很美妙，特别是当追忆者对现实不那么满意的时候，对古代的追忆就成了他们针砭现实的一面镜子，这面镜子中显示出来的总是温馨的历史背影”③。这句评论放在反变法派身上同样适用。他们常常带着温情的眼光追忆本朝往事，认为先帝“临下以简，御众以宽，好生之德，洽于民心”④。在今天看来，他们的判断未必贴切，但需要注意的是其中的言外之意。他们把对变法的不满与批评隐含在对既往的美好回忆中，记忆里的祖宗朝施政措施越是完美，就越是强化了对变法的反对。例如，当神宗在保甲制与募兵制之间犹豫时，文彦博适时上书，指出“太祖、太宗之定天下也，止用此兵。真宗、仁宗、英宗之守天下也，亦用此兵。累圣相承，而无异道”⑤，通过强调募兵制的优越性表达了对保甲制的排斥。

当然，对于反变法派利用祖宗之法阻挠变法的做法，王安石并非没有察觉。他以子之矛攻子之盾，从祖宗之法中引申出了相反的诉求。王安石说：“本朝太祖武靖天下，真宗文持之。今上接祖宗之成，兵不释翳者盖数十年，近世无有也”，似乎是在肯定太祖、真宗开创的事业，然而话锋一转，指出“所当设张之具，犹若阙然”，展露了追求变法的意图。⑥ 在讨论免役法的利弊时，文彦博表示“祖宗法制具在，不须更张，以失人心”。王安石回应道：“法制具在，则财用宜足，中国宜强。今皆不然，未可谓之法制具在也。”⑦王安石戳破了文彦博口中祖宗之法的神话，暗示变法势在必行。有趣的是，在变法中，曾公亮为了支持司马光出任枢密副使，竟然搬出了宋真宗“且要异论相搅，即各不敢为非”的言论。⑧ 可见，虽然说的都是“同一个”祖宗之法，但众人的用意还是存在不小差别的。

（二）先王之政：弘扬与反制

自仁宗朝以来，士大夫形成了回向三代的集体意识，在三代理想的感召下，他们提出了大规模革新社会、政治和文化的要求。⑨ 在这样的时代氛围里，王安石尝试以法先王的策略引导宋神宗展开变法。他一方面批评神宗未能像历史上的大有为之君一样，“与学士大夫讨论先王之法，以措之天下也”⑩；一方面又赞扬“尧、舜之道，至简而不烦，至要而不迂，至易而不难”，鼓励神宗“当法尧、舜”⑪。甚至当因变法受阻而萌生退意时，

---

① 司马光：《司马光集》卷40《体要疏》，四川大学出版社2010年版，第900页。

② 李焘：《续资治通鉴长编》卷225，中华书局1986年版，第5484页。

③ 葛兆光：《中国思想史》第1卷，复旦大学出版社2013年版，第7页。

④ 李焘：《续资治通鉴长编》卷210，中华书局1986年版，第5095页。

⑤ 李焘：《续资治通鉴长编》卷221，中华书局1986年版，第5376页。

⑥ 王安石：《临川先生文集》卷76《上田正言书二》，中华书局1959年版，第801页。

⑦ 杨仲良：《皇宋通鉴长编纪事本末》卷70《役法》，黑龙江人民出版社2006年版，第1237页。

⑧ 李焘：《续资治通鉴长编》卷213，中华书局1986年版，第5169页。

⑨ 余英时：《朱熹的历史世界：宋代士大夫政治文化的研究》，生活·读书·新知三联书店2004年版，第189~196页。

⑩ 王安石：《临川先生文集》卷41《本朝百年无事劄子》，中华书局1959年版，第446页。

⑪ 《宋史》卷327《王安石传》，中华书局1977年版，第10543页。

也依旧不忘规劝神宗“深考前王所以维御天下大略”“观古兴王所以运动天下”。① 主持变法期间，王安石指责反变法派“败先王正道”,② 俨然一副深明先王法意的姿态。在他手中，先王之政遂成了推进变法的法宝。

王安石论证了变法理财的正当性，他指出“周置泉府之官，以榷制兼并，均济贫乏，变通天下之财……今欲理财，则当修泉府之法，以收利权”③。当司马光指责变法“生事”时，王安石辩解道：“举先王之政，以兴利除弊，不为生事。”④ 王安石之所以对先王念兹在兹，是因为他明白把圣王与变法联系起来，通过托古改制的形式，能够大大减少来自反对者的阻力，“吾所改易更革，不至于倾骇天下之耳目，嚣天下之口”⑤。在和反变法派围绕各项新法的拉锯中，王安石和变法派同样举起了先王之政的利器。范镇批评青苗法不当收取利息，王安石诘问：“镇所言，若非陛下略见《周礼》有此，则岂得不为愧耻?”⑥ 王安石既是在质问范镇，同时也是在告诉神宗：《周礼》中就有关于理财的记载，青苗法的收息规定效仿了《周礼》，因此务必要一往无前地推行青苗法。在筹划免役法时，条例司表明“使民出钱募人充役，即先王致民财以禄庶人在官者之意”⑦，通过类比先王之政加强了免役法的权威。保甲法颁布后，宋神宗怀疑此法会妨碍农事。王安石指出“先王以农为兵，因乡遂寓军旅。方其在田，什伍已定，须有事乃发之以战守”，借助三代时期的规定申明了保甲法“妨农之时少”。⑧ 施行市易法后，宋神宗因为市易司售卖的货物细小且零碎，于是产生了裁撤市易司的念头。王安石向神宗讲述了《周礼》中有关政府参与经济活动的规定，总结说“周公制法如此，不以烦碎为耻者”⑨，意在劝阻神宗不当因此而废除市易司。然而，值得品味的是，在另一场讨论中，身为变法派一员的曾布却援引先王之政表示了对市易司某些做法的反对。当时，吕嘉问在奏疏的贴黄中补充了市易司收取大量利息的说明。曾布并不认同市易司的取息行为，指出“如此政事书之简牍……唐虞三代所无”⑩。曾布有关市易司的评论掺杂了他与吕嘉问的个人恩怨，可即便如此，也不难发现他托名先王之政传递了不同的政见。由此可见，变法派并非一味地推崇先王之政，他们也会根据实际需要，对其做出灵活的解读与运用。这就更为明显地暴露了变法派把先王施政措施当作政争工具的策略。

在回向三代的风气中，反变法派也憧憬三代，期望神宗“固将致尧、舜、三代之

---

① 李焘：《续资治通鉴长编》卷 234，中华书局 1986 年版，第 5688 页。

② 陈邦瞻：《宋史纪事本末》卷 37《王安石变法》，中华书局 2018 年版，第 336 页。

③ 陈邦瞻：《宋史纪事本末》卷 37《王安石变法》，中华书局 2018 年版，第 325 页。

④ 王安石：《临川先生文集》卷 73《答司马谏议书》，中华书局 1959 年版，第 773 页。

⑤ 王安石：《临川先生文集》卷 39《上仁宗皇帝言事书》，中华书局 1959 年版，第 410 页。

⑥ 杨仲良：《皇宋通鉴长编纪事本末》卷 68《青苗法上》，黑龙江人民出版社 2006 年版，第 1206 页。

⑦ 陈邦瞻：《宋史纪事本末》卷 37《王安石变法》，中华书局 2018 年版，第 345 页。

⑧ 李焘：《续资治通鉴长编》卷 218，中华书局 1986 年版，第 5300 页。

⑨ 李焘：《续资治通鉴长编》卷 240，中华书局 1986 年版，第 5827 页。

⑩ 杨仲良：《皇宋通鉴长编纪事本末》卷 72《市易务》，黑龙江人民出版社 2006 年版，第 1276 页。

治”①。置身变法斗争的情境中，他们自然体会到了王安石等人提倡先王之政的用意。例如，韩琦指出，变法派“及引《周礼》‘国服为息’之说文其谬妄，将使无复敢言其非者”②。对此，他们采取了针锋相对的反制。反变法派朝向先王之政本身，通过澄清先王施政的初衷，戳破了变法派的理论依据。张方平表示，百姓是国家的根本，“圣人甚畏之，甚重之”③。吕公著也说：“圣人之政，贵乎显仁藏用。”④ 他们塑造圣王爱民、养民的形象，看似在歌颂圣王，实则作用于当下，意在指责变法扰民，有违先王精神。司马光对先王之法貌似变通的表象做出了新的阐释。他指出，“布法象魏，布旧法也。诸侯变礼易乐者，王巡狩则诛之，不自变也。刑，新国用轻典，乱国用重典，是为世轻世重也，非变也”⑤，变法派利用二帝三王时期的制度“变动”来推动变法是说不通的。先王之政是一个内涵丰富且模糊的说法，综合反变法派的言论来看，他们虽然和变法派都在讲先王的施政措施，但对先王德性与《周礼》的理解却明显有别于后者。正因如此，他们不断指责变法派附会先王之政。比如，陈襄批评说：“安有取民脂膏以为贷息，而谓周公太平已试之法哉”⑥，李常也言辞激烈地抨击：“均输、青苗，敛散取息，傅会经义，何异王莽猥析周官，片言以流毒天下！”⑦

五、结　　语

史华慈从儒家思想中提炼出修身与平天下、内外王国、知与行三对“极点”命题，认为每一对“极点”命题的两个方面之间存在着紧张关系，虽然士大夫同时信奉这两方面，但在论辩中，却会趋向一点而指责另一点。⑧ 与史华慈强调的取舍不同，本文发现在王安石变法期间，变法派与反变法派对二重面相的“天”“公”和祖宗之法、先王之政等思想观念均多有留意，他们灵活调动与阐发这些观念，将之当作了增强自我论证分量与打击政争对手的利刃。面对天灾天象，反变法派借助灾异谴告说的逻辑大做文章，要求废除与暂停各项新法及罢免王安石；而王安石一方面揭橥自然之天的面相，使宋神宗坚定推行变法的决心；另一方面也在某种程度上承认天人之间的联系，利用上天示警的观点回击反变法派。两派士大夫区分了天下与朝廷的不同，他们不仅利用天下之公与朝廷之公的观念推动变法、表示反对，而且还依据不同的标准，展开了对于公论的争夺。在尊崇祖宗之法和回向三代的时代思潮里，反变法派借助祖宗之法批评变法派，表达对变法的不同看法；王安石则宣扬先王之政，论证了变法的合理性。同时，他们还都准确地识

① 李焘：《续资治通鉴长编》卷269，中华书局1986年版，第6615页。

② 杨仲良：《皇宋通鉴长编纪事本末》卷68《青苗法上》，黑龙江人民出版社2006年版，第1206页。

③ 杨仲良：《皇宋通鉴长编纪事本末》卷70《役法》，黑龙江人民出版社2006年版，第1250页。

④ 李焘：《续资治通鉴长编》卷210，中华书局1986年版，第5096页。

⑤ 陈邦瞻：《宋史纪事本末》卷37《王安石变法》，中华书局2018年版，第332页。

⑥ 李焘：《续资治通鉴长编》卷210，中华书局1986年版，第5110页。

⑦ 陈邦瞻：《宋史纪事本末》卷37《王安石变法》，中华书局2018年版，第341页。

⑧ 史华慈：《儒家思想中的几个极点》，田浩编：《宋代思想史论》，社会科学文献出版社2003年版，第98~110页。

别了对方的意图，从对方所说的先王之政和祖宗之法中引申出相反的诉求，满足了各自的需要。

昆廷·斯金纳在运用历史语境主义方法研究政治思想史时，把话语视为一种特殊类型的政治斗争，从语言行动的角度考察了观念的表达。① 在王安石变法中，两派士大夫把"天"、"公"、祖宗之法、先王之政等观念当作趋利避害的政治修辞，似乎可以说他们早就深谙观念与政治行动之间的关系。但思想之所以为思想，就在于其抽象思辨能力与批判反思能力。这些观念本身的复杂性给两派士大夫提供了与对手躲闪腾挪的空间，他们在争论中各取所需，将之服务于现实政治斗争，缩短了思想与现实之间应有的距离，使得本应理论化的思想观念表现出实用化、功利化倾向，从而不利于理论体系的建构与思想的积累。这种把精神活动与政治实践相结合的做法庶几也加剧了变法派与反变法派斗争的烈度。

（作者单位：南京大学政府管理学院）

① 凯瑞·帕罗内：《昆廷·斯金纳思想研究——历史·政治·修辞》，李宏图、胡传胜译，华东师范大学出版社 2005 年版，第 31~38 页。

“文章太守”考论

□ 王 兵

【摘要】自欧阳修《朝中措》词始用“文章太守”一词以来，历代文士在各类文学作品或史志书目中相继沿用，其原初意涵和新生意义亦在接受过程中并行不悖。但是在苏轼和康熙帝等人的加持之下，“文章太守”庶几成为欧阳修的代称。这就造成了当下评论者在解读欧词时产生“太守谓谁”的困惑。通过梳理历代文史资料我们可以得知，“文章太守”不仅要具备博学善文的基本素养，还需要清廉为官，德治施政，推行教化，尽职亲民。由于“文章太守”雅称多产生于诗酒唱酬、离别题赠等交际场合，因此符合标准之历代文官能否获得此称号具有一定的偶然性。尽管数量不多，“文章太守”仍在一定程度上代表了中国古代文人士大夫的一种理想追求。

【关键词】文章太守；欧阳修；博学善文；政崇德教

一、引　言

文化散文作家夏坚勇曾言：“凡是文化昌明的历史名城，其山水街衢间总飘动着几位文章太守的身影。在这里，诗人的抱负、情怀以及‘与物有情’的缠绵锐感和城市的性格联结在一起；城市的风情、美姿以及社会生活的各个侧面和诗人的魅力互相得到了最好的展示。”① 北宋庆历年间的失意文人欧阳修（1007—1072）与历史文化名城扬州的结缘，便是这个历史规律的最佳注脚。据现有资料显示，“文章太守”一词最早出现于欧阳修的《朝中措·送刘仲原甫出守维扬》（简称《朝中措》）词：

> 平山栏槛倚晴空，山色有无中。手种堂前垂柳，别来几度春风？
> 文章太守，挥毫万字，一饮千钟。行乐直须年少，尊前看取衰翁。②

欧阳修于庆历八年（1048）闰正月至十二月知扬州，建平山堂。而刘敞（字原甫，一作

---

① 夏坚勇：《文章太守》，《北方文学》1996年第5期，第46页。

② 欧阳修著，李之亮笺注：《欧阳修集编年笺注》（七），巴蜀书社2007年版，第201页。词牌《朝中措》，宋本《醉翁琴趣外编》作《醉偎香》。另《花庵词选》题作“送刘原甫守扬州”。

原父，1019—1068）于至和三年（1056）闰三月初出知扬州，[①] 故此词即作于至和三年初。其时欧阳修刚从翰林学士转判太常寺，听闻好友刘敞将赴扬州任，乃在汴京家中即席赠词为之饯行。傅干《注坡词》卷一有叙其原委：“（欧阳修）后守扬州，于僧寺建平山堂，甚得观览之胜，堂下手植柳数株。后数年，公在翰林，金华刘原父出守维扬，公出家乐饮饯，亲作《朝中措》词，议者谓非刘之才，不能当公之词，可谓双美矣。”[②]

这本是一首古代文士间常见的送别词，词意亦不难理解。然而，在词作中首次出现的“文章太守”却给后世带来多重的阐释空间。首先，古今学者对于欧阳修此词中“文章太守”究竟所指何人就有不同的见解，亟待系统梳理和辨析；其次，北宋以降的文官具备哪些素质才能冠以“文章太守”之称号？“文章太守”的提出一般产生于何种场合？此称谓的背后折射出中国古代文人士大夫的哪些生活方式和理想追求？上述相关议题的探讨便是本文的写作缘起。

二、“文章太守”的解读与接受

欧词《朝中措》里的“文章太守”究竟指谁？是“酒如长虹饮沧海，笔若骏马驰平坂”的好友刘敞[③]，还是“醉翁醉道不醉酒”“气豪一吐阊阖风”的欧阳修本人[④]？当下学界众说纷纭，莫衷一是。具代表性的观点有陈福畴、蒋勋、刘扬忠等人的“作者自谓说”[⑤]，王士祥、肖鹏、王兆鹏、肖汉泽等人的“刘敞说”[⑥]，王水照、陈飞涛的“一语双关说”[⑦]，以及刘石的“不易遽断说”[⑧]，实际上，这个议题在北宋以降的传统文人、学者甚至是帝王那里并未引起争议，只是经历了一个文本诠释中常见的转换过程。

美国文学理论家艾瑞克·唐纳德·赫希（E. D. Hirsch，Jr）曾将文本诠释中的意涵（meaning）和意义（significance）做了有效的区隔。意涵指的是文本的本意，而意义则指文本在不同历史情境或针对特定目的而衍生的解释。意涵附着和内在于文本之中，因此我们可以称追求意涵的诠释为文内诠释，而意义衍生于文本以外的外缘考量，因此可以称为文外诠释。文内意涵的诠释相对固定，而伴随着历史情境和诠释目的的移转和变化，文外

① 参阅李焘：《续资治通鉴长编》卷182，中华书局1985年版，第4399页。

② 刘尚荣：《傅干注坡词》，巴蜀书社1993年版，第27页。

③ 欧阳修：《奉送原甫侍读出守永兴》，欧阳修著，李之亮笺注：《欧阳修集编年笺注》（一），巴蜀书社2007年版，第332页。

④ 富弼：《寄欧阳公》，欧阳修著，李之亮笺注：《欧阳修集编年笺注》（三），巴蜀书社2007年版，第91页。

⑤ 参见朱德才：《增订注释全宋词》，文化艺术出版社1997年版，第105页；蒋勋：《蒋勋说宋词》，中信出版社2012年版，第110页；刘扬忠：《欧阳修集》，凤凰出版社2006年版，第106页。

⑥ 参看王士祥：《欧阳修〈朝中措〉之“文章太守”当指刘敞》，《语文知识》2007年第3期，第18~20页；肖鹏、王兆鹏：《欧阳修〈朝中措〉词的现场勘查与词意新释》，《北京大学学报》（哲学社会科学版）2018年第1期，第36~45页；肖汉泽：《欧阳修“饮少辄醉”而非“一饮千钟”》，《阜阳师范学院学报》（社会科学版）2019年第2期，第26~29页。

⑦ 参看王水照、崔铭：《欧阳修传》，天津人民出版社2008年版，第182页；陈飞涛：《欧阳修〈朝中措〉之“文章太守”乃是一语双关》，《读写月报：语文教育版》2016年第5期，第64~66页。

⑧ 刘石：《读常见书札记》，《清华大学学报》（哲学社会科学版）2002年第6期，第26页。

意义的诠释可以层出不穷。① 对于欧词中“文章太守”的解读即属此类。从原作的文本意涵来看，词中的“文章太守”当然是指酬赠的对象——刘敞。

这种用例在历史文献中俯拾即是，如宋末元初文人刘壎（1240—1319）的词作《太常引·送丁使君》，即称赞送别对象丁使君为“文章太守，词华哲匠”②，丁使君即丁思敬，字德谦，号耐轩，山东东平人，大德六年（1302）任南丰知州。刘壎《水云村吟稿》录有多首与丁思敬唱酬往来的诗词。③ 明人王鏊（1450—1524）在送别诗《送汝行敏知南安》中称赞同乡友人汝行敏（1433—1493）为“文章太守”：“五马南来百姓歌，文章太守属南安。”④ 汝行敏，名讷，吴江黎里人，景泰四年（1453）举人。四试礼部不中，后入史馆，授中书舍人，又擢汀州知府，改知南安府（今属江西赣州）。清人郑熙绩诗《题吴薗茨年伯种字林》亦云：“文章太守望崔巍，草制声华重紫薇。偶忆莼鲈欣拂袖，纵情诗酒乐言归。”⑤ 此处“文章太守”亦指题赠对象吴绮（字薗次，1619—1694），时任湖州知府，以多风力，尚风节，饶风雅，被称为“三风太守”。⑥

但是，这并不妨碍同时代或后世的解读者将欧词中“文章太守”的雅称用在作者欧阳修身上。在欧阳修去世十二年之后，即元丰七年（1084），作为弟子的苏轼（1037—1101）从黄州流放地放还归来，在扬州暂时居住。面对着恩师曾经整修过的平山堂，写下了这首《西江月·平山堂》：

> 三过平山堂下，半生弹指声中。十年不见老仙翁。壁上龙蛇飞动。
> 欲吊文章太守，仍歌杨柳春风。休言万事转头空。未转头时皆梦。⑦

此词上阙之“老仙翁”和下阙之“文章太守”皆指欧阳修，而“文章太守”一词即出自欧词《朝中措》。按常理，苏轼自然知晓“文章太守”在欧词中是指称太守刘敞，且自身对于年长自己 18 岁的刘敞在史学、经学和文学等领域的才能非常熟悉，两人亦交情匪浅。嘉祐六年（1061）年底，苏轼被任命为大理评事，签书凤翔府判官。赴任途中经过京兆（即西安）时，还在时任京兆尹的好友刘敞处痛饮数日，并参观了骊山胜景。苏轼有意识地将“文章太守”在欧词中的本意，即欧阳修对于好友刘敞的评价，转换成苏轼对于欧阳修本人的评价。这种原初意涵的移转或曰新意义的生成，在文学鉴赏中很常见。后世论

---

① Hirsch, E. D. Jr., *The Aims of Interpretation*, Chicago: University of Chicago Press, 1976.

② 唐圭璋编纂，王仲闻参订，孔凡礼补辑：《全宋词》第 5 册，中华书局 1999 年版，第 4216 页。

③ 参看韩书琳：《刘壎与〈隐居通议〉的文学研究》，复旦大学硕士学位论文，2012 年，第 37 页。

④ 杨维忠编：《王鏊诗文选》，苏州大学出版社 2015 年版，第 181 页。

⑤ 郑熙绩：《含英阁诗草》卷 6，《四库全书禁毁书丛刊》集部第 74 册，北京出版社 1997 年版，第 84 页。

⑥ 戴璐《吴兴诗话》卷 16 有两句诗云：“文章太守前型续，泉石高风异代酬。”前句侧注曰：吴薗次太守建太白亭时，称贤守。”参见《续修四库全书》第 1705 册，上海古籍出版社 2002 年版，第 264 页。

⑦ 谭新红、萧兴国、王林森编著：《苏轼词全集汇校汇注汇评（第二版）》，崇文书局 2015 年版，第 289 页。

者常用"清水出芙蓉，天然去雕饰"来概括李白诗歌的创作主张和审美取向，① 而实际上这两句诗原初是李白对韦应物诗风的评价，出自其《经乱离后天恩流夜郎忆旧游书怀赠江夏韦太守良宰》一诗，旨在赞美韦太守诗文风格的自然清新、秀丽天成。

当然，这种文本意涵的转向也需要有前提。在欧词《朝中措》中，欧阳修可能并不符合刘敞的"挥毫万字，一饮千钟"②，但是作为一位"文章太守"的资格还是具备的。欧阳修被贬滁州的第二年，即庆历六年（1046），晏殊（991—1055）的女婿富弼（1004—1083）在郓州任上就曾诗赠欧阳修："滁州太守文章公，谪官来此称醉翁。"③ 首句中的"太守文章"极有可能就是欧词《朝中措》"文章太守"之语源出处。北宋以降，"文章太守"一语广泛运用于诗词、古文之中，甚至戏文里也会出现。元人费唐臣杂剧《苏子瞻风雪贬黄州》第三折结尾唱词曰："再宜入瑞霭飘飘鳷鹊楼，却离了芳草凄凄鹦鹉洲。我去咱依旧乘肥马衣轻裘，休罪波文章太守，我早则不风雪贬黄州。"④ 此处使用"文章太守"，旨在暗讽接受王安石密令不接济苏轼的黄州杨太守。

由于欧阳修、苏轼两人在北宋文坛上的声誉与地位，后世使用者或解读者就基本沿着文本之原意和生成之新意两条路径展开，二者之间并无扞格之处。尤其在那些歌咏扬州的诗文中，"文章太守"已然成为特指欧阳修的称谓。如清代江左十五子之一的徐昂发（1670—1723）诗《扬州四首》其四云："栏槛层层俯薜萝，文章太守昔经过。花争幕下红妆艳，山借江南翠黛多。"⑤ 清人尤侗（1618—1704）为彭孙遹（1631—1700）《延露词》作序时，亦援引欧词"文章太守"之典盛赞扬州之美。⑥ 甚至有些作品在使用"文章太守"时，将题赠对象与欧阳修对举并称或融为一体。如清人叶观国（1720—1792）诗《喜朱郡丞幼芝景英归自台湾二首》其二云："文章太守今谁似，六一风流可接攀。"⑦ 显然在称赞朱景英卓越才能的同时，也将欧阳修视为"文章太守"的典范。吴伟业（1609—1672）在《风入松·题和州守杨仲延所寄鹰阿山人戴君画》结尾处云："翰墨幽人小戴，文章太守欧阳。"⑧ 一方面将戴本孝（号鹰阿，1621—1679）的画艺比作南朝享有盛誉的画家戴颙（即小戴，378—441），另一方面则将和州知府杨仲延的才华与欧阳修

---

① 安旗主编：《新版李白全集编年注释》下册，巴蜀书社 2000 年版，第 1326 页。

② 前引肖鹏、王兆鹏《欧阳修〈朝中措〉词的现场勘查与词意新释》一文，已列多种证据，可资参阅。

③ 富弼：《寄欧阳公》，欧阳修著，李之亮笺注：《欧阳修集编年笺注》（三），巴蜀书社 2007 年版，第 91 页。

④ 隋树森编：《元曲选外编》上册，中华书局 1959 年版，第 364 页。

⑤ 宋荦：《江左十五子诗选》卷 4，《四库全书存目丛书》集部第 386 册，齐鲁书社 1997 年版，第 328 页。

⑥ 尤侗《延露词序》曰："盖维扬佳丽，固诗余之地也。昔人谓'天下三分明月，二分独照扬州'，至有'人生只合扬州死'之语，不止十年一梦而已。故登芜城，宜赋'西风残照'；吊隋苑，宜赋'金锁重门'；过玉钩斜，宜赋'晓星明灭'；上二十四桥，问吹箫玉人，宜赋'衣染莺簧'；载酒青楼，听竹西歌吹，宜赋'并刀如剪'；进雷塘，观八月潮，宜赋'玉虹遥挂'；岂惟'平山栏槛'，让文章太守挥毫独步哉？"参见冯乾：《清词序跋汇编》第 1 册，凤凰出版社 2013 年版，第 26 页。

⑦ 叶观国：《绿筠书屋诗钞》卷 9，《续修四库全书》第 1444 册，上海古籍出版社 2002 年版，第 358 页。

⑧ 吴伟业著，陈继龙笺注：《吴梅村词笺注》，上海古籍出版社 2008 年版，第 70 页。

比肩。

将“文章太守”雅称冠于欧阳修的“巅峰”之作莫过于康熙帝在扬州留下的诗句：“宛转平冈路向西，山堂遗构白云低。帘前冬暖花仍发，檐外风高鸟乱啼。仙仗何尝惊野梦，鸣镳偶尔过幽栖。文章太守心偏忆，墨洒龙香壁上题。”① 康熙帝《南巡笔记》有详细记载，康熙二十三年（1684）十月“廿三日抵维扬，市肆繁华，园亭相望。游平山堂、天宁寺，百姓持香夹道，意甚诚敬。平山堂乃宋臣欧阳修所建。修以文学侍从之臣，出知扬州，为政之暇，优游谈宴，传为佳话。故朕诗有‘文章太守心偏忆’之句”②。可见，康熙帝诗句中的“文章太守”特指欧阳修，并非泛指历代修整过平山堂的“扬州太守”。

经由苏轼和康熙帝等人的援引和加持之后，“文章太守”一词尽管在后世作品中仍多指称题赠对象，但与欧阳修的关系却愈加紧密，有时甚至直接成为欧阳修的代称。在没有系统梳理的情形下，这种相对复杂的解读与接受过程极易造成当今学者的“误读”，容易将焦点放在具体作品中“文章太守”的人物考证上。

三、“文章太守”之认定标准与使用场域

从字面意义来看，“文章太守”显然用来称赞那些博学善文的地方贤守。欧词《朝中措》中指称的“文章太守”刘敞，能够做到“挥毫万字，一饮千钟”，即一方面才思敏捷，下笔如有神；另一方面酒量惊人，豪气冲天。这两点本是刘敞个人才华和性格的写照，是否能将之作为认定“文章太守”的全部标准，值得商榷。所幸后世文献中被冠以“文章太守”者众，我们可以从诸多史料中概括出历代“文章太守”们的一些共同特征。

“文章太守”一词虽然肇始于欧阳修对于刘敞的赞许，但并非北宋之前就无人获此称号。清人陶元藻（1716—1801）非常推崇南朝文人谢灵运（385—433），所编《全浙诗话》中辑录谢灵运比重最大。其《题谢康乐遗照》诗云：“文章太守是吾师，遗像清癯骨相奇。却识吟笺满山水，未曾撚断一茎丝。”③ 谢灵运生活在东晋和南朝刘宋时期，“少好学，博览群书，文章之美，江左莫逮”④。虽出身名门，然仕途坎坷。永初三年（422）被权臣排挤出京，任永嘉（现温州）太守，“郡有名山水，灵运素所爱好，出守既不得志，遂肆意游遨，遍历诸县，动逾旬朔，民间听讼，不复关怀。所至辄哟诗咏，以致其意焉。在郡一周，称疾去职”⑤。可见，失意的谢灵运根本无心做官，却发现了永嘉山水之美，进而成为中国山水诗的鼻祖，在文学史上留下浓墨重彩的一笔。

元人董寿民（1266—1345）词作《大江东·代婺源知州干寿道任满归帐》中有云：

① 爱新觉罗·玄烨：《平山堂》，李坦主编：《扬州历代诗词》第2册，人民文学出版社1998年版，第463页。

② 章梫纂，曹铁注释：《康熙政要》卷23，中州古籍出版社2015年版，第440页。

③ 陶元藻：《泊鸥山房集》卷15，《续修四库全书》第1441册，上海古籍出版社2002年版，第609页。

④ 《宋书》卷67《谢灵运传》，中华书局1974年版，第1743页。

⑤ 《宋书》卷67《谢灵运传》，中华书局1974年版，第1753页。

"星溪上好，有文章太守，风流英伟。讼简役均官事少，百姓各安生理。"① 这里"文章太守"指的是婺源知州干文传（字寿道，1276—1353），少嗜学，十岁能属文。为文雅正，不事浮藻。入仕后长于政事，其治行往往为诸州县之最，有古循吏之风。② 但若论文学声誉，干文传显然无法与谢灵运、欧阳修等相提并论。可见，被冠以"文章太守"者既有文学长于政事者，亦有政事长于文学者。

除却文学作品中提及之外，"文章太守"一语亦多见于史书和地方志。北宋官员、诗人杨蟠（约 1017—1106），字公济，章安（今属浙江临海）人。《嘉庆高邮州志》记载："少年登进士第，欧阳修、苏轼尝称其诗。元祐中以议郎继毛渐知军事，始成众乐园，建台榭一十二所，又搆亭曰梦草，皆有题咏，州人称为文章太守云。"③ 杨蟠生平诗作甚多，且得到欧阳修和苏轼等文坛名宿之赏识，尽管诗文集已佚，仍可推断出其不俗的文学才能。在政务方面，杨蟠知军高邮时，建亭台水榭于官署之东，供百姓游乐，颇受百姓好评。

明代前中期被称为"文章太守"者甚多。《八闽通志》载明初闽人陈申："博学善文词，与林鸿、郑定诸名士相友善。洪武间以荐为教授衢州，寻擢潮州知府，有惠政，人称为文章太守。"④《(嘉庆) 庐州府志》载曰："杨士倧，福建建安人，进士。任无为知州，赋性明敏，文学政事俱优。州治景物多所题咏，时亦以文章太守称之。"⑤《大清一统志》记载明中叶鄞人张琦曰："宏治中知兴化府，政尚简易，以儒术饬吏治，有古循吏风。每临山水，辄题诗岩壁，号文章太守，课绩为一时冠。"⑥ 此外尚有吉安知府朱仲智、绛州知州顾登、抚州太守马文璧、夷陵知府鲍恩、徽郡知州孙蕃、邠州知州高庆、无为知州邹以信、曹州知州伍礼、嘉兴知府杨继宗（1428—1488）、池州知府田赋等，皆被时人称为"文章太守"。

有清一代被明确冠以"文章太守"者却为数不多，兹略举两例以陈梗概。戴璐《吴兴诗话》卷十六载乾隆七年（1742）中进士的湖州太守李堂（字肯庵，1723—1795）："以辛酉举人、壬戌进士，由滇太和令擢守来湖。甫至慨安定书院废久，于通判旧治别建爱山书院。公余步屧督课，延桐乡钮太史驾仙先生（汝骐）掌教。时乌程孙适斋大令(扩图)，亦山左名宿，题楹帖云：沔水旧宗工，看此日鸿规，不愧文章太守；弁山新讲

① 董寿民：《元懒翁诗集》卷下，《续修四库全书》第 1323 册，上海古籍出版社 2002 年版，第 88 页。

② 参阅《元史》卷 185《干文传列传》，中华书局 1976 年版，第 4253 页。

③ 杨宜仑修，夏之蓉等纂：《(嘉庆) 高邮州志》卷 8，《中国方志丛书》华中地方第二九号，台湾成文出版社 1970 年版，第 1044~1045 页。

④ 黄仲昭修纂：《八闽通志》卷 62，福建省地方志编纂委员会主编：《八闽通志（修订本)》下册，福州人民出版社 2006 年版，第 632 页。

⑤ 张祥云修，孙星衍等纂：《(嘉庆) 庐州府志》卷 25，《中国地方志集成·安徽府县志辑》第 1 册，江苏古籍出版社 1998 年版，第 383 页。

⑥ 和珅等：《钦定大清一统志》(八)，《景印文渊阁四库全书》史部第 481 册，台湾"商务印书馆"1983 年版，第 550 页。

席，想当年雅范，应称安定先生。”① 重视文教之外，李堂守湖十年四经水患，补救劳心，颇有治绩。同样具有实政者还有富阳人周凯（号芸皋，1779—1837）。其自启蒙后即拜阳湖系文魁张惠言（1761—1802）为师，学业精进尤速，终成进士而入翰林。曾与林则徐（1785—1850）、龚自珍（1792—1841）、魏源（1794—1857）等人结宣南诗社，乃京都二十四诗人之一。曾入仕湖北襄阳知府、福建兴泉永道道台和台湾兵备道，按察使司衔兼提督学政等职，政绩卓著，尤以其襄阳任上劝民种桑蚕织惠德最大。乾隆时期戏剧家詹应甲有诗提及此事，并将文武兼备的周凯称作欧阳修式的“文章太守”。② 此外还有扬州太守金镇（号长真，1622—1685）、潮州太守方应元（1731—1793）、辰州太守陈廷庆（1754—1813）、平阳太守罗饶典（1793—1854）等获此殊荣。

依据上述有限的文献，我们可以大致归纳出“文章太守”的两大认定标准：或以文名，或以政显。若能兼而有之，则尽善尽美。需要说明的是，中国古代能够担任“太守”级别甚至更高官职的文人士大夫几乎都是博学善文之辈，然而入仕之后忙于政事，真正能够成为欧阳修、苏轼之类大文豪的却并不多见。因此，这类以文学家身份奠定历史地位的“文名”型太守实属凤毛麟角。即使是欧阳修《朝中措》词中被称为“挥毫万字”的刘敞，也并未在中国文学史上留下一丝痕迹。反观在长于政事的“政显”型太守中，却经常会被提及其善文的一面，以彰显此“文章太守”兼具文章与政事的特质。如《嘉靖湖广图经志书》评鲍恩：“为政有方，善属文。”③ 马文壁被赞曰：“学博才敏，为政知大体，辩决无滞，有岂弟慈祥之风，民深德之，尤学赋，长于诗文，时称文章太守。”④ 地方志形容孙蕃“才华可比张东海，操觚万言立马可待”⑤。但毋庸讳言，上述这些贤守看似文政俱佳，实际上仍属政事长于文章的“政显型”太守。

具体至政事而言，“文章太守”们通常有两个鲜明特征被后世传诵。其一是积极参与文化活动，政令与教化结合，如编纂地方志，兴建书院、亭台等文化休闲场所以及与各方名士诗酒唱酬。以欧阳修为例，他在扬州任上因为时间过短，主要功绩仅为修建平山堂、美泉亭和无双亭三件事。⑥ 这些场所汇聚天地之清幽，山水之灵气，不仅成为士大夫、文

---

① 参见《续修四库全书》第1705册，上海古籍出版社2002年版，第262页。

② 詹应甲《周芸皋太守以所著雪中会巡楚豫边界新诗一卷属为点勘因次卷首襄阳早发元韵奉题》：“文章太守说欧阳，得奉清尘气便扬。结习三生投水石，筹边两度历冰霜。诗如快雪千山积，襟有雄风一面当。我向士元求治谱，桑阴执策去巡乡。”参詹应甲：《赐绮堂集》卷18，《续修四库全书》第1484册，上海古籍出版社2002年版，第489页。

③ 薛刚纂修，吴廷举续修：《（嘉靖）湖广图经志书》上册，书目文献出版社1991年版，第538页。

④ 林庭棉、周广纂修：《（嘉靖）江西通志》卷19，仓修良、高国祥主编：《华东稀见方志文献》第23卷，学苑出版社2010年版，第345页。

⑤ 孟鹏年修，郭从道纂：《（嘉靖）徽郡志》卷5，《中国方志丛书》华北地方第三二九号，台湾成文出版社1970年版，第88页。

⑥ 欧阳修《与韩忠献王书八》曰：“广陵尝得明公镇抚，民俗去思未远，幸遵遗矩，莫敢有逾。独平山堂占胜蜀冈，江南诸山，一目千里，以至大明井、琼花二亭，此三者，拾公之遗，以继盛美尔。”原本句下注曰：“大明井曰美泉亭，琼花曰无双亭。”参见欧阳修著，李之亮笺注：《欧阳修集编年笺注》（七），巴蜀书社2007年版，第592~593页。

人吟诗作赋之地，也成为当时太守欧阳修宴请宾客、诗酒唱酬之所。及至康熙十二年(1673)，金镇出任扬州府知府，常与当地名士、刑部主事汪懋麟（1640—1688）觞咏于蜀冈。两人有感于平山堂之荒废已久，遂相议重建以复旧观，并构真赏楼于堂后。此事志书有载曰："郭西北平山堂，为栖灵寺僧所踞，镇兴复之，五旬落成，大会宾客，饮酒赋诗，传为盛事。修郡志四十卷，皆手自编纂。"①

其二是为官称廉，为政以德。司马迁在《史记》中将官吏分为酷吏和循吏两种类型，前者是指以较为严酷的手段治理百姓的官吏，按章办事，不畏豪强，如西汉时期的张汤(前155—前115)、尹齐等；后者则指用较为温和的态度来对待百姓，注重以德服人，并试图教化一方。"文章太守"基本属于循吏一类，如《(康熙）曹州志》载临川人伍礼："由儒士天顺间任曹州，性宽厚，操守廉洁，遇事明果而处以平易。兴学校，恤民隐，有古循吏之风。"并举一实例证之，"尝有翊圣夫人者，以曹、定诸处田数千顷为闲田，遣家童数十辈称时入州，将籍而占之。礼不听被诬，后事竟白，人皆服其忠义"②。无为知州邹以信亦被赞曰："在任处事精详，政尚德教，不事苛虐，郡人感化，以博学能文，称之曰文章太守。"③

综上可知，"文章太守"在文学才能、政务水平以及人格特质等方面都有很高的要求。那么，是否符合上述标准的地方官就一定能被称为"文章太守"呢？没有被冠以"文章太守"的官员们是否就不符合上述标准呢？显然未必，这就涉及"文章太守"称号的使用场域问题了。在欧阳修所处的北宋时期，文官群体受到高度重视。文人士大夫们经常在迎来送往的场合下觥筹交错、诗酒唱和，主客之间或尽娱宾佐欢之能事，或奉应景阿谀之文词，此风亦为后世所沿袭。清人尤侗在《艮斋杂说》里记录了这样一段掌故：

> 晏元献留守南郡，当中秋阴晦，不设宴。既寝，幕客王君玉以诗投之曰："只在浮云最深处，试凭弦管一吹开。"晏得诗大喜，即索衣起，召客治具，大合乐，至夜分，果月出，畅饮达旦。前辈兴致如此。吾葑处士朱存理，馆荻扁王家。一日饮罢，主人已寝，朱庭中玩月，忽得句云："万事不如杯在手，一年几见月当头。"喜极狂叫，亟叩主人门告之，主人亦大称赞，重酌竟夕。明日遍召城中诗人，张乐设席，以赏此诗。其兴致豪迈，出于村落人家，不更胜文章太守乎？今观其诗，不过宋人佳句，而自奇乃尔，几同贯休半夜撞钟矣！④

---

① 阿克当阿修，姚文田、江藩等纂：《(嘉庆）重修扬州府志》卷45，《中国地方志集成·江苏府县志辑》第41册，江苏古籍出版社1991年版，第794页。

② 佟企圣修，苏毓眉等纂：《曹州志》卷7，中国科学院图书馆选编：《稀见中国地方志汇刊》第9册，中国书店1992年版，第798页。

③ 陈梦雷编纂：《古今图书集成》第36册，《明伦汇编·氏族典》第350卷，中华书局1985年版，第44035页。

④ 尤侗：《艮斋杂说》卷8，李肇翔、李复波整理：《艮斋杂说续说·看鉴偶评》，中华书局1992年版，第157~158页。

姑且不论王琪（字君玉）和朱存理（1444—1513）诗句的高下，北宋前期文官的生活方式显然为后世所仿效。于是，除却史书、方志以外，绝大多数文学作品中的“文章太守”称号都产生于宴会、赠答、送别、唱和等场合。辛弃疾《瑞鹤仙》词中“风流别驾，近日人呼，文章太守”①，是绍熙二年（1191）为上饶通判洪莘之祝寿之词；贾应《水调歌头·呈判府宣机先生乞赐笑览》词句“黄堂宴，春酒绿，艳妆红。文章太守，和气都在笑谈中”描述的显系宴游场合。“百年勋业忧勤误，千里河山汗漫游。诗酒故人深可羡，文章太守孰能俦。”这是明人唐溥为绛州知州顾登《题壁》诗而写的次韵之作。清人汪懋麟诗《送金长真守扬州》，虽是一首送别好友的诗歌，但却巧妙地再现了欧阳修和金镇两位文章太守的雅致和情趣：“郡亭形胜枕平山，六一先生政事闲。万朵荷花湖上至，两行官妓月中还。文章太守今重遇，宾从清游好再攀。但恨林泉僧占取，蜀冈蔓草待君删。”②

一般而言，在文人交际场合中创作的或应景或应酬的作品，均掺杂着个人主观的喜好和倾向，并非都是事实陈述和客观评价，因此，历史上那些被冠以“文章太守”雅号者，亦非全是名副其实。另外，那些符合“文章太守”标准的文官，未必个个都热衷于文人雅集或诗词唱酬，或者得到史志作者的青睐，且创作者在作品中是否使用“文章太守”一词也极具偶然性。换言之，现有文献中提及的“文章太守”应是文官自身修为与他人加持效应相结合的产物，无法涵盖历代优秀文官群体的全部。

四、余论：“文章太守”与中国历代文士的理想追求

中国古代文士的理想追求，可以用孔子的“志于道，据于德，依于仁，游于艺”来概括。前两项系思想精神层面，后两项乃生活处世层面。而入仕为官之后，多信奉“德主刑辅”的德治观念，即把道德教化作为主要的治民手段，依靠统治者自身品德的影响力，通过关心和教育人民大众来确立自身的政治地位。尽管自先秦以至晚清，德治的内涵有着不同程度的演进，然而“敬德亲民”“为政以德”等观念则一以贯之，植根于历代文人士大夫的内心深处。③

从前文援引的文献中，我们可以得出这样的结论：北宋开始出现的“文章太守”雅称并非对历代德治传统的一种疏离，而是带有宋人特色的一种呼应。宋代士人交游频繁，诗词、书籍、器物、书画都是交游的媒介，相应的各类雅集和聚会不断，结成了丰富的人际关系网络。邓小南教授在谈及两宋时期的历史环境和文化氛围时就曾指出，“游于艺”不仅是宋代士人的活动方式，更是一种必需的文化滋养，以此来达到崇高的人生境界。④

---

① 辛弃疾著，邓广铭笺注：《稼轩词编年笺注》上册，上海古籍出版社 2016 年版，第 406~408 页。

② 汪懋麟：《百尺梧桐阁集》下册，上海古籍出版社 1980 年版，第 966 页。

③ 参阅闵虹、高小慧、王宏林：《中国古代德治思想与文士文学》，文化艺术出版社 2006 年版。

④ 邓小南：《游于艺：宋代的忧患与繁荣（一）》，《文史知识》2017 年第 1 期，第 115 ~ 121 页；《游于艺：宋代的忧患与繁荣（二）》，《文史知识》2017 年第 2 期，第 97 ~ 101 页；《游于艺：宋代的忧患与繁荣（三）》，《文史知识》2017 年第 3 期，第 102 ~ 106 页；《游于艺：宋代的忧患与繁荣（四）》，《文史知识》2017 年第 4 期，第 109 ~ 112 页。

可以说，欧阳修及其后世所提出的"文章太守"在要求文官"善文"的同时，更多的是期待太守们如何利用自身的文学才华兴学育才，与民同乐，推行教化。意即博学善文为其表，政崇德教实为里。这也就解释了历代政显型"文章太守"远多于文显型"文章太守"的内在原由。

（作者单位：福建师范大学文学院）

十七十八世纪的中西礼仪之争与孙璋的《诗经》翻译

□ 雷 鸣

【摘要】法国汉学家、耶稣会士孙璋（Alexandre de La Charme，1695—1767）在他的拉丁文《诗经》全译本《孔夫子的诗经》中，反思了刚刚结束的中西文化冲突——礼仪之争。在译名之争和是否允许中国礼仪这两个核心问题上，孙璋都提出了与罗马教廷不同的观点：对于前者，孙璋给出了天-帝-Deus融合的翻译和阐释，隐晦地表达了对“天非Deus”的反对；对于后者，他从多角度为中国祭礼辩护，为中国礼仪的举行提供支持。面对礼仪之争后期中西文化交流之路上的各种阻碍，孙璋用“以经释经”的独特方式，实践了属于自己的中西跨文化对话策略。

【关键词】孙璋；《孔夫子的诗经》；礼仪之争；《诗经》

礼仪之争是十七十八世纪的一场中西文化冲突，从龙华民（Nicolas Longobardi，1559—1654）对利玛窦（Matheo Ricci，1552—1610）传教策略的质疑开始，经过耶稣会与多明我会、方济各会、巴黎外方传教会之间教廷内部的争论，最后升级为罗马教廷和中国皇帝之间的分歧。“礼仪之争”主要包括两方面内容：一是译名之争（Term Issue）；二是中国天主教徒是否可以祭祖祭孔。“译名之争”并不仅仅是究竟应该使用什么译名来指称天主教中的最高主宰者Deus的问题，这背后还有如何判断中国信仰的问题。中国人所敬的“天”“帝”和天主教的Deus是同一个神吗？中国人所说的“天”是有形的物质天还是无形的最高主宰？中国五经时代所敬的是否为天主教意义上的真神？面对这一系列问题，无论出于何种理由，来华传教士们给出了不同的答案。① 礼仪之争中的另一个重要议

① 利玛窦等耶稣会士选取“天”“上帝”“天主”作为Deus的译名，而龙华民等人反对用这些译名。在嘉定会议上，他们作出决议，要求停用“天”“上帝”这两个在儒家著作中出现过的概念，折中使用合成词“天主”来指称Deus，这个决议并未彻底执行。康熙帝曾亲笔书写“敬天”二字匾额，赐给天主教堂。1693年，代牧主教阎当（Charles Maigrot，1652—1730）要求他所管理的教区教堂将写有“敬天”的匾额统统摘下。1700年，耶稣会士闵明我（Philppe-Marie Grimaldi，1639—1712）、安多（Antoine Thomas，1644—1709）等人起草请愿书，在请愿书中这样为敬天二字辩护：“至于（转下页）

题为是否允许中国天主教徒参加祭祖、祀孔的“中国礼仪”。[①]中国礼仪是否具有宗教性？古代中国人是否认识耶和华？祭祀的对象是谁？祭祖时是否祈求祖先保佑？一系列大大小小的问题都需要回答。1715 年，教宗克莱芒十一世（Clement XI）发布《自那一天》（*Exilla die*）通谕，全面禁止中国礼仪，规定不许用“天”（Tien，Coelum）和“上帝”（Xang-Ti，Supremus Imperator）来称呼 Deus，谕令对“天主”（Tien Chu，Coeli Dominus）一词的使用也是勉强接受。谕令中声明，因为天主教中的 Deus 没法译为中文，所以传教士们才长期使用“天主”一称。此外，谕令还禁止中国的天主教堂悬挂“敬天”的匾额，认为“敬天”中的“天”并不代表天主，只代表天空[②]。1721 年，康熙帝见到通谕后大怒，与罗马交恶；1724 年，雍正帝在全国禁止天主教。

法国汉学家、耶稣会士孙璋 1728 年来华，此时礼仪之争刚刚落下帷幕。雍乾禁教时期，孙璋以翻译的身份留居北京，在华生活 40 年，直至去世。他通满文和汉文，在华期间，先后翻译过《甲子会纪》、《礼记》、《诗经》（取名为 *Confucii Chi-King sive Liber Carminum*[③]），并出版了汉文著作《性理真诠》和《性理真诠提纲》。孙璋的《诗经》译本 1738 年左右完成，1830 年出版后，成为西方第一部《诗经》全译本。在这部作品中，孙璋对礼仪之争做出了回应和反思。

一、天-帝-Deus 的融合

《诗经》中共有 165 处出现“天”字，43 处出现“帝”字。[④]孙璋对《诗经》中“天”“帝”概念的理解与罗马教廷不同。我们先用几个例子来看孙璋对“天”的翻译和阐释：

（1）绸缪束薪，三星在天。(《唐风·绸缪》)

（接上页）郊天之礼典，非祭苍苍有形之天，乃祭天地万物根源主宰，即孔子所云‘郊社之礼，所以事上帝也’。有时不称‘上帝’而称‘天’者，尤如主上不曰‘主上’，而曰‘陛下’、曰‘朝廷’之类。虽名称不同，其实一也。前蒙皇上所赐匾额，亲书‘敬天’之字，正是此义。”（请愿书见李天纲：《中国礼仪之争：历史、文献和意义》，中国人民大学出版社 2019 年版，第 36 页）这封请愿书被康熙帝大加赞赏，然而康熙帝的赞赏并未改变教廷对译名的判断。

① 耶稣会士将中国的祭祖、祭孔等仪式称为“中国礼仪”，利玛窦等人在中国传教时，采用“补儒易佛”的策略，不反对入教的士大夫等中国天主教徒参加中国传统的祭祖、祭孔仪式，并特意将“中国礼仪”阐释为非宗教性质的活动。利玛窦认为中国人并不把自己的祖先当做神，所以祭祖并不能说明中国人偶像崇拜或者渎神（见利玛窦、金尼阁：《利玛窦中国札记》，中华书局 2010 年版，第 103 页）。但从龙华民开始，针对“中国礼仪”是否具有宗教性的争论便在教会内部展开了。争执首先在耶稣会内部开始，“嘉定会议”激烈争论后，决议仍然允许中国人参加祭祖祭孔的活动。而后，多明我会、方济各会、巴黎外方传教会等也加入了讨论。1693 年，来自教廷直属传信会（the Sacred Congregation of Propaganda）的代牧主教阎当在福建要求他的教区禁行“中国礼仪”，许多耶稣会士对阎当的命令表示怀疑。

② 《自那一天》谕令中将“敬天”译为 Coelum colito。

③ 书名直译为汉语是《孔子的诗经或诗集》，笔者曾将其译为《孔夫子的诗经》。

④ 学界对《诗经》中“天”“帝”含义的解读已经有了丰富的成果，不在此赘述。

In fasciculos colligantur et colligata in se revolvuntur ligna. Sidus San-sing in coelo apparet. ①

(2) 天保定尔，亦孔之固。(《小雅·天保》)

Coelum tibi (o rex) adsit, precamur, (solium tuum) stabiliat et firmissimum esse velit. ②

(3) 谓天盖高，不敢不局。(《小雅·正月》)

Quis neget excelsos esse coelos? Non debemus tamen nisi tremendo et incurvo corpore incedere. ③

(4) 文王在上，於昭于天。(《大雅·文王》)

Ouen-ouang ille jam sedes superas incolit. O quantam gloriam, quantum splendorem obtinet in coelis! ④

(5) 敬之敬之，天维显思(《周颂·敬之》)

Attende tibi, attende tibi, coelum enim perspicacissimum est, et longe perspicacissimum est. Ejus gratia et favor non est quid facile. ⑤

(6) 天命玄鸟，降而生商(《商颂·玄鸟》)

Coeli mandato factum est, ut nigra avi (hirundine) volando delapsa, gentis Chang inclytae auctor nasceretur. ⑥

不论是国风、小雅、大雅或颂，孙璋统一将诗中出现的“天”翻译为 coelum/coelus⑦。《诗经》中的“天”含义丰富，大致分为两种：一种是自然的、物质的、空间

---

① Alexandre de La Charme, *Confucii Chi-king sive Liber Carminum*, ed. Julius Mohl, Stuttcartae et Tubingcae: Sumptibus J. G. Cotte, 1830, p. 50.

② Alexandre de La Charme, *Confucii Chi-king sive Liber Carminum*, ed. Julius Mohl, Stuttcartae et Tubingcae: Sumptibus J. G. Cotte, 1830, p. 76.

③ Alexandre de La Charme, *Confucii Chi-king sive Liber Carminum*, ed. Julius Mohl, Stuttcartae et Tubingcae: Sumptibus J. G. Cotte, 1830, p. 99.

④ Alexandre de La Charme, *Confucii Chi-king sive Liber Carminum*, ed. Julius Mohl, Stuttcartae et Tubingcae: Sumptibus J. G. Cotte, 1830, p. 141.

⑤ Alexandre de La Charme, *Confucii Chi-king sive Liber Carminum*, ed. Julius Mohl, Stuttcartae et Tubingcae: Sumptibus J. G. Cotte, 1830, p. 201.

⑥ Alexandre de La Charme, *Confucii Chi-king sive Liber Carminum*, ed. Julius Mohl, Stuttcartae et Tubingcae: Sumptibus J. G. Cotte, 1830, p. 215.

⑦ coelum 和 coelus 一为中性名词，一为阳性名词，孙璋的译文中这两个词都出现过，含义相同，没有区分，所以我们在下文中只写为 coelum。《孔夫子的诗经》中只有一处例外的译法，《邶风·北门》中“已焉哉，天实为之，谓之何哉”一句，孙璋译为：Hoc dixise satis; id vere coelesti fit consilio; quid (contra) mutire fas est?（说这些就够了，这是天的安排，怎么可以抱怨神的旨意呢?）用“coelestis”翻译“天”。这个拉丁词语是个形容词，意为神圣的、天国的（heavenly/celestial/divine）。在这一句中，孙璋将有所为的、人格化的“天”翻译成“天的计划”“神的旨意”，将原文中出现一次的“天”，重复翻译了两次，强调了其神圣性，但是削弱了“天”的人格特征。此后出现的“天”都统一用“coelum/coelus”翻译。

的“天”；一种是人格化的、有意志、有行动的“天”。“三星在天”中的“天”是自然的天，也就是天空，孙璋用单数形式的 coelum；“谓天盖高”说的是空间的“天”，也就是大地之上的空间，孙璋译为 coelus 的复数形式；“天保定尔”和“天命玄鸟”中是人格化的、有意志的最高主宰“天”，孙璋仍然使用 coelum 一词；“於昭于天”中的“天”比起自然的天空，多了一些宗教色彩，是最高主宰者所在的空间，孙璋将其译为 coelum 的复数形式 coelis；“天维显思”中的“天”代表着天理、天道，孙璋仍用 coelum 一词翻译。

coelum 是名词，意为天空、天堂、空气等，多数情况下指自然的、物质的“天”。拉丁文《圣经》中，“起初，神创造天地”中的“天”，用的就是 coelum 一词。在天主教中，coelum 是由 Deus 创造出来的，位于大地之上，coelum 并不具有意志，也没有被神圣化。显然，coelum 的本义无法涵盖《诗经》中“天”的意义。孙璋选择用 coelum 翻译“天”，这意味着他认为《诗经》中的“天”只是一个空间概念吗？其实并不。孙璋在翻译过程中，并未改变原诗中“天”的能动性。“天保定尔”，“天维显思”，“天”能够保佑人、注视着人们的一举一动。孙璋没有拘泥于 coelum 这个拉丁词的本义，而是通过翻译，丰富了这个拉丁词的内涵。这就涉及孙璋对“帝”的理解。

“帝”与“天”都是《诗经》中的最高主宰者。如同上文，我们先对照译文：

（1）胡然而天也，胡然而帝也！（《鄘风·君子偕老》）

Tu primo aspectu coelos (pulchritudine) et imperatorem (majestate) adaequas.①

（2）文王陟降，在帝左右。（《大雅·文王》）

Ouen-ouang sive ascendat, sive descendat, semper adest ad maximi domini et dominatoris dextram et sinistram.②

（3）履帝武敏歆，攸介攸止。（《大雅·生民》）

In vestigio, quod rerum dominus et dominator (pedis sui) maximo digito impressum reliquerat, institit illa.③

（4）荡荡上帝，下民之辟。（《大雅·荡》）

O quantus, quam amplissimus, est summus rerum dominus dominator, cujus dominationi homo subjacet!④

殷商和周代信仰有所变化，人民信奉的对象也发生了变化。殷商时期的“帝”逐渐

---

① Alexandre de La Charme, *Confucii Chi-king sive Liber Carminum*, ed. Julius Mohl, Stuttcartae et Tubingcae: Sumptibus J. G. Cotte, 1830, p. 20.

② Alexandre de La Charme, *Confucii Chi-king sive Liber Carminum*, ed. Julius Mohl, Stuttcartae et Tubingcae: Sumptibus J. G. Cotte, 1830, p. 141.

③ Alexandre de La Charme, *Confucii Chi-king sive Liber Carminum*, ed. Julius Mohl, Stuttcartae et Tubingcae: Sumptibus J. G. Cotte, 1830, p. 155.

④ Alexandre de La Charme, *Confucii Chi-king sive Liber Carminum*, ed. Julius Mohl, Stuttcartae et Tubingcae: Sumptibus J. G. Cotte, 1830, pp. 168-169.

为周代的“天”所取代，而《诗经》中的诗歌跨越多年，其中的“天”与“帝”的内涵十分复杂。总的来说，“帝”与人格化的“天”基本一致。《毛诗正义》中说：“天，帝名虽别而一体也。”《诗经》中称“帝”为“帝”和“上帝”，两者内涵一致。而孙璋的译文中出现了三种“帝”。《君子偕老》中“胡然而天也，胡然而帝也”形容女子衣着妆饰端庄华丽，见到她就像见到“天”和“帝”一样。孙璋将此诗中的“帝”译为 imperatorem（imperator），这个词是帝王的意思，一般指俗世的帝王，而非天上的最高主宰者。在整本《诗经》中，孙璋只在此处用这个词来翻译“帝”。后面三个例子中分别是“帝”与“上帝”，孙璋分别用 maximi domini et dominatoris（maximus dominus et dominator）、rerum dominus et dominator 和 summus rerum dominus dominator 来翻译。maximus 和 summus 意为最高的、最伟大的；dominus 和 dominator 意为主（lord）、主宰（ruler）、主人（master），这两种称呼都有很浓重的宗教意味，它们可以代替 Deus 一词。除了这些例子，孙璋还用过类似的组合翻译“上帝”，如 maximum rerum omnium dominum（maximus rerum omnium dominus）、maximum rerum dominum et dominatorem（maximus rerum dominus et dominator）、summus rerum dominus dominator、summus rerum dominus et dominator 等。其中，rerum 意为东西、事物，是个复数形式，可以理解为万物；omnium 意为一切。也就是说，孙璋将“帝”和“上帝”翻译为天下万物的最高主宰。

孙璋笔下的“天”和“帝”有何联系呢？与孔颖达一样，孙璋认为“天”与“帝”有同样的所指，只是一个事物的两种称呼。我们可以从他的《诗经》译本中找到依据。《大雅·下武》一诗中有“永言配命，成王之孚”一句，朱熹将“永言配命”解释为长言合于天理。注意这其中的“天”字，天命之谓性，“命”常与“天”相关联。而孙璋则将“天命”解释为“帝命”，这是他给《下武》中这一句诗的译文：Id nempe studet ut majorum suorum virtutes imitetur, ut a recta ratione nunquam deflectens（summi rerum domini）imperio semper obtemperet, aequitatis et fidei observantissimus custos.① 孙璋为了翻译“命”，特意多加了括号中的 summi rerum domini，而这恰恰是他给“帝”的拉丁文译名，他在《周颂·维天之命》中则将“天之命”译为 coeli voluntas。从孙璋的译文可以看出，他将“天命”等同于“帝命”，也就是给“天”和“帝”画了等号。“天”与“帝”相同，而“昊天”和“上帝”与它们的含义也相同。例如，《大雅·云汉》中三次出现“昊天上帝”，孙璋的译法分别是：augustum coelum qui est summus rerum dominus et dominator/ augustum coelum sive summus rerum dominus et dominator/ augustum coelum, summus rerum dominus et dominator②，孙璋将“昊天”和“上帝”看作同位语，“昊天”即为“上帝”，“昊天”与“上帝”一样，有意志、有能力、能主宰一切。

虽然孙璋的译诗中并未出现过指称天主教上帝的 Deus 一词，也从未将《诗经》中的“天”与“帝”翻译为 Deus，但从他的《诗经》注释中可以判断，“天”与“帝”对孙

① Alexandre de La Charme, *Confucii Chi-king sive Liber Carminum*, ed. Julius Mohl, Stuttcartae et Tubingcae: Sumptibus J. G. Cotte, 1830, p. 153.

② Alexandre de La Charme, *Confucii Chi-king sive Liber Carminum*, ed. Julius Mohl, Stuttcartae et Tubingcae: Sumptibus J. G. Cotte, 1830, pp. 178-179.

璋来说就是 Deus①。他认为古代中国祭祀的对象就是 Deus，这个词多次出现在他的注释中。在《邶风·击鼓》一诗的注释中，孙璋说出征的将领会带领士兵们举行祭祀仪式，请求 Deus 惩罚那些不忠诚的战士，并让 Deus 见证他们的誓言，他们对着 Deus，coeli domimus 祭祀②。在《大雅·生民》一诗注释中，孙璋解释“履帝武敏歆”，行文中将“帝”（rerum dominus et dominator）等同于 Deus，并特别指出，虽然诗中说帝留下脚印，但中国人并不把 Deus 当成有实体的凡人③。《小雅·信南山》是祭祀宗庙的乐歌，孙璋在注释中坚称中国人崇拜的是 Deus，将其看作 supremus rerum omnium dominus④，也即《圣经》中的天主耶和华。

孙璋将“天”“帝”与 Deus 等同，但《诗经》中的“天”与“帝”与《圣经》中描绘的 Deus 到底有不一致的地方。遇到这样的情况，为了让《诗经》中的“天”与“帝”符合天主教教义，孙璋就用以下几种方式自圆其说：

第一，将诗中“天”“帝”的特质改造得与 Deus 相同。如前文中引述的“胡然而天也，胡然而帝也”，孙璋特意用 coelum 的复数形式来翻译“天”，强调“天”的物质性，此为译本中难得的将“天”解为物质天的例子；此句还是全书唯一的将“帝”译为 imperatorem（人间帝王）的例子。显然，孙璋不愿让西方读者知道中国人用“天”“帝”来形容人的美貌，他要说服读者，中国人信仰 Deus。Deus 没有形象没有声音，他不得不擅自改变了译名。为了加强自己的论点，他将《大雅·文王》“上天之载，无声无臭”中的“载”抹去，译为 Coelum autem augustum non habet vocem quam audiamus, odorem quem olfaciamus⑤，意为“然而上天没有声音、没有气味”。

第二，美化诗中的“天”“帝”以称颂 Deus。《鄘风·柏舟》“母也天只，不谅人只”是女子不愿改嫁，埋怨母亲和天命的诗句，孙璋译为：Parentis meae, ampla sunt erga me, ut coelum, beneficia, sed aliorum animum dijudicare minus novit⑥，原诗只是说母亲和上天都不体谅我，但孙璋在译诗中加了一层意思，说母恩如同天恩广大，将原文的怨怼之辞改为称颂之意，这是孙璋借《诗经》献给 Deus 的颂歌。美化 Deus 可以增加颂词，也可以删

---

① 在礼仪之争中，耶稣会和其对手争论的焦点之一即古代中国人崇拜的是否就是基督教中的 Deus。耶稣会传教士普遍认为，古代中国人所信仰的就是 Deus。而要证明这一点，就要首先论证中国古籍中的“天”与“帝”同义，然后再论证“天”和“帝”就是 Deus。耶稣会的论证以失败告终，教廷选择相信他们对手的观点。但是，礼仪之争过后，身在耶稣会中的孙璋仍在朝这一方向努力。宋明理学之前的古代中国人提到的“天”“帝”与“上主”、Deus 同义，这并不完全是孙璋的传教策略，更是他内心深处真正的看法。

② Alexandre de La Charme, *Confucii Chi-king sive Liber Carminum*, ed. Julius Mohl, Stuttcartae et Tubingcae: Sumptibus J. G. Cotte, 1830, p. 233.

③ Alexandre de La Charme, *Confucii Chi-king sive Liber Carminum*, ed. Julius Mohl, Stuttcartae et Tubingcae: Sumptibus J. G. Cotte, 1830, p. 302.

④ Alexandre de La Charme, *Confucii Chi-king sive Liber Carminum*, ed. Julius Mohl, Stuttcartae et Tubingcae: Sumptibus J. G. Cotte, 1830, p. 292.

⑤ Alexandre de La Charme, *Confucii Chi-king sive Liber Carminum*, ed. Julius Mohl, Stuttcartae et Tubingcae: Sumptibus J. G. Cotte, 1830, p. 143.

⑥ Alexandre de La Charme, *Confucii Chi-king sive Liber Carminum*, ed. Julius Mohl, Stuttcartae et Tubingcae: Sumptibus J. G. Cotte, 1830, p. 19.

减怨词。《小雅·正月》“有皇上帝，伊谁云憎”一句，诗人不忍见小人谗言惑主而发出感慨：难道上天因憎恶谁而降之以祸吗？孙璋译为：Reverendus et tremendus supremus rerum dominus（Chang-ti）neminem odit，quis dicat illum odio habere quemquam?① 意为上帝不憎恨任何人，谁说他对任何人有憎恶呢？孙璋改变了句子结构，将原文的问句改为陈述句，强调 Deus 并不憎恨世人。《小雅·小明》“明明上天，照临下土”，孙璋的译文为 Perspicacissimum，augustum et excelsum coelum，terram infimam sapientia tua protegis et nobis praesens ades②。不仅将原文单纯的陈述改为对“天”的称颂，还增加了 sapientia tua，“天”是有智慧的，甚至是全知全能的。

第三，美化人们对待“天”的态度。《邶风·北门》写的是不得志的士人抱怨事务繁忙、贫窭交加，每一章都有“已焉哉，天实为之，谓之何哉”几句。朱熹说此诗讲“卫之贤者处乱世，事暗君，不得其志，故因出北门，而赋以自比。又叹其贫窭，人莫知之，而归之于天也”，并引用杨时的说法，“不择事而安之，无怼憾之辞，知其无可奈何，而归之于天，所以为忠臣也”③，“怨天”是为了不怨君。而孙璋说此诗写的是“一位官员深陷事务的困境中，但完全没有抱怨上天的意图（天命），而且领会了神圣的旨意”④，此人没有将过错归之于天，因为孙璋认为天就是 Deus，而对于 Deus 的意图，任何人都不能揣测或心生怨恨。孙璋故意忽视了朱熹等人的普遍看法，将“怨天”诗改造为“知天”诗。

第四，在译诗中遇到无法自圆其说的部分，孙璋便在注释中特别强调“修辞”。《唐风·鸨羽》和《小雅·巷伯》都有怨刺之意，诗人呼喊苍天，发出慨叹。孙璋特意在两首诗中加入脚注，写明中国人呼喊苍天是一种诗化的手法，类似西方呼语这种修辞方法。⑤ 这样的注释削弱了诗中的怨刺之意，用“诗化的”“诗学的”的解释掩盖了对“天”的怨怼之情。《大雅·生民》中有“履帝武敏歆”一句，但 Deus 是无声无臭、没有形象的，怎么会留下一个脚印呢？译文中没法解释这件事，孙璋便在注释中强调这是一种比喻的说法，一种诗学的（poëtice）表达：“我们不也说上帝曾经用手指刻下了十诫的命令吗？”⑥ 他认为古代中国人知道上帝是无声无臭，无形象的，西方人可以说上帝用手指刻下十诫，中国人这样说也不足为奇，不能证明中国人信仰的不是 Deus。

第五，当译诗和注释都无法掩盖诗中对“天”的不敬时，孙璋便自己站出来辩解。《诗经》中有很多“怨天诗”，孙璋将“天”理解为“Deus”，那么“怨天”就变为了渎

① Alexandre de La Charme，*Confucii Chi-king sive Liber Carminum*，ed. Julius Mohl，Stuttcartae et Tubingcae：Sumptibus J. G. Cotte，1830，p.99.

② Alexandre de La Charme，*Confucii Chi-king sive Liber Carminum*，ed. Julius Mohl，Stuttcartae et Tubingcae：Sumptibus J. G. Cotte，1830，p.119.

③ 朱熹：《诗集传》，中华书局 2017 年版，第 38 页。

④ Alexandre de La Charme，*Confucii Chi-king sive Liber Carminum*，ed. Julius Mohl，Stuttcartae et Tubingcae：Sumptibus J. G. Cotte，1830，p.238.

⑤ Alexandre de La Charme，*Confucii Chi-king sive Liber Carminum*，ed. Julius Mohl，Stuttcartae et Tubingcae：Sumptibus J. G. Cotte，1830，p.112.

⑥ Alexandre de La Charme，*Confucii Chi-king sive Liber Carminum*，ed. Julius Mohl，Stuttcartae et Tubingcae：Sumptibus J. G. Cotte，1830，p.302.

神。孙璋可以通过修改译文来淡化甚至抹除“怨”，但这种办法不适用于所有的“怨天诗”。《小雅·节南山》出现多次“不吊昊天”“昊天不傭”“昊天不惠”，孙璋按照原文翻译为 Coelum augustum nulla erga illum misericordia moveatur quidem/ Augustum coelum, aequitatis immenor/ Augustum coelum jam misereri non amat①，但在注释中特意写明因为诗人遭受了巨大的苦难，才会口不择言。孙璋没有直接将渎神的罪名加于作者，而只是说这些诗句“近似渎神”②。

总之，孙璋想方设法将“天”“帝”和 Deus 统一起来。在他的理解中，这些指称都是同位语，它们有相同的内涵和外延。孙璋在《性理真诠》中这样说：

> 名号虽殊，其义理则同也。若然，则同一天主也，或称造物主，或称上主，或称主宰，或称真主真宰，或称大父共父等，义本相同，并无或异。盖大道真传，重义理不重文辞。③

在孙璋看来，译名并不重要，天主、造物主、上主、天、帝，这些汉语词汇所指称的就是西方的 Deus。“名号虽殊，其义理则同”“义本相同，并无或异”，这样的观点与闵明我、安多起草的请愿书中“虽名称不同，其实一也”的判断如出一辙。可以说，闵明我等人是为了得到康熙帝的支持才这样表述的。然而，从孙璋的《诗经》翻译与阐释中可见，即便《自那一天》的谕令已经下达，雍乾禁教仍在持续，作为耶稣会士的孙璋，仍然坚守着耶稣会当初的立场，未对礼仪之争做出妥协。

二、宽容对待中国礼仪

孙璋来华之前，禁止中国礼仪的命令已经颁布，但《诗经》译本体现了孙璋对这一禁令的反思。孙璋在译本中写下自己从文本和现实生活两方面对中国礼仪的认识，提倡宽容对待中国礼仪。

《诗经》中的祭祀诗种类多样，涉及郊社之礼、宗庙祭祀、农事祭祀、战前祭祀等。被孙璋直接标注为“祭祀诗”的有《小雅·楚茨》《周颂·清庙》《商颂·那》等二十五首。孙璋在翻译《诗经》前曾译《礼记》，他对中国祭礼的了解根植于《诗经》和《礼记》，二者互证，形成了他对中国古代祭礼的看法。商周时期的祭礼和孙璋生活的清代大有不同，孙璋在《诗经》注释中还记录了他在现实生活中观察到的祭礼。

在礼仪之争中，耶稣会士面临一个难题。他们认为中国礼仪是非宗教性的，所以倡导允许中国天主教徒参加祭祖祀孔等活动，但由于他们将中国的“敬天”解释为“敬天

---

① Alexandre de La Charme, *Confucii Chi-king sive Liber Carminum*, ed. Julius Mohl, Stuttcartae et Tubingcae: Sumptibus J. G. Cotte, 1830, p. 97.

② Alexandre de La Charme, *Confucii Chi-king sive Liber Carminum*, ed. Julius Mohl, Stuttcartae et Tubingcae: Sumptibus J. G. Cotte, 1830, p. 283.

③ 孙璋:《性理真诠》(清光绪十五年上海慈母堂活字版本),《东传福音》第四卷，黄山书社 2005 年版，第 921~922 页。

主”，所以又不得不承认祭拜天地的郊社之礼的宗教特性，但“社”并非祭天，而是祭祀土地神的仪式，那么，难道中国人信仰的不是唯一神吗？耶稣会陷入了逻辑的困境。孙璋坚持认为《诗经》等中国典籍中的“天”和“帝”就是天主教中的Deus，那么，在孙璋看来，郊社之礼就是一种宗教仪式，祭拜的对象“天”其实就是天主教的Deus。孙璋面临和他的耶稣会前辈同样的问题，他将作何解释？《小雅·甫田》中有“以社以方”一句，孙璋在注释中这样解释“社”：“有两种祭礼，称作郊、社，它们用来表达对唯一至高的万物主宰（unus summus rerum dominus et dominator）的尊敬，就像孔子和其他中国哲学家所清楚言说的那样。”① 这其中的“唯一至高的万物主宰”（unus summus rerum dominus et dominator）就是孙璋翻译“上帝”所使用的拉丁词语。也就是说，在孙璋的阐释中，“社”和“郊”一样，同样是祭祀“天”的仪式。

对于祭祖，传教士中的争论比祭天更加激烈，争论的焦点在于中国人是否把祖先当作神、是否相信祖先能够实现自己在祭礼时许下的心愿、是否认为死去的祖先真的来祭礼上享用祭品等。教廷禁止中国礼仪的谕令将祭祖称为异端做法，也就是认为中国人把祖先当作神，并且认为死去的祖先会享用祭品。孙璋并不接受教廷的看法。《楚茨》一诗中有“神嗜饮食”“神具醉止”等诗句，说的就是祖先的神灵会享用祭品，而孙璋的译文是“has oblationes spiritum acceptas habuisse”和“spiritus oblationes vestras acceptas habet”②。他用“acceptas”（接受）一词，巧妙地回避了饮食的动作。孙璋还在这首诗的注释中说，诗中的“神”是国家、城市和家庭的守护者，古代中国人认为神跟在信仰上帝（summus rerum omnium dominus）的人身边，完成上帝给它们的使命。③ 死去的祖先会来吃祭品吗？孙璋在这首诗中委婉地回避了这个问题，因为他对这一问题的答案并不确定。在《陈风·防有鹊巢》一诗的注释中，孙璋发出疑问：摆在桌上的食物是给谁的？死去的人真的吃这些食物吗？④ 在他看来，中国人这样做的原因是孔子曾经说“事死如事生”，所以没人质疑这种做法。尽管他对祭祖仪式中的很多问题并没有确定答案，但仍然选择继续为中国祭礼辩护。

第一，孙璋坚持认为祭祖的中国人并不是祈求祖先保佑，而是祈求上帝保佑，祭祖就是崇拜上帝的表现。他甚至认为，祭祖仪式就是为上帝而举行的。《小雅·信南山》是一首祭宗庙之诗，诗的第二章是“中田有庐，疆场有瓜。是剥是菹，献之皇祖。曾孙寿考，受天之祜”。孙璋认为，不能将诗理解为祖先保佑举行祭祀的人，而应理解为这些福报都源自天/帝，因为中国人并不向祖先祈祷福报，祭礼所期盼的福寿、好运都是上天赋予

① Alexandre de La Charme, *Confucii Chi-king sive Liber Carminum*, ed. Julius Mohl, Stuttcartae et Tubingcae: Sumptibus J. G. Cotte, 1830, p. 293.

② Alexandre de La Charme, *Confucii Chi-king sive Liber Carminum*, ed. Julius Mohl, Stuttcartae et Tubingcae: Sumptibus J. G. Cotte, 1830, p. 122.

③ Alexandre de La Charme, *Confucii Chi-king sive Liber Carminum*, ed. Julius Mohl, Stuttcartae et Tubingcae: Sumptibus J. G. Cotte, 1830, p. 291.

④ Alexandre de La Charme, *Confucii Chi-king sive Liber Carminum*, ed. Julius Mohl, Stuttcartae et Tubingcae: Sumptibus J. G. Cotte, 1830, p. 268.

的。① 在《鲁颂·閟宫》的注释中，孙璋说得更加直白，“为祖先举行的祭礼每年四季举行，这是为天地万物的最初创立者上帝（rerum omnium primo auctori supremo rerum domino et dominatori）而举办的”，“在为上帝（supremo rerum domino et primo omnium auctore）举行的祭祀中，创立家族的祖先们是陪祭，他们（中国人）并不认为祖先和上帝平等……祭礼只是献给上帝的”。②

第二，商周时期人们祭祀的对象是多样的，《诗经》中除了祭天、祭祖的祭祀诗，还有农业祭祀诗、战争祭祀诗等。遇到这些诗歌时，孙璋常常刻意回避难以解释的宗教性问题，而往往故意将那些有“渎神”嫌疑的诗旨写得避重就轻。例如《小雅·吉日》，朱熹认为这首诗是祭祀马祖的诗：“此亦宣王之诗，将用马力，故以吉日祭马祖而祷之。既祭而车牢马健，于是可以历险而从禽也。”③ 而孙璋的注释中删除了“祭马祖”的说法，只说这首诗写“宣王热衷田猎”④。显然，孙璋无法解释“祭马祖”的现象，又担心教会内部看到这种说法，会怀疑耶稣会的立论基础，所以干脆隐去不说。此外，《小雅》中的《甫田》《大田》，《周颂》中的《载芟》《良耜》等都是丰收之后的祭祀诗，孙璋将这几首诗都解释为农事诗，而非祭祀诗。

第三，孙璋将祭祖仪式解释为世俗的、仅仅为了体现孝道（pietatis erga parentes nostrae）的。在闵明我等传教士写给康熙的请愿书中这样评价祭祖仪式：“祭祀祖先，出于爱亲之义，依儒礼亦无求佑之说，惟尽孝思之念而已。虽设立祖先之牌位，非谓祖先之魂在木牌位之上，不过抒子孙‘报本追远’‘如在’之义耳。”⑤ 孙璋继承了这一立论方式，反复强调纪念祖先的祭礼是孝道的体现。在《周颂·潜》的注释中，孙璋说中国人认为祭祀可以体现孝道，孝顺的人才能得到上天赐福⑥；在《大雅·凫鷖》中，孙璋称祭祀是孝道的表现⑦。在《小雅·信南山》一诗的注释中，孙璋也强调“如在”之义，他特意用拼音标注“事死如事生，事亡如事存”⑧ 几个字，他的辩护策略完全继承了他的先行者。

第四，孙璋将中国祭礼视为利于增强人们对上主信仰的礼仪，认为中国礼仪对天主教的传播起到积极作用。他在《小雅·甫田》的注释中解释“社”：“《礼记》中很明确地说，每个地区、每个家族都把自己的一部分农作物带到祭礼社上；对于这个做法，我们的

---

① Alexandre de La Charme, *Confucii Chi-king sive Liber Carminum*, ed. Julius Mohl, Stuttcartae et Tubingcae: Sumptibus J. G. Cotte, 1830, p. 292.

② Alexandre de La Charme, *Confucii Chi-king sive Liber Carminum*, ed. Julius Mohl, Stuttcartae et Tubingcae: Sumptibus J. G. Cotte, 1830, p. 317.

③ 朱熹：《诗集传》，中华书局 2017 年版，第 185 页。

④ Alexandre de La Charme, *Confucii Chi-king sive Liber Carminum*, ed. Julius Mohl, Stuttcartae et Tubingcae: Sumptibus J. G. Cotte, 1830, p. 280.

⑤ 李天纲：《中国礼仪之争：历史、文献和意义》，中国人民大学出版社 2019 年版，第 36 页。

⑥ Alexandre de La Charme, *Confucii Chi-king sive Liber Carminum*, ed. Julius Mohl, Stuttcartae et Tubingcae: Sumptibus J. G. Cotte, 1830, p. 312.

⑦ Alexandre de La Charme, *Confucii Chi-king sive Liber Carminum*, ed. Julius Mohl, Stuttcartae et Tubingcae: Sumptibus J. G. Cotte, 1830, p. 304.

⑧ Alexandre de La Charme, *Confucii Chi-king sive Liber Carminum*, ed. Julius Mohl, Stuttcartae et Tubingcae: Sumptibus J. G. Cotte, 1830, p. 292.

宗教中（规定的数字）是十分之一。”① 孙璋所说的“我们的宗教”就是天主教。“社”是祭祀土地的仪式，但是孙璋避而不谈，将对“社”的理解引到了天主教的什一税上，加强两者的联系。在《性理真诠》一书中，孙璋为了引导读者敬拜上主，就将崇拜上主与孝道联系起来，体现孝道的祭礼也变为加强人们对上主信仰的手段。

孙璋对中国祭礼的所有阐释都指向一个目的：希望教廷对中国礼仪更加宽容。在他看来，祭祀的意义不在于外在的形式，而在参加祭祀的人的心理。外在的形式不代表任何含义，所有的仪式最终都要指向本质，而这个本质就是人们心里是否崇拜 Deus，是否认为 Deus 为天地间的最高主宰。孙璋的看法和许多中国天主教徒一致。杭州的天主教徒洪意纳爵等人在回答殷铎泽关于中国祭礼的提问时这样说：“所以问礼之是非，不当以行事之异同断，当以其用礼之心断。如心同而事异，何妨抠趋以从。若心异而事同，弃去惟恐不速，奈何以外貌之相若，遂并其心而责之哉?”② 这些中国教徒皈依天主教的同时，也希望能参加祭祖等传统的中国祭祀仪式。教廷禁行中国礼仪的谕令打击了这些教徒，极大影响了传教士在中国传教的进程，更阻断了当时天儒对话的积极性。孙璋显然站在中国天主教徒一端，他不顾教廷禁止中国礼仪的谕令，在《性理真诠》的最后一卷大胆地说：“至于丧葬之礼节，无乖正道，无关孝道之大本者，天主教俱可因人情，随风俗，便宜行事。”③ 可见，孙璋在礼仪之争过后，结合自己的传教实践，仍在反思教廷对中国礼仪的态度是否合适。

三、以“经”释“经”

孙璋在译名问题和实践问题上都不同意教廷为礼仪之争所下的禁令。礼仪之争不仅仅是教廷和传教士如何对待中国礼仪的问题，也不仅仅是中国天主教徒如何实践的问题，更是中西方学者对如何将两种不同的文化以人们可以接受的方式融会贯通的探讨。教廷的禁令和清政府的禁教政策打断了这样大规模的文化碰撞，而孙璋却另辟蹊径，在阐释中将中西方之“经”交融起来，尝试将中西两种“经”纳入同一话语体系。

（一）以《圣经》阐释《诗经》的尝试

合儒、补儒、超儒是自利玛窦以来，来华耶稣会会士长期使用的传教策略。虽然在礼仪之争后，耶稣会失去了教廷的支持，还受到雍正、乾隆禁教政策的打压，但在这种艰难情境下，作为传教士中少有的中国文化专家，孙璋依然坚守着耶稣会的传统，并将这种策略更进一步。他解诗虽然主要依从朱熹等中国经学家的传疏，但并没有忘记在其中融入他对天主教的理解。这种用《圣经》阐释《诗经》的做法，在西方诗经学史中是十分新颖独特的。

---

① Alexandre de La Charme, *Confucii Chi-king sive Liber Carminum*, ed. Julius Mohl, Stuttcartae et Tubingcae: Sumptibus J. G. Cotte, 1830, p. 293.

② 李天纲：《中国礼仪之争：历史、文献和意义》，中国人民大学出版社 2019 年版，第 266 页。

③ 孙璋：《性理真诠》（清光绪十五年上海慈母堂活字版本），《东传福音》第四卷，黄山书社 2005 年版，第 912 页。

《小雅·节南山》是诗人讽刺太师尹氏的诗，诗人看到国既卒斩、丧乱弘多的乱象，连着发出了“昊天不傭，降此鞠訩。昊天不惠，降此大戾”“不吊昊天，乱靡有定”的呼喊。孙璋在译诗时并未改变诗意，但在给该诗的注释中却婉转批评了诗人怨怼上天的做法：“这些诗句是严酷的，近似亵渎神灵，十分盲目，他用这些词来表达巨大的痛苦；但《圣经》中的大卫和约伯，虽然遭受了苦难，不也把这样的话消除在口中了吗?”① 孙璋看到遭受苦难的诗人，最先想到的就是他熟悉的《圣经》人物大卫和约伯。他们遭受巨大的苦难，但并未因此而怀疑或抱怨耶和华，保持了对耶和华的信仰。孙璋以大卫和约伯为例，委婉地批评诗人出言怨天的做法。孙璋忽略大卫和约伯是个人遭受苦难，而诗人家父则因看到国之不国时才发出慨叹。不过，孙璋用大卫和约伯为例解读此诗，更是他坚信“昊天”即 Deus 的证明。

在《圣经》人物之外，孙璋还在解释《诗经》时引用过《圣经》原文。《小雅·楚茨》的第四章讲的是祭礼顺利举行，祖先的神灵歆飨了祭品，赐福给子孙后代。孙璋这样解释其中的“永锡尔极，时万时亿”：“在《圣经》中这样讲：尊重你的父母，这样你就会在地上长寿。”② 这句话来自《新约·以弗所书》：要孝敬父母，使你得福，在世长寿，这是第一条带应许的诫命。《楚茨》描绘宗庙祭祀的过程，在礼仪之争余绪中，这是一个敏感话题。但孙璋用《圣经》中出现的“孝敬父母”化解了这种敏感，将全诗的主题引向“孝”。《小雅·大田》的注释中也出现了《圣经》，此诗“彼有遗秉，此有滞穗，伊寡妇之利”一句，说的是丰收之后，田间遗落了很多未被收获的禾穗，而这些都是留给寡妇之利。朱熹对此有解释：“此见其丰成有余而不尽取，又与鳏寡共之，既足以为不费之惠，而亦不弃于地也。”③ 这让孙璋想起了《圣经》中的教诲：“在《圣经》旧约中，上帝希望丰收过后留在田里的谷物要留给那些需要的人收集。”④ 这段话来自《旧约》中的《申命记》：你在田间收割庄稼，若忘下一捆，不可回去再取，要留给寄居的与孤儿寡妇，这样，耶和华你神必在你手里所办的一切事上赐福与你。在孙璋看来，《诗经》和《圣经》相互印证，更可以证明古代中国人得到了耶和华的教导。

孙璋用《圣经》解《诗经》的做法是他初到中国时为耶儒对话做出的尝试。显然，这时的他仍在探索阶段，不可能将大部分《诗经》作品与《圣经》相关联。但是，他的这种尝试十分新颖，在《诗经》西传史中尚属首例。

（二）用《诗经》阐释和理解天主教经典

孙璋 1753 年出版了他的汉文著作《性理真诠》，目标读者是中国人，书中的“上主”是孙璋希望中国人接受的天主教的 Deus，是宇宙万物的主宰者。有趣的是，全书讲述这

① Alexandre de La Charme, *Confucii Chi-king sive Liber Carminum*, ed. Julius Mohl, Stuttcartae et Tubingcae: Sumptibus J. G. Cotte, 1830, p. 283.

② Alexandre de La Charme, *Confucii Chi-king sive Liber Carminum*, ed. Julius Mohl, Stuttcartae et Tubingcae: Sumptibus J. G. Cotte, 1830, p. 291.

③ 朱熹：《诗集传》，中华书局 2017 年版，第 244 页。

④ Alexandre de La Charme, *Confucii Chi-king sive Liber Carminum*, ed. Julius Mohl, Stuttcartae et Tubingcae: Sumptibus J. G. Cotte, 1830, p. 294.

个造物主的特点时，几乎从未提及《圣经》，整本书中的“上主”形象都是由《诗经》等中国典籍中对“天”“帝”的描述综合而成的。孙璋说他写作本书用时十余载，从出版时间向前推算，他开始写作之时，正是刚译完《诗经》之时。他在《性理真诠》中大量援引化用《诗经》，而“上主”也成了诗经化的“上主”。

《性理真诠》第二卷第一篇“论上主为吾人大父母”是该书首次出现“上主”一称。在这一篇，孙璋完整地勾勒出“上主”的特点：

> 此主有始乎？曰无始也，而为万物之始；其后有终乎？曰无终也，而为万物之终。有形象乎？曰无形无象也，然无形而能形形，无象而能象象。故《诗》云，明明在上，赫赫在下，汤之所以顾諟，文王所以昭事也。其尊有二乎？曰惟一也。获罪上主，则无所祷也。其体何在乎？曰无所不在也。《诗》云，无曰高高在上，陟降厥士。日监在兹也。其知何若乎？曰无所不知也。《诗》云，曰明曰旦，及尔出王，及尔游衍也。其能何若乎？曰无所不能也。观其造天地万物，一命而即有，则宰天地万物，自为一主而不容有二可知矣。其广大有际乎？曰无际也。《诗》拟之曰荡荡，称之曰浩浩。其广大洵莫外也。其赏罚何若乎？曰至公也。《诗》云，令德者保佑命之，自天申之。《书》云，弗敬者降灾下民。孔子云，死生富贵，由其命也。《书》云，福善祸淫，为其道也。《颂》云，降监有严，不僭不滥，称为万民之大君，《大雅》称为万民之大父，《小雅》称为悠悠民父母。①

每论及一个特点，孙璋的论据都是《诗经》，他先后引用了《大雅·大明》《周颂·敬之》《大雅·板》《大雅·荡》《小雅·雨无正》《大雅·假乐》和《商颂·殷武》等数首诗中的诗句。

在总论“上主”的篇章之后，《性理真诠》一书一直沿用《诗经》中的诗句强化“上主”的形象。论述造物主之恩，用《小雅·蓼莪》中的“父兮生我，母兮鞠我”说明造物主如同父母，对人的恩情“昊天罔极”②；论述造物主有主张权衡，用姜嫄踏迹和简狄吞卵为例，并借此论证人们应当相信耶稣诞生的故事③；论述造物主神体无所不在，引用《大雅·大明》中的“上帝临女，无贰尔心”④；论述上主赏罚分明，惩善扬恶，结合《邶风·柏舟》中的“忧心悄悄，愠于群小”和《大雅·绵》中的“肆不殄厥愠，亦

① 孙璋：《性理真诠》（清光绪十五年上海慈母堂活字版本），《东传福音》第四卷，黄山书社2005年版，第455~456页。

② 孙璋：《性理真诠》（清光绪十五年上海慈母堂活字版本），《东传福音》第四卷，黄山书社2005年版，第462页。

③ 孙璋：《性理真诠》（清光绪十五年上海慈母堂活字版本），《东传福音》第四卷，黄山书社2005年版，第561~562、889页。

④ 孙璋：《性理真诠》（清光绪十五年上海慈母堂活字版本），《东传福音》第四卷，黄山书社2005年版，第565页。

不陨厥问”①；论述人们应该如何对待上主，使用《小雅·小旻》中的“战战兢兢，如临深渊，如履薄冰”②。

如果说孙璋对 Deus 的理解影响了他对《诗经》中“天”与“帝”的阐释，反之，《诗经》也影响了孙璋对 Deus 和天主教的认识。“所谓‘释经’，其实既是通过‘释’而了解‘经’，又是通过‘释’而确立‘经’。”③ 孙璋的《诗经》译本在西文语境中阐释中国经典，而《性理真诠》则在汉语语境中阐释天主教义。他在“释经”的过程中，也建立了对“经”的认识。在《性理真诠》中，每讲到上主的形象、特点，孙璋都会用中国《四书》《五经》中的话语来解释，而中国典籍中对“帝”与“天”的描述，又让孙璋形成了对 Deus 的中西结合的体认。

例如，孙璋在《性理真诠》中极力批判宋明理学，将二程、张载、王安石、周敦颐等宋儒都看作对手，但他批判性理之学的同时，又受到了来自宋儒的影响。这体现在他对 Deus“无形无声”的认识上。在《性理真诠》中，孙璋多次强调上主无声无形，认为上主“其体必超万形而无形，神寓万象而无象，既无形象，决不囿于形象之中”④。孙璋在书中说气、理、太极都非灵性之原，上主才是灵性之原，但孙璋对上主“无形无声”的描述，让上主这个概念更偏于宋儒对“理”的理解。天主教中的 Deus 其实并不是无形无声的，利玛窦的《天主实义》虽然要用儒家的方式介绍 Deus，但也从未说过 Deus 无形无声。孙璋受儒家影响，对 Deus 的认识附着了儒家的理论。孙璋受宋儒影响的程度远高于他之前的耶稣会士，而《性理真诠》一书也因宋明理学的痕迹太重被教廷禁止刊行。

四、结　　语

礼仪之争中，欧洲的争论其实是在探询如何在异质语境中阐释天主教教义。耶稣会探索出的道路是将天主教儒家化、中国化。耶稣会士初入中国时，利玛窦、金尼阁等人为了拉近与士大夫的距离，探索出了合儒、补儒的传教策略。教廷发布谕令禁止中国礼仪后，耶稣会被迫停止使用这种在实践中证明有效的传播天主教的方式。孙璋虽然生活在礼仪之争后的禁教环境中，却并没有停止在这条道路上的探索。明清之际的包括明末天主教“三柱石”在内的中国天主教徒，提出了“天儒合一”的思路。这些士大夫深受儒家思想影响，他们接触到天主教时，是用儒家的视角来看待天主教的，他们的做法可称为“以儒释耶”。孙璋从利玛窦等西士处学习了“以耶释儒”，又从杨廷筠等中国天主教徒处吸取了“以儒释耶”，并先后实践这两种耶儒对话的方式。如果说利玛窦和明末儒家天主教

① 孙璋：《性理真诠》（清光绪十五年上海慈母堂活字版本），《东传福音》第四卷，黄山书社 2005 年版，第 573 页。

② 孙璋：《性理真诠》（清光绪十五年上海慈母堂活字版本），《东传福音》第四卷，黄山书社 2005 年版，第 666 页。

③ 杨慧林：《圣言·人言：神学诠释学》，上海译文出版社 2002 年版，第 89 页。

④ 孙璋：《性理真诠》（清光绪十五年上海慈母堂活字版本），《东传福音》第四卷，黄山书社 2005 年版，第 565 页。

徒是在做一种“跨文化的诠释”①，做的是“神学与经学的比较研究”②，那么孙璋显然在这条路上走得更远。

孙璋不仅将《诗经》当作中国之“经”阐释，他还将其当作属于天主教信仰的“经”。语言对信仰是具有诠释功能的，“我们所拥有的耶稣之言，都只是译文”③，孙璋用他的翻译实践，将自己体认为一名“释经者”。在他看来，中国《五经》和天主教的《圣经》只是用不同语言阐释出来的同一信仰。孙璋对教廷针对礼仪之争发布的禁令不满。O tempora！O mores！孙璋在译诗时借用已有的拉丁文名句表达了自己内心的呼声。他在礼仪之争的两大议题上都坚持早期耶稣会士的立场，坚持认为中国古代已有一神崇拜，而这个神就是天主教的 Deus。他将《诗经》中的“天”“帝”与天主教的 Deus 相融合，作出了属于自己的“上帝论”。他坚信宽容原则，在书中为中国祭礼辩护，表示教廷不该禁行祭祖祭孔等中国礼仪。孙璋站在与教廷相左的立场，是因为他在华 40 年，从实践中了解了跨文化交流应当采用的方式和策略。孙璋继承了前代耶稣会士的“以耶释儒”和儒家天主教徒的“以儒释耶”，他尝试将中西方两种“经”纳入同一话语体系当中，做出了以“中国之经”释“中国之经”、以“西方之经”释“中国之经”、以“中国之经”释“西方之经”的交叠错落的尝试。

（作者单位：武汉大学文学院）

① 李天纲：《跨文化诠释：经学与神学的相遇》，《中国经学诠释学与西方诠释学》，中西书局 2016 年版，第 512 页。

② 李天纲：《中国礼仪之争：历史、文献和意义》，中国人民大学出版社 2019 年版，第 532 页。

③ 钟鸣旦：《本地化：谈福音与文化》，陈宽薇译，台湾光启出版社 1993 年版，第 58 页。

日常生活与物质文化

* 主持人语 *

□ 常建华

这是一组以论述物质文化为主兼及日常生活的论文，四篇论文的作者学科背景不同，研究方法有异，研究对象分别为图像、文献与档案，涉及多方面的历史内容，妙趣多多，值得读者关注。

两篇讨论汉晋时期墓葬壁画图像的论文，都将图像与文献相结合，提出了一些新的看法。2015 年出土的陕西靖边渠树壕东汉壁画墓天文图，学界对天文图“司禄司命”多有解读，或定为“天辐”和“平星”两星官，或对应文献中北宫虚、危附近“司禄司命”两星官，对其中的宗教意义也有待挖掘。赵璐、梁轩通过分析壁画榜题、手持物、坐骑，认为体现出“司命”主世人生死寿夭的基本神格。两位学者根据星官位置、星数以及星占意涵等多重因素，认为该图“司禄”“司命”与文昌宫、三台、危宿中的“司禄”“司命”无关，对应的星官应该是角宿“天田”星与轩辕角“司民”星。他们指出，“司禄司命”作为“黄神”（黄帝信仰）之下分掌福禄与生死的神祇，皆以汉代计吏的形象被绘于东宫角、亢之间，体现的是东宫角、亢宿为汉代秋分点的天文意涵。我写过《清代的文昌诞节——兼论明代文昌信仰的发展》（《清史论丛》2000 年号，中国广播电视出版社 2001 年版），溯源文昌由来，涉及“司禄司命”，今读该文，大开眼界。

王丁诺讨论汉晋时期中原与边地墓葬画像中的犬形象，根据犬在画像中的作用将其分为对现实生活中犬类功能的直接模仿、对犬类进行神秘主义化的应用两类，指出边地族群在墓葬中对犬类形象进行神秘主义应用的频率远超中原地区，中原与边地族群所在的地区，代表着农耕、游牧两个截然不同的文明。中原人为了保证粮食储藏的安全性，很有必要用犬进行看家护院，犬作为放牧过程中的助手则存在于边地。人与犬之间的不同关系，是不同文明模式的体现。犬在中原地位较低，而在边地则较高。庖厨图反映了古人集体意识里“鬼犹求食”观念，汉画像是关于死亡的艺术。作者认为汉晋时期犬类形象在墓葬画像石、画像砖和壁画当中的运用，反映了当时社会生活的面貌。事实上，直到清代人们的生活依然与狗关系密切。《清朝刑科题本里的狗影犬吠》（《寻根》2018 年第 5 期）是我的一篇小文，也有类似感触。

另外两篇论文是清代的，各有研究旨趣。吴若明艺术史出身，以艺术图像语图互文、社会意义与文化嫁接的认知，讨论清代瓷瓶上孝图像，论述了孝图像的文本来源与流传；从早期孝图像的丧葬装饰与观看、宋金孝图像发展及墓葬视觉艺术的多维呈现、元明清孝图像的公共空间与私人馈赠、开合的形式意义与赞助人本体演绎，探讨“孝图像”观看空间的开合形式与社会意义；还就清代外销孝瓶讨论孝图像的异域迁移与文化嫁接，涉及版画盛行与瓷器装饰、东方叙事与欧洲观看；对孝图像及文本的误区反思与异域解读指出，孝文本至明清时期，其多种文本间也存在孝与仁、孝与法、孝与理的矛盾性。这项研究将物质文化置于全球视野，有助于从艺术呈现理解中华文明。中国自汉代至清历朝奉行孝治，孝图像文本体现了意识形态的特色。拙著《清代的国家与社会》（人民出版社 2006 年版）第一章中，论述了清朝以孝治天下的政策与其归宿，或可作为理解清代孝图像的历史背景。

龚世豪利用珍贵的清宫养心殿造办处档案，探讨乾隆的瓷器创意、设计及旨意传达问题，勾勒出乾隆君臣围绕烧制瓷器进行沟通交流的图景，亦有助于加深对清宫瓷器烧造体系和宫廷物质文化的认识。他认为乾隆帝的瓷器创意来源多样，其内容涵盖器型、胎骨、釉水、纹饰、款识诸多方面。乾隆帝对瓷器的设计可大致概括为照样仿制、重新组合和局部修改三种模式。乾隆帝的创意灵感和设计方案，借助瓷器的“制样”（瓷样、纸样、木样、合牌样）这一重要的信息传递媒介，传达给窑厂，并将预期设想烧制成器。乾隆帝可谓酷爱瓷器艺术！不过他的艺趣与政治文化有何关联呢？我在《康熙朝珐琅器礼物与皇权》（《中国史研究》2020 年第 3 期）一文，论述到康熙帝文化认同与国家认同的关系，特别是艺术品礼物塑造君臣关系，并有华洋竞胜的政治意涵。对于善于模仿乃祖的乾隆帝而言，恐怕也有类似的考量吧。

上述四篇大作对我颇有启发，我愿在此推荐给各位朋友！

陕西渠树壕天文图“司禄司命”与汉代“黄神北斗”信仰*

□ 赵 璐 梁 轩

【摘要】 陕西靖边渠树壕东汉壁画墓天文图是一幅兼具科学与人文价值的星象图，图中“司禄司命”分别对应角宿“天田”与轩辕角“司民”星，而两神皆以八月上计的计吏形象绘于东宫角亢间，以表征秋分点的天学意义。“司禄司命”分别职掌世人的福禄与生死，天文图中与北斗的关系非常紧密，是汉代“黄神”信仰体系的一种形象化表现，揭示出北斗在汉代天文与宗教体系中的重要地位。

【关键词】 东汉壁画墓；渠树壕天文图；司禄司命；黄神北斗

2015年5月，陕西省考古研究院对陕西靖边渠树壕墓群中一座东汉壁画墓进行了发掘，出土了一幅保存相对完整的墓室天文图。① 天文图以北斗为中心，以“四象二十八宿”为边界，描绘了天象中的主要星官，星官不仅绘有星数、星形，而且有与之相应的榜题及仙人、异兽，天文图东宫角、亢附近还有题名为“司禄司命”的两位星神。学界对天文图“司禄司命”多有解读，段毅、武家璧《靖边渠树壕东汉壁画墓天文图考释》(简称《考释》)根据“司禄司命”的位置，将其定为“天辐”和“平星”两星官。② 王煜《知识、传说与制作：陕西靖边渠树壕东汉壁画墓星象图的几个问题》（简称《问题》)，根据星象、系统以及相对关系，认为天文图“司禄司命”对应文献中北宫虚、危

* 本文为教育部人文社会科学重点研究基地重大项目“制度与生活”（20JJD770008）阶段性成果。

① 2009年5月，陕西省考古研究院开始对靖边县渠树壕墓地被盗的两座新莽壁画墓进行抢救性发掘，其中1号墓前室顶部出土一幅天象图，图像可辨者有伏羲、女娲、西王母、羽人、牵牛、织女、雷公、电母、风伯、五车、天市、白象等天神形象（参见陕西省考古研究所：《2009年陕西省考古研究院考古调查发掘新收获》，《考古与文物》2010年第2期，第7页）。目前1号墓壁画尚未完全公布，仅《中国出土壁画全集·陕西卷（上)》有部分收录，本文所讨论的是2015年出土的靖边渠树壕东汉壁画墓天文图。

② 段毅、武家璧：《靖边渠树壕东汉壁画墓天文图考释》，《考古与文物》2017年第1期，第78~88页。

附近“司禄司命”两星官。① 邱雅暄《陕西靖边杨桥畔东汉壁画墓司命、司禄考》通过对“司禄司命”图像的考释，探究汉代人的思想观念和风俗信仰。② 梁轩《陕西靖边渠树壕东汉壁画墓天文图中的“星”与“象”》中亦对“司禄司命”有一定释读，篇幅有限，失之于简。③

综合而言，学界对于“司禄司命”对应的星象存在较大分歧，且对其中的宗教意义也有待挖掘。因此，针对渠树壕东汉壁画墓天文图“司禄司命”，我们拟从基本神格、对应星官、天文及宗教意义三方面展开进一步探讨。

一、“司禄司命”的基本神格

陕西靖边渠树壕东汉壁画墓天文图中，斗杓南有隶体墨书榜题为“司禄”与“司命”的两位星神，“司禄”头戴二星，星神骑象，手持一矩状物，行走在前；“司命”亦头戴二星，骑一灵龟，手捧芝草，紧随于“司禄”之后（参见图1）④。“司禄”与“司命”两神一前一后，沿长白线向北斗前行。关于“司禄司命”两神究竟是何神祇，以下从壁画榜题、手持物以及两神的坐骑方面进行讨论。

图1 “司禄”与“司命”

（一）壁画榜题

通过榜题，可以比较确定的知道画像的内容与意义，避免无谓的猜测。⑤ 从渠树壕东

---

① 王煜：《知识、传说与制作：陕西靖边渠树壕东汉壁画墓星象图的几个问题》，《美术研究》2020年第2期，第52~59页。

② 邱雅暄：《陕西靖边杨桥畔东汉壁画墓司命、司禄考》，《文博》2020年第4期。

③ 梁轩：《陕西靖边渠树壕东汉壁画墓天文图中的“星”与“象”》，《形象史学》2022年春之卷。

④ 陕西省考古研究院、靖边县文物管理办：《陕西靖边县杨桥畔渠树壕东汉壁画墓发掘简报》，《考古与文物》2017年第1期，图版四七，第23页。

⑤ 邢义田：《汉代画像内容与榜题的关系》，收入氏著《画为心声：画像石、画像砖与壁画》，中华书局2011年版，第70页。

汉壁画墓天文图的榜题来看，“司禄”“司命”，顾名思义，即主“禄”与主“命”的神祇。王充《论衡·命义篇》：“故国命胜人命，寿命胜禄命。人有寿夭之相，亦有贫富贵贱之法，俱见于体。故寿命修短，皆禀于天；骨法善恶，皆见于体。命当夭折，虽禀异行，终不得长；禄当贫贱，虽有善性，终不得遂。”① 汉代生死观中有“禄命”与“寿命”之分，“禄命”指贫富贵贱，“寿命”指生死寿夭，所谓“（人）有死生寿夭之命，亦有贵贱贫富之命”。也正是汉人出于对“寿命”与“禄命”的迷信，“司命”“司禄”遂成为汉代信仰体系中非常尊崇的两位神祇。

春秋战国时期，“司命”还有“大司命”“少司命”之分；及至秦汉，大小“司命”已合二为一，主掌世人生死寿夭的名籍。《后汉书·张衡传》：“死生错而不齐兮，虽司命其不晰。”李贤注引《春秋佐助期》：“司命神名为灭党，长八尺，小鼻，望羊，多髭，癯瘦，通于命运期度。”②《抱朴子·内篇·对俗》：“行恶事大者，司命夺纪，小过夺算，随所犯轻重，故所夺有多少也。凡人之受命得寿，自有本数，数本多者，则纪算难尽而迟死，若所禀本少，而所犯者多，则纪算速尽而早死。”③“司命”神通于“命运期度”，根据世人所犯过错大小、轻重，以“纪”（一纪三百日）、“算”（一算三日）为标准夺其寿数，而时人“趋利避害，畏死乐生”④，是以汉代民间对“司命”的祭祀盛极一时。应劭《风俗通义·祀典》：“民间独祀司命耳，刻木长尺二寸为人像，行者檐箧中，居者别作小屋，齐地大尊重之，汝南余郡亦多有，皆祠以猪，率以春秋之月。”⑤“司禄”则主人之贵贱贫富，《艺文类聚·符命部》引《随巢子》：“司禄益富，而国家实。司命益年，而民不夭。”⑥ 出土材料中“司禄”“司命”也时常并举，例如葛陵楚简就载“择日于是期，赛祷司命、司禄”⑦；陕西长安县东汉朱书陶瓶上亦录有“告上司命、下司禄”之语⑧。

（二）手持物

“司禄司命”手持物是其神格的表征。“司禄”执矩，《说文》：“巨，规巨也。从工，象手持之。榘，巨或从木、矢。矢者，其中正也。”⑨ 矢当为夫之讹，金文矩象一人（夫）持一矩形或工形器（参见图2）。⑩《说文》：“工，巧饰也，象人有规榘也，与巫同意，凡工之属皆从工。”⑪ 杨树达《积微居小学述林·释工》则谓：“许君谓工象人有规

---

① 黄晖：《论衡校释》，中华书局1990年版，第46页。

② 《后汉书》卷59《张衡传》，中华书局1965年版，第1923页。

③ 王明：《抱朴子内篇校释》，中华书局1986年版，第53页。

④ 《后汉书》卷38《霍谞传》，中华书局1965年版，第1615页。

⑤ （汉）应劭撰，王利器校注：《风俗通义校注》，中华书局1981年版，第384页。

⑥ （唐）欧阳询撰，汪绍楹校：《艺文类聚》，上海古籍出版社1999年版，第185页。

⑦ 武汉大学简帛研究中心、荆门市博物馆编著：《葛陵楚墓竹简》，《楚地出土战国简册合集（二）》文物出版社2013年版，第427页。

⑧ 陕西省文管会编：《长安县三里村东汉墓葬发掘简报》，《文物参考数据》1958年第7期。

⑨ （汉）许慎撰，（清）段玉裁注，许惟贤整理：《说文解字注》，凤凰出版社2007年版，第357页。

⑩ 古文字诂林编纂委员会：《古文字诂林》，上海教育出版社1999年版，第756页。

⑪ （汉）许慎撰，（清）段玉裁注，许惟贤整理：《说文解字注》，凤凰出版社2007年版，第356页。

椝，说颇难通，以巧饰训工，殆非朔义。以愚观之，工盖器物之名也。按：工为器物，故人能以手持之，若工第为巧饰，安能手持乎？……以字形考之，工象曲尺之形，盖即曲尺也。”① 换言之，矩即工，初指曲尺。工通功，功劳之义，《尔雅·释诂》：“矩、庸、恒、律、戛、职、秩，常也。”② 又徐幹《中论·爵禄》曰：“古之制爵禄也，爵以居有德，禄以养有功：功大者其禄厚，德远者其爵尊；功小者其禄薄，德近者其爵卑。”③ 而禄通録，指禄簿，《周礼·天官冢宰》：“皆辨其物而奠其録。”郑玄《注》：“故书録为禄。杜子春云：‘禄当为録，定为録籍。’”④ 出土的居延汉简中就可见到西北基层戍卒的“受禄钱名籍”及其他各种禄簿（参见图3）。⑤ 由此言之，“司禄”持矩正是“司禄”专主秩次爵禄的神格表征。

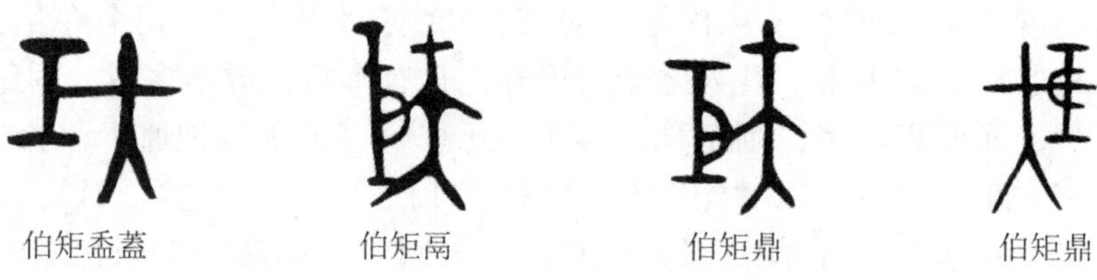

伯矩盉蓋　伯矩鬲　伯矩鼎　伯矩鼎

图2 金文“矩”

“司命”手持芝草，这种图式在汉画中并不鲜见。四川汉代画像砖、画像石中，一些宴饮图和仙人图里常见有侍者或仙人举物献食，所献物品有茎有叶，如花似草（参见图4）⑥；河南、山东等地出土画像石中，亦可见到献食仙草的场景（参见图5）⑦。王仁湘先生就认为这些仙草多数当为灵芝之属。⑧ 灵芝，汉时又有芝、芝草、芝英、三秀等称谓。《说文》：“芝，神草也。”⑨ 伴随战国秦汉黄老学说以及神仙方术的流行，芝草不仅成为延年益寿的神草，甚至成为官方认定的祥瑞。而汉儒眼中芝草更被视作长生却老的神药，王充《论衡·验符篇》：“芝草延年，仙者所食”；“芝草一茎三叶，食之令人眉寿庆

① 杨树达：《积微居小学述林全编（全二册）》，上海古籍出版社2007年版，第91页。

② （晋）郭璞注，（唐）邢昺疏，李传书整理，徐朝华审定：《尔雅注疏》，北京大学出版社2000年版，第17页。

③ （魏）徐幹撰，孙启治整理：《中论解诂》，中华书局2014年版，第166页。

④ （汉）郑玄注，（唐）贾公彦疏，赵伯雄整理：《周礼注疏》，北京大学出版社2000年版，第201页。

⑤ 孙占宇：《居延新简集释（一）》，甘肃文化出版社2016年版，第150页；简牍整理小组编：《居延汉简（一）》，台湾“中研院”史语所2014年版，第246页。

⑥ 中国画像石全集编辑委员会编，高文主编：《中国画像石全集·第7卷·四川汉画像石》，河南美术出版社2000年版，图六二，第51页。

⑦ 金维诺总主编，信立祥卷主编：《中国美术全集·画像石画像砖》，黄山书社2009年版，第249页。

⑧ 王仁湘：《汉画芝草小识》，《中华文化画报》2012年第4期，第84~87页。

⑨ （汉）许慎撰，（清）段玉裁注，许惟贤整理：《说文解字注》，凤凰出版社2007年版，第38页。

世，盖仙人之所食”。① 由此言之，灵芝仙草作为“司命”的手持物，无疑与其主司世人生死寿夭的神格密切相关。

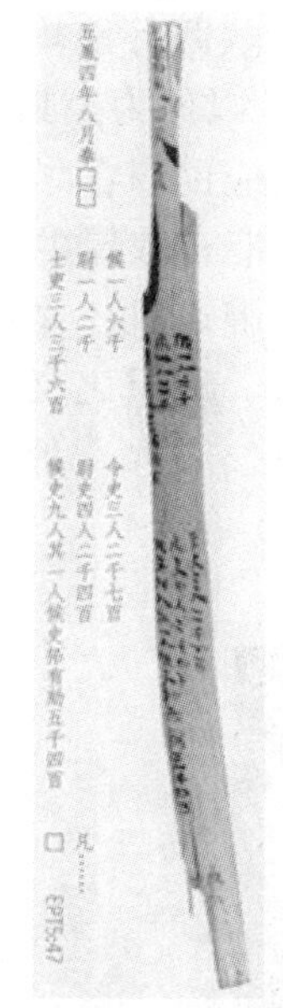

五凤四年八月奉禄簿

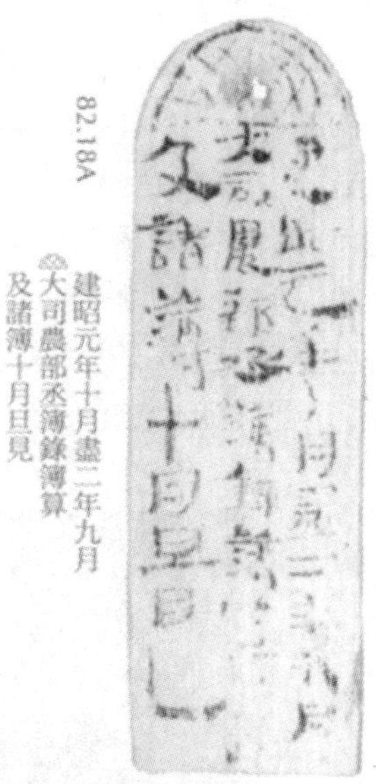

大司农“禄簿”

图 3 居延汉简出土禄簿

图 4 四川合川汉墓仙人画像石

图 5 山东曲阜韩家铺村东汉玄武画像石

（三）坐骑

“司禄”以象为坐骑其实是其基本神格的一种体现。商周时期，黄河流域的古人就已驯养野象，并参与军事、农耕及祭祀活动中；东汉末到南朝（2 世纪末到 6 世纪），野象

① 黄晖：《论衡校释》，中华书局 1990 年版，第 844、1214 页。

主要栖息地已迁到了长江以南。① 因此，“司禄”以象为坐骑应该不是商周中原“服象”的传统，而是南方贡象带来的一种意象。两汉南方少数民族不时向朝廷进贡大象，在宫廷与民间百戏中皆有大象的身影。李尤《平乐观赋》：“禽鹿六驳，白象朱首。”② 张衡《西京赋》：“白象行孕，垂鼻辚囷。”③ 山东、江苏、河南、陕西等地均发现有大象题材的汉画像石，洛阳也出土过骑象陶俑（参见图 6）④。“司禄”以象为坐骑，当出于驯象的习性及其文化意涵。《汉书·武帝纪》：“南越献驯象。”注引应劭曰：“驯者，教能拜起周章，从人意也。”⑤ 训象性情温顺，“周章从人意”，此外还带有浓厚的人文意涵，《诗·小雅·采菽》：“福禄膍之。”⑥ 福禄增损与“膍”有关，膍通肶，《尔雅·释诂》：“肶、腹，厚也。”⑦ 膍、腹同义，初指胃、腹部，衍生出高大、厚重之义。《墨子·尚贤上》：“有能则举之，高予之爵，重予之禄。”⑧ 换言之，“司禄”以腹部厚实、体型巨大的训象为坐骑，无疑有高官厚禄、迁转随人意的社会隐喻。

图 6　洛阳出土骑象陶俑

龟历来被视作“天地之间寿考之物”⑨，也是汉朝官方认定的祥瑞。《春秋繁露·奉本》：“龟千岁而人宝，是以三代传决疑焉。”《史记·龟策列传》：“龟千岁乃满尺二寸。王者发军行将，必钻龟庙堂之上，以决吉凶。”⑩ 古人观念中龟极具灵性，为寿考的神兽。

---

① 文焕然著，文榕生选编整理：《历史时期中国气候变化》，山东科学技术出版社 2019 年版，第 210~229 页。

② （清）严可均辑，许振生审定：《全后汉文》，商务印书馆 1999 年版，第 507 页。

③ （梁）萧统编，（唐）李善注：《文选》，上海古籍出版社 1986 年版，第 76 页。

④ 洛阳市文物管理局编：《洛阳陶俑》，北京图书馆出版社 2005 年版，第 20 页。

⑤ 《汉书》卷 6《武帝纪》，中华书局 1962 年版，第 176 页。

⑥ （汉）毛亨传，（汉）郑玄笺，（唐）孔颖达疏：《毛诗正义》，北京大学出版社 2000 年版，第 1056 页。

⑦ （晋）郭璞注，（唐）邢昺疏，李传书整理，徐朝华审定：《尔雅注疏》，北京大学出版社 2000 年版，第 40 页。

⑧ （清）孙诒让撰，孙启治点校：《墨子间诂》，中华书局 2001 年版，第 46 页。

⑨ （清）陈立撰，吴则虞点校：《白虎通疏证》，中华书局 1994 年版，第 329 页。

⑩ 《史记》卷 128《龟策列传》，中华书局 2014 年版，第 3921 页。

河南麒麟岗、山东曲阜韩家铺都出土过“仙人骑龟（玄武）”画像石（参见图7）,① 与渠树壕天文图“司命”骑龟的图式一致，体现出“司命”主世人生死寿夭的基本神格。

图7　河南麒麟岗出土“仙人骑龟”画像石

二、“司禄司命”的星象

中国古代天文体系中，明确以“司禄”“司命”冠名的星官有三组，分别位于斗魁文昌宫、三台以及北宫危宿。

第一，“三台（能）”中有“司禄”“司命”。《史记·天官书》：“魁下六星，两两相比者，名曰三能。”苏林曰：“音三台。”司马贞《索隐》引孟康曰：“泰阶，三台也。台星凡六星。”② 又《开元占经》引《春秋纬元命包》：“西近文昌二星曰上台，为司命，主寿；次二星中台，为司中，主宗室；东二星曰下台，为司禄，主兵。”③ 三台位于斗魁文昌宫与南宫太微之间，三台六星两两相比，被视作“太一”神往来南北两宫的“天阶”，东汉朱书陶瓶上对上中下“三台”就有非常形象的描绘（参见图8）④。上中下“三台”各戴两星，星数的确与渠树壕天文图“司禄司命”相符。不过，上台“司命”主寿；下台“司禄”主兵，意涵不仅与渠树壕天文图“司禄司命”存在差异，且渠树壕天文图中已绘出“三台”星（参见图9）⑤，其中近“五车”者为“上台”，近尾箕者为“下台”，“中台”则位于斗魁与“紫宫”之间。因此，可确定渠树壕天文图“司禄司命”不可能是三台“司禄司命”。

① 金维诺总主编，信立祥卷主编：《中国美术全集·画像石画像砖》，黄山书社2009年版，第78页。

② 《史记》卷27《天官书》，中华书局2014年版，第1544页。

③ （唐）瞿昙悉达编，李克和校点：《开元占经》，岳麓书社1994年版，第691页。

④ 刘卫鹏、李朝阳：《咸阳窑店出土的东汉朱书陶瓶》，《文物》2004年第2期，第87页。

⑤ 陕西省考古研究院、靖边县文物管理办：《陕西靖边县杨桥畔渠树壕东汉壁画墓发掘简报》，《考古与文物》2017年第1期，图版四六，第22页。

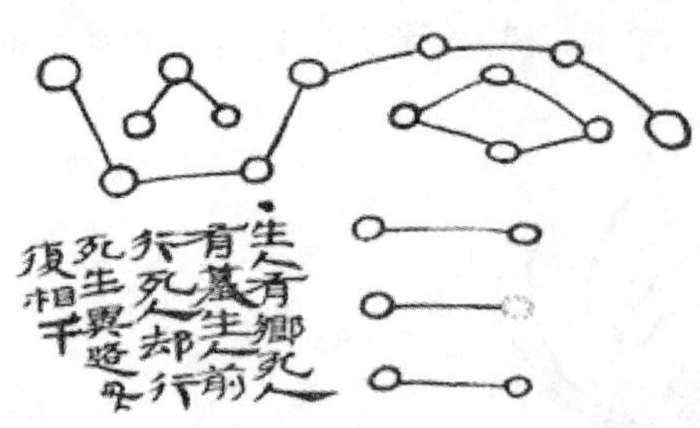

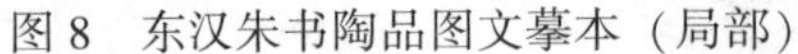

图 8 东汉朱书陶品图文摹本（局部）

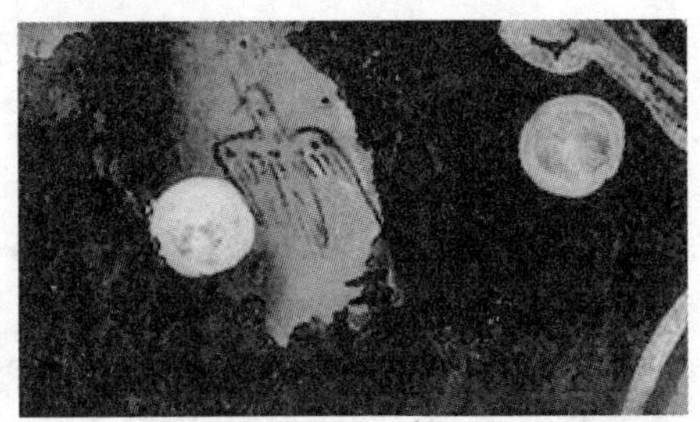

图 9 “三台”

第二，斗魁文昌宫亦有“司禄司命”。《史记·天官书》：“斗魁戴匡六星，曰文昌宫：一曰上将，二曰次将，三曰贵相，四曰司命，五曰司中，六曰司禄。”司马贞《索隐》引《春秋元命包》：“上将建包曰上威武，次将正左右，贵相理文绪，司禄赏功进士，司命主灾咎，司灾主左理也。”① 文昌六星为北斗配属星官，位于斗魁附近，古称“天府”“六府”。六星依次为上将、次将、贵相、司命、司中、司禄，其中“司命”一星，主灾咎；“司禄”一星，主赏功进士。星占意涵方面，文昌“司禄司命”虽与渠树壕天文图“司禄司命”有一定重合，但两组星官的位置及星数皆存在明显出入，因而二者不当混同。

第三，危宿亦有“司禄司命”。《史记·天官书》：“危东六星，两两相比，曰司空。”张守节《正义》：“危东两两相比者，是司命等星也。……司命二星，在虚北，主丧送；司禄二星，在司命北，主官司。”② 危宿东六星两两相比，分别是“司命”“司禄”“司非”，其中“司命”主丧送，“司禄”主官司。王煜认为渠树壕天文图“司命司禄”正好也是二星两两相比，且“司禄”在“司命”之北，星象、系统及相对关系上都符合。但同时指出，传世文献中“司命”“司禄”位在北宫虚、危宿附近，而渠树壕天文图“司命司禄”则在南宫附近，“可能是由于图上北宫附近的相应位置已被女娲的尾部占据，无法再绘这两个星官，所以将其移到正向对应的地方”；而且这幅天文图“并非科学的天图，其绘制还要受到传统、审美、制作及功能、意义等多方面的影响，并不能简单以方位来确定星官”。③ 渠树壕东汉墓天文图固然不是现代科学意义上的天文图，但星宿、星官之间的相对位置不可能差距过大，甚至南北倒置，而且危宿“司禄司命”除了星数与渠树壕天文图“司禄司命”相合外，无论是星官位置，还是星占意涵，二者皆存在相当程度的差异，因此两组星官也不应当混而同之。

从星官星数、位置以及星占意涵三个方面综合而言，以上三组星官皆不可取。《考释》显然也意识到了这一点，指出与渠树壕天文图“司禄司命”在星数、位置相当者应当是黄道附近的“天辐”与“平星”两星官，但同时亦指出黄道穿行于角宿二星之间，继而从房宿四表中间穿过，角亢氐房诸宿与黄道之间其实并无空白地带可容纳“司禄司

① 《史记》卷 27《天官书》，中华书局 2014 年版，第 1544 页。

② 《史记》卷 27《天官书》，中华书局 2014 年版，第 1562 页。

③ 王煜：《知识、传说与制作：陕西靖边渠树壕东汉壁画墓星象图的几个问题》，《美术研究》2020 年第 2 期，第 56 页。

命”，因此《考释》认为“司禄司命”是被制图者移置于二十八宿圈以内的“外官”星。① 客观而言，《考释》为了尽量贴合“司禄司命”的题名、位置、星数，在黄道附近找到了“平星”“天辐”，并对其星占意涵进行了繁复的释读，甚至有“削足适履”之嫌。

值得注意的是，天文图中从东北角向西南角横穿整幅图像的一道长白线，《简报》对其为银河还是黄道虽未有明确结论，但更偏向于黄道，段毅、武家璧《考释》中则进一步明确了其为黄道。不过，王煜《问题》分别从墓室星象图的绘制传统、黄赤道的关系、日月轨迹、黄道轨迹以及银河轨迹等五个方面，力证这条贯穿全图的长白线实为银河，“该星象图中对白色条带的描绘，其实就是确定两端后，中间只是根据构图空间而顺势勾画，而这两端的最重要标识正好是牵牛、织女和弧矢、天狼。如此，这条白色条带要表达的意义就比较明确了，那就是银河”②。而《考释》将长白线释为黄道，并以此来确定“司禄司命”所对应的星官，显然这一做法并不可取，且所确定“平星”“天辐”（参见图 10）星数上虽合于“司禄司命”，但无论是星占意涵，还是星官的相对位置，皆与天文图“司命司禄”存在明显不符。

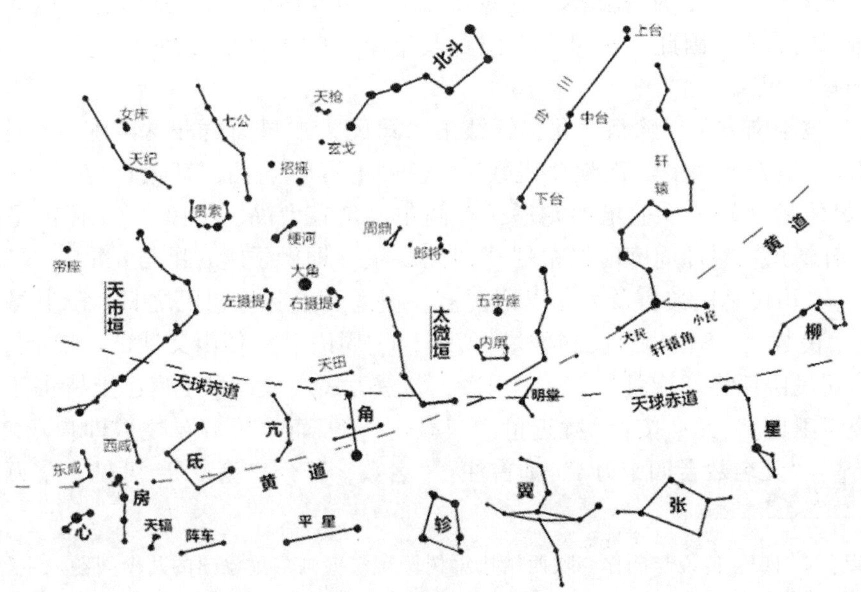

图 10　东宫、南宫部分星官布局图

王煜认为靖边渠树壕壁画墓券顶天文图，“不是科学天图，其实质主要还是表意性的，而不是写实性的。……我们不能完全根据它们的具体位置、走向来确定性质，有时候

① 段毅、武家璧：《靖边渠树壕东汉壁画墓天文图考释》，《考古与文物》2017 年第 1 期，第 86~87 页。

② 王煜：《知识、传说与制作：陕西靖边渠树壕东汉壁画墓星象图的几个问题》，《美术研究》2020 年第 2 期，第 56~57 页。

具体位置、走向甚至都不能作为主要依据"①。不过，综合星数、相对位置及星占意涵等因素，依然可确定渠树壕东汉壁画墓天文图"司禄司命"所对应的星官。

西周时期，官方已有祭祀"司禄"之礼，《周礼·春官宗伯·天府》："若祭天之司民、司禄，而献民数、谷数，则受而藏之。"郑《注》："司禄，文昌第六星，或曰下能也。禄之言谷也。年谷登乃后制禄。祭此二星者，以孟冬既祭之，而上民谷之数于天府。"②"司禄"之祭究竟是祀文昌第六星"司禄"，还是下台（能）"司禄"，郑玄不置可否，但确定了"司禄"主司谷数。而角宿就有专门主谷数的星官，《史记·封禅书》：汉初，高祖刘邦取法周制，"令郡国县立灵星祠"。裴骃《集解》引张晏曰："龙星左角曰天田，则农祥也。"张守节《正义》引《汉旧仪》："龙星左角为天田，右角为大庭。天田为司马，教人种百谷为稷。"③ 角宿左角"天田"两星（即室女座 78 星和 τ 星），其星数、位置与渠树壕天文图"司禄"颇为贴合。

"天田"主谷数，而禄之本义即谷数。《孟子·滕文公上》："井地不钧，谷禄不平。……经界既正，分田制禄可坐而定也。"赵岐《注》："谷者，所以为禄也。"④ 春秋晚期就出现"谷禄制"，官方按职位地位普遍以谷物的形式作为官员俸禄。《周礼·地官司徒》有"司禄"一官，职掌虽阙，但据汉儒郑玄以及清代学者的研究，"司禄"即周朝主谷数与班禄之官。⑤ 因此，从星数、位置及星象占验而言，角宿"天田"星即渠树壕天文图"司禄"星。

"司命"位于南方星、轸宿之北，轩辕角"司民"二星与之非常匹配。《周礼·春官宗伯·天府》：祭天"司民"而献"民数"，郑《注》："司民，轩辕角也。"贾《疏》引《武陵太守星传》："轩辕十七星如龙形，有两角，角有大民、小民。"⑥ 轩辕星为星宿的附属星官，轩辕角二星即周庭所祭祀的"司民"星（即狮子座 ο 星与 ρ 星）。《周礼正义》引李光坡曰："司民掌民数，及大比以诏司寇，司寇及孟冬祀司民之日，献其数于王。"⑦"司民"主"民数"，不仅指万民的数量，《国语·周语上》仲山父谏曰："古者不料民而知其少多，司民协孤终。"《注》曰："司民，掌登万民之数，自生齿已上皆书于版。合其名籍，以登于王也。"元诰按："犹近世户口登记。"⑧ 而"民数"之数即户籍之义，《汉书·石奋传》："无名数者四十万。"师古注："名数，若今户籍。"⑨ 可见，掌万民之户籍

---

① 王煜：《知识、传说与制作：陕西靖边渠树壕东汉壁画墓星象图的几个问题》，《美术研究》2020 年第 2 期，第 56 页。

② （汉）郑玄注，（唐）贾公彦疏，赵伯雄整理：《周礼注疏》，北京大学出版社 2000 年版，第 626 页。

③ 《史记》卷 28《封禅书》，中华书局 2014 年版，第 1659 页。

④ （汉）赵岐注，（宋）孙奭疏，廖名春、孙佑平整理：《孟子注疏》，北京大学出版社 2000 年版，第 163 页。

⑤ （清）孙诒让撰，王文锦、陈玉霞点校：《周礼正义》，中华书局 1987 年版，第 682~683 页。

⑥ （汉）郑玄注，（唐）贾公彦疏，赵伯雄整理：《周礼注疏》，北京大学出版社 2000 年版，第 626~627 页。

⑦ （清）孙诒让撰，王文锦、陈玉霞点校：《周礼正义》，中华书局 1987 年版，第 1571 页。

⑧ 徐元诰撰，王树民、沈长云点校：《国语集解》，中华书局 2002 年版，第 24 页。

⑨ 《汉书》卷 46《石奋传》，中华书局 1962 年版，第 2197 页。

是“司民”的基本职责。

汉代“户籍”有广义和狭义之别，“狭义的户籍就是指‘宅园户籍’；广义的户籍，则还应包括‘年细籍’在内”①。王彦辉先生曾指出，早期秦的户籍本不录年龄，“生者着，死者削”而已，但随着户籍制度的发展，开始在名籍性质的户籍之外编制年籍，即张家山汉简中的“年细籍”。且由于性质、用途不同，户籍和年籍最初是分离的，至迟汉武帝以后，二者方才合二为一。② 目前考古出土中虽未发现完整的汉代户籍原件，但从居延简“廪粮名籍”（参见图11）③、“吏民出入名籍”（参见图12）④，以及其他相关记录身份信息的行政文书来看，年寿信息无疑应该是汉代户籍中非常重要的内容。换言之，“司民”所主之“民数”不仅包含一般意义上的名籍，其中还内含有记录世人生死、年寿的“年籍”，这就非常符合“司命”主生死寿夭的基本神格。

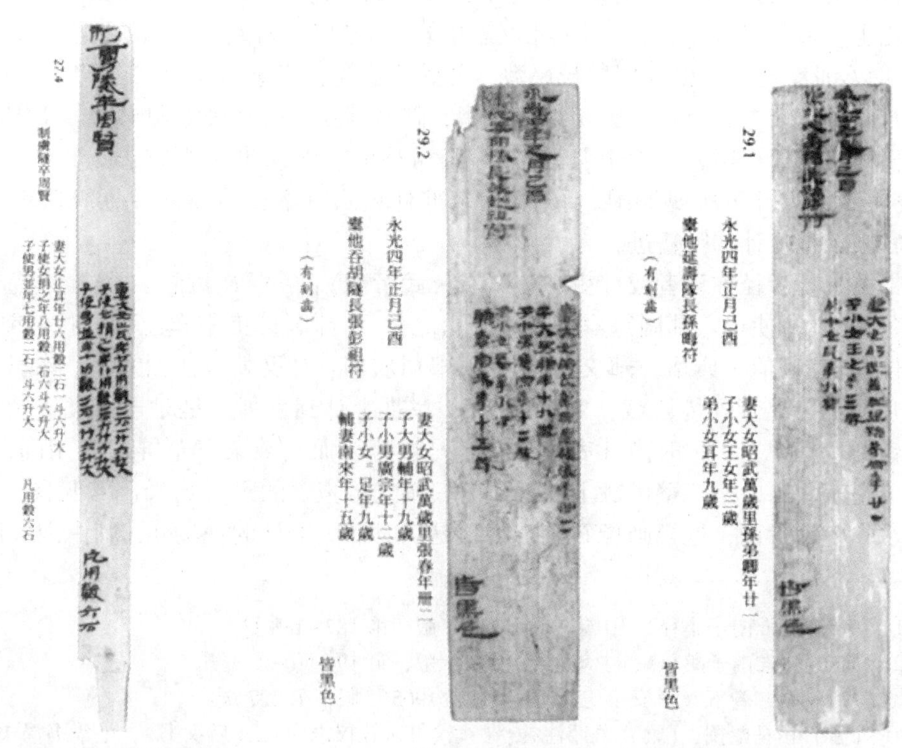

图11 居延汉简“廪粮名籍”　　图12 居延汉简“吏民出入名籍”

综上言之，根据星官位置、星数以及星占意涵等多重因素来看，渠树壕东汉墓天文图“司禄”“司命”与文昌宫、三台、危宿中的“司禄”“司命”无关，对应的星官应该是角宿“天田”星与轩辕角“司民”星。

① 张荣强：《前秦建元籍与汉唐间籍账制度的变化》，《历史研究》2009年第3期。
② 王彦辉：《秦汉户籍管理与赋役制度研究》，中华书局2016年版，第65~92页。
③ 简牍整理小组编：《居延汉简（一）》，台湾“中研院”史语所2014年版，第84页。
④ 简牍整理小组编：《居延汉简（一）》，台湾“中研院”史语所2014年版，第91页。

三、“司禄司命”与“黄神北斗”

从星数、位置以及星象占验等各方面来看，天文图“司禄司命”应该是角宿“天田”星与轩辕角“司民”星，而“司禄司命”被绘于东宫角、亢之间，也有着极其特殊的人文隐喻。《淮南子·天文训》：“西方，金也，其帝少昊，其佐蓐收，执矩而治秋。”① 传说中西方之帝少昊持矩司秋，矩遂有表征秋季的意涵，而汉时秋分点即位在角、亢，《淮南子·天文训》：“辰星正四时，以八月秋分效角、亢。”② 将“司禄司命”绘于秋分点，已然揭示“司禄司命”两神与八月仲秋存在密切关联。

汉朝乡部案比就在八月仲秋，《后汉书·孝安帝纪》：“《月令》：‘仲秋养衰老，授几杖，行糜粥。’方今案比之时。”李贤注引《东观记》：“方今八月案比之时。谓案验户口，次比之也。”③ 司马彪《续汉书·礼仪志中》“案户”条曰：“仲秋之月，县道皆案户比民。”④ 八月案比时，由乡部检校民数，并编册造籍，张家山简《二年律令·户律》：“恒以八月令乡部啬夫、吏、令史相雜案户籍，副臧其廷。……民宅园户籍、年细籍、田比地籍、田命籍、田租籍，谨副上县廷。”⑤ 又司马彪《续汉书·百官志五》“州郡”条曰：“秋冬集课，上计于所属郡国。”⑥ 汉代乡部仲秋八月案比造籍，并逐级遣吏上计，而各级长官则依据上计的簿籍进行考课。

郡国上计者径称计者或计吏，《汉书·武帝纪》：“县次续食，令与计偕。”师古注：“计者，上计簿使也，郡国每岁遣诣京师上之。”⑦ 郡国计吏乘车上计，按时到衙署报告。《周礼·春官宗伯·典路》郑玄《注》引郑司农曰：“汉朝《上计律》，陈属车于庭。”⑧ 又《后汉书·赵壹列传》载：“光和元年，举郡上计到京师。是时司徒袁逢受计，计吏数百人皆拜伏庭中。……时诸计吏多盛饰车马帷幕，而壹独柴车草屏。”⑨ 山东沂南汉画像石墓前室东、西、南三壁横额上，绘刻有一幅气势恢宏的跪拜场景（参见图 13）⑩，根据扬之水先生的考证，这幅画像石表现的正是汉时计吏上计的现场⑪，其中南壁画像石官署

---

① 何宁：《淮南子集释》，中华书局 1988 年版，第 187~188 页。

② 何宁：《淮南子集释》，中华书局 1988 年版，第 194 页。

③ 《后汉书》卷五《孝安帝纪》，中华书局 1965 年版，第 227 页。

④ （晋）司马彪撰，（梁）刘昭注补：《续汉书·礼仪志中》，《后汉书》，中华书局 1965 年版，第 3124 页。

⑤ 张家山二四七号汉墓竹简整理小组编著：《张家山汉墓竹简（二四七号墓）》（释文修订本），文物出版社 2006 年版，第 54 页。

⑥ （晋）司马彪撰，（梁）刘昭注补：《续汉书·百官志五》，《后汉书》，中华书局 1965 年版，第 3623 页。

⑦ 《汉书》卷 6《武帝纪》，中华书局 1962 年版，第 164 页。

⑧ （汉）郑玄注，（唐）贾公彦疏，赵伯雄整理：《周礼注疏》，北京大学出版社 2000 年版，第 856 页。

⑨ 《后汉书》卷 80 下《文苑列传下·赵壹》，中华书局 1965 年版，第 2632 页

⑩ 中国画像石全集编辑委员会编：《中国画像石全集·第 1 卷·山东汉画像石》，山东美术出版社 2000 年版，第 139 页。

⑪ 扬之水：《古诗文名物新证合编》，天津教育出版社 2012 年版，第 406~414 页。

庭前不仅有随驾之马，还有轺车、辇车以及后门敞开的辎车，表现的正是“陈属车于庭”的场景。因此，综合汉代八月案比以及计吏乘车上计等情况来看，渠树壕壁画墓天文图“司禄司命”两神正是计吏的形象，而两神被绘于东宫角、亢之间，则是八月秋分的表征之象。

图 13　山东沂南画像石墓前室南壁横额画像石（局部）

值得注意的是，渠树壕壁画墓天文图“司禄司命”位在斗杓以南，两神以计吏的形象前后相从向北斗前行，这一图式结构并非偶见。武氏祠“斗为帝车”画像石中，“太一”坐于北斗七星连成的车辇之中，斗杓下绘有四位神祇，或跽或揖，依次向“太一”进行奏报；斗杓外则陈列有一骑一车，应当也是前来上计的神祇（参见图 14）①。武梁祠“斗为帝车”画像石中的人物结构与渠树壕天文图“司禄司命”基本一致，显示“司禄司命”的布局与北斗应该存在密切的关联。

图 14　山东嘉祥武氏祠斗为帝车画像石

战国秦汉诸子的视阈中，北斗的政治地位非常重要，《史记·天官书》曰：“北斗七星，所谓‘旋、玑、玉衡以齐七政’。杓携龙角，衡殷南斗，魁枕参首。”② 朱文鑫《〈史记·天官书〉恒星图考》根据《史记》裴骃《集解》、张守节《正义》对这段话进行解释。概言之，以帝星为起点，斗杓末星可连至角宿，即“杓携龙角”；当斗中天时，南北斗第五星玉衡与南斗遥相呼应，即“衡殷南斗”；斗魁四星恰能与参宿两星连成直线，似白虎之首以斗魁为枕，即“魁枕参首”。③ 以极星为核心，通过北斗就可以与几个相对重

① 潘鼐：《中国古天文图录》，上海科技教育出版社 2009 年版，第 16 页。

② 《史记》卷 27《天官书》，中华书局 2014 年版，第 1542 页。

③ 朱文鑫：《〈史记·天官书〉恒星图考》，商务印书馆 1927 年版，第 11~12 页。

要的星宿相互栓系，进而就可以统摄周天列宿。公元前 5 世纪战国曾侯乙墓漆箱星图，① 就是另一种有别于《史记・天官书》的天官体系。漆箱星图四周以篆体环书二十八宿宿名，正中央用篆书绘一“斗”字，表示北斗。其中“斗”字特意延长出四条线分别指向二十八宿中的心、危、觜、张四宿，而四宿正是东西南北四宫的主宿。冯时先生指出，“这张图补充了《天官书》中所没有讲到的北斗与南宫诸宿的关系”，“它们代表着同一体系的不同发展阶段，但有一点可以明确，拱极星与二十八宿的这种独特关系的确立，至少不会比曾侯乙墓的时代更为晚近”。② 不过，无论是《史记・天官书》，还是曾侯乙墓漆箱星图，都巧妙地将极星与黄赤道带上的星座紧密地拴系在了一起，建立起了星象之间的一套整体结构与框架，而北斗则成为统摄周天列宿的重要枢纽。

渠树壕壁画墓天文图中北斗被绘在星图中心，体现的正是以北斗统摄列宿的天象观，陆贾《新语》：“位之以众星，制之以斗衡”③。随着秦汉黄老学说与道教的兴起，此天象观也被投射到宗教信仰中，《史记》司马贞《索隐》引《尚书大传》：“七政，谓春、秋、冬、夏、天文、地理、人道，所以为政也。”④ 北斗掌“七政”，“七政”之数虽止于七，但内容包罗万象，其中就包含世人生死与福禄。《后汉书・赵壹列传》：“收之于斗极，还之于司命，使干皮复含血，枯骨复被肉。”⑤ 又《河图帝览嬉》：“斗七星，富贵之官也，其旁二星，主爵禄，其中一星，主寿夭。”⑥ 成书于东汉的道家经典《老子中经》亦谓：“璇玑者，北斗君也，天之侯王也。主制万二千神，持人命籍。”⑦ 足证战国秦汉诸子视阈中，北斗不仅是栓系周天列宿的枢纽，亦是执掌世人生死寿夭、爵禄富贵的“北斗君”。

汉代盛行“黄神北斗”的信仰。“黄神”，即黄帝，班固《幽通赋》：“黄神邈而靡质兮。”注引应劭曰：“黄，黄帝也。”⑧ 又《河图始开图》：“黄帝名轩，北斗黄神之精。母地祇之女附宝，之郊野，大电绕斗，枢星耀，感附宝，生轩。”⑨ 相传附宝感斗而生黄帝，是以称“黄神”或“北斗君”。汉代“黄神”崇拜中，“黄神”被想象成一位法力无边的神祇，出行时佩戴“黄神”印章就能百无禁忌。《抱朴子・内篇・登涉》：“古之人入山者，皆佩黄神越章之印，其广四寸，其字一百二十，以封泥著所住之四方各百步，则虎狼不敢近其内也。……不但只辟虎狼，若有山川社庙血食恶神能作福祸者，以印封泥，断其道路，则不复能神矣。”⑩ 考古发掘中也陆续出土了许多“黄神”封泥（参见图 15）⑪，一定程度上印证“黄神”崇拜盛极一时，而“司禄司命”就与“黄神”密切相关。“黄神”职能广泛，权力极大。《永平三年朱书陶瓶解祝文》谓：“黄神使者买地置根，为人

① 王健民、梁柱、王胜利：《曾侯乙墓出土的二十八宿青龙白虎图像》，《文物》1979 年第 7 期。
② 冯时：《中国天文考古学》，中国社会科学出版社 2010 年第 2 版，第 370~374 页。
③ 王利器校注：《新语校注》，中华书局 1986 年版，第 2 页。
④ 《史记》卷 27《天官书》，中华书局 2014 年版，第 1542 页。
⑤ 《后汉书》卷 80 下《赵壹传》，中华书局 1965 年版，第 2628 页。
⑥ ［日］安居香山、中村璋八辑：《纬书集成》，河北人民出版社 1994 年版，第 1135 页。
⑦ 宋崇实主编：《中国文化精华全集・宗教卷》（三），中国国际广播出版社 1992 年版，第 7 页。
⑧ 《汉书》卷 100 上《叙传上》，中华书局 1962 年版，第 4214 页。
⑨ ［日］安居香山、中村璋八辑：《纬书集成》，河北人民出版社 1994 年版，第 1105 页。
⑩ 王明：《抱朴子内篇校释》，中华书局 1986 年版，第 313 页。
⑪ 周小陆主编：《二十世纪出土玺印集成》，中华书局 2010 年版，第 290、519、525、566 页。

立先，除央去咎，利后子孙；令死人无嫡，生人无患。”① 又《熹平二年张叔敬瓦缶镇墓文》：“黄神生五岳，主生人录，召魂召魄，主死人籍。”② “黄神”不仅能杀鬼、辟邪、除咎，还司掌“生人录，死人籍”，即世人的福禄名籍与寿命名籍。从渠树壕天文图“司禄司命”两神向北斗方向前行的布局来看，“司禄司命”当为“黄神”辖下分管“生人录”与“死人籍”的神祇，换言之，渠树壕天文图“司禄司命”的布局不仅有其天文隐喻，背后也潜藏着非常深刻的宗教内涵。

黄神信印

黄神

黄神之印

黄帝神印

图 15 黄神印四方

综上言之，“司禄司命”作为“黄神”之下分掌福禄与生死的神祇，皆以汉代计吏的形象被绘于东宫角、亢之间，体现的是东宫角、亢宿为汉代秋分点的天文意涵。而整幅天文图反映了以北斗统摄周天列宿的天象观，同时也通过北斗与“司禄司命”的构图组合，反映“黄神北斗”主司世人的富贵福禄、生死寿夭的信仰观念，揭示出北斗在汉代宗教信仰体系中的重要地位。

四、余　论

古人营陵建墓，往往将其视作一个微缩的宇宙模型，《史记·秦始皇本纪》载，秦始皇穿山建陵，陵墓中“上具天文，下具地理”③。陆机《挽歌》：“重阜何崔嵬，玄庐窜其间。磅礴立四极，穹隆效苍天。”④ 墓室券顶象征苍穹，天文星象就被绘制其上。陕西靖边渠树壕东汉壁画墓天文图的星象结构极具特点，整幅天文图将日月、银河以及周天二十八宿等天象尽数绘出，使中国传统天象体系的基本框架与内容都得到相当系统的呈现，反映出汉代天文学已然非常成熟，并且达到了相当高的科学水平。值得注意的是，渠树壕壁画墓天文图的制图过程中，绘制者巧妙地将星座与神祇、异兽、云气等天文因素相互配合，以一种非常直观的方式表现出了各个星官、列宿所体现的天学意义(“科学”）与宗教人文意涵(“宗教”），这一特征诚如冯时先生指出的：“这种对于星官世界的独特认识

① 咸阳市文物考古研究所：《咸阳教育学院东汉墓清理简报》，《文物考古论集——咸阳市文物考古研究所成立十周年纪念》，三秦出版社 2000 年版，第 175~180 页。

② 吕志峰：《东汉熹平二年张叔敬朱书瓦缶考释》，《中文自学指导》2007 年第 2 期。

③ 《史记》卷 6《秦始皇本纪》，中华书局 2014 年版，第 337 页。

④ （晋）陆机：《陆机文集》，上海社会科学出版社 2000 年版，第 60 页。

反映了某种显然相当古老的天文观念，以及古人对于一种渊源甚久的天人关系的人文理解。"①

陕西靖边渠树壕东汉壁画墓天文图在展现其科学性的同时，背后也承载了一套复杂的宗教信仰体系，而“科学”与“宗教”交互的状态亦体现在“司禄司命”的形象与构图中。从星官的星数、相对位置以及星占学内涵等因素来看，渠树壕天文图“司禄司命”对应的既非北宫危宿“司禄司命”星，亦非“天辐”二星与“平星”二星，应该是角宿“天田”二星与轩辕角“司民”二星。而制图者将“司禄司命”以计吏或计使的形象绘于东宫角、亢之间，显然是有意以仲秋八月上计的社会意象来表征秋分点的天学意义。宗教信仰因素一直“渗透”在渠树壕天文图中，综合壁画榜题、手持物与坐骑三方面而言，“司禄司命”的基本神格分别为司管世人的富贵福禄与生死寿夭；两神的构图结构不是孤立的存在，而是与北斗紧密结合在一起，是汉代流行的“黄神”信仰的一个集中体现，反映的是“黄神北斗”主司世人的生死福禄的宗教信仰观念，从另一个侧面揭示出北斗在汉代天文与宗教体系中的重要地位。因此，从“司禄司命”的形象与构图，可以清晰地看出渠树壕墓室天象图展现的不只是汉人的天象观、宇宙观，其中还潜藏了汉人对死后天国世界的想象，而整幅天文图也可以说是中国古代“宗教”与“科学”彼此交互的一个产物。

（作者单位：天津大学建筑学院，吉首大学人文学院、内蒙古师范大学科学技术史研究院）

① 冯时：《中国古代物质文化史·天文历法》，开明出版社2013年版，第173页。

汉晋时期中原与边地墓葬画像中的犬形象及其功能探析*

□ 王丁诺

【摘要】汉晋时期，中原及边地墓葬中多出现带有犬形象的画像石、画像砖与壁画。在一些画像石、画像砖和壁画中，犬发挥的依然是生活中看家护院、卫护主人、协助田猎和作为庖厨原料的功能。但在另一些墓葬画像石、画像砖和壁画中，犬却被用作神秘主义用途，这是对现实生活中犬功能的扩展。中原与边地迥异的风俗习惯和地域文化，使得墓葬画像中的犬形象与其所代表的功能各不相同。中原地区多将现实生活中犬的功能直接植入墓葬画像，边地墓葬画像则更注重对犬进行神秘主义应用。除此以外，还有一些墓葬画像中的犬形象与其寓意尚没有得到较为合理的解释。

【关键词】汉晋墓葬；犬形象；画像石；画像砖；壁画

汉晋时期，由于史书体裁与体例的限制，传世文献极少对犬的形象与功能进行描写。画像石、画像砖和壁画的出土给予了人们对这一时期的动物形象，尤其是犬形象进行深入认识的可能。犬在汉晋画像石、画像砖和壁画中所代表的功能与象征的寓意较为庞杂。中原与边地的生人在为亡者建造墓葬时，会出于不同的目的在墓葬中绘制犬的形象。以画像石、画像砖与壁画为媒介，有助于还原汉晋时期中原民众与边地族群对犬的认知观念与文化心理。

前人对汉晋时期墓葬画像石、画像砖与壁画中的犬形象已有初步研究，并取得了一定成果。但此前的研究主要针对单一墓葬所出现的带有犬形象的画像石、画像砖与壁画进行专门研究。对不同地区墓葬画像石、画像砖与壁画中的犬形象开展综合研究的较少，研究成果与文献的结合仍有不足。笔者拟在前人成果的基础上，对汉晋墓葬画像石、画像砖与壁画中的犬形象及其所代表的功能进行更为深入的研究。行文不当之处，恳请方家指正。

* 本文系教育部人文社科规划基金项目“秦汉民生问题的认知及实践研究”（22YJA770004）阶段性成果。

一、中原与边地墓葬画像中的犬形象及其功能

中国古代，对犬的驯养及应用有着极为悠久的历史。早在春秋时期，犬便被列为“六畜”之一。《左传·昭公二十四年》：“为六畜、五牲、三牺，以奉五味。”杜预注曰：“六畜：马、牛、羊、鸡、犬、豕。”① 在日常生活中，犬亦属于与人类关系较为密切的伙伴，西汉时期甚至曾有官员大动干戈地搜寻丢失的爱犬：

> 侍中臣遂伏地再［拜言］大王足下，臣［遂］所养牡［狗］……M1. 66-6
>
> 侍中臣遂伏地再拜言大王足下。臣遂所养牡狗名曰麋，昨日亡，求未得。□□□□伏地再拜以闻。麋常闻雷走，去之城外，雷止还。昨日去不还。五年十月己卯，中谒者义𡨥奏。出闾门（M1. 66-12 正）□□□□朔己卯，侍中遂写下狗官。M1. 66-12 背②

由此可见，人们在日常生活中与犬建立起了十分紧密的联系。在“事死如事生”观念的主导下，将真实的犬抑或概念意义上的犬陪同亡者一道带入墓葬，成为汉晋时期丧葬文化的流行趋势。带有犬形象的画像石、画像砖与壁画因此出现在了多个地区：江苏徐州、四川泸州、山东嘉祥、甘肃嘉峪关、辽宁朝阳、辽宁辽阳以及内蒙古北部等。

在一些汉晋时期墓葬画像石、画像砖与壁画中，犬并没有被过度的神秘化，人们仍然以现实生活中的犬形象与功能作为绘制蓝本。在另一些画像中，犬则被融入了神秘主义色彩。因此，可以根据犬在墓葬画像中的功能将其分为两类，分别为“对现实生活中犬功能的直接移植”与“对犬进行神秘主义应用”。下文将分别对其进行阐释。

（一）对现实生活中犬功能的直接移植

汉晋时期人们在绘制墓葬画像石、画像砖和壁画时，经常将现实生活中犬的某些功能植入画像，是为“对现实生活中犬功能的直接移植”。江苏泗洪曹庙出土的东汉画像石庖厨图，便将犬作为庖厨原料。图中共有女仆四人，一人跪伏在方形灶前，持拨火棍向灶内加薪。灶上置一釜甑。一人跪坐，在圆釜中淘洗食物。另一人屠狗，狗倒悬在横梁上，屠者左手执狗足，右手持短刀。身后一人提壶。横梁上挂着已宰好的一鸡、一兔（参见图 1）。③

在四川泸州合江画像石墓二号画像石棺棺身右侧，有着与“象戏”“舂米”相关的画像（参见图 2）。④ 画像左侧有三人手持各种乐器，表演象戏。在画像右侧，有一人正在

① 《春秋左传正义》卷 51，阮元校刻：《十三经注疏》，中华书局 2009 年版，第 4577 页。

② 该简牍转引自张朝阳、闫璘：《秦汉时代的狗——以扬州新出土西汉寻狗案为中心》，《史林》2018 年第 2 期，第 48 页。截至目前，这一简牍仍尚未刊布。

③ 尤振尧：《江苏泗洪曹庙东汉画像石》，《文物》1986 年第 4 期，第 40~42 页。

④ 成都文物考古研究院、泸州市博物馆编：《四川泸州汉代画像石棺研究》，文物出版社 2019 年版，第 106 页。

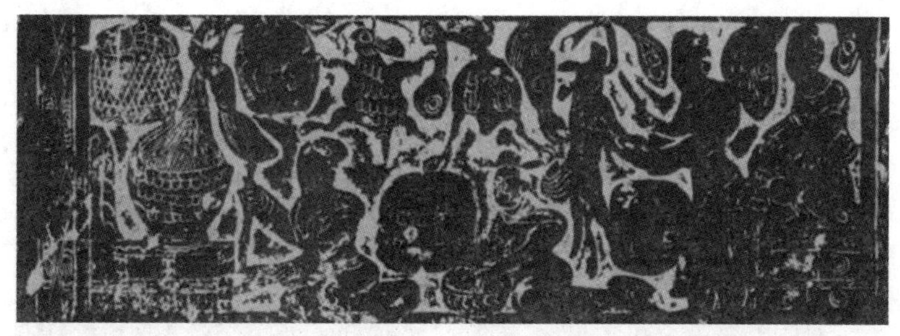

图 1 江苏泗洪曹庙出土的东汉画像石庖厨图

建筑内舂米。还可见一犬呈蹲伏状，卧在楼阁之下看家护院。

图 2 四川泸州合江画像石墓二号画像石棺棺身右侧拓片

山东嘉祥武氏祠堂画像石中的犬则较为特殊。原石的左侧已佚失，残存画像石中共有三位主要人物，其中有人物榜题曰“灵辄”“赵孟宣”，盖画辄抱盾上车象也，诸家无著录者。① 有学者将这一画像解读为“赵盾从晋灵公的宴会中逃出来，晋灵公嗾放獒犬冲向赵盾。危急关头，车右提弥明转身踢向那獒犬，举起的足尖恰在犬的颔下，画面就在那一刻被定格”②。在《史记·晋世家》中对这一事件有所记载：“盾既去，灵公伏士未会，先纵齿狗名敖。明为盾搏杀狗。盾曰：‘弃人用狗，虽猛何为?’”③ 画像中的犬与赵盾、提弥明、晋灵公三者组成固定格套，共同构成叙事情节（参见图 3）。但毋庸置疑的是，画像中的獒犬应是受到了晋灵公的唆使才进行扑咬，从某种意义上说起到了卫护主人的作用。

嘉峪关长城博物馆藏有魏晋时期的画像砖多方，在其中一方画像砖上有着胡人驱使猎犬和猎鹰共同追逐猎物的情景（参见图 4）。④ 画像中共绘有三人，三人均身着宽大的胡

① （清）李慈铭著，由云龙辑：《越缦堂读书记·史部·金石类》，中华书局 1963 年版，第 1067 页。

② 参见张莉：《武梁祠汉画像“嗾獒图”考释》，《齐鲁师范学院学报》2016 年第 3 期，第 131 页。本文图 3 的山东嘉祥武氏祠堂画像石拓片转引自张莉一文。

③ 《史记》卷 39《晋世家》，中华书局 1982 年版，第 1674 页。

④ 图 4 来源于甘肃省嘉峪关市长城博物馆馆藏，http：//www. jygccbwg. cn/channels/channel_ 47_ 1. html。

图 3　山东嘉祥武氏祠堂画像石拓片

裙，头戴向上凸起的胡帽，其身份应为胡人。三位胡人正驱使猎犬与猎鹰共同捕捉猎物。虽然犬出现在以捕猎为主题的墓葬画像中，亦属对生活当中犬功能的移植，但在中原地区的墓葬中却鲜见与之相似的画像。

图 4　嘉峪关长城博物馆藏鹰猎图画像砖

在出土于甘肃省高台县骆驼城古墓区的“牵马、猎犬”画像砖上（参见图 5）①，有一人牵有一马徐徐行进，其后跟随着一匹猎犬。这一画像中没有其他的构图要素，画像中的骏马与猎犬均神采奕奕，猎犬的体态也较为修长。

在这些墓葬画像中，无论是中原地区的犬发挥看家护院、卫护主人与作为庖厨原料的功能；还是边地的犬起到追逐猎物抑或协助游牧的作用，均为对现实生活中犬功能的直接移植。总的来看，身处中原抑或边地的人们均会将犬在现实生活中的形象与功能直接植入墓葬画像。

（二）对犬进行神秘主义应用

在汉晋时期的墓葬画像中，除了会对现实生活中犬的功能进行直接移植，还会对犬进

① 俄军、郑炳林、高国祥：《甘肃出土魏晋唐墓壁画》，兰州出版社 2009 年版，第 418 页。

图 5　牵马、猎犬图

行神秘主义应用。位于朝鲜南浦市的德兴里壁画墓前室顶部南面绘有“织女”与“黑犬”的组合（参见图 6）。有观点认为，德兴里壁画墓的墓主人极有可能是流亡至高句丽的幽州刺史。墓葬画像中的“黑犬”便是裴松之在为《三国志·魏书·乌丸传》作注时所提及的“累犬”。① 与鲜卑人习俗相近的乌桓人有着以“累犬”护送亡灵返归“赤山”的朴素信仰。“赤山”指代乌桓人祖灵所在之故乡，是“累犬”护送亡者欲要前往的目的地。② 为了加以论证，该文又举出了在辽宁朝阳地区的北燕冯素弗及其妻属墓、北庙村 1 号墓的墓室壁画中也绘有黑犬，正是鲜卑人和鲜卑化汉人葬俗的体现。

图 6　德兴里壁画墓前室顶部图像（截取）③

① 《三国志·魏书·乌丸传》：“乌丸、鲜卑即古所谓东胡也。其习俗、前事，撰汉记者已录而载之矣。故但举汉末魏初以来，以备四夷之变云。”裴松之注曰：“特属累犬，使护死者神灵归乎赤山。”参见《三国志·魏书·乌丸传》，中华书局 1982 年版，第 832~833 页。

② 贾晓贝、宁强：《往生净土与魂归故乡：德兴里壁画墓的死后理想世界》，《中国美术研究》第 36 辑，上海书画出版社 2020 年版，第 25 页。

③ 图 6 截取自韩国东北亚历史基金会（Northeast Asian History Foundation）网站。

德兴里壁画墓中的犬形象与北燕冯素弗及其妻属墓中的犬形象（参见图7）绘制得较为粗糙，仅是为了表达概念意义上的犬。遗憾的是，北燕冯素弗墓壁画有所残破，壁画的叙事内容已不易解读。

在甘肃省嘉峪关市所发现的魏晋壁画墓中，有一幅壁画描绘了守门犬与守门人出现在同一幢建筑前的景象。守门人身着左衽宽袍胡服，下饰胡裙。身旁立有一犬形动物，面露凶恶，呈蹲伏状。此前观点一直认为二者守护的建筑为坞堡，但似乎有商榷的余地。墓葬壁画中出现的坞堡更有可能代表墓主人的阴宅，一人一犬便构成了阴宅的守护者（参见图8）。①

此外，在嘉峪关市所发现的魏晋画像砖上有类似于“守门犬”的单一形象，除“守门犬”外不见其他的构图要素。画像中的犬虽被铁链牢牢拴住，但四足有力地蹬地，张口吠叫呈扑咬状（参见图9）。② 将张口欲咬的戾犬绘制在画像砖上，应是将其作为墓主人阴宅的守卫者。

图7　北燕冯素弗墓南壁西段壁画③

图8　守卫图

无独有偶的是，东北地区所发现的汉晋时期壁画墓中亦存有“守门犬”与“守门人”的形象。自20世纪40年代以来，在辽阳地区共计发现了足有30座汉魏晋壁画墓。有学者对绘有犬的壁画墓进行了初步统计④，其中1944年发现的棒台子屯壁画古墓，墓门两

① 俄军、郑炳林、高国祥：《甘肃出土魏晋唐墓壁画》，兰州出版社2009年版，第77页。

② 甘肃省文物队，甘肃省博物馆，嘉峪关市文物管理所编：《嘉峪关壁画墓发掘报告》，文物出版社1985年版，图版五四。

③ 辽宁省博物馆编：《北燕冯素弗墓》，文物出版社2015年版，彩版六〇。

④ 林泽洋：《辽阳墓室壁画门吏、门犬形象初探》，《西北美术》2017年第1期，第92页。

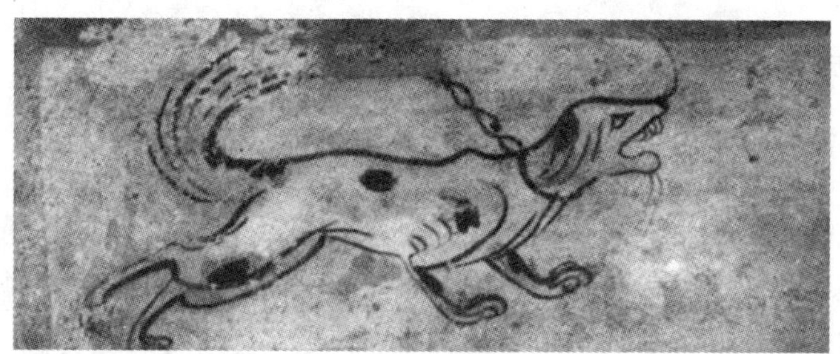

图 9　守门犬

旁立柱的外侧和内测绘有门吏二人和守门犬两只①；1957 年发掘的辽阳市南雪梅村 1 号壁画墓，墓中出土残石板一块，报告称从形象来看极似看门犬②；1959 年辽阳市北郊发现了北园 2 号墓，墓门右侧绘有门犬一只，墨线勾勒，只残存头部③；1978 年辽宁省博物馆发掘北园 3 号墓，墓中西耳室绘有属吏门犬图④。总的来看，辽阳地区墓葬壁画中的守门犬，所守护的空间不似墓主人的阳间宅邸。有的壁画则将"守门犬"与"守门人"共同作为守卫者。巧合的是，辽阳地区与嘉峪关地区所出现的"守门犬""守门人"画像极为相似。绘有"守门犬"与"守门人"的壁画墓均位于边地，似乎有着固定的格套。

发现于汉晋边地壁画墓中的守门犬，具有鲜明的形象特征。有学者依据壁画墓中的犬具有瘦身长腿，细颈竖耳，肌肉块块凸起，劲健有力，头系红绳，张口向门外作嚎叫状的形象，将辽宁辽阳棒台子屯壁画墓的墓门中部立柱上所绘的犬称为"守门犬"，纳入秦汉时期家庭安全角度进行考量（参见图 10）。⑤ 从"事死如事生"的角度来看，辽阳壁画墓中的"犬"应是墓主人阴宅的守卫者，负责卫护墓主人的安全。汉晋时期，边地的生人在亡者墓葬中绘制较为凶戾的守门犬形象，是在借助犬的神秘主义功能为亡者趋吉避凶。

图 10　辽宁辽阳棒台子屯壁画墓局部⑥

① 李文信：《辽阳发现的三座壁画古墓》，《文物参考资料》1955 年第 5 期，第 16 页。

② 王增新：《辽宁辽阳县南雪梅村壁画墓及石墓》，《考古》1960 年第 1 期，第 17 页。

③ 辽阳市文物管理所：《辽阳发现三座壁画墓》，《考古》1980 年第 1 期，第 58 页。

④ 刘未：《汉魏辽阳魏晋壁画墓研究》，《边疆考古研究》第 2 辑，科学出版社 2003 年版，第 236~238 页。

⑤ 董雪迎：《汉代家庭安全与防御的考古学观察》，《南方文物》2020 年第 2 期，第 177 页。

⑥ 李文信：《辽阳发现的三座壁画古墓》，《文物参考资料》1955 年第 5 期，第 16 页。

二、中原与边地墓葬画像对犬功能进行不同应用的原因

不难发现，汉晋时期对犬进行神秘主义应用的墓葬画像均位于边地。边地墓葬画像对犬进行神秘主义应用的频率远超中原地区，这似乎有着复杂的原因。此前有学者曾对这一现象有所注意，他认为除辽阳地区之外，内蒙古鄂托克旗墓的墓门两侧也出现有门犬形象，河西走廊的魏晋十六国壁画墓中亦有类似的形象。这些门犬题材的流行，可能与周边的少数民族风俗习惯有关，但并未给出更为深刻的解释。①

实际上，中原与边地代表着两个截然不同的文明。中原地区以农耕文明为代表，中国文明的发展方向似乎也是在汉代确定下来的。② 边地则由于土壤、水文、地形与气候等多方面因素的限制，难以进行大规模的农业种植。迫于生计，边地族群只能大力发展畜牧业和少量的粗放农业。自然环境以其资源的空间组合特点影响着人类生产活动的发展程度。③ 这样一来，中原地区作为先进农耕文明的代表，在农业种植领域取得更为良好的效果合乎情理。中原地区的人们除了将生产收获的粮食拿出一部分以满足日常生活的需要外，还会把其余的粮食进行储藏，以待不时之需。中原地区所生产的粮食主要为小麦与谷类作物，在对谷类作物进行食用前需进行舂米，即将谷物捣碎去壳。为了保障粮食生产与储藏过程中的安全性，先民们便用犬来看家护院。犬与正在舂米的人一同出现在合江画像石墓二号画像石棺上（参见图2），正是农耕文明生活状态的反映。

此外，游牧文明为了获取更多的生存资源，不得不选择游猎与放牧兼容的生活方式。犬是边地游牧族群在捕获猎物过程中的有效助力，犬可以凭借较快的速度追逐并撕咬猎物，帮助主人成功狩猎。在放牧的过程中为了规避风险，减少野生动物对牧群所带来的威胁，边地族群还会将犬作为放牧过程中的助手。一些较为特殊的犬甚至可以在放牧的过程中起到防止牛羊走失或逃走的作用。

不难发现，在不同的文明模式下，人们对犬的依赖程度有所差异。代表先进农耕文明的中原地区，已经渡过了依靠猎取野生动物来获取食物的阶段。因此，中原地区对犬在生存资源获取中的依赖不再如此前一样强烈，捕猎也逐渐发展成为社会上层的消遣之举："明年，上将大夸胡人以多禽兽，秋，命右扶风发民入南山，西自褒斜，东至弘农，南驱汉中，张罗网罝罘，捕熊罴豪猪，虎豹狖玃，狐兔麋鹿，载以槛车，输长杨射熊馆。"④汉武帝为了丰富长杨宫射熊馆中猎物的数量与种类，亲命民众以罗网进行捕捉，并下令民众将捕捉到的猎物统一使用"槛车"输送到长杨宫射熊馆，以供汉武帝本人游乐。虽然犬有时依然在中原地区发挥着协助捕猎的功能，但更似捕猎过程中的玩物："从行至甘泉、雍、河东，东巡狩，封泰山，塞决河宣房，游观三辅离宫馆，临山泽，弋猎射驭狗马

---

① 林泽洋：《辽阳墓室壁画门吏、门犬形象初探》，《西北美术》2017年第1期，第92页。

② 许倬云：《汉代农业——早期中国农业经济的形成》，江苏人民出版社2013年版，第1页。

③ 宋豫秦：《中国文明起源的人地关系简论》，科学出版社2002年版，第4~5页。

④ 《汉书》卷87《扬雄传》，中华书局1962年版，第3557页。

蹴鞠刻镂，上有所感，辄使赋之。”①

在中原地区人们的日常生活中，犬的作用已然发生了较大的改变。这种改变，同样导致了犬在生活中地位的下降。当农业渐渐发展起来，捕猎不再是人们生活中的要事时，犬敏锐的嗅觉和听觉对农人来说便失去了意义。除却看家护院的犬以外，犬的饲养量大幅减少。② 地位逐渐下降的犬甚至沦为生活中的肉食来源。先秦时期在行饮酒礼时，便已食用犬：“其牲，狗也，亨于堂东北。献用爵，其他用觯。荐脯，五挺，横祭于其上，出自左房。”③ 秦汉以降，中原地区更是以食犬为俗，将犬作为主要的肉食来源。

然而，边地受制于地理条件等区位因素，很难达到中原地区的农业发展水平。边地族群一旦遇上极端天气导致牲畜损失，便会过上食不果腹的日子。这就使得地处边地的族群更加注重对于食物的获取，犬逐渐成为边地族群在获取食物过程中的一大助力。在游牧社会中犬与牧畜（马、牛、羊等）有不同的地位——它们协助人类保护、管理牧畜，也保护主人与其家产。另外，经常仰赖狩猎以作为额外经济来源的游牧人群，更需要犬作为狩猎时的助手与伙伴。④ 犬作为边地族群生活中的一大助力，自然会被他们格外重视。由此，人与犬之间便建立起了较为密切的关系。

这种密切关系，有时会以民俗信仰的形式加以体现。《后汉书·南蛮列传》曾记载南蛮地区有着“茧化为犬”的传说：“时帝有畜狗，其毛五采，名曰盘瓠。”李贤注引《魏略》曰：“高辛氏有老妇，居（正）〔王〕室，得耳疾，挑之，乃得物大如茧。妇人盛瓠中，覆之以槃，俄顷化为犬，其文五色，因名槃瓠。”⑤《后汉书·乌桓列传》记载乌桓人有着“以犬护灵”的习俗：“俗贵兵死，敛尸以棺，有哭泣之哀，至葬则歌舞相送。肥养一犬，以彩绳缨牵，并取死者所乘马衣物，皆烧而送之，言以属累犬，使护死者神灵归赤山。”⑥ 可见，边地族群不仅在生前重视与犬的亲密关系，而且会将之带往死后世界。将犬信仰带入墓葬之中，反映了边地族群的情感寄托。

正因如此，边地墓葬画像对犬进行神秘主义应用的频率远超中原地区。不过，随着东汉一代“异族”内徙的情况不断加剧，不但没能完成对徙入塞内“异族”的汉化，边境地区汉人的蛮夷化趋势反倒更加明显，汉帝国北部边缘地带布满“异族”，边民颇染胡风。⑦ 汉晋时期各民族始终处在不断交融的过程中，边地胡化的程度逐渐有所加深，缘边地带因此有了较为相似的文化习俗。这便使得几处边地的墓葬壁画似乎有了固定的格套，均存在“守门人与守门犬”和“守门犬”两种构图模式。为边地墓葬进行绘画的工匠可

① 《汉书》卷51《枚皋传》，中华书局1962年版，第2367页。

② 王辉：《秦汉的飨宴——中华美食的雄浑时代》，北京日报出版社2022年版，第32页。

③ （清）刘沅著，谭继和、祁和晖笺解：《十三经恒解·仪礼恒解》，巴蜀书社2016年版，第61页。

④ 王明珂：《游牧者的抉择——面对汉帝国的北亚游牧部族》，上海人民出版社2018年版，第39页。

⑤ 《后汉书》卷86《南蛮列传》，中华书局1965年版，第2829~2830页。

⑥ 《后汉书》卷90《乌桓列传》，中华书局1965年版，第2980页。

⑦ 薛小林：《争霸西州：匈奴、西羌与两汉的兴衰》，社会科学文献出版社2020年版，第208~209页。

能是边地族群之人，也有可能是受雇于边地族群的中原工匠。在绘制过程中，工匠按照边地族群的要求，将他们所欲表达的观念绘入壁画。假使绘画的工匠在受雇的过程中进行区域性的流动，便将相似的格套与技法带入了不同地区的墓葬之中。

除此以外，中原地区墓葬画像中出现守墓犬的频率较低，还可能与这一时期的中原墓葬已经开始借助其他元素对墓主人进行庇护有关。其中一种较受欢迎的元素便是“四神”。以“四神”作为构图元素的“四神图”起源于汉代的中原墓葬，边地墓葬中出现四神图的时间不会早于这一时期。有学者根据四神图在高句丽墓葬中所在的位置、配置组合以及绘画风格，将墓葬中四神图地位的演变分为三个阶段，第一阶段从公元 4 世纪末开始。① 不难发现，公元 4 世纪末高句丽墓葬中才开始出现中原地区所传播的四神图。而中原地区墓葬中的四神图，自汉武帝在位时期以来便已十分完整且成熟。② 边地族群在尚未接触到四神图前，便继续采用与他们关系十分紧密的“犬”作为墓葬中趋吉避凶的要素。

三、中原与边地墓葬画像中犬形象的寓意

汉晋时期，中原与边地墓葬画像中出现功能相异的犬形象，实际上代表了不同的寓意。这一时期极为讲求“事死如事生”的丧葬观念，生人常常按照亡者生前的喜好布置墓室，并相信亡者在死后依然会对生前的日常生活进行“重复”。因此，在许多汉晋时期的墓葬中会为亡者准备食物。湖南长沙马王堆汉墓中便有着以犬作为庖厨原料的食物，分别为“犬羹”“犬胁炙”“犬肝炙”。③ 但真实的食物往往有着腐坏变质的可能，将食物绘于墓室画像之上，则可以永葆不腐。以此为主题的庖厨图，便反映了“鬼犹求食”观念在古代人民集体意识中的强烈影响。汉画像作为关于死亡的艺术，庖厨图里一系列关于祭食的准备，与这一观念是密切相连的。④ 犬作为“六畜”之一，也就自然而然地作为庖厨原料出现在了庖厨图中。

此外，在墓葬中以概念意义上的食物代替真实的食物，则可以降低丧葬成本。汉晋时期，多数生人实际上无力为亡者承担过多的丧葬支出。姜生先生认为，汉画中场面、规模宏大得有些夸张的庖厨图，基本上只刻画肉食加工场景。世人很少人有条件享受这种奢侈的生活，因为这本是发生在仙界的事情，是“天厨”服务于死者升仙的仪式环节。惟有积功累行甚厚者，才能获信于天，才有资格获得东皇所赐之食，以得温饱。天神既能贻食，天上则必有“天厨”。汉画中庖厨图所表现，实非市井之庖厨，而应是汉人想象中神

① 白婧芸：《高句丽壁画墓四神图的文化渊源及其发展脉络》，吉林大学硕士学位论文，2020 年，第 40 页。

② 白婧芸：《高句丽壁画墓四神图的文化渊源及其发展脉络》，吉林大学硕士学位论文，2020 年，第 7 页。

③ 关于马王堆汉墓中以犬作为庖厨原料的食物，可参看马王堆汉墓遣册释文。湖南省博物馆，中国科学院考古研究所编：《长沙马王堆一号汉墓》，文物出版社 1973 年版，第 34 页。

④ 陈萍：《浅论汉画像庖厨图的祭祀意义——“鬼犹求食”》，《大众文艺》2010 年第 21 期，第 33 页。

仙世界的“天厨”场景。① 这一认识具有一定的道理，借以“天厨”使亡者不受饥饿，正是汉晋时期人们对“鬼犹求食”观念的一种践行。

这样一来，在四川泸州合江画像石墓二号画像石棺的画像中（参见上文图 2），将犬绘制于正在从事舂米工作的劳动者附近，可能有着特殊的寓意。劳动者在舂米后，大概率会将去皮的谷物存放在粮仓之中。画像中的犬，便是粮仓的守卫。陈直先生认为汉晋墓葬画像中的粮仓有其特殊意义，与“太仓”存在某种程度上的关联。太仓为汉代太仓令，藏粟最多之处，比拟死者禄食不尽之意。② 虽然尚不知晓画像中的建筑是否便是藏粟最多的“太仓”。但劳动者为了节省劳动量，很可能在粮仓附近舂米。因此，画像中的建筑应代表粮仓。使用犬来看护粮仓中的粮食，亦有可能是对亡者可以在死后“禄食不尽”的情感寄托。四川三台郪江汉代壁画墓中出现的“犬捉老鼠”画像（参见图 11），也可能与此相关。三台郪江汉墓的墓室结构无一例外均按照墓主人生前居住情况开凿，甚至有的墓室带有厨房，在厨房中有着依山石雕刻的灶台、水缸和储物柜。③ 老鼠是对仓储粮食威胁最大的物种，老鼠对粮食进行破坏会直接威胁墓主人的“温饱”。因此，生人便在墓葬画像中绘制犬作为“粮仓”的守护者，以对“粮仓”的入侵者进行“捕捉”。

图 11　四川三台郪江壁画墓“犬捉老鼠”图

① 姜生：《汉代天厨贻食信仰与道教施食炼度科仪之起源》，《中国道教》2016 年第 1 期，第 46 页。

② 陈直：《望都汉墓壁画题字通释》，《考古》1962 年第 3 期，第 162 页。

③ 潘红莲、刘承云：《四川绵阳郪江古墓艺术探微》，《重庆文理学院学报》（社会科学版）2012 年第 1 期，第 128 页。本文中的图 11 转引自这一文章。

朝鲜德兴里壁画墓和辽宁朝阳地区的北燕冯素弗及其妻属墓壁画中出现的犬，应是协助墓主人进行灵魂归葬的使者。虽然上述墓葬的墓主人均为胡化的汉人，但仍不可否认他们具有归葬故土的心愿。汉晋时期，受制于客观条件，常以神秘主义方式归葬亡者。《晋书·袁瑰列传》："时东海王越尸既为石勒所焚，妃裴氏求招魂葬越，朝廷疑之。"① 作为东海王的亲属，在王尸被焚的情况下，王妃即以招魂的方式安葬东海王。以神秘主义方式帮助亡者归葬，实际上是归葬习俗受到现实因素阻碍时的一种变通。② 德兴里壁画墓墓主人与北燕冯素弗及其妻三人的葬地均远离故乡。为了使他们的灵魂得以回归故土，边地族群便借助民俗信仰中具有神秘力量的"累犬"作为归葬使者。

绘制犬的形象作为墓葬的"守门犬"，是对犬所具有的抵御恶鬼功能的运用。早在先秦时期，人们便认为犬具有抵御鬼怪的神秘力量。《史记·封禅书》曾记载秦德公以犬血抵挡鬼怪一事："秦德公既立，卜居雍，'后子孙饮马于河'，遂都雍。雍之诸祠自此兴。用三百劳于鄜畤。作伏祠。磔狗邑四门，以御蛊灾。"司马贞《索隐》注曰："案：《左传》云'皿虫为蛊'，枭磔之鬼亦为蛊。"③ 秦德公出于御鬼的目的下令杀犬，并将犬血涂在四座城门之上。在睡虎地秦简《日书》甲种中也有利用犬来抵御鬼魅的方法："鬼恒从人女，与居，曰：'上帝下从游。'欲去，自浴以犬矢，系以苇，则死矣。"用犬的粪便进行沐浴，则可以将鬼魅杀死。《日书》中还有以犬的粪便做成丸状物，投掷以防止"大神"害人之例："大神，其所不可咼（过）也，善害人，以犬矢为完（丸）操以咼（过）之，见其神以投之，不害人矣。"④ 由此可见，自秦以来人们便笃信"犬"可以抵御恶鬼。西汉末年，人们依然相信犬可以作为施加神秘主义力量的工具。《汉书·王莽传》："宇与师吴章及妇兄吕宽议其故，章以为莽不可谏，而好鬼神，可为变怪以惊惧之，章因推类说令归政于卫氏。"⑤ 王宇为了使其父王莽放弃专权的想法，刻意用犬血涂画家门，使得王莽惊惧。

在汉晋墓葬画像砖、画像石和壁画中绘制"犬"作为"守门者"，便是在借助"犬"所带有的神秘主义力量抵御恶鬼，防止恶鬼对墓主人造成伤害。除却画像石、画像砖和壁画中的犬以外，在汉晋时期的墓葬中还出土了许多陶犬，可能也带有护佑墓主人的功能。在汉晋时期的丧葬文化中，对犬的应用程度可见一斑。

四、结　　语

"事死如事生"观念影响了汉晋时期的丧葬文化，生人会将犬在生活中的功能直接地植入墓葬画像石、画像砖与壁画中。此外，生人出于某种目的还会在墓葬画像中对犬进行神秘主义应用。这些应用包括以犬作为墓葬抑或墓葬中粮仓的守卫，以犬作为墓主人灵魂

① 《晋书》卷 83《袁瑰列传》，中华书局 1974 年版，第 2166 页。

② 王丁诺：《汉代社会的归葬现象》，《咸阳师范学院学报》2022 年第 1 期，第 31 页。

③ 《史记》卷 28《封禅书》，中华书局 1982 年版，第 1360 页。

④ 参看王子今：《睡虎地秦简〈日书〉甲种疏证》，湖北教育出版社 2003 年版，第 339~446 页

⑤ 《汉书》卷 99 上《王莽传上》，中华书局 1962 年版，第 4065 页。

归葬的使者以及利用犬来驱逐恶鬼从而庇护墓主。总的来看，汉晋时期中原与边地在墓葬画像石、画像砖和壁画中对犬的形象与功能进行不同的运用，反映了各自地域对犬的认知观念与文化心理。

（作者单位：陕西师范大学历史文化学院）

几暇怡情：乾隆的瓷器创意、设计及旨意传达*

□ 龚世豪

【摘要】创意灵感是制瓷流程的初始环节，乾隆在宫廷用瓷的设计上倾注了较大的热情，发布了大量的烧造旨意。乾隆制瓷创意的来源丰富多样，从需求和功用的角度出发，进而延伸至对相关工艺的探索，涉及器型、胎骨、釉水、纹饰、款识等方面。乾隆对瓷器样式的设计大致可归纳为照样仿制、重新组合和局部修改三种模式，几经呈样确定后的成熟方案才能交付窑厂执行。乾隆追求完美，借助瓷器“制样”这一信息传递媒介，在宫廷和窑厂之间建立起一个有效的沟通渠道。“制样”一般有瓷样、纸样、木样、合牌样四种，尤以前三种较为常见，合牌样也偶见使用。制瓷过程呈现出皇帝拟定样式、造办处工匠制作模型、承办官员执行旨意的复杂程序，其间多有沟通讨论，甚至反复修改。乾隆的瓷器创意和设计，反映出帝王审美对宫廷用瓷风格的决定性影响，由此也关联到清宫瓷器文化的相关问题。

【关键词】乾隆；瓷器；官窑；造办处；景德镇

瓷器是中国常见的日用器物，皇家宫廷用瓷因具有彰显皇权、区分等级的功能，而承载了更多的意涵，发展至清代尤为明显。清代官窑制瓷成就斐然，乾隆官窑瓷器更是以其独特风格闻名于世。制瓷工艺的进步与发展固然重要，但与之相关的创意、设计和信息沟通也不容忽视。在乾隆的主导下，通过调配各种资源，统驭内务府造办处和景德镇窑厂的各类工匠，创造出中国陶瓷史上的一个高峰。学界对清代官窑的研究起步较早，清末民初就有《匋雅》和《饮流斋说瓷》等专论从瓷器鉴赏的角度关注官窑瓷器。童书业在新中国成立前考证过清初康雍乾三朝官窑相关史实，并对古代瓷器式样、颜色及特征进行了初步研究，廓清了陶瓷史中的一些错误认识。① 杨伯达突破史料限制，从清宫档案出发重点介绍了雍正时期的年窑和乾隆时期的唐窑，并以唐英作为整个乾隆官窑研究的重心，将乾

---

* 本文获中央高校基本科研业务费暨华中科技大学自主创新基金资助（2022WKYXQN041）。

① 童书业、史学通：《中国瓷器史论丛》，上海人民出版社 1958 年版。

隆官窑分成前、中、后三期。① 谢明良借助乾隆的咏瓷诗探索隐藏在官窑瓷器背后的政治意图，分析了乾隆对陶瓷工艺的鉴赏态度，以及其中隐含的政治意涵。② 王光尧结合制瓷官样原件和瓷器实物，考察清代官窑制瓷的官样制度，还利用档案等资料讨论了乾隆时期官窑的管理与官样问题。③ 余佩瑾从艺术史的角度研究乾隆朝的官窑瓷器，分析以帝王为中心的产造与典藏，勾勒出乾隆借此呈现的圣王理想。④ 此外，相关研究还散见于一些通论性著作。综合来看，既往成果多集中在瓷器本身或官窑制度方面，鲜有论者专门从乾隆对瓷器的创意与设计角度来探讨官窑制瓷的前期准备。乾隆从兴趣喜好出发，在繁忙的政务之余，提供制瓷灵感，发布了大量烧造旨意。披拣造办处活计档和奏折，可以勾勒出乾隆君臣围绕烧制瓷器进行沟通交流的图景，尤其是乾隆各种口语化的表述颇为传神有趣。⑤ 借此图景恰可观察宫廷用瓷烧制过程中，创意如何萌发，设计方案怎样定稿，以及各类信息通过何种方式传递。对瓷器创意、设计方案和旨意传达的分析，亦有助于加深对清宫瓷器烧造体系和宫廷物质文化的认识。

一、瓷器创意的多重面向

创意处在整个制瓷流程的最初始阶段，乾隆通常是在需求和功用的驱动下，萌生各种制瓷灵感，审美取向和实际用途往往起着决定性作用。进而将创意延伸至对制瓷工艺的探索，作出相应的尝试。总之，乾隆的瓷器创意来源多样，其内容涵盖器型、胎骨、釉水、纹饰、款识诸多方面。

首先来看瓷器的需求和功用如何激发乾隆的创意灵感，试举一例加以说明。乾隆三年五月初十日，太监胡世杰交出一件瓷胎珐琅小玉壶春，传旨："着照此瓶大小尺寸改款式，多画样几件呈览，准时再烧造瓷器。钦此。"乾隆看过画有 28 件各款式瓶子和 23 件各款式水盛、笔洗、盖罐等的两张纸样后传旨："挑选得十一件瓶样，着烧造填白釉水，其余不准烧造。再，水盛、笔洗、盖罐等件，亦酌量烧造花样、釉水。钦此。"烧成的瓷器于次年十一月十八日呈览，其中既有按照画样烧制的填白釉水瓶，也有"酌量"搭配花样、釉水烧制的水盛、笔洗、盖罐等。乾隆交代了这些瓷器的用途及去向："将填白釉

① 杨伯达：《从档案管窥清代官窑之盛衰》，《中国古代艺术文物论丛》，紫禁城出版社 2002 年版，第 129~144 页。

② 谢明良：《乾隆的陶瓷鉴赏观》，台湾《"故宫"学术季刊》第 21 卷第 2 期，2003 年。

③ 王光尧：《从故宫藏清代制瓷官样看中国古代官样制度——清代御窑厂研究之二》，《故宫博物院院刊》2006 年第 6 期；王光尧：《乾隆时期御窑厂的管理体制和官样制度》，故宫博物院、柏林马普学会科学史所编：《宫廷与地方：十七至十八世纪的技术交流》，紫禁城出版社 2010 年版，第 31~75 页。

④ 余佩瑾：《乾隆官窑研究：做为圣王的理想意象》，台湾大学博士学位论文，2011 年。

⑤ 韦庆远在阅读内务府和造办处的相关档案后曾指出："雍、乾两帝精力充沛，对御用服饰和观赏亵玩物品等的精粗美恶极具鉴赏能力，亦极擅长于挑剔，对具体问题颁发过数以百计的旨谕。这些经由亲王总管内务府大臣、执事太监传达的旨谕质朴无文，口语化，一般未加修饰，颇为新奇传神。"笔者在研究方法上亦受此启发。参见韦庆远：《清代内务府的匠役和御用手工业》，《明清史续析》，广东人民出版社 2006 年版，第 370 页。

水瓶俱烧珐琅，洋彩洋花方罐留用，其余着送往圆明园交园内总管，俟大运新瓷器到时，一同挑选等次。钦此。"① 这是一个完整的瓷器烧制流程，从源头开始，先由乾隆提出制瓷创意，随即交由造办处画样，乾隆再从中挑选出若干样式，传旨交付窑厂照样烧制。乾隆发布的制瓷旨意，既有精确的烧制标准，同时也夹带模糊的指令要求。"酌量烧造花样、釉水"，便给窑厂留有自由发挥的创作空间。烧造指令的发布往往根据瓷器的需求和功用来决定，这批瓷器制成运京后就进入了使用环节，有的交由造办处珐琅作进一步加工成珐琅彩瓷，有的直接在宫中留用，还有更多一部分则送往圆明园收存。

甚至有些瓷器在创意之初，就已经考虑好作何用途。乾隆十一年六月十四日，太监胡世杰交出一件轿瓶和一件带木座的青花白地双管樽，传旨："照此轿瓶样款，不要□□□大，做挂瓶六件。芰荷香箭柱上挂四件，屋内檐柱上挂二件。要锦上添莲花，留空堂写诗。屋内香几上，照双管樽的款式，周身要青莲花白地，烧造瓶四件。俱先画样呈览，准时交江西烧造。钦此。"十八日，司库白世秀将一大一小两张画有锦上添莲花轿瓶的纸样呈览后传旨："准交江西照样烧造大轿瓶二件，小轿瓶四件。再照双管樽样款，周身要青莲花白地，烧造四件送来。钦此。"直到十一月二十六日，七品首领萨木哈将烧造得洋彩红地锦上添莲花挂瓶大小二对、洋彩黄地锦上添莲花小挂瓶一对、青莲花白地双管瓶四件、青花白地双管樽一件呈进后，乾隆下令："将青花白地樽并挂瓶、双管莲花瓶俱交圆明园园内总管收贮，俟房得时着造办处人拴挂安设。钦此。"② 从这次烧制瓷瓶的经过可以看出，首先是由乾隆根据用途提出制瓷创意，再命工匠按其旨意绘制纸样，最后交付窑厂烧制。其中轿瓶是按照交出样瓷的款式，遵照乾隆对花样的要求进行画样的。从进呈的轿瓶来看，其图案为锦上添莲花，颜色有洋彩红地和洋彩黄地两种。并且乾隆还别出心裁，嘱咐要在轿瓶上留有空白处，以便题写诗句。双管瓷瓶则没有事先画样，而是直接给出一件双管樽作为参照的样瓷，仿其款式，采用青莲花白地的图案烧制。所以最终上呈御览时，不仅有轿瓶和双管瓶，还有一件双管樽。这件双管樽应是当初作为参照的样瓷，而非窑厂新制物件。结合制瓷创意，分别使用了实物样和设计样两种形式传达旨意，方便窑厂领会乾隆的意图。这些瓷器的功能与用途事先就有规划，轿瓶挂在室内外的柱子上，作为装点庭院之用，双管瓶和双管樽则放置在屋内香几上，用于室内陈设，都属于在圆明园装饰宫苑的物件。

同样是预先计划好用途的装饰用瓷，乾隆对造型的创意还会再三斟酌，反复修改定样，以期达到更好的装饰效果。乾隆十七年四月初十日，太监胡世杰传旨："万寿山扇面房后墙扇面式窗户，着镶锦边，两空内贴字画，亦镶锦边，先画样呈览。再，画挂瓶样呈览，准时交唐英烧造。钦此。"十四日，员外郎白世秀将一件画好的扇面房内扇式挂瓶样呈览，奉旨："着添边骨形面子，分高矮，做成要像打开扇子一样。钦此。"十六日，将一张添边骨打开扇式挂瓶纸样呈进后，乾隆传旨："照样准做，扇面上画四季花样呈览。

---

① 中国第一历史档案馆、香港中文大学文物馆合编：《清宫内务府造办处档案总汇》第 8 册，人民出版社 2005 年版，第 276~278 页。

② 中国第一历史档案馆、香港中文大学文物馆合编：《清宫内务府造办处档案总汇》第 14 册，人民出版社 2005 年版，第 441 页。

钦此。”二十日，将四张四季花卉扇式挂瓶纸样呈览后，奉旨：“照样各做二件。钦此。”直到十二月二十一日，员外郎白世秀将制成的四对四季花卉扇面式挂瓶，并附有四张纸样，呈送乾隆过目，传旨：“着配条子、靶圈，在万寿山扇面挂。钦此。”① 此次烧制挂瓶的创意经过几番修改，不断加入新的元素，多次画样设计，最终才得出令乾隆满意的方案。乾隆烧制挂瓶的想法萌生自装饰万寿山的扇面房，为搭配扇面房的风格，所以将挂瓶的造型选定为扇面式。可能在看过画样后认为不够逼真，于是要求改画添加了扇骨的扇面，并且区分高矮层次，要求视觉效果应像打开的扇子一般。当添加了扇骨的打开扇面式挂瓶画好后，乾隆又提出在扇面上画四季花卉，这才有了最后定稿的四张四季花卉扇面式挂瓶纸样。因为最初就是为扇面房定制，所以当挂瓶制成后，乾隆下令对其稍加装饰美化，便直接用在万寿山装点宫苑。

在关注器物造型之余，乾隆甚至还对烧制工艺进行探索，将器型和工艺结合起来。乾隆十三年六七月，唐英赴京觐见期间，乾隆曾派人询问烧制瓷观音的工艺问题。七月十二日，太监胡世杰传旨：“着问唐英，瓷白衣观音手与发髻不要活的，要一来的，烧的来烧不来？钦此。”据唐英回称：“若手与发髻不要活的，无出火气地方，烧不来。”② 乾隆向唐英提出，将瓷观音的手臂与发髻改为固定形式，不要活动。唐英从制瓷工艺和原理的角度进行解答，指出当时的技术条件无法满足此要求，因为在烧制的过程中需要留有出气孔，所以手臂与发髻必须为活动形式。可见乾隆不只是单纯地发布烧造旨意和提供创意，并且深入地思考制瓷工艺，尝试对瓷观音的造型及内部结构稍作改进，但囿于工艺水平，未能实现。

在器型、釉水、花样这些常规的元素之外，乾隆还留心一些更具特色的元素，比如对题写在瓷器上的诗句和款识颇为讲究。乾隆七年九月二十三日，太监高玉交出一首御制诗，传旨：“将此诗交与唐英，烧造在轿瓶上，用其字并宝，尔酌量收小。其安诗地方并花样，亦酌量烧造。钦此。”③ 乾隆别有新意，将自己创作的诗文烧制在轿瓶上，内容和书法皆出自御制。烧造旨意于十月二十七日下达至唐英处，但此时窑厂在完成该年的烧造任务后已经停工。唐英在从景德镇返回九江关的途中接到谕旨及御制诗，旋即于二十九日赶回窑厂，召集精工良匠开工烧造。唐英在进呈轿瓶的奏折中有言：

> 仰赖皇上洪福，天气晴暖，人情踊跃，坯胎、窑火、设色、书画，种种顺遂。轿瓶之样不一，奴才遵将睿藻敬安瓶上，字分四体，与瓶式配合，以避雷同。谨先成六对，进呈御览，伏冀皇上教导改正。

---

① 中国第一历史档案馆、香港中文大学文物馆合编：《清宫内务府造办处档案总汇》第 18 册，人民出版社 2005 年版，第 567~568 页。

② 中国第一历史档案馆、香港中文大学文物馆合编：《清宫内务府造办处档案总汇》第 16 册，人民出版社 2005 年版，第 218 页。

③ 中国第一历史档案馆、香港中文大学文物馆合编：《清宫内务府造办处档案总汇》第 11 册，人民出版社 2005 年版，第 76 页。

朱批：所办甚好，知道了。①

由于正值冬季，气候条件已不适宜烧制瓷器，所以每年十月后窑厂都例行停工。此时恰逢天气晴暖，才得以顺利完成制瓷任务。唐英体会圣意，将御制诗烧制在轿瓶上，并且还配合器型款式来变换字体，费时十七天共制得轿瓶十二件。乾隆看过后给出了“所办甚好”的评价，这是在历次进呈瓷器中极为少见的赞许之一，实属难得。因受气候条件限制，唐英并没有大批量烧制这类书写御制诗的轿瓶，而是先行呈样，待来年开春再行烧制。

对于款识的问题，乾隆既有口头指示，也会给出文字样式。乾隆二年十月十六日，太监毛团、胡世杰、高玉交出一张篆字款纸样，传旨：“以后烧造樽、瓶、罐、盘、钟、碗、碟瓷器等，俱照此篆字款式轻重成造。钦此。”② 由此，各类圆、琢瓷器在年款书写上有了一个统一的标准，但并不是唯一的模式。乾隆十七年十一月二十二日，柏唐阿那春将一件底部贴有“大清乾隆年制”的青花白地果洗交太监胡世杰呈览，奉旨：“将做的八件，俱照此款样，或用楷字，或用篆字之处，着唐英酌量烧造。钦此。”③ 可见器物底部的年款有多种书写风格。简言之，款识形式在不同时期存在差异，书写字体与颜色呈现出丰富多样的特征。

除了烧制新瓷，乾隆还积极探索制瓷工艺，例如尝试对旧瓷进行补釉。乾隆三十四年，曾经下发一件哥釉四方瓶和一件均釉大碗到窑厂，命九江关监督伊龄阿给瓶、碗上的缺釉之处补釉。并要求经火复烧，不惜冒着损坏旧瓷的风险进行试验。伊龄阿向工匠问明详情后，先在瓷片上试得较好效果，再对旧瓷补釉，但未能成功。事后具折说明缘由：

适值奴才巡查在厂，当即传集年久各匠役细心讲究。据称，瓶系欧瓷，乃土窑茅柴所成，坯薄釉软，经潮致有脱落，若经木火，恐有损伤。碗系古瓷均釉，亦恐年久之器复行入窑，或致迸裂等情。奴才伏思补釉必须入窑，但原系火成，似亦无碍。况本不责以必保完全，如能将缺釉之处补足无痕，即成完器。恐该匠役等畏难推委，随饬令署协造督同匠役将釉水比照原色配妥，并另觅一色瓷片填好，入窑试烧，亦无改色。再用笔将瓶、碗缺釉处所洗净填釉，新旧无痕。再亲送入窑，安设得火窑位，毋得任听匠役草率烧坏。继据满窑送关。查瓶、碗原无响声，今已有响声，火候似属得时。惟坯胎地道不同，釉水新旧难合，以致瓶上旧釉淌流，粘住渣饼，碗口开拆。盖因窑火猛烈，已经烧成之器，再行入窑，易致损坏。人工竟有难施，亦属实情。所有奴才率同敬谨补釉缘由，理合据实覆奏，同原发瓶、碗二件，一并恭缴。

① 唐英：《为奏明事》（乾隆七年十一月十七日），中国第一历史档案馆藏，档号：04-01-36-0001-011。

② 中国第一历史档案馆、香港中文大学文物馆合编：《清宫内务府造办处档案总汇》第7册，人民出版社2005年版，第798页。

③ 中国第一历史档案馆、香港中文大学文物馆合编：《清宫内务府造办处档案总汇》第18册，人民出版社2005年版，第570页。

朱批：览。此不过试为，无足重轻。①

通过乾隆的回应可知，这只是一次试验性的努力。旧瓷补上新釉，再经窑火烧炼，以致旧釉和胎身损伤。这次补釉事件是乾隆对制瓷工艺创新探索的一个缩影。

借助上述事例，可了解乾隆瓷器创意诸层面，这是制瓷的最初环节。乾隆多从需求和功用出发，萌生各种制瓷创意，并付诸实践，甚至还在改进制瓷工艺上进行探索。这些制瓷创意通过具体的设计方案进一步细化，最终在窑厂烧制的过程中一一落实。

二、瓷器样式的设计方案

乾隆并没有止步于提供创意，而是深入细节，给出了许多设计方案。当烧造旨意发布后，或交由造办处先行制作样式，供乾隆参考，或由乾隆亲自画样创制，形成了成熟的瓷器样式再交付窑厂依样烧制。根据造办处活计档的记录，可将乾隆对瓷器的设计大致概括为三种模式：照样仿制、重新组合和局部修改。下文便以具体事例逐一说明。

乾隆二年十月十三日，太监毛团、胡世杰、高玉交出霁红靶碗、汝釉杏元四方双管瓶、青花白地龙凤盒、娇黄釉宫碗、大观釉收小一号花瓶、娇金黄釉茶碗、宣窑青龙海水梅瓶、嘉窑双管六方瓶、黄地绿龙葵瓣四寸碟、洋彩黄地洋花宫碗各一件，并附有详细旨意：

以后烧造瓶、罐、碗、盘、钟、碟等物，俱照此霁红靶碗釉水勉力烧造。洋彩黄地洋花宫碗甚好，再烧造些。青花白地龙凤小盒，照样烧造些。再照洋彩黄地洋花宫碗上花样，将小盒亦烧造些。大观釉收小一号花瓶，嘴子甚粗，再烧造时收细些。再烧造青龙海水梅瓶时，其青花白地不必改，青龙改烧釉里红龙。黄地绿龙葵瓣四寸碟上龙发，绿釉水不清楚，碟外画行龙。再，唐英所进瓷器内，汝釉四方双喜樽、哥窑锦带瓶……此十一样款式不好，不必烧造。窑上若另有旧样，仍照新样烧造。盘、碗、钟、碟俱用篆字款，要周正。再，东青釉拱花大汉樽、嘉窑青穿枝莲八宝双环大樽、嘉窑青龙穿枝莲天球樽，此三样樽，照洋彩黄地洋花宫碗上花样烧造些。再将小些宝月瓶、马挂瓶各样釉水、花样烧造。再，青花白地大瓶，烧造得正好。其嘉窑六方双管瓶，口改做直。汝釉四方双管瓶，照此样式烧造。青花白地娇黄釉宫碗，釉水淡了，嗣后照□□釉茶碗釉水烧造来。②

这段烧造旨意至为详尽，基本涵盖了乾隆对于瓷器样式设计的主要方面，各类细节要求在此靡不毕见，极具代表性。上述旨意可归纳为两大部分，前一部分是颁发新样，对今后窑厂的烧造提出具体要求，后一部分是对唐英呈进瓷器的品评，随后还附加了一些详细

① 伊龄阿：《为据实覆奏事》（乾隆三十四年十月二十日），中国第一历史档案馆藏，档号：04-01-36-0001-032。

② 中国第一历史档案馆、香港中文大学文物馆合编：《清宫内务府造办处档案总汇》第7册，人民出版社2005年版，第797~798页。

的设计方案。概言之，涉及器型、釉水、花样（纹饰）、款识诸多方面，其中既有肯定的成分，也不乏批评改进意见。尤其是针对不满意之处给出了明确的修改办法，以及交代后续烧造的任务指令。透过这段旨意可知，此番不是简单的交由造办处画样，而是乾隆亲自参与样式的设计，不厌其烦地落实各处细节。其中，"照样烧造"是最为简洁明了的一种指令，即依照给出的某种器物样式再行烧制，另外还有参照某种器物上的花样或釉水烧制到另一种器物上，以及对某种器物局部细节或花样的修改。据此，可以归纳出照样仿制、重新组合、局部修改三种模式，此中的变换搭配反映出乾隆对瓷器设计方案的灵活运用。

遇有数量较大的烧造任务也是类似的模式和流程，比如乾隆三年六月二十五日，太监高玉一次交出了各式圆、琢瓷器共计一百五十余件，其用意在于以这些瓷器的样式为蓝本，下达烧造任务。命令唐英根据这些瓷器的样式，或是遵循乾隆的旨意与审美要求加以修改，依样烧制。且看详细旨意：

> 着交与烧造瓷器处唐英，将洋彩百禄双耳樽一件并青花白地盖碗一件，此二件照样烧造，不要耳子。再，五彩珐琅五寸碟一件、五彩暗八仙挠碗一件，收小些，照样亦烧造。青花白地八吉祥挠碗一件，收小些，照样烧造。照此样，五彩的收小些亦照样烧造。再，青花白地直口观音瓶一件，照此样，脖子放粗些，嘴子要撇口。再，宣窑青香草灯台一件，照样烧造，花样改画好花样。再，大官釉高四足茶壶一件，足再放高些烧造。其余俱照样烧造送来。①

这次的烧造任务完全吻合上述三种情形。其中最为常见的模式即是照样仿制，无需任何更改。其次是对某种器物局部细节或花样进行修改，如将樽、碗的耳子去掉，碟、碗的尺寸收小，瓶的脖子放粗并改为撇口，壶的足放高，灯台改画花样，等等。最后是重新组合，如按青花白地八吉祥挠碗的样式收小，另行烧制五彩挠碗。凡此种种都是乾隆对瓷器样式提出的具体设计方案。

在批量下发样瓷以及传达较为笼统的旨意之外，还有专门针对某一特定器物发布的烧造指令。乾隆八年十二月初九日，太监胡世杰交出一件御用青花白地膳碗，传旨："着交唐英烧造，其碗大小、厚薄、深浅、款式，俱照此膳碗。外面俱烧五彩各色地杖，花样各按时令分别吉祥花样，碗内仍照外面花样，俱要青花白地。年节用三羊开泰，上元节用五谷丰登，端阳节用艾叶灵符，七夕用鹊桥仙渡，万寿用万寿无疆，中秋节用丹桂飘香，九月九用重阳菊花之类，寻常赏花用万花献瑞，俱按时令花样烧造。五彩要各色地杖，每十件地杖要一色，按节每样先烧造十件。钦此。"② 仍是以实物为参照标准，另行搭配相应的各色花样。乾隆意在将御用膳碗按不同时令，配以相应的花样，从而各赋寓意。乾隆九年五月初四，乾隆看过遵其旨意烧成的十件艾叶灵符膳碗后，又改变主意，令以后不必烧

① 中国第一历史档案馆、香港中文大学文物馆合编：《清宫内务府造办处档案总汇》第 8 册，人民出版社 2005 年版，第 278~283 页。

② 中国第一历史档案馆、香港中文大学文物馆合编：《清宫内务府造办处档案总汇》第 11 册，人民出版社 2005 年版，第 599~600 页。

造这类膳碗。① 此次烧制膳碗，是在一个特定的瓷器品种上，将各种元素重新搭配组合，形成丰富多样的种类。借此可窥见清宫日用瓷器之细致与考究，仅御用膳碗一项就有如此复杂多变的样式。

类似在某种器物上组合各种元素的事例屡见不鲜，比如鼻烟壶。乾隆八年十一月二十一日，唐英接到内务府总管海望寄来上谕："着唐英照此挂瓶花纹、釉水、颜色，烧造些各款式、各色鼻烟壶，着其中不要大了，亦不要小了。其鼻烟壶盖不必烧来。"乾隆要求将轿瓶的花纹、釉水、颜色复制到鼻烟壶上。适逢隆冬时节，泥土凝冻，窑厂早已停工，工匠亦各散去。唐英思索之下，认为鼻烟壶属于小件坯胎，可以采用烘烤的方式先制坯胎，然后再交给民窑烧制。于是召集工匠至九江关衙署，一一指点，亲自拟定数种坯胎，并画好颜色、花样。再令工匠持赴景德镇窑厂，星夜赶工烧制，最后制成了 40 件各种款式的鼻烟壶。② 这次烧制鼻烟壶主要是采用了重新组合各种元素的方式，囊括了花纹、釉水、颜色、款式各方面。乾隆九年三月十六日，乾隆看过这批洋彩锦上添花鼻烟壶后，下令以后每年只烧四五十件，不必多烧。③

乾隆不仅以口头旨意、下发实物等形式给出设计方案，甚至还亲自画样，创作瓷器样式。乾隆九年十二月初二日，七品首领萨木哈传话，太监胡世杰交出汉白玉卧蚕绳纹兽面腰圆瓶、御笔所画瓶样、象牙座子各一件，传旨："照此座样款，或用紫檀木，或用乌木，另配一矮些座，其座上字并图章仍刻在新做之座上。再照象牙座大小款式，照御制瓶样，烫胎样呈览，准时交南边照样烧瓷瓶一件。钦此。"次日又补充："着照合牌瓶样式，按牙座子大小，烧造哥窑瓶一件，仿旧的做，不要款式（笔者注：识），仿得旧更好。钦此。"十二日，乾隆看过搭配牙座的哥窑渣斗样后下令："准照样交唐英烧造。钦此。"④ 这是一次较为典型的创制器物样式的事例，呈现出一个从创意到制样再到发布指令的完整过程。首先由内廷交出一件配有象牙座的腰圆瓶和一张乾隆御笔画样，命工匠照象牙座样式再另制一木座，而象牙座则用来搭配乾隆亲自设计的瓷瓶。但御笔画样只是平面图，为了更好地呈现与象牙座的配合效果，还需根据画样再另烫胎样。当乾隆看过具有立体效果的合牌样之后，又传旨比照象牙座的大小，按照合牌样瓶的样式，烧制一件哥窑瓶，并且有意强调要做成仿古款的风格。接着，由造办处工匠做好的哥窑渣斗样在搭配象牙座呈览后，乾隆才最终下令交唐英照此样烧制。通过这次从画样到制样，再到最后确定方案的经过，可见整套创制流程之繁复。

唐英接到烧造旨意后，在遵旨照办的同时，还表现出其办差技巧。唐英圆满完成了烧造任务，在进呈瓷器的奏折中有言："于二月初七日先奉到渣斗木样一件，象牙座一件，传旨着交奴才按牙座大小照样烧造哥窑瓶一件，仿旧做，不要款，如仿得旧更好。钦此。

① 中国第一历史档案馆、香港中文大学文物馆合编：《清宫内务府造办处档案总汇》第 12 册，人民出版社 2005 年版，第 377 页。

② 唐英：《为奏明事》（乾隆九年二月初八日），中国第一历史档案馆藏，档号：04-01-36-0001-019。

③ 中国第一历史档案馆、香港中文大学文物馆合编：《清宫内务府造办处档案总汇》第 12 册，人民出版社 2005 年版，第 380 页。

④ 中国第一历史档案馆、香港中文大学文物馆合编：《清宫内务府造办处档案总汇》第 12 册，人民出版社 2005 年版，第 667 页。

钦遵。今制造得哥窑渣斗一件，又仿配得连座富裕一件，以成一对。”① 对照君臣间一来一往的互动可知，乾隆最初的想法是烧制一件哥窑瓶，可能是在制作合牌样和木样的过程中又改作成哥窑渣斗。而最后下发给唐英的为渣斗木样，应该是出于木样较之合牌样更方便长途传递的考量。此次烧造任务是为配合象牙座另制一件哥窑渣斗，其样式由乾隆亲自创作，同时将造办处工匠所制渣斗木样发与唐英参照。这一事例展现出皇帝拟定样式、造办处工匠制作模型、承办官员执行旨意的制瓷程序。唐英不仅遵旨完成，还额外多造一件，并配好器座，合成一对进献给乾隆，这也是善于迎合上意的一个表现。

然而，乾隆并非每次都会下达精确而明晰的旨意，不时还会采用一些模糊化的表述，这时就需要承办官员自行揣摩并发挥创意。乾隆三年五月初六日，太监高玉交出汝釉花觚等十件瓷器，传旨："着将龙泉釉糖锣洗交与唐英，照此釉水烧造，另改花样。萱花靶莲五寸盘，将盘心内花样放大些，花纹俱各画细致些，照样烧造。其余八样，照样烧造，颜色不俱。钦此。"② 在乾隆的旨意中，比如"另改花样""放大些""细致些""颜色不俱"都是较为含糊的话语，并没有一个具体客观的标准，需要承办官员在制瓷过程中酌情办理。再有乾隆九年五月初四日，当乾隆看过唐英送来的青花白地瓷五供之后说："此五供内，花瓶俗气，款式亦不好，再烧造时另改好款式烧造。"③ 此中品评瓷器所用的"俗气""不好""好款式"等词，只是笼统的定性评价，并没有给出直观的定量修改方案，唐英只能自行领会变通。但总体而言，这类情形只占较小比例，多数情况下乾隆还是会给出清晰明了的交代或指令，便于瓷器烧制的顺利完成且更接近预期效果。

三、传达旨意的载体与方式

乾隆十分在意细节，对宫廷用瓷追求完美，提供了大量的创意灵感和设计方案。以上讨论了创意和设计怎样产生的问题，这些抽象的信息和模糊的话语又如何准确无误地传达下去，并将预期设想烧制成器。宫廷和窑厂之间需要一个有效沟通的渠道，而瓷器的"制样"就充当了一种重要的信息传递媒介。上文已涉及不少制样的问题，以下对此展开专门论述。总体来看，瓷器的制样大致有瓷样、纸样、木样、合牌样四种，以前三种最为常见，合牌样使用得非常少，但也并非完全不用。

所谓瓷样，即瓷器实物原件，是将某一特定瓷器下发至窑厂，令工匠仿样烧制，或做部分改动，有别于其他几种制样。从宫中发出的做样瓷器里，既有本朝新制，也有宫廷旧藏。这是一种较为常见的传达烧造信息的方式，简单、直观且易于工匠领会乾隆的意图。比如乾隆三年四月十八日，太监胡世杰交出宣窑青花八吉祥高足壶一件，传旨："着交唐

① 唐英：《为奏闻事》（乾隆十年四月初八日），中国第一历史档案馆藏，档号：04-01-36-0001-023。

② 中国第一历史档案馆、香港中文大学文物馆合编：《清宫内务府造办处档案总汇》第 8 册，人民出版社 2005 年版，第 275~276 页。

③ 中国第一历史档案馆、香港中文大学文物馆合编：《清宫内务府造办处档案总汇》第 12 册，人民出版社 2005 年版，第 376~377 页。

英照此壶款式、花样多做几件，得几件并原样先送来。钦此。”① “并原样先送来”就说明下发了瓷器原件，照样仿造即可。还有一次性发出多件原样的情况，乾隆三年五月初六日太监胡世杰交出五彩盖罐一件、汝釉五寸盘一件、青花白地庆玲靶碗一件、萱花四寸小碟一件、均窑天鹅耳花瓶一件、里五福外松鹤茶钟一件、五彩马挂瓶一件、白里霁红茶钟一件、五彩小盖罐一件、白里霁红莲子酒钟一件、炉均釉乳炉大小二件、白里霁青莲子酒钟一件、五彩蟠桃七盘一件，传旨：“着交与唐英照样烧造。钦此。”② 同时发出十余件瓷器命照样烧制，这是最为简洁的一种烧造指令，只需按照发来样式仿制，并无其他附加要求。

有时仅给出瓷器原样还不能完整表达乾隆的旨意，若附加有局部修改的要求，则需在原样基础上作适当调整。乾隆十六年六月初十日，太监胡世杰交出各式盘、碗、钟、碟、盒 9 件，另附有尺寸、数目折片，传旨：“交江西各按盘、碗、钟、碟、盒大小样款，折片上数目，照莲花钟上花样、颜色，烧造莲花盘、碗、钟、碟、盒。其螺蛳盒上照莲花钟盖一样配盖。钦此。”乾隆十七年五月二十九日，员外郎白世秀将惠色送到原样各式盘、碗、钟、碟、盒 9 件，照尺寸、数目造得洋彩莲花碗等交进。③ 这是在下发原样之外，再另附详细旨意，窑厂需参照样式结合修改要求执行。

此外，每年例行烧制的大宗任务同样也有瓷器原样，并且窑厂中收存有较大数量的样瓷。乾隆三十三年，九江关监督伊龄阿奏报前任监督舒善调取存厂做样瓷器时说：“奴才伏思此种样瓷虽非全美，但属历任留存，以备日后仿照制造，不致失传之意。未便移调离厂，以滋损坏。”④ 这类样瓷的品质虽不一定十分精美，但保留在厂的目的是为了使后续烧造有样可循，传承宫廷用瓷的款式制度。后在查抄舒善家产时，由瓷匠认出了这批瓷器，“五十一桶，计四千五百六十八件”⑤。由此可见用于做样仿制的存厂样瓷之多。

纸样，也称作画样，可将其视为一种设计图纸。纸样具有易于绘制、便于修改的优点，能够较为准确地表达各种制瓷要求，且方便长途传递，在很大程度上弥补了瓷器原样不易携带的不足。乾隆三年六月二十五日，交出一百五十余件瓷器命唐英照样烧制，并附有细节说明，其中就考虑到大件瓷器携带不便，乾隆交代：“此瓷器内有大器皿，应画样带去，其小瓷器皿，俱各带去。”⑥ 为了避免损坏大件瓷器，没有下发原件，而是以画样

---

① 中国第一历史档案馆、香港中文大学文物馆合编：《清宫内务府造办处档案总汇》第 8 册，人民出版社 2005 年版，第 275 页。

② 中国第一历史档案馆、香港中文大学文物馆合编：《清宫内务府造办处档案总汇》第 8 册，人民出版社 2005 年版，第 276 页。

③ 中国第一历史档案馆、香港中文大学文物馆合编：《清宫内务府造办处档案总汇》第 18 册，人民出版社 2005 年版，第 424 页。

④ 伊龄阿：《为据实奏闻事》，《宫中档乾隆朝奏折》第 31 辑，台北“故宫博物院”1983 年版，第 493 页。

⑤ 伊龄阿：《为奏明请旨事》（乾隆三十四年四月初三日），中国第一历史档案馆藏，档号：04-01-36-0001-031。

⑥ 中国第一历史档案馆、香港中文大学文物馆合编：《清宫内务府造办处档案总汇》第 8 册，人民出版社 2005 年版，第 283 页。

代替。这是照瓷器实物画纸样的例子，还有并无实物，直接根据乾隆的旨意画样的情况。乾隆二十六年六月初三日，太监胡世杰交出观音瓶木样一件，传旨："此样不像观音瓶样，着另画样呈览。钦此。"乾隆对观音瓶木样并不满意，要求再另行画样。十一日，将一张青花白地观音瓶纸样呈览后奉旨："照样准做。钦此。"①

除普通纸样之外，还有添加上颜色的纸样，能更好地呈现预期效果。乾隆三十五年四月二十八日，太监胡世杰交出白纸样一张，上面贴有挂瓶纸样 14 张，其中 6 张有御题诗，传旨："将挂瓶画着色花纹样呈览，准时交江西照样烧造，要紫檀木座。钦此。"五月初二日，将画好的 14 张着色挂瓶纸样呈览后奉旨："着发往江西照样烧造半圆挂瓶十四件，连座子一事，烧造紫檀木颜色。钦此。"② 乾隆看过白纸样后，要求添画颜色展示挂瓶花纹的效果。

木样，是指用木质材料旋制的器物模型，在活计档中也常写作"木胎样"，其优点是既能很好地呈现立体效果，又便于携带，不似瓷器原件那般容易损坏。乾隆七年九月初十日，太监高玉交出一件洋彩红地锦上添花四团画山水瓷碗，传旨："着照此洋彩红地锦上添花四团画山水碗上山水花样做杯、盘，其杯做有耳杯，托盘或圆形，或葵瓣形。先做木胎杯、盘样呈览，准时再做。钦此。"二十三日，将做得木胎，画四团山水海棠式杯、盘纸样一张，画二团山水双耳杯样一件呈览，奉旨："将此样交唐英照样烧造，其胎骨要薄些。钦此。"十月初四日，将做得锦上添花杯、盘木样呈览后奉旨："着交唐英照样烧造，其胎骨要薄些。钦此。"③ 为了更好地呈现设计效果，木胎样先后做了两次，在获得乾隆同意后再发往窑厂。

木样还能与纸样配合使用，将木样表现立体效果的特性发挥得更好。乾隆二十年八月初五日，员外郎金辉、副催总舒文将根据旨意画好的双耳朝冠鼎纸样交太监胡世杰呈览，奉旨："照样准做，另做木样发往江西，烧造青花白地双耳朝冠鼎一对，不要款。钦此。"九月二十六日，将木样交唐英家人卢四领去。④ 此处是在纸样获准通过后，又再做木样。

木样的另一个特点是能够制作出更为复杂的造型，这是纸样无法满足的，比如木样观音这种惟妙惟肖的形态。乾隆十二年四月十四日，太监胡世杰交出一尊观音木样，配有善财、龙女二尊，传旨："交唐英照样烧造填白观音一尊，善财、龙女二尊，如勉力烧造窑变更好，原样不可坏了，送到京时装严安供。钦此。"乾隆十三年七月十二日，将观音一尊，善财、龙女二尊呈进。⑤ 木料可以旋制出各式预期的造型，便于直观地呈现设计效果，这是木样的一大优点。

---

① 中国第一历史档案馆、香港中文大学文物馆合编：《清宫内务府造办处档案总汇》第 26 册，人民出版社 2005 年版，第 617~618 页。

② 中国第一历史档案馆、香港中文大学文物馆合编：《清宫内务府造办处档案总汇》第 33 册，人民出版社 2005 年版，第 511~512 页。

③ 中国第一历史档案馆、香港中文大学文物馆合编：《清宫内务府造办处档案总汇》第 11 册，人民出版社 2005 年版，第 75~76 页。

④ 中国第一历史档案馆、香港中文大学文物馆合编：《清宫内务府造办处档案总汇》第 21 册，人民出版社 2005 年版，第 489 页。

⑤ 中国第一历史档案馆、香港中文大学文物馆合编：《清宫内务府造办处档案总汇》第 15 册，人民出版社 2005 年版，第 98 页。

同样，木样也有着色的情况，能够获得更好的视觉体验。乾隆十一年二月二十二日，太监高玉交出一件配有紫檀木座的白地红花甘露瓶，传旨："照此瓶款式、花样做一木样，着色呈览，准时交与江西先烧造几件送来，随后再烧造几件，俱不要款，得时照此座样一样配座。钦此。"① 木样可以很好地展示器物造型，着色后又呈现出花样效果，从而准确传达烧造指令。有时又与合牌样一起做出着色后的器型效果，相互配合参照。乾隆十年五月初一日，太监胡世杰交出一件汝釉猫食盆，配有牙座、木匣，传旨："将猫食盆另配一紫檀木座，落矮些，足子下深些，座内安抽屉。再将此牙座照猫食盆样款颜色、大小，烫一合牌着色样，发给江西唐英烧造一件送来。钦此。"初十日，将汝釉猫食盆着色木样呈览后奉旨："准交江西烧造。钦此。"② 乾隆命造办处工匠配合牙座再另外制作一个猫食盆的合牌样，并且着色，后将做好的着色木样发往窑厂。这是在给牙座另搭配猫食盆，因为先前已有的猫食盆改配了紫檀木座。

合牌样，亦称烫样，多用软硬程度不同的纸板黏合拼接而成，也能呈现很好的立体效果，多用于制作建筑模型。宫廷用瓷的设计，也偶见采用合牌样。乾隆三十年十一月初三日，太监胡世杰传旨："养心殿西暖阁三希堂对玻璃镜东板墙上着画各式瓷半圆瓶样十四件呈览，准时发往江西照样烧造送来。钦此。"初十日，将画有14件养心殿西暖阁各式半圆瓷瓶的纸样呈览后奉旨："着烫合牌样呈览。钦此。"乾隆三十一年正月初八日，将14件合牌瓷半圆瓶样呈览后奉旨："准照样发往江西，将花纹、釉水往细致里烧造。钦此。"③ 乾隆起先提出在墙面装饰瓷半圆瓶的需求，在看过纸样后，又要求做合牌样发往窑厂。

合牌样较为脆弱，不便于长途传递，在宫中呈样获准后，一般都会改做成木样下发。乾隆三十六年十一月二十三日，太监胡世杰交出一件青花白地八吉祥钵盂，配有紫檀木架、木匣，一件青花白地瓷钵盂，随青花白地瓷托，传旨："将八吉祥花纹瓷钵盂照交出青花白地钵盂下瓷托样款式，配合烧造瓷托一件，其上面的花纹要与八吉祥钵上的花纹一样。先做样呈览，准时交伊龄阿带去，照样烧造一件送来。其做样钵盂仍交进。钦此。"三十日，将一件青花白地八吉祥钵盂配得画八吉祥花纹合牌托座样呈览后奉旨："准交江西照样烧造托座一件，要乾隆年制款，其现有钵盂不必烧造乾隆年制款。再照样烧造钵盂、托座三分，连钵并托俱要乾隆年制款。钦此。"同日，将贴有翰林书写乾隆年制款识的八吉祥瓷托木样呈览后奉旨："准交江西照样烧造。钦此。"④ 这便是按乾隆的要求先做出合牌样，获准后又再做木样，以便发往窑厂作为参照。

以上是设计瓷器时使用制样的大致情况，在宫廷用瓷的烧制过程中大体不超出上述几类。就物质载体的形式而言，可分为瓷样、纸样、木样、合牌样等种类，其中还能再细分

---

① 中国第一历史档案馆、香港中文大学文物馆合编：《清宫内务府造办处档案总汇》第14册，人民出版社2005年版，第440页。

② 中国第一历史档案馆、香港中文大学文物馆合编：《清宫内务府造办处档案总汇》第13册，人民出版社2005年版，第708~709页。

③ 中国第一历史档案馆、香港中文大学文物馆合编：《清宫内务府造办处档案总汇》第29册，人民出版社2005年版，第713页。

④ 中国第一历史档案馆、香港中文大学文物馆合编：《清宫内务府造办处档案总汇》第34册，人民出版社2005年版，第264页。

出普通样式和着色样式。若按制样的性质划分，又可将其看作两大类：实物样和设计样。瓷器原件即是实物样，而由造办处工匠制作的各式纸样、木样、合牌样则是设计样，其目的都是为了能够准确、完整地传达烧造指令与相关信息，以便将诸般创意和设计付诸实践，烧制出符合圣意的瓷器。就制样的本质而论，其是一个信息传递的媒介。

四、结　　语

乾隆时期宫廷用瓷的烧造往往是以需求和功用为导向，乾隆依据个人喜好提出丰富多样的制瓷灵感，甚至上升到对制瓷工艺的探索，其创意内容涉及器型、胎骨、釉水、纹饰、款识各方面。烧造旨意发布之后，又要经造办处将设计方案制成各类样式，有时乾隆还要亲自设计画样。除却使用瓷器实物作样之外，还有纸样、木样、合牌样等形式，多种制样配合使用。宫廷用瓷的样式往往需要反复修改定稿，最终在获得乾隆的同意后，才能将成熟的方案交付窑厂执行烧造任务。从紫禁城到景德镇，造办处发出的烧造旨意经长途传达，在窑厂得以落实。此过程中，以制样为中心，辅以口头旨意或文字形式，形成了一个有效沟通的渠道。制样实际发挥了上承下达，传递信息的作用。乾隆对烧制瓷器的整个过程事必躬亲，于创意之初就全程参与，并主导设计制样，严格把控瓷器品质。简言之，围绕乾隆的个人意志，构建出一个高效运作的官窑烧造体系。通过分析乾隆的瓷器创意、设计及旨意传达，有助于推进对乾隆的瓷器审美情趣和宫廷瓷器文化的认识。

（作者单位：华中科技大学马克思主义学院）

迁移的清代孝瓶：孝图像的语图互文、社会意义与文化嫁接

□ 吴若明

【摘要】 孝图像与孝文本关系紧密，不同艺术媒介载体上的多元孝图像呈现了语图互文的关联。《二十四孝》等文本以典型历史人物为题材，跨朝代、流传久、影响范围广、艺术表现形式多样。以“孝文化”为中心的“孝图像”在文本记载传承的基础上，通过瓷器、版画、壁画、画像石等综合艺术媒介广泛传播。随着贸易运输和环境变迁，绘有孝图像的清代外销瓷瓶也出现新的图像转向。本文从古代物质文化与中国文明传承发展间的关系出发，综合讨论孝图像在文学和艺术作品中的语图互文和历史传承中的功能转变，以及区域消费中产生的文化嫁接现象。

【关键词】 孝图像；孝瓶；语图互文；社会意义；文化嫁接

一、语图互文：孝图像的文本来源与流传

中国传统文化中，“孝”在各家言辞中都有所提及，孝图像是对历史流传的孝文本中典型人物的图像呈现，不仅将文本转译为直观的图像，而且从叙事主题的选择性构图角度再现文本的核心内容。文学作为语言艺术，借助“可悦”的图像符号，可以赢得更加有效的传播。①

以孝文化为主题的文本多样，其中具有代表性的文本有《孝经》《孝子传》《二十四孝》《孝行录》等多部“孝”主题文本。其中作为典范的孝子故事既有相同之处，也有不同地方。自尧舜至宋，这些主题故事人物被慢慢经典化，其中一些典型性人物在多种文本的流传中还出现了不同的演绎和解读。明清时期，这些内容在其他文本中也不断出现，并流传至今。中国孝文化传承久远，这些流传的文本一方面记载和传播了中国孝文化；另一

---

① 赵宪章：《语图传播的可名与可悦——文学与图像关系新论》，《文艺研究》2012 年第 11 期，第 24 页。

方面又因时代的局限性和古代的政治因素不可避免受到诟病。

基本孝义常用于阐述子女与父母之间的关系，在文本中也多有提及，在《庄子·大宗师》篇等文本中均有论及，并流传历朝：

> 父母于子，东西南北，唯命之从。①

孟子强调对孝的学习，不仅安家更可以平天下，文章中也多次提及：

> 谨庠序之教，申之以孝悌之义，颁白者不负戴于道路矣；壮者以暇日修其孝悌忠信，入以事其父兄，出以事其长上，可使制梃以挞秦楚之坚甲利兵矣。② 不得乎亲，不可以为人；不顺乎亲，不可以为子。舜尽事亲之道而瞽瞍砥豫，瞽瞍砥豫而天下化，瞽瞍砥豫而天下之为父子者定，此之谓大孝。③

从孟子的言论中可见，其将孔子的"敬"与"仁"进一步具化，并以舜为典例，尽事亲之道，其父亲瞽瞍则感到欣慰。以此表率天下，父子之道，则为大孝。从帝王之孝，到天下万民之孝。

以孝文化为主题的独立文本中，《孝经》《孝子传》与《二十四孝》最有代表性。最早形成的专门文本即儒家典籍《孝经》。《孝经》成书可以追溯到先秦战国时期，介于东汉班固在《汉书·艺文志》中认为孝经来自孔子为曾参传道，因此有学者推测其成书时间在《吕氏春秋》之前。④《孝经》以孝义理论为基础，通过以孝治天下的大经之法，规劝天子到平民等阶层的言行举止。随着《孝经》的流传和发展，元代形成了更具有故事性、可读性的通俗文本《二十四孝》，通常认为是元代郭居敬辑录了古代二十四个孝子的故事后编成的，也有人认为其文本形成是由元代郭守正所编，如清代韩泰华《无事为福斋随笔》也有提及：

> 坊闲所刻二十四孝，不知所始。后读《永乐大典》乃是郭守敬之弟守正所集。谢应芳《龟巢集》有二十四孝赞序云，常州王达善所赞二十四孝，以《孝经》一章冠于编首，盖别是一书。⑤

目前广泛流传的《二十四孝》初见于元代文本，中国基本古籍库中收录的文本中有《古今杂剧》《龟巢稿》《玉笥集》都提到"二十四孝"。《二十四孝》内容来源于《孝子传》，以叙事性情节为主，主要通过二十四个典型性历史人物，将各种孝典故进行传播。

---

① （清）郭庆藩撰，王孝鱼点校：《庄子集释》，中华书局 2016 年版，第 296 页。

② 杨伯峻译注：《孟子译注》，中华书局 2018 年版，第 5~10 页。

③ 杨伯峻译注：《孟子译注》，中华书局 2018 年版，第 168 页。

④ 吴崇恕、李守义：《〈二十四孝〉与〈孝经〉的关系及其扬弃》，《孝感学院学报》2004 年第 7 期，第 10 页。

⑤ （清）韩泰华：《无事为福斋随笔》卷上，功顺堂丛书本，王云五主编：《丛书集成初编》，商务印书馆 1936 年版，第 10 页。

明代中后期，随着中国雕版印刷业的发展，《二十四孝》的故事刊刻更为兴盛，可分为诗选系统和日记故事系统，如中国国家图书馆藏《全相二十四孝诗选》为诗选系统代表；《锲便蒙二十四孝日记故事》《新刊徽郡原板绘像注释魁字登云日记故事》为日记故事系统典型。①

孝文化相关文本在流传过程中形式多样，流传广泛，有一定的社会功能，不仅是对于孝文化的传播学习，而且是个人品德的彰显。具体体现在对孩童的启蒙教育上，并通过典范人物事迹的宣传，用于家庭和睦、君臣之道等社会关系。以《孝经》作为文本基础的《二十四孝》，因其通俗易懂，人物鲜明，在元代编成后即得到传播，成为杂剧中引经用典之例，以为宣教众人，期待更多人效仿。元代以孝为主题的杂剧《小张屠焚儿救母》中也提到应学二十四孝人，多闻孝义章等，并录于元刊杂剧三十种。②

> 我虽不读论孟，多闻孝义章，人子孝母天养，郭巨埋子天恩降……王祥卧鱼标写在史书中，丁兰刻木图画在丹青上。③

自明代起，孝文本不仅得以民间传播，而且被撰写为诗词，开始作为蒙学内容。在清代赵廷恺诗文集《十三翎阁诗抄》中有《二十四孝题注试帖》，不仅对二十四孝的题签加以阐释，并一一写有赞诗。④ 将《二十四孝》作为蒙学之本，推进了图文相应的版印模式，并期以此为纲，不仅适用家孝，而且顺应社会之大孝，从而天下致太平。如同治八年所刊行的《二十四孝弟图诗合刊》即清代萧培元撰文，李锡彤绘图，并在序中提道：

> 人人亲其亲，长其长，而天下平。古来教童蒙之术。无不由此始。⑤

清代启蒙教育盛行的文本《弟子规》中也延续了孝文化，将二十四孝作为孩童蒙学课内容，并将儒家提出的入则孝、出则弟，即在家以孝为首，在外则以弟子之态，作为《弟子规》开篇主导思想。

二、“孝图像”观看空间的开合形式与社会意义

孝文化在中国古代流传时间久远，在文本记载传承的基础上，以图像的形式，通过各

① 王翠萍：《二十四孝古籍图像研究——中国国家图书馆藏本与日本龙谷大学藏本比较研究》，《美术大观》2019 年第 1 期，第 50 页。

② 蒋星煜主编：《元曲鉴赏辞典》，上海辞书出版社 2014 年版，第 1530 页。

③ （元）佚名：《古今杂剧》，（明）藏晋叔编：《元曲选》第七册，中华书局 2021 年版，第 3501 页。

④ （清）赵廷恺：《十三翎阁诗抄》，《清代诗文集汇编》第 605 卷，上海古籍出版社 2010 年版，第 338 页。

⑤ （清）萧培元撰，李锡彤绘图：《二十四孝弟图诗合刊》，山东省城同文堂刊，同治八年（1869）版，第 2 页。

种艺术媒介，如版画、壁画、画像石、画像砖、陶俑、瓷器等，在社会各阶层得以广泛传播，适应于不同情境下的社会功能需求。首先是早期孝图像的丧葬装饰与视觉观看，汉代至北魏，孝图像以两类为主，第一类为服务于墓葬艺术图像，在装饰墓葬的同时，也是子嗣对孝的体现；第二类屏风及手卷等，多为世俗之中宣化而作。两类装饰中的孝子形象选取自由，数量多变，画面表现相对自由，风格多样。其次是宋金孝子图像发展及墓葬视觉艺术的多维呈现。元代孝子图的固定组合《二十四孝》图文广为流传。明清时期，随着版画印刷业的繁盛，以及《二十四孝》等文本在蒙学中的发展，孝图像得以继续发展，不仅用于丧葬、绘画、书籍等，还用于其他工艺装饰。

（一）早期孝图像的丧葬装饰与观看

随着汉代对儒学的尊崇，以及汉代举孝廉等重孝厚葬之风的盛行，早期孝文本如《孝子传》中的人物形象被以图像的形式，运用于石刻、壁画等装饰性艺术形式中。主要见于墓葬及祠堂中的画像石，突出孝子中具有代表性的少数人物形象。

特别是在儒学兴起的山东一带，画像石中多有此装饰，其也是早期孝子图像的重要载体。如东汉颇具代表性的山东嘉祥武氏祠画像石，后壁第二层刻董永行孝图，图中董永父亲坐于车上，董永立于一侧，二人间榜题，“董永，千乘人也”。① 另山东临沂吴白庄汉代墓室的前室东过梁上也有“董永侍父”图像及相关榜题。北魏时期，石刻的孝子图像多见于墓葬中石葬具，即石棺床等刻绘，且以不固定的成组孝子图像集体出现，如美国波士顿博物馆藏的北魏时期孝子石棺床、元谧石棺和纳尔逊博物馆藏孝子棺上的孝子故事等，内容丰富并有详细榜题。其中元谧石棺上刻画了十个孝子故事，数量最多，而其他两具石棺床上则分别刻绘六个和七个。相较于早期汉代画像石上的独立孝子形象，孝子棺的图像逻辑最接近《孝子传》文献，并考虑到石棺的结构，图像的顺序也有所调整。② 此外，东汉和林格尔壁画墓等其他汉至北魏时期的墓葬艺术媒介中也出现了不同形式的孝图像。

除墓葬艺术中的石刻图像外，孝子图像还运用在屏风、手卷等。孝子图多以手卷为媒介，但流传较少，推测为横幅卷轴形式，和书籍并置，并可随身携带，用于个人阅读。③《南史》记载：

> 江夏王锋……武帝时，藩邸严急，诸王不得读异书，《五经》之外，唯得看孝子图而已。锋乃密遣人于市里街巷买图籍，期月之间，殆将备矣。④

早期流传的经专人绘画的手卷和屏风中孝子图，也是墓葬艺术中可借鉴的多种粉

① 朱锡禄：《武氏祠汉画像石》，山东美术出版社 1986 年版。

② 徐津：《波士顿美术馆藏北魏石棺床的复原和孝子图》，《古代墓葬美术研究（三）》，湖南美术出版社 2015 年版，第 119~140 页。

③ 徐津：《波士顿美术馆藏北魏石棺床的复原和孝子图》，《古代墓葬美术研究（三）》，湖南美术出版社 2015 年版，第 120 页。

④ 《南史》卷 43《江夏王锋列传》，中华书局 1975 年版，第 1088 页。

本。① 北魏时期代表性的人物屏风司马金龙木板漆画上，孝子与帝王、列女图共同装饰在屏风之上，并对人名叙事主题加以榜题，作为对文本的呈现与补充，也是对早期书画合一形式的表现与借鉴，但仍以图像为主。② 从现存画面完好的五块屏风看，其表现了舜帝恪守孝道、孝子李充休妻、孝子茅容素食待客等孝子形象。

（二）宋金孝图像发展及墓葬视觉艺术的多维呈现

丧葬环境中的孝图像，是孝主题和墓葬的结合。与文本的阅读形式不同，这些丧葬中装饰葬具的孝子图有固定人物叙述，往往并不直接展现新孝子形象，而继续描绘经典样板，成为孝图像的“模”与“范”。③ 在官方倡导和民间习俗的影响下，宋金以来墓葬中的孝子图像极为盛行，并将经典样板在墓葬中以砖雕、壁画等多维形式表现，如山西长子县墓壁画、金代中期山西屯留宋村壁画中都有孝子图。

相较于汉代、北魏时期的墓葬石刻图像的二维平面艺术呈现，宋金时期墓葬孝子图像表达中不仅以二维的平面呈现，还突出三维立体效果，加强其装饰性，具体分为三类：一是作为这一时期常见的墓葬装饰方式，以壁画或半立体的砖雕形式，一图一故事，绘制或镶嵌在墓室壁面及石棺椁壁上；二在魏晋手卷绘画的影响下，将几个孝子故事作为一幅图画集中展示，但中间以山峦曲线等自然分隔；三是以雕塑形式立体呈现，摆放墓室四壁，一组人物群雕为一个故事。④

部分墓葬中已有完整的二十四孝图像，但和元代《二十四孝》中人物相比仍略有出入，其文本有可能参考这一时期流传于中国北方地区的《孝行录》等相关文本，其在墓葬中的故事题材还未形成固定的顺序和组合形式。⑤ 如山西省新绛县南范庄金墓出土的二十四孝砖雕，均在独立的砖面内凹成壶门状开光，内分别刻绘半立体的二十四孝人物叙事主题场景（参见图1）。⑥ 山西长治市魏村金代纪年彩绘砖雕墓室，东西南北壁面有题为“画相二十四孝铭”的二十四孝图以及每个孝子的题词，年代为金天德三年（1151）。⑦ 长治市魏村金代纪年彩绘砖雕以浮雕的形式表现二十四孝的人物形象，并局部施以彩绘，画面栩栩如生。此外，1979年山西稷山县马村金代墓葬中出土了一套完整的“二十四孝”陶塑作品（参见图2），每组作品人物在20厘米左右，制作工艺以泥塑为主，并入窑烧成。⑧

---

① 邹清泉：《北魏孝子画像研究》，文化艺术出版社2007年版，第24页。

② 施锜：《宋元书画提拔史》，上海交通大学出版社2022年版，第22页。

③ 郑岩：《北朝葬具孝子图的形式与意义》，《美术学报》2012年第6期，第50页。

④ 易晴：《中国古代物质文化史·绘画·墓室壁画（宋元明清）》，开明出版社2014年版，第222页。

⑤ 邓菲：《关于宋金墓葬中孝行图的思考》，《中原文物》2009年第4期，第76页。

⑥ 山西博物院编：《山西博物院藏品概览·砖雕》，文物出版社2020年版，第22~23页。

⑦ 长治市博物馆：《山西长治市魏村金代纪年彩绘砖雕墓》，《考古》2009年第1期，第59~64页。

⑧ 杨勇伟：《从二十四孝陶塑看中国孝道》，《收藏》2013年第10期，第46页。

图 1　山西省新绛县南范庄金墓出土的二十四孝砖雕

图 2　山西稷山县马村金代墓葬中出土二十四孝陶塑

作为艺术媒介的传播，这一时期墓葬壁画的平面涂绘中多敷色，盛行的砖雕样式多为半浮雕，成组的三维立体雕塑则集中在关键叙事的表达元素。砖雕上的孝子图像不仅可根据人名题刻表明叙事主题，而且可以在图像表现同时辅以相关孝子典故的诗文，形成语图互文的构图式样。部分砖雕孝子图及孝子雕塑等没有榜题刻绘，以纯图像形式呈现，突出艺术表现的主体人物造型图像，砖雕与雕塑二者在相对独立的空间或有限的载体内展现人物叙事主题中最重要的核心元素，即象征符号，并通过二元相辅（dyadique）的符号和对象表现出这一视觉艺术的主题性。① 而具有相关历史背景知识的观者在没有相关榜题的情况下，也可以清晰地理解人物叙事对象和隐喻的孝行道义。

（三）元明清孝图像的公共空间与私人馈赠

孝文化的文本记载多样，依托图像，既使得文本生动化，也在传播中无知识层次局限，妇孺皆识。自东汉至清代，在墓葬艺术、寺庙壁画、版画印刷、瓷器、陶瓷等各类媒介载体中，都可见到孝子图，并随不同年代而各具风格。在传统书画作品中，“要素与母题”的类型（type）常为后世作者所保留和模仿，并在形态结构（morphological structure）

① ［加］让·菲塞特：《像似符、亚像似符与隐喻——皮尔斯符号学基本要素导论》，［法］安娜·埃诺、安娜·贝雅埃编，怀宇译：《视觉艺术符号学》，四川大学出版社 2014 年版，第 95 页。

中随时代而变迁。① 元代二十四孝文本形成后，传播中多辅以此图像，流传明清，并在形态结构中具有多重组合。元代张宪《玉笥集》载：

> 题王克孝二十四孝图，惟孝先百行……裂素以写图，庶使观者信。②

这些孝子图像早期不仅用于社会宣教，还用于孩童蒙学教育，并可作为版画、绘画的题材，可为馈赠之礼，以君子励志。此外，对孝图像的运用，也可以和个人行为相辅相成，作为个人彰显品德、对外宣传的媒介。

明清时期，《二十四孝》以版画形式流传，现藏于中国国家图书馆的明初版《全相二十四孝诗选》封面上有人物图，全书以上图下文的形式展开，存二十孝子图文，所缺页可参见日本龙谷大学藏嘉靖二十五年转抄本补遗。③ 流行的文本孝图像广泛绘于公共空间的壁画，以更为通俗而易学的方式在民间向百姓宣传。如明代余之祯《吉安府志》卷二十四：

> 刻大学古本传习，录以明正学，升苏州守，绘二十四孝事迹于壁，以风百姓，开讲于学道书院。④

《二十四孝》以壁画形式，不仅独立刻绘，更多与其他先贤组合，以为宣教。可见孝图像传播之盛。清代冯云鹏长于考据，有《扫红亭吟稿》传世，卷七《北阁行》诗篇也提及公共建筑空间北阁建筑墙壁的二十四孝图：

> 北阁巍巍祀元武，拱极高悬耀今古，壁嵌鲁王千岁碑，制作当年始藩府。下有忠孝贤人祠衣冠，列坐盛威仪中。为师尚父左右，夷与齐管鲍亦在侧，炳迹垂钟彝。东楹狄梁公簪笏何雍容，西楹岳武穆剑佩生英风，二十四孝画素壁。⑤

除绘于公共建筑场所壁画中的二十四孝图像用于传播宣教外，图像化的孝子人物还被画于私人扇面等，用于馈赠，作为君子励志之意及座右铭行为典范。如明代严嵩《钤山堂集》卷十五诗《赐画面扇二十四孝人物》：

---

① 黄厚明：《中国早期艺术史研究的方法论问题——以商周青铜器饕餮纹图像为例》，《民族艺术》2006年第4期，第89页。

② （元）张宪撰，施贤明点校：《玉笥集》卷5，李军主编：《元代古籍集成》第二辑，北京师范大学出版社2016年版，第205页。

③ ［日］金文京：《略论〈二十四孝〉演变及其对东亚之影响》，《中国文化研究》2019年夏之卷，第52页。

④ （明）余之祯：《吉安府志》卷24《理学》，书目文献出版社1991年版，第358页。

⑤ （清）冯云鹏：《扫红亭吟稿》卷7，《清代诗文集汇编》479卷，上海古籍出版社2010年版，第659~660页。

宫扇新裁素楮清，丹青仍肖古人形，挥仁要涤寰中暑，劝孝还同座右铭。①

（四）开合的形式意义与赞助人本体演绎

纵观孝子图像的形式与发展（参见图3），在叙事对象上，从早期《孝经》等不同文本中的非定式叙事对象慢慢发展为《二十四孝》的定式典型人物叙事，在墓葬等空间的装饰也从早期不固定的选择式发展为后期二十四孝人物的固定组合式样。在空间表现中，从二维平面展示，包括手卷绘画、版画、石棺刻绘、墓葬与公共建筑壁画等，逐渐发展到墓葬构建中半立体的砖雕形式，以及三维立体的雕塑形象，在丰富墓室内部装饰模式的同时，也增强了墓葬装饰的多重表现，让叙事方式更加多元而生动，并在私人场域（合）的丧葬礼仪和公共空间（开）教化礼仪中体现不同的社会功能。从私人墓葬空间的藏，到公共建筑空间的壁画的显，再到私人扇面绘画馈赠之传，孝图像已从律己转向示人，从礼仪空间转向日常生活。

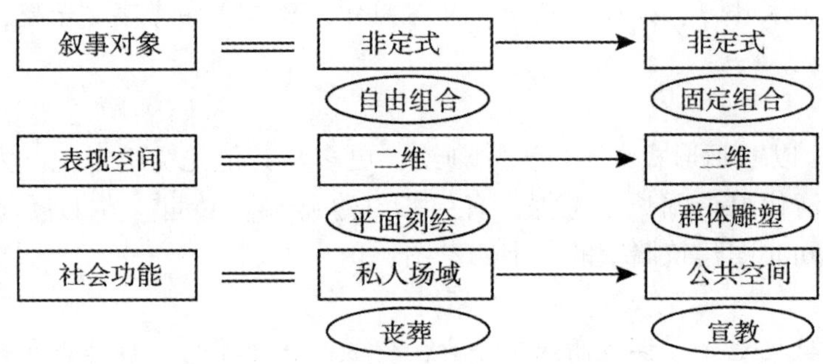

图3 孝图像的形式与发展

孝子图在形式上有上述多重表达和发展，承载多元的现实意义。自汉代以来，随着厚葬之风盛行孝子图像多用于墓葬装饰。孝子图与丧葬的关联，其意义通常被理解为颂扬墓主的道德品行，并彰显晚辈孝行。北魏时期统治集团强力推动等因素导致孝风大盛，孝子图像大量涌现。② 此外，在以儒家思想为核心的中国传统文化中，“孝”是道德最高标准和道德楷模，并在魏晋南北朝时期的道教和佛教中都得到推崇，儒家的孝道与道家神仙和佛教往生结合，彰显德行的同时，也体现了丧葬的实际功能。③ 宋金时期的墓葬中亦频频出现孝子图像，其与孝图像的墓葬功能多元化紧密相关，除了个人孝行的表现，孝行与墓主死后归属也被认为或存在一种内在的、固定的联系，甚至作为死者成为神仙的条件等。④

---

① （明）严嵩：《钤山堂集》卷15《南宫稿》，鄢文龙笺注：《严嵩诗集笺注》，广陵书社2016年版，第351页。

② 贺西林：《读图观史：考古发现与汉唐视觉文化》，北京大学出版社2022年版，第66页。

③ 贺西林：《读图观史：考古发现与汉唐视觉文化》，北京大学出版社2022年版，第68页。

④ 邓菲：《关于宋金墓葬中孝行图的思考》，《中原文物》2009年第4期，第80页。

二十四孝图像同时也被模仿，演绎为家族传本，如清代冯询《子良诗存》卷十九《题常州顾孝子寿南二十四孝图》，内容并不拘泥于元代流传的二十四孝故事本体，而通过顾寿南以孝行旌表行事，进行记载宣传：

> 其嗣子仿诸古本，集先人孝行分绘为图，曰孺慕、曰受杖、曰服贾、曰视膳、曰侍饮、曰导归、曰挥扇、曰拥炉、曰感神、曰赠金、曰侍疾、曰益寿、曰哀毁、曰营葬、曰求鱼、曰养志、曰让产、曰睦姻、曰洗腆、曰刲股、曰扶抱、曰反哺、曰诚祭、曰全归，前述孝父，后述孝母。适符二十四汇为一编。①

从记载可见，由其子嗣出资完成，集先人孝行分绘为图，形式规模都在效仿古本，诸如《二十四孝》等。将不同时期、不同人物的典故通过顾寿南个人的行为展示各方面，具有广泛社会宣教意义的孝子图可由赞助人的本体演绎，孝子图的流传又从固定式样走向自由形式，成为个人品德彰显的具象载体和直观呈现，融入中国传统墓志体系。

三、清代外销孝瓶：孝图像的异域迁移与文化嫁接

随着元代杂剧等叙事文本及图像的流传，特别是在版画印刷的推动下，具有可读性的叙事图像更多地进入社会日常。明清时期，在服务于日用生活的瓷器中出现了孝图像，相对于此前孝子图像服务丧葬和公共宣教等功能外，瓷器中的孝子图以程式化叙事性图像为主，常见于清代外销瓷的区格多开光装饰。清代外销青花瓷瓶中的孝图像多以流行文本《二十四孝》图文为依托，以男性孝图像为主，也包括少数女性孝图像，在异域迁移中功能也有所变迁，成为具有异域情趣的东方元素，相关的图像出现新的阐释和文化嫁接现象。

（一）可鉴的范式：版画盛行与瓷器装饰

版画印刷业在清代得以全面发展，以二十四孝为主的图书版本繁多，图文结合，传播广泛，流传至今。如清代嘉庆二十四年泰和堂刻本《二十四孝》（参见图4），书本以单页上图下文的形式，描绘了二十四孝的主要人物故事。清同治七年的《二十四孝合刊》则以单页文字与单页图像相辅的形式，阐述相关人物故事（参见图5）。此类版画图书明清时期盛行于世，并影响到东亚日韩等地。哈佛燕京图书馆藏平野屋清三郎于贞享三年（1686）出版的《二十四孝讲解》，也同样体现了图文相辅的版画装帧形式（参见图6）。随着版画印刷业的繁盛以及《二十四孝》等文本在蒙学中的图文并举，明清时期孝图像得以广泛发展，作为耳熟能详、妇孺皆知的文本图像，不仅用于丧葬艺术、建筑、书籍等，而且用于陶瓷等其他艺术品的装饰图像。

① （清）冯询：《子良诗存》卷19，陈建华、曹淳亮主编：《广州大典》卷456，集部别集类，广州出版社2015年版，第714页。

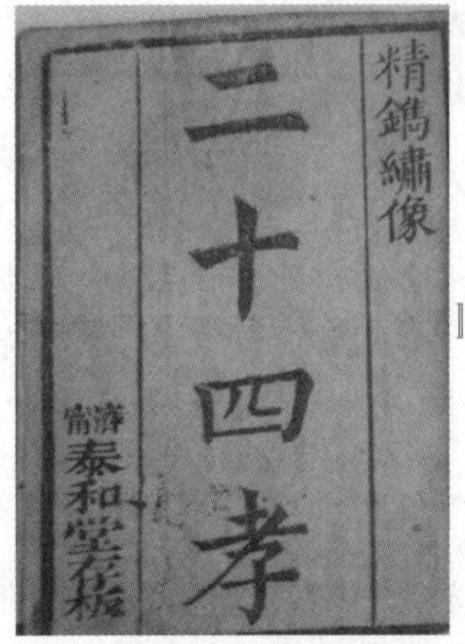

精鐫繡像
二十四孝
濟甯泰和堂存板

子路負米

图 4 清代嘉庆二十四年泰和堂刻本《二十四孝》

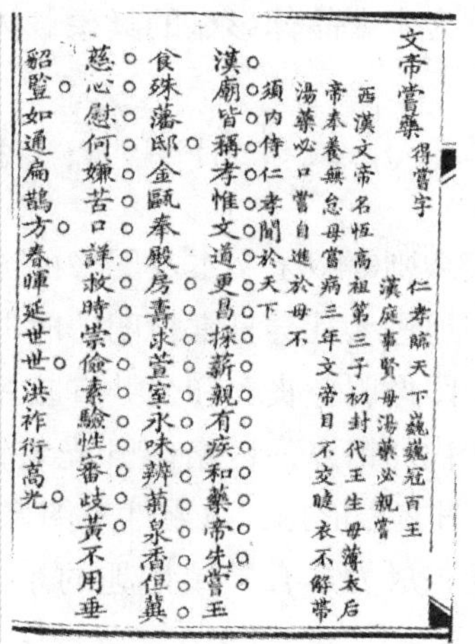

文帝嘗藥 得嘗字

仁孝臨天下巍巍冠百王 漢庭事賢母湯藥必親嘗

西漢文帝名恆高祖第三子初封代王生母薄太后帝奉養無怠母嘗病三年文帝目不交睫衣不解帶湯藥必口嘗自進於母不須內侍仁孝聞於天下

漢廟皆稱孝惟文道更昌採薪親有疾和藥帝先嘗王食殊藩邸金甌奉殿房壽求萱室永味辨菊泉香但冀慈心慰何嫌苦口詳救時崇儉素驗性審岐黃不用垂貂璫如通扁鵲方春暉延世世洪祚衍高光

图 5 同治七年《二十四孝合刊》

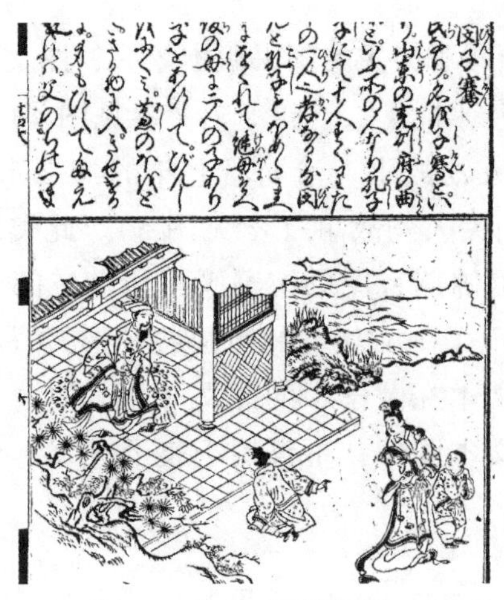

图 6 ［日］平野屋清三郎 贞享三年（1686）《二十四孝讲解》

随着荷兰东印度公司的成立及海上丝绸之路兴起，在清初外销瓷器中，具有异域色彩的人物装饰纹样备受欢迎，英国、德国等地都有相关收藏，并有多件以二十四孝为装饰主题的青花瓷。德国德累斯顿国家艺术收藏馆萨克森选帝侯 17—18 世纪收藏流传至少有三件风格造型趋于一致的清代二十四孝青花瓷瓶（参见图 7），瓶腹部以多开光的方式分割装饰瓷器表面，是康熙时期外销瓷器中常见的方式。相较于上文其他艺术媒介作为载体的孝图像装饰，外销瓷器的二十四孝图像以装饰性为主，和其他同期盛行的《西厢记》《西湖十景》等图像类似，构图中趋于程式化表达，强调多数组合的方式，装饰多分割平面的器物，形成繁密丰富、可读性强的器表装饰图像。装饰样式与德累斯顿国家艺术收藏馆久负盛名的近卫花瓶（Dragoon vase）在造型、尺寸及装饰风格上都比较相近，这是奥古斯特强力王（August II the Strong，1670—1733）以变相购买的方式赠送六百名骑兵给普鲁士腓特列·威廉一世（Friedrich Wilhelm I，1688—1740）后，得到的其在夏洛滕堡（Charlottenburg）和奥拉宁堡（Oranienburg）宫殿共计 151 件瓷器的馈赠，这些赠送的大量康熙青花瓷瓶也因此被称为“近卫花瓶”（参见图 8）。① 以分层、序列开光为主要装

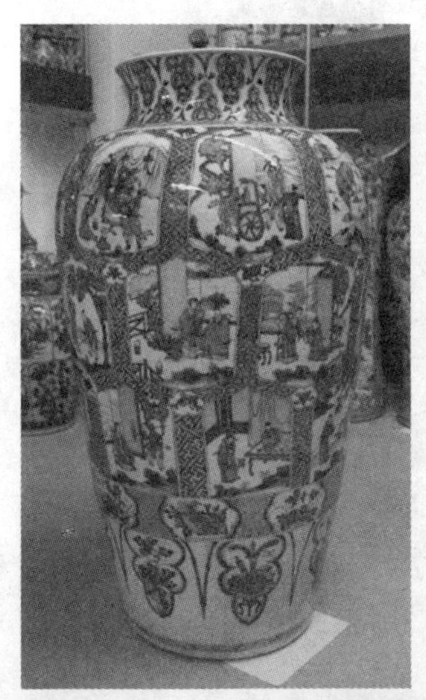

图 7 德国德累斯顿国家艺术收藏馆藏清康熙青花二十四孝瓷瓶及局部图

① Dresden Porcelain Collection eds., *Die Schönsten Porzellane im Zwinger*, Prisma Verlag, 1982, p. 15.

饰分布，《二十四孝》文本与图像的普及适应了此类图像在固定装饰式样上的流行，将二十四个主题图像以单元形式装饰瓷瓶，图像多以版画中的《二十四孝》插图为可鉴的范式，以戏剧场景的形式突出展现故事情节及主要人物，并以屏风、树木、栏杆等元素营造故事场景的室内外空间。英国古董商安妮塔·格雷（Anita Gray）曾拍卖有相似二十四孝主题装饰的清代康熙外销青花瓷瓶（参见图9），在器物造型上与德累斯顿近卫花瓶趋于一致，并在装饰纹样上与德累斯顿所藏相近，均为外销瓷流行的锦地开光的分层描绘、开光内以戏剧性的主题场景呈现二十四孝故事。

图8 德国德累斯顿国家艺术收藏馆藏清康熙青花近卫花瓶

图9 英国私人收藏清康熙青花二十四孝瓷瓶

（二）东方叙事与欧洲观看：人物图像的异域传播与文化嫁接

在德国和英国的这些康熙外销青花瓷的二十四孝图案尽管绘画极为精细，但都没有相关的文字说明。相较于长久以来流行的多种媒介中的孝图像，孝瓶的装饰虽以二十四孝为主题图像，但缺失了此前这一主题语图互文的表现形式，纯粹图案化的呈现方式要求观者具有相应文化集体意识。

在中国乃至日本等亚洲文本传播背景下，孝图像的形成和发展可以被认为一种图像转向（iconic turn），或称符像转向的表现样式，即所谓的视觉媒介始终是混合和杂交的，是声音和景象、文本和图像的结合。视觉研究和视觉文化作为正在兴起的学科，可以构成比较，它们作为修辞和思考方式，在文化史中出现过多次，并不断地伴随新的复制技术而再现。① 孝图像已成为特定的符号语言，在绘画、石刻、砖雕、陶塑、陶瓷等不同媒介下多元展示。多种形式都基于“元图像”（Metapictures），即一个展现视觉图像自我反思的方式，以及反思观看行文本身的展览。②

而在清代二十四孝青花瓷瓶上流行的孝图像已脱离了孝文化传播的文化依托，在18世纪初期欧洲对于亚洲瓷器的图像认知中，并没有二十四孝等文本的基础，这一时期欧洲关于中国的文本更多在于描述中国的地域风貌与风土人情。当缺乏相关的文本了解时，这些图案就与同期其他外销瓷上的人物主题成为共同理解的群体——即具有异域情趣的人物叙事主题。文化嫁接（transculturation）的现象也成为18世纪欧洲对于孝主题装饰外销瓷的集体共识，即20世纪初费尔南多·奥尔蒂斯提到的一种文化在另一区域的本土化认知过程。在欧洲异域文化视角下，更多以带有东方情调的人物形象被认知，部分图像如“董永遇仙姬”有青年男女形象则会推测为爱情主题。值得注意的是，尽管董永是汉代的人物，但在康熙时期瓷器的绘画中，董永和仙姬的服饰、发式等与同期外销瓷常见的《西厢记》《牡丹亭》等爱情主题人物图像极为相近，并与这一时期流行的“才子佳人”版画人物形象一致。“乳姑不怠”的主题场景中媳妇哺乳婆婆的场景则被联系到情色主题，这也是同期瓷器及版画中常出现的另一种主题图像，从而成为孝图像的一种转义解读。③ 这样的一种误读在日本学者金文京的文章中也略有所提，即以中国绘画史中罕见的裸女图来欣赏《唐夫人乳母》（乳姑不怠）等。④这些曾在18世纪欧洲文化背景下转义解读的装饰图像，在全球化的今天随着文化交流的频繁，又被再次认知，并随着《二十四孝》等文本的英译、德译本的流传，再次成为中国传统儒家文化传播的图像载体。

四、孝图像及文本的误区反思与异域解读

孝文本流传久远，至明清时期，相关图像已在文本的基础上广为传播。但在其文本形成年代久远，其多种文本间也存在矛盾性、局限性等问题。

第一，孝与仁的矛盾。郭巨埋儿是其中比较引起讨论的一个案例。关于郭巨埋儿，曾在《搜神记》《孝子图》等多个文本中出现，并在元代随着《二十四孝》流传颇广。善恶有报，孝子得福是这类文本所表现的共同主题。但从本质上来说，其与儒家“仁义”有违，《孟子·离娄上》中提道：

> 不孝有三，无后为大。舜不告而娶，为无后也。君子以为犹告也。将子嗣延绵视

---

① ［美］W. J. T. 米切尔：《元图像》，陈永国、兰丽英、杨宇青译，中国民族文化出版社2021年版，第19页。

② ［美］W. J. T. 米切尔：《元图像》，陈永国、兰丽英、杨宇青译，中国民族文化出版社2021年版，第14页。

③ 据笔者2014年冬在德累斯顿工作期间与博物馆相关专家讨论意见，特此致谢。

④ ［日］金文京：《略论〈二十四孝〉演变及其对东亚之影响》，《中国文化研究》2019年夏之卷，第60页。

为孝举。①

而郭巨埋儿则与此相违背。尽管读来有矛盾，却一度引起效仿。甚至山东境内的汉代孝子堂在北朝后也逐渐成为郭巨祠，供奉郭巨夫妇等。②

元朝廷明确表示反对杀子奉亲。元世祖下诏书，发布禁令："诸为子行孝，辄以割肝、股、埋儿之属为孝者，并禁止之。"但类似事件还是照样发生，元仁宗延祐元年(1314)，保定路清苑县安丰乡军户张驴儿，为父张伯坚患病，割股行孝，止有一子舍儿三岁，为侵父食，抱于祖茔内活埋。③ 值得注意的是，这种有违"仁"的行为在元代推崇的孝子行为中并非孤例。在上文提及的元代杂剧《小张屠焚儿救母》篇中，同样是以幼子牺牲为老母医病的题材。直至清代，杀子奉亲的思想仍在延续，纪昀《阅微草堂笔记》卷十二"槐西杂志"中载：

> 雍正末，有丐妇一手抱儿，一手扶病姑涉此水。至中流，姑蹶而仆。妇弃儿于水，努力负姑出。姑大诟曰："我已七十老妪，死何害？张氏数世，待此儿延香火，尔胡弃儿以拯我？斩祖宗之祀者尔也！"④

在这个记载中，可见"杀子奉亲"思想已延续至清，且超越母子之情，即使是丐妇也以此为纲。但在书中对这一行为的描述，已非追捧，而近乎责问。

第二，孝与法的矛盾。《孟子·尽心上》记载，桃应问及孝与司法，作为儒家经典人物孟子的回答：

> 舜为天子，皋陶为士，瞽瞍杀人，则如之何？孟子曰："执之而已矣。""然则舜不禁止？"曰："夫舜恶得而禁之？夫有所受之也。""然则舜如之何？"曰："舜视弃天下，犹弃敝蹝也。窃负而逃，遵海滨而处，终身欣然，乐而忘天下。"⑤

此处，孟子被问及孝与法的关系，即如果舜的父亲杀人，作为执法者舜应当如何处置。孟子的回答是舍弃天下，携父私逃。这里对于法的罔顾，和对孝的解释也存在矛盾性，类似的以亲至上，不合乎法理的案例在孝文化中多有出现，皆为今人所诟病。

第三，孝与理的矛盾。从《孝经》《孝子传》到《二十四孝》，这些作为典范的孝子故事虽不乏感人至深者，但其中也有一些带有想象色彩，与理不合，不符合自然规律。如《孟宗泣竹》《王祥卧冰》等，都带有明显的臆想成分。这些带有神话色彩的孝子故事，增强了孝子故事的传奇色彩，增加其在元明清时期民间的流传性。但在当代社会的认知

① 金良年译注：《孟子译注》，上海古籍出版社 2016 年版，第 166 页。

② 杨爱国：《故事是如何生成的——以山东长清孝堂山郭氏墓石祠为例》，《社会科学战线》2016 年第 9 期，第 111~118 页。

③ 张泓：《历史上的杀子奉亲》，《寻根》2007 年第 2 期，第 9~12 页。

④ （清）纪昀：《阅微草堂笔记》卷 12，上海古籍出版社 2016 年版，第 219 页。

⑤ 金良年译注：《孟子译注》，上海古籍出版社 2018 年版，第 303 页。

中，需要明确其误区所在。

此处，在古代社会发展中，孝文化中的根本——重礼崇德等思想渐被“盲目顺从”影响，或与古代社会的“三纲五常”联系，成为愚忠的表现，既不符合孝文化之本源，也与社会发展相违背，是当代社会倡导孝文化时所需摒弃的。也正因此，尽管二十四孝等文本在德国等欧洲地区有相关译本，但装饰二十四孝的清代孝瓶在海外异域解读中，却仍有不能理解的文化隔阂与误读现象，从而突出东方人物异域风的装饰功能，而淡化其背后的文化内涵，发生功能的转变。

五、结　语

孝图像以文本为依托，根据不同媒介艺术载体，在不同时期呈现出多元的艺术形象。首先是早期孝子图像的自由组合与丧葬装饰，汉代至北魏，孝子图像以两类装饰为主，第一类服务于墓葬艺术图像，在装饰墓葬的同时，也是子嗣对孝的体现；第二类屏风及手卷等，多为世俗之中宣化而作。两类装饰中的孝子形象选取自由，数量多变。其次是金代孝子图像发展及墓葬视觉艺术的多维呈现。明清时期，随着版画印刷业的繁盛，以及《二十四孝》等文本在蒙学中的发展，孝图像得以继续发展，不仅用于丧葬艺术、建筑、书籍等，还用于其他工艺装饰。清代孝图像围绕《二十四孝》文本，运用于外销欧洲的瓷器纹样中，体现了葬和饰的二重功能转变。

中国古代文化具有其自身特质，呈现独特的三原色构成原理，并延续千年，在精耕细作的中国农业文化基础上形成天人合一的思想；重视血缘亲属关系，即在亲缘组织团体内的紧密关系；国家结构也配合这样的社会结构，并经由科举及官僚体系使地方势力融入国家政权。① 其首要原理，即是对血缘亲情的重视，其背后体现了中华孝文化的深刻影响。儒家有两个重要的概念，第一尚德，第二亲亲。亲亲是亲缘关系及亲缘观念的演化。亲亲观念是儒家社会的伦理根本，并在不断的发展之下，成为中国社会凝聚的主要理论基础。②

孝文化根植于儒家思想，其相关孝主题故事源于民间传说，其所选典故从上古到宋代，以春秋、东汉、两晋为主，流传至明清。流传较广的《二十四孝》等主题，在具体传播中，可结合《孝经》《孝子传》等多个历史文本，突出其中具有正面性、代表性、可行性的人物故事，成为中华孝文化经典故事，并具有民间故事性质的魅力。多元孝图像反映了中国传统文化中仁孝之道，且自汉代的画像石到明清的版画、壁画、瓷器等多种艺术表达方式，体现了其在中国社会历史中不同时期的丧葬功能，以及域外传播中的文化嫁接现象。

（作者单位：南开大学文学院）

① 许倬云：《中国古代文化的特质》，新星出版社 2006 年版，第 62 页。

② 许倬云：《中国文化的发展过程》，中华书局 2017 年版，第 8 页。

哲学与思想

《齐物论》“物化”思想新探*

□ 张子帆 沈志豪

【摘要】《齐物论》“物化”的定义是“自然”分化而成物。“物化”则有分定，又本自一体。“物化”，“自然”而然，非人为造作。庄子的“自然”观念不同于今之“自然界”，可理解为规律的运转。“物化”不过是“自然”运转的一环，是合于“真”的。“自然”是最高的“真”。“形化”是物质层面的，作用在“成形”之后，“物化”则是前定的、“自然”的。人投身世界，“物化”已然发生，在生存世界里，避免不了“形化”，但“心化”则可避免，其根本在“用心”，在“守宗”。“用心”是贯穿《庄子》内篇的核心要义。“欲蔽态”指常人为欲望牵引而被蒙蔽，从而陷溺于一种固必自封的生存状态。“欲蔽态”必然带来主体焦虑，“心斋”能破除“欲蔽态”，勘破我执，消解自我迷恋带来的主体焦虑。“心斋”不仅能消除主体焦虑，而且能带来主体的消融。“心斋”的生命状态是主动与被动的统一，被动表现在“虚而待物”，主动表现在“一志”“集虚”。

【关键词】 物化；自然；形化；心斋；主体的消融

《齐物论》“物化”思想涉及庄子哲学的“万物生成论”，与“自然”“形化”“心斋”等核心概念密切关联，故极重要。历代之训解、阐发很多，但仍有如下不足：第一，“物化”概念所指不明确，未能清晰明确地解释《齐物论》“物化”的本源义。第二，未能区分《齐物论》“物化”概念的本源义与外、杂篇作者所赋予的“物化”概念的阐发义之间的区别，即是说庄子首创的“物化”概念和后世学人对“物化”概念的理解和进一步阐发是有不同的。关于这一点，不少论者未能明确区分而混为一谈。第三，阐释《齐物论》“物化”概念有脱离原始文本而过度阐发的现象。

因缺乏古典语文学的训练而误读文本或未能洞悉《齐物论》文本的精妙用意而作出背离经文原意的阐发是产生上述误解的一个重要原因。基于误读的、背离原始文本本意的诠释，如果缺乏创造性与启发性，则无益《庄子》哲学概念的澄清。站在《庄子》阐释学的角度，首先要做到的是尊重原始文本，还原《庄子》本意，至于阐释者据《庄子》建构自己的哲学思想则另当别论。

---

* 本文为教育部人文社会科学研究青年基金项目“清代《尔雅》校勘学研究与疑难文本考校”（22YJC870021）阶段性成果。

基于上述原因，笔者以为《齐物论》“物化”思想有重新讨论的必要，故斗胆抛砖引玉，略陈固陋。

一、“物化”歧解平议

历代研究此议题者众多，今择其精要，概括中外重要注家意见如下并申释己意：

（1）物化：万物变化之理。

宋代林希逸《庄子鬳斋口义》：“此之谓物化者，言此谓万物变化之理也。”① 宋代罗勉道《南华真经循本》：“此谓万物变化之理，玩物之化，则物有不必齐者矣。”② 林希逸、罗勉道谓“物化”为“万物变化”，此说较平易，故易为学者所接受，然其训解“物化”有望文生训之嫌。

（2）物化：万物化而为一。

明代释德清《庄子内篇注》：“物化者，万物化而为一也，所谓大而化之谓圣。言齐物之极，必是大而化之之圣人。”③ 释德清谓“物化”是“万物化而为一”，此说联络“物化”与“齐物”是其洞见。

（3）物化谓化之在物者。

明末王夫之《庄子解》：“物化，谓化之在物者。”④ 王夫之的解法有新意，“化”变成了主体，而“物”处在“化”之中。

（4）物化：万物的转化。

清代陆树芝《庄子雪》：“物之变化者，如鱼变为鸟，则不复知其为鱼；鸟化为鱼，则不复知其为鸟。今周之为蝶，蝶之复为周，亦两不相知，此正如物之变化矣。”⑤ 陈鼓应《庄子今注今译》：“物化：万物的转化。”⑥ 将“物化”理解为“万物的转化”恐未必符合《齐物论》“物化”原意，原文只说庄周梦为蝴蝶，不是庄周变成蝴蝶。

陆树芝云：“今周之为蝶，蝶之复为周，亦两不相知。”强调了“两不相知”，这是我们应当注意的方面。

（5）物化即死亡。

刘武《庄子集解内篇补正》：

> “物化”，为本书要语，后篇屡见。《德充符》篇云：“命物之化，而守其宗也。”宗也者，即《天下》篇“以天为宗”之天也。《天道》篇云：“其生也天行，其死也物化。”综二者之意言之，谓其死也，命物之化，特守其生前之天，而不随之以俱化也。⑦

① 林希逸著，周启成校注：《庄子鬳斋口义校注》，中华书局1997年版，第45页。

② 罗勉道：《南华真经循本》卷3《齐物论》，李波点校，中华书局2016年版，第47页。

③ 释德清：《庄子内篇注》，黄曙辉点校，华东师范大学出版社2009年版，第60页。

④ 王夫之：《庄子解》卷2《齐物论》，王孝鱼点校，中华书局2009年版，第103页。

⑤ 陆树芝：《庄子雪》，张京华点校，华东师范大学出版社2011年版，第34页。

⑥ 陈鼓应：《庄子今注今译》，中华书局2009年版，第102页。

⑦ 刘武：《庄子集解内篇补正》，中华书局1987年版，第73~74页。

《齐物论》为庄子自著，外篇《天道》的作者不得而知。不可用《天道》之“物化”强释《齐物论》之“物化”，因为《天道》作者对“物化”的理解与庄子首创的“物化”概念有出入。

刘武先生以“命物之化”解释“物化”，其实“物化”与“物之化”不同。《德充符》：“命物之化而守其宗也。”① “命物之化”，即明“物之化”。“物之化”可指物的衰亡，与“物化”有别。身体之消亡，庄子的哲学术语是“形化”而非“物化”。明“物之化”而“守其宗”，则心未尝化，所谓“形化”而“心不化”。

将《齐物论》“物化”误读为死亡，这种解释来源甚早。外篇《天道》的作者已将“物化”与死亡联系起来，《天道》“知天乐者，其生也天行，其死也物化”②。外篇《刻意》亦有相似表述，“圣人之生也天行，其死也物化”③。距离庄子所处时代不远的早期读者已经对《齐物论》“物化”概念的本义及其背后的哲学架构产生了误解，进而影响了后代学人对此概念的理解，故而作出了偏离庄子原意的阐发。

（6）物化：化为物。

曹礎基《庄子浅注》：“物化，化为物。指大道时而化为庄周，时而化为胡蝶。”④ 将“物化”理解为“化为物”，有过分简单化的倾向。

（7）物化、死亡与转生。

日本学者池田知久《道家思想的新研究：以〈庄子〉为中心》：

> 据这段文字，所谓“物化”，从作为道家理想的“知天乐者”的立场来说，就是客观地解释人的死的词语，与人的价值观或感情、智慧、作为等完全没有关系，也就是“物”即存在者一般发生的某种变化的意思。……无论如何，在《庄子》最初出现的“物化”，被认为是与人死这一现象密切联系起来的，是针对这一现象（人死），而存在者普遍发生变化的意义上的词语。……这段文字里的“物化”也和上面所见的同样地是指庄周这个人的死就是“物化”，即将其解释为存在者一般地发生某种变化的词语。为了行论⑤方便，先提出结论的话，这一所谓的某种变化就是指，庄周这个人的死并不是就那样地归于空无了，而是在死后变成为胡蝶这样的“物”又再生了；而且，胡蝶的死没有就那样地归于空无，而是在死后变成庄周而再生，就是这种内容的转生。……所谓“物化”，就是发生“物”的死与转生这一变化的意思，不外是指包括人在内的所有的“物”作为其“物”通过经历死，不久又变成他“物”而

① 郭象注，成玄英疏：《南华真经注疏》卷2《德充符》，曹礎基、黄兰发点校，中华书局1998年版，第112页。

② 郭象注，成玄英疏：《南华真经注疏》卷5《天道》，曹礎基、黄兰发点校，中华书局1998年版，第267页。

③ 郭象注，成玄英疏：《南华真经注疏》卷6《刻意》，曹礎基、黄兰发点校，中华书局1998年版，第315页。

④ 曹礎基：《庄子浅注》（修订重排本），中华书局2007年版，第33页。

⑤ 译文作“行论方便”，“论”或当作“文”。

转生下去。①

池田知久先生认为“（物化）就是客观地解释人的死的词语”，但《齐物论》此章完全没有涉及死亡，相反，换一个视角看，我们甚至可以视“物化”为物之起始阶段。《齐物论》文本所呈现的是庄周梦为蝴蝶，并没有说蝴蝶死后变成庄周。所谓“转生”是池田知久先生自己的创发，其思想来源与古人将《齐物论》“物化”理解为死亡有关，而“转生”则是更进一步的发挥，与《齐物论》“物化”原意相去甚远。

（8）物化：以无我为枢，而以物化为环。

钟泰《庄子发微》：“‘物化’者，丧我之功之所致也。以无我为枢，而以物化为环，应之所以能无穷也。”② 在钟泰先生看来，“物化”并非消极的，“物化”具有超越性，随之“物化”，应之无穷。

（9）英国翟理斯（Herbert Allen Giles）译为“The transition is called Metempsychosis”③。翟理斯将“物化”翻译为“metempsychosis”，“指的是（死后）灵魂进入（某躯体）的变化，也就是所谓‘转生’”④，这是基于古希腊文化的一种创作性翻译，与“物化”本义有别。

二、《齐物论》“物化”思想新诠

《庄子·齐物论》：

> 昔者庄周梦为胡蝶，栩栩然胡蝶也，自喻适志与！不知周也。俄然觉，则蘧蘧然周也。不知周之梦为胡蝶与？胡蝶之梦为周与？周与胡蝶则必有分矣，此之谓物化。⑤

往昔，庄周梦为蝴蝶，轻盈飞舞，欢愉适志，梦中不知有庄周。顷刻醒觉，惊惧视之，此身原为庄周。不知是庄周梦为蝴蝶？还是蝴蝶梦为庄周？庄周与蝴蝶必有分别，此谓“物化”。

“庄周梦蝶”章可分为四小节：

（1）“昔者庄周梦为胡蝶，栩栩然胡蝶也，自喻适志与！不知周也。”此第一节，庄周梦为蝴蝶，身为蝴蝶而不知周。

（2）“俄然觉，则蘧蘧然周也。”此第二节，庄周觉，自知此身为周。

---

① ［日］池田知久：《道家思想的新研究：以〈庄子〉为中心》，王启发、曹峰译，中州古籍出版社 2009 年版，第 266~269 页。

② 钟泰：《庄子发微》，上海古籍出版社 2002 年版，第 62~63 页。

③ *Chuang Tzu*, Trans, Herbert A. Giles, London: Bernard Quaritch, 1889, p. 32.

④ 任继泽：《“物化”与 Metempsychosis——论翟理斯对“庄周梦蝶”的误读》，《东方翻译》2016 年第 1 期，第 52 页。

⑤ 郭象注，成玄英疏：《南华真经注疏》卷 1《齐物论》，曹礎基、黄兰发点校，中华书局 1998 年版，第 58 页。

（3）“不知周之梦为胡蝶与？胡蝶之梦为周与？”此第三节，说梦、觉有别，但有时又难于区分。梦是人类的意识活动，蝴蝶是否做梦？或者蝴蝶做梦的机制与人类有何不同？目前难以尽知。我们假设蝴蝶没有此功能，即不能做人类所能够做的梦，那么，“胡蝶梦为周”必然也是梦，即庄周梦为蝴蝶之蝴蝶又梦为庄周，梦之中又有梦，故梦中之梦的醒觉非真觉，仍是梦。《齐物论》云：“方其梦也，不知其梦也。梦之中又占其梦焉，觉而后知其梦也。”当然，读《庄子》文亦不必过分拘执，若不凿实看待，理解为隐喻亦可。人处迷梦之中何从得知自家本来面目，陷溺深者，自以其感官、意识、理智为据，以梦为觉，不知有小梦小觉、大梦大觉之别。人的明觉生存状态实在难得，定处其中则难之又难。此节为我、物相疑阶段，“不知周之梦为胡蝶与？胡蝶之梦为周与？”隐含着认知主体的不确定，认知主体通过否定表露出可能的肯定。进一步讲，庄子意欲传达的是主体的消解。此节表述了认知活动的有限性和相对性，同时，肯定了不可知。

（4）“周与胡蝶则必有分矣，此之谓物化。”此第四节，我与物相疑则必相辨，此说庄周与蝴蝶必有区别。

分析此章文本，我们有以下初步意见：第一，人对世界的认知局限于人的认知能力和认知范围。人类无法代替蝴蝶认知世界，即便此身幻化为蝴蝶，此心还是庄周之心。第二，庄周梦为蝴蝶也只是处于“暂忘”的生存状态。第三，庄周是主体，不免于主体的生存焦虑，而梦为蝴蝶的庄周，主体暂时消解了，主体的消解意味着固有认知的暂停，意识的隐遁。第四，主体的消解不同于自我的迷失，自我的迷失源于私利的陷溺，恰恰是我执的体现，用佛教的用语，主体的消解即勘破我执。第五，说人处大梦中，不能全当虚语，只是人不愿承认罢了。人是观念的产物，人又生产观念，观念之幻化不正如梦幻般吗。第六，物与物难相知。庄周与蝴蝶究竟不能相知。吕惠卿《庄子义集校》：“一身之变易，且犹不自知，则物之化而异形而能相知乎？言此者，以明物物之不相知，不相知则各归其根矣。”①

基于庄子《齐物论》，我们对“物化”思想做一番新的阐发：

（1）物化：“自然”分化而成物。

《齐物论》“周与胡蝶则必有分矣，此之谓物化”，庄子“物化”之意，即“自然”分化而成物。我们对此定义作四点解释。

第一，“物化”则有分定。“不知周之梦为胡蝶与？胡蝶之梦为周与？”庄周梦为蝴蝶抑或蝴蝶梦为庄周，不能确知，但可以肯定的是，蝴蝶与庄周必有分别，这是“物化”概念的核心。郭象《庄子注》：“今所以自喻适志，由其分定，非由无分也。”② 郭象早已强调了各有“分定”，不过为后来学者所忽略。有分则有成，故有“物化”，有成则有毁，故有“形化”，成与毁复通为一。《齐物论》云：“其分也，成也；其成也，毁也。凡物无成与毁，复通为一。唯达者知通为一，为是不用而寓诸庸。”③

---

① 吕惠卿：《庄子义集校》卷1《齐物论》，汤君集校，中华书局2009年版，第53页。

② 郭象注，成玄英疏：《南华真经注疏》卷1《齐物论》，曹礎基、黄兰发点校，中华书局1998年版，第58页。

③ 郭象注，成玄英疏：《南华真经注疏》卷1《齐物论》，曹礎基、黄兰发点校，中华书局1998年版，第37页。

第二，“物化”，“自然”而然，非人为造作。凡人之有为造作与“物化”无关，非但无关，更是一种干扰。人为之事，不免无私，因其有私，则不能顺物之情。此“情”字兼具“实”义，即不能顺应事物本有的发展规律和生命情态。《应帝王》：“汝游心于淡，合气于漠，顺物自然而无容私焉，而天下治矣。”① 这是“顺物自然”具有的功用。“自然”可理解为规律的运转，“物化”不过是“自然”运转的一环，是合于“真”的。杂篇《渔父》云：“真者，所以受于天也，自然不可易也。故圣人法天贵真，不拘于俗。”

第三，庄子的“自然”观念不同于“自然界”。“自然”非指物质世界，与今之“自然界”不同。所谓“自然”，郭象《庄子注》云：“自然耳，不为也，此逍遥之大意。”②又云：“不悦而自存，不为而自生也。”③ 郭象强调“不为”，即“自然”是摒私的，合乎规律的，“自然”就是最高的“真”。成玄英为郭象《庄子注》作疏，对庄子、郭象的“自然”观念已经产生了误解，其疏云：“天地者，万物之总名。万物者，自然之别称。”④ 其将“自然”等同于“万物”，此说与今之“自然界”相仿，非庄子、郭象本意。

第四，不可拘执于人的视角观看、评判“自然”。外篇《秋水》：“以趣观之，因其所然而然之，则万物莫不然；因其所非而非之，则万物莫不非。知尧桀之自然而相非，则趣操睹矣。”⑤《秋水》篇或非庄子所作，然其对“自然”的理解还是恰当的。“自然”的趋向不因人的“观看”而改变，“自然”是规律自全的。郭象《庄子注》云：“物各自然，不知所以然而然，则形虽弥异，其然弥同也。”⑥

（2）物化、形化与心斋。

《齐物论》中与“物化”密切相关的概念还有“形化”。“物化”“形化”有别。《齐物论》：

> 一受其成形，不亡以待尽。与物相刃相靡，其行尽如驰而莫之能止，不亦悲乎！终身役役而不见其成功，苶然疲役而不知其所归，可不哀邪！人谓之不死，奚益！其形化，其心与之然，可不谓大哀乎?⑦

此文中，形与心相对，“其形化，其心与之然”，形与心俱化，庄子谓之“大哀”。此

① 郭象注，成玄英疏：《南华真经注疏》卷3《应帝王》，曹礎基、黄兰发点校，中华书局1998年版，第172页。

② 郭象注，成玄英疏：《南华真经注疏》卷1《逍遥游》，曹礎基、黄兰发点校，中华书局1998年版，第4页。

③ 郭象注，成玄英疏：《南华真经注疏》卷2《齐物论》，曹礎基、黄兰发点校，中华书局1998年版，第29页。

④ 郭象注，成玄英疏：《南华真经注疏》卷1《逍遥游》，曹礎基、黄兰发点校，中华书局1998年版，第9页。

⑤ 郭象注，成玄英疏：《南华真经注疏》卷6《秋水》，曹礎基、黄兰发点校，中华书局1998年版，第336页。

⑥ 郭象注，成玄英疏：《南华真经注疏》卷2《齐物论》，曹礎基、黄兰发点校，中华书局1998年版，第28页。

⑦ 郭象注，成玄英疏：《南华真经注疏》卷2《齐物论》，曹礎基、黄兰发点校，中华书局1998年版，第30~31页。

处的形可理解为身体，形必有待，身体的生存必然有待于外在世界，是非独立和不自由的，而这样一种生存模式几乎是命定的，"一受其成形，不亡以待尽"，庄子以之为悲。两相对比，"物化"与"形化"的区别就很明显了。"形化"是物质层面的，作用在"成形"之后，而"物化"的作用在"成形"以前，"物化"是前定的、"自然"的，"形化"往往离不了人为造作。"物化"成形之后而有"形化"，"形化"而不知止归是哀，形与心俱化则是"大哀"。《田子方》云："夫哀莫大于心死，而人死亦次之。"① 此语即是对《齐物论》此章的仿写，人死即"形化"，心死即"心化"，故云"哀莫大于心死"。注意《齐物论》悲、哀的区别。"一受其成形，不亡以待尽"，这是悲，悲是前定的，是不可改更的。"苶然疲役而不知其所归""其形化，其心与之然"，这是哀，哀是自取的，主体是要负责任的。依据庄子的哲学，人投身世界，"物化"已然发生，在生存世界中，避免不了"形化"，但"心化"则是可避免的，其根本在于"用心"，在于"守宗"②。"用心"是贯穿《庄子》内篇的核心要义。《德充符》中庄子设定的"从之游者与仲尼相若"的王骀，其与庸人的不同正在"用心"。《德充符》："常季曰：'彼兀者也，而王先生，其与庸亦远矣。若然者，其用心也，独若之何？'"③ "至人""真人"与"庸人"的"用心"有何不同呢？《应帝王》云："至人之用心若镜，不将不迎，应而不藏，故能胜物而不伤。"④ "至人"用心如镜，故能如实映照世界，而又顺应世界本有的规律，据被动以顺应，不急于主动而妄为，故能应物无穷。主动有为者，看似积极主动，实则未能洞悉世界真相而妄想妄为，与生存世界的本有规律相悖，又因贪欲妄想昏惑心智，更不能"用心若镜"，故处颠倒梦想之中而不知止归，致于心形俱化，故谓之"大哀"。"形化"，常人不可避免，但"心化"则可免之，《大宗师》云"彼有骇形而无损心"。如何避免"心化"，当求之"心斋"。

《人间世》：

> 回曰："敢问心斋。"仲尼曰："若一志，无听之以耳而听之以心，无听之以心而听之以气。听止于耳⑤，心止于符。气也者，虚而待物者也。唯道集虚。虚者，心斋也。"⑥

---

① 郭象注，成玄英疏：《南华真经注疏》卷7《田子方》，曹础基、黄兰发点校，中华书局1998年版，第406页。

② "若然者，其用心也，独若之何？"仲尼曰："死生亦大矣，而不得与之变；虽天地覆坠，亦将不与之遗；审乎无假而不与物迁，命物之化而守其宗也。"见郭象注，成玄英疏：《南华真经注疏》卷2《德充符》，曹础基、黄兰发点校，中华书局1998年版，第111~112页。

③ 郭象注，成玄英疏：《南华真经注疏》卷2《德充符》，曹础基、黄兰发点校，中华书局1998年版，第111页。

④ 郭象注，成玄英疏：《南华真经注疏》卷3《应帝王》，曹础基、黄兰发点校，中华书局1998年版，第178页。

⑤ 经文或有误倒，当作"耳止于听"。参俞樾：《诸子平议》卷17《庄子》，中华书局1954年版，第332页。

⑥ 郭象注，成玄英疏：《南华真经注疏》卷3《应帝王》，曹础基、黄兰发点校，中华书局1998年版，第82页。

“若一志”，若训“你”，指颜回。“一志”，即志一。“心之所之谓之志。”① “若一志”，即你当用心专一。“无听之以耳而听之以心，无听之以心而听之以气”，即是说当用心于一而超越感官限制。“耳止于听，心止于符”，所听如其所是，心与境相符。“心斋”的前提是用心不二，“心斋”的法门是“集虚”。庄子哲学的“虚”不同于西方现代哲学的“虚无”，“虚”是一个中性概念，非积极亦非消极。“心斋”的生命情态是主动与被动的统一。被动表现在“虚而待物”，顺应物。“不将不迎”，将训去，迎训来，不来不去。主动表现在“一志”“集虚”，如不能用心于一，何能“心斋”？因为达到了主动和被动的统一，主体和客体的消融，所以有“坐忘”的生命状态。

“虚而待物”能够消解人所处的“欲蔽态”。“欲蔽态”指常人受欲望牵引而被蒙蔽，从而陷溺于一种自封的生存状态。人处“欲蔽态”中，欲望是切实的，但所欲求之物有时却是虚飘的，陷溺在“欲蔽态”中的主体对欲求之物已丧失了正常、切实的连接，致使欲蔽的主体对所欲求之物产生了迫切的幻象，从而使此物蒙上了一层欲望的灰纱而与真切的生存态脱离。物不再如其所是，物也不再处于“四重整体”②（das Geviert）之中，物开始变得虚幻。这种“欲蔽态”必然带来主体的焦虑，而所欲求之物则处在虚假关联中不断变幻，进而持续强化主体的欲求，因而愚顽的我执渐渐固化，固化的我执则继续沉沦于“欲蔽态”中，如此颠倒梦想，循环不息，至死方休，心、形俱化，庄子谓之“大哀”。

（3）心斋与主体的消融。

“心斋”能破除“欲蔽态”，勘破我执，消解自我迷恋带来的主体焦虑。“心斋”不仅能消除主体的焦虑，而且能带来主体的消融，故《齐物论》云：“不知周之梦为胡蝶与？胡蝶之梦为周与？”

万物源自一体，本无分别。上文已述，“物化”的定义是“自然”分化而成物。既已成物，庄子又认为万物本一体，所谓一体而分别存在。庄子肯定世界的实存，这一点与佛教有根本不同。蝴蝶自是蝴蝶，庄周自是庄周，蝴蝶和庄周有分别，庄子不会将二者视为“空”。二者虽有分别，却出自一体。

当庄周梦为蝴蝶时，已经消解掉了身体层面的我，庄周的身体变成了蝴蝶的身体，其感知觉能力的神经机制发生了变化，其情绪和记忆出现了再造现象③，但梦为蝴蝶的主体还是庄周，没有变。当庄周不知道是自己变成了蝴蝶还是蝴蝶变成了庄周的时候，主体也开始动摇了，但自我还是没有完全弃掉，只有达到庄子指谓的“真人”境界，自我才完全消融而与万物合为一体。《大宗师》：“古之真人……登高不慄，入水不濡，入火不热，是知之能登假于道者也若此。……古之真人，不知说生，不知恶死。其出不䜣，其入不距。翛然而往，翛然而来而已矣。不忘其所始，不求其所终。受而喜之，忘而复之。是之

① 朱熹：《四书章句集注》，中华书局1983年版，第54页。

② ［德］海德格尔：《物》，孙周兴编：《海德格尔选集》（下），孙周兴译，上海三联书店1996年版，第1178页。

③ 郑晶、陶嵘：《做梦的认知神经理论及机制》，《中国临床心理学杂志》2016年第6期，第1001~1005页。

谓不以心捐道，不以人助天，是之谓真人。”① 依庄子的描摹，“真人”已摆脱了人之为人的一切羁绊，故能“登假于道”。

方东美《原始儒家道家哲学》：

> 还有一种我，叫真实的自我，庄子名之曰：“真君。”所谓的真君，拿近代的哲学名词来说，可以叫做心灵的普遍位格（universal persons of mind），或者是像德国黑格尔（Hegel）所谓“普遍的心灵”（universal mind），或者是叫做绝对心灵（absolute mind）。这一种精神状态在宇宙里面，不是仅仅陷于主观，而是通乎主体之际的（intersubjective）。这种精神状态是人人可得而体验的，当人们体验或论及此种普遍精神时，一切宇宙万象、宇宙万物都是在此普遍精神里面。也就是说透过普遍精神将宇宙万象、万物显现出来。此种真实的自我便是一种通乎主体之际的心灵（intersubjective mind）。假使人人都可以分享这个共有的精神，一切偏私、一切骄愤、一切主观，便可一一化除掉。②

其实，人若长久备具了“通乎主体之际的心灵”，就不必再称“自我”了，也就无所谓“真实的自我”。庄子所谓“真人”和方东美先生称谓的“真实的自我”是不同的。庄子谓“至人无己”，则必备具“通乎主体之际的心灵”，应当有遍察、遍感的能力，其心通乎宇宙，游乎四海之外。

三、结　　语

庄子“物化”思想不同于马克思、卢卡奇的“物化理论”，不关乎经济活动、生产关系、劳动。庄子所说“物化”是“自然”的，无关人事。“物化”非“物之化”，亦与“形化”有别。对《齐物论》“物化”概念的理解一直存在分歧，早在《庄子》外杂篇、《淮南子》中就存在不同的诠释。“物化”本是中性概念，表述的是客观事实，没有特殊的感情色彩，不消极亦非积极，但在此概念的演进中，“物化”越来越倾向于表达某种消极的情感，变成某种悲观的陈述，这样，“物化”概念就显得有些虚弱和过度情绪化，甚而表现出厌世情绪。外篇《天地》郭象注云：“其生也天行，其死也物化。故云‘厌世而上仙’也。”③ 此将“物化”与“厌世”联系起来，视“物化”为无奈的悲哀，亦颇符合现代人对“物化”的理解和使用。笔者以为“物化”即“自然”分化而成物，“物化”权属“自然”，万物源自一体，本无分别，“物化”者，一体而分别存在。

（作者单位：华中师范大学历史文化学院、武汉大学历史学院）

---

① 郭象注，成玄英疏：《南华真经注疏》卷 3《大宗师》，曹礎基、黄兰发点校，中华书局 1998 年版，第 136~137 页。

② 方东美：《原始儒家道家哲学》，中华书局 2012 年版，第 243~244 页。

③ 郭象注，成玄英疏：《南华真经注疏》卷 5《天地》，曹礎基、黄兰发点校，中华书局 1998 年版，第 241 页。

论《广弘明集》中姚兴的佛学思想*

□ 张重洲

【摘要】后秦国主姚兴与佛教的关系密切，现存《广弘明集》一书中有多篇文章记载了其佛学思想。姚兴迎接鸠摩罗什入主长安，给予罗什极高的礼遇并大力推动译经弘法，然而姚兴本人的般若佛学思想却并非源于鸠摩罗什。虽然姚兴本人高度认可中观派思想，但与鸠摩罗什在“三世”“圣人”等问题上仍存在着分歧。姚兴在现实施政中，试图通过建构制度来调和法理与现实之间的矛盾，采取了吸纳僧俗人才、罢道还俗辅政、建立僧官制度等多种措施，通过将佛法和现实制度相结合来不断加强王权。《广弘明集》中的众多记载正是其思想的真实体现。

【关键词】姚兴；佛教；广弘明集

姚兴是十六国乃至中国历史上少数通晓佛学的帝王。唐代僧人道宣所著的《广弘明集》一书中存有与秦主姚兴相关的六篇文章，即《通三世论》《通三世》《通不住法般若》《通圣人放大光明普照十方》《通一切诸法空》《答安成侯姚嵩》，这六篇文章在文风志气、典故运用、骈散相融等方面达到了相当的高度。文章体现了姚兴的个人信仰和佛学修为，更集中反映了姚兴本人的佛学思想，以及迎接鸠摩罗什以后佛学思想的转变。长期以来，学术界对于后秦佛教史的研究多集中于罗什在长安的译经活动、姚兴与罗什的交往、后秦国内的政教关系等议题。关于执政者姚兴的佛学思想来源，两人之间对于佛法理解是否存在差异，特别是姚兴现实表现的法理依据等问题涉及较少，目前仅有杜斗城先生对《通三世》等单篇文章有过探讨。因此，本文拟在前人基础上对上述问题作进一步考察。

一、姚兴佛学思想的来源之辨

十六国时期，尊崇佛教和迎奉高僧大德是当时流行的社会风气。前秦苻坚定都长安之

* 本文为中国博士后科学基金第72批面上资助（2022M721899）阶段性成果。

时，佛教已然得到了广泛传播。太元三年（378），前秦军队攻陷襄阳后将高僧道安迎至长安。虽然前秦政权短促而亡，但以道安为首的长安僧团逐渐成了全国佛教的中心。彼时鸠摩罗什出生的龟兹国地处西域南道，本身为信仰小乘的国家。罗什少年到达罽宾国跟随槃头达多学习，自然罗什的佛教观出自小乘佛教中的说一切有部，其佛教知识也来自对说一切有部典籍的学习。早在龟兹出家学习时期，鸠摩罗什已经“才明博识，独步当时……名播诸国，远近师之”①。后来在疏勒国接触大乘经典后，罗什又逐渐转向了大乘信仰，正是这种转向使其在中原地区获得了极高的声望。“什既道流西域，名被东川”②说明罗什的学识已经获得了中原佛教界的认可。《高僧传》记载：

安先闻罗什在西国，思共讲析，每劝坚取之。什亦远闻安风，谓是东方圣人，恒遥而礼之。初安生而便左臂有一皮，广寸许着臂，捋可得上下之，唯不得出手。又肘外有方肉，上有通文，时人谓之为印手菩萨。安终后十六年，什公方至，什恨不相见，悲恨无极。安既笃好经典，志在宣法，所请外国沙门僧伽提婆、昙摩难提及僧伽跋澄等，译出众经百余万言。③

道安作为长安僧团的领袖，为何要迎接和接纳“东方圣人”鸠摩罗什？不仅是因为道安本人积极接受西来的佛学经典和思想，实际上道安晚年的长安佛教僧团陷入了发展困境。冢本善隆指出，长安佛教界乃至整个中国佛教界都需要一位正确理解大乘经义，并能批判导正小乘阿毗昙教义的佛学大师之莅临。④ 鸠摩罗什作为大、小二乘兼通的代表，不但能够正确掌握大乘般若经义，还能够批判小乘的般若空义。这就预示了其进入长安的必然性和可被接纳性，也是罗什能够入主长安并领导长安僧团的根本原因之一。此外，前秦苻坚为了迎奉高僧道安曾发动了襄阳之战，姚苌建立后秦并延续了前秦时期推崇佛教的政策，这也成了姚兴迎请鸠摩罗什的缘起。姚兴为了迎接罗什遣姚硕德西征后凉，“姚兴遣姚硕德西伐，破吕隆，乃迎罗什”⑤，并且专门在长安营造了“永贵里”供其居住，“永贵里有波若台。起造浮图于永贵里，立波若台，居中作须弥山，四面有崇岩峻壁，珍禽异兽，林草精奇，仙人佛像具有，人所未闻，皆以为稀奇”⑥，可见永贵里正是仿造佛国世界中的须弥山而建，环境极尽奢华。

弘始七年（405）正月，后秦国主姚兴下诏拜鸠摩罗什为国师，位同三公。世俗政权设立国师并非后秦政权的特例，与后秦同时期的西秦政权中也设立有国师一职，炳灵寺169窟第6龛西秦壁画中绘于建弘元年（420）的《昙摩毗供养人像》。造像铭文下方绘两排供养人并有墨书题名，分别为“护国大禅师昙摩毗之像”和“必丘道融之像”。《高僧传》记载：“佛炽槃跨有陇西，西接凉土。有外国禅师昙无毗来入其国，领徒立众，训以

① （南朝梁）释慧皎：《高僧传·鸠摩罗什传》，中华书局1992年版，第46页。

② （南朝梁）释慧皎：《高僧传·鸠摩罗什传》，中华书局1992年版，第49页。

③ （南朝梁）释慧皎：《高僧传·释道安传》，中华书局1992年版，第184页。

④ ［日］冢本善隆：《肇论研究》，法藏馆1954年版，第127页。

⑤ 《晋书·鸠摩罗什传》，中华书局1974年版，第2501页。

⑥ （宋）宋敏求：《长安志·姚兴》，三秦出版社2013年版，第225页。

禅道”①，两相比对证明了昙摩毗的国师身份。姚兴在世俗层面给予了鸠摩罗什丰厚的待遇和崇高的地位，表明了对罗什的礼遇。实际上，姚兴更为看重罗什在佛学上的造诣及其所能带来的宗教影响，故而两人间的往来多体现在以佛事为中心的交往活动中。

姚兴作为一个佛教徒，不但通晓摩诃衍义和阿毗昙义，日常还能够讲论经籍，却也不免经常会遇到众多佛法方面的困惑。鸠摩罗什不仅要为其解答佛法义理，“秦王兴以鸠摩罗什为国师，奉之如神，亲帅群臣及沙门听罗什讲佛经”②，还要向王室讲授佛经及传授佛法。姚兴还格外重视译经工作，借国家力量协助罗什教团翻译龙树系的大乘经论，“待以国师之礼，仍使入西明阁及逍遥园，译出众经”③。后秦弘始三年（401）起，姚兴将鸠摩罗什安排在长安的西明阁和逍遥园中，将此两处作为其专门的译经场所。《晋书》记载：

> 兴如逍遥园，引诸沙门于澄玄堂，听鸠摩罗什演说佛经。罗什通辩夏言，寻览旧经，多有乖谬，不与胡本相应。兴与罗什及沙门僧略、僧迁、道树、僧叡、道坦、僧肇、昙顺等八百余人更出《大品》，罗什持胡本，兴执旧经，以相考校。其新文异旧者，皆会于理义。续出诸经并诸论三百余卷。今之新经，皆罗什所译。兴既托意于佛道，公卿已下，莫不钦附，沙门自远而至者五千余人。起浮图于永贵里，立波若台于中宫，沙门坐禅者恒有千数，州郡化之，事佛者十室而九矣。④

鸠摩罗什在弟子的帮助下共译经 35 部 294 卷，与正史中“又命罗什翻译西域经、论三百余卷”⑤ 的记载大致相同。其译笔忠于原文且圆通流畅，纠正了不少译经之误。同时，所译经典多为龙树系的大乘经论，如罗什曾翻译出《佛藏经》四卷，此经又称《奉入龙华经》或《选择诸法经》。鸠摩罗什译为十品，包括诸法实相品、念佛品、念法品、念僧品、净戒品、净法品、往古品、净见品、了戒品、嘱累品等，经中论述了“诸法之无生、无灭、无相、无为”⑥ 的思想，这些都是典型的大乘般若经典。在后秦僧俗两界的共同推动下，“大营塔寺，沙门坐禅者常以千数。公卿以下皆奉佛，由是州郡化之，事佛者十室而九”⑦，国家内部信仰佛教之风盛行，信徒人数也不断增多。

当我们梳理姚兴个人佛教观的形成路径，经常会产生一个误区，即鸠摩罗什作为道安极力推崇之人，日后也受到了后秦政权的供奉，据此认为姚兴佛学思想的来源和佛教观念的形成均源于鸠摩罗什。实际上，姚兴的佛教观早在居于长安之时就已经形成，甚至姚兴降号称“天王”（399）的举动也都发生在迎接鸠摩罗什（401）之前。道安未进入长安之前“安在樊沔十五载，每岁常再遍讲放光经，未尝废阙”⑧，获得来自凉州的《光赞般

---

① （南朝梁）释慧皎：《高僧传·释玄高传》，中华书局 1992 年版，第 410 页。
② 《资治通鉴》卷 114“义熙元年正月”条，中华书局 1956 年版，第 3579 页。
③ 《晋书·鸠摩罗什传》，中华书局 1974 年版，第 2501 页。
④ 《晋书·姚兴载记》，中华书局 1974 年版，第 2984~2985 页。
⑤ 《资治通鉴》卷 114“义熙元年正月”条，中华书局 1956 年版，第 3579 页。
⑥ 《大正新修大藏经》第 15 册，大正一切经刊行会 1924—1934 年版，第 783 页。
⑦ 《资治通鉴》卷 114“义熙元年正月”条，中华书局 1956 年版，第 3579 页。
⑧ （南朝齐）释僧祐：《出三藏记集·道安法师传》，中华书局 1995 年版，第 563 页。

若》后“以晋太元元年五月二十四日乃达襄阳。寻之玩之，欣有所益，辄记其所长，为略解如左。般若波罗蜜者，成无上正。真道之根也”①，更是大为弘传此经。而少年时期的姚兴在长安正担任太子舍人一职，他对于大乘般若的学习、接受均来源于道安一系。后世史籍记载姚兴“少崇三宝、锐志讲集”，也证明了他在迎接罗什之前已经具有了相当的佛学修为，甚至有独立讲经说法的能力。在姚兴的著述中均以“通”字开头，表明通晓懂得之意。因此，姚兴与鸠摩罗什在讲经、译经等佛教活动中虽然有过长期的交流和接触，但他本人最初对于般若思想的来源、接受却并非源于鸠摩罗什。

根据《高僧传》的记载：“兴以佛道冲邃，其行为善，信为出苦之良津，御世之洪则。故托意九经，游心十二，乃著通三世论，以勖示因果，王公已下，并钦赞厥风”②，可见姚兴并非只学习小乘思想，“托意九经，游心十二”体现出他对佛教的大、小乘典籍均有涉猎。鸠摩罗什到达长安后，姚兴在《通三世论》中所提出的“其理常在”，明显是坚持说一切有部“三世实有，法体恒有”的思想。同时，姚兴还参与译经、编律、撰论的工作，“什持胡本，兴执旧经，以相雠校。其新文异旧者，义皆圆通，众心惬服，莫不欣赞焉”③。他亲自考究了诸多译本之间的差异，寻找对于佛法的理解和认识。据此可知，姚兴的基本佛学观在鸠摩罗什到达之前就已形成，但其主要佛学思想仍源于道安、鸠摩罗什一系相承的中国式“般若学”，其日后推动翻译的经典也主要为般若大乘经典。我们不禁要追问，姚兴在《广弘明集》中所记载的文章中体现出何种般若思想，与鸠摩罗什的认识有何种区别，又是否与现实政治之间存在矛盾和冲突?

二、姚兴佛学思想中的争论与冲突

姚兴在鸠摩罗什入主长安后曾多次向其学习请教，姚兴所著《通三世论》向罗什请教问道，由此便产生了“三世”问题。三世又称三际，《集异门论》云：“三世者，谓过去世、未来世、现在世。”④ 汉晋时期对“三世”的争论是佛学界的热点问题，安世高传中就记载“远近闻知，莫不悲叹，明三世之有征也”⑤。姚兴关于“三世”的认识集中体现在《通三世》和《通三世论》两篇文章之中，其中后者是姚兴与鸠摩罗什之间的信件交流，内容如下：

> 曾问诸法师，明三世或有或无，莫适所定。此亦是大法中一段处所，而有无不判，情每慨之。是以忽疏野怀，聊试孟浪言之。诚知知孟浪之言，不足以会理，然胸襟之中，欲有少许意，了不能默已，辄疏条相呈，匠者可为折衷。余以为，三世一统，循环为用，过去虽灭，其理常在。所以在者，非如阿毗昙注言五阴块然。喻若足之履地，真足虽往，厥迹犹存，常来如火之在木。木中欲言有火耶？视之不可见。欲

① （南朝齐）释僧祐：《出三藏记集·合放光光赞略解序》，中华书局 1995 年版，第 266 页。
② （南朝梁）释慧皎：《高僧传·鸠摩罗什传》，中华书局 1992 年版，第 52 页。
③ （南朝齐）释僧祐：《出三藏记集·鸠摩罗什传》，中华书局 1995 年版，第 534 页。
④ 《大正新修大藏经》第 26 册，大正一切经刊行会 1924—1934 年版，第 378 页。
⑤ （南朝齐）释僧祐：《出三藏记集·安世高传》，中华书局 1995 年版，第 510 页。

言无耶？缘合火出。经又云：圣人见三世。若其无也，圣无所见；若言有耶，则犯常嫌明。过去未来，虽无眼对，理恒相因。苟因理不绝，圣见三世，无所疑矣。①

三世思想被认为是“大法中一段处所”，主要是解释人生的因缘果报关系。姚兴在文中肯定了三世的思想并破斥阿毗昙之说，提出三世果报的核心在于“理”，借用“火之在木”来形容“三世”的存在。即证明过去世即前生，现在世即今生，未来世即来生的存在。过去、现在、未来三世不断轮回流转，特别是过去世、未来世虽眼不能见，但皆因其理常在，由此而确证因果报应之不虚。姚兴肯定三世的存在，强调以“理”为核心的体系，坚信“三世一统，循环为用”的往复循环理论，进而才能构建与解释自身统治的合法性问题。

鸠摩罗什的《答姚兴通三世论书》为回应姚兴所写的《通三世论》文章。开篇强调“雅论大通甚佳”②，首先肯定了姚兴所写一文中对于“三世”观念的正确认识和文章的书写水平。就现实主义的角度而言，鸠摩罗什作为遍习大、小乘之学的高僧大德，虽然他对姚兴的观点持有异议，却仍需要从大乘中观学派的经典中找到理论依据予以支持。鸠摩罗什在文中主张不要将“三世”的概念过于绝对化，过去世、未来世虽然是存在的，但不能说是“去来定无”。有、无只是相对的概念，既可以是“一切皆有”，亦可以是“一切皆无”，而不能说“定有”或“定无”。根据罗什所译《大智度论》所言“一切实，一切非实，及一切实非实，一切非实非不实，是名诸法之实相”③ 就可以解释，罗什是从“诸法实相”的角度出发，回避与消解了有、无的概念。无论是否承认“三世”的存在，都与般若学并不相冲突，故而总体上仍给予了高度评价和支持。此外，鸠摩罗什虽然不能完全认同姚兴的佛学思想，但在其所主持的译经事业中，如重译《般若经》《维摩诘所说经》等都是为了消除旧译中的弊病，重新构建中观学派指导下的般若经典。

除了坚持“三世实有”外，姚兴的另一个核心观点是“圣人实有”。这是因为以鸠摩罗什为代表的般若中观学认为“诸法非有非无”④ 和“诸法不可戏论”⑤，此种论断本身侧重于对一切法的消极说明，否认任何实体的存在，这就非常容易招致信仰者对佛教权威性乃至政权合法性的怀疑。《通三世》云：“众生历涉三世，其犹循环。过去未来，虽无眼对，其理常在。是以圣人寻往以知往，逆数以知来”⑥，他指出在三世之中唯有圣人能够了解过去与未来。姚兴在《答安成侯姚嵩》中继续论述：“是以圣人有无兼抱而不舍者，此之谓也。然诸家通第一义，廓然空寂，无有圣人。吾常以为殊太径廷，不近人情。若无圣人，知无者谁也？”⑦ 这种“有无兼抱”“玄通无涯”的论述，明显是引入了魏晋时期的玄学思想，与传统的般若中观学相悖。姚兴反对“廓然空寂，无有圣人”的小乘思想，坚持“圣人”的存在，并在后秦国内提倡儒佛并重，力图使两种思潮成为当时社

① 《大正新修大藏经》第 52 册，大正一切经刊行会 1924—1934 年版，第 228 页。
② 《大正新修大藏经》第 52 册，大正一切经刊行会 1924—1934 年版，第 228 页。
③ 《大正新修大藏经》第 25 册，大正一切经刊行会 1924—1934 年版，第 61 页。
④ 《大正新修大藏经》第 12 册，大正一切经刊行会 1924—1934 年版，第 516 页。
⑤ 《大正新修大藏经》第 25 册，大正一切经刊行会 1924—1934 年版，第 662 页。
⑥ 《大正新修大藏经》第 52 册，大正一切经刊行会 1924—1934 年版，第 228 页。
⑦ 《大正新修大藏经》第 52 册，大正一切经刊行会 1924—1934 年版，第 230 页。

会的主流。

关于如何有效地在社会中推行儒佛两教，姚兴认为应当施行“圣人之教”，《通不住法住般若》云：“众生之所以不阶道者，有着故也。是以圣人之教，恒以去着为事，故言以不住般若。虽复大圣玄鉴，应照无际，亦不可着，着亦成患。欲使行人忘彼我，遗所寄，泛若不系之舟，无所倚薄，则当于理矣”①，文章在强调“圣人之教”功用的同时，依旧坚持以般若思想为核心。面对如何施行“圣人之教”，《通圣人放大光明普照十方》中提出了具体的做法：“圣人之教，玄通无涯，致感多方。不可作一途求，不可以一理推，故应粗以粗应，细以细应，理固然矣”②，他认为众生根器有“粗”“细”之分，“粗”是指根器愚钝的众生，“细”是指根器敏捷的众生，面对根器不同的众生则应当施行不同的教化。

另外，后人对于《广弘明集》中姚兴的佛学思想也无法做到全面认识和解读，甚至对此产生了争论，如姚兴在《通一切诸法空》中提出：“大道者，以无为为宗，若其无为，复何所有耶?”③ 提出了自己对于“无为”的认识，后他在《答安成侯姚嵩》中具体阐释：

> 卿又问，明道之无为，为当同诸法之自空为妙空，无以成极耶？又引论中二谛之间，言意所不及，道之无为所寄耶？吾意以谓道止无为，未详所以宗也。何者？夫众生之所以流转生死者，皆着欲故也。若欲止于心，即不复生死，既不生死，潜神玄漠，与空合其体，是名涅槃耳。既曰涅槃，复何容有名于其间哉！夫道以无寄为宗，若求寄所在，恐乃惑之大者也。吾所明无为，不可为有者，意事如隐，寻求或当小难，今更重伸前义。卿所引中论，即吾义宗诸法。若不空则无二谛，若不有亦无二谛，此定明有无不相离。何者？若定言有，则无以拔高士；若定明无，则无以济常流。④

姚兴所论及的“无为”，与东晋高僧慧远《庐山出修行方便禅经统序》中“廓大象于未形而不无，无思无为而无不为”⑤ 的表述无二。僧肇师承鸠摩罗什，他在《肇论》的《涅槃无名论》一章中对“无为”进一步加以解释“无为者，取乎虚无寂寞，妙绝于有为”⑥，表明姚兴与佛家所说的“无为”都是强调释的“空无”。

然而，姚兴推崇的“无为法”也招致了批评。后世史官将姚兴宣称的“无为”错误地理解为无所作为，强调正是由于其大行无为法才导致国家短促而亡。《晋书·姚兴载记》中认为：“当有为之时，肆无为之业，丽衣腴食，殆将万数，析实谈空，靡然成俗，夫以汉朝殷广，犹鄙鸿都之费；况乎伪境日侵，宁堪永贵之役！储用殚竭，山林有统，政

① 《大正新修大藏经》第52册，大正一切经刊行会1924—1934年版，第228页。
② 《大正新修大藏经》第52册，大正一切经刊行会1924—1934年版，第228页。
③ 《大正新修大藏经》第52册，大正一切经刊行会1924—1934年版，第228页。
④ 《大正新修大藏经》第52册，大正一切经刊行会1924—1934年版，第229页。
⑤ 《大正新修大藏经》第55册，大正一切经刊行会1924—1934年版，第65页。
⑥ （东晋）僧肇著，张春波校释：《肇论校释》，中华书局2010年版，第180页。

荒威挫，职是之由，坐是沦胥，非天丧也。”① 撰修《晋书》的唐代史家秉持儒家的治国思想，相对《魏书》中有失偏颇的记载而言，已经相对客观公正。但站在统治阶级的立场上，《晋书》中仍然认为统治者在战乱年代不应过分推崇佛教，花费巨额财富捐施供养，而是应该积极投身有为的治国事业之中。道家中最先所崇尚的“无为”是与儒佛相通，可以为两家所接受。但两家对于“无为”的理解却存在差异，儒家强调人的“有为”，佛家强调释的“空无”。很明显，姚兴作为统治者所推行的佛学思想在伦理上与儒家相互对应，却在政治运作方面与传统的施政之道相互对立。因此，姚兴在现实施政中也在不断尝试处理与调和这一矛盾。

三、姚兴佛学思想的现实实践

姚兴执政之后注意吸纳及选拔各类人才，并在后秦国内大兴儒学。《晋书》云：“兴留心政事，包容广纳，一言之善，咸见礼异。……天水姜龛、东平淳于岐、冯翊郭高等皆耆儒硕德，经明行修，各门徒数百，教授长安，诸生自远而至者万数千人。兴每于听政之暇，引龛等于东堂，讲论道艺，错综名理。”② 他还会亲自讲论道艺，参与儒家典籍的讨论，使后秦境内“学者咸劝，儒风盛焉”。佛学人才同样是当时社会中具有较高知识水平的社会阶层，招揽佛教人才的活动自前秦末期已然开始，同书又云：“凉州胡辩，苻坚之末，东徙洛阳，讲授弟子千有余人，关中后进多赴之请业。”③ 而后“兴既托意于佛道，公卿已下莫不钦附，沙门自远而至者五千余人”④，说明姚兴自立国之初就开始招揽世俗人才和佛教人才，鸠摩罗什自然也属于其中之一，最终将大量人才聚集至后秦境内。

姚兴自身笃信佛教，佛陀跋陀罗传中称“时伪秦主姚兴专志经法，供养三千余僧，并往来宫阙，盛修人事”⑤，证明姚兴在宫廷内外供养了大量僧人。鸠摩罗什入主长安僧团后继续鼓励培养佛学人才，“兴与罗什及沙门僧略、僧迁、道树、僧叡、道坦、僧肇、昙顺等八百余人，更出《大品》”⑥。译经只是传播佛教的手段，通过译经带动研究和弘法，继而培养了大批本土人才，其弟子多有“关中四子”“八骏”“十哲”的美称。这些僧人成了日后传播佛法的中坚力量，同时也将罗什的佛学思想传布到全国，无疑成了后秦建立僧官制度的人才来源。《与桓、标二公劝罢道书》云：

> 卿等乐道体闲，服膺法门，皦然之操，实在可嘉。但朕君临四海，治急须才，方欲招肥遁于山林、搜陆沈于屠肆。况卿等周旋笃旧，朕所知尽。各挹干时之能，而潜独善之地，此岂朕求贤之至情，卿等兼弘之深趣邪？昔人有言：“国有骥而不乘，方惶惶而更索。”是之谓也。今敕尚书令显便夺卿等二乘之福心，由卿清名之容室，赞

① 《晋书·姚兴载记》，中华书局 1974 年版，第 3018 页。

② 《晋书·姚兴载记》，中华书局 1974 年版，第 2979 页。

③ 《晋书·姚兴载记》，中华书局 1974 年版，第 2979 页。

④ 《晋书·姚兴载记》，中华书局 1974 年版，第 2985 页。

⑤ （南朝齐）释僧祐：《出三藏记集·佛驮跋陀传》，中华书局 1995 年版，第 541 页。

⑥ 《晋书·姚兴载记》，中华书局 1974 年版，第 2984~2985 页。

时益世，岂不大哉？苟心存道味，宁系白黑，望体此怀，不可以守节为辞。①

姚兴表述了自己希望桓、标二人“以辅暗政”，可见他崇佛的根本目的在于借此引入部分有学识才干的僧尼从政，利用其为国家统治服务。罗什著《答秦主姚兴》一文为弟子求情，希望能让他们继续为僧，但佛教僧尼无疑已成为姚兴拉拢和利用的对象。虽然此事未获成功，但姚兴却在后秦政权中建立起了僧官制度，《高僧传》记载：“大法东迁，于今为盛，僧尼已多，应须纲领，宣授远规，以济颓绪。僧䂮法师，学优早年，德芳暮齿，可为国内僧主。僧迁法师，禅慧兼修，即为悦众。法钦、慧斌共掌僧录。”② 姚兴大量起用鸠摩罗什一系的僧人来管理佛教事务，任命鸠摩罗什的弟子僧䂮担任僧正一职，成为管理僧尼事务的最高僧官。《与僧迁等书》又任命僧迁为“悦众”，相当于副僧正。僧官机构中下设僧录，以纲纪统摄僧众，管理僧尼簿籍及相关事务。这一做法是中国佛教史上首次出现由政府设立僧官管理机构，也标志着皇权高于教权。姚兴建立僧官制度的动机之一是为了整顿佛教秩序，借用制度来约束僧尼个人行为。除了管理人数庞大的僧尼群体，姚兴也希望建立类似国子监的寺学制度。鸠摩罗什在到达长安以前，姚兴“立律学于长安”的做法已使后秦的吏治取得了明显好转，此举无疑也是希望通过制度化的举措来促使佛学思想的传播。姚兴将佛教与儒家视为同等重要的地位，并试图调和两者间的关系，尤其是希望将佛教理念融入儒家的施政之道，以更好地为国家政权服务。因此，姚兴积极要求佛教僧尼“还俗从政”的行为，正是其调和理念的现实体现。

后秦建立僧官制度的渊源，向上可追溯至道安提出的“不依国主，则法事难立”③。道安向佛教界提出了如何与所在社会相适应的问题，即要求佛教主动适应社会并接受国家政权的管理，这种主张无疑迎合了统治者对于现世执政的需要。姚兴坚持“三世实有”“圣人实有”的观点，反而与庐山慧远的观点高度类似。姚兴与鸠摩罗什对于“三世”认识的差异，表面上是两人对般若学的理解略有差异。前文已经论及了姚兴学习般若经典的历程，即早在前秦统治时期就在长安追随道安学习了般若经典。姚兴明知“诸法性空”的思想与小乘说一切有部思想相互违背，却仍然坚持“三世实有，法体恒有”的论断，实则是囿于特定的帝王身份。姚兴认为佛教要服务于国家，服务于民众。即便在推崇般若义旨时，不能完全摆脱儒学正统的束缚，也要将儒家思想中的“君臣”关系融进佛教。不仅如此，姚兴还将其“三世”思想积极加以实践。姚氏家族本为羌人，后秦治下的天水也是羌人的发源地和聚居之所。杜斗城曾论述麦积山早期窟龛中大量盛行三世佛题材，呈现出三佛等高的形象，尤其是麦积山早期所营建的三佛窟，都与《通三世论》思想有一定关系。④

鸠摩罗什作为外来者，秉持“必使大化流传，虽苦而无恨”⑤ 的传教理念，最重要

---

① 《大正新修大藏经》第 52 册，大正一切经刊行会 1924—1934 年版，第 73 页。

② （南朝梁）释慧皎：《高僧传·释僧䂮传》，中华书局 1992 年版，第 240 页。

③ （南朝梁）释慧皎：《高僧传·释道安传》，中华书局 1992 年版，第 178 页。

④ 杜斗城：《麦积山早期三佛窟与姚兴的〈通三世论〉》，《敦煌学辑刊》2007 年第 1 期，第 119～124 页。

⑤ 《晋书·鸠摩罗什传》，中华书局 1974 年版，第 2499 页。

的任务就是弘扬大乘佛法。要完成这一设想，则必须要积极消弭与统治者之间的裂痕，争取世俗政权对佛教的长期支持。僧肇作为鸠摩罗什的弟子，他在批判总结“六家七宗”思想的基础上无疑更加准确地把握了“非有非无”的般若空义，其代表著作《肇论》的核心仍在于“圣人观”，其中“夫道恍惚窈冥，其中有精，若无圣人，谁与道游？顷诸学徒，莫不踌躇道门，怏怏此旨，怀疑终日，莫之能正”①，文中高度认可了姚兴的“圣人”理论，提出只有圣人才能够达到涅槃的要求。他在《表上秦主姚兴》的开篇更是直接指出：“肇闻天得一以清，地得一以宁，君王得一以治天下。”僧肇引用了《老子》中“昔之得一者，天得一以清，地得一以宁，神得一以灵，谷得一以盈，万物得一以生，侯王得一以为天下贞”② 的内容，借此主动向后秦政权靠拢，夸赞姚兴精研佛理。僧肇认为姚兴本人代表了佛道与神明的合一，不但个人能“道与神会”，同时对外施政可“游刃万机”。因而才能够拯救乱世，得一道以治天下。鸠摩罗什的弟子多为汉人，出家受戒之前本身是接受儒家文化而成长的群体，不可避免地受到当时传统文化的影响，如僧肇《涅盘无名论》等文章都与鸠摩罗什的“无我”思想相悖而驰，证明并非对罗什思想的全盘接受。加上王权与教权之间的矛盾，促使罗什及其继任者积极调整转变，加速走上了佛教中国化的道路。

四、结　语

总之，姚兴早年受道安的佛学启蒙，遍习儒释二教典籍，在鸠摩罗什到达之前已经具有了一定的佛学素养，特别是其对于般若思想的启蒙、接受却并非源于罗什。鸠摩罗什兼习大小乘思想，成为接任道安执掌长安僧团的最佳人选，他的到来解决了长安僧团的现实困境，也将后秦国内的般若学推向了高峰。同时，姚兴在世俗层面给予其极高的待遇，并高度认可其来自天竺、西域的中观派思想，但仍与罗什在“三世”“圣人”等问题上存在着不同认识。《广弘明集》中的著述体现了姚兴在义学方面的成就和思想，同时也凸显出了两者认识中的矛盾之处。可以说，姚兴利用佛教为国家政权服务的初衷，本身是建立在对于佛教的高度信仰之上。作为国家的最高统治者，姚兴基于维护自身神圣性和统治合法性的现实需要，通过施行吸纳僧俗人才、罢道还俗辅政、建立僧官制度等多种措施，无疑是其佛学思想的现实反映。鸠摩罗什及其弟子与世俗政权的交往也加速了儒佛的融摄。因此，姚兴试图通过建构制度来调和法理与现实之间的矛盾，积极开展将佛理融于教理之中的尝试，而《广弘明集》中的众多记载正是其思想的真实体现。

（作者单位：清华大学人文学院）

① （东晋）僧肇著，张春波校释：《肇论校释》，中华书局2010年版，第173页。

② （汉）河上公撰，（唐）杜光庭等注：《道德经集释》，中国书店2015年版，第316页。

作为性命体的物*

——朱子物论研究

□ 陈 洁 朱人求

【摘要】物不是静止的存在体，也不是单纯的自然物，而是作为生生之理的承载者的性命体。作为性命体的物，生生流变，无不处在与周遭事物的联系作用之中；物各有其性、各有当然之则，人的知觉作为性命之理的知觉化的呈现，为认识物之性命提供了可能；物和人同受性命于天，故能别异而归同，同处人文化成的世界；性命体的物概念，很难孕育出近代科学的实验方法。把物与人同视作性命体的物观、关爱与成就万物的待物精神以及重视秩序、规范的待物方式，是朱子物论的鲜明特点。我们应深入、如实地呈现以朱子为代表的儒家物论的真实面貌及其与科学物论的差异，从而在此基础上进一步做出反思与应对。

【关键词】朱子；物；生生之理；性命体

在关于儒学与科学问题的诸讨论中，朱子的思想往往因其代表性和相关性而颇受关注，但讨论者多聚焦于朱子的理气关系以及格物说的认识论意味等方面，对朱子的物论鲜少专门和深入的分析。然正如张东荪所言，科学的产生离不开物之概念之创造，被认定为真正科学的开始的实验方法是和某种物的概念相互连结的。① 同样的，朱子的理气论、格物说也有其相连结的物概念。所以对朱子物论的阐发，既能帮助我们更好地理解朱子的学说，又是把握儒学与科学各自不同的特质，从而进一步了解儒学在现代社会所面临的处境，对儒学与科学的关系和未来走向做出正确的判断所不可或缺的一个视角。

本文的核心概念“性命体”直接受益于吴飞教授的《性命论刍议》一文，但对性命体采取了完全不同的解释。吴飞教授所言性命实是生命之义，以性命言之则意指生命之深处会有几多意义，性命是“对生命之展开的哲学概括”。因而只有能对己身之性命进行深入的反思、筹划与调整来维护性命之尊严的人方称得上是性命体，若禽兽、草木之类，吴飞教授即每以生命体称之，而枯槁之类，则只能作为人审美或欲求的对象。不同于此，朱

* 本文系国家重大招标项目“东亚朱子学的承传与创新研究”（13&ZD062）阶段性成果。

① 张东荪：《科学与历史之对比及其对中西思想不同之关系》，《理性与良知——张东荪文选》，上海远东出版社 1995 年版，第 320 页。

子所理解的性命是性命之理，因而人、物皆为性命体。只有把物视作性命体，践行性命工夫，才有达至万物与我合一、对治科学的物我分裂之可能。①

一、生生之理的承载者

当我们认识物的时候，我们希望能认识物的实质，那么什么是物之实？形名家认为："名者，名形者也；形者，应名者也。"② 为一物命名，根据的不是其他的什么，而就是物外在的形体，因而一物之形就是物的实质。盖一物各有一物之形，为己所私而不与他物共，形正所以明确物与物之间的边界与分际，显示着各自的差别，注意物之形便能注意到物的独特性。

但朱子认为，可见的形体固然值得注意，物还有在形之上的部分，强调"天生烝民，有物有则"（《诗经·烝民》）、"有一物便有一理"③，理才是真正揭示物之所以为物的物之实。朱子的物便不仅仅是形名家眼中的自然物，而是物和理的统一体。

在《太极图说解》中，朱子定义太极（即理）的地位是"造化之枢纽，品汇之根柢"④。"造化"言其作用之迹，"枢纽"则就其作用之源言，有了太极这个枢纽，才有不断的造化生生的作用出来，是万物得以生的源头；"品汇"言其生成之物，"根柢"则就其成物之性言，太极就是柢定万物之性、使物各得成其为自身的根据。因而作为物之实的理有两重意涵：理既是生物的源头，又是决定物之所以为物的根据。这分别意味着对物的两重追问：物从哪儿来？决定物之为物的是什么？

前者将物视作一个有来由、有去处的动态的物，而要追问其运动变化的全过程。后者则是将物作一静态剖析，以明物之形上形下之分。两种追问的答案最终是一致的，因而，当我们追问物之起源的时候，不是在追问一个自然物所最初从出的一物；当我们说理是物之所以为物的根据时，也绝不是把物当作一个静止的存在物，它所呈现的仍是运动变化的物的一个剪影。

理的两重意涵皆不可或缺，若只言枢纽不言根柢，则理作为生物之源头或被认为是万物之前的另一物、最初的物；而只言根柢不言枢纽，则理或被理解为一无变化作用的存在之理。正如唐君毅所言："此性此理，为一有其前面之变化或动用者，非如一般所谓为所对之事物性质性相之为一定不易；亦非只由反溯当前事物之原因，或所自生之体，方加以建立者。"⑤ 朱子也认为："周子所以谓之'无极'，正以其无方所、无形状，以为在无物之前，而未尝不立于有物之后；以为在阴阳之外，而未尝不行乎阴阳之中；以为通贯全

① 吴飞教授"性命体"的提出无疑使得笔者对朱子物观的表述更为清晰和凝练，在此要做出说明并深致谢意。但正如上所言，仅仅将人、禽兽、草木视作生命体，似仍不能超越形体的分隔而以"民胞物与"待之，被视作艺术品和用具的物似仍是与人对立的对象而非平等的主体，在此种理解下的人物对立的关系恐非儒家的物观。参见吴飞：《性命论刍议》，《哲学动态》2020 年第 12 期。

② 黄克剑译注：《公孙龙子（外三种）》，中华书局 2012 年版，第 140 页。

③ 黎德靖编：《朱子语类》卷 15，中华书局 1986 年版，第 289 页。

④ 周敦颐：《周敦颐集》，中华书局 1990 年版，第 4 页。

⑤ 单波编：《中国近代思想家文库·唐君毅卷》，中国人民大学出版社 2014 年版，第 505 页。

体，无乎不在，则又初无声臭影响之可言也。"① 这个亘古亘今、四方上下无乎不在、无时不流行的理就是生生之理。视物为性命体，正是要将物放在生生之理的流行中来看，因而物既非只是外在可见的形体，而有性之实；又非静止的存在物，而有源起变化，与周遭的事物相互关联。

在言物之起源时，周子认为："太极动而生阳，静而生阴。""阳变阴合，而生水、火、木、金、土。""'乾道成男，坤道成女'，二气交感，化生万物。万物生生，而变化无穷焉。"② 太极、阴阳、五行、万物，四者之间无不是一个"生"的关系③，追问物之起源，就是在追问物之所由生。虽然都是"生"，但太极之生阴阳显然和后面的"生"意味不同，太极之生阴阳不是如母生子般实然的生，因为太极是"无极"的，不是占据时空间的一物，太极对阴阳的"生"是使阴阳成为阴阳、决定阴阳之所以为阴阳的"生"，这是任何实然的生的实质。因而万物固然皆有父母，要各称其所由生之父母为父母，但万物同样可以称乾坤为父母，因为乾坤之理正是父母合而生我的实质。必须认识到父中有乾、母中有坤，对物的"生"的追问才不会流为生物学的追问；同时，又不能抛开父母讲乾坤，父即生我之乾、母即生我之坤，若把理生和实然的生割裂开来，物之起源的追问很大程度上就成了存在论的追问。也就是说，当我们问物从哪儿来时，既不能把物当作静止的存在体，又不能当作生物体，而要当作性命体，追问其性命起源，合理生与实然的生为一。④

作为性命体的物有其源起与作用，是生生之理的承载者，与周遭的事物无不处在联系之中，而不是突兀地、静止地、孤立地立于天地之间。因此，朱子对于物不是把它从周遭的事物中单拎出来认识，而是既追问其来源，又关注其作用流变、与周遭的事物尤其是人所发生的种种关联。朱子看枇杷，便要看它四时之气，"秋结菩蕾，冬花，春实，夏熟。才熟后，又结菩蕾"⑤，要看它生长的全过程、看其生理循环。朱子言舟车之理，便言

---

① 朱熹：《晦庵先生朱文公文集》卷36《答陆子静》，《朱子全书》第21册，上海古籍出版社、安徽教育出版社2002年版，第1568页。

② 周敦颐：《周敦颐集》，中华书局1990年版，第4~5页。

③ 吴飞教授在其论文提道："性命展开之第一层关系便是生的关系""父母和子女的关系才是性命论的第一层关系"。观之《太极图说》，性命论的第一层关系为什么不能是太极和阴阳的关系？《序卦》言："有天地，然后万物生焉。"第一层关系又为什么不能是天地和万物的关系？吴教授既对性命作生命之理解，则"生"似也在母生子的实然的生上理解，若只追问实然的生，则各人有各人的父母，如何保证人能不陷于一己之亲疏而进至于仁民？所以不能不认识到大家有个共同的父母。

④ "乾称父，坤称母。"见张载：《张载集》，中华书局1978年版，第62页。船山言："其曰'乾称父，坤称母'，初不曰'天吾父，地吾母'也。从其大者而言之，则乾坤为父母，人物之胥生，生于天地之德也固然矣；从其切者而言之，则别无所谓乾，父即生我之乾，别无所谓坤，母即成我之坤。惟生我者，其德统天以流形，故称之曰父；惟成我者，其德顺天而厚载，故称之曰母。"见王夫之：《张子正蒙注》，中华书局1975年版，第313~315页。此是为耶教"不父其父而父天、不母其母而母地"而发，无生身父母而以天地为父母的我在这里恰恰是一个存在体而非性命体。

⑤ 黎靖德编：《朱子语类》卷4，中华书局1986年版，第62页。这是弟子所言，但是得到了朱子的赞同。

"舟只可行之于水，车只可行之于陆"①，言椅子，便言"可坐便是交椅之理"②，《尚书》言水火，亦是言"水曰润下，火曰炎上"（《尚书·洪范》），即从事物与周遭人物之联系与作用来讲物之理。在一个活泼泼的、生理流行的世界中，生生之理的承载者——生生流变之物本就是要不断作用、互相联系的，这就是物的本来面目，去认识这作用与联系，正是对生生之理及作为性命体的物的认定。

二、呈现于知觉中的物

人对物的认识关联于作为认识主体的人，和物一样，对人的知觉也可以做理气论的静态剖析："理未知觉，气聚成形，理与气合，便能知觉。"③ 则知觉是作用、功能，不是纯然的道理，但又最为灵敏，是气之精爽，这是理所赋予它的。但仅作静态的分析不能展现知觉知之觉之、运动变化之过程，它的灵敏正体现在这过程中。故朱子又有以心统性情、合性情来言心者，这是就知觉之所由来与发用为言，正是于这动静发用、往来屈伸之运动变化间，方能见出此心之精彩，对知之灵有个着实的理解。

> 叔器问："先生见教，谓'动处是心，动底是性'。窃推此二句只在'底'、'处'两字上。如谷种然，生处便是谷，生底却是那里面些子。"曰："若以谷譬之，谷便是心，那为粟，为菽，为禾，为稻底，便是性。康节所谓'心者，性之郛郭'是也。包裹底是心，发出不同底是性。心是个没思量底，只会生。又如吃药，吃得会治病是药力，或凉，或寒，或热，便是药性。至于吃了有寒证，有热证，便是情。"④

对于"动处是心，动底是性"一句，弟子和朱子做了不同的譬喻。弟子以在实然地生长的为谷，所以使之生的是性。盖心是形而下者，所以实然地动的是心；而性是形而上者，是决定心如此知觉作用的根据，则弟子之譬重在心与性形上形下之分。朱子也说有形之谷是气、是心，然其言性，则必言所以表现为粟、为菽的便是性，也就是说，这性要实然地表现为一有形体、有纹理之物，性不是一个抽象的概念，而是一个真实无妄的道理，故有确实的外在表现。

朱子之譬强调的是理在气中、理和气的紧密关系，其引邵雍"心者，性之郛郭"一句，言心是性所处之郛郭，性便包在心中，都是从心与性之紧密联系来说心性。若弟子之譬，并不能说他为错，只是这样对性的理解不够着实，或有把性作一抽象的原因根据来看待的危险。朱子说性则必言"性即理也"⑤"性只是此理""性是合当底""性则纯是善底"⑥，必定要强调性是个实实在在的道理，这道理便包在心中，是心的一部分，而不是

① 黎靖德编：《朱子语类》卷4，中华书局1986年版，第61页。
② 黎靖德编：《朱子语类》卷77，中华书局1986年版，第1970页。
③ 黎靖德编：《朱子语类》卷5，中华书局1986年版，第85页。
④ 黎靖德编：《朱子语类》卷5，中华书局1986年版，第91页。
⑤ 黎靖德编：《朱子语类》卷5，中华书局1986年版，第82页。
⑥ 黎靖德编：《朱子语类》卷5，中华书局1986年版，第83页。

心外别为一物。若不说这道理是个实在的道理、不说理与心之紧密关系，则心便只是一个无内容的纯作用，而将知觉仅仅理解为一种感官能力、一种单一的思维能力，这样就是“舍性又无以见心”了①。

对于性之实，朱子言“发出不同底是性”“心譬如谷种，其中具生之理是性，阳气发生处是情”②，即必要从有一实然的情之生发来看性。盖“生之理谓性”③，既然人所禀以为性的，是一个确实的生生之理，则人作为性命主体，当然有种种不容已的情感的生发。从当然之情来理解性，正使这性之实有安顿处。

欲明心之实，不能离性，须知性是个真实无妄的道理；而欲明性之实，又不能离情，须知性是个有当然之情生发的性，不是空虚之物。则是欲明心之实，不能不合性情统观之，心之实便着落在生生之理与不容已之情感上。故朱子发明心字，曰“一言以蔽之，曰‘生’而已”④，人心只是生理的知觉化的呈现。生生之理动静周流、无一刻或息，在人之心亦无时而不灵，有种种不容已之情感念虑发于其间。因而作为性命主体的人，其知觉具有种种真实饱满的内容，是健全的、生动活泼的，而不是干瘪的、抽象的纯作用，只呈现为一种单一的思维能力。

这样的知觉，去知时就不是从一片空白知起，而是就着已知者做工夫。朱子释《大学》“致知”之“致”字为“推极”之意⑤，即有所推扩。又言：

> 物莫不有理，人莫不有知。如孩提之童，知爱其亲；及其长也，知敬其兄；以至于饥则知求食，渴则知求饮，是莫不有知也。但所知者止于大略，而不能推致其知以至于极耳。⑥

我们所知觉到的是一当孝当亲之父母，而不是只知其为我之父母，却不知是当孝当亲之父母。并且朱子就将当孝当亲视作父母之一部分而接受下来，并不因为是我本有之知而认为是外加的准则，而就在这基础上更求所以当孝当亲之理，要“因其已知之理而益穷之”⑦。

作为性命之理的知觉化的呈现，人的知觉是有内容的，有种种不容已的情感念虑发于其间，而不是一个如时空间纯形式的知觉，只起一个知之觉之的作用，只供捕捉到物之形体而将之呈现在我们面前。这里的关键是，朱子就把人的知觉的发用认作物的本质，是之后一切知觉活动的笃定的、一定而不可易的基础。有学者认识到：

> （物）是作为现实个体的每一个人实际生活境域中的具体之“物”。……“物”是非对象化的生活世界之物。这种“物”与当事者的主观体验完全融为一体并不分

① 黎靖德编：《朱子语类》卷5，中华书局1986年版，第88页。
② 黎靖德编：《朱子语类》卷5，中华书局1986年版，第95页。
③ 黎靖德编：《朱子语类》卷5，中华书局1986年版，第82页。
④ 黎靖德编：《朱子语类》卷5，中华书局1986年版，第85页。
⑤ 朱熹：《四书章句集注》，中华书局2012年版，第4页。
⑥ 黎靖德编：《朱子语类》卷15，中华书局1986年版，第291页。
⑦ 朱熹：《四书章句集注》，中华书局2012年版，第7页。

离，具有鲜活的具体性与生命性。①

物不是在人的世界之外的对象，而就在人的世界之中，和人共享这个世界的同一套秩序，这个世界就是人文化成的世界，物处于人文界之中。这里强调的是物和人的联系，物和人不是分裂的。这就是前面说的，物之中有人的主观内容，有人的种种情感念虑，因而是存在于我们真实生活之中的事物，而不是摒除了人的各种性命体验、抽离了一切具体的存在背景，仅仅为时空形式所呈现的客观物体。故父母是当孝当亲的父母，椅子是个用来坐的物事，舟则当行于水、车则当行于陆，等等，皆是生活中拥有具体作用的事物，这些具体作用或功用便为当然之则。

物的主客观交融的特点，其人文性、主观性、日常性难免会遭受质疑。但在儒家看来，知觉不是一个纯作用，而是有其本体——即性——作为发动知觉的源头，知觉之本体既连于天，则我之知之觉之，非仅仅是个人的感觉，而是因着我的感觉发出来。呈现于知觉中的物，其身上所带有的人的种种性命体验，亦皆原于本体，实是性理之动，故一点点也不因是我的主观便为私情私意；其发动，又是感而遂通，有其不容已者，只是其动以我的形气之动为关捩，故物来而有此情，非我有所造作附会，只是出于我心之当然而不容已。

能认识到人的知觉是性命之理的知觉化的呈现，因而能合体用来看知觉，而不仅仅视作纯作用，便不会把人的种种情感念虑仅视为一种感官之动、形气之动了。因此，把物的功能、作用、日常的人伦规范视作物的所以然之理，并不是我们把物生活化、世俗化、功利化了，正是由于把物放在人的世界中打量对待，使物活在人文化成的世界中，物方与天理相连；如果把它从人文界中抽离出来，只把它作为一客观物质对象来打量，则是掐断了天德良知之流露，把它驱逐出了天理的世界，物我为二矣。

因此，儒家和物打交道的方式呈现出一种冥契的秩序性、规范性。如“钓而不纲，弋不射宿”（《论语·述而》）、“启蛰不杀，方长不折”②、当春发生，不无故摧折柳枝③，等等，这不是外在的要求，而是出自我自身的意愿；但也不是我自己单方面定的规矩，这同时也是鱼、鸟、蛰、柳自身固有的作息生长时节，我便和万物共同信守这天时。

三、物之品类

虽然人与物同为性命体，但“物之不齐，物之情也”（《孟子·滕文公上》）。

先生《答黄商伯书》有云：“论万物之一原，则理同而气异；观万物之异体，则气犹相近，而理绝不同。”问：“‘理同而气异’，此一句是说方付与万物之初，以其天命流行，只是一般，故理同；以其二五之气有清浊纯驳，故气异。下句是就万物已

① 杨俊峰：《论朱熹格物论视域中的“物”“理”与“知”》，《中州学刊》2018年第7期。

② 朱熹：《四书章句集注》，中华书局2012年版，第128页。

③ 《伊川学案》载伊川先生事迹：“一日讲罢未退，上折柳枝，先生进曰：‘方春发生，不可无故摧折。’”参见黄宗羲原著，全祖望补修：《宋元学案》卷15，中华书局1986年版，第590页。

得之后说，以其虽有清浊之不同，而同此二五之气，故气相近；以其昏明开塞之甚远，故理绝不同。《中庸》是论其方付之初，《集注》是看其已得之后。”曰：“气相近，如知寒暖，识饥饱，好生恶死，趋利避害，人与物都一般。理不同，如蜂蚁之君臣，只是他义上有一点子明；虎狼之父子，只是他仁上有一点子明；其他更推不去。……”①

在朱子看来，最根本的使人区别于动物的，并非更为直观的听觉、嗅觉、运动能力等生理层面的差别，而是人能全部实现仁义礼智即道理的全部，而动物只能实现一部分。这是理异，但还有理同的一面。“于此，则言气同而理异者，所以见人之为贵，非物之所能并；于彼则言理同而气异者，所以见太极之无亏欠，而非有我之所得为也。”② 说“理异”，是为了见出人在万物之中所处的特殊地位，高扬人的道德性；说“理同”，是为了保证道理的一源，人虽与物不同，但其理源出于一，无有断裂与隔截，我待人是循此道德仁义之则，我待物同样是循此道德仁义之则，并没有换一套理则。故言“理同”或“理异”，用意虽有不同，但都是以理来别一个同异，根本上都是从理的视角来看物之同异，“气同”“气异”亦都是服务于这点。以理的视角而不是生物学的视角来看物之同异，又不仅仅止步于物与物之间的差异，而是最终要明其同，因而可以称之为别异以归同，别异最终是为了能归同，讨论其他品类的异同亦是如此。

除了禽兽，对异于人之“物”③ 可以进一步分类：

问：“人与物以气禀之偏全而不同，不知草木如何？”曰：“草木之气又别，他都无知了。”

“天下之物，至微至细者，亦皆有心，只是有无知觉处尔。且如一草一木，向阳处便生，向阴处便憔悴，他有个好恶在里。”④

草木和禽兽同为气之偏者，但禽兽有知觉，草木无知觉。这个知觉非仅是一般生物学意义上的知觉，而是性命体的知觉，因而能知觉到道理。禽兽和草木之异便在于，禽兽能知觉到一点子道理，从而身上有或仁或义的体现，草木无法知觉到道理，所以身上说不上仁义礼智之德，只能体现出生生之意，有好生恶死之情。

因而若要在人、禽兽、草木之间做出区别，就得根据知觉来划分。即人得气之精爽，其知觉最灵，故对所赋之理无不知，即道理无不能作为知觉存在；而禽兽禀气较为驳杂，但还有点子灵，故尚有知觉，可也只能知得一点子，如“乌之知孝，獭之知祭犬，犬但能守御，牛但能耕”⑤ 之类；至于草木，其气之偏塞至于无所知，所以所赋之理无法作为

---

① 黎靖德编：《朱子语类》卷 4，中华书局 1986 年版，第 57 页。

② 黎靖德编：《朱子语类》卷 4，中华书局 1986 年版，第 59 页。

③ 朱子言“物”，因语意所指有不同。有时是“大共名”意义上的，则人也是一物，是万物中最贵者；有时申论“人物之别”时，物指人之外的物；在说草木和禽兽之别时，物又指向有血气的生物、动物。

④ 黎靖德编：《朱子语类》卷 4，中华书局 1986 年版，第 60 页。

⑤ 黎靖德编：《朱子语类》卷 4，中华书局 1986 年版，第 65~66 页。

知觉而存在，只是呈现为生意。

三者之别是如此，继而朱子又从天地生物之心来说其同。① 既然三者是根据知觉做出的区分，那么同也要就着这个差异来说，这样才能真正弥缝这个差异，不止于差异而已。

物之无知觉者除了草木还有枯槁之属，则二者之异又不在知觉。

问："曾见《答余方叔书》，以为枯槁有理。不知枯槁瓦砾，如何有理？"曰："且如大黄附子，亦是枯槁。然大黄不可为附子，附子不可为大黄。"

问："枯槁之物亦有性，是如何？"曰："是他合下有此理，故云天下无性外之物。"因行街，云："阶砖便有砖之理。"因坐，云："竹椅便有竹椅之理。枯槁之物，谓之无生意，则可；谓之无生理，则不可。如朽木无所用，止可付之爨灶，是无生意矣。然烧什么木，则是什么气，亦各不同，这是理元如此。"

问："理是人物同得于天者。如物之无情者，亦有理否？"曰："固是有理，如舟只可行之于水，车只可行之于陆。"②

三条引文中，弟子都在见出枯槁之物与其他事物同的一面时遇到了困难，朱子答以虽无生意，却有生理。生理在草木表现为生生之意，在枯槁便表现为和周遭事物相作用联系的当然之则，故阶砖有砖之理，是用来铺路的，竹椅有竹椅之理，是用来坐的，无不处在和周遭事物的联系之中，这些都是具有生理的表现。

所以，如果要在人、禽兽、草木、枯槁之间看出一个同，便要从生理上看。万物无不具此生理以生，此生理在枯槁，便使得枯槁之物无不处于与周遭事物的联系之中，其所以然之理便表现为与周遭事物相联系的当然之则；在草木，便表现为生生之意、好生恶死之情；在禽兽，则不仅有这情，还有知觉；在人，则得其生理之全而为仁。

人、禽兽、草木、枯槁，这四者的差异是易见的，事实上，处于当下科学文明的我们对自然界的万物也未尝不是作这种分类，但是细究就可知，朱子之所以做出这种区分的根据却和生物学完全不同。其言人物之别，是在仁义礼智的偏全上；言动植之别，是在有无知觉上，而这个知觉是知觉仁义礼智、有其体的知觉；言植枯之别，是在有无生意上，这个生意是有生理在其中流动的生意。朱子从根本上根据道理做出区分，这不是一个对自然界万物的分类，而是一个对人文界万物的分类③，在这种区分下的万物品类，实际上是处于一个人文化成的世界里。

既然分别从人物之性、知觉、生意来讲万物的差异，相应的，就要从在天之命来讲人物之同、从天地之心来讲动植之同、从生理来讲植枯之同。④ 而在以这六者来讲万物的异同之前，首先须将物作一性命体看才行。只有将物视作性命体，无生意者才会同具生理；

① 人、禽兽、草木都禀得天地生物之心，只是有无知觉尔。可见当在人身上说人之心的时候，这个心就是指知觉；但在说天地之心时，显然不能仅从知觉上来理解心，如草木即是有天地之心而无知觉者。

② 黎靖德编：《朱子语类》卷4，中华书局1986年版，第61页。

③ "到得夷狄，便在人与禽兽之间，所以终难改。"见黎靖德编：《朱子语类》卷4，中华书局1986年版，第58页。这个分类里面，夷狄也可以进来，可见绝不是生物学意义上地对自然万物的分类。

④ 以命说、以心说、以理说，名义虽不同，其实只是一个理。

才会不仅仅把知觉作作用看，而是看作理的知觉化的呈现；才不会把人物之性理解为静止的根据，而视作一动静周流、源出于一的天理。

之所以从不同的角度讲不同的物之间的区别，就是在明确各自的性分。人就要全其仁义礼智之德，禽兽就要顺遂它所知觉的那一路道理、不戕害其性，草木就要顺遂其生意、不戕贼其生，枯槁就要以其当然之则去应对，只有在明确性分的基础上才能真正地归同，别异所以明分，明分所以归同。

值得一提的是，荀子的一段对万物品类的论述和朱子颇为相似，也经常会被引用，但似乎很少有人谈及二者的区别。荀子在《王制》里言："水火有气而无生，草木有生而无知，禽兽有知而无义，人有气、有生、有知，亦且有义，故最为天下贵也。"这里荀子对万物同样做了四种分类，也提出了分类的依据，其对万物差别的解释和朱子有些不同，但关键不在这里，而在"归同"上。因为荀子只表明了人比之禽兽有义的差别、禽兽比之草木有知的差别、草木比之水火有生的差别，而没有进一步就其差别来解释其同，即只呈现了差别，而没有归同，重点是在强调人别于其他万物的特出地位上。且在荀子，水火、草木、禽兽、人的共同点在于气，盖荀子的"天"是自然之天，故万物仅在材质上相同，物只是自然物，与朱子以物为性命体、从而以生理连结万物不同。

四、一种典范物论的尝试

把物解作事，强调物和人的联系，把物视作人文世界的一物，这是儒家物论非常重要的一个特点。不过对科学的发展来说，这似乎是一个阻碍，胡适即认为，对于宋明的逻辑发展来说，最不幸的就是把物作这种人文主义的解释，"它把哲学限制于人的'事务'和关系的领域"，使得宋明两代对科学的发展没有任何贡献。①

朱子同样以事解物，但他说："物，犹事也。"②"犹"字便意味着物不能直接等同于事，物除了人事，还有客观存在的事物。因而朱子多次强调："《大学》不说穷理，只说个格物，便是要人就事物上理会，如此方见得实体。"③ 格物不能直接说穷理，因为物不能化约为理，它有客观存在的维度。

较之王阳明："物者，事也，凡意之所发必有其事，意所在之事谓之物。"④ 事和物没有区别，而事、物一归之于心之意，从而格物不过就是对意之所在下工夫。则在阳明，客观事物的存在是被悬置，甚至是否认的，因而对客观事物的探究不加致意。⑤ 阳明似确

---

① 胡适：《先秦名学史》，《胡适文集》6，北京大学出版社 1998 年版，第 8~10 页。

② 朱熹：《四书章句集注》，中华书局 2012 年版，第 4 页。

③ 黎靖德编：《朱子语类》卷 15，中华书局 1986 年版，第 288 页。

④ 王守仁：《大学问》，《王阳明全集》卷 26，上海古籍出版社 1992 年版，第 972 页。

⑤ 有学者认为阳明"心外无物"之说并不是否认客观事物的存在，只是以心为客观事物意义的来源，对此种解释，也有学者持反对意见："无论'心外无物'论说是否严密成功，其理论追求固在于'否认客观事物的存在'，在于确立'心'乃万物存在前提之地位。惟欲在一种意义论上为阳明学定位，而对其存在论向度之抱负取一种过分淡化之处理，恐未必为阳明本身所认肯。"参见丁纪：《鹅湖诗与四句教》，《切磋七集：四川大学哲学系儒家哲学合集》，华夏出版社 2018 年版，第 142 页。不管阳明是否承认客观事物的存在，他确实不关心外在事物。

乎应了胡适的批评，但朱子对物以及格物的解释，承认客观事物的存在，认为日月星辰、山川草木等自然事物，而不仅仅是人伦事务，也是认识的对象，这一点恰和科学的物观相同。明清时期对西方科学的译介与研究，亦多以"格致"为名，不能不说和朱子的这种解释有关。①

虽然和阳明比较，不能说朱子和近代科学毫无关联，但其间的差距更显而易见。一般认为，实验的科学方法是近代科学诞生的关键，而实验便意味着物可以重复发生，不单单仅在这一时间段、这一空间发生，因为不能重复就不能实验，不能实验就无法证实，就不能通过归纳得出规律。这种不因时空间之变化而改变其自身性质的物就是张东荪所言的"抽除时空而专讲物"，就是科学家的对物的态度。② 这里的物仍旧是处在时空之中的，只是它可以处在任一时空的节点而不是被钉在固定的时空节点上，应该说，恰恰正是因为物是仅被时空间的形式所呈现的物，才可以在时空中被任意放置、自由移动。但作为性命体的物溢出了时空间的形式，除了时空间所框住的形体，还有其源起、其作用以及人的性情之发，我们恰恰是将它放在"五气顺布，四时行焉"③ 的时空之中考察，而不是把它从时空中抽拔出来孤立地看待，很难说对这样的物会采取反复实验的方式。④

朱子虽然承认事物的客观存在，但拒绝把物当做独立于人的对象，不压制人的不容已之性情的流露，把物与人同视作性命体，因而有着关爱与成就万物的待物精神，以及各以其当然之则安顿万物的自任的担当感。这和近代科学的物我分裂——从健全的人性中抽拔出理性能力而将之作为主体、以物为质料性的对象，运用实验的方法以探究物的描述性法则，以及这种二元对立造成的人对物的凌驾与宰制迥乎不同。

性命体的概念关联于生生之理这个核心观念，对性命体的否定无疑意味着将物排除出天理流行的世界，这是绝对不会被朱子允许的。如此看来，朱子和近代科学的物观似乎是相互排斥的，我们应如何来看待这一点？一方面，不能因为身处科学文明的框架之下而遽以儒家就之，而要立定脚跟，深入挖掘、如实地呈现儒家自身物观的面貌及其典范性，使之成为衡准科学文明的一股有力的批判性力量，这是当代以儒家为志业的学者所应坚持的。但另一方面，我们也要进一步反思儒家的物观，相较于科学强大的造物能力，以及由此而带来的巨大的惠泽，儒家似只是待物而已，儒家的物论如何来应对这一点？这是之后需要进一步讨论的问题。

（作者单位：厦门大学哲学系）

① 马来平：《格物致知：儒学内部生长出来的科学因子》，《文史哲》2019 年第 3 期。

② 张东荪：《科学与历史之对比及其对中西思想不同之关系》，《理性与良知——张东荪文选》，上海远东出版社 1995 年版，第 320~323 页。

③ 周敦颐：《周敦颐集》，中华书局 1990 年版，第 4 页。

④ 格物之由已知至于未知，靠的是类推以及贯通（见《大学或问》程子格物九条）。不过，类推有个前提，即各个事物的道理同出一源，所以由一事物上得到的道理，可以推而至于另一事物，这当然和性命体的概念相关，贯通也是如此。则类推似乎并不是知得一个新的道理，而是将这个道理敷施发用得更广，贯通所得的一贯之理也不是异于之前所得道理的新的道理，只是认识到这种种道理都是一个道理，可见与科学之通过假说与实验来得到新知识不同。

阳明学忏悔思想管窥*

□ 张昭炜 单珂瑶

【摘要】收录于《密之先生杂志》的《胡庐山自矢文》(简称《自矢文》)和《管子登忏罪文》(简称《忏罪文》)集中体现了胡直和管志道的忏悔思想，是研究方以智忏悔思想及阳明学忏悔思想的重要文献。胡直主要对忿欲、名利等杂念进行忏悔，以无欲主静为核心，最终指向独知心体的自然呈露，达到一体全归的境界。管志道的忏悔功夫包含屡空、养气、无欲、主敬四个面向，意在践行中道、消除业障。两人的忏悔思想均体现出儒佛合流趋势，较之胡直的忏悔，管志道在因果业报等方面受佛教影响更深。

【关键词】忏悔；方以智；胡直；管志道；儒佛会通

方以智（1611—1671），字密之，明清之际的大思想家。《密之先生杂志》为近年来新发现的方以智著作，该书于2008年被定为国家一级古籍。《密之先生杂志》有《瀸论序》，全文如下：

瀸论序（引《尔雅》“水一见一否为瀸”）

胡庐山（直）有《自矢文》，管登之有《忏罪文》。①

此文当是方以智作《瀸论序》而拟定的草稿，其中提到胡直与管志道的两篇忏悔文。方以智将两篇忏悔文收录在一起，当是有意比较两者的异同，阐发忏悔思想，或供其践行忏悔之用。

通过方以智记录的《尔雅》条文可见，他将“懺”与“瀸”关联理解。“水一见一否为瀸。”其中“水”原作“泉”。据《尔雅注疏》：“瀸，才有貌。”“《说文》云：‘泉，水原也。’言此泉其水有时出见，有时不出而竭涸名瀸。谓瀸微也，故《注》云‘才有貌。’”按此，瀸是消弭殆尽之意，如同泉之干涸，在这个意义上，“瀸”与“殲（歼）”字相通，接近于干涸。具体到忏悔欲望、过错的功夫上，“殲”为“灭尽”，具有动词性、

* 本文为国家社会科学基金重大项目“桐城方氏学派文献整理与研究”（19ZDA030）阶段性成果。

① 方以智：《密之先生杂志不分卷（一）》，《中国科学院文献情报中心藏古籍珍本丛书（钞稿本部分）》第36册，学苑出版社2017年版，第134页。

结果性，指通过努力，达到彻底无欲、无过错的状态；“瀸”的肯定义为“才有貌”，如同欲望、过错刚一出现便消除，消灭在萌芽之中，达到如同泉干涸的状态，不使纤恶出现。

胡直（1517—1585）与管志道（1536—1608）均属于阳明后学：胡直是江右王门的中坚，师承欧阳德与罗洪先，属于王阳明的再传弟子，并与泰州学派有密切互动；管志道是泰州学派的重要代表，与东林学派有激烈辩论。两人从不同方向发展阳明学，共同捍卫发扬王阳明的良知教。王阳明认为：“圣人可学而至”，“圣人之所以为圣，只是其心纯乎天理，而无人欲之杂”。“学者学圣人，不过是去人欲而存天理耳，犹炼金而求其足色。”“人到纯乎天理方是圣，金到足色方是精。”① 经此诠释，儒学的成圣被内化为存天理、去人欲。胡直和管志道以学圣为指归，都对周敦颐无欲思想有所吸收，并将王阳明去人欲以成圣的功夫转化为忏悔。

方以智《密之先生杂志》将《自矢文》《忏罪文》② 与《瀸论序》相呼应，下文以《自矢文》和《忏罪文》为中心，对胡直及管志道的忏悔思想进行论述，包括四个方面：文本内容、成文时间及背景、思想主旨与儒佛会通。

一、胡直的忏悔思想

胡直，字正甫，号庐山，江西泰和人，嘉靖三十五年（1556）进士。有感于忿欲常起，胡直形成了无欲主静的功夫核心，并以忏悔辅之，体现其忏悔思想的《自矢文》全文如下：

《自矢文》③ 曰：“直自年二十六闻学，到今六十有八，向耄矣。尚尔藏伏私见，顾恤身家，忿欲二毒，触境潜发，昼鲜宁泰之休，夜多变幻之梦。兹不揆叩里惕骨，愿以余生，倾心入道，尽性至命，期得本宗。绝虑忘言，用为补助，痛捐需待之迷，勉策衰迟之步，以濯江暴阳为功，以皓皓空空为至，纯超假我，直趣圣途，庶可以快此平生，一笑全归矣。不者自作焦谷，终沉渊海，庄生所谓‘不可复阳’是也。帝天圣师，当令神鬼殛此老悖。嗟嗟！老悖识之。”

至寝壁粘语，有曰：“即今休去便休去，若觅了时无了时。”“此身若不仁，形神皆非真。”“毫厘系念，三途业因；瞥尔生情，万劫缰锁；圣名凡号，尽是虚声；殊相劣形，皆为幻色；汝欲求之，得无累乎？及其厌之，又成大患。”“扪空执响，劳汝心神。”“唯此一事实，余二皆非真。皮毛脱落尽，惟有一真实。”此文此语，即子弟门人不及见。先生没后，予始与其子顺得窃窥焉。兹岂非真能慎独者乎？其全归也，粘于卧壁有曰：“吾病剧，身隐志在，却病全归。不得复问闻时事，臧否人物，及辨论是非，发挥己长。”又曰：“自今荡然太虚，超然无我，一切忿欲，更不起

---

① 王守仁：《传习录》，《王阳明全集》，上海古籍出版社 2011 年版，第 27~28 页。

② 方以智：《密之先生杂志不分卷（一）》，《中国科学院文献情报中心藏古籍珍本丛书（钞稿本部分）》第 36 册，学苑出版社 2017 年版，第 408~413 页。

③ 原作“《自矢文稿》其略曰”，后将“稿其略”三字删去。

念。”又曰：“欲知临终时自在不自在，须观临境时自由不自由。”比自田间起长闽宪，临终书曰：“夜来梦一至人引予至道，‘无欲濯濯，秋风回首’。余于人间世尽矣。”① 书竟，投笔而逝。②

胡直自述于“向耄”之年作《自矢文》，此时“六十有八”。“七十曰耄”（《盐铁论·孝养》），与此相符。《自矢文》前段当为胡直自述，后段为他者评述，并还原了胡直去世前后的情景，故全文应作于1585年胡直去世以后，这或许是未收入胡直在世所编文集的原因。

《自矢文》的作者可能是胡直的弟子郭子章。据郭子章为胡直所作行状：“又有《自矢告天文》，略曰：‘愿以余生，倾心大道，尽性至命，期得本宗。绝虑忘言，用为补助，痛捐需待之谜，勉策衰迟之步，以濯江暴汉为功，以皓皓空空为至，纯超假我，直趋圣途，庶可以快此生平，一笑全归。不者自作焦谷，终沉渊海，庄生所谓‘不可复阳’是已。’孤顺与章等读之，揽涕如屑，先生慎独之功真□其子不及知，其门弟子不及知，而独求与天知者。”③ 据此可知，胡直为“独求与天知者”，他在世时并未向外界公布此文，甚至最亲近的弟子亦不及见。在胡直去世后，胡直之子胡顺（“孤顺”）与郭子章等才看到《自矢文》，这也可以印证《自矢文》“此文此语，即子弟门人不及见”。另据胡直的弟子邹元标记述：“先生既没之明年，同门督学郭相奎氏与令子顺搜秘牍中，得所为《闭关小录》及《补过》、《困学》、《翊全》诸录、寝室警语，总名曰《全归稿》。”④ 郭相奎即郭子章，按此记载，只有郭子章与胡顺两人看到胡直的秘牍，《自矢文》亦属于秘牍之一。邹元标提及的寝室警语，《自矢文》亦多有呈现。按此而言，《全归稿》得以刊刻，其中有可能收录《自矢文》，方以智所录文本当有可能出自《全归稿》。邹元标与冯从吾主盟首善书院，方以智的祖父方大镇是重要参与者；方以智的外祖吴应宾亦与邹元标相唱和。因此，方氏家藏邹元标作序的《全归稿》亦是情理之中。

《自矢文》包括三个层次的全归功夫，即惩忿去欲、纯超假我、一体全归。分述如下：

（一）惩忿去欲

胡直“以一体为宗，以独知为体，以戒惧不昧为功，以恭、忠、敬为日履，以无欲达于灵则为至”⑤。“独知”之体本来虚灵，被忿欲遮蔽后，须加扫除之功，恢复本然状态，如镜尘喻：“如镜体常明，虽有纤尘，不能掩也。”⑥“纤尘”主要指忿欲，去纤尘便是惩忿去欲的功夫。无欲是胡直致良知的核心，贯彻其一生。胡直十七岁时，“又多忿

① 据耿定向《明福建提刑按察司按察使胡公墓志铭》：“越月，夜梦至人引以至道中，有‘无欲濯濯，秋风回首’之语。曰：‘余于人间世尽矣。’”（《胡直集》，上海古籍出版社2015年版，第982页）

② 方以智：《密之先生杂志不分卷（一）》，《中国科学院文献情报中心藏古籍珍本丛书（钞稿本部分）》第36册，学苑出版社2017年版，第408~410页。

③ 郭子章：《先师胡庐山先生行状》，《胡直集》，上海古籍出版社2015年版，第998~999页。

④ 邹元标：《胡庐山先生全归稿序》，《胡直集》，上海古籍出版社2015年版，第926~927页。

⑤ 胡直：《衡庐精舍藏稿》，《胡直集》，上海古籍出版社2015年版，第674页。

⑥ 胡直：《衡庐精舍藏稿》，《胡直集》，上海古籍出版社2015年版，第406页。

欲，躁动不知检”①。这一问题的初步解决得益于欧阳德，如《自矢文》“二十六闻学”，可与《困学记》呼应：“嘉靖壬寅，予年二十六……适欧阳南野先生”②，语以立志致良知之学，又闻欧阳德歌朱子“欸乃声中万古心”之句，“予一时豁然，若觉平日习气可除，始定向往真意”③。但这个问题并没有真正解决，此后，“又多忿欲”，“虽时有战胜，不能持久”④，正如《自矢文》所言“顾恤身家，藏伏私见”。此后，他拜罗洪先为师，罗洪先秉持无欲主静，收摄保聚致良知，胡直“日承无欲之训，熟矣”⑤，但仍未真正解决问题。1548 年，胡直在邓鲁（邓钝峰）的指导下学禅，“其功以休心无杂念为主”，“心忽开悟，自无杂念，洞见天地万物皆吾心体”⑥，由此形成了无欲一体的思想，还深层解决了由忿欲引发梦中幻境的问题，如《自矢文》的“忿欲二毒，触境潜发，昼鲜宁泰之休，夜多变幻之梦”。但邓鲁之教偏于禅学，后由欧阳德纠正，胡直回归儒学。由于学禅的经历，胡直重视无念，无念原是《坛经》要旨，在《自矢文》中体现为“绝虑忘言”，即去除杂念，甚至关闭言语，转向默识躬行。1561 年，胡直与耿定向在汉江之浒论学术宗旨，“正甫则曰：‘吾学以无念为宗。’”⑦ 至晚年，胡直仍看重无欲：“我今老矣，看来无欲一路还是稳当。”⑧ 从《自矢文》来看，胡直去世前仍在继续无欲功夫。

（二）纯超假我

在深层去欲绝虑之后，还要进一步纯超假我，方能直趋圣途，如《自矢文》所言：“圣名凡号，尽是虚声；殊相劣形，皆为幻色；汝欲求之，得无累乎？”这里表现出明显的佛教思想，胡直视“假我”为虚幻，因此要摒弃，才能得“真我”。从儒学的传统来看，胡直登第后，罗洪先警之以“忘”：“不荣进取即忘名位，忘名位即忘世界，忘世界始能为千古真正英雄，作千古真正事业。炫才能技艺，规时好，视此路背驰也。”⑨ 罗洪先以状元及第，在世人眼中，可谓是名位双收。然而从罗洪先对胡直所言来看，他追求的是超越名位的精神世界，也就是真正的英雄不贪恋名位、超越名位，以此既能“无累”，又能将精力集中于儒家圣学。他以此教导胡直，这有助于胡直对“假我”的超越。

与“假我”相对的是“真我”，如《自矢文》的“皮毛脱落尽，惟有一真实”，皮毛为“假我”，真实为“真我”。从“假我”向“真我”的转变，依赖无欲的功夫，如同《剥》卦，层层剥去，最外层、最显见的为过，可用改过功夫，如类似于功过格的《日录》；再向内，便是忿欲等；再向内，便是潜藏的幽暗意识，如梦境中呈现的幻象……因此，要实现纯超假我，需要“叩里惕骨”。随着这些过失、忿欲、幽暗意识的脱落殆尽，真实之我得以呈现。

---

① 胡直：《困学记》，《胡直集》，上海古籍出版社 2015 年版，第 893 页。
② 胡直：《困学记》，《胡直集》，上海古籍出版社 2015 年版，第 893 页。
③ 胡直：《困学记》，《胡直集》，上海古籍出版社 2015 年版，第 894 页。
④ 胡直：《困学记》，《胡直集》，上海古籍出版社 2015 年版，第 894 页。
⑤ 胡直：《困学记》，《胡直集》，上海古籍出版社 2015 年版，第 895 页。
⑥ 胡直：《困学记》，《胡直集》，上海古籍出版社 2015 年版，第 895 页。
⑦ 耿定向：《汉浒订宗》，《耿天台先生文集》卷 8，万历二十六年刘元卿刻本，第 2~3 页。
⑧ 郭子章：《先师胡庐山先生行状》，《胡直集》，上海古籍出版社 2015 年版，第 993 页。
⑨ 胡直：《衡庐精舍藏稿》，《胡直集》，上海古籍出版社 2015 年版，第 679 页。

据《孟子·滕文公上》，子夏、子张、子游以有若的外貌体征似孔子，欲以孔子事之，这是从表象来看。曾子以为不可，并指出孔子的内在精神特质："江汉以濯之，秋阳以暴之，皓皓乎不可尚已。"曾子为孔子内在精神画像，可以说是"真我"，也就是无欲尽处的精神风貌，"荡然太虚，超然无我"，又如《自矢文》结尾的"无欲濯濯，秋风回首"之语。

（三）一体全归

胡直自矢"一体全归"，一体全归可与"翊全"互证。"又有《翊全录》，其要以尽性至命为宗旨，以存神过化为工夫，而以绝虑忘言为补翊，故曰'翊全'。"① "是录也，有纤恶必记而诛绝之，庶几还其本体，与天游者，始可以至命而全归。"② "诛绝纤恶"的功夫又同于去除"纤尘"，觉心体之灵明，达到一体全归，具体表现为"濯江暴阳""皓皓空空"的圣人境界。圣人以仁为体，以虚名为空；免去欲念之累，灵动生发、观照万物，这也是仁体发用的表现。

1569年，胡直又有《闭关录》与《翊全录》相印，在《闭关录》中自悔其多忿欲、逐名利，只是着眼于"形骸""胜负"等外物，"……不信有不依行之天味也……不信有不着世之天胜也。自今决志濯江、汉，暴秋阳，无暂顷不与天游，庶几实见性命，可以全归"③。此言与《自矢文》中对孔子气象的形容相通，"与天游"者即圣人。胡直时值五十二岁，尚未除尽"假我"，到晚年"自矢"之时认为能够成就一体之仁，达到"一笑全归"的境界。

胡直晚年的《全归稿》以一体全归为主旨，亦记录了《自矢文》所载的"寝壁粘语"，同时将《翊全录》《闭关小录》《补过》《困学》等文章收录其中。邹元标曾为此稿作序，即《胡庐山先生全归稿序》，今可见于《愿学集》。《翊全录》《日录》现已不可见，这或许与胡直将之置于秘牍而不欲宣之于世的意愿有关："《日录》《翊全》等录，孤顺谓宜从先生，不必示人，意无可刻。"④ 但由于《自矢文》与胡直业已佚失的文献主旨相同、内容相近，所以研究此文对于发掘、把握胡直忏悔思想具有重要意义。

二、管志道的忏悔思想

管志道，字登之，号东溟，江苏太仓人，师从胡直学友耿定向，深受佛老影响，趋向三教会通。方以智的启蒙老师王宣有"东溟六龙五云翔，胡庐山作《衡齐》方"之言，分别指管志道诠释《乾》卦的六龙与胡直的《胡子衡齐》。⑤ 方以智有可能从王宣处获得管志道的著作；另外，方以智的曾祖方学渐师承耿定向之弟耿定理，耿定理"在泰州一

---

① 耿定向：《明福建提刑按察司按察使胡公墓志铭》，《胡直集》，上海古籍出版社2015年版，第982~983页。

② 郭子章：《先师胡庐山先生行状》，《胡直集》，上海古籍出版社2015年版，第998页。

③ 耿定向：《明福建提刑按察司按察使胡公墓志铭》，《胡直集》，上海古籍出版社2015年版，第981页。

④ 郭子章：《先师胡庐山先生行状》，《胡直集》，上海古籍出版社2015年版，第999页。

⑤ 张昭炜：《阳明学发展的困境及出路》，中国社会科学出版社2017年版，第54页。

派，别出一机轴矣”①，这表明方以智亦可直接从方氏家藏中获得管志道著作。《忏罪文》集中表现了管志道在会通儒佛的基础上对忏悔的诠释，全文如下：

> 文略曰②：志道自念，幸生中土，获际明时，荷君亲罔极之恩，离下贱而列名仕籍；赖师友挟持之力，启颛蒙而稍悟正因。无奈多劫障深，今生福劣。忆自垂髫以后，迄于解组而归，志虽高而行不克副，愿恒广而道不加修。十善衰微，三毒增长。事亲每伤于直义，不能先意承颜；立朝偶激于危言，敢曰赤心报国。鞭箠僮隶，或迁怒而失中；决断囚徒，或率意而过当。好德何如好色？每思摩登伽之患为难逃。忧道曷似忧贫？深叹陈仲子之操为难继③。恩岂酬于一饭，债或贻于多生。好义不逮范希文，或视人之濒危而莫救；宽容大愧娄师德，或受人之横逆而有争。议时事，或未察其苦心而轻肆诋毁；论古人，或未窥其隐德而妄有讥评。为父母，毬负德之奴，忍绝一力于囹圄而伤恕道；为寅僚，究犯道之卒，致毙一命于属吏而失稽防。男女孰非前缘，而婢妾临盆之女孩忍视其死；蛇蚁皆吾一体，而寿茔临锹之毒虺辄戕其生。非不掩骼埋尸，而故移穴傍之火骨；非不屏荤戒杀，而难清厨下之血刀。又或委任匪人，而毒民不见其迹；恣行己见，而举事不虑其终。大故误陷于不知，小慝辄成于故犯。最苦无明易动，人我难忘。戒行既已多亏，悟门更为遥远。仁或邻于日至月至，道则介于若存若亡。屡空不颜渊，养气复惭于孟氏，无欲匪周子，主敬复歉于程朱。欲尽驱三教之魔军，而心魔种种难降，则何以禁人喋喋？欲直指一乘之正觉，而觉性矇矇未彻，则何以使人昭昭？无怪乎君子见心而疑迹，小人见迹而疑心。入畏途而动见迍邅，归林壑而犹招忌毁。日月逝矣，曷从驾露地之牛车？生死何尝，焉得越化城之宝所？若不及今修忏，宁免身后噬脐。（《刘道原（恕）自讼文》云：“有二十失十八蔽……”④）⑤

文中提到“忆自垂髫以后，迄于解组而归”，管志道于 1578 年冬左迁为广东佥事，其间再遭弹劾排挤，不足一月即“得旨降调，解任驰归”⑥，据此可知，此文应作于 1578 年后。《忏罪文》提出要以孔颜之学为模范，以孟子养气、周子无欲及程朱主敬为功夫，管志道在此基础上忏悔失中的行为，其中包含佛教的“障”“债”等思想，体现出其忏悔思想的出世维度。

（一）四种儒学功夫

《忏罪文》提及四种儒家功夫进路：“屡空不颜渊，养气复惭于孟氏，无欲匪周子，

① 黄宗羲：《泰州学案四》，《明儒学案》，中华书局 2008 年版，第 838 页。

② 原文作“子登文略曰”，后将“子登”二字删去。

③ “继”，原作“断”，后删。

④ 文末可见“刘道原恕自讼文”等字迹，后删去。刘恕，字道原（1032—1078），宋仁宗皇祐元年（1049）进士。

⑤ 见方以智：《密之先生杂志不分卷（一）》，《中国科学院文献情报中心藏古籍珍本丛书（钞稿本部分）》第 36 册，学苑出版社 2017 年版，第 410~413 页。

⑥ 《南直隶苏州府七》，《本朝分省人物考》卷 24，明天启刻本，第 34 页。

主敬复歉于程朱。”按此，分别指颜回的屡空、孟子的养气、周敦颐的无欲、程朱的主敬。管志道自叹弗如，亦表明他以此为学。

颜回亚圣，据孔子评价：“回也，其心三月不违仁，其余则日月至焉而已矣。”(《论语·雍也》)管志道自称“仁或邻于日至月至”，既表明他属于孔子所言的“其余则日月至”者，又表明他以颜子不违仁为学，其为学宗旨为“屡空”，据《论语·先进》孔子曰：“回也其庶乎，屡空。”管志道有言：“颜子屡空，其庶乎，至于三月不违仁之后，则屡空入于恒空矣。”① 具体到忏悔，也就是损的功夫，类似于胡直层层剥的忏悔，将所犯罪过消解，以至于无。但是，这种无并不是一无所有，须辅之以孟子的“养气”，“其为气也，至大至刚，以直养而无害，则塞于天地之间”(《孟子·公孙丑上》)。② 浩然正气充塞天地间，以此充实颜子的“屡空”。

周敦颐以颜回为学，崇尚孟子的寡欲，以无欲为宗，管志道亦以此为学。无欲与主静相连，但由此亦会出现偏失，如阳明所言：“只悬空静守如槁木死灰，亦无用，须教他省察克治。”③ 因此，可用程朱主敬平衡，也就是《忏罪文》所言的“主敬复歉于程朱”。“顾维持世教，则非程朱之绳墨不可。”④ 持敬有绳墨规矩之功，且显化可见，有助于纠偏主静的悬空之弊。

综上，以上四种功夫可以相互平衡，均是孔子一贯之学，“一贯于仁体”⑤。孟子“通孔子一贯之原”，“至周元公作《太极图说》，而一贯之宗显”⑥。四种功夫一以贯之，“君子同心而不同见”⑦，其见各有所长，管志道兼宗之。王阳明之学问乃光复圣学之大者，故以良知学统摄养气、无欲、持敬等功夫，以此功夫修养方法为圣学一贯法，“其法非吾心外法也”⑧。

(二) 有失中当

管志道日常忏悔包含家庭、社会、国家三个面向，主要表现为有失中当。管志道认为，“致中和，天地位焉，万物育焉，习气乃尽矣”，“孔门惟颜子一人”，“无适而非未发之中，其次未免日月至焉。至则中，不至则非中矣”。⑨ 基于此，其忏悔过处有：“事亲

---

① 管志道：《续答南皋丈书》，《问辨牍卷之亨集》，《北京图书馆古籍珍本丛刊》第68册，书目文献出版社1998年版，第88页。

② 《孟子注疏》，阮元校刻：《十三经注疏》，中华书局2009年版，第5840页。

③ 王守仁：《传习录》，《王阳明全集》，上海古籍出版社2011年版，第16页。

④ “顾”字当为“故”字通假。管志道：《续答南皋丈书》，《问辨牍卷之亨集》，《北京图书馆古籍珍本丛刊》第68册，书目文献出版社1998年版，第89页。

⑤ 管志道：《续答南皋丈书》，《问辨牍卷之亨集》，《北京图书馆古籍珍本丛刊》第68册，书目文献出版社1998年版，第88页。

⑥ 管志道：《续答南皋丈书》，《问辨牍卷之亨集》，《北京图书馆古籍珍本丛刊》第68册，书目文献出版社1998年版，第89页。

⑦ 管志道：《答涂光禄念东年兄书》，《问辨牍卷之元集》，《北京图书馆古籍珍本丛刊》第68册，书目文献出版社1998年版，第20页。

⑧ 管志道：《龙华忏仪序》，《续藏经》第129册，台湾新文丰出版公司1976年版，第166页。

⑨ 管志道：《答曹令君鲁川年丈书》，《问辨牍卷之亨集》，《北京图书馆古籍珍本丛刊》第68册，书目文献出版社1998年版，第43页。

每伤于直义"，"惩负德之奴，忍绝一力于囹圄"；"议时事，或未察其苦心而轻肆诋毁；论古人，或未窥其隐德而妄有讥评"；"立朝偶激于危言"，"决断囚徒，或率意而过当"，"委任匪人"，"恣行己见"；等等。管志道本以直、以忠事亲、事君，但由于过之，导致亲、君的不和。这些罪过的酿成，是道德过激行为导致，故自比论忠与恕不及范希文（即范仲淹）与娄师德，说德难以逃过"摩登伽之患"①，说道亦难及陈仲子（战国廉士陈仲）的操守，因而深叹"志虽高而行不克副，愿恒广而道不加修"。日用常行之过虽为"小慝"，但不加悔改即成"故犯"；重大过失会使人陷于"不知"，造成业债多生的后果，因此坚持忏悔是十分有必要的。要避免上述的过与不及，需要学习圣人品格，贯彻中道，"圣人便是中节之和"②。

（三）业与障

管志道的忏悔思想体现出三教会通，如《忏罪文》曰："欲尽驱三教之魔军，而心魔种种难降，则何以禁人喋喋？欲直指一乘之正觉，而觉性矇矇未彻，则何以使人昭昭？"这显然受到佛教的正觉思想影响。魔军、心魔指向要忏悔的重重罪过，主要指隐性的，甚至是轮回的罪过，"多劫障深"及"债或贻于多生"等说法都是其融合佛教思想的体现。"多生"为佛语，如"菩萨于多生中积集善根"③，"多生中诸恶业障"④，指无明之中轮回不断、因果相续，这种忏悔的对象指向出世维度。管志道融合经世与出世，"益信孔颜之不离日用而见天则，真是即心是佛，即经世是出世"⑤。在学术定位方面，管志道则称"学必以孔子为宗"⑥，主张三教并举的同时要以孔门规矩进行约束，由此达到"三教圣人之龙德无首，不相碍，亦不相滥"⑦。圣人之道贯穿于日用常行中，日常的一言一行反映出功夫修养的程度。管志道忏悔的"心魔"大多是"小慝"，但"小慝"接连成为"故犯"后，在经世维度体现出功夫修行的不彻底，在出世方面则导致业债的多生不断。构成"心魔"的"小慝"具体表现为忠义、宽恕、孝敬、食色、权变等方面的不足，或为"失中"，或为"过当"，管志道由此将克制"心魔"的功夫与回归于"中"联系起来。

---

① 阿难乞水于摩登伽女，二人有前缘，女见之则心生爱慕，欲嫁阿难为妻，并施计种种。后佛陀现身，阿难方得脱身，摩登伽女亦证成阿罗汉道。此事参见：《佛说摩登女解形中六事经》，《大正藏》第14册，台湾财团法人佛陀教育基金会出版社1990年版，第895页。

② 管志道：《答曹令君鲁川年丈书》，《问辨牍卷之亨集》，《北京图书馆古籍珍本丛刊》第68册，书目文献出版社1998年版，第42~43页。

③ 地婆诃罗译：《方广大庄严经》卷3，《大正藏》第3册，台湾财团法人佛陀教育基金会出版社1990年版，第553页。

④ 那连提耶舍译：《大方等大集经》卷43，《大正藏》第13册，台湾财团法人佛陀教育基金会出版社1990年版，第285页。

⑤ 管志道：《答王太常塘南先生书》，《问辨牍卷之元集》，《北京图书馆古籍珍本丛刊》第68册，书目文献出版社1998年版，第5页。

⑥ 管志道：《答王太常塘南先生书》，《问辨牍卷之元集》，《北京图书馆古籍珍本丛刊》第68册，书目文献出版社1998年版，第5页。

⑦ 管志道：《答涂光禄念东年兄书》，《问辨牍卷之元集》，《北京图书馆古籍珍本丛刊》第68册，书目文献出版社1998年版，第20页。

三、《自矢文》与《忏罪文》的儒佛会通及异同

"忏悔"涵义的形成体现出佛教中国化的过程，这也是胡直和管志道忏悔思想得以生发的文化基础。《周易》有悔过思想的雏形，如《乾》卦上九"亢龙有悔"，此处"悔"指灾祸，或可引申为由灾祸而导致的后悔、怨恨等情绪；《损》卦言"君子以惩忿窒欲"，"窒欲"即包含省过、抑制的涵义。"忏"则为梵音音译，出自佛教译经活动，"悔"字常用以训"忏"。唐代僧人慧琳在《一切经音义》中考证道："忏，梵音也，具言'忏摩'。此云请忍，谓请贤圣或清净僧忍受、悔过也。"① 据此可知，"忏"全称"忏摩"，是对梵文"ksama"的音译，在传入中国后，译经家将其解释为"请忍"，包含"悔过"的思想，儒家思想主要与后者进行结合、发展。《云栖法汇》记载，明代僧人晚课时须诵《忏悔文》《蒙山施食仪》等，将忏悔作为反省自身、断除业障的重要环节。② 儒家学者则重视其入世的面向，如通过劝善书、功过格等形式记录和忏悔过错，以期向圣人的品格靠拢，这也在社会上起到了劝善弃恶的教化作用。总体而言，忏悔思想基于中国本土文化形成，在长期发展过程中与印度佛教原教旨产生差异，其意义早已超越宗教范畴，而逐步与修养身心的功夫相结合，意在反思自身过或不及之处，以期未犯时审慎警醒，已犯后求不贰过。

《自矢文》中的儒佛会通思想主要体现在胡直的寝壁粘语中，其中四处可与佛教典籍对应，前三处以禅宗机锋为依托，第四处援引《法华经》，都表达了胡直坚持忏悔去欲、呈露独知心体的功夫。

其一，《续古尊宿语要》中记载佛心本才主张于静修中虚心、正念，心外别无佛法③，在灵石寺任住持上堂说法："只今休去便休去，欲觅了时无了时"④。胡直将"只"字作"即"、"欲"字作"若"，在未改变语句大意的前提下，借佛心本才的"圆明""灵觉"之心比喻灵明虚觉的良知心。"觅了时"如同在假我上做功夫，结果只能是"无了时"；当下"休去"则指代去欲，是使心体自然呈露的功夫。其二，《景德传灯录》记载德山宣鉴有言："毫厘系念，三途业因；瞥尔情生，万劫羁锁；圣名凡号，尽是虚声；殊相劣形，皆为幻色。汝欲求之，得无累乎？及其厌之，又成大患。"⑤ 胡直粘语将第二句作"瞥尔生情，万劫缰锁"，"瞥"字或为刻录笔误。据《景德传灯录》《五家正宗赞》

---

① 慧琳：《一切经音义》，《大正藏》第54册，台湾财团法人佛陀教育基金会出版社1990年版，第443页。

② 参考云栖袾宏：《诸经日诵集要目录》，《云栖法汇（选录）（第1卷~第11卷）》卷1，《嘉兴藏》第32册，台湾新文丰出版公司，1987年，第571~573页。

③ "向静定处，正念谛观。知坐是心，返照是心，知有无、中边、内外者，心也。此心虚而知，寂而照，圆明了了，不堕断常，灵觉超然，拣非虚妄。"（释如祐录：《禅门诸祖师偈颂》卷2，《续藏经》第116册，台湾新文丰出版公司1976年版，第973页）

④ 师明集：《续古尊宿语要》，《续藏经》第68册，台湾新文丰出版公司1976年版，第429~430页。

⑤ 释道原：《景德传灯录》卷15，《大正藏》第51册，台湾财团法人佛陀教育基金会出版社1990年版，第317页。

等记载的德山语录，此处皆作“瞥尔”，义为瞬间、眨眼间，“督尔”在此处语义不通。其三，德山宣鉴于坐化前云：“扪空追响，劳汝心神，梦觉觉非，竟有何事？”① 二、三两点为前后文关系，主旨一贯，意为警示众人悟得眼前诸相都是因缘所生法，如同梦境虽虚幻，但会促使心识活动生起更多法相②，故不应将“空”当作殊相，以“空”为执。胡直将“追响”改为“执响”，仍然意在强调去欲、超越假我。其四，引用《法华经》“唯此一事实，余二则非真”的语句。③《法华经》原义为揭示一乘法门、识得如来藏心的重要性，胡直将“则”作“皆”，以如来藏心比喻独知心体，阐发心体本然之虚觉灵明。

《忏罪文》的儒佛会通主要表现为对《法华经》的引用及对佛教因果业报思想的吸收。其一，“露地之牛车”“化城之宝所”“一乘之正觉”都是化用《法华经》典故。《法华经》本义为佛见众生身在无明，如见诸子身处火宅而不知，故以牛车、宝物、城池等先诱其出火宅，再设法引导其了解、修行一乘法门，使权法、实法相结合。管志道认为一切世俗言教其实都是“心外法”，属于权法，成圣必须经由心上功夫，其中便包括忏悔，言教和修心相辅相成，缺一不可。其二，《忏罪文》对因果业报论的吸收集中体现在善恶报应方面，如“十善衰微，三毒增长”（“十善”谓不杀、不盗、不淫、不妄语、不两舌、不恶口、不绮语、不贪、不恼害、不邪见；“三毒”谓贪、嗔、痴），“多劫障深，今生福劣”等表达，不仅体现出当世的因果业报思想，而且涉及佛教的轮回观念。管志道对这一思想信服较深，称“高者升天堂，下者沉地狱，而超者往生十方佛土”④，面对质疑，则认为这一事实之所以无法被普遍认识到，是由于经验的思维与见闻无法直接把握“超然”的知识，因而最理想的治学进路是“归于同成”⑤。

总体而言，相较于胡直，管志道受佛教影响更深。他早年便受母亲的耳濡目染，“先世颇以阴骘传家，先慈晚年，则笃信净土而茹长斋，孜孜以种福示儿孙”⑥。净土重念佛回向、日常修行，为管志道忏悔思想的儒佛会通奠定了基础。1563 年师从耿定向后，管志道逐渐改变了少时以程朱之意见为圭臬的观念，同时因广泛交游而吸收佛老思想，“而执一之障始去”⑦。此后他先后拜访佛门高僧，并于 1567 年在南京天界寺结识憨山德清，

---

① 释道原：《景德传灯录》卷 15，《大正藏》第 51 册，台湾财团法人佛陀教育基金会出版社 1990 年版，第 318 页。

② “若如梦中，境虽无实，而识得起，觉识亦然。何缘梦觉造善恶行、爱非爱果，当受不同？颂曰：‘心由睡眠坏，梦觉果不同。’”（世亲著，玄奘译：《唯识二十论》卷 1，《大正藏》第 31 册，台湾财团法人佛陀教育基金会出版社 1990 年版，第 76 页。）

③ 鸠摩罗什译：《妙法莲华经》，《大正藏》第 9 册，台湾财团法人佛陀教育基金会出版社 1990 年版，第 8 页。

④ 管志道：《续顾选部泾阳丈书暨求正牍质疑二十二款（选部）》，《问辨牍卷之利集》，《北京图书馆古籍珍本丛刊》第 68 册，书目文献出版社 1998 年版，第 120 页。

⑤ 管志道《续答二鲁丈书》：“行愿有未满处，必从其缺者补之；世教有偏坠处，必从其重者反之。其究归于同成之正觉而后已。”（《问辨牍卷之亨集》，《北京图书馆古籍珍本丛刊》第 68 册，书目文献出版社 1998 年版，第 74 页）

⑥ 管志道：《答王太常塘南先生书》，《问辨牍之元集》，《北京图书馆古籍珍本丛刊》第 68 册，书目文献出版社 1998 年版，第 4 页。

⑦ 管志道：《答王太常塘南先生书》，《问辨牍卷之元集》，《北京图书馆古籍珍本丛刊》第 68 册，书目文献出版社 1998 年版，第 5 页。

憨山对管志道评价颇高，赞其为“具正法眼，秉慧剑，称雄猛丈夫者”①。其后，管志道又与紫柏真可结为莫逆之交，“之天池，遇管公东溟，闻其语，深器之……遂相与莫逆”②。管志道受到佛教高僧的赞誉，也间接说明了他入佛之深。

综上，胡直有援佛入儒的倾向，管志道则融通儒佛。胡直和管志道的功夫路径虽有差异，但二人均属于阳明后学，其忏悔功夫生发的根基都是“无欲”，思想中都体现出致良知的艰难性、曲折性、长期性。

总的来看，方以智选择的文献是阳明学中代表性的忏悔思想文献，可见其学术洞见。另外，在两篇阳明学忏悔文之后，《密之先生杂志》中原载有宋代刘道原的自讼文，但此页具有明显的删涂痕迹，全文已不可见。可以看出，方以智不限于阳明学，而是试图从宋明理学乃至中国儒学的总体来考察忏悔思想。汇聚这些忏悔文献后，“搜尽奇峰打草稿”，方以智由此发展出的忏悔思想是何种形态，这有待结合其他著作进一步研究。

（作者单位：武汉大学中国传统文化研究中心）

① 福善录，通炯编，刘起相重校：《与吴运使》，《憨山老人梦游集》，《续藏经》第127册，台湾新文丰出版公司1976年版，第413页。

② 福善录，通炯编，刘起相重校：《径山达观可禅师塔铭》，《憨山老人梦游集》，《续藏经》第127册，台湾新文丰出版公司1976年版，第591页。

文学与诗学

《四库全书总目》与中国文学史的初创*

□ 王 桢 陈文新

【摘要】 林传甲《中国文学史》首版于1910年，是为《四库全书总目》（又名《四库全书总目提要》，简称《四库总目》）影响下的首部中国文学通史。全书共计43处直接援引《四库总目》，且采用了与其一脉相承的“辨章学术，考镜源流”的批评方法。林传甲以《四库总目》的集部观念处理文学史编纂，一为秉持杂文学观，兼收四部，重治化而轻词章；二为贬斥白话小说、戏曲。林著对西式文体的本土溯源，对《山海经》等文言小说的新见解则表现出鲜明的时代性，显示了对集部观念的局部调整。

【关键词】《四库全书总目》；中国文学史；林传甲；集部观念

文学史是记述文学发展历程的著述，主要考察文学发展流变，列举、评述重要的作家作品。在中国传统学术中，起类似作用的要属艺文志、文苑传和诗文评。以艺文志为代表的“集部”目录主要辑录历代文学作品，文苑传主要记述作家生平，诗文评则侧重对诗文的批评鉴赏。其中，目录学著作在不断发展的过程中，陆续涉及文苑传和艺文志的叙述内容，成为最接近“文学史”的著述体式。清代乾隆中期官方编纂的《四库全书总目》是中国目录学的集大成之作，其集部主要收录历代诗文词集，还有诗文评类著述，大致可与西方现代意义上的“文学”对接；子部有“小说类”，与现代的“小说”概念差异甚大。其序言和提要中多涉及文体、文派流变的概述，约可视为“文学小史”。张舜徽先生曾为《四库总目》四十八篇序作讲疏，称其为治学“门径中之门径”，并说“苟能熟习而详绎之，则于群经传注之流别，诸史体例之异同，子集之支分派衍，释道之演变原委，悉憭然于心，于是博治载籍，自不迷于趣向矣”①。在传统学术资源中，《四库总目》所蕴含的文学史素材是最为丰富的。

“中国文学史”肇始于西方。海外学者在寻找参考资料时，《四库总目》顺理成章地

* 本文是国家社科基金重大招标项目“中国文学史著作整理、研究及数据库建设”（17ZDA243）阶段性成果。

① 张舜徽：《四库提要叙讲疏》，云南人民出版社2005年版，自序第1页。

进入了他们的视野，早期俄人王西里，英人翟里斯所著的中国文学史中都可寻见其身影。① 清末民初，中国教育改制的现实需求极为迫切，作为“讲义”的本土中国文学史应运而生，此时海外中国文学史著述已为数颇丰。相较于存在文化隔阂的海外学者，本土学者对《四库总目》的借鉴自主意识更强，也更加全面、深入。

一、林著《中国文学史》中的《四库总目》因素概观

国人自著文学史之初，对《四库总目》的依赖是一个普遍现象，相互之间的区别只是程度有所不同。窦警凡的《历朝文学史》，脱稿于 1897 年，出版于 1906 年。全书编写体例完全依从《四库总目》，正文内容除“读书偶得序”外，依次为“文字原始第一”“志经第二”“叙史第三”“叙子第四”“叙集第五”。虽有学者指出，此作“叙集”部分是纯粹的文学史内容，与现今通行的“纯文学观”没有差别②，但就总体而言，窦氏之作更接近于依《四库总目》之例而作的“国学概论”。陈玉堂《中国文学史书目提要》叙及此作，列举了刘滋厚《中国文学史钞》对它的评价，“实系国学概论，而非文学史”③。

目前学界普遍认可的国人撰写的首部“文学通史”，当属林传甲的《中国文学史》。④ 该书编成于 1904 年，是他任职京师大学堂时为“中国文学史”课程编写的课本，后于 1910 年出版。林著广泛参考了历代目录著作，如《汉志》《隋志》等，其中引用最多、最广者，莫过于《四库总目》。全书共两处明确交代来自《四库总目》：一是第七篇“群经文体”之九“《诗序》之体”，叙历代以来关于《诗序》作者的说法“纷如聚讼”，“《四库书目提要》参考诸说，定序首二句为毛苌以前经师所传。以下续申之词，为毛苌以下弟子所附。仍录冠诗部之首，明渊源之有自矣”⑤。二是第十一篇“诸史文体”之八“《隋书》文体明备，十志尤称精审”：“《五行志》不类涫风之笔，或云褚遂良所作（注：本《四库提要》）。”⑥ 三处直接提及《四库总目》：一是第九篇“周秦诸子文体”之十六

---

① 俄国汉学家王西里《中国文学史纲要》初版于 1880 年，是迄今所知世界上第一部中国文学史。他在首章中称：“到目前为止，还没有一部用欧洲语言写成的中国文学概论。我们至多也就知道伟烈亚力的那一份来自《四库全书》简明（不是完整的）目录的枯燥书单。……”这在一定程度上可以看作对《四库总目》“类文学史”性质的肯定。在中国文学史尚未出世前，目录书代替它承担着介绍中国文学概貌的作用。在阐述中国上古史的真实性和中国文献的古老性，及农书《泰西水法》时，王西里均提及《四库总目》。见［俄罗斯］王西里：《中国文学史纲要》，阎国栋译，中央编译出版社 2016 年版。英人翟理斯《中国文学史》中关于《太平御览》的叙述与《四库总目》说法高度一致，或本源于此。见［英］翟理斯：《中国文学史》，刘帅译，首都师范大学出版社 2017 年版。

② 参见周兴陆：《窦警凡〈历朝文学史〉——国人自著的第一部中国文学史》，《古典文学知识》2003 年第 6 期。

③ 陈玉堂：《中国文学史书目提要》，黄山书社 1986 年版，第 4 页。

④ 如郑振铎称：“中国人自著之中国文学史，最早的一部，似为出版于光绪三十年（一九〇四年）的林传甲所著的一部。”见郑振铎：《插图本中国文学史》，北平朴社出版部 1932 年版，第 2 页。此外，戴燕、夏晓虹、陈国球等学者对此书都有专门评述，意见不尽相同。

⑤ 林传甲、朱希祖、吴梅：《早期北大文学史讲义三种》，北京大学出版社 2005 年版，第 84 页。

⑥ 林传甲、朱希祖、吴梅：《早期北大文学史讲义三种》，北京大学出版社 2005 年版，第 135 页。

“诸子伪书文体之近于古者”：“《鬻子》《华子》诸伪书，虽存于《四库》，其文体不足论矣。”① 二是第十一篇“诸史文体”之十八“三通文体之异同”提到郑樵所作《通志》被《四库总目》列入“别史”：“宋郑樵作《通志》，《四库》列于别史。然纪传皆无足观，惟二十略最为简略。”② 三是第十六篇“骈文又分汉魏、六朝、唐、宋四体之别”之一“总论四体之区别”：“欲窥四体之大略，读三家所钞，亦可见矣。必欲剖析各家文体而详说之，非举《四库》集部之文尽读之，不能辨也。”③

除明确交代外，林著对《四库总目》的借鉴更多表现在观点沿用上，现将林著沿用《四库总目》处简要为列表 1：

表 1

经部	
七 群经文体 之九 《诗序》之体	经部十五·诗类一·《诗序》二卷
七之十一 淫诗辨正	经部十七·诗类存目一·《诗疑》二卷
史部	
十 《史》《汉》《三国》四史文体 之五《史记》十表创统计学之文体	史部一·正史类一·《读〈史记〉十表》十卷
十之七 褚少孙、裴骃、司马贞、张守节诸家增补《史记》文体	①史部一·正史类一·《史记》一百三十卷 ②史部一·正史类一·《史记索隐》三十卷
十之十三 班昭续成《汉书》八表并天文志之文体	史部一·正史类一·《汉书》一百二十卷
①十之十四 《后汉书》纪传后附论赞之文体 ②十之十五 司马彪《续汉书》志之文体	史部一·正史类一·《后汉书》一百二十卷
十一 诸史文体 之一《晋书》文体为史臣奉敕纂辑之始	史部一·正史类一·《晋书》一百三十卷
十一之六 《北齐书》文体自成一家，规模独隘	史部一·正史类一·《北齐书》五十卷
十一之七 《周书》文体欲复古而未能	史部一·正史类一·《周书》五十卷
十一之八 《隋书》文体明备，十志尤称精审	史部一·正史类一·《隋书》八十五卷
十一之九 南、北史仿《史记》纪传之文体	①史部二·正史类二·《南史》八十卷 ②史部二·正史类二·《北史》一百卷
十一之十 新、旧唐书文体之异同	①史部二·正史类二·《旧唐书》二百卷 ②史部二·正史类二·《新唐书》二百二十五卷
十一之十一 《旧五代史》文体仿《三国志》，《新五代史》文体仿《史记》	史部二·正史类二·《旧五代史》一百五十卷，《目录》二卷

① 林传甲、朱希祖、吴梅：《早期北大文学史讲义三种》，北京大学出版社 2005 年版，第 115 页。
② 林传甲、朱希祖、吴梅：《早期北大文学史讲义三种》，北京大学出版社 2005 年版，第 142 页。
③ 林传甲、朱希祖、吴梅：《早期北大文学史讲义三种》，北京大学出版社 2005 年版，第 142 页。

续表

史　部	
十一之十二 《宋史》文体之繁舛	史部二·正史类二·《宋史》四百九十六卷
十一之十四 《金史》文体中交聘表最善	史部二·正史类二·《金史》一百三十五卷
十一之十五 《元史》文体多疏舛	史部二·正史类二·《元史》二百十卷
十一之十六 《明史》文体集史裁之大成	史部二·正史类二·《明史》三百三十六卷
十一之十七 编年文体温公《通鉴》似《左氏》，《朱子纲目》似《公穀》	史部三·编年类·《资治通鉴》二百九十四卷
子　部	
八 周秦传记杂史文体 之十二 黄帝《素问》《灵枢》创生理学、全体学文体	子部十三·医家类一·《灵枢经》十二卷
八之十五 《孔丛子》创世家之体	子部一·儒家类一·《孔丛子》三卷
九 周秦诸子文体 之五《墨子》发明格致新理之文体	子部二七·杂家类一·《墨子》十五卷
九之九 《文子》之文体冗杂	子部五六·道家类·《文子》二卷
九之十二 《公孙龙子》创辨学之文体	子部二七·杂家类一·《公孙龙子》三卷
九之十三 《鬼谷子》创交涉之文体	子部二七·杂家类一·《鬼谷子》一卷
九之十四 《鹖冠子》不立宗派家之文体	子部二七·杂家类一·《鹖冠子》三卷
十三 南北朝至隋文体 之十五 北齐文体颜之推出入释家	子部二七·杂家类一·《颜氏家训》二卷
集　部	
十三之五 苏蕙创回文之体	集部一·别集类一·《璇玑图诗读法》一卷
十三之九 《昭明文选》创总集之体	集部三九·总集类一·《六臣注文选》六十卷
十三之十 刘勰《文心雕龙》创论文之体	①集部四八·诗文评类一·《文心雕龙》十卷 ②集部四八·诗文评类一·《文心雕龙辑注》十卷
十三之十一 钟嵘《诗品》创诗语之文体	集部四八·诗文评类一·《诗品》三卷
十三之十三 徐陵《玉台新咏》创诗选之体	①集部三九·总集类一·《玉台新咏》十卷 ②集部一·别集类一·《庾开府集笺注》十卷
十三之十六 北周苏绰《六条诏书》文体之复古	集部四二·总集类四·《后周文纪》八卷
十四 唐宋至今文体 之三 唐初元结、独孤及诸家始复古体	①集部二·别集类二·《陈拾遗集》十卷 ②集部三·别集类三·《毗陵集》二十卷
十四之六 韩门张籍、李翱、皇甫湜文体	①集部三·别集类三·《张司业集》八卷 ②集部三·别集类三·《皇甫持正集》六卷 ③集部三·别集类三·《李文公集》十八卷 ④集部四·别集类四·《孙可之集》十卷 ⑤集部四·别集类四·《皮子文薮》十卷

续表

集 部	
十四之九 宋人起五代之衰，柳开、王禹偁、穆修诸家文体	①集部五·别集类五·《河东集》十五卷，《附录》一卷 ②集部五·别集类五·《小畜集》三十卷，《小畜外集》七卷 ③集部五·别集类五·《穆参军集》三卷，《附录遗事》一卷
十四之十三 有宋道学家文体亦异于语录	集部九·别集类九·《龟山集》四十二卷
十四之十四 南宋文体宗泽、岳飞、陈亮、文天祥、谢枋得之忠愤	①集部九·别集类九·《宗忠简集》八卷
十四之十七 明人文体屡变，宋濂、杨荣、李梦阳、归有光之异同	①集部二二·别集类二二·《宋学士全集》三十六卷 ②集部二三·别集类二三·《杨文敏集》二十五卷 ③集部二四·别集类二四·《王文成全书》三十八卷 ④集部二五·别集类二五·《沧溟集》三十卷，《附录》一卷 ⑤集部二五·别集类二五·《弇州山人四部稿》一百七十四卷，《续稿》二百七卷
十六 骈文又分汉魏、六朝、唐、宋四体之别 之九 徐庾集骈体之大成	①集部一·别集类一·《庾开府集笺注》十卷 ②集部一·别集类一·《徐孝穆集笺注》六卷
十六之十 唐初四杰之骈体	①集部二·别集类二·《王子安集》十六卷 ②集部二·别集类二·《盈川集》十卷，《附录》一卷
十六之十一 燕许大手笔之骈体	集部二·别集类二·《张燕公集》二十五卷
十六之十五 宋初西昆骈体步趋晚唐及北宋诸家异同	集部五·别集类五·《武夷新集》二十卷

由表1可知，林著采用《四库总目》处共计43条："经部"凡2条，"史部"凡17条，"子部"凡8条，"集部"凡16条。它们集中分布在八个篇章，占全书总篇目的50%，比例相当之高。值得注意的是，除第十六篇"骈文又分汉魏、六朝、唐、宋四体之别"外，其他七篇均为"文体"专论，分别为：第七篇"群经文体"，第八篇"周秦传记、杂史文体"，第九篇"周秦诸子文体"，第十篇"《史》《汉》《三国》四史文体"，第十一篇"诸史文体"，第十三篇"南北朝至隋文体"，第十四篇"唐宋至今文体"。第十二篇"汉魏文体"，为"文体"专论中唯一没有引用《四库总目》的篇章。所引内容大致与四部对应，且以经、史、子、集为序，正反映出林传甲根柢传统的"大文学观"。在他看来，"文"的概念包含甚广，《四库总目》之四部是一体而不可分割的，集部之"文学"不能离开所依托的经史来谈，放眼林著全书，前三篇为文字、音韵、名义训诂专叙，

与《四库总目》经部小学之训诂、字书、韵书三类对应，显而易见的承传关系反映出二者一脉相承的理念。

据林传甲自述，全书目次是依《奏定大学堂章程》（简称《章程》）而设，“查《大学堂章程》，中国文学专门科目所列研究文学众义，大端毕备，即取以为讲义目次，又采诸科关系文学者为子目”①。对照《章程》，林著篇章确与其“研究文学之要义”前十六条完全一致。② 究其原因，一是时间紧迫，文学史课程亟须配套讲义，直接依照《章程》行事显然是最便捷和稳妥的做法；二是《章程》虽为新式学堂而编，但是凡涉传统学术处，皆有《四库总目》之身影。除前文叙及的“文学要义”广涉四部之外，“经学科大学”之“周易学门”设补助课“钦定四库全书提要经部易类”，“文学科大学”之“中国史学门”设主课“四库史部提要”、“中国文学门”设主课“四库集部提要”，都直接证明了二者间的紧密关联。作为传统学人，林传甲对《章程》的依从显然包含着学术立场的认同。因此，其书前序中虽有“将仿日本笹川种郎《中国文学史》之意以成书焉”③之言，却断然摒弃了笹川按朝代沿革划分时段的叙述框架④，而依《章程》之例结构全书。篇章布局的设计表明，林著的特点是以《章程》为桥梁而通向《四库总目》，表 1 所列的具体书写则是直接取资于《四库总目》。

二、根柢《四库总目》的文学批评方法

林著对《四库总目》的传承之处，囊括书目基本情况的介绍，如作者生平，成书历程，版本之真伪、流变，内容简介，以及作家、作品评价诸方面。林传甲或直接挪用，或简洁概括，处处体现出《四库总目》所蕴含的“辨章学术，考镜源流”的批评方法，构成了二者间更深层次的联系。

林传甲吸收传统方法以治新学，其表征之一是在文体溯源、文风流变和文学流派的研究方面用力颇深。关于文体溯源，可以第十三篇“南北朝至隋文体”为例，其九“《昭明文选》创总集之体”，叙“总集”文体的创立自昭明太子《文选》始：“魏晋后主文士日盛，文集日繁。挚虞《文章流别》，始分体编录，为总集之始，其书今不传。宋以前挚氏

① 林传甲、朱希祖、吴梅：《早期北大文学史讲义三种》，北京大学出版社 2005 年版，第 1 页。

② 据光绪二十九年十一月二十六日（1904 年 1 月 13 日）颁布的《奏定大学堂章程》，中国文学研究法略解所规定的“研究文学之要义”前十六条为：“一、古文籀文、小篆、八分、草书、隶书、北朝书、唐以后正书之变迁，一、古今音韵之变迁，一、古今名义训诂之变迁，一、古以治化为文、今以词章为文关于世运之升降，一、修辞立诚、辞达而已二语为文章之本，一、古今言有物、言有序、言有章三语为作文之法，一、群经文体，一、周秦传记杂史文体，一、周秦诸子文体，一、史汉三国四史文体，一、诸史文体，一、汉魏文体，一、南北朝至隋文体，一、唐宋至今文体，一、骈散古合今分之渐，一、骈文又分汉魏六朝唐宋四体之别。”见朱有瓛主编：《中国近代学制史料·第 2 辑》（上），华东师范大学出版社 1987 年版，第 785~786 页。

③ 林传甲、朱希祖、吴梅：《早期北大文学史讲义三种》，北京大学出版社 2005 年版，第 1 页。

④ 笹川种郎的《中国历朝文学史》（原名《支那历朝文学史》）将中国文学史分为九期，依次为：春秋以前文学、春秋战国时代之文学、两汉文学、魏晋及南北朝之文学、唐朝文学、宋朝文学、金元之文学、明朝文学、清朝文学。见陈玉堂：《中国文学史书目提要》，黄山书社 1986 年版，第 125~126 页。

书未亡时，传习亦不如《文选》之盛。盖总集之体，至《文选》始备也。"① 其后第十章"刘勰《文心雕龙》创论文之体"，第十一章"钟嵘《诗品》创诗语之文体"，第十三章"徐陵《玉台新咏》创诗选之体"，分别叙述了文论、诗论和诗选的创始源流。除了中国传统文体，林著中还出现了许多乍看十分抢眼的"新名词"，如八之十一"《神农本草》创植物教科书文体"，八之十二"黄帝《素问》《灵枢》创生理学、全体学文体"，九之六"《老子》创哲学家、卫生学家之文体"等，都是西学影响的产物，带有鲜明的时代性。在论述传统著述对诸多新文体的开创之功时，林传甲仍时常借鉴《四库总目》中的相关说法，"黄帝《素问》《灵枢》创生理学、全体学文体"一章中《灵枢》辨伪一段，择要摘取《四库总目》子部之论《灵枢经》，但二者重心各有不同：四库馆臣认为《灵枢》虽是伪作，但"先王遗训，多赖其搜辑以有传"②，因而"不可废"；林传甲则说，"况古昔生理学、全体学未显，独赖此二书以存其梗概"③，从创体角度肯定了它们的文献价值。与诗话等文体发展的正向梳理不同，林传甲对生理学、统计学等文体创始的论述是从新的观念出发，在传统学术资源中进行的反向溯源。这种新学不新、"古已有之"的证明，将旧学与新知接轨，满足了国人在当时历史情境下亟须文化认同和价值肯定的心理需求，也为旧学开新途做出了有益尝试。第十六章"北周苏绰《六条诏书》文体之复古"，几乎照搬《四库总目》集部之《后周文记》，以苏绰《六条诏书》为引子，概述了自晋以来，南北朝至唐代，骈文俪极而衰，转向古朴的文风流变过程："盖骈偶至南陈为极则，而复古之文，即萌芽于北朝。骈文多饰词，而古文则率真以达意。盖自有晋之季，文章竞为浮华，遂成风俗。太祖欲革其弊，命苏绰仿《尚书》撰《大诰》。自是以后，文笔皆依此体。宇文建国号后周，故遵周制。其文固不愧古人，惟力行则未至耳。苏绰之文，虽不足上拟贾董，实足惟盛唐韩柳之先驱。"④ 文风流变概述的沿用更能体现《四库总目》在传统学术中的巨大统摄力，一经确立，几难更改。对于文学流派中的家法传承，林著也多有论及，如十四篇之六"韩门张籍、李翱、皇甫湜文体"就"韩愈—皇甫湜—来无择—孙樵"一脉的梳理，之九就"穆修—尹洙—欧阳修"一脉的梳理，都源于《四库总目》：前者来自集部《孙可之集》提要所引的孙樵《与王霖秀才书》《与友人论文书》的自述，后者主要来自集部《穆参军集》提要中所引的朱子《名臣言行录》的概述。简而言之，无论是著述体式上的文体渊源，审美风格上的文风流变，还是家法宗派的递相传承，上述种种历时态分析，都体现出林传甲较为明确的"史"的意识和依傍《四库总目》的文学观念。

其二，林著中贯穿着知人论世的共时性考察，强调文风与世风间的紧密关系。"知人论世"说起于孟子，后来发展为传统文学批评的重要原则，并形成了论诗评文，必先言姓名、字号、籍贯、官阶、时代的批评惯例。《四库总目》罗列千家作品，都是如此。林传甲同样秉持"知其人、论其世，方可颂其诗、读其书"的思维路径，并运用到其文学史书写中，如第九篇"周秦诸子文体"之三"《吴子》文体见儒家尚武之精神"："吴起

① 林传甲、朱希祖、吴梅：《早期北大文学史讲义三种》，北京大学出版社2005年版，第162页。
② （清）永瑢等：《四库全书总目》，中华书局1965年版，第856页。
③ 林传甲、朱希祖、吴梅：《早期北大文学史讲义三种》，北京大学出版社2005年版，第96页。
④ 林传甲、朱希祖、吴梅：《早期北大文学史讲义三种》，北京大学出版社2005年版，第167页。

儒服，以兵机见魏文侯，为千古儒将之冠。起为曾子之门人，故儒服。生于战国，故晓鬯兵机。吴起之书，皆与文侯武侯对应之辞，迎机利导，其答如响，文机亦奇变不可思议。……盖尚武之精神，出于天赋，所以矫贱儒庸之习也。”① 吴起师承曾子，出于儒家，但文风奇变，不同于一般的儒家人士。“生于战国，故晓鬯兵机”和“尚武之精神，出于天赋”，从生活时代和个人性格两方面分析了吴起“尚武”文风的成因。林著对文风与世风之关系尤为关注，其论述常常包括两个方面：一是文随世移，强调世风对文风的影响。庾信由梁入魏，后聘于周，终身未能南归，文风由“极浮艳”转向“华实相扶”，林传甲评价道，“则一世风气变，一人之文体亦变矣”②。二是强调文风反映世风，并对世运有反作用。十三篇之十八“隋王通《中说》之文体”有“南人以文弱，北人以质胜。南北统一，而后文质彬彬焉。文体之变，可以觇世运之变矣”③ 之言，与“兴观群怨”的诗论精神一脉相承。林传甲也强调文学的社会功用，认为南朝萧梁，国力衰弱，是文风繁缛浮华之罪，称“其不能恢复中原者，江左文弱之习所囿也”④。这种知人论世的路径，也多有《四库总目》的影响。

三、本于集部传统的价值判断

从观点到方法，林传甲对《四库总目》的广泛借鉴，实际是本土中国文学史初创之时，传统集部观念与现代文学观念相互博弈，前者最终取得优势的结果。西方现代意义上的“文学”观念产生于 19 世纪，以“虚构性”“想象性”和“创造性”为三大基本特征。⑤ 在传统学术中，四部之“集部”似乎可与之对接，《章程》“中国文学门”专设“四库集部提要”课程，可以为证。以诗歌、小说、戏剧和艺术性散文为主体的现代纯文学观与集部传统中以诗文为主体且深度倚靠经史的文学观产生了激烈碰撞。“五四”以后，随着新文化运动的展开，许多学者接受了现代文学观念，尝试剥离集部与经、史、子部的深度联系，大幅提高小说、戏剧两种文体的地位，而“五四”之前的林传甲，则选择了以集部观念处理文学史编纂。这种观念反映到价值判断中，主要表现为以下两点。

其一，贬斥词章之文，而推崇治化之文。传统学术中，经、史、子、集的排序也是地位差异的标识，经部最高，其他依次递减，这就导致了地位较低的集部时常需要倚仗经史抬高自己，否则就会“贬值”。林传甲在“汉以后治化、词章之分”一章中有言：“自作史者以名臣、循吏列传于前，儒林、文苑列传于后，于是治化、词章遂判而为二。……是

① 林传甲、朱希祖、吴梅：《早期北大文学史讲义三种》，北京大学出版社 2005 年版，第 106 页。

② 林传甲、朱希祖、吴梅：《早期北大文学史讲义三种》，北京大学出版社 2005 年版，第 167 页。

③ 林传甲、朱希祖、吴梅：《早期北大文学史讲义三种》，北京大学出版社 2005 年版，第 168 页。

④ 林传甲、朱希祖、吴梅：《早期北大文学史讲义三种》，北京大学出版社 2005 年版，第 164 页。

⑤ 卡勒对西方现代文学观念有过概述：“现代西方关于文学是富于想象力的作品这个理解可以追溯到 18 世纪末德国浪漫主义理论家那里。如果我们想得到一个确切的出处，那就可以追溯到 1800 年法国的德·斯达尔男爵夫人发表的《论文学与社会建制的关系》。”见［美］卡勒：《文学理论入门》，李平译，译林出版社 2013 年版。韦勒克称“‘文学’一词如果限指文学艺术，即想象性的文学，似乎是最恰当的”，提出“虚构性”“想象性”和“创造性”是文学的三大基本特征。见［美］雷·韦勒克，奥·沃伦：《文学理论》，刘象愚、邢培明、陈圣生、李哲明译，生活·读书·新知三联书店 1984 年版。

时司马相如、枚皋、东方朔之流，皆以词章润色鸿业焉。……其去云台勋贵，以治化为德业者何远乎。”① 他将文章划为治化、词章二途，所谓治化之文，意指有助于国家治理的文章，词章之文则只是用来润色鸿业，而“无关天下兴亡”。在林传甲的价值体系中，二者高下判然，润色鸿业的词章之文根本无法与经世致用的治化之作相提并论。他的叙述理路是：西汉司马相如《子虚》《上林》出，汉大赋愈发向着规模宏大、描绘尽致的方向发展，虽“曲终奏雅”，但终因反复铺排、辞藻繁富，而招致“劝百讽一”之讥。六朝时期，骈俪之风大盛，崇尚藻饰雕琢的文风被推到极致。相较而言，汉代词章因去古未远而显得“浑厚朴茂，不伤雕饰”。对于六朝词章，林传甲以“滥”字概括，并毫不客气地批评道，“其在文品中，如儒者之小慧，佛法之下乘，人类之俳优也”②。词章、治化之争由来已久，但在儒家思想为主流意识形态的传统社会中，治化之文天然处于制高点，常常占据上风。《四库总目》子部《天禄识馀》提要中说，“古人为学，先根柢而后枝叶，先经史而后词章”③，正可说明这一点。经史之文载圣人之言，记历朝政事，为治学根本，而词章不过是锦上添花、装点太平的绣笔。二者“根柢”与“枝叶”的地位差距，在“乱世”表现得尤为悬殊，林传甲身值民族危亡之际，基于文风关乎世运的观念，对治化之文的呼唤尤为殷切，“今之尚词章，尚不若六朝之甚。然国民文弱，亦甚自奋于竞存于世乎”④。这与《章程》的精神也是一致的：“集部日多，必归湮灭，研究文学者务当于有关今日实用之文学加意考求。”⑤ 持集部观念的人常常认为，在浩如烟海并终有一天会灰飞烟灭的文集中，惟有“实用之文学”是值得保存和研究的。

当然，林传甲对词章并非完全否定，而是认为必须言之有物，才有存在的价值。第四篇之十八，章名即为“论治化、词章并行不悖”，并以日本明治时期的战争文学为例阐述了这一主张：“日本明治维新，说者谓其黜汉学而醉欧化。今读其战争文学，见彼陆海师团，走卒下士，所为诗歌，或奇崛如李，或雄健如杜。中国词章之士，苟读之而愧奋，中国庶几中兴乎。……日本帝国丛书，尚有英独佛各国文学史，皆彼中词章之学也。传甲欲译而未能，愿俟之来哲，俾言治化者知词章之不可废也。”⑥

其二，林著激烈诋斥小说、戏曲。在《四库总目》中，集部不仅排除了用白话撰写的小说，也排除了与白话缘分很深的戏曲，馆臣将词、曲二家分为甲乙，由讲唱表演发展而来的戏曲艺术被分在乙类，地位可谓“卑而又卑”，且只录“品题论断之词及《中原音韵》”，即只收评论和声韵学著作，戏曲文本被排除在外。这是对“引车卖浆者流”所用的语言的轻视，同时也是对小说、戏剧这两种文体的轻视。即便在个别书目提要中偶有“不得已”的提及，也多持否定态度。⑦ 至于文言的子部小说，与现代意义上重视人物、

① 林传甲、朱希祖、吴梅：《早期北大文学史讲义三种》，北京大学出版社 2005 年版，第 46 页。

② 林传甲、朱希祖、吴梅：《早期北大文学史讲义三种》，北京大学出版社 2005 年版，第 47 页。

③ （清）永瑢等：《四库全书总目》，中华书局 1965 年版，第 1092 页。

④ 林传甲、朱希祖、吴梅：《早期北大文学史讲义三种》，北京大学出版社 2005 年版，第 47 页。

⑤ 朱有瓛主编：《中国近代学制史料 · 第 2 辑》（上），华东师范大学出版社 1987 年版，第 786 页。

⑥ 林传甲、朱希祖、吴梅：《早期北大文学史讲义三种》，北京大学出版社 2005 年版，第 51 ~ 52 页。

⑦ 参见苗怀明：《浅论〈四库全书总目〉视野中的古代通俗文学》，《长江学术》2015 年第 2 期。

情节和想象的小说大为不同，多指传授治身理家之道的丛残小语和逸闻杂记，《四库总目》子部小说家有杂事、异闻、琐语三类，即属于这类作品。作为《四库总目》的信奉者，林著对白话小说、戏曲的排斥实更为激烈，十四篇之十六“元人文体为词曲、说部所紊”中有集中表述：

> 元之文格日卑，不足比隆唐宋者，更有故焉。讲学者即通用语录文体，而民间无学不识者。更演为说部文体，变乱陈寿《三国志》，几与正史相溷。依托元稹《会真记》，遂成淫亵之词。日本笹川氏撰《中国文学史》，以中国曾经禁毁之淫书，悉数录之，不知杂剧院本传奇之作，不足比于古之《虞初》，若载于风俗史犹可。肖笹川载于《中国文学史》，彼亦自乱其例耳。况其胪列小说戏曲，滥及明之汤若士、近世之金圣叹，可见其识见污下，与中国下等社会无异。而近日无识文人，乃译新小说以诲淫盗。有王者起，必将戮其人而火其书乎。不究科学，而究科学小说，果能裨益名智乎。是犹买椟而还珠耳。吾不敢以风气所趋，随声附和矣。①

林传甲将元代文学不能媲美唐宋归咎于《三国志演义》《西厢记》等通俗文学的出现。在他看来，这些作品或篡改史实、混淆视听，或描写男女情爱、品格低下，都无益于社会的健康发展。基于此，他对笹川种郎《中国文学史》载录小说、戏曲的做法甚为不满，斥为“识见污下”。他还顺手对当时文坛兴起的翻译西方小说的风潮加以抨击，表明了自己绝不会“同流合污”的立场。视小说、戏曲为“诲淫诲盗”之作，是典型的集部立场的体现。而今看来，这种立场当然有失偏颇，但对于一个成长于传统学术环境的文人，倒也不必苛责。

与白话小说、戏曲在林著中毫无立足之地的境遇不同，林传甲在论述文体时，偶尔会叙及文言小说，这是因为《四库总目》的子部本有小说家类。不过，对《山海经》等作品，他提出了一些不同于《四库总目》的见解，表现出其学术个性。四库馆臣以《山海经》所记“道里山川，率难考据，按以耳目所及，百不一真”②，将其列为“小说之最古者”。林传甲却并不认可，他以近代李诚所撰《万山纲目》（光绪二十六年，即 1900 年出版）为例，认为《山海经》在叙述体例上与新地理志多有吻合。他说：“古有今无之物甚繁，不足异也。读赫胥黎之《天演论》，知动植消耗之故矣。人首而有尾者，大抵皆猿类也。大荒以外，传闻歧异。且沧海桑田，变迁已甚。地质家谓日本古昔毗连亚陆，英伦古昔毗连欧陆。火山裂之，海水撼之，自然地理，亦有变矣。然则猿世界之际，山海情状，安知不如彼所云乎。”③ 19 世纪末，严复所译英国生物学家赫胥黎的《天演论》刊出，在中国社会引起巨大反响。林传甲显然接受了进化论思想，认为自然地理及生物都处在不断演变的过程中，“古有今无”乃是常事，不能以今天的地理面貌判定《山海经》所言为

① 林传甲、朱希祖、吴梅：《早期北大文学史讲义三种》，北京大学出版社 2005 年版，第 181～182 页。

② （清）永瑢等：《四库全书总目》，中华书局 1965 年版，第 1205 页。

③ 林传甲、朱希祖、吴梅著：《早期北大文学史讲义三种》，北京大学出版社 2005 年版，第 97 页。

虚。《山海经》是否确为纪实之作，这里姑且不论，但林传甲有着比四库馆臣更开阔的学术视野是毫无疑问的。

四、结　语

中国传统学术的分类，大类项是经、史、子、集四部之学。在许多人的感觉中，史部为史学，集部为文学，子部大体属于哲学，林传甲也是如此。他依托《四库总目》的集部观念来写《中国文学史》，是传统学术向现代学术转型之初的特有现象，也为阐释旧学、新知的异同提供了一个不可多得的标本。批评林传甲守旧，批评他写了一部国学史而不是文学史，都没有委屈他。而拙见以为，对他做“同情之了解”比批评他更加重要，更有学术意义。本文的分析，就是秉承“同情之了解”的宗旨而展开的，结论是：林传甲所持的文学史观和书写模式，典型地反映了本土中国文学史创立之初集部观念的巨大影响，也确立了文学史与《四库总目》的不解之缘；此后的中国文学通史，与《四库总目》之间的离合纷繁多歧，而林著也为比较分析提供了一个重要的参照对象。

（作者单位：武汉大学文学院）

从“文献”到“文学”：早期中国文学史书写的观念演进

□ 顾瑞雪

【摘要】较早的国人自著《中国文学史》以窦警凡、林传甲、黄人分别撰述的文学史著作为代表，其中林传甲为京师大学堂优级师范编定的文学史讲义《中国文学史》影响最著。将这三部文学史的体例、内容、风格加以对比，可以发现早期文学史的撰述经历了一个由“文献”到“文学”的转变。这一过程凸显了晚清末造有识之士为救亡图存、纳中国文学于世界文明进化大潮所做的积极调适和不懈努力。

【关键词】文献；文学；中国文学史；窦警凡；林传甲；黄人

“文学”一词较早的记载，见于《论语·先进》。孔子曾言及孔门四科，其中一科即是“文学：子游，子夏”。此处“文学”指古代文献，即孔子所传授的《诗》《书》《礼》《易》《春秋》等典籍文本。后来国人进一步将有关文化学术的经、史、子、集统统纳入“文学”的体系，从而形成了“大文学”“杂文学”的观念，这也就直接决定了早期撰述者的“文学史”意识。国人自著文学史始自窦警凡的《历朝文学史》。① 之后林传甲任教京师大学堂期间，应学部之命编撰讲义，著成《中国文学史》。约略同时撰述的，还有时任东吴大学教习的黄人所编著的《中国文学史》，然因其编撰时间跨度较长，篇幅甚巨，最终因黄人去世亦未能完成定稿，故其流通并不广，影响也不甚大。② 通观该时期文学史，无一例外地体现了“大文学”“杂文学”的特征。然细究其体例、内容、风格，却能够看到自光绪三十年（1904）至宣统二年（1910）前后，文学史的撰述经历了一个由

① 据周兴陆《窦警凡〈历朝文学史〉——国人自著的第一部文学史》和杨彦妮《集部之学与经世致用——窦警凡〈历朝文学史〉评介》等文考订，窦警凡所著《历朝文学史》应是更早于林传甲《中国文学史》的第一部国人自著文学史。该著脱稿于光绪二十三年（1897），初版于光绪三十二年（1906），比林著早一年出版。

② 此外还有吴梅所撰、初版于1907年的京师大学堂讲义《中国文学史（自唐迄清）》，也占据了早期文学史撰述的一席之地。因其所撰为文学史之一部分，故本文不予讨论。

“文献”到“文学”的发展过程。①

一、体例之演进

体例是著作编写的格式，是撰述前的总纲。对于编写“史”而言，采用何种体例进行撰述，能够直接反映出作者的史识和史才。三部《文学史》中，黄人《中国文学史》在体例上最具创新和现代的品质。

今藏于国家图书馆北海分馆的《历朝文学史》印行于1906年，铅印，封面题为“历朝文学史 张祖翼署首”，钤“磊盦”印。油光纸，双面53页，每半页12行，行33字。同白口，四周双边，单鱼尾。篇首《读书偶得序》末署“光绪三十二年丙午，梁溪振学主人窦警凡氏序”。该著本为东林书院讲习中国文学史而撰的讲义，共计49000余字。窦警凡在正文前“序”中，对该书体例进行了简单说明：

> 学必由文字始，兹叙文字为发端。立纪纲，厚风俗，使薄海内外之人相协而不相离，可强而不可弱者，莫备于经，故次之以经。上下、古今、成败、得失之道，一览了然，得所依据，莫善于史，又次之以史。凡人情事理，以至农工商贾，虽世变日新，有百变而不能出其范围者，莫详于子，又次之以子。从古硕德通才，奇谋伟略，以致文人学士亦各有著作，以抒所见，悉载于集，又次之以集。

窦氏以文字为前提和基础，“经—史—子—集”为经、纬，按自己的选择建构了“中国文学”的教学体系与文学内涵。撰述所涉范围取“恒见而切要”的内容，并间或附以评说。他认为融会贯通此类知识有利于道德的养成和民族的振兴，由中可以见出作者求富求强心切，“一篇之中，三致意焉”。

林传甲在《中国文学史》开篇“序言”中，指出该讲义是按照“纪事本末体”进行编排；每章又列出题目，是借鉴《通鉴纲目》之体。全书11万余字，凡16篇，每篇18章，共288章。前六篇全在讲书体、文字、音韵、训诂、修辞语法、作文章法等内容；从第七篇始叙述经、史、子、集；最后两篇专述骈、散文，着重介绍文学手法及其表现。在拟定各篇章标题时，林氏至少使用了三个标准：内容、时间、风格特点；以内容（和文体）的一致性对撰述进行了划分；在叙及具体章节内容时，又以时间先后为序，进行了概括性叙说，此即林氏“每篇自具首尾”之意。

“文学史”草创阶段的林传甲既无既定样板可资模仿，又无通晓现代学术体制的同好可协同商榷，他只能依据《奏定大学堂章程》的指令要求，按传统以来所形成的“杂文学观”进行改造取舍。夏晓虹教授指出绝不要将这本《中国文学史》看作“个人独立的

① 窦警凡：《历朝文学史》，光绪三十二年印行，国家图书馆藏书；林传甲：《中国文学史》，宣统二年武林谋新室排印本，国家图书馆藏书；黄人：《中国文学史》，杨旭辉点校，苏州大学出版社2015年版。

撰述”，它只不过是一本“贯彻教学纲要的教科书”而已。① 戴燕谈到该著的体例设计时说：

> 在他（指林传甲）为文学史书设计体例的时候，最有可能也最可行的，就是从传统史书的编纂方法中寻找资源。所以他选择的文学史写作手法，正是宋代以后颇受人欢迎的“纪事本末体”，这是以具有代表性的事件或人物来带动整个历史描述的史书撰写体例。值得一提的是，它还一度被提倡“新史学”的梁启超看好，认为很接近西方人编教科书的体例。②

南宋袁枢创《通鉴纪事本末》因事命篇，“每事各详起讫，自为标题；每篇各编年月，自为首尾”，是当时备受推崇的历史体裁。③ 林传甲以史书体例来比附自己的撰述，虽不乏撰史意识，然与袁枢用“纪事本末”体的做法不同，他对各类文献的“历时”性关注不够（至少未能完全贯彻）。如第三篇《古今名义训诂之变迁》中，第1~14章以时间为标准叙虞夏商周至明代训诂的“历时”性变迁；第15~17章则是以内容之差异如天算家、地舆家、制造家等不同而导致训诂的变化；第18章却又是对全篇的总结。像这样标准不一的情形在书中举不胜举，实难以“纪事本末”进行概括。

林氏同样提及该讲义乃是“仿日本笹川种郎《中国文学史》之意以成书”，但事实上只能是照葫芦画瓢描摹其相而已。陈国球在《“错体”文学史——林传甲的〈京师大学堂国文讲义〉》一文中，对这一问题进行了细致剖析，指出林氏的《国文讲义》不过是芜杂不纯的材料总汇，并直接将其称为“错体”的文学史。④ 这也就是1922年9月郑振铎对他诃责和诘难的原因：“名目虽是‘中国文学史’，内容却不知道是什么东西！有人说，他都是钞《四库提要》上的话。其实，他是最奇怪——连文学史是什么体裁，他也不曾懂得呢！”⑤ 虽然郑氏的批评比较严厉，然而寻绎林氏《中国文学史》的体例，却不能不同意郑氏的观点——四阅月即成的急就章也仅能聊以塞“总监督审察”之责。

光绪三十年（1904），东吴大学校长、美国监理会教士孙乐文（David Laurance Anderson）责成教习黄人自谋编著，厘定国文课本，请其担任编辑主任，并别延嵇健鹤、

---

① 夏晓虹：《作为教科书的文学史——读林传甲〈中国文学史〉》，陈国球、王宏志、陈清桥编：《书写文学的过去——文学史的思考》，麦田出版社1997年版，第15页。

② 戴燕：《文学史的权力》，北京大学出版社2002年版，第178页。

③ 《四库全书总目提要》评论袁枢《通鉴纪事本末》时说：“枢乃自出新意，因司马光《资治通鉴》区别门目，以类排纂。每事各详起讫，自为标题；每篇各编年月，自为首尾。始于三家之分晋，终于周世宗之征淮南，包括数千年事迹，经纬明晰，节目详具，前后始末，一览了然。遂使纪传、编年贯通为一，实前古之所未有也。”［（清）纪昀等：《四库全书总目提要》，中华书局2000年版，第675页］梁启超亦曾说：“夫欲求史迹之原因结果以为鉴往知来之用，非以事为主不可，故纪事本末于吾侪之理想的新史最为相近。”（《中国历史研究法》，人民出版社1999年版，第24页）

④ 陈国球：《文学史书写形态与文化政治》，北京大学出版社2004年版，第49页。

⑤ 郑振铎：《郑振铎古典文学论文集》，上海古籍出版社1984年版，第36~37页。

吴梅分任其事，同时即用誊写版油印，随编随课。① 这就是黄人编著的30册170万余字的皇皇巨著《中国文学史》（简称黄人《文学史》）。全书由总论、略论、分论三大部分构成，其中理论阐发与分类立目，皆系黄人一己手笔，乃其“惬心之作”。专论文学部分门类分明，结构谨严，脉络清晰，不仅体现了各个时期文学创作的“共时性”样貌，而且体现了文学史的“历时性”特征，这充分说明黄人已具备了自觉的“文学史”意识。

黄氏《中国文学史》高屋建瓴地架构了中国文学史的基本体系，申明“文学”的要务绝非仅是“载道”，它应表现“真”“善”“美”，可以娱人，能够表达感情并“发挥不变不易之美”；文学应时时具有“真”的品质，又须有关风教不悖乎“善”，且文学的范围力量更比其他学说要大，“他学”不能代表文学，而文学则可以代表一切学：

> 要而言之，文学从两要素而成：一内容，一外形也。内容为思想，重在感情的；外形为文词，重在格律的。而格律仍须流动变化，与他种科学之文不同。外形不论，而就其实体（即内容）言之，其人之思想有三方面，即真、善、美是也。美为构成文学的最要素，文学而不美，犹无灵魂之肉体。盖真为智所司，善为意所司，而美则属于感情，故文学之实体，可谓之感情云。② 纵尽时间，横尽空间，其借以传万物之形象，作万事之记号，结万理之契约者，文学也。③

看似简单的申述，却宣告了具有世界眼光的全新批评标准的确立，使中国文学研究由传统的经验式品评转向了辨别种类、源流、正变、沿革的研究，“就既往之因，求其分合沿革之果”④，不仅展示了各个时期文学创作“共时性”的特征，而且对源流变迁的“历时性”特征进行深层的探究，鲜明地体现了中西合璧的特点。

文学史应考察文学之源流、种类、正变、沿革等方面的内容，以往能够体现“文学”的记载，仅见于文学家列传、目录、选本、批评之类，黄人认为这是国人并无“文学史”观念的结果：“而乃画地为牢，操戈入室，执近果而昧远因，拘一隅而失全局，皆因乎无正当之文学史以破其锢见也。盖我国国史，守四千年闭关锁港之见，每有己而无人；承廿四朝朝秦暮楚之风，多美此而剧彼，初无世界之观念，大同之思想。历史如此，而文学之性质亦禀之，无足怪也”⑤。基于这样的反思，黄人在文学史的研究中引入了西方“文法”“文典”的概念，并指出“文典”的重要性：“国家而无文典，则教育上授受、政治上之教令，皆不能普及。故文典者，使国民得普及知识之要素也。”⑥ 通过制定文典，可以使“文字之性质，学生之感情，所以离合迎拒者，而一加意焉。更愿其于文学性质之成分，与学生感情之原素再加意焉”⑦。黄人有意识地借鉴国外学者诸如薄士纳、朋科斯

---

① 徐允修：《东吴六志·志琐言》，转引自黄人：《中国文学史》，杨旭辉点校，苏州大学出版社2015年版，前言第2页。

② 黄人：《中国文学史》，杨旭辉点校，苏州大学出版社2015年版，第61页。

③ 黄人：《中国文学史》，杨旭辉点校，苏州大学出版社2015年版，第2页。

④ 黄人：《中国文学史》，杨旭辉点校，苏州大学出版社2015年版，第3页。

⑤ 黄人：《中国文学史》，杨旭辉点校，苏州大学出版社2015年版，第3页。

⑥ 黄人：《中国文学史》，杨旭辉点校，苏州大学出版社2015年版，第99页。

⑦ 黄人：《中国文学史》，杨旭辉点校，苏州大学出版社2015年版，第100页。

德、大田善男、达克士等人的文学理论成果，将比较文学研究方法与中国传统文学研究方法进行了成功的嫁接，开创了有别于传统文学家以列传、目录、选本、批评为主要形态的传统文学研究路径。“总论”“略论”中，不仅述文学之目的、效用、起源、类别，而且述文学各阶段分期和文学发展自身之“反动力”，从整体上对中国文学的特性及其发展历程进行了总的概览，达到了统观全局、枝脉清晰的效果。

二、内容之增饰

早期学人对“文学史”究竟为何物全然不得要领，只能以《隋书·经籍志》为借鉴，以传统“四部分类法”为导源，叙述中国文化的发展嬗变。以此撰述于1897年的窦警凡《历朝文学史》也就可以视为一部包罗万象的“国学概要”了。

将“序言”算在内，《历朝文学史》共包括六个部分：《读书偶得》序、文字原始、叙经、叙史、叙子、叙集。传统“小学”训诂、音韵被视为文学之先。《文字原始》讲造字法、书法，又述及《说文》，再论汉字与外国蕃邦文字之优劣。“经”被窦氏视为立德之基，以此儒家传统文化的核心“十三经”即成为他叙介“经”的重点：视《易》为卜筮之书，视《诗》《书》《仪礼》《周官》《春秋三传》为史，视《戴记》为阐释《礼经》的精微之作，视《尔雅》为《诗》《书》训诂之作，视《孝经》《语》《孟》为“举三王之道诏之万世”而作，这些布诸政事、垂为彝训的经典，既可以安邦定国，又可以兴天下，鉴诸古而知将来。“叙史”部分为最巨，几占全书篇幅三分之一。窦氏篇中所涉史著，一为廿四史，一为正、续《通鉴》，一为宋以来野史。他充分肯定了“前四史”不可摇撼的史家地位，然而书中并不叙及诸史思想内容、编排体例及在史学上的影响，而是以“按”语的方式对史书纰漏进行了指摘，如拷问《史记》撰述不实：“夏启之贤，敬承禹道，而王逸注《楚辞》言其纵欲不节，六师伐扈，遽败于甘；五子皆有昏德，一败涂地，禹之遗烈安在乎？且扈之罪为威侮五行，羲和之罪为昏迷天象，引《政典》曰‘杀无赦’。错误天文，罪重至此，殊难索解。”论《明史》，指出史书所载朱元璋所言与其品性差距甚大；质疑燕王朱棣究竟所“靖”何“难”？……这些都是鞭辟入里的诛心之论。论及文化制度对民风政情的影响，窦氏将明代八股取士与东汉以五经取士、宋以理学取士加以对比，指出明代忠君爱主、崇儒重道的教化泽被后世，八股文的实际功效则不可忽视：“然时文与汉宋之学理亦相通，精其学者，往往由此深是义理，竟成大儒，故科目之中亦复贤豪接踵。”将晚清铨选现状与明代相比较，指出无论政事、人才，还是风俗皆弊朽不堪，必须严加整饬，方可根除其弊。这种严正公允的评判和联系当下的思考，颇能见出窦氏的爱国情怀。“叙子”部分，最值得注意的是窦氏对小说的评价与重视。他将“小说”作为子类十家之一，将其溯源至魏晋时期，并按篇幅长短分为“零段小说”与“章回小说”，认为它“纯是叙事，不辞琐屑”，可以将鄙俗离奇之事描摹毕肖，可以形象地描绘市井酬酢之态、妇孺婢媪之谈，阅之可以益人阅历，可以“顷刻提破”，给人警醒，甚至可以挽颓风、惩恶习，启迪才识，“以补古来所未逮”，是“天下书之足以感人而有益于应事接物者”。这种高度评价和赞誉可与梁启超所倡导的“小说界革命”的宗旨互为表里，彰显了那个时代英雄所见略同。“叙集”部分，窦氏本着“经世致用”的叙说宗旨，将“奏议”置为集部之冠，将词章吟咏其归之于“雕虫小技，非志士所宜为”，认为“以无用之事玩时愒日，即使极工而藉以传名，致菲材赖以藏拙，学者正当悬为炯戒尔”。他以“尺幅千里”的方式，将自上古以来的文、诗、词、曲以有限的篇幅一网打尽，如叙东汉至南朝的诗文：

> 汉自《孔雀东南飞》等歌及韦孟、枚皋、苏李、梁鸿、张衡而外，传诗不多。迨魏武一门、江东二陆竞开诗界华藻流馨。晋之孙楚、潘岳、郭璞、左思，莫不健举俊拔；而陶元亮澹远清旷，尤为迥绝尘寰。宋则颜、谢、王僧达、鲍照，齐则袁淑、谢朓、王融、江淹，梁则沈约、范云、任昉、阴子春、何逊、柳恽，陈则江总、徐陵、吴均、阴铿，其能诗之人大都与词赋同。

以一小段话而罗列几百年文学之发展，其结果只能是仅记其名姓而已。

《历朝文学史》是窦警凡为东林书院“中国文学”课程撰写的讲义，在当时的名望与影响力远不能与林传甲《中国文学史》相较。光绪三十年（1904），林传甲应学部要求撰《中国文学史》，作为京师大学堂优级师范生的国文讲义，后于1907年在日本东京弘文堂印行出版，宣统二年朔（1910）校正再版，至中华民国三年（1914），该部教材已是第六次印刷。其流通之广泛，任何一部文学史都无法和它比肩，这当然与它挟“京师大学堂国文讲义”之名有关。在正文前的“序言”中，他说：

> 今优级师范馆及大学堂预备科章程，于公共课则讲《历代源流义法》，于分类科则练习各体文字。惟教员之教授法均未详言。查《大学堂章程》，中国文学专门科目所列研究文学众义，大端毕备，即取以为讲义目次。又采诸科关系文学者为子目，总为四十有一篇。每篇析之为十数章，每篇三千余言，甄择往训，附以鄙意，以资讲习。

林氏直言《奏定大学堂章程》中并未言及教员如何教法，因此他借用中国文学专门科目讲义为目次内容，又采诸他科有关于“文学”的部分为子目，凑成41篇；又因教学课时所限，故编至16篇时即告一段落。与窦氏《历朝文学史》相比，林氏《中国文学史》涉及从上古至晚清的所有文献，堪称“纵横三千载，上下五千年”。按其所涉内容，全书可分为前后三部分：前六篇述书体和音韵、训诂、制度、词章、修辞、写作诸内容；后八篇则分述经、史、子、集诸内容；最后两篇重点述骈文、古文的发展。

从编选内容来看，林传甲对于“文学”的认识，仍然停留在“文献”的层面上：凡是文献所涉及，均属于“文学”。晚清末造国家倾危，百废待兴，“有用”“经世”成为时代的主旋律，“无益”于当下的文体文献，林氏统统摒弃不顾，全书不仅未涉及诗、词、曲诸内容，甚至对作为参照的笹川种郎《中国文学史》叙及元代小说戏曲也颇为不满：

> 日本笹川氏撰《中国文学史》，以中国曾经焚毁之淫书，悉数录之。不知杂剧院本传奇之作，不足比于古之《虞初》，若载之风俗史犹可。……笹川载于《中国文学史》，彼亦自乱其例耳。况其胪列小说戏曲，滥及明之汤若士、近世之金圣叹，可见其识见污下，与中国下等社会无异。

他又批判了晚清时人译西方小说以"启迪蒙昧"的做法:"而近日无识文人,乃译新小说以诲淫盗。有王者起,必将戮其人而火其书乎。不究科学,而究科学小说,果能裨益名智乎。"这段话反映出来的,是林传甲保守的文学观与文学史观。不过这种守旧态度并不应受到苛责,"主动将小说戏曲这类为中下层民众喜闻乐见的文学形式排除在'文学史'外,倒体现了他比较严谨的学术态度"①。同时也可以看出,即便在20世纪初的晚清,小说戏曲也仍被传统士人目为"诲淫诲盗"的产物。

林氏重点论述了古文、骈文的功能及其创作,对"古文"的历时性变化进行了梳理,说"古文"乃是汉人称为"仓籀篆文"的书体,后来唐人别出新法自成一体,遂以"古文"名家。对韩柳古文的异同,他给予了切中肯綮的剖析:"或谓昌黎出于经,柳州出于史。昌黎自谓奥衍宏深,与孟轲、扬雄相表里;子厚雄深雅健似司马子长……盖昌黎实近于诸子,柳州则近于传记耳。"对欧阳修的古文创作,他盛赞道:"欧公胚胎《史记》,而变化于昌黎之文。议论叙事,参伍错综,而出以纡折之笔,行以秀雅之度,致以感慨之情,备极佳境,宜后人之叹赏不置也。"林氏对陶渊明颇有好感,称道陶氏文体之"淡远",只举《五柳先生传》《归去来兮辞》《桃花源记》《自祭文》等几篇散文予以证明。论及《周髀》《神农本草》《老子》等时,也仅就其内容展开,并未探究这些著作在"历时性"方面的文化传承。②

诗歌在林氏《文学史》缺席,即便是三曹七子、陶潜、李白、杜甫这样的一流大诗人,林氏也并未着意于他们的诗作,仅略提到他们的奏疏、论、散文、骈文的创作。论及屈原《离骚》时,也只是辨析何以《离骚》只能划归入"集"而不能入"经"的问题。寻究林氏这一做法,与《奏定大学堂章程》的指示有很大关系:《章程》鼓励士子作"致用"之人,所学亦应与"致用"相关,诗赋无论在大学堂,还是在中小学堂,并不被鼓励。

然而林氏在叙及文学人物或文学现象时,却颇为注意"辨章源流",对"创体"的文学作品或文学家较为关注。比如对"回文诗":"以苏蕙图冠首,固为失体;然《关雎》《鹊巢》,何尝不为《周南》《召南》冠?……想见五胡之乱,《周南》之女学未绝焉,亦奇女子矣!"读此段文字需要把准林氏之"脉",方能明了其真实的着眼点:他所看重的,乃是"女学未绝"。联系晚清当下时局,对女性自强的呼唤也已是时代之新声。因此,在林传甲这部"囊括百体"的《中国文学史》中,"文学"仍然十分强烈地依附在政治、经学之后,它既没有独立的地位,也没有独立的品格。

相较之下,黄人《文学史》则具有超前的文学史与学术史的双重意义,内容的编排体现了黄人极为"现代性"的新文学观:"故从文学之狭义观之,不过与图画、雕刻、音乐等;自广义观之,则实为代表文明之要具,达审美之目的,而并以达求诚明善之目的者也。"③

正是这一思想使黄人决定编写一部前无古人的文学史巨著,以充沛的材料和恢宏的结

① 陈国球:《文学史书写形态与文化政治》,北京大学出版社2004年版,第52页。
② 陈国球:《文学史书写形态与文化政治》,北京大学出版社2004年版,第53页。
③ 黄人:《中国文学史》,杨旭辉点校,苏州大学出版社2015年版,第1页。

构，将中国文学纳入世界文明的范畴。

编著主体即第四编“分论”部分，由总括、文学代表和作品选读组成。“总括”类似于现代文学史教材中的“绪论”，也是凸显黄人“惬心之论”的部分。陈文新先生认为撰述《文学史》注重绪论和导论，正是文学史家注重条理化和逻辑化的表现。① 黄人则可作为第一位追求文学史条理化和逻辑化的学者。对重要作家的叙介，黄氏主要择取儒林传、文苑传的相关记载，甚至还有一些记载异事传闻的野史家乘。如编撰《魏晋文学》时，黄人即根据自己的喜好，选了相当数量的“两晋文学代表”。交代人物生平时，他尽可能将已有文献搜罗殆尽，不避长短，对嵇康、张华、郭璞等人的生平介绍充满了趣味性，这当然能够大大激发学生阅读学习的兴趣。所选之作品，也大多是历代传诵的经典之作，既照顾到作家风格的多样性，又能凸显其主要特色。对于一个时代的“另类”作品，黄人则单独拈出加以阐扬，如他特别选出“晋人矫俗文”一类：“自魏武以贪诈使人，而两汉名节荡焉无遗……然非无独醒之士，椎膺末运，虽力不能挽，而大声疾呼，留三古之直道于一线，亦《巷伯》之嗣音，《春秋》之微旨也。故录矫俗文于两晋南北朝群言之首，而不列于常格，清钟警睡，羯鼓解秽，又所以留文学之真价，而知有不与漓俗同变者。”② 此乃有感于魏晋时期两汉士人名节扫地的事实而为，所选作品有江统《徙戎论》、刘实《崇让论》、王坦之《废庄论》、袁宏《三国名臣序赞》、戴逵《放达论》等。

本着“真、善、美”的标准，黄人十分推重神话、小说等通俗文体：

古时神话颇多不足训世，故孔子删之。而史起于以伦理治世之尧舜，然智识上固宜屏之，而美感上则足以助文学之兴味。③ 若夫社会风俗之变迁，人情之浇漓，舆论之向背，反多见于通俗小说。且言禁方严，独小说之寓言，十九手挥目送而自由抒写，而内容宏富，动辄百万言，庄谐互行，细大不捐，非特可以刍荛补简册，又可为普通教育科本之资料。虽或托神怪，或堕猥亵，而以意逆志，可为人事之犀鉴。④

与此相应，黄人高度称誉元杂剧、明清传奇这些通俗文学为“一代文学之代表”“文界之异军苍头”，⑤ 并盛赞传奇：“若夫传心情于弦管，穷态度于氍毹，使死的文学变为活的文学，无形的文学变为有形的文学，则传奇之特色焉！”⑥

不仅如此，黄人还主张将语言、文字、书法、美术纳入广义的文学研究视阈：“文学之外，美术则占其大部分，以广义言之，亦未始不可统之于文学；即以文学狭义言，亦讨论文学者所不可不知也。”⑦ 这种开阔的研究视野，体现了黄人的宏识远见。金鹤冲在《黄慕庵家传》称赞黄人“从语言、结绳、图书、音韵而有文学；从文字而有文学、金石学、韵学、小学、美术之类；从文字之肇始，以至于极盛时代入华离时代，无所不详”。

---

① 陈文新：《构建中国特色的文学史话语体系》，《武汉大学学报》2018 年第 6 期。
② 黄人：《中国文学史》，杨旭辉点校，苏州大学出版社 2015 年版，第 166 页。
③ 黄人：《中国文学史》，杨旭辉点校，苏州大学出版社 2015 年版，第 102 页。
④ 黄人：《中国文学史》，杨旭辉点校，苏州大学出版社 2015 年版，第 321 页。
⑤ 黄人：《中国文学史》，杨旭辉点校，苏州大学出版社 2015 年版，第 15 页。
⑥ 黄人：《中国文学史》，杨旭辉点校，苏州大学出版社 2015 年版，第 16 页。
⑦ 黄人：《中国文学史》，杨旭辉点校，苏州大学出版社 2015 年版，第 9 页。

吴梅为郑振铎《清人杂剧二集》作序时也称赞说“摩西谓明人制艺、传奇，清之试帖诗，皆空前之作。余深韪其言”①。吴梅在《中国戏曲概论》《读曲记》中对汤显祖、吴炳戏曲作品的评价，与黄人在《文学史》中的论述完全一致；而此后在他本人所编著的《中国文学史》中，对唐人传奇的论述与黄人《文学史》所论亦如出一辙。这种大量的征引称述，充分表明了著者对被称引前贤的认可和尊重。

三、风格之繁复

窦警凡《历朝文学史》全篇不足5万字，“序”一篇占去1300余字，叙“文字原始”占去3400字，所余篇幅却要讲完三皇五帝至晚清的文化文学发展脉络，实属不易。因而在主体“叙经”“叙史”“叙子”“叙集”的部分，作者重在“论”，而非在“述”，以“论”代“史”成为窦氏《文学史》的典型风格。

作为身罹家国危难的一代士人，窦警凡具有焦灼而热切的爱国之心；他以“有用”“无用”为标准的裁处原则，深深打上了晚清救亡图存思潮的烙印。他不止一次地在书中重申士子须为“有益”“有用”之文，结尾又严正申斥：“至制举、声律、对偶及书帖、画幅，讲求服食、玩好之书，即使极工，直与饮博无殊。士为四民之首，无用之学且不得企四民之尾矣！皆当极力禁遏。”他毫不留情地批判盛极一时的康梁、严复等人的“新文体”，以为乃是欺世盗名之徒所为；论及书体，认为汉字远胜外国蕃邦字母文字……撰“史”须尽量客观，然而窦警凡在叙及“史”部时，却一任感情的洪水喷薄而出不加节制：叙《晋史》则议权臣篡权、典午当国；叙《宋书》则言东晋后武将篡权拥兵自重而至政权不稳固；叙《南齐书》《梁书》《陈书》，或论防弊之政而终咎由自取，或论伦常天性化为仇雠；评《南史》，则叫嚣詈骂，其激愤之状，溢于纸上：“其余南北朝之代兴，类皆鼠苟蝇营，盗窃神器，然其中亦殊有区别。梁武襄阳誓师，吊民伐暴，俨然汤武遗风……至萧道成、萧鸾、杨坚，并无尺寸之长，又居心之残忍龌龊，即令终老齐民，亦为人类所不齿，何堪觍登大宝乎？”“论”的抒写远过于“史”的呈现，从中却能见出窦氏爱憎分明的真性情。

窦氏并无综览史学的自觉，相对保守且功利性的文学观也易遭到后人的诟病，《历朝文学史》内容上的粗率和叙述上的以偏概全都可以成为被质疑被谴责的硬伤。宣统二年(1910)四月直隶总督陈夔龙就教科书所上奏意见，说聪明才智之士无不尽趋于学堂，学部就应该“将一切教科书籍，精心审订，务期范围不过伦纪修明，驯致乎君子爱人、小人易使之效。凡有宗尚稍偏、易滋流弊者，一律摈而弗取，俾免习焉不察，误入奇邪”②。参照此议，窦氏这部《历朝文学史》可称得上是一部符合学部要求的“须听将令”的合格教科书。

林传甲《中国文学史》被陈国球毫不客气地评为“错体”的“文学史”，“林传甲的主要目标是编‘国文讲义’多于撰写‘中国文学史’”。“不能因林氏声称‘仿日本笹川种郎《中国文学史》之意’就对它提出错误的、过分的要求，这本著作承担不了‘文学

---

① 吴梅：《吴梅全集·理论卷》，河北教育出版社2002年版，第1019页。

② 王炜编校：《〈清实录〉科举史料汇编》，武汉大学出版社2009年版，第1150~1151页。

史’的任务，因为它是一本‘错体’的‘中国文学史’。”① 这一结论是立足于当下（或日本笹川种郎《中国文学史》中所体现的“现代性”）的结果，然而我们却不能据此完全抹煞林传甲撰述时的道德与情怀。

著述并未仅仅停留在传授知识的层面上，林氏一再提醒读者，中国文学本为国民教育之根本，倒要依赖外人撰述，此乃国人之耻辱，因此他决定“仿日本笹川种郎《中国文学史》之意”以编撰成书。四个月后，《中国文学史》大功告成，终于实现了国人自撰《文学史》“零”的突破！江绍铨在序言中热情洋溢地称赞道：“今林子乃于忽忽百日间出中国空前之巨作，不已易乎？”江氏并未回避这部《文学史》的粗疏，但他认为这是可以谅解的：“况林子所为，非专家书而教科书，因将诏之后进，颁之学官，以备海内言教育者讨论焉，其不可过自珍秘者，体裁使然也。……他日，林子学识益以大，乃徐取其少作而芟夷刊定之，使底于至精且粹。”并充分相信日后林传甲能够使这部讲义成为文学史中的经典。林氏“首撰”《中国文学史》后，计划日后“合诸君子之力，撰《中国文典》，为练习文法之用”；还计划编辑中国初等小学文典、高等小学文典、中等大文典、高等大文典等教科书，或者依《大学堂章程》编辑“历代名家论文要言”，以满足各个阶段的教育必需。这种深远的爱国情怀体现在《中国文学史》的字里行间：述《明人之治化词章误于帖括》，他激愤地说：“帖括之士，不明治化为当时之务，乃尊之为古，岂忍睹荆天棘地之中芜秽不治，自甘为退化之野蛮乎？”又补充时局情形道：“法人在越南，俄人在辽东，皆以帖括牢笼俗士。庚子联军入京，以制艺试帖开课，有应之者，悲夫！”对晚清末造文风出愤慨之情：“呜呼，今日之中国，方以文义艰深为病，传甲不敢拾周秦之奇字以炫博洽，不敢驰诸子之横说以误天下，疏离之讥，在所不免，惟笃实致用之士或许我乎？”他主张复古尊古：“然则千古之文，莫大于孔子之言《易》。孔子以用韵、比偶之法，综其言而自名曰‘文’，何后人必欲反孔子之道，而自命为‘文’，且尊之曰‘古’也？”认为骈文不可废：“传甲窃谓泰西文法亦不能不用对偶，中国骈文亦必终古不能废也。……故古文、骈文，虽不能如先正之专一，其源流又何可忽耶？”时至晚清，骈文的末落已成不可挽回的颓势，而林氏深感于骈文乃汉语之独特极致代表，故决计以“文学史”而存之。其保存“国粹”之意，令人叹惋。

从林氏《中国文学史》的编撰可以看出，无论是学术还是文学，都依附在经学、政治的话语之下，正如戴燕所言：“中国从来就没有过品格独立的文学。说到学术的话，只有以经学为中心的学术；说到文学的话，也只有以政治为中心载道的文学。今天我们称作‘文学’的东西，在古人那里往往只能算是文辞的修饰，是雕虫小技。在林传甲的脑袋里，根深蒂固的，恰恰就是这套自古而来的理念。”② 而这在当时以林氏为代表的知识阶层中也丝毫不被认为有什么不妥。

晚清时局也影响到知识阶层对未来的规划与选择。处于转变风潮中的林传甲更倾向于选择“有用”“急需”的书籍或专业方向。在京师大学堂任职一年后，林传甲即远赴黑龙江，参与该地的教育改革，致力于编撰《大中华地理志》。林氏又依《奏定大学堂章程》编写了一部为初小学堂一、二年级学生用的本土教材《黑龙江乡土志》，“为之解说其生

① 陈国球：《文学史书写形态与文化政治》，北京大学出版社 2004 年版，第 59 页。

② 戴燕：《文学史的权力》，北京大学出版社 2002 年版，第 175 页。

活变化作用，以动其博识多闻之慕念”，目标在于“学生习格致，先明博物理化，次及农圃工艺商业。由初等中等升入大学，兴大利，共图自强”①。从京师大学堂到黑龙江地方教育委员，再到《大中华地理志》的编撰人，林传甲始终贯彻了一个爱国志士的道德和情操，其拳拳爱国之心，令人敬仰。

黄人《文学史》创论层出，冠绝时贤，“不但多石破天惊的议论，发前人所未发，也多今人所未言，而且力倡文学自由之说”②。与窦、林之著相比，黄人《文学史》具有“世界之观念，大同之思想”，被誉为“我国首先介绍‘比较文学’这一学科，并运用其观点方法研究中国文学史的先行者”。③ 点校者杨旭辉先生将黄人《文学史》的特点概括为：中西合璧，古今兼蓄，雅俗并重，多学科融合渗透；以“天演论公例”考察中国文学史，紧密结合社会历史演进，动态阐释中国文学的发展，远迈传统文学的藩篱，体现了博通中西的学术视野和通达古今的学术识见。本文对此不再赘述，仅尝试对黄人编撰《文学史》的情怀加以阐发。

在“总论”中，黄人谈及修习“文学史”的重大意义：

> 夷人之国灭人之国者，必先夷灭其言语文字。……所幸吾国之文学，精微浩瀚，外人骤难窥其底蕴，故不至如矿产、路权遽加剥夺。然乳臭之学子甫能受课，见蟹形之文则欢迎恐后，一授以祖国之字辄攒肩掉首，如不欲闻。……示之以文学史，俾后生小子知吾家故物不止青毡，庶不至有田舍翁之诮，而奋起其继述之志。……故保存文学，实无异保存一切国粹，而文学史之能动人爱国保种之感情，亦无异于国史焉！④

这里至少包含三层意思：第一，晚清国难当头，列强入侵，岌岌可危；清政府局势之危弱进而危及汉民族文化之存亡。第二，吾国文明积淀深厚，而精微浩瀚之文学则势处至危。第三，西学东渐，国民纷纷崇洋媚外，示之以文学史则能使国民振兴民族自尊心，继而奋起继述之志；保存文学即保存国粹。⑤ 黄人又说：“今虽过华屋而叹凌夷，窥明镜而羞老大，然一息犹存，当有待盖棺论定。百足相辅，安见不一旅之中兴？正未容崛起之白板，顾影之乌衣，遽加轻蔑也。则有《文学史》，而厌家鸡爱野鹜之风或少息乎？”⑥ 细绎其中之思想感情，实与窦警凡、林传甲等人无异，此亦可见出中国志士仁人面对西方文明涌入之时，以学术、文学鼓吹呐喊，不恤于奋起自振，图存中华斯文于一线。黄人既以“国粹”比之于文学，则撰述《文学史》几同于撰述“国史”。由是“分论”述及各时代文人文学时，亦将史载传记一并录入，辅之以各体作品，以达到“知人”“论

① 转引自戴燕《文学史的权力》，北京大学出版社 2002 年版，第 189 页。

② 钱仲联：《辛亥革命时期的进步文学家黄人》，《香港大公报》，1981 年 9 月 20 日。

③ 徐斯年：《黄摩西的“中国文学史”》，《鲁迅研究月刊》2005 年第 12 期。

④ 黄人：《中国文学史》，杨旭辉点校，苏州大学出版社 2015 年版，第 4 页。

⑤ 对时人之“自轻家丘”，钱基博《中国文学史》亦曾表达过类似的愤慨：“欧化之东，浅识或自菲薄；衡政论学，必准诸欧；文学有作，势亦从同……今之所谓美谈，它无谬巧，不过轻其家丘，震惊欧化，服降焉耳。”钱基博：《中国文学史》，上海古籍出版社 2011 年版，第 10 页。

⑥ 黄人：《中国文学史》，杨旭辉点校，苏州大学出版社 2015 年版，第 3~4 页。

世”之目的。

黄人撰《文学史》有“兴趣主义”倾向，他喜将奇闻轶事置于人物事迹中，如张华传记中的志怪情节，郭璞出人意表的卦算异技、能复活死马的超能，嵇康的风神洒落，等等。此种癖好继承了传统笔记体的随意性和诙谐性的特点，也体现了黄人超常的才思情致。金鹤冲《黄慕庵家传》载：“黄人生而敏慧，读书目数行下。十六岁为学宫弟子，为文洋洋数千言，奇气溢纸，县中士大夫皆惊为奇士。其于书无所不读，好诵诗词及小说，今之名学、法律、医学之书莫不穷究。其言庄子佛经，闻者以为深于哲学者。”① 吴梅也称赞他凌厉众人，“名教授藉甚声高，其才皆非摩西匹也”②。以此种才情编撰中国文学教材，势不为规范所牢笼，而这也大大提高了该部《文学史》的信息量和趣味性，其吞吐宇宙、纵横捭阖的气势，如实体现了黄人作为一代才子名士的个人风采。

黄人《文学史》语言别具特色，往往驱遣骈文俪句加以申发，恰如浦江清先生赞其“以骈文出之，文词隽妙”③。论及古今文学风格特征之差异，黄人说：“故就一方面言，则古浑厚而今浮薄，古雄健而今孱弱，古正大而今烦琐；而别就一方面观，则古拙而今巧，古朴而今华，古疏而今密。两两相衡，不必谓黼黻之华，必绌于卉服；琴瑟之制，尽乖于让音。药石膏梁，各适其用；桑麻桃李，共有其天。”④ 黄人这种不骛古、不薄今的通达文学观，正得益于他学贯中西的开阔视野以及对中国文学发展走向的科学认识。他用富于文学美的语言，精准地阐析了中国文学的“真”“善”“美”。

书中作家生平概要与作品抄录所占篇幅过大，此一特点早为时人所诟病。王文濡曾说：“黄君高才博学，曾任大吴大学堂教员，撰中国文学史作课本，议论奇伟，颇有独见。惜援引太繁，且至明而止，未为完简。”⑤ 倘若考虑到黄人对中国文学的深厚感情，也许能够理解他何以要选录这么多作家作品了——保存文学，实际上也在“保存国粹”；选录愈多，后世学子就能得到愈多沾溉。况且在学科转型时期，依据新理论重建传统文学的新话语体系，本来也非某个人所能独自完成的历史使命。

四、小　　结

在某种意义上，窦警凡《历朝文学史》、林传甲《中国文学史》和黄人《中国文学史》皆可成为中国文学史上的“第一”或拓荒之作。与后来以“纯文学”为撰述对象的文学史读本相比，窦、林《文学史》内容的粗率和叙述上的以偏概全都是无可辩驳的硬伤；叙述思路也是一仍《隋史·经籍志》以来的“经—史—子—集”四部分类法进行；虽屡言“文体”，而实质上对于文体却并无一毫创新。两部著述的“文学史”观念代表了晚近国人对文学史的认识——“文献”与“文学”混为一体的“大文学史观”。《中兴书

---

① 金鹤冲：《暗泾文钞》“黄慕庵家传”，铅印线装本，藏于苏州大学图书馆。

② 陈旭轮：《关于黄摩西》，《文史》1934 年第 1 期。

③ 浦江清：“关于中国文学史之著作，数年来所出虽多，惬心满意之作实少。最早当推已故之黄慕西氏在东吴大学所编讲义，始具文学史之规模，以骈文出之，文词隽妙。”（《浦江清文史杂文集》，清华大学出版社 1996 年版，第 130 页）

④ 黄人：《中国文学史》，杨旭辉点校，苏州大学出版社 2015 年版，第 144 页。

⑤ 王文濡：《谢无量〈中国大文学史〉》，中华书局 1924 年版，第 2 页。

目》对“文史”一词进行定义说：“文史者，所以讥评文人之得失。”即重在批评而非记载，有“史”之名称而无其实质①。推原此义，可知窦、林二人在书中不断论议、争讼，阐明一己的观点和主张，恰恰符合传统士人对“文学史”的认知和态度。黄人《文学史》吞并寰宇、囊括天地、沟通中西的现代文学观，则更多受益于东吴大学主事者非凡的学术魄力与兼容并包的校园学术空气，使它成为“现代”意义上的文学史“首发”者。

陈平原在《史识、体例与趣味：文学史编写断想》一文中说：“所谓‘著述体例’，不仅仅是章节安排等技术性问题，还牵涉到史家的眼光、学养、趣味、功力，以及背后的文化立场等，不能等闲视之。”② 从“文献”到“文学”，这三部《文学史》代表了国人编述文学史的初次尝试，无论其成功与否、成就高下，都体现了晚清末造士人阶层为救亡图存、振兴民族并试图纳中国文学于世界文明进化大潮所做的积极调适和不懈努力。

（作者单位：三峡大学文学与传媒学院）

① 转引自钱基博：《中国文学史》，上海古籍出版社 2014 年版，第 7 页。

② 陈平原：《学者的人间情怀》，生活·读书·新知三联书店 2020 年版，第 272 页。

"江山图"及其题咏中的江南书写

□ 杨 文

【摘要】"江山图"是宋代以来流行的山水画题材，历代文人观画形成了丰富的题咏文本。宋元与明清两个历史时段的江山图及其题咏中的江南书写呈现出完全不同的面貌：前者以政治表现功能为主导，多可见宋元时期国家治乱、族群互动语境下，文人心态与情感的起伏变化；后者以文人群体的审美意识为主导，反映了明清江南文人阶层的日常休闲生活与隐逸精神世界。江南逐渐成为江山图绘画表现中心的过程，不仅是江南画派的崛起问题，而且是江南文化借助文图等形式在全国范围内广泛传播，并在南北区域竞争中取得优势地位的缩影。

【关键词】江山图；诗文题咏；江南；政治；文化；互文性

"江山图"① 是一类兼具政治与文化属性的山水画题材，江南则在其绘画表现中占据了重要位置。历代文人以江山图为"记忆之场"和竞争场域留下的丰富诗文题咏，也表现出对江南截然不同的解读倾向。目前，在传统美术研究基础上，不少江山图个案得到审视，相关成果集中表现为对王希孟《千里江山图》的系列讨论②。不过，其他大量江山图及相关题咏未得到足够重视，仍留有不少深入讨论的空间。本文拟采用文图学视域进行整体观照，关注图像语言、读画语境与诗文题咏三者之间的互文特质，进而对画家和文人笔下"江南书写"的差异及其成因作时段性讨论，以期对江山图及其题咏中所体现的国家政治态势、南北文化关系以及文人的思想心态等方面有所发掘。

一、历代"江山"题材的图文表现

自山水画之肇兴，"江山"作为文人的日常审美对象，进入绘画的表现领域。在众多

① "江山图"作为一种绘画类别，其定义有广义与狭义之分：广义而言，以"江山"为画意的画作都可称为江山图。狭义而言，则是以"江山"为题名的画作，此为画家与文人心迹的直接显现。本文取狭义概念展开研究。

② 相关研究著作，参见余辉《百问千里：王希孟〈千里江山图〉卷问答录》（人民美术出版社 2020 年版），王中旭《千里江山：徽宗宫廷青绿山水与江山图》（人民美术出版社 2018 年版），以及杨丽丽主编《千里江山图的故事》（故宫出版社 2017 年版）等。

画家的青睐下，创作并留下了数量可观的江山题材画作。与此同时，围绕着江山图产生了一大批互文性的诗文题咏，反映出历代文人不同的关注程度，具有鲜明的时代特色。

在各类文献记载中，江山图都留下了丰富的著录信息。一方面，传世江山图画作的数量十分可观，笔者据《中国古代书画图目》《故宫书画图录》《中国绘画总合图录》等书统计得一百余幅。另一方面，各类画史、画目等史料记载提供了更加完整和立体的江山图历代创作情况。如系统著录北宋徽宗宫廷藏画状况的《宣和画谱》①，就比较鲜明地体现了唐代以来江山图绘画的早期流行程度（参见表1）：

表1 **《宣和画谱》著录画家及其江山图**

朝代	画家	画　作
唐	李思训	江山渔乐图三
五代	李昇	江山清乐图一
五代	黄居宝	江山密云图一
五代	关仝	江山渔艇图二；江山行船图二
宋	王齐翰	江山隐居图一
宋	董元（一作源）	江山高隐图二；江山渔艇图一；江山荡桨图一
宋	李成	江山密雪图三；江山渔父图一
宋	许道宁	江山捕鱼图一；江山积雪图一；江山归雁图三
宋	孙可元	江山萧散图一
宋	燕肃	江山萧寺图二
宋	宋迪	江山平远图一
宋	范坦	写李成江山梵刹图四
宋	李公年	江山渔钓图二
宋	王诜	江山渔乐图一；江山平远图一；千里江山图一
宋	冯觐	江山春早图一；江山晚兴图一；江山密雪图一
宋	巨然	江山远兴图二；江山静钓图一；江山晚景图一；江山旅店图一；江山晚兴图一；江山归棹图六；江山平远图一；江山行舟图二
宋	崔白	江山风雨图三

表1涉及的多位画家都是画史上有着重要节点意义的宗师人物。如唐代画家李思训，发展创制了青绿山水绘画风格，被董其昌尊为“北宗”山水画之祖；而北宋王诜，发起了青绿山水的复古运动，与苏东坡等人共同推动了文人画的发展；再如宋迪，其所绘潇湘八景成为与“桃花源”“赤壁赋”等齐名的绘画母题，并在全国范围内引发仿效，形成了著名的“八景文化”现象；崔白的主要成就不在山水画题材，其本人是北宋最伟大的花

① 本文所用《宣和画谱》为王群栗点校，浙江人民美术出版社2012年版。

鸟画家之一。

《宣和画谱》之外，各类文献记载了其他名家绘制江山图的信息。如被董其昌尊为"南宗"山水画之祖的王维①，北派山水画发展的关键人物范宽②，以及有"南宋四大家"之称的李唐③、马远④、夏圭⑤等人，皆成就斐然，是任何画史、画论叙述中难以绕开的主干人物。后世画家中，江山图依旧是流行的绘画题材。元四家之一的黄公望⑥，明画浙派领袖吴伟⑦、戴进⑧，吴派领袖沈周⑨、文徵明⑩，以及清画"四王"中的王时敏、王翚⑪、王原祁⑫，"新安四家"中的弘仁、查士标，姑孰画派鼻祖的萧云从等人都有数量不等的绘制。

文人群体观看江山图，也创作了一批具有互文性的题咏之作。从历代诗文总集与卷面题跋中，笔者共辑得近二百首江山图诗文题咏。

从时间维度来看，江山图题材甫一成形，唐人便将其纳入了题咏视野。在存世总量十分有限的唐代题画诗文中，即有岑参《刘相公中书江山画障》与李朋《奉酬绵州中丞以江山小图远垂赐及兼寄诗》两首关于江山图的题咏之作。《全宋诗》与《全宋文》中则分别收录了宋无、陈杰、周密、陈克、冯时行、曾丰、陈著、赵汝绩与蔡京、朱熹、张元幹、楼钥等十几位文人的诗文，此阶段堪称第一个江山图题咏的小高峰。辽金元时期，江山图的诗文题咏数量陡升至六十余首。该现象与彼时文人画思潮涌动，诗歌、书法与绘画等艺术紧密结合的发展景观亦相吻合。不过，至清代，江山图题咏在文学性与趣味性方面都出现了明显的衰减。乾嘉经学观念影响下，清人尤擅于对文献的整理与考据工作。其影响涉及艺术领域，则关于江山图的题跋文字多为鉴定、品评性质的表述。

从江山图题咏中涉及的创作者来看，则呈现出一种有限的"名家效应"。"名家效应"体现为进入宋元文人题咏中的江山图画家，基本为巨然、李成、范宽、王诜、米芾、李唐、江参、萧照、王希孟、龚开、赵孟頫、黄公望、倪瓒等名家。明清时期，浙派领袖戴

---

① 王维有《江山雪霁图》(见录于《妮古录》《清河书画舫》《式古堂书画汇考》《佩文斋书画谱》等书)、《嘉陵江山图》(见录于《过庭录》《宋诗纪事》等书)。

② 范宽有《江山萧寺图》(见录于《珊瑚网》《墨缘汇观录》《式古堂书画汇考》《石渠宝笈》等书)、《江山秋霁图》(见录于《丹邱生集》)等。

③ 李唐有《江山烟雨图》(见录于《梧溪集》)。

④ 马远有《江山深秀图》《江山万里图》(见录于《石渠宝笈》)。

⑤ 夏圭有《江山清远图》(见录于《式古堂书画汇考》《佩文斋书画谱》《南宋画院录》)、《江山平远图》(见录于《南宋院画录》)、《江山佳胜图》(见录于《石渠宝笈力》)、《江山无尽图》(见录于《珊瑚网》《式古堂书画汇考》《佩文斋书画谱》《南宋院画录》)。

⑥ 黄公望有《江山胜览图》(见录于《佩文斋书画谱》《石渠宝笈》)、《江山万里图》(见录于《石渠宝笈》)。

⑦ 吴伟有《江山图》(见录于何景明《大复集》)。

⑧ 戴进有《江山胜览图》(见录于《珊瑚网》《式古堂书画汇考》《佩文斋书画谱》)。

⑨ 沈周有《江山送别图》(见录于《石渠宝笈》)。

⑩ 文徵明有《江山清霁图》(见录于《清河书画舫》)。

⑪ 王翚有《江山晚霁图》(见录于《书画鉴影》)、《仿巨然江山渔乐图》(见录于《石渠宝笈》)、《江山无尽图》(见录于《吴越所见书画录》)等。

⑫ 王原祁有《江山清霁图》(见录于《石渠宝笈》)、《江山无尽图卷》(见录于《梦园书画录》)。

进、吴伟与吴派领袖沈周、文徵明等人的江山图画作也逐渐进入文人题咏的范围。“有限性”则体现为文人题咏的对象较为分散，针对画家某一幅江山图的同题或集中性诗文题咏并不多见。这种现象，与江山图自身的绘制数量较大有关，亦取决于其流通、收藏各环节中存在的散佚、损坏等具体状况。

二、政治视域：宋元江山图及其题咏中的江南书写

江南，是宋元江山图中的重要表现题材。此历史阶段内，江山图及其题咏中关于江南的书写，往往牵扯到国家社会的治乱、族群政治的演变以及士人群体思想与心态的激荡等一系列宏观议题。

（一）两宋江山图中的江南书写

五代宋初，自董元创制“披麻皴”，江南山水实景始进入山水画的表现领域。此时期内，绘画活动的从事者主要为职业画家，主流画论中也多呈现出浓厚的政治意识色彩。尤其是随着两宋画院制度的建立与完善，更加凸显统治者对图画文本施加政治影响力的一种认知。江山图在发展的过程中，经常与国家权力、君主统治等因素相勾连。现存的宋代江山图画作，大致体现了彼时的创作面貌（参见表2）：

表2　**宋代画家及其江山图①**

朝代	画家	身份	画作	表现区域
北宋	燕文贵	院画家	江山楼观图	北方
北宋	祁序		江山放牧图	江南
北宋	李唐	院画家	江山小景	北方
北宋	王希孟	院画家	千里江山图	江南
南宋	赵芾		江山万里图	长江流域
南宋	赵伯驹	宋宗室	江山秋色图	北方
南宋	江参		千里江山图	江南
	佚名		江山殿阁图	江南②
	佚名		江山秋色图	江南③
金	太古遗民	遗民	江山行旅图	北方

① 此表主要根据《宋画全集》已出册目整理而成。

② 单国霖认为，此画“定出于宋画院界画高手之笔。图上山峦、柳叶及点点荷叶敷染轻淡的石绿、汁绿诸色，俱为南宋的设色方法”。参见单国霖主编：《中国历代小品画·山水卷》，山东美术出版社2003年版，第34页。

③ 此画为设色绢本，册页，南宋孝宗时期院画。

从现存的宋代江山图来看，江南题材与北方题材的创作数量基本持平，而且，绘制者的身份多为院画家，或者表现出仕宦、遗逸等鲜明的政治色彩（参见表2）。由画家的身份信息入手，结合具体的绘画语境、画面内容或诗文题咏等方面的史料，可见不同江山图画作在对江南书写过程中所寄托的政治意涵。

北宋现存的两幅以江南为表现题材的江山图中①，王希孟的《千里江山图》，反映了北方统治阶层对江南的重视和控制意识。后周显德七年（960），赵匡胤兵变称帝，建立宋朝后，逐渐消灭割据南方的南唐、后蜀、吴越等政权，结束五代十国的混乱局面。在与辽金的长期对峙过程中，江南地区在经济、军事、文化等各方面都为北方前线提供了重要的支持作用，所以，江南大后方的统治稳定，于北宋政权而言意义重大。王希孟之《千里江山图》，其画面表现的基本框架是：在北方雄奇风格的山群笼罩下，具有江南实景特色的人物、交通、建筑、植被等景观意象，组成了有序生产与生活的场景（参见图1）。无疑，结合此画之预设观众为宋徽宗的事实，则君主之观看，可视为一场想象中的“巡狩”，其所歌颂的是江南地区在其统治秩序下，一派稳定与繁荣的气象。

图1 （北宋）王希孟《千里江山图》（局部）

宋室南渡后，随着政治、文化中心的转移，江南逐渐取代北方，成为南宋江山图的主要表现对象。赵芾《江山万里图》、江参《千里江山图》与两幅佚名《江山殿阁图》《江山秋色图》，也分别从不同的绘画层面，呈现出画家本人对彼时江南政治生态的感知。

赵氏《江山万里图》为一幅长近10米的水墨横卷，画卷从右向左展开，其结构为“山群—江水—山群—江水—山群—江水”的6段式布局。三组山群的角落缝隙间，分布着几处屋舍建筑，并由一条曲径及桥梁、舟船前后相连接，其上则散落着雅集文人、幽居者、行者、农夫、樵夫等各色人物。在高耸险峻的山势包围下，此种生活场景意外地制造出一种隔绝感与安全感。对江水的塑造，是赵氏江山图最吸引题画者注目的地方，“况画家惟风水尤难造妙，风犹可假物附见，水以平远委顺之体，乃欲具见沿洄溯澓、激扬起伏急缓之情状，以尽天下之变，若此笔墨余流，非固精专妙绝不能也”②，如此“汹涌澎湃”的水面，显然不是一种太平景象，亦非文人所追求的内心宁静之道，在众多幅江山图中都十分独特。长江之险，自古以来就是南方政权据以抵抗北方军事入侵的天堑，而画

① 按：因为相关史料记载的缺失，祁序《江山放牧图》只能暂作风俗画解读。同时，祁序《江山放牧图》，也是表2唯一一幅政治性意图不明显的江山图。

② 参见赵芾《江山万里图》拖尾。张宁《方洲集》亦见收录，有异文。

中的三段江水，仿佛与山群组成了双重屏障，“屏藩形胜今犹昔，烟雨溟濛有若无”①，使得画中人物仿佛置身在“世外桃源”之中，则画家之动机，应是在南北对峙状态下寻求一种心理慰藉。值得注意的是，卷尾袭来的横亘整个画幅的“滔天”巨浪，似乎要吞没邻近的山峰及其上的寺塔，或可视为来自北方军事威胁的肃杀氛围对画家内心造成的巨大压迫感（参见图2）。

图2 （南宋）赵芾《江山万里图》（画心）

江参的“交游圈”特点，暗示应将其《千里江山图》置于抗金的政治语境中进行解读。江参活动于两宋之际，为江苏镇江人，接近南宋与金对峙的前线。据考证，其生平交往密切者有叶梦得、程俱、陈与义以及皇室宗亲赵叔问等人，“都是皇帝身边的侍从大臣……多为刚正不阿的爱国士子”②。而宋人邓椿在《画继》中为江参作有短篇传记，“江参，字贯道，江南人，长于山水……初以叶少蕴左丞荐于宇文湖州季蒙……季蒙欲多取其画，而贯道忽被召去，止得此图，居以为慊……当贯道被召时，尚书张如莹知临安，贯道既到临安，即有旨馆于府治。明当引见，是夕殂，信有命也”③，塑造出一个凭借画艺周游于权力阶层，并借助人际关系最终获得“从龙”机会的仕进者形象。此画作于绍兴五年（1135）到绍兴八年（1138）之间，去“靖康之耻”十年左右，正是南宋第一位皇帝赵构更改年号，立意“绍奕世之宏休，兴百年之丕绪”④ 的一段时期内，则其预设观画者极有可能为朝廷要员甚至是宋高宗。因此，江参在其画作中采取与王希孟《千里江山图》近似的画面表现框架，将众多江南点景意象放置于北方雄奇山水之中（参见图3），也是一种认可南渡政权的政治表态。

在《江山殿阁图》与《江山秋色图》两幅佚名的南宋院画作品中，北方山水风格已经几不可见。其对江南风景的绘画表现与“江山”之语意并不相符合，成为南宋君臣日渐偏安的心理状态写照。从形制上看，两幅作品一为扇面，一为册页，长宽都在30厘米内，与其他江山图横卷、竖轴在篇幅尺度上相距甚远，亦无法承载画意应有的“千里”

① 参见赵芾《江山万里图》拖尾，钱惟善跋文。

② 参见刘红：《江参研究》，中国美术学院硕士学位论文，2016年，第11页。

③ 邓椿：《画继》卷3，王群栗点校，浙江人民美术出版社2013年版，第244~245页。

④ 宋高宗：《改建炎五年为绍兴元年德音》，曾枣庄、刘琳主编：《全宋文》第201册，上海辞书出版社2006年版，第385页。

图3 （南宋）江参《千里江山图》（画心）

气象，此与北方大面积国土丢失造成的心理局促感有关。两幅画中所表现的都是典型的江南土山，气质绵柔温婉。《江山殿阁图》的画面重心为左下角的宫殿部分，位于右上角的山群显得非常"渺小薄弱"。宫人在坚固的城墙内自如生活，仿佛护城河外的广阔天地都无关紧要了（参见图4）。《江山秋色图》颇具有文人画气息，其画面中，一位乘舟者即将抵达岸边。一条小路从近景处的树木遮挡中显现出来，可以想象，画中人物将会沿着这条路继续前行，穿过中景的树林，最终消失于远处若隐若现的霭山中（参见图5）。对于家国命运、人生前途的迷茫无措，或许是该院画家寄予其所绘制江南山水中的一个追问。

图4 （南宋）佚名《江山殿阁图》

图5 （南宋）佚名《江山秋色图》

两宋立国的三百余年间，来自北方的长期军事压力，成为笼罩于社会各阶层内心深处的一道阴影。江山图中江南的表现特点，无疑与此阶段内的历史发展趋势相一致。

（二）元代江山图题咏中的江南书写

现存的元代江山图绘画数量不多，其所提供的历史信息也较为有限，不能很好地体现出彼时画家对江南的书写面貌①。与之相对应，元人的江山图题咏中则表现出对"江南"

① 按：根据《元画全集》收录情况来看，现存元代江山图共有三幅：佚名《江山楼阁图》、（传）盛懋《江山渔乐图》与（旧传）郭熙《江山雪霁图》。其关于画家信息与绘制语境等方面的关键史料都存在缺失的情况。

题材的异常关注。这些诗文背后，涉及宋末至明初这一长时段内的族群互动、南北文化交流以及士人心态等诸多议题，蕴含了丰富的历史信息。

元代文人观看江山图时，其关于江南的情感流露，呈现出一种鲜明的群体性差异。以诗文结构而言，元人的江山图题咏大体上可视为由“题画语境”“图画内容”与“抒情言志”等几个主要模块组成。从“图画内容”部分的整体表现来看，元人往往能够根据特定的画面景观元素，对“江南”进行直接指认。“叠叠云山过尽，茫茫烟水安归”①“数口妻儿网一张，船为家舍水为乡”②“春云白白树青青，正是江南第一程”③等，云、烟、水、舟等意象被诗人从江山图中提取出来，构成具有强烈江南风格的诗歌意境。不过，在表述画面内容的基础上，大量江山图题咏中却陡然产生了“歆羡”与“怀念”两种不同主题的“抒情言志”方向。此现象的出现，与题画者的南北地域分布情况存在紧密关联性，则元代文人面对江南的不同情感态度，应放到相关的族群政治语境下进行解读。

北方文人的江山图题咏，多抒发游览江南的渴望之情。如刘敏中《题柴君正江山春晓图》诗云：“春晓江烟浩不收，参差翠阜接重楼。披图唤起江南兴，谁具山阴万里舟。”④刘氏为山东东平人，仕元世祖、成宗、武宗三朝，其观看同样由山东籍的画家柴桢所绘制的江山图时，竟然生发出“行舟万里”“直抵江南”的冲动，想必心慕已久。王恽《江贯道画江山万里图》诗则称：“抖擞衣尘整豸冠，嚣嚣终日簿书间。何时一叶烟波里，饱看江南万里山”⑤，想到的也是舟游江南的画面。王恽为卫州汲县人，在其前期政治生涯中，宦迹基本辗转于北方各省。此诗作于至元二十六年（1289）前后，元灭南宋不久，王恽调任福建，将有机会一睹故宋风物。“豸冠”指向其时“提刑按察使”之任职，而“饱看”无疑对应着诗人精神上的一种“饥渴”状态。因此，此时的王恽早已经急不可耐，翻出江参《江山万里图》一饱眼福。

与此同时，南方文人的江山图题咏中则多含有浓烈的乡愁情绪。如柳贯《题萧照江山图》“荻浦枫林宿暮寒，夕阳收尽月浮湾。骚人一曲江南思，弹彻箜篌送雁还”⑥，虞集《题江山烟雨图》“千村春水方生，万里归帆如羽。不知谁在层楼，卧看江南烟雨”⑦，以及吴师道《江山秋色图》“江南何处景，一幅淡含晖。草木半黄落，楼台深翠微。桥连秋水渡，船与莫云归。我亦渔樵客，怅然思拂衣”⑧等诗。三人俱为入仕元朝，并取得显赫功名的南方士人，其江山图题咏中，几乎都出现了“雁还”“归帆”等与归隐、乡愁相关的文学意象。尤其是吴师道一诗，以“草木半黄落”与“秋水”来标明一年之将尽，以“船与莫云归”来暗示一日之将尽，最终引起人生迟暮、当振衣而去的情感抒发。

元灭南宋后，政治意义上的南北地理隔绝随之被打破，文人群体在不同动力驱使下展开的流动，当是其所承载的知识、观念、记忆、文化之间的一种交锋。在这种互动与碰撞

---

① 陈杰：《题江山烟水图》，杨镰主编：《全元诗》第12册，中华书局2013年版，第405页。

② 谢应芳：《江山渔乐图》，杨镰主编：《全元诗》第38册，中华书局2013年版，第232页。

③ 华幼武：《题龚翠岩江山图》，杨镰主编：《全元诗》第46册，中华书局2013年版，第82页。

④ 刘敏中：《题柴君正江山春晓图》，杨镰主编：《全元诗》第11册，中华书局2013年版，第351页。

⑤ 王恽：《江贯道画江山万里图》，杨镰主编：《全元诗》第5册，中华书局2013年版，第482页。

⑥ 柳贯：《题萧照江山图》，杨镰主编：《全元诗》第25册，中华书局2013年版，第209页。

⑦ 虞集：《题江山烟雨图》，杨镰主编：《全元诗》第26册，中华书局2013年版，第303页。

⑧ 吴师道：《江山秋色图》，杨镰主编：《全元诗》第32册，中华书局2013年版，第63~64页。

中，势必会产生种种新奇或不适之感。大体上而言，北方文人为江南之地所保存的儒家文化所吸引，怀有一种敬仰与学习的先天心态。而江南文人虽于文化心态上有自矜之意，但在族群身份上却极为受限，故任职北廷过程中，普遍难以获得一种自得与认同之感，江南自然成为供其退而求之的永恒精神港湾。江山图题材的政治属性，吸引了南北方文人共同关注的目光，为这一历史文化的变迁大势提供了一个文图学层面的写照。

在后世明清画家的江南书写中，部分江山图依旧延续着其政治表现的功能。从画家的创作动机与预设观众来看，如允禧、王原祁、钱维城、方琮、卢湛、高其佩等人，他们本身供职内廷或是以画艺为皇帝所赏识的高官，其画作多带有"臣××恭画"等字样题识。再如弘仁、陈丹衷、张宏、项圣谟、沈颢、吴宏、傅眉、萧云从、查士标等人，他们多经历过易代之乱，并较为明确地表现出不同的"仕与隐"取向性，绘画亦是其情感表达的文本载体。不过，数量更多的江山图画作显示，江南在明清画家与题咏文人的笔下，表现出了更加丰富多彩的文人化属性。

三、文化视域：明清江山图及其题咏中的江南书写

明清时期，江山图基本出自江南文人之手。关于江南的文图书写，则以文人阶层的审美意识为主导，多表现其日常休闲生活与隐逸精神世界。此变化不仅反映了江南画派的发展状况，同时也是江南文化中心地位的体现。

明清时期，江山图在创作数量上迎来了一个新的高峰。笔者共辑得 50 余位明清画家 80 余幅江山图（参见表 3）：

表 3 **明清画家及其江山图①**

朝代	画家	籍贯/流寓	画作
明	文嘉	江苏苏州	江山萧寺图
明	沈士充	上海	江山放棹图
明	陆治	江苏苏州	江山胜览图
明	陈丹衷	江苏南京	江山图
明	张宏	江苏苏州	江山佳境图
明	项圣谟	浙江嘉兴	江山无尽图
明	谢时臣	江苏苏州	江山胜览图、江山无尽图
明	无款		江山千里图
明	无款		江山万里图
明	无款		江山无尽图
明	沈周	江苏苏州	江山清远图
明	陈继儒	上海	江山萧寺图

① 按：此表主要依据《中国古代书画图目》《故宫书画图录》《中国绘画总合图录（正续编）》，以及《明画全集》《清画全集》已出版卷册等材料整理而成。

续表

朝代	画家	籍贯/流寓	画作
明	王绂	江苏无锡	江山渔乐图
明	董其昌	上海	江山秋霁图
明	杨文骢	贵阳（流寓南京）	江山孤亭图
明	顾凝远	江苏苏州	江山秋色图
明	吴彬	莆田（流寓南京）	金陵三家合璧江山胜览图卷
	高阳	浙江宁波	
	胡宗仁	江苏南京	
明	唐寅	江苏苏州	江山骤雨图
明	侯懋功	江苏苏州	江山落晖图
明	颜宗	广东广州	江山胜览图①
清	王翚	江苏常熟	江山千里图、江山无尽图（2幅）、江山卧游图、江山渔乐图（2幅）、江山秋色图（3幅）、江山平远、仿巨然江山渔乐图、江山雪霁图、仿李营丘江山雪霁图卷、江山胜览图
清	朱昂之	常州（流寓苏州）	江山无尽图
清	何文煌	安徽黄山	江山平远图
清	何园客	浙江嘉兴	江山胜览图
清	李寅	江苏扬州	江山楼阁图
清	沈颢	江苏苏州	江山万里图
清	吴宏	抚州（流寓南京）	江山行旅图
清	袁耀	江苏扬州	江山共老图
清	高岑	杭州（流寓南京）	江山千里图
清	张洽	江苏苏州	江山无尽图
清	张晰		江山胜览图
清	傅眉	山西太原	江山渔艇图
清	程正揆	孝感（流寓南京）	江山卧游图（13幅）
清	萧云从	安徽芜湖	江山清远图、江山胜览图（2幅）
清	钱维乔	江苏常州	江山秀绝图
清	王时敏	江苏太仓	仿王维江山雪霁、江山萧寺图卷
清	允禧	北京	江山秋霁
清	恽寿平	江苏常州	仿江参江山霁雪、江山小景
清	王原祁	江苏太仓	江山清霁图

① 按：此画题识云：“宣德八年秋，五羊颜宗为友人景昇写于金陵读书处。”

续表

朝代	画家	籍贯/流寓	画作
清	钱维城	江苏常州	江山览胜图
清	方琮	浙江临海	江山胜概
清	卢湛		江山共老
清	高其佩	辽宁铁岭	江山春霭、江山渔舟图
清	奚冈	黄山（流寓杭州）	江山无尽图
清	姜思周	浙江杭州	江山无尽图
清	查士标	黄山（流寓扬州）	江山风雨图
清	祝昌	桐城（流寓黄山）	仿黄公望江山胜览图卷
清	杨晋	江苏常熟	临沈周江山胜览图卷
清	弘仁	安徽黄山	江山无尽图
清	方士庶	黄山（流寓扬州）	江山佳胜图

从存世的明清江山图画作来看，除了傅眉、允禧、高其佩等几个特例，大多数画家出生或寓居的地点，都集中分布于江苏、浙江、安徽等地（参见表3）。这些画家的身份经历与仕隐选择，既为其江山图画作的解读提供了指引，亦显示出江山图创作的新变化趋势：文人群体取代君主等统治阶级成为绘画活动的主要预设观众、创作者和赞助人，一种纯粹以江南文人阶层为主导的审美旨趣，逐渐压倒了传统的政治意图，成为江山图的主流创作思想。

一方面，江山图迎合了江南文人蓬勃发展的休闲意识。明清时期，江南地区发达的城市经济，推动了区域内文人休闲生活文化的崛起。文人通过旅游、舟游、题咏、图绘等方式，大胆地对江山实施“占有”。具体而言，一是图江山以卧游。“卧游”的观念，最早由六朝画家宗炳提出，“老病俱至，名山恐难遍游，唯当澄怀观道，卧以游之”①，并发展成为一种观看山水画的指导思想。明清画家与文人，也多以此意绘制江山图并进行题咏。至清初，程正揆之《江山卧游图》，应视为此绘画观念发展到极致的表现，“正揆少从董其昌游，故颇工于画，集中亦多题画、论画之作。王士禛序称其《江山卧游图》散在人间者有数百本，士禛亦藏其二”②。实际上，程正揆究其一生共创作了五百卷《江山卧游图》，而且该活动引发的群体轰动效用，也为其赢得了“国朝第一”③“诗与画皆登逸品”④等极高的评价，足以证明此绘画旨趣于文人阶层内的广泛接受程度；二是图江山以纪游。明代中后期以来，江南文人群体间旅游之风甚重，与之相应，吴门画派成员绘制

① 张彦远：《历代名画记》卷6，浙江人民美术出版社2011年版，第103页。

② 《青溪遗稿二十八卷》，四库全书研究所整理：《钦定四库全书总目（整理本）》下册，中华书局1997年版，第2515~2516页。

③ 笪重光《江上画跋》称：“余谓本朝画法，必以青溪为第一。”转引自杨新：《程正揆及其〈江山卧游图〉》，《文物》1981年第10期，第77页。

④ 王士禛：《蚕尾续文集》卷1《程侍郎青溪遗集序》，袁世硕主编：《王士禛全集》第3册，齐鲁书社2007年版，第1990页。

了大量具有胜景、纪游性质的画作。其中，江山图亦承担了相关功能。如《式古堂书画汇考》之“谢樗仙江山图并题长卷”称：“明嘉靖廿六载丁未，吴门六十老人谢时臣远游吴楚，登太和，次大别，梯黄鹤，陟匡庐，下杨子江，舟中推篷取兴，敢与溪山写真，积成长卷”①，便是将江山图作纪游之用，其性质类似于各种山水游记。谢时臣为吴门画派早期成员之一，于此意义上来说，则谢氏之江山图可能具有反映群体创作原始风气的画史意义。

另一方面，江山图展现了明清江南文人群体浓厚的隐逸风气。自古以来，江南与国家政治中心的变动之间常存在着微妙关系，成为无数文人失意故事的发生地，形成了发达的隐逸文化系统。至明清时期，以苏州为中心，江南文人阶层更是出现了一种不乐仕进的群体性心态。在相关江山图绘画中，往往可见画家同时表现“潇湘”“桃源”“渔隐”等多种具有隐逸色彩的绘画母题，从而满足观画者的精神需求。除此之外，江南先贤浸润于地域隐逸文化氛围下形成的个性色彩鲜明的绘画风格和技法，也成为后世明清画家于江山图中竞相临摹与表现的对象。如杨文骢《江山孤亭图》（参见图6）、王原祁《江山清霁图》（参见图7）等江山图，其所采用的“一河两岸”式构图，以及前景分布的几株笔直萧散的高瘦树木与造型奇特的空亭，都是出自对倪瓒绘画风格的临摹。除此之外，倪瓒式的“空亭”意象，也高频率出现在其他江山图画作中。这些画卷的篇幅形制、笔墨风格、构图布局各有不同，但画家都在不同的地理位置绘制出一块平台用以放置空亭。如恽寿平《江山小景》（参见图8）与钱维城《江山览胜图》（参见图9）将此亭置于山崖之巅，而王绂《江山渔乐图》（参见图10）则遵循传统画法，将其放置于江岸的空地上。其中，可见画家对此意象所承载文人精神的偏爱。诸如此类，在临摹先贤画作的图式、构图、意象、母题的过程中，画家想要表达的文人精神和地域文化也一并通过江山图绘画得到了传承。

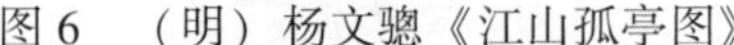

图6 （明）杨文骢《江山孤亭图》　　图7 （清）王原祁《江山清霁图》

① 卞永誉纂辑：《谢樗仙江山图并题长卷》，《式古堂书画汇考》第4册，浙江人民美术出版社2012年版，第2139页。

图8 （清）恽寿平 《江山小景》（局部）

图9 （清）钱维城 《江山览胜图》（局部）

图10 （明）王绂 《江山渔乐图》（局部）

与此同时，江山图及其题咏的江南书写中，还涉及如何看待北方地域文化的问题。历代文人日常阅读与书写中的“江南”，原本就是一种与北方相对立，综合了地理、文化等多种意义上的模糊概念。大体上而言，北方山水及其所代表的文化精神，在明清江山图及其题咏两种文本间处于“失语”的状态。此原因与江南题材对明清江山图画面表现的垄断，从而形成的“信息茧房”有关。当江山图变得“处处是江南”时，江南，本身也成了诗文题咏书写的一种“公共空间”。

不过，在一些明清文人观看江山图的特殊语境中，仍可见时人对南北地域文化的不同观念与认知。如明代太仓人王世贞有题《戴文进〈江山胜览图〉》诗，他在向北方文人展示江南山水的过程中，表现出对当地景观与文化底蕴的强烈自得之意。其开篇交代作诗缘由，“此少傅乔庄简公所作长歌也，图为钱塘戴文进所画《江山胜览》，颇斐亹有致。公歌辞亦瑰伟，第有感于旧游，以为唯金陵以东之景当之。太原黄子廷绶为其伯父贽寿言，走数千里而贻我"①，是一次围绕着祝寿活动的人际关系互动。而王世贞在观画后，直言："此景在晋中绝不易得，而吾吴在在有之，此画亦广于吴而鲜于晋，独庄简于王父司马公为石交，敬留其遗迹，而僭书此歌于后。以还黄子，俾留作太原一佳话，且令吾书与吾家乡烟水，付之黄子目中可也。"② 此则材料的重点不仅在于王氏对江南山水的极力称赞，如"此景在晋中绝不易得，而吾吴在在有之"一句中，"绝不""吾吴""在在"等都是语气和情感色彩十分鲜明的语词，读者观此不难从句里行间体会到，裹挟着江南山水之势的王世贞，其内心的骄傲与自负。更进一步，对话双方都默认了这样一种表达方式，即江南山水与晋中山水之间的优劣比较。而且，通过对价值的层层加码：浙派领袖戴进作画，"晋中三杰"之一的乔宇题咏，王世贞书于其上，黄氏奔走千里等，其最终的预期效果却不止是为了向寿者展示江南的山水，而是在于"作太原一佳话"，更加凸显了王世贞对江南山水影响力的自信。

活动年代稍晚的清人程正揆，则在其《江山卧游图》题跋中，有意或无意地流露出对北方山水及其所承载文化精神的贬低之意。程正揆为湖北孝昌人，入清后，在任官期间才萌发出创作《江山卧游图》的冲动："居长安者有三苦，无山水可玩，无书画可购，无收藏家可借，予因欲作《江山卧游图》百卷布施行世，以救马上诸君之苦。"③ 其话语间表达了一个明确的观点，即北方山水无可玩之处，须以图画解之。从《江山卧游图》的创作与题跋情况来看，江南山水无疑就是其所谓的"救苦良药"。然而，山水既是物质的，又是集历史、精神、文化等诸种意义于一体的，程正揆此举无疑是将北方山水排挤出了士人阶层的审美视野。而且，所谓"救马上诸君之苦"，表明此看法很可能属于一种群体共识。后来，程氏罢官后，寓居南京，流连江淮一带以继续完成《江山卧游图》的系列创作，并获得大量关注，足见江南山水文化所拥有的广泛认同基础。

南北地域文化之间，原本就存在着各种形式的比较与竞争。南宋以来，随着江南文化中心地位的巩固，其逐渐由文化输入地转变为输出地，对北方文化的态度也微妙起来。明清时期，在董其昌"南北宗"理论的推波助澜下，江山图及其题咏作为艺文领域的一个文图题材现象，在一定程度上揭示了南方文化在南北地域竞争中所处的优势地位，甚至对北方地域存在的"文化霸凌"现象。

四、总　结

本文在搜集整理历代江山图及其著录、题咏文字的基础上，主要讨论了两个问题：一是注意到宋元江山图的"江南书写"中，存在着浓厚的政治意识色彩。从还原每一幅江山图绘制时的微观语境入手，通过典型个案的累积，分析了国家、族群、社会等大层面变

---

① 王世贞：《戴文进江山胜览图》：《弇州山人题跋》卷20，汤志波点校，上海书画出版社2020年版，第606页。

② 王世贞：《戴文进江山胜览图》，《弇州山人题跋》卷20，汤志波点校，上海书画出版社2020年版，第606页。

③ 程正揆：《青溪遗稿》卷22《题赠舒五公卷》，《四库全书存目丛书》集部第197册，齐鲁书社1997年版，第544页。

动下，文人与画家个体在思想心态上的回应。二是注意到明清以来，江南文人阶层的审美趣味主导了江山图的创作活动。同时，针对江南山水在江山图绘画中表现的垄断地位，对其中所涉及的南北地域文化竞争等相关议题进行了讨论。

从唐代杜甫的“江南瘴疠地，逐客无消息”，到清人程正揆的“（长安）无山水可玩”。两种具有代表性的发言，表明在近一千年的时间内，文人士大夫对于江南山水与北方山水的审美认知发生了天翻地覆的转变。魏斌《“山中”的六朝史》一书也注意到，佛教的名山与道教的“洞天福地”，同样经历了一个由多分布于北方到“江南化”的过程。虽然这些现象背后有着复杂的历史成因，但无疑都是文化建构的结果，而图像文本于其中扮演着重要的作用。随着读图时代的到来，在国族、地域、城市、性别等各种文化建构的热潮中，图像等视觉文本都是需要重视的资源载体。

（作者单位：武汉大学文学院）

民族共同体意识下元代偰氏家族的文学史意义

□ 杜瑶瑶

【摘要】 元代西域色目偰氏家族认同并向往中原文化，接受华夏民族正统意识，他们完全融入元代士人群体，与各族文士交游广泛，对元代中华民族共同体的认同和构建同样作出了重要贡献。偰氏家族享受尊荣时间之长，史所罕有，偰氏三代共有六十余人在元朝为官，为中原仕宦大家族。偰氏族人恪守礼法，尊崇忠、贞、孝三节，偰氏子弟多以科举入仕，能诗书，在政坛和文坛作出了很大贡献，在中国文学史上具有特殊意义。

【关键词】 中华民族共同体意识；偰氏家族；文学史意义

元朝书同文、车同轨，各民族、各地区之间在政治、经济、文化和社会生活等方面的往来交流频繁，在元朝大一统的中央集权国家之下，各族人民有着共同的国家观念，共同的政治目标，共同的文化观念，情感上彼此亲近，正如习近平总书记所说："一部中国史，就是各民族交融汇聚成多元一体中华民族的历史。"① 各民族之间交往、交流、借鉴、互动、融合、深化为相对统一的意志，共同书写元朝多民族共同发展的历史，在精神文化层面共同铸牢了中华民族共同体意识。元代时，西域色目文人对中华民族共同体的认同和构建同样作出了重要贡献，他们完全融入士人群体，交游广泛，共同参与各种文化文学活动，正如查洪德先生所说："中国的元代文学是一个整体，元代的文坛具有整体性，不管华夷，不论南北，都融入了这一整体。"② 其中高昌偰氏家族在元代文学史地位不容小觑，"北庭三大家族之一的偰氏身世与经历之独特，时间、空间跨度之大，可以说是元代西域诗人群体，也可以说是整个元代文坛，甚至能说是中国文学史所罕见"③。"偰氏无疑为蒙古色目人中汉化程度最高的家族之一"④，是汉化很深而且深受儒学影响的极具代表性

---

① 习近平：《坚持共同团结奋斗共同繁荣发展 各民族共建美好家园共创美好未来》，《人民日报》，2019 年 9 月 28 日。

② 查洪德：《"华夷一体"：元代文坛特征》，《民族文学研究》2017 年第 4 期。

③ 杨镰：《元西域诗人群体研究》，新疆人民出版社 1998 年版，第 246 页。

④ 萧启庆：《蒙元时代高昌偰氏的仕宦与汉化》，《元朝史新论》，台湾允晨文化实业股份有限公司 1999 年版。

西域大家族之一。偰氏家族先祖乃高昌畏兀儿贵族，其先祖上溯唐代的远祖暾欲谷，本突厥种，世代为高昌回鹘效力，子孙世袭国相，“偰氏，伟兀人也。先世曰暾欲谷，本中国人。隋乱，突厥人入中国，人多归之。突厥部以女婆訇妻默棘速可汗为可敦，乃与谋其国政。《唐史·突厥传》载其事甚详”①。后来偰氏家族西迁高昌。1209年仳理伽普华和岳璘帖穆尔随高昌回鹘王归顺蒙古，内迁中原。入元之后偰氏家族分化为福建建阳、江西南昌、江苏溧阳三支，一家三代共有六十余人在朝为官，多以科举入仕，为中原仕宦大家族。元亡后，溧阳偰哲笃之子偰吉斯（后改名偰斯）改仕明朝，另外一子偰百辽逊（后改名偰逊），至正五年（1345）进士，入高丽，偰百辽逊有长寿、延寿、福寿、庆寿、眉寿五子，其中长寿、庆寿、眉寿三子均考中高丽朝进士，偰庆寿之子偰循两次考中进士，偰氏家族子弟在高丽联翩登第，并且在高丽文坛和政坛成绩斐然，颇有盛名，对明朝和高丽两国外交的贡献很大，明初，偰斯曾两次出使高丽，偰长寿八次出使明朝②。可以说，偰氏家族经邦济国之才辈出，经历了不同民族、不同国家、不同文化经久不衰，彬彬称盛，诚如萧启庆先生所言：“一个家族先后在性质截然有异的文化与结构全然不同的国家之中欣欣向荣，保持政治尊荣长达八九百年之久，似不多见，偰氏为一特例。”③

一

高昌畏兀儿即指天山东段南北地区的色目人，“高昌畏兀儿的疆域在历史上变动很大，但其中心始终在以北庭、高昌、彰八里、仰吉八里和唆里迷等五城为中心的天山东部地区”④。高昌偰氏乃畏兀儿族世家大族，他们熟悉突厥、畏兀儿文化，入元之时，虽以武力征讨而建功立勋，但入居中原之后，由军功承荫入仕的根脚家族转变为以诗书传家、科举入仕的文化家族，深受儒家文化的熏陶教化，竟以儒学而赢得“一门九进士”的美誉。

偰氏宗族始终坚持以忠孝报国，据《高昌偰氏家传》记载，高昌偰氏克直普尔带兵出征之时：

> 初，兵出阿忽尔河，河水素湍急，俄而水止，国俗以为水寐。占者曰：“祷之必有应。”公以裳盛水，祝曰：“顾子子孙孙勤劳王家，其炽如火，其续如绳，以忠以孝，永保令名。”⑤

克直普尔在水边祈祷，希冀偰氏子孙以孝悌传家，尽忠报国，以中华民族素来认为最

---

① （元）欧阳玄：《高昌偰氏家传》，李修生：《全元文》第34册，凤凰出版社2004年版，第590页。

② 叶泉宏：《偰氏家族与丽末鲜初之中韩关系》，《韩国学报》1993年第12期。

③ 萧启庆：《蒙元时代高昌偰氏的仕宦与汉化》，《内北国而外中国：蒙元史研究》，中华书局2007年版，第746页。

④ 刘迎胜：《 察合台汗国史研究》，上海古籍出版社2006年版，第18页。

⑤ 李修生：《全元文》第34册，凤凰出版社2004年版，第591页。

重要的道德规范来约束偰氏族人，其家族子孙果然没有辜负他的“以忠以孝，永保令名”的期望。13世纪初，蒙古兴起之时，仳理伽普华和岳璘帖穆尔献策回鹘王拥其众归附蒙古，为元朝立国建下赫赫功勋。据《元史·岳璘帖穆尔传》记载：“岳璘帖穆尔，回鹘人，畏兀国相暾欲谷之裔也。其兄仳理伽普华，年十六，袭国相、答剌罕。时西契丹方强，威制畏兀，命太师僧少监来临其国，骄恣用权，奢淫自奉。畏兀王患之，谋于仕仳理伽普华曰：‘计将安出？’对曰：‘能杀少监挚吾众归大蒙古国，彼且震骇矣。’遂率众围少监斩之。”① 岳璘帖穆尔，精通畏兀书，文武双全，机警果断，非常有政治韬略，曾任河南等处军民都达鲁花赤，高昌偰氏开始入居汉地，为入汉地第一代，“皇弟帖木格翰赤斤求师傅，帝命岳璘帖木儿教之，以孝弟、仁厚为先，帝闻而嘉之”②。他以孝悌和仁厚等深厚伦理思想教授皇弟帖木格翰赤斤，以儒家文质彬彬为育人的准则。

偰氏族人入元后第二代合剌普华（哈喇巴哈）以忠勇殉国。合剌普华，岳璘帖穆尔第八子，入仕忽必烈宿卫，“哈喇巴哈，倜傥有节概，好义如嗜欲，恤穷若姻戚，临危蹈难，殉国忘身。儿时，父以断事官治保定，留之侍母奥敦氏，居益都”③。合剌普华精通畏兀儿文化同时研习汉学，“父奇之，俾习伟兀书，及授《语》、《孟》、《史》、《鉴》文字，记诵精敏，出于天性”④。跟从汉族儒士学习儒家经典《论语》《孟子》等，且以儒家传统礼仪要求自己，以忠勇闻名于有元一代，以死报国。合剌普华在担任广东道都转运盐使之时，朝廷派兵平定叛乱，他运输粮草，“至东莞、博罗二县界，遇贼欧钟等。众寡不敌，为所执。贼欲奉为主帅，不屈遇害于中心冈。……赠户部尚书、守忠全节功臣，追封高昌郡侯。谥忠愍。希吉特勒氏有节行，有司旌之”⑤。与叛军搏斗，寡不敌众被敌人俘虏，英勇不屈以身殉国，为国尽节，忠勇的品德在合剌普华身上体现得淋漓尽致。

合剌普华有二子，长曰偰文质，次曰越伦质，为偰氏家族第三代。“二子：长曰偰文质，次曰越伦质。文质甫十岁，刲股以愈母疾，粤之人士谓‘忠贞孝三节备于一家’，故相与绘为图而传观之。既长，名迹猎猎称其家。延祐初，守广德，治法风声，为诸郡最。”⑥ 合剌普华长子偰文质致仕后移居于豫章东湖。从其子偰文质开始以偰为姓氏，因祖先安家偰辇河（色楞格河），为了不忘祖先之根本，遂以偰为姓。偰文质请欧阳玄作《高昌偰氏家传》之时谈及姓氏来源：

> 文质尝谓玄曰：“吾宗肇基偰辇，今因以偰为氏，盖木本水源之意也。且高、曾以来，勤瘁王家，翊兴大业，而俯仰陈迹，非托之文字，大惧湮没，无以示来者，谨

① 《元史》，中华书局1976年版，第3049~3050页。

② （民国）柯劭忞：《新元史》，吉林人民出版社1998年版，第2366页。

③ （元）欧阳玄：《高昌偰氏家传》，李修生：《全元文》第34册，凤凰出版社2004年版，第594~595页。

④ （元）欧阳玄：《高昌偰氏家传》，李修生：《全元文》第34册，凤凰出版社2004年版，第595页。

⑤ （民国）柯劭忞：《新元史》，吉林人民出版社1998年版，第2367页。

⑥ （元）欧阳玄：《高昌偰氏家传》，李修生：《全元文》第34册，凤凰出版社2004年版，第595页。

具世次履历以请。”①

偰文质幼时即以孝悌闻名于乡里，又有割股疗亲这种孝道的极致表现。自唐代开始多有这种孝行文化的记载，各王朝也利用割股奉亲的行为来旌表孝行文化，虽然与儒家所倡导“身体发肤，受之父母，不敢毁伤”的观念相矛盾，但因政府旌表割股奉亲行为而对社会进行孝道教化，仍被人们普遍认可并接受，认为是孝心诚切、孝感动天的行为，“人皆知君父之当事，我能尽忠尽孝，天下莫不以为当然，此心之所同也。今人割股救亲，其事虽不中节，其心发之甚善，人皆以为美”②。孝乃顺德，社会上普遍认为，割股疗亲的孝行可作为天下人的表率。一个人如孝敬父母，定能对君主尽忠。偰文质十岁左右既有如此孝敬母亲的美德，自然会忠于国家，后官至正议大夫、吉安路达鲁花赤。因此，偰氏族人入仕元朝之后以儒家忠、贞、孝三节而著称，江西名儒刘诜《三节六桂堂记颂》中称赞道：

> 北庭偰氏，世出高昌，皇元龙兴，以义来内附，至庄简益显庄简子都运，早备宿卫，克有勋劳，迁为广东盐运使。子正议大夫吉安监郡（偰文质），始留豫章。居焉。于所居建三节六桂堂，而家愈大。初都运（合剌普华）在广东，朝廷方征南交，护督漕饷。会海盗大集，转斗失利，以骂贼死。事闻，上嘉其节，谥忠悯，赠守忠全节功臣。时夫人方盛年，确守贞节，母子相依倚为生。正议甫数岁，母尝病剧，刲股和药，露祷获安，天下谓之三节。正议五子，世玉、世学、世德、世南、世则，其犹子世文。宿嗜学如饥渴，科举兴，遂连登上第，布列中外，天下谓之六桂，议者又曰：非三节不足以兆六桂，非六桂不足以显三节，合为一堂实宜。③

偰氏家族之所以被誉为“三节六桂”：合剌普华一家人，充分体现了对儒家的忠君观念认同和奉守。合剌普华忠义报国，舍生取义，以报国恩，其妻遵奉“三从四德”为妇道，盛年守节，其子偰文质谨遵孝悌，侍母至孝，割股为药孝母，此乃忠、贞、孝三德之“三节”。偰文质的五个儿子：偰世玉（偰玉立）、世学（偰直坚）、世德（偰列篪）、世南（偰哲笃）、世则（偰朝吾）和侄子世文（偰善著）一门六进士，有“六桂”之誉。在这样为父母尽孝为国家尽忠的家庭环境影响之下，偰文质第三子偰哲笃和第四子偰列篪均为元尽忠。偰哲笃（约 1298—1358），字世南，任泗州同知、西台御史、南台御史、广东佥宪，权臣伯颜独揽大权，偰哲笃弃官寓居溧阳，后复为工部尚书同佥枢密院事，又担任江浙行省参知政事、吏部尚书等职。至正十八年（1358），朱元璋占领江苏全境，建都南京，征召元朝旧官，偰哲笃和汉族文士一样，严守忠孝，坚守大义为元朝守节，虽死拒而不降，愤而自杀。偰列篪，字世德，至正中历官朝阳县达鲁花赤，改河南路经历，“以

① （元）欧阳玄：《高昌偰氏家传》，李修生：《全元文》第 34 册，凤凰出版社 2004 年版，第 597 页。

② （明）朱熹：《朱子语类》第 4 册，崇文书局 2018 年版，第 1043 页。

③ （元）刘诜：《桂隐文集》卷 4《三节六桂堂颂》，《影印文渊阁四库全书》第 1195 册，台湾“商务印书馆”1985 年版。

父官江西，遂家焉。由翰林待制擢潮州达鲁花赤，有惠政；至正中授河南路经历，贼攻府城，偰列篪守北门，城且陷，投井死，妻、子从殉者十一人”①。偰列篪和妻子家人全部以身殉元，守节而死。

在整个元代，能够始终如偰氏家族一样保持“以忠以孝”这样传统的确实不多，偰氏入元之前以武勋军功辅佐君主，戎马生涯，在战场上英勇无畏，偰氏族人移居汉地，涵容于汉民和中原文化之中，从偰氏家风严谨这一点也可以证明，要求子弟行止有度，对礼法的遵守，对忠、贞、孝三节的尊崇，作为家族文化传承下来，成为规训偰氏族人言行的内在动力。既出现了合剌普华和偰哲笃、偰列篪祖孙三代忠勇之士，又出现过偰文质刲股孝亲的至孝行为，为偰氏家族以诗书传家家风的形成奠定了基础，这自然和中华民族传统文化高度统一，在礼教和道德规范相一致，偰氏家族成为中华民族国家观念和文化观念践行和传承者，完全融入了中华文明价值体系。

二

偰氏入元后逐渐吸收了中原文化要素，成为精通儒家文化的世家大族，偰氏三代在元朝为官的共有60多人，其中以科举入仕者多人。据吴澄《都运尚书高昌侯祠堂记》：“侯之有祠何也，从民欲也。侯高昌人，合剌普华其号也。……侯之子二，长偰文质，尝以江西行省断事官监临抽分舶货至广，今以通议大夫同知广西两江道宣慰使司副都元帅。侯之孙六，延祐乙卯、戊午，至治辛酉，泰定甲子、丁卯，至顺庚午六科，六孙相继擢进士。”② 偰氏第四代，偰文质的五个儿子，偰玉立、偰直坚、偰哲笃、偰朝吾、偰列篪以及偰文质的弟弟越伦质之子偰善著先后登进士第，一时轰动元代文坛。又根据欧阳玄《高昌偰氏家传》：“（偰文质）子五人，曰偰玉立，登延祐戊午第，今翰林待制、朝请大夫兼国史院编修官；曰偰直坚，登泰定甲子第，今承务郎、宿松县达鲁花赤；曰偰哲笃，登延祐乙卯第，今中顺大夫、佥广东道肃政廉访司事；曰偰朝吾，登至治辛酉第，今承务郎、同知济州事；曰偰列篪，登至顺庚午第，今从仕郎、河南府路经历。越伦质早岁警敏笃学，无子弟之过，未仕而殁，赠从仕郎、山东东西道宣慰使司都事。一子曰善著，登泰定丁卯第，今承务郎、天临路同知湘潭州事。”③ 偰玉立，延祐五年（1318）进士；偰直坚，泰定元年（1324）进士；偰列篪，至顺元年（1330）进士；偰哲笃，延祐二年（1315）进士；偰朝吾，至治元年（1321）进士；偰善著，字世文，泰定四年（1327）进士。偰氏不仅汉化程度非常高，家中子弟又能在科举中如此出类拔萃，不亚于汉族名门世族，在历代汉族世家中亦不多见。偰氏重视读书和教育，对忠、贞、孝三节的崇拜，家风之正在西域色目世家大族中并不多见，从偰氏几代人的表现可以看出。偰文质任职于江西时，延请名儒教育子侄读书明理，家中最引人的是琅琅读书声，“大德中，元帅（偰文质）理问江西，入奉太夫人甘脆，出领诸子就外傅，书声琅琅东湖之

① （民国）柯劭忞：《新元史》，吉林人民出版社1998年版，第2368页。

② （元）吴澄：《吴文正集》卷35，《影印文渊阁四库全书》第1197册，台湾“商务印书馆”1985年版。

③ 李修生：《全元文》第34册，凤凰出版社2004年版，第597页。

上，昼夜不绝”①。正因为偰文质极其重视五个儿子的教育，请名师教授儿子，几个儿子又勤奋好学，偰文质又侍母至孝给子孙做了表率，在这样的家风熏染之下，才出现了五子联袂登科的盛况。

偰文质的第三子偰哲笃延续了父辈对子孙教育重视的传统，同样请名师教育他的九个儿子学习儒家经典，据孔齐《至正直记》卷三记载：“高昌偰氏哲笃世南以儒业起家。在江西时，兄弟五人同登进士第，时人荣之。且教子有法，为色目本族之首。……世南有九子，皆俊秀明敏。……每旦，诸子皆立于寝门外省父母，非通报得命则不敢入，至暮亦如之。一日，予造其书馆，馆宾荆溪储惟贤希圣主之，见其子弟皆济济有序，且资质洁美，若他人殊者。盖体既俊秀，又加以学问所习气化使之然也，予深羡慕之。”② 偰氏子弟对口碑与声誉非常重视，秉承遵守忠、贞、孝三节的家风家教，并以之自觉或不自觉地约束着自己的言谈举止，对父母昏定晨省，孝敬有加，又深受儒家文化的影响，重视读书和礼乐教化，一般汉族读书人家庭也难以企及，“一门世科之盛，当时所希有”③，成为典型的传统以诗书传家、科举入仕的文化家族。偰文质弟越伦质之孙，偰善著的长子偰正宗与偰哲笃的儿子偰伯辽逊，同登顺帝至正五年（1345）进士。偰善著的次子阿儿思兰于至正八年（1348）中进士。偰氏一门，有名号可考者，凡四十七人，叔侄两代出了九个进士，在元代可谓轰动朝野。

偰哲笃有九子，长子偰伯辽逊（1219—1360），字公远，后改名偰逊。偰伯辽逊中举后，任翰林应奉，后转任宣政院断事官及端本堂正字，授皇太子经。在端本堂，偰伯辽逊结识了后来的高丽恭愍王。其后任崇文监丞、单州知州。偰哲笃去世后，偰伯辽逊丁忧大宁，自此他结束了在元朝的仕宦生涯。至正十八年十二月，红巾军攻陷元上都，迫近大宁。偰伯辽逊携子弟东奔高丽避难，据元时高丽文人李穑《近思斋逸稿序》记载：

> 乙酉乙科偰伯辽逊公远，学于南方，年未逾冠，尽通举业，间攻古文，名大振。既第，应奉翰林，选为端本堂正字，久之，丞崇文监。方向于用，而当国者与其父淮南左丞公有怨，出知单州，有能声。俄丁内忧。寓居大宁时，贼已破上都，指辽西。公远挈子弟，单骑渡辽水，入高丽。既行数日，而贼下大宁矣。上以端本从游之故，迓劳相续。及见，礼待优渥，赐田富原，封君开府。居数年，病卒。④

偰逊抵达高丽后，因与恭愍王在端本堂的旧日情谊，更名偰逊，获封高昌伯，赐第改封富原侯，赐田富原。“恭愍朝赐籍庆州。子长寿，孙循亦登第通显。今偰姓其后也”⑤，偰逊在高丽生活不过两年，至正二十年（1360），卒于其松京典牧洞宅邸，年仅四十二。王祎《韦斋记》：“公远登进士乙科，入翰林，为太史，文章事业，人皆以古人望之。刚明敏达而直道守节者也，未始见其偏于急也。公远因其性之所近，而或恐流于急也而致是

① （元）刘岳申：《三节六桂堂记》，《申斋集》卷5，《影印文渊阁四库全书》第1204册，台湾“商务印书馆”1985年版。

② （元）孔齐：《至正直记》，《宋元笔记小说大观》，上海古籍出版社2001年版，第6647页。

③ 《元史》卷193《合剌普化传》，中华书局1976年版，第4386页。

④ 李修生：《全元文》第56册，凤凰出版社2004年版，第442页。

⑤ 李睟光：《芝峰类说》卷12，转引自李钟殷、郑珉编：《韩国历代诗话类编》，亚细亚文化社1988年版，第309页。

为，涵养之功如此，岂非自知之明者欤!”① 对偰逊的文章事业、才华和人品赞不绝口。偰逊有五子：长寿、延寿、福寿、庆寿、眉寿，其子孙在高丽定居，成为庆州偰氏，偰氏子弟叔侄四人先后在高丽朝以科举入仕，进而为偰氏在高丽政坛和文坛的生存和持续发展开拓了空间，证实了偰氏一门在儒学和文学上的能力以及政治能力。

偰吉思，字公文，后改名偰斯，乃偰伯辽逊的弟弟，曾就学于国子监。其父偰哲笃自杀身亡，偰斯料理丧葬后，赴任浙江任武康县尹。至正二十三年（1363）偰斯迁任昆山知州，两年后又迁任嘉定知州，为政精敏干练，任职期间颇有政绩，得到元陈基称赞："诛求不废农桑业，抚字曾分社稷忧。公勤守职古能吏，清白传家汉列侯。"② 至正二十七年（1367），朱元璋攻破平江路，作为嘉定知州的偰斯归附明朝。入明后，据《明太祖实录》记载，偰斯历任兵部员外郎、符宝郎、尚宝司丞、泰安知州、河间府知府、户部郎中、户部尚书。不久出为山西左参政，随后召还为吏部尚书，以礼部尚书致仕。洪武一朝，偰斯作为一色目人，不仅没有受到猜忌、排挤，而且官运亨通，最后得以善终，这恐怕也与偰逊东出高丽，而朱元璋又急于控制高丽有关，偰氏家族在明初为明朝与高丽的交往发挥了重要的作用。

色目偰氏家族几代人坚守儒家正统和礼乐教化，践行中华民族以儒学为核心的文化观念，已经和中原文化世家一样，重视读书和教育的家风，重视家族子弟人品、道德、文章的培养，才使得元代偰氏家族拥有较高的社会地位，培育了数量众多的才学子弟。元朝灭亡后偰斯入仕明朝，偰逊在高丽封侯，偰氏家族又为两国交往发挥了重要的作用。

三

偰氏族人在元朝出仕为官者六十余人，他们和各族文人有这样那样的密切关系，在活动中彼此深度融合，达到心灵的契合，具有相同的国家观念与文化观念，有着共同的国家认同与文化认同。

偰氏族人中第一个科举入仕的是偰哲笃，延祐二年（1315）进士第。延祐科举得人才最多，“天子有意乎礼乐之事，则人皆慕义向化矣。延祐初诏举进士三百人，会试春官五十人，或朔方、于阗、大食、康居诸土之士，咸囊书橐笔，联裳造庭而待问于有司，于时可谓盛矣”③。选拔南北文人儒士数十人，很多是元代著名文臣和文坛大家。据王礼《跋张文忠公帖》："某尝求我朝科目得人之盛，无如延祐首榜，圣继神传，累朝参错。中外闻望之重如张起岩、郭孝基，文章之懿如马祖常、许有壬、欧阳玄、黄溍，政事之美如汪泽民、杨景行、干文传辈，不可枚举。大者深厚忠贞，小者精白卓荦，所以黼藻皇猷、裨益治道者，初科之士为多。虽曰一时光岳之气，钟为英杰，沛然莫之能御，然亦仁庙切于求贤之念，上格天心，当时硕德元老，足以风厉后进所致也。"④ 护都答儿和张起岩为

① （明）王祎：《王祎集》（上），颜庆余点校，浙江古籍出版社 2016 年版，第 279 页。

② 杨镰编：《全元诗》第 55 册，中华书局 2013 年版，第 449 页。

③ （元）马祖常《送李公敏之官序》，《马祖常集》，王媛校点，吉林文史出版社 2010 年版，第 199 页。

④ （元）王礼：《麟原前集》卷 10，《影印文渊阁四库全书》第 1220 册，台湾“商务印书馆”1985 年版。

左右两榜状元，还有郭孝基、马祖常、许有壬、欧阳玄、黄溍、杨载、王沂、王士元、张翔、杨景行、陈泰、偰哲笃、刘彭寿、韩涣、汪泽民、杨景行、干文传、张翔、杨晋孙、李朝端、李希贤、梁宜、许晋孙等人，政事文章，可谓人才济济，这一批进士不仅具有非常高的文化素养、儒家的正义感，而且政治素质极高。可以说，与偰哲笃的同榜进士在元代政坛和文坛的地位和影响很大，且他自己又是高昌偰氏家族子弟的身份，有如此雄厚的人脉和家世，是当时一流人物。其中，同榜进士黄溍为偰哲笃祖父合剌普华作《哈拉普华神道碑》一文，又应偰哲笃之子偰伯辽逊之请曾为偰哲笃夫人作《魏郡夫人伟吾氏墓志铭》一文①，由此可知他们之间的友情，字里行间洋溢着对偰氏家族的认同与欣赏。偰哲笃入仕之后，不仅非常重视兴办教育，他认为："惟正人心、厚风俗、无一不本于学"（《重修县学记》）②，而且为政廉明，在海南地区政绩尤其显著，据吴澄《都运尚书高昌侯祠堂记》："侯高昌人，合剌普华其号也。……其第三孙偰哲笃最先登科，历陕西、江南二行台监察御史，今以中顺大夫佥海北广东道肃政廉访司事，廉明宽慈，是非有公论，循良知劝，奸恶敛迹，广之人士咸谓佥宪祖至孙三世惠于南海"③，各族士大夫称赞他们祖孙三代在海南治理清明。可惜，偰哲笃诗文留存下来不多，杨镰主编《全元诗》第37册存诗3首，李修生主编《全元文》第31册收录《重修县学记》一篇，其中题画诗《题商德符李遵道共画竹树》和《题赵千里夜潮图卷》两首，以其《题赵千里夜潮图卷》为例：

风涛汹涌千堆雪，拍岸翻空倒银阙。雁声惊起一江秋，万里无云挂明月。④

放置在元人众多题画诗中，仍可见到偰哲笃这首诗作境界不同一般，高远疏旷而且有一种阔达舒朗之气象。

仁宗延祐五年（1318），偰玉立登进士第，同榜进士有祝尧、冯景仲、虞槃（虞集的弟弟）、忽都达儿（或译作呼图克岱尔）⑤ 等人。偰玉立（1290—1365），字世玉，号止堂（或止庵），曾担任秘书监著作佐郎、翰林院待制兼国史院编修官、泉州路达鲁花赤、湖广佥事、海北海南道肃政廉访使等职。偰玉立已经和汉族文士没有区别，有诗集《世

① （元）黄溍：《金华黄先生文集》，四部丛刊本，上海商务印书馆1919年版，第244~246、414~416页。

② 李修生：《全元文》第31册，凤凰出版社2004年版，第103页。

③ （元）吴澄：《吴文正集》卷35，《影印文渊阁四库全书》第1197册，台湾"商务印书馆"1985年版。

④ 杨镰：《全元诗》第37册，中华书局2013年版，第454页。

⑤ 祝尧，字君泽，上饶人，延祐五年进士。《四库提要》卷188："《古赋辨体》八卷、《外集》二卷，元祝尧编。《江西通志》载尧上饶人，延祐五年进士，为江山尹，后迁无锡州同知。"吴师道《冯景仲存拙稿序》："醴陵冯君景仲，延祐五年进士也。"（《礼部集》卷15）虞集《亡弟嘉鱼大夫仲常墓志铭》："时人美其才，稍从诸侯为宾客，署湖广行省龙阳州儒学正、全州清湘书院山长，除辰州路儒学教授，冀斗升以为养，然所至论学设教，馊粥初不给也。辰州未上而延祐科诏行，岁丁巳，以蜀远，就试江西。明年廷试，赐同进士出身，除吉安永丰丞，丁郡公忧，不及上。"（《道园学古录》卷43）马祖常《送呼图克岱尔著作祠岳渎》（戊午状元）："日长东观著书清，绛荐龙香为帝擎。山岳发灵银瓮出，河宫迎节马图明。行观谣俗期星使，归奏蕃厘拜月卿。千里楚乡乘传去，关人应识弃繻生。"（《石田文集》卷3）

玉集》，并有文、词、书法传世，《全元诗》第37册收录偰玉立存诗16首，《全元文》第39册收录偰玉立文4篇；唐圭璋编《全金元词》收入偰玉立词1阕。

偰玉立对宋朝重臣范仲淹非常敬仰，其有《敬题范文正公所书伯夷颂卷尾》一诗："文正千年士，精忠凛不亡。勋名山岳重，翰墨日月光。乔木参天古，幽兰叠砌芳。我来拜祠下，端欲濯沧浪。"① 他如诗中所表达的那样，跟范仲淹一样为政为民，偰玉立任泉州路达鲁花赤期间，政绩显著，深得民心，入祀泉州名宦祠。他的诗风大气洒脱、旷放，如《登德风亭诗》：

> 路郡古黎国，历韩分晋阳。右顾带河汾，左揖耸太行。高阜俯四下，风气殊劲刚。道路阅修阻，山岳互低昂。州治列方中，有亭跨崇冈。翚飞炫华构，迢递瞰大荒。犹如沧海珠，群龙护其傍。云烟恣吞吐，岩谷发幽光。城堞峨前陈，冠盖来相望。匪唯壮游观，庶保斯民康。孰奏南熏琴，于彼君子堂。春风偃露草，夜月照屋梁。持节眺所临，酷暑生清凉。俯仰陈迹异，对景多慨慷。②

登高俯视看到四周纵横万里的壮观景色，诗人慷慨而出的却是保民康，关心民瘼。仕宦游历，可以广耳目之奇，书写胸臆之伟。至正五年（1345），偰玉立任河东山西道肃政廉访司之时，仕宦之游，路过唐朝名迹绛守居园，赋诗记事，并发起"绛守居园池"诗会，和汉族文人一样，参与文人雅集，作有诗酒唱酬之作，其《绛守居园池》诗序："乙酉之秋，七月既望，余自河中谳狱还司。过绛，登守居园池，昔日亭墅，悉已埋没，独洄涟亭、花萼堂复构，以还旧观。流泉莲沼，犹仍故焉。堤柳阴翳，径花鲜妍，庭竹数竿，清风泠然，有尘外之思，即事赋诗曰。"③ 书写的是元代仕宦文人普遍的那种经历了宦海风波之后所拥有的超越凡俗的胸怀与气度，居官在任，但却时常有思乡之情，羁旅疲劳更想念家人和故乡。至正九年（1349），偰玉立与文坛名士翰林修撰张翥，僧侣崇会、清果、崇晟、明极等，中书直省舍人章宝伯昂，臧允、欧阳世隆、王子恭以及偰默温、偰里杰、偰里古等偰氏子弟同游泉州开元寺东塔，"至正九年仲冬三日陪中书直省舍人章宝伯昂、监郡偰玉立世玉，来登东塔。是日也，日南至，天气晰嘔煦温，云祲清廓，山川城市，目极胜概。顾岁月之易驰，而会合之难能也，遂刻石勒以纪兹游。翰林修撰张翥仲举书。同游者释士住山崇会，古□，钱塘惟茂、枯林清果、崇晟、明极，高昌偰默温、偰里杰、偰里古、金台臧允、莆田欧阳世隆、清漳王子恭"④。这是一次元代比较常见的典型的多族文人的出游活动，有色目、汉族官员，住山和尚，偰玉立和族中的偰氏子弟乐于和多族文士交游，互相交流默契、和谐、融洽。

偰处约，曾官至翰林，元仁宗皇庆期间（1312—1313）尚在世，其他情况不详，但

① 杨镰：《全元诗》第37册，中华书局2013年版，第335页。

② 杨镰：《全元诗》第37册，中华书局2013年版，第334页。

③ 杨镰：《全元诗》第37册，中华书局2013年版，第334页。

④ 王寒枫：《泉州东西塔》，福建人民出版社1992年版，第233页。

从他为建宁建阳人熊禾（字位辛，一字去非，号勿轩，又号退斋）① 所作传记《勿轩先生传》可知，他与熊禾交情匪浅。偰处约《勿轩先生传》："遂深究君臣、父子、夫妇、朋友之道。而得圣贤传授之心法。既而博通五经，便览诸子百家之语……入元乃隐居不谷，以道自任，以义自处。"② 熊禾博通五经和诸子百家，恪守天地之纲常和儒家道德礼制，所作文章以本色为主，据《四库全书总目》勿轩集提要所评："禾文章平正质实，不以藻采见长，而根柢六经，自见本色，固非浮谈无根者所可几及。"入元之后隐居不仕，进退行止以道德自任，以义处人，这些均是偰处约所称赏的品德，近朱者赤，近墨者黑，不仅可见偰处约和由宋入元隐居不仕的汉族儒士熊禾之间的友情，见证了他们之间的深情厚意，而且可知他和熊禾之间具有相同或相近的品德和魅力，只有精神上有着相通共鸣之处，才能对熊禾如此了解和称赞。

元朝各族人民"休戚与共、荣辱与共、生死与共、命运与共"③，多民族多元文化和文学频繁交流。偰氏族人无论是科举入仕或通过其他途径入仕，完全融入以儒家思想为核心的中华文化之中，以儒家学说修身齐家治国，融入中华民族大家庭之中，与各族文士广泛交游往来，促进了多民族和谐共进的元代文坛格局，以他们的文学创作丰富了元代文学，对元代多民族文学共同发展具有一定的文学史意义。

（作者单位：台州学院人文学院）

---

① 熊禾（1247—1312），初名鉌，字位辛，一字去非，号勿轩，又号退斋，建宁建阳人。著有《勿轩集》八卷。《元诗选》初集甲集选其诗 13 首。

② 李修生：《全元文》第 38 册，凤凰出版社 2004 年版，第 549 页。

③ 习近平：《以铸牢中华民族共同体意识为主线 推动新时代党的民族工作高质量发展》，《人民日报》，2021 年 8 月 29 日。

明清之际女性诗文总集评点及其文学史意义

□ 许秋伊

【摘要】明清之际女性诗文总集编辑活动兴盛，加之女性意识高涨，评点作为这一时期较为流行的文学批评形式，在女性诗文总集之中偶有出现。评点是明清女性诗学理论讨论的重要场域。评点既继承了“诗道性情”的评论传统，又挖掘了女性诗歌的性别特质。从文学史角度来看，评点推动了明末清初的女性诗文总集由“以诗存史”转向女性诗歌史，形成了女性诗歌的历史脉络。

【关键词】明清之际；女性诗文总集；评点；文学史

女性诗文总集编选盛于明清两代。据不完全统计，明清两代所编选的女性诗文总集数量逾百本，影响较大的如《诗女史》《历代女诗选》《名媛诗归》《古今女史》《闺秀集》《国朝闺秀正始集》等。孙康宜在《明清文人的经典论和女性观》中将明清文人的女性诗文编选活动视作女性诗文经典化的重要组成部分，并指出了明清文人推动女性诗文经典化的两条途径，其一是强调女诗人传统的悠久性和有效性，其二是认为女性是最富有诗人性质的性别。毫无疑问，这些方法是有效果的。但是经典绝不只来源于时人对于创作传统和创作者性别的推崇。文学作品自身所蕴藏的文学价值也是经典化过程中需要考虑的重要因素。明清两代读者对于女性诗歌文学价值的讨论在女性诗文总集评点中时有出现。目前，对于诗文总集所附带的评点，学术界少有研究。从总体上来说，明清之际附有评点的女性诗文集数量并不多。但是这些评点形成了特有的文学场域，挖掘了女性诗歌自身所特有的美学要素，表达了评点者自身的文学观念，为读者欣赏女性诗歌指明了方向，成为女性诗歌经典化的重要环节。本文即以明代女性诗文总集评点作为研究对象，讨论女性诗文集评点出现的原因，评点中所包含的诗学理论以及评点以何种方式推动了女性诗歌经典化。

一、明清之际女性诗文总集评点风气兴起的时代语境

晚明时期，兴起了女性诗文总集编辑的浪潮。自嘉靖三十六年（1557）田艺蘅所编撰的《诗女史》出现以来，嘉靖三十三年（1554）魏留耘刻张之象编《彤管新编》、嘉靖

四十五年（1566）俞宪编《淑秀总集》、泰昌元年（1620）张正岳出版郑文昂所辑《名媛汇诗》，以及题名钟惺的《名媛诗归》等女性诗文总集纷纷现世，其总集数量远超前朝。及至于清初，女性诗文总集的编纂仍旧盛行。女性诗文总集的大量出现与嘉靖时期出版业的发展联系紧密。飞速发展的商业出版为女性诗文总集的刊印提供了充足的社会资源。商业出版潜移默化的影响到了大众的阅读趣味。陈广宏在《中晚明女性诗歌总集编刊宗旨及选录标准的文化解读》中指出："城市经济越来越细密的劳动分工，导致了一种'社会闲暇'的产生，而对于这种'社会闲暇'消费的需求，又促使了文学功能发生巨大的转变……大众对公领域以政教为职能的人文传统开始表现出某种疏离，而往往将热情转而投注到私领域以娱情为主的精神生活中去。"① 女性文学在表达个人情感，关注家庭生活里有着先天的优势。正如《名媛诗归序》所言："盖女子不习轴仆舆马之务，缛苔芳树，养絙熏香，与为恬雅。男子犹借四方之游，亲知四方。"② 出门受限，交游不深的女性主要的创作领域就是私人领域，迎合了时人的审美趣味。由此，书坊主们成了女性诗文总集的重要编辑主导者。如《新刻彤管摘奇》的编者胡文焕，他的书坊也出版过《格致丛书》等大型丛书。《女中七才子兰咳集》的编者周之标亦有辑刻《吴歈萃雅》《增订乐府珊珊集》《香螺卮》等。

在这一时期，评点风气亦日趋浓厚。孙琴安在《中国评点文学史》中说："评点文学是一种由批评和文学作品组合而成又同时并存的特殊现象，具有批评和文学的双重含意。"③ 据不完全统计，当时进行过评点，并具有一定名气的作家人数过百。作家们评点的体裁，由诗、文到章回小说、史学著作等，评点已然成了明代一种普遍的文学批评方式。

评点的产生一方面是文人的自觉行为。明清之际，诸多著名文人都加入评点行列，如钟惺、谭元春、金圣叹等。谭元春于《退谷先生墓志铭》中言："甲寅、乙卯间，取古人诗，与元春商定，分朱蓝笔，各以意弃取，锄莠除砾，笑哭由我，虽古人不之顾，世所传《诗归》是也。"④ 钟惺在《与蔡敬夫书》中道："每念致身既迟，而作官已五载，以闲冷为固然，习成偷堕，每用读书做诗文为习苦销闲之具。别后凡有所作，历境转关，似觉渐离粗浅一道。家居复与谭生元春深览古人，得其精神，选定古今诗曰《诗归》。稍有评注，发覆指迷。盖举古人精神日在人口耳之下，而千百年未见于世者，一标出之，亦快事也。"⑤ 钟惺在此言评点，认为古人精神千百年未见于世，以评点标出，实在是一大快事。廖燕更是在《评文说》中道："故文章之妙，作者不能言，而吾代言之，使此文更开生面，他日人读此文，咸叹其妙，而不知评者之功之至此也。则此文虽为他人之文，遂与己之所作无异。是以贵乎选也。选盖以评而传也，不然，则亦谓之代抄而已，又何选之足云。"⑥ 他将评点拔高到了"文以评传"的程度，客观上承认了评点在文学传播中的重要

① 陈广宏：《中晚明女性诗歌总集编刊宗旨及选录标准的文化解读》，《中国典籍与文化》2007 年第 1 期，第 40~48 页。

② 题名钟惺：《名媛诗归》，国图藏明末本，第 5~7 页。

③ 孙琴安：《中国评点文学史》，上海社会科学出版社 1999 年版，第 1~2 页。

④ 谭元春：《谭元春集》，上海古籍出版社 1998 年版，第 618 页。

⑤ 钟惺：《隐秀轩集》，上海古籍出版社 1992 年版，468 页。

⑥ 廖燕：《廖燕全集》，上海古籍出版社 2005 年版，第 264 页。

作用。王端淑《名媛诗纬初编》中的评点即是在该风气下的自发行为。她在凡例中写明："评阅凡一人，予一评，或评其人，或评其诗，务求其当。"①

另一方面，评点于明代的泛滥离不开书坊主的大力推崇。有明一代，评点成了书坊主们重要的营销手段。如万历刻本《鼎镌睡庵汤太史四书脉》中的凡例便极言评点之精，"坊刻模糊，总成聚讼。是集先提全章总意，后乃逐节逐句分解。其用大圈者何，便识认也；其密圈者何，系文家意柱也；其密点者何，乃关眼目也。字字比栉，段段参核，诚学士之津梁，亦后生之宝筏"②。为了追求商业利润，书坊主们注意到了评点对于书籍销售的影响力，并将其引入女性诗文总集之中。如题名钟惺的《名媛诗归》，《四库全书总目》认为该书："本题明钟惺编，取古今宫闺篇什，裒辑成书，与所撰《古唐诗归》并行。其间真伪杂出，尤足炫惑学者。王士祯《居易录》亦以为坊贾所托名，今观书首有书坊识语，称'《名媛诗》未经刊行，特寻秘本，精刻详订云云'。核其所言，其不出惺手明甚。然亦足见竟陵流弊，如报仇之变为行劫也。"③ 书坊主借钟惺之名编《名媛诗归》并增以评点，以此提高书籍的名气，借由此获得经济利益。

除此之外，明清之际高涨的女性意识在一定程度上影响了女性诗文集评点。随着女性教育的推行、女性经济地位的提升，以及心学对于固有思想的冲击，女性自身的意识得以改变。在文学领域，出现了大批诗媛。陆卿子《咏雪斋遗稿序》中认为："我辈酒浆烹饪是务，固其职也。病且戒无所事，则效往古女流，遗风剩响而为诗；诗固非大丈夫职业，实我辈分内物也。"④ 她的发言摆脱了旧有的观念，体现出了女性在文学上的自主性。王端淑在《名媛诗纬初编》自序中云："《诗》开源于窈窕，而采风于游女。其间贞淫异态，圣善兴思，则诗媛之关于世教人心如此其重也。"她将女性诗歌的源头追溯到《诗经》，通过宗经的方式力图将女性诗歌纳入以男性文学为主流的文坛中。这些现象体现出了明代诗媛的文学自觉，推动了女性文学批评的繁荣。评点作为一种在明代非常流行的批评形式，进入女性诗文总集中显得顺理成章。

二、明清之际女性诗文总集评点的诗学建构

女性诗文总集中的评点不仅推动了当时的女性文学创作与女性文学交流，其中的诗学理论也丰富了明清两代的女性诗论。总体来说，明代的女性诗学理论探讨比较少，缺乏相应的理论体系。这一时期的女性诗文总集评点，是女性诗学理论探讨的重要场域。

明清之际女性诗文评点继承了"诗道性情"的诗歌评论传统，以性情作为评价女性诗文的主要标准。《古今女诗选》的评点多有评论性情之语，如卷三"大义公主"条总批："女人如大义公主者，殊有丈夫之气。千古之下，可不湮没，岂在成败之间哉？"⑤

① 王端淑：《名媛诗纬初编》，清康熙清音堂刻本，第77页。

② 沈津：《美国哈佛大学燕京图书馆中文善本书志》，上海辞书出版社1999年版，第58页。

③ 胡文楷：《历代妇女著作考》，上海古籍出版社1985年版，第884页。

④ 陆卿子：《咏雪斋遗稿序》，转引自胡文楷：《历代妇女著作考》，上海古籍出版社1985年版，第176页。

⑤ 郭炜：《古今女诗选》四卷本，国图藏明刻本，第64页。

编者对大义公主的行为进行了赞美。《古今女诗选》卷三“侯氏”条《自感其三》总批：“此等女子，使竟其才，岂必在鲍刘之下。延以栋下终，佳人薄命，往往如此。”①《名媛诗归》卷一“琴女”条云：“古人中女子作诗，亦只因事写情，演入声调。虽单词质语，必曲折奥衍，非如今人累累成篇，比事属偶，作游戏玩弄事也；喜怒哀乐之故，因乎情而止乎性。至于绵婉骀宕，系读者自相感发，作者未必能知。阅女人诗，当观其性情，不当以才力。求之才力，在男子且难，况于女子乎？”②《名媛诗归》评点侧重于创作主体内在情感的阐释。如《名媛诗归》卷二二辽后《回心院词》（其三）批语：“展转多悲甚，情到委曲处，即一二字开口不能直说，只觉心痛耳。”③《名媛诗归》卷二四贾云华《永别诗》总批语：“集句不过已陈之言耳，然借他人之酒杯，浇自己之块垒，必有思理，有节奏，有神气。如无思理，则团沙难就。若思理存矣，而节奏乖达，语音苦涩，按之不成声矣，尚安能集众人之长以自达其意乎？至于思理，节奏俱是，而无神气行乎其间，如写生者，鬓眉衣褶，俨然仪采，而生气衰减，犹然死笔。此神气之难，所以点情飞动而不可无者也。呜呼云华可与语此。”随后，《名媛诗纬初编》也多有以性情评诗歌之语。如卷四“鸳湖女郎”条：“词生情，情生词，有词无情，不可为词，有情无词，不可为情。情词兼到，开口媚利。”④ 卷五“萧凤质”条：“有格调而又具性情方是作手，若只取格调，徒郛说耳。此作举止雄大，特少‘性情’二字，然亦非庸浅一流，观者其毋忽诸。”⑤ 卷六“沈天孙”条：“诗者，思也，为心之声，声以达情。以门面典故了之，焉以诗为？而浅之者，止拾烟云陈迹、花鸟字面，又为不读书人借口。句中有意，字中有情，句字之外有趣，斯为得之。”⑥

然而，并非所有的性情之语都会得到赞美。女性诗文总集的编选者所推崇的性情，必须符合时人之礼教。如《名媛诗归》卷一〇程长文《文狱中书情上使君》批语，编者认为此诗“引情叙事，不亢不激。每从愤烈处，作排遣语，而慷慨自明，仍不伤温厚之气。如此事，如此诗，学问与性情兼至。尤不当以舍生取义目之矣”⑦。而对于不符合礼教的诗歌，编者们往往采取一种负面态度。⑧ 对于苏小小的诗，《名媛诗归》编者则给出了“淫气鬼气，只可作梦中事。不然，何得有此亵昵声口”⑨ 的负面评价。《名媛诗纬初编》亦是如此。面对方维仪，王端淑评曰：“予品定诸名媛诗人，必先扬节烈，然后爱惜才华，当于海内共赏此等闺阁。”⑩ 此时，评者直接将道德标准引入文学评论，渲染了文学的教化功能。而对于那些不够符合礼教的作品，如《名媛诗纬初编》卷二六“明因寺尼”条，王端淑认为该诗“吟诗至此，可谓淫荡极矣。以佛门为藏垢之地，其罪尚可容于一

---

① 郭炜：《古今女诗选》四卷本，国图藏明刻本，第 65 页。
② 题名钟惺：《名媛诗归》，国图藏明末本，第 29 页。
③ 题名钟惺：《名媛诗归》，国图藏明末本，第 528 页。
④ 王端淑：《名媛诗纬初编》，清康熙清音堂刻本，第 277 页。
⑤ 王端淑：《名媛诗纬初编》，清康熙清音堂刻本，第 302 页。
⑥ 王端淑：《名媛诗纬初编》，清康熙清音堂刻本，第 343 页。
⑦ 题名钟惺：《名媛诗归》，国图藏明末本，第 216 页。
⑧ 题名钟惺：《名媛诗归》，国图藏明末本，第 216 页。
⑨ 题名钟惺：《名媛诗归》，国图藏明末本，第 143 页。
⑩ 王端淑：《名媛诗纬初编》，清康熙清音堂刻本，第 646 页。

日哉！存之以为宣淫之戒"①。

值得注意的是，明清之际的女性诗文总集评点对于"性情"的推重，使得编者认识到女子性情的特殊之处。在批语中，"秀""媚"等带有女性色彩的字眼屡屡出现。此处的"秀"不同于刘勰在《文心雕龙》中所提到的"文之英蕤，有秀有隐。隐也者，文外之重旨者也；秀也者，篇中之独拔者也。隐以复意为工，秀以卓绝为巧，斯乃卓越章之态绩，才情之嘉会也"，乃是女性作为创作主体在文学书写中所呈现的性别特质。女性不通于外，生长空间较为狭窄，相较于男性诗人，女性对于自己所生活的地方观察更为细致，对于自身的心情体会更加妥帖，加之女性的聪慧敏锐，即便写女子身边事，也能有惊人之句。如《名媛诗归》卷二《安世房中歌》评语："女人诗定带妩媚。"② 卷一三薛涛《十离诗》（其四）批语："'无方便'、'再唤人'，娇小声口，善为补过，然带媚气。"③ 卷二〇朱淑真《中春书事》夹批："其琢句亦极香奁之秀。"④ 卷二八姚氏《秋思》总批："展其微媚之致，一往而深。"⑤

王端淑在《名媛诗纬初编》中也注意到了这个问题。卷三"孟淑卿"曰："官家有冠冕气，仙家有瓢笠气，僧家有蔬笥气，女士家有脂粉气，俱未脱凡性耳。凡性一脱，始破今古。淑卿直不欲大地江海照见蛾眉色，相与为诗，迥绝一领秋冬之气。"⑥ "脂粉气"三字，对于女性诗歌的性别特质概括得十分精准。不过，她对"脂粉气"采取一种较为负面的态度。卷四"朱应祯"条有："女子不能脱脂粉气，自是沿袭未除耳，此作以秀雅存之。"⑦ 在王端淑看来，女性作诗必须要摆脱传统的闺阁习气与绮语艳词。卷三"钱氏"条云："凡为女子，幽、娴、贞、静四字毕矣，若为绮语怨辞所最忌。"⑧卷五"李玉英"条说："女子不可作绮语艳词，予已言之再四矣。"⑨卷九"孔娴"曰："世称其诗体格高丽，远出三唐，无闺中织媚诸习。"⑩ 究其原因，王端淑在编辑、批评女性作品的时候，采用了男性诗歌的评论标准，呈现出鲜明的男性眼光。虽然她受竟陵派影响较深，使用性情评论女性作品时多有赞赏之词。但是在传统的男性诗歌批评标准之中，仍旧缺乏对于女性诗歌特质的探讨与承认。这未免让王端淑在批评女性诗歌时力有不逮，难以客观认识到女性诗歌的性别特质。

三、女性诗文总集评点与女性诗歌经典化

女性诗歌经典化的过程，就是读者对于女性诗歌文学特征、文学价值逐步认识的过

① 王端淑：《名媛诗纬初编》，清康熙清音堂刻本，第1295页。
② 题名钟惺：《名媛诗归》，国图藏明末本，第33页。
③ 题名钟惺：《名媛诗归》，国图藏明末本，第309页。
④ 题名钟惺：《名媛诗归》，国图藏明末本，第473页。
⑤ 题名钟惺：《名媛诗归》，国图藏明末本，第664页。
⑥ 王端淑：《名媛诗纬初编》，清康熙清音堂刻本，第199页。
⑦ 王端淑：《名媛诗纬初编》，清康熙清音堂刻本，第257页。
⑧ 王端淑：《名媛诗纬初编》，清康熙清音堂刻本，第201页。
⑨ 王端淑：《名媛诗纬初编》，清康熙清音堂刻本，第294页。
⑩ 王端淑：《名媛诗纬初编》，清康熙清音堂刻本，第499页。

程。对于历代女性创作者来说，墨守成规的女性教育观和“不出内闱”的女性作品传播理念，使得女性诗歌的诗学成就较为有限，也让女性诗歌在诗学史上长期处于被忽视的位置。明清之际的女性诗文评点，建立了女性诗史的谱系，构建了女性诗歌的历史脉络，引导读者接受女性诗歌，促进女性诗歌的传播，进而实现女性诗歌的经典化。

首先，所谓的“女性诗史”，并不能简单地等同于女性诗歌史，而更类似于元好问在《中州集》中所倡导的“以诗存史”。元好问认为：“念百年以来，诗人为多，苦心之士，积日力之久，故其诗往往可传。兵火散亡，计所存者，才什一耳。不总萃之，则将遂湮灭而无闻，为可惜也。”① 明清之际的女性诗文总集继承了这一传统。在编纂伊始，编者事实上带着一股严肃的“史官使命”②。无论是《淑秀总集序》中“今考我明，盖落落希阔焉。予刻百家诗，乃搜拾往牍，间得一二，梓而存之，以备典故”③，郭炜于《古今女诗选》中自序：“余斯集，上自古逸、汉、魏、晋、唐、宋以及我明，凡见之于史及诸传记者，虑无不搜而抉焉，似颇无遗”④，还是《彤管遗编序》的“世女子有工于文翰……君子遂并弃而不录。昔欧阳子叙谢希孟诗，叹女子莫能自彰显于世，可冤也。余传阅群书，得女之工于文翰者几四百人，编次成帙，名曰《彤管遗编》”⑤，都体现出了这一“以诗存人，以人存史”的意旨。

在评点之中，“以诗存史”目的亦表现得十分明显。如《古今女诗选》卷一“次室女”条《处女吟》总评：“一首贞人高士诗却从处女口中出，大奇，大奇!”⑥ 该评语的关注点为一小女子作了一首贞人高士诗，实乃奇事。至于诗本身的文学价值，则不置一词。《古今女诗选》卷一“琴女”条《琴歌》总评：“数语殊无儿女子态，有荆轲不可无琴女，正所谓一生一代一双人。”⑦ 该评语将琴女这位作者提到了堪比荆轲的地位，本质上是对琴女本人的评价，而不是对其作品的要求。《古今女诗选》“江妃采蘋”条《谢赐珍珠》总批语云：“妃，蒲人，为人轻婉织媚，绝似蒲中山水，即此诗已见一班矣。若太真性气，便自有剪剪侵人处，故妃竟为所摈。”⑧ 编者比较了梅妃与杨贵妃的性情，至于诗歌本身，无甚议论。此时的女性诗歌，兼具史学与文学两重性质。

为了挖掘女性诗歌的文学价值，提高女性诗歌的文学地位，明清之际的女性诗文集评点推动了女性诗歌历史脉络的形成。女性诗文总集以时代世次发展为序，各有侧重。《古今女诗选》继承了明代流传已久的崇唐倾向，故而在卷三“徐贤妃惠”条《秋风应诏函谷关》批语：“紧严深厚，五言律正宗，仅为初唐人能之。”⑨ 卷三“杨容华”条《临镜

① 姚奠中主编：《元好问全集》下册，山西古籍出版社 1990 年版，第 684 页。

② 陈广宏：《中晚明女性诗歌总集编刊宗旨及选录标准的文化解读》，《中国典籍与文化》2007 年第 1 期，第 40~48 页。

③ 俞宪：《淑秀总集》，《四库全书存目丛书》集部 306 册，第 667 页。

④ 郭炜：《古今女诗选》六卷本，浙江省图书馆藏天启刻本。

⑤ 郦琥：《姑苏新刻彤管遗编前集》，明隆庆元年（1567）郦琥刻本，第 3 页。

⑥ 郭炜：《古今女诗选》四卷本，国图藏明刻本，第 7 页。

⑦ 郭炜：《古今女诗选》四卷本，国图藏明刻本，第 13 页。

⑧ 郭炜：《古今女诗选》四卷本，国图藏明刻本，第 78 页。

⑨ 郭炜：《古今女诗选》四卷本，国图藏明刻本，第 72 页。

晓妆》总批："风流蕴藉，不至齐梁人艳靡，亦不至中晚人俚俗，可谓名手，恨不见其全集。"① 又有卷三"李治"条《送阎二十六赴剡县》总批："此等诗在盛唐高手作来只如家常茶饭，然宋元人欲效他，只字不得。"②《名媛诗归》以古为尊。卷一"琴女"条总批语："读古逸诗与汉人诸作，已是不同。汉人庄整，不如古之奥变；汉人雄深，不如古人之清质；汉人衍道理，不如古之切情事。古人无意为诗，每得疾痛惨之时，卒然成韵，大都哀声多而乐声少。所谓本乎，性情者也。后人有意为诗，不惟情事，不属音节亦逊。盖音节亦在气候中也，即妇人诗，亦见一班。"③《名媛诗纬初编》编者王端淑诗史观较为通达。她在卷八"邓太妙"条中云："秋冬森肃，春气妍丽，朱明则昌大。四时之质，各标其美，而不妒乃成造化。水清山瘦，木陨霜降，人爱其洁，孰知从繁华富贵中来，剥落推迁，所谓'绚烂归平澹'也。浅人不察其故，睥睨六朝，则奴视徐、庾；涂抹四唐，则心轻温、李。绝代才子，供时讪诋，冢中人笑尔耳食久矣。"④ 故而她评诗也涉及了其他朝代，如卷一一"倪仁吉"条："五言诗格取晋，惟彭泽尚焉。……夫人诗极玄淡而性情寓焉……故其诗取实不取华，尚元不必不淡，则又由绚丽而反也。想其会心，盖在'悠然见南山'云，诗人得古人之心如此。"⑤ 女性诗歌的时代问题，对于女性诗文总集的编纂多有影响。这三本书的评点一定程度上深化了人们对于女性诗歌史的认识。评点者将女性诗歌置放于所产生的时代中，并赋予价值高下的意涵，方便读者仔细辨析各时代女性诗歌的风格与特点，更好地把握女性诗歌的内在流变。

其次，评点者将女性诗歌直接与业已成名的诗人作品进行对比，如沈佺期、宋之问、李商隐、李白、杜甫等。《名媛诗归》卷八"上官婉儿"条《春和三会寺应制》总批语："雅得侍从之体，观其出语，庄整高亮，而有深肃之气。天颜在近，而意度舒展，亦由才力堪匹耳。如此应知，可称女中沈宋。"⑥ 卷一一"鱼玄机"条《情书寄子安》评语："缘情绮靡，使事偏能艳动。此李义山能为之，而玄机可与之匹。"⑦《名媛诗纬初编》卷一"曹静造"条："月士不特才情双绝，而笔力雄健可敌万人。此等格调，惟李杜能之。"⑧ 卷一一"黄修娟"条："五古贵苍古隽逸，每于琢句炼字处，愈淡愈深，愈拘愈隽，故唯魏晋诸公擅绝，唐人便难比次也。娟清诗可谓极有体格，若五言律，其细处、润处，惟杜老近之。"⑨ 卷一六"朱德蓉"条更是赞美其诗："读诸诗脱却板气，已著钱、刘胜地矣。"⑩ 通过对比这种方式，评点者们标举了一些重要的女性诗人，强化了她们的诗歌史意义。

最后，女性诗文集评点对于声名不显的女性诗人多有涉猎。如《名媛诗归》卷九

---

① 郭炜：《古今女诗选》四卷本，国图藏明刻本，第 74 页。

② 郭炜：《古今女诗选》四卷本，国图藏明刻本，第 82 页。

③ 题名钟惺：《名媛诗归》，国图藏明末本，第 28 页。

④ 王端淑：《名媛诗纬初编》，清康熙清音堂刻本，第 461 页。

⑤ 王端淑：《名媛诗纬初编》，清康熙清音堂刻本，第 612 页。

⑥ 题名钟惺：《名媛诗归》，国图藏明末本，第 209 页。

⑦ 题名钟惺：《名媛诗归》，国图藏明末本，第 262 页。

⑧ 王端淑：《名媛诗纬初编》，清康熙清音堂刻本，第 148 页。

⑨ 王端淑：《名媛诗纬初编》，清康熙清音堂刻本，第 624 页。

⑩ 王端淑：《名媛诗纬初编》，清康熙清音堂刻本。

“宣宗宫人韩氏”条曰：“只此四句，波波折折，深情委曲，微而澹，宕而远。非细心女子，写不出如此幽怀，做不出如此幽事。”① 韩氏仅一唐代宫人，连名字都未曾留下。评点者并未忽略她的作品，而给出了“波波折折，深情委曲”的评价。《名媛诗纬初编》卷五“徐淑英”条：“气格风味尚归清正，至哉斯言也。今人不知清正，徒言气格，似犹不及皮毛而惜气格也，可不寒心。故曰诗之一道难言也。”② 徐淑英是莆田人，其文现存于江元祚《续玉台文苑》，留诗不多。王端淑认为她的诗“气格清正”，评价颇高。卷七“刘氏妾”条：“此诗虽近于俳，然体格自正。”③ 身为妾，《名媛诗纬初编》中对此人的记载也不是很多。但是王端淑依然进行了诗歌评点。女性诗歌史绝对不只包含了几位重要的女性诗人。沈宜修曾经说过：“天下奁香彤管独我女哉？古今湮没不传、寂寥罕纪者，盖亦何限，甚可叹也。”评点对于这些“湮没不传、寂寥罕纪者”作品的鉴赏，使得她们成了女性诗歌史不可或缺的组成部分。

四、小　结

整体上来说，评点实为明清两代女性诗学发展的重要组成部分。明末清初的女性诗文评点本质是一种文学批评的方式，体现了时人对于女性诗歌的看法，蕴含着一定量的女性诗学理论。与此同时，建立了女性诗史的谱系，构建了女性诗歌的历史脉络，扩大了女性诗歌的影响力。随着女性诗文总集研究的日趋深入，女性诗文总集评点将会越来越多地进入研究者的视野，推动明清女性文学研究的新发现与新进展。

（作者单位：武汉大学中国传统文化研究中心）

① 题名钟惺：《名媛诗归》，国图藏明末本，第 217 页。
② 王端淑：《名媛诗纬初编》，清康熙清音堂刻本，第 295 页。
③ 王端淑：《名媛诗纬初编》，清康熙清音堂刻本，第 406 页。

从"传记辞章化"视角看越南传奇小说

□ 阮文伦

【摘要】唐传奇是中国传奇小说的先河，亦是古代东方传奇文体的起源，其基本艺术特征为"传记辞章化"。传奇文体在传入越南后，对越南传统传记产生了巨大的影响，成为古代越南汉文小说的主要组成部分。在中国传奇文体的影响之下，越南古代传奇小说与中国传奇显示出许多同质之处，代表作有18世纪初段氏点的《传奇新谱》。该书在选材上给予自然景观及人物外貌大量的描写篇幅，在语言表达上注重骈俪句式、辞章手法以及多用典故以期美化文词。这些新特点无不源于东方古代的辞章。这种"辞章化"新变大大提升了《传奇新谱》的艺术品质，亦是越南传奇文体逐渐脱离史家传记藩篱的反映。

【关键词】越南；传奇小说；传奇新谱；传记辞章化；文词美化

从20世纪中叶起，越南传奇小说逐渐成为海内外研究者所熟悉的研究对象，其中段氏点的《传奇新谱》是重要的代表作。迄今为止，对《传奇新谱》的研究已有一定的基础。在版本方面，学者们主要讨论了《传奇新谱》的原版，大多数都认为段氏点的《传奇新谱》原先有三个故事:《海口灵祠录》《安邑烈女录》《云葛神女传》①。在艺术成就上，《传奇新谱》被普遍认为是继《漫录》之后的传奇大作，语言精练，人物塑造颇有深度②，反映了民族的母道教信仰以及对女性的赞扬③。但是笔者认为，对《传奇新谱》的艺术价值仍有继续发掘的空间。本文着重从文体的角度出发，剖析该书的"传记辞章化"

① 陈氏冰清、黄春瀚、吴文篆、阮登那、陈庆浩等中越学者都认为这三个故事是《传奇新谱》的原有。

② 越南19世纪目录学家潘辉注在《历朝宪章类志》一书中言："《新谱》文词华丽。"越南现代学者陈氏冰清在《红霞女士诗文》中认为"段氏用字渊博，善用典故"[《红霞女士诗文》，（越南）妇女出版社2018年版，第23页]。

③ 在《红霞女士诗文》[（越南）妇女出版社2018年版]一书中，裴氏天台认为："《传奇新谱》是赞扬女权的代表作品之一"（第453页）；陈氏冰清、裴氏天台认为，"《传奇新谱》是继承民间故事和传奇小说的两大文学传统"（第486页），"《云葛神女传》是越南各地方流传的柳杏女神故事的蓄意编造的产物"（第488页）。

特征，对其所反映的越南古代汉文小说之演进展开探索。

一、何以采用“传记辞章化”的视角

陈文新先生在一系列著述中对唐人传奇的文类特征与“传记辞章化”的概念进行了概括和总结①。2005 年，陈先生在《传记辞章化：从中国叙事传统看唐人传奇的文体特征》② 一文中，对唐代传奇的艺术特征正式提出“传记辞章化”的概念。在 2006 年刊行的《再论唐人传奇的文体特征》中，作者再次强调了这一概括：“唐传奇融传、记与辞章为一体，建立了若干新的写作惯例。”③ 在 2015 年的《传记辞章化：一个学术判断的历史维度与阐释效应》一文中，作者再次确认“传记辞章化”概念的内涵：“传记辞章化”的内涵为“唐人用辞章的手法来写传记，亦即传记的辞章化”④。在该文中，陈先生从“历时态维度”讨论了“传记辞章化”如何能在唐代成为中国古代传记的转折点：“之所以这一命题能出现在唐代，是因为在唐前传记和辞章属于不同门类又各自都已成熟”⑤，换言之，六朝时期“文笔之辨”的文学史情形已为唐人“以辞章的手法改造传记留下空间”⑥。

关于唐人传奇的传记辞章化特征，陈先生总结如下：第一，从选材方面看，唐传奇对无关大体，浪漫人生的私生活题材“倾注了浓厚的兴趣”。第二，从艺术表达方面看，唐传奇“融传记和辞章为一体”。具体来说，唐传奇注重景物描写以及“形式、辞藻、声调的经营”⑦。第三，唐传奇不避虚构和诙谐。第四，在叙事方面与正史不同，唐传奇大量采用第一人称限制叙事和第三人称限制叙事，其中第一人称限制叙事是唐传奇与唐前正史及志怪小说的迥异之处（史家传记经常采用第三人称全知叙事）。以上几个特征无不源于辞章。陈先生认为，只有在融合辞章特点后唐传奇才能“化茧成蝶”，成为中国传奇文体发展的重镇。

在陈文新教授的唐人传奇论的基础上，笔者将着重借用其中“传记辞章化”概念对越南古代汉文传奇小说的文体演进展开分析。而在正式展开探讨之前要说明的是，为什么

---

① 除了下述三篇论文，还可以参考《中国文言小说流派研究》（武汉大学出版社 1993 年版）、《中国传奇小说史话》（台湾正中书局 1995 年版）、《文言小说审美发展史》（武汉大学出版社 2002 年版）。

② 陈文新：《传记辞章化：从中国叙事传统看唐人传奇的文体特征》，《武汉大学学报》（人文科学版）2005 年第 2 期，第 190 页。

③ 陈文新：《再论唐人传奇的文体特征》，《齐鲁学刊》2006 年第 1 期，第 122 页。

④ 陈文新：《传记辞章化：一个学术判断的历史维度与阐释效应》，《上海师范大学学报》（哲学社会科学版）2015 年第 3 期，第 66 页。

⑤ 陈文新：《传记辞章化：一个学术判断的历史维度与阐释效应》，《上海师范大学学报》（哲学社会科学版）2015 年第 3 期，第 67 页。

⑥ 陈文新：《传记辞章化：一个学术判断的历史维度与阐释效应》，《上海师范大学学报》（哲学社会科学版）2015 年第 3 期，第 68 页。

⑦ 陈文新：《传记辞章化：从中国叙事传统看唐人传奇的文体特征》，《武汉大学学报》（人文科学版）2005 年第 2 期，第 197 页。

借助这些概念研究越南传奇小说是可行的？

越南古代书面文学以汉文文学为早期形态。在喃文文学出现之前，越南文学的文类基本上是从中国文学借用而来的。有些相关学者如陈玉王（Tran Ngoc Vuong）教授如是确定越南书面文学的起源："越南书面文学非自民间口述文类；在起初阶段，中国文学对越南文学的一切方面具有巨大的影响，其中包括语言和文体方面。"①在同书中，越南学者阮范雄（Nguyen Pham Hung）更为具体地说道："李陈时期的代表文体是从中国汉代借来，而非从同时代的宋元二代借用。"②其他学者如阮惠之（Nguyen Hue Chi）先生在著名的文学选集《李陈诗文》③ 中列出了越南李陈两朝时期的文体列表，表上显示有五种文体，包括"诗歌如谶纬诗、说理诗、抒情诗、叙事诗；骈文如赋、檄、诰、诏、制、表、奏；散文如评论文、书信、语录；杂文如宗教说教文；传记如传、史传、碑文、记"。由此可见，在传奇文体出现之前，这一阶段的文体大多都属行政、司法的文书，用于佛教传教的僧人故事，用于祭祀神灵的传记，即实用文体。在这种迁移的文类体系中，汉文传记占主导地位，其中包括不少官方史传和类似志怪小说的传记，若以中国六朝文论的术语来衡量，这一阶段的传记相当于"笔"中的传记④。换句话说，直到李陈时代，"笔"还是越南汉文传记的主要文类，传奇文体尚未问世。

越南古代的目录学家们也一致将传奇文体置于"传记类"之中。黎贵惇《大越通史·文籍志》、潘辉注《历朝宪章类志》（卷 62 至卷 65）把书籍分为经史、诗文、传记三大类，其中"传记"仍含着代表性的传奇集在内，如《传奇漫录》《传奇新谱》等。换言之，"传奇"的"传记"出身，本为越南传统目录学所认可。另外，以阮屿《传奇漫录》为代表的具有较高艺术水准的传记作品直至后黎朝至莫朝之际才出现。18 世纪文学家武钦邻（Vu Kham Lan）就把《传奇漫录》赞美为"千古奇笔"。此处之"奇"不外乎美妙文采的内涵。在《传奇漫录》出现后，诸多传奇集将之视为传奇的写作典范，同时在命名作品时标榜自己和《传奇漫录》有传承关系，其中最具代表性的就是段氏点的《传奇新谱》。19 世纪目录学家潘辉注（Phan Huy Chu）将段氏的传奇集评为"文辞多美"⑤。武、潘二家的"文采""文辞"观念并非上面所提的一些实用文体之属性，而是古代辞章的特征。以上分析表明，把传记和辞章之间的关系当做越南传奇小说研究的基础是一种有意义的研究尝试。

下文即以 18 世纪越南代表传奇集《传奇新谱》为例，展开更进一步的讨论。

---

① 陈玉王主编：《十世纪至十九世纪越南文学理论和历史的若干问题研究》，（越南）教育出版社 2006 年版，第 30 页。

② 阮范雄：《越南李陈诗文中的文体系统研究》，陈玉王主编：《十世纪至十九世纪越南文学理论和历史的若干问题研究》，（越南）教育出版社 2006 年版，第 528 页。阮范雄先生在同本书的第 527 页中说："阮范雄先生认定：有些学者认为李陈时期的文类并非建树于越南本土，而均从中国文学中接受和转化。"

③ 阮惠之主编：《李陈诗文》，（越南）社会科学出版社 1977—1978 年版。

④ 用于佛教传教的僧人故事如《禅苑集英》，用于祭祀神灵的祀典的传记如《粤甸幽灵集》，神话传说的记载如《岭南摭怪》。这种传记篇幅短小，散文无韵，不带情感，质木无文，几乎忽略景物和人物描写。

⑤ 潘辉注：《历朝宪章类志》，（越南）社会科学出版社 1992 年版，第 157 页。

二、《传奇新谱》的作者与版本

关于《传奇新谱》的作者段氏点的信息，现存几种书籍有载：越南阮朝目录学家潘辉注（Phan Huy Chu）撰写的《历朝宪章类志》①，阮代文学家范廷琥（Pham Dinh Ho）和阮案（Nguyen An）合写的传记集《桑沧偶录》（越南汉喃研究院藏有三版，图书馆编号依次为：A. 218、VHv. 1789、VHv. 1413，均为木刻板），阮代成泰八年（1896），另有由段氏长兄儿子段尹医（Doan Doan Y）编写的一本家谱名为“段氏实录”（越南汉喃研究院现藏手抄本一版，编号为 Paris. SA. HM. 2112）。

据段尹医《段氏实录》所载，段氏点号红霞女士，1705 年生于北越兴安省，黎景兴九年（1748）卒。段氏出身书香门第，父亲为黎朝末期乡贡段尹仪（Doan Doan Nghi），母为本朝武官姓武的女儿，兄为省元段允伦（Doan Doan Luan）。段氏年轻时端庄美貌，虽身为女子，但才学过人。当朝尚书黎英俊因羡慕她的才华而收为养女。段氏的才能当时四方闻名，邻郡有个黎朝的后妃邀请段氏入宫教育其儿女。虽然天资聪颖，段氏的私人生活却坎坷不平。她 24 岁时父亲去世，4 年后亲兄段允伦（Doan Doan Luan）也继父离世，段氏点一个人担负家庭，到 37 岁时才出嫁，嫁给阮乔做侧室。在 1748 年 43 岁时段氏随夫前往义安省任职，因路远体弱，不幸得病逝世。②

段氏点的作品数量虽不能算多，但是在越南古代文学史上留下深刻的烙印。据现存资料可知，目前有可靠依据的段氏作品有三：《传奇新谱》（汉文传奇小说集）、《征妇吟》（当时文学家邓陈琨所创汉文诗作《征妇吟》的演喃版）和红霞夫人遗文（汉文诗文合集）。越南研究者陈氏冰清对段氏点的文学成就阐述如下：“段氏点是一位对社会拥有高深思想、远见、正见以及充满心血的女教师兼作家。关于女权思想而言，段氏不止对女性低落身份单纯地感慨，且是为女性的平等权及生活自决权斗争的进步女作家。在越南古时候，有像她如此的女作家是非常罕见的。”③

关于《传奇新谱》的文献情况，目前在河内的汉喃研究院仍保留着 3 种与《传奇新谱》相关的文献，具体情况如下。有两个文献的标题为“传奇新谱”，图书馆编号分别为 A. 48 和 VHv. 1487。其中，编号 A. 48 是木刻版，该版共 183 页，尺寸为 25 厘米×15 厘米，由乐善堂藏本印制，版本年代为嘉隆十年（1811），即辛未年印制，包括《海口灵祠古录》《安邑烈女录》《云葛神女传》《碧沟奇遇录》《松柏说话》《龙虎斗奇》等六个故事。编号 VHv. 1487 是抄本，共 158 页，尺寸为 27 厘米×15 厘米，版本年代为嗣德十七年（1864）。此版本分为两部分，第一部分包括 3 个故事：《海口灵祠古录》《云葛神女传》《松柏说话》；下一部分称为“附记”，附加其余 3 个故事：《安邑烈女录》《龙虎斗奇》《碧沟奇遇录》。还有一个版本编号为 VHv. 2959，封面标题为“俗传奇录”，共 90 页，尺寸为 24 厘米×16 厘米，版本年代为嘉隆十年（1811）印刷，内容仅含 3 个故事：《海口灵祠古录》《云葛神女传》《安邑烈女录》。

---

① 潘辉注《历朝宪章类志》现藏于越南汉喃研究院，藏有二十版，均为手抄本。

② 陈氏冰清：《红霞女士诗文》，（越南）妇女出版社 2018 年版，第 406~411 页。

③ 陈氏冰清：《红霞女士诗文》，（越南）妇女出版社 2018 年版，第 15 页。

上述各种版本都有《海口灵祠古录》《云葛神女传》和《安邑烈女录》等3个故事出现。越南学界都同意上述三个故事都是由段氏点撰写的作品，而其余故事作者为谁则尚未达成共识。黎丛林（Le Tung Lam）的最新研究成果指出，段氏点的《传奇新谱》本来仅有3个故事：《海口灵祠古录》《云葛神女传》《安邑烈女录》，其他三篇《碧沟奇遇录》《龙虎斗奇》《松柏说话》是后人的作品。具体而言，《碧沟奇遇录》为邓陈琨所撰，《龙虎斗奇》《松柏说话》的作者则尚未确定，故为佚名。① 笔者认为黎丛林的观点更合理，并选择了现藏于汉喃研究院阮代嘉隆十年（1811）印刷的版本A.48编号作为底本。

三、《传奇新谱》中的传记手法

在越南传统目录学里，《传奇新谱》一直被归类在“传记”一类。在18世纪黎贵惇（Le Quy Don）《大越通史·卷三》和19世纪潘辉注（Phan Huy Chu）《历朝宪章类志·文籍志》里，《传奇新谱》均被放入“传记”部分。由此可见，在古人眼里《传奇新谱》的基础特点不外乎“传记”的特征。《传奇新谱》的“传记”性质特征大致可以概括为如下几条。

（一）在题材上，《传奇新谱》主要聚焦于与朝廷、社会、道德有关的重大题材

《传奇新谱》出现于18世纪中叶。当时越南塘外（Dang Ngoai）的社会状况甚为动荡，民不聊生。据《大越史记续编》所载，从1737年起，乱党如蜂崛起，京城白日遭劫是不罕见的现象。在这一情况下民众生活非常不安宁，比如在1737年“京城居民纷纷出城避难”（卷之三）。朝廷因无能为力，故1739年许民自备武器抵抗乱军，“民间到处都有兵器”（卷之三）。另外，朝廷内部纷乱，加上赋税过重，引起民众心怨兴兵。《大越史记续编》卷之三有载：“己未，五年（清乾隆四年，1739）。人不自保，赋役繁重，无所控诉，皆疑怨思乱。于是海阳宁舍阮蘧阮选等煽诱作乱，东南之民相率荷锄扶杖从之。多者至万余，少者千百数，在在群起，不可禁止。”② 段氏点因家居升龙城里，不可避免地受难。《段氏实录》载，“至己未年（1739），乱党如蜂起乱。嵋墅（My Thu）村安平市均被摧毁，夫人看相得知无碍（地名）将会成为战场，便带着母亲离开此地，避难张杨（地名）”③。另外还有一点，为了抵抗乱党，黎郑朝廷颁布政策就殉节抗贼者给予奖赏，甚至将之册封为神。比方说，1740年有政策“给为朝廷殉节者免除税务”。史书所载，当时殉节抗贼有不少女人。此年进朝官阮廷敬（Nguyen Dinh Kinh）的贤妻陷于乱党手中，志不屈服，与子皆殉，朝廷为之给予悬榜，榜上御题“忠节门”三字（卷之三）。越南封建朝廷的忠节表彰非至黎郑时期才有，但在黎郑期间的乱世，“忠节表彰”有了新的政治

① 黎丛林：《〈传奇新谱〉的版本研究》，《汉喃研究年刊》，2017年，第488页。

② 《大越史记续编·卷之三》，2018年4月21日，https://zh.wikisource.org/wiki/%E5%A4%A7%E8%B6%8A%E5%8F%B2%E8%A8%98%E5%85%A8%E6%9B%B8/%E7%BA%8C%E7%B7%A8%E5%8D%B7%E4%B9%8B%E4%B8%89，2023年5月8日。

③ 陈氏冰清：《红霞女士诗文集》，（越南）妇女出版社2018年版，第408页。

意义：既是抵抗乱党的不得已政策，又是挽回儒教道德的一种方法。《传奇新谱》作者段氏点家居升龙城内河口坊，她本身又在黎朝宫中任教，因此直接受到当时情况的影响。再者，如上所提，段氏出身书香门第，儒家道德在其信念中早似悬镜。由此可见，《传奇新谱》是在时代情况和段氏儒家思想的共同作用下产生的。

《传奇新谱》中的《海口灵祠录》的题材是赞扬为国舍身的英杰女子。《云葛神女录》描写仙女聊杏因无意获罪，被贬下凡。故事描写在人间的仙女自由意识觉醒，周游天下，以后帮助朝廷征伐乱军，因此受朝廷的敕封为神。这个故事的主题是讲仙女在自由意识与供奉国家大事之间的徘徊。《安邑烈女录》是对于儒家夫妇之道的表扬。据其故事描述，女主角阮氏的夫君在出使中华时因病而故，当时恶信传来，其妻阮氏悲痛寻死。这一烈女故事产生在18世纪初，当时社会动荡，道德陷入困境，朝廷要把儒家道德作为挽救社会道德秩序的方式，所以《安邑烈女录》的主题带有浓厚的时代感。

（二）《传奇新谱》中大多故事都有一定的实录性质

一方面，《海口灵祠录》《安邑烈女录》的故事都来源于史书。《安邑烈女录》的故事原型载于《大越史记续编》，《海口灵祠录》的基本内容也在另外一部史书《大越史记全书》中出现。可以说这两个传奇故事都是在“实录”的基础上形成的。段氏点在写《传奇新谱》时有意增加了虚构部分，但是这些虚构成分与本来的“实录”原则并无根本冲突。另一方面，《传奇新谱》中的几则故事都格外注重故事情节和人物生平描写的完整性，体现出史书“传记”追求实录的特点。书中人物的出处、性格、生活过程及其结局都呈现在每一则故事之中，所以故事本身就提供了人物的基本信息。比如说，《海口灵祠录》对于女主角碧珠的身份介绍得非常清楚，是某一位陈朝官员的女儿和当朝的后宫。另外，碧珠多才多能，又敢于为国舍身。在黎朝圣宗年间得到黎朝皇帝敕封为“制胜”之神，并予以建祠祭祀，香火不绝。在《安邑烈女录》和《云葛神女传》中，对于人物生平的介绍和描述情况也与之类似。

在叙事视角上，《传奇新谱》使用最多的是第三人称全知叙事。其叙述视角与史书中的传记相同。因为这种叙述视角有总揽全局的作用，古代写传记的文学家经常用以介绍人物的特点及事件发展的环节。段氏也不例外。《传奇新谱》中的故事开头一般都以第三人称全知视角来概括人物的基本信息。《安邑烈女录》写道：“皇朝永盛年间，有一少年进士，丁其姓，完其名，自号默斋，乃乂安安邑人也。公幼失怙恃，终鲜兄弟。几冠而议桃夭，争奈蛇虺屡征，熊罴欠梦，复纳守相家女阮氏亚室焉。”①《海口灵祠录》中的叙述者这样描述碧珠：“陈朝后宫阮姬者，官家女也，小字碧珠。生得性格轩昂，姿容娇艳，通梨园音律，躏艺圃文词。”②段氏还采用第三人称全知叙事来写人物的感情状态。《海口灵祠录》中有不少文字描写人物的感情，这里举个例子：陈睿宗皇帝想要征伐战婆，因朝臣劝阻，睿宗心里不悦：“帝闻言，默默不悦，退朝犹有伐国之色。”③

① 孙逊、郑克孟、陈益源：《越南汉文小说集成》4册，上海古籍出版社2010年版，第209页。
② 孙逊、郑克孟、陈益源：《越南汉文小说集成》4册，上海古籍出版社2010年版，第184页。
③ 孙逊、郑克孟、陈益源：《越南汉文小说集成》4册，上海古籍出版社2010年版，第185页。

《云葛神女录》有一段描写仙女聊杏对于人间“不能忘情”：“明年，遽得熊罴吉梦。后年，复有门楣佳庆。光阴迅速，斗柄已三东指矣。时三月初三日，女忽无病而殂，青年绕二十有一。三家不胜哀惨，纵厚而葬。女自身归帝乡之后，以尘缘未满，不能忘情，侍灵霄则愁攒春眉，会瑶池则泪弹玉脸。”① 如以上所举的段落，在各个故事的文本中并不罕见。

四、《传奇新谱》中的辞章风味

《传奇新谱》虽保留了许多“传记”的特点，但与此同时，辞章的写作特点已深度地融入传记，形成作品新的艺术特质。简而言之，这种新特质包括：《传奇新谱》在选材上格外关注女性的情愫，注重描写自然景观及人物的个人生活表现；在表达艺术上偏重骈俪句式，爱用辞章手法及典故。

（一）《传奇新谱》的选材方面

1.《传奇新谱》是越南第一部描写女性情愫的汉文传奇小说

越南研究者黎丛林（Le Tung Lam）的版本研究指出，《传奇新谱》原有的三则故事都以女性描写作为重心。前代各传奇集，如《圣宗遗草》《传奇漫录》虽然有过对女性相关方面的描写，但是描述的篇幅太短，人物心理方面尚未成为笔调的主音。换言之，黎圣宗和阮屿他们关注的不是人物的心理活动或私人生活空间，而是人在各种社会空间里怎么展示其道德行为与欲望追求。因此，读者从中只能看出她们的社会身份，而不能感受到她们的私生活空间。段氏点与前者有所不同，作为一个女作家，她对女性的心理活动颇为关注。在每一则故事中，女性的喜怒哀乐都得以细致地体现出来。作者对于这种心理表现并非一笔带过，而是淋漓尽致的描绘。这里以《海口灵祠录》中的碧珠为例证。在给蛟神献身前，碧珠有三次倾诉感慨，此为其中之一：“姬拜泣曰：陪枕侍衾，三生有幸。舍身取义。一死何辞！既非垓帐含冤，亦岂嵬亭幽恨。”② 《传奇新谱》对于女性人物的感情描写在《云葛神女传》以及《安邑烈女录》等篇同样易见，如在《云葛神女传》中聊杏向公婆表示真情及敬爱：“仙主拜泣曰：孩儿失孝，累及双亲，非不愿着采衣而戏舞庭前，献由米而承欢膝下；争奈玄机莫测，天数难逃，愿三大人划夷甫之深情，收卜商之哀泪。”③

女性的感情描写有时以文字直接表露，有时却寄托于诗词之中。如在送夫出使中华时，阮氏心理愁闷，泪流满面，向夫倾诉如此之情：“言罢，泪如雨下。公再三安慰，竟忧心惙惙，染成一病。公亦为之惨然，第以王事在身，每怀靡及，终付之无可奈何。至期，百官撤祖，全家送至吕瑰驿仍驻，夫人持曲水杯，赠诗一首云：一饯长亭万里心，青春易掷隔分阴。皇华赋就杨鞭去，折柳诗成掩泪吟。北国观光酬志大，南天陟岭拥愁深。

① 孙逊、郑克孟、陈益源：《越南汉文小说集成》4册，上海古籍出版社2010年版，第195页。
② 孙逊、郑克孟、陈益源：《越南汉文小说集成》4册，上海古籍出版社2010年版，第187页。
③ 孙逊、郑克孟、陈益源：《越南汉文小说集成》4册，上海古籍出版社2010年版，第196页。

如何觅得迷丹药，一醒悠然听好音。”① 在得知夫君在华死后，阮氏心中悲痛欲绝，不禁宣泄哀痛之语：“夫人坠泪曰：未死人非敢浩断臂剔目之美名，市投井磨簪之高节。但以春归花谢，心死魂存，不复知有人间矣！家人见言不解，无刻敢离。一日，夫人燃灯而坐。时正深秋，金风大起，琤琤铁马，唧唧壁蛩，寒砧捣梁妇之心，明月照玉生之泪，感心触目，无处不牵愁也。”②上文显示，就女性感情描写而言，《安邑烈女录》的叙事逻辑并不是同质化和扁平化的，它具有深层的建构。这一建构使得女性形象的感情描写体现为一个逻辑性的发展过程。这种过程可以概括为几个环节：相亲相爱—恋恋不舍—痛念—悲痛。从《传奇新谱》以前的越南各种汉文散文，对于女性形象的感情描写一律冷漠这一点来看，《传奇新谱》对于女性私感情、私生活的关怀就成为越南汉文传记的重大革新。

2.《传奇新谱》对自然景物与人物描写颇为深爱

笔者在此使用“描写”的概念，不仅指对象外观的描写，而其本质还在于就自然景物的铺展开来，以之作为抒情的方式。这一内涵与刘勰在《文心雕龙》中对赋体的描写定义大致相同。《文心雕龙·诠赋》中说：“铺采摛文。”③《诠赋》篇末的“赞”部分将“铺”字解释为：“写物图貌”④，与“描写”的内涵相近。由此可见，惯用“描写”是属“诗文类”即诗、赋、骈文，尤其是赋的突出特征，而非传统传记的特点。

在传奇文体出现前，越南汉文小说有过一些写景段落，但所占比重太少。在笔记类小说如《岭南摭怪》中的《鸿庞氏传》里，貉龙君和妪姬相遇的场景有自然景物出现，但基本上还是遵守“以事为本”的笔记写作原则，自然景物并未成为比较突出的描写对象。在从中国文学借来的传奇文体问世时，景物描写才成为划时代的艺术倾向，这在《传奇新谱》里有相当多的反映。

在越南汉喃研究院图书馆所藏的《传奇新谱》编号 A. 48 本中《云葛神女传》列于第三，此篇叙述越南民间信仰母道教的女神柳杏（Lieu Hanh）降世的事迹。据该文所述，柳杏是天庭上的仙女，因在无意中打破了玉杯，故被玉皇上帝下降人间，在北越南定省云葛（Van Cat）村专做善事的家庭里当女儿。在故事中柳杏除这一次被动下降人间外，另有二次主动降世：第二次，下降人间看父母和丈夫，然后四处游历，与当代著名儒士们唱和诗文，并与转世后的前夫桃生再续前缘；第三次下降越南中部清化省山区的逋吉（Pho Cat），在此受到当地人民的敬拜并受朝廷册封为神。

小说给予大量篇幅详细描述柳杏（Lieu Hanh）第二次下降人间来到乂安朔乡游览，此地美景一律进入段氏文中：“更遇仲春，树树桃花，发得精神可爱。仙主遂于树阴，拂

① 孙逊、郑克孟、陈益源：《越南汉文小说集成》4 册，上海古籍出版社 2010 年版，第 210~211 页。

② 孙逊、郑克孟、陈益源：《越南汉文小说集成》4 册，上海古籍出版社 2010 年版，第 213~214 页。

③ 刘勰：《文心雕龙》，范文澜注，人民文学出版社 1962 年版，第 134 页。

④ 刘勰：《文心雕龙》，范文澜注，人民文学出版社 1962 年版，第 136 页。

一块白石闲坐。左顾右盼，见溪中落花依水，水绿花红，荡漾相映，不减桃园胜景，所欠者渔郎问津耳。"① 这段文字，仲春时节的景观不仅被细致地抒写为清丽色彩，而且摆脱了尘世之味。类似的，在《安邑烈女录》中亦详细描述了何姓男主人公在旅途中于酒馆休息，并和其仆人观看风景的场景。此地有一座烈女神庙，寺庙的景色描述如下："树木不甚阴森，景致十分幽爽，朱门晻②映，金字辉煌。"③

《传奇新谱》的景物描写有时反映了事件的内部性质。如在《海口灵祠录》中，段氏使用雄伟的场面展现了陈军南征的气势："至日，发兵二十万，旌旗蔽日，舸舰满江，三军顺流而进，直抵奇华地界。"④ 有时另以黑暗的景色暗示边境的危机，当时河静奇英奇花是越南与林邑的边境地区："时正残冬天气，雨雪初晴，月色微茫，风声萧飒。游鱼吸寒梅之影，归鸟栖古树之阴。"⑤ 总体而言，《传奇新谱》特别注意借用辞章文体的风格来展示自然景物。

除了场景描写之外，《传奇新谱》对人物也花费了颇多笔墨，以表现私人化的生活。《传奇新谱》对于人物的称谓热情关注。如在《云葛神女传》中，介绍聊杏和当时著名文人冯克宽（Phung Khac Khoan）的姓名，作者用了拆字作为隐语的方式：树木上雕刻"卯口公主"和"冫、马、已、走"等字。在史家传记中，任何"秘语"都离不开政治意蕴，换言之，史家传记在描写人物时常以政治为思想指向，其中最为常见的是在正史中用人物的外形来预测未来的政途。例如：越南第一部正史《大越史记全书》载，吴权（Ngo Quyen）王出生时"背上有三黑子，相者奇之"（《大越史记全书·外纪》，内阁官版，黎正和十八年，1697年，第20b页）。这一"背上有三黑子"的秘语暗示着吴氏将会建立伟大的功业。与之相反，《传奇新谱》的描写则旨在展示女性角色的个人才华。《传奇新谱》中的人物无论是人类还是超自然的异类，其外形描写常与个人命运息息相关。具体来说，外形特征预示了他们的爱情、婚姻、生命等私生活的方方面面。《安邑烈女录》所描述的黎朝进士丁完（Dinh Hoan）的贤妻阮氏外貌如下："姿容闲雅，举止端庄，精针线，长翰墨，技艺之多，一时独步。"⑥ 因有这一品格，阮氏能够接纳其丈夫为"少年进士"，进而"爱而敬之"，他们夫妻的婚姻生活能得到美满幸福："每遇退食之暇，辄与夫人闲论忠臣烈女，联吟《白雪》《阳春》。"⑦ 这种一心一意对夫的忠诚，让她在死后得到朝廷的表扬。在另一则故事《碧沟奇遇录》中，情形亦差不多。故事中的男主角秀鸳（Tu Uyen）因有"天资秀异，神性聪明。周岁喜书，六岁晓诗律"的个人能力，故后来能够同仙女霞绛娇脱尘升天。从上文所举的例证可见，《传奇新谱》的人物描写不仅凸显关注人物私生活的韵味，且与"春秋笔法"的正史和以事寓理的笔记小说相去甚远。

---

① 孙逊、郑克孟、陈益源：《越南汉文小说集成》4册，上海古籍出版社2010年版，第201页。

② "晻"字：越南汉字异体字，正字为"暗"。

③ 孙逊、郑克孟、陈益源：《越南汉文小说集成》4册，上海古籍出版社2010年版，第214页。

④ 孙逊、郑克孟、陈益源：《越南汉文小说集成》4册，上海古籍出版社2010年版，第186页。

⑤ 孙逊、郑克孟、陈益源：《越南汉文小说集成》4册，上海古籍出版社2010年版，第186页。

⑥ 孙逊、郑克孟、陈益源：《越南汉文小说集成》4册，上海古籍出版社2010年版，第209页。

⑦ 孙逊、郑克孟、陈益源：《越南汉文小说集成》4册，上海古籍出版社2010年版，第209页。

（二）《传奇新谱》的表达艺术

1. 偏重骈俪句式，爱用辞章手法

此处所谓的“文辞美化”概念是指《传奇新谱》在表达上格外关注文辞的华艳及声调的和谐。关于这种美化趋向，中国古代批评家早有评论。刘勰在《文心雕龙·情态》中说：“故立文之道，其理有三，一曰形文，五色是也；二曰声文，五音是也；三曰情文，无情是也。”① 由此可见，文辞修饰本属辞章，特别是辞章中的赋，由此融入了传记类的传奇文体，成为传奇小说的重要艺术特征。

多用骈俪句式是辞章最典型的特征之一，其原因在于骈俪句增加了语言表达的形声之美。骈文的句子既含音乐特性，又有文辞的美感。如唐代柳宗元在《乞巧文》中对四六骈文的特点评为：“骈四俪六，锦心绣口。”在《传奇新谱》中，作者将骈文插入本来仅用散文的文体类型中，骈文亦颇为常见。《传奇新谱》中的骈偶句式大大增强了句中声调的美感。在《安邑烈女录》中，作者多处运用了骈偶句式。如：“所历城省郡县，宝刹名山”，“一切翰宛②名公，山林词客”，“夫君子之道，端乎夫妇，而国家之御，于刑寡妇”。又如：“时或分韵，而知郊、岛之饥寒；时或品题，而辨贺、白之仙鬼。”③

《传奇新谱》还将辞章的写作手法运用于传奇文体，使之表达效果变得格外丰富、精美。具体而言，《传奇新谱》中的骈俪句式经常兼具诗赋骈文常见的比喻、对比、夸张等手法。在《安邑烈女录》中，男主角丁完（Dinh Hoan）出使中华前对其贤妻阮氏用如下句式表达疼爱：“独怜汝羸羸弱质，寂寂孤房，守贞心于雪枕霜衾，寄幽怅于春花秋月。”④在孤独的房间里，阮氏靠冷枕保持贞洁，在美好的时节寄托幽恨。这句话用到了比喻法：用枕冷衾寒的形象来表现妻子孤独时保持尊严贞洁，用春花秋月的形象表现美好的岁月。阮氏与丁完说道：“致如黛残粉倦，绿惨红愁。”⑤这句“致如黛残粉倦”描述妻子因想念其丈夫，而不会认真地化妆。这一小句“绿惨红愁”却为读者展现了丁氏妻子如何想念丈夫。段氏点还用以下句子描述妻子远离丈夫时的极度痛苦：“公再三安慰，竟忧心惙惙，染成一病。”⑥ 上面所引的一些表达方法有利于形象化地描绘女子等待丈夫所忍受的孤独、折磨的心境。通过辞章手法，《安邑烈女录》将场景和人物内心描述得绘声绘色，呼之欲出，从而揭示了场景和爱情中颇具深刻意蕴的美。

据笔者的统计，《安邑烈女录》全文共有 149 个句子，其中有多达 47 组对偶之处，平均每 3.17 个句子就会出现一次对偶。值得注意的是，文中对偶之处均是为了描写人物、场景以及抒发情绪。这些特点也是诗赋骈文的共性，特别是赋体。可以说，无论是在手法还是章法上，《传奇新谱》都吸收了诗歌、辞赋的艺术，革新了传记文学，以提高作品的

① 孙逊、郑克孟、陈益源：《越南汉文小说集成》4 册，上海古籍出版社 2010 年版，第 537 页。
② 此处的“翰宛”二字是笔者根据原文所引，按文意，应作“翰苑”。
③ 孙逊、郑克孟、陈益源：《越南汉文小说集成》4 册，上海古籍出版社 2010 年版，第 212 页。
④ 孙逊、郑克孟、陈益源：《越南汉文小说集成》4 册，上海古籍出版社 2010 年版，第 210 页。
⑤ 孙逊、郑克孟、陈益源：《越南汉文小说集成》4 册，上海古籍出版社 2010 年版，第 210 页。
⑥ 孙逊、郑克孟、陈益源：《越南汉文小说集成》4 册，上海古籍出版社 2010 年版，第 210 页。

艺术美感。因此，笔者认为《传奇新谱》中的辞章运用体现了传记审美化的趋向。与其他同样以柳杏圣母故事为叙事核心的笔记小说相比，段氏的辞章化倾向更为明显。我们将段氏点《云葛神女传》与越南19世纪著名文人高伯适（Cao Ba Quat）的《敏轩说类·古迹》进行比较。根据陈益源先生研究，《敏轩说类》"写于19世纪中叶左右"①，晚于段氏点创作《传奇新谱·云葛神女传》大概一个世纪。《敏轩说类》中的柳杏故事如下：

> 柳杏公主祠，在天本县安泰云葛二社，妇人姓陈，云葛人。俗称云葛神女是也。天仙降世，稔著英灵，历朝奉上等臣。奉为制胜却敌柳杏公主；第二妹琼宫维仙夫人；第三妹广宫桂花夫人，均奉中等神。②

《敏轩说类》叙述柳杏圣母只是单纯的个人简要记录，以及对当地居民崇拜柳杏公主的习俗的记载。这篇笔记小说篇幅仅有70余字，与此同时，《传奇新谱·云葛神女传》的字数则大约为12000个③，字数有155倍以上的差距。从叙事角度来看，这一差异源于高伯适完全忽略了一切用于《传奇新谱》的辞章手法。这足以证明两者之间的艺术品格差异，也就是笔记和传奇之间的差异。中国学者刘闻晓就认为《传奇新谱》："语言对仗工整"，"有六朝骈文余韵"。④

2. 大量使用典故

古代诗词骈文引用典故是一个不争的事实。其目的不外乎让语言表达达到"辞约旨丰"这一目标。在越南古代文学中，使用典故不仅是一种艺术规则，而且是评价文人知识水平的标准。从来源方面看，越南汉文小说中的典故大多数来自中国文学，只有少数来自越南文学和文化。在使用方面，作者对典故的运用还附属于文类特性的需求。由于受到文类的束缚，正史和笔记小说的典故使用颇为有限。《传奇新谱》则是以文辞来改造传记的新式传记，所以在《传奇新谱》里才会使用大量典故。

笔者的统计数据显示，《传奇新谱》中的《海口灵祠录》使用了46次典故，《云葛神女传》使用了47次典故，而《安邑烈女录》使用了63次典故。《云葛神女传》在描述天宫气氛时用了一系列来自中国道教书籍中的仙名（王母、老君，弄玉），地名（瑶池、玉楼、广寒宫、蓬莱）。在其他段落，作者还使用中国诗词："比至，则桃花依旧，墨迹宛新，惟玉人不知何处耳。"⑤句中明显使用了唐人崔护"桃花依旧"和宋人苏轼诗中"墨迹宛新"等文字。有时，作者使用中国《礼记·月令》中"神玄冥""鸿雁"的典故："期四《冬词》："玄冥播令满关山，鸿已南还，雁已南还。"⑥ 有时，作者运用了源于中

---

① 孙逊、郑克孟、陈益源：《越南汉文小说集成》4册，上海古籍出版社2010年版，第192页。

② 孙逊、郑克孟、陈益源：《越南汉文小说集成》4册，上海古籍出版社2010年版，第334页。

③ 孙逊、郑克孟、陈益源：《越南汉文小说集成》16册，上海古籍出版社2010年版，第194页。

④ 刘闻晓：《从〈传奇新谱〉看汉文化对越南语言文学的影响》，广西师范大学硕士学位论文，2012年，第25页。

⑤ 孙逊、郑克孟、陈益源：《越南汉文小说集成》16册，上海古籍出版社2010年版，第202~203页。

⑥ 孙逊、郑克孟、陈益源：《越南汉文小说集成》16册，上海古籍出版社2010年版，第195页。

国历史上的故事，如，汉代司马相如的“凤求凰”曲：“当年司马求凰曲。变作离鸾别鹤声。”① 有时，作者则使用了越南文学中的典故，如，越南名著《断肠新声》中的“铜杯”。典故的使用提高了作品的文学性，使传记带有更浓郁的辞章韵味。以《云葛神女传》中使用典故最密集的一段文字为例：“李喜谓冯曰：老台学富五车，才高七部，今逢此良辰好景，能不勃然诗兴乎？”②“李生前往大恭曰：此处楼台，是何处在？某等足随兴使，误入蓬瀛，欲借贵庄，暂作兰庭胜会③。渭水任符文伯卜，桃源好访武陵缘。”④ 上文的每个句子都运用了两个典故。第一句使用“学富五车，才高七部”来形容当时名士冯克宽（Phung Khac Khoan）的才华，第二句使用两个典故“蓬瀛”和“兰庭”描画了西湖的风景像仙境一样美丽，是值得骚人墨客聚会的地方。末尾的两个句子使用了中国周代周文王求贤于隐士吕望的典故以及陶渊明《桃花源记》中武陵人在捕鱼时误入桃花源的典故。这些仅是《传奇新谱》所使用的典故总数的一小部分。文中使用典故，能够使作品表现得更加含蓄优雅，体现了越南汉文创作的高水准。因此，越南学者陈氏冰清和中国研究者刘闻晓对段氏的汉字文化水平都给予了较高的评价。陈氏冰清认为：“《传奇新谱》是一个意义渊博的传奇集”⑤，刘闻晓则认为《传奇新谱》“多为化用汉语典故”⑥。

五、结　　语

陈文新先生的“传记辞章化”观念，为唐传奇的研究提供了重要的指向。由此来看，中国的传奇小说文类本源于史家传记。唐人开始以辞章手法融入传统的传记之中，使之“化茧成蝶”⑦，促使新质的传记即唐传奇出现。在陈教授的观点中，传记辞章化本质上就是子、史的传记与集部的辞章的融合，也就是说，文体革新的唐传奇扎根于中国古代文章的叙事与辞章两大传统之中。这一命题在理论方面为唐传奇研究提出新的见解，亦是对于20世纪中国古代小说研究的一种回应。

处在萌芽阶段的越南古代文学，几乎都由借鉴中国古代的文类而来。在这一情况下，越南汉文小说的发展进程与中国文学的情况颇有相似之处，两者皆以志怪类小说作为古代小说文体的发端。在15世纪时，以《圣宗遗草》为代表的越南“传奇”文体正式诞生；到16世纪，《传奇漫录》体现了这一文体发展到巅峰；而18世纪的《传奇新谱》，则展

① 孙逊、郑克孟、陈益源：《越南汉文小说集成》16册，上海古籍出版社2010年版，第196页。

② 孙逊、郑克孟、陈益源：《越南汉文小说集成》16册，上海古籍出版社2010年版，第198页。

③ 原文记“兰庭盛会”，此处有误，当为“兰亭盛会”。

④ 孙逊、郑克孟、陈益源：《越南汉文小说集成》16册，上海古籍出版社2010年版，第199页。

⑤ 陈氏冰清：《霞河女士诗文集》，（越南）妇女出版社2018年版，第24页。

⑥ 刘闻晓：《从〈传奇新谱〉看汉文化对越南语言文学的影响》，广西师范大学硕士学位论文，2012年，第24页。

⑦ 陈文新教授在《从传记到传奇：唐人传奇如何化茧成蝶》中指出：“‘文’即辞章，其主体是诗、赋、骈文；史书一脉的传、记则属于‘笔’。‘文’和‘笔’门类不同，旨趣不同，风貌不同，为唐人以辞章的手法改造传、记准备了条件。”再者，在中晚唐时期“以辞章手法议论，叙事”是普遍现象。在上文所提的两个条件下唐人传奇的传记辞章化文类特征得到定形。

现了越南传奇文体的新变。与前代的传奇文体相比较，段氏点《传奇新谱》大异其趣。无论是在题材还是在艺术表现方面，《传奇新谱》尽量摆脱了颇具通俗性的前代传奇风格，使得发展了几百年的传奇文体走向博雅之堂。《传奇新谱》对于女性私感情的关注、讲究意境、重视对自然景观及人物个性特点的描写、在琢句上注重对偶骈俪、常用典故成为写作惯例等选材与艺术上的新特点，无不吸收于辞章之中。本文通过对段氏《传奇新谱》的研究可以得出这一结论："辞章化"的特点大大增强了段氏传奇的抒情能力和读者的阅读美感，正是这一点使得《传奇新谱》与越南古代其他传记文类在艺术品质上产生了本质的区别。

（作者单位：武汉大学文学院、越南顺化师范大学）

学 术 评 论

翻译与研究：中国文化经典的世界之旅

□ 欧阳阿兰

2022 年 12 月 17 日至 18 日，题为“翻译与研究：中国文化经典的世界之旅”的“新汉学计划”博士生文化与汉学专题工作坊会议在线上召开。此次工作坊由教育部中外语言交流合作中心、武汉大学中国传统文化研究中心、武汉大学国际教育学院、武汉大学外国语言文学学院和武汉大学文青学社等单位共同举办。

在为期 2 天的会议中，工作坊邀请了来自北京外国语大学、澳门大学、香港中文大学、复旦大学等 24 位长期从事中国文化研究的资深专家学者，对入围的 18 篇学术论文进行评议与指导。

任继愈先生提出，“中国文化属于全世界”，近年来域外汉学研究的繁荣很好地说明了这一点。工作坊希望借助参会者多样的文化背景与价值取向，为在全球化浪潮中正确认识和理解文化差异、传播中国文化提供经验与建议。

北京外国语大学特聘教授(《国际汉学》执行主编）张西平教授、香港中文大学讲座教授兼翻译研究中心主任王宏志教授、北马其顿汉学家冯海城（Igor Radev）和澳门大学林少阳教授受邀作主旨发言。四位学者围绕着跨文化研究的治学理路同参会成员分享体悟。

张西平教授在报告中指出，中国古代文化经典在域外的研究方法论可分为五个部分：历史学是基础；文献学是进路；翻译是重要环节；跨学科知识是基本要求；跨文化的比较文化视角是基本方法。张西平教授呼吁，开展域外汉学研究必须兼顾这五个方面。与此同时，研究者在从事中国文化学术研究时，也不能无视域外汉学家的研究成果，必须与其对话，或赞同，或批评。

王宏志教授则介绍了其在海外汉学家研究中的有效进路。王宏志教授利用往来信件、档案、报纸等丰富史料还原了鸦片战争时期年轻汉学家罗伯聃的翻译活动。罗伯聃的翻译动机，在于以中国人为对象，协助中、英两国学习对方语言，提高沟通和理解。如今，中国文化的向外传播正是罗伯聃译介活动的重现。

北马其顿汉学家冯海城（Igor Radev）做了以“无用之木：读、翻译古代文学还有价值吗?”为题的演讲，介绍了他对中国古代文学的价值定位，他引用庄子的比喻“无用之木”来形容中国古代文学，中国古代文学看似无用却有价值。在他看来，文学是人类本质的表达，是社会最好的机器，且在历史语境中看来，文学具有超时空性质。

会后，澳门大学林少阳教授进行总结发言。首先，林少阳教授对入围的论文进行评议。他认为，入围的青年学者很好地体现了“新汉学”工作坊多文化背景的特点，18 篇文章是将中国文化置于与其他文化的对话关系中的再观察，总体上呈现出“跨文化理解”和关注“外部”的特点。

其次，林少阳教授提出其对于中国文化、他者与翻译关系的理解。他认为，翻译是自我与他者之间的对话，对他者产生尊重，并不断地走向他者，就是翻译的意义。而中国文化从古至今都是在与他者密不可分的关系中形成、变化和发展的，“中国”概念的开放性和包容性在翻译中得到实现。

最后，林少阳教授倡议，在学术民族（国族）主义化的现代，我们在与非历史化的民族主义学术框架保持距离时，在重构和推广汉字圈文化时，需要其他文化的同盟军，更需要汉字圈以外不同文化背景学者的参与。“中”与“西”、“传统”与“现代”、“我们”与“他们”，二元对立之外需要沟通与包容。

与会论文分为中国经典在海外、域外汉学与汉学家、跨文化的翻译路径和中国文化的域外传播四个部分，以下将分述之。

一、中国经典在海外

中国文化经典在域外的传播如同进行一次世界旅行，翻译使得中国经典以另一种语言形式在他国传播和被理解。观察中国文化经典在域外的流通情况，我们可以看到，英语译作仍占绝大多数，但随着中国与世界各国的联系日渐加强，中国文化在世界的影响力愈渐壮大，非英语系国家的中国文化经典译作和汉学研究成果也在逐渐增多。

复旦大学卢梦莎（Rumeysa Sen）《翻译中的“他者”与王韬的中国经典外译》一文，从王韬协助麦都思、理雅各等来华传教士翻译中国经典的活动出发，讨论王韬在“西学东渐”与“东学西渐”过程中发生的身份和心态的转化，文章展示了中国传统文化经典在近代历史语境中如何走出国门与“他者”对话并融入其中的历史经验。

辽宁大学施歌《〈水浒传〉的英语译介与研究》，梳理了百余年来《水浒传》的英语译介情况，《水浒传》的英语译介经历了片段翻译和全文翻译两个重要阶段，域外汉学家们对《水浒传》的研究也经历了由“无结构”“缀段式”结构的批判，到对西方小说理论标准的质疑，再到重新审视中国小说“异质性”的变动过程。域外汉学家对《水浒传》的研究始终在“异化”和“归化”之间寻求平衡。

武汉大学严欢《想象中国：马礼逊与唐诗的早期英译》，该文通过分析马礼逊翻译的五首唐诗，指出马礼逊继承了 18 世纪浪漫主义思潮下田园牧歌式的审美趣味，他的直译策略虽有瑕疵，但在其影响之下，英美诗歌最终在 20 世纪初创造性地兴起了新的发展方向——英美现代意象派诗学。

北京外国语大学蒲杉杉（Aleksandra Pólchlopek）《浅谈从诗歌实例看中国古典诗歌翻译成波兰语的问题——以屈原〈离骚〉之波兰语译文为例》，介绍了中国古典诗歌翻译成波兰语时所遇到的语言结构难以匹配和文化背景截然不同等方面的困难，但她认为译者的翻译应当使中国古典诗歌在波兰语境下呈现出与中文相同的艺术效果，这样才能让波兰读者正确理解中国的文学作品。

德国特里尔大学齐帅（Tim Dressler）《荀子对当代礼仪原则的影响》指出，西方汉学界对《荀子》的接受和翻译较晚，且集中于《荀子》的仪式理论研究，这与西方学界的仪式学派有关。西方的仪式学派从发展之初就与《荀子》中的仪式理论有异曲同工之妙，并且仪式学派的发展进一步固定了《荀子》哲学思想和仪式理论在西方的诠释。

二、域外汉学与汉学家

海外汉学涉及中国人文学术的方方面面，因此，对于海外汉学的研究可以看作一个专门史研究。张西平教授主张，对于海外汉学研究，我们必须遵守历史研究方法，“考镜源流，辨章学术”，将对汉学家的学术源流考辨置于各国汉学发展的历史中，对于构建域外汉学发展史具有重要意义。

辽宁大学冯伟《“中国叙事”，何以为“学”——从浦安迪〈中国叙事学〉说开去》，该文着重于浦安迪对于中国古典小说的研究，舍弃从前学术界对浦安迪方法论的关注，转而尝试构建浦安迪从《明代小说四大奇书》到《中国叙事学》背后对于中国小说学中“中国叙事”的理论努力。冯伟认为评价浦安迪的小说批评体系必须勾连其关于《红楼梦》的两部著作《明代小说四大奇书》和《中国叙事学》，并且《中国叙事学》一书更加体现了浦安迪对于重塑中国叙事文学研究边界的尝试。

武汉大学汪培玮《勾勒“传统”：欧洲汉学学术传统一瞥》一文，依赖戴闻达在《通报》上发表的“*The Rectification of Names*”（正名）与其获得博士学位的 *The Book of Lord Shang*，从戴闻达的学术源流及当时汉学研究的基础设施入手，认为早期欧洲汉学传统与同期中国学术研究的路径并无明显差异，具有对话和推动学术共同发展的意识，且呈现出以“朴学-翻译”为方法的“文本-作者”中心特点。我们应当冲破“自我-他者”固化思维，以“如其所是”的态度看待海外汉学的学术传统。

清华大学孔维鑫《利玛窦〈天主实义〉中“意”论思想探究——兼论所体现的儒耶对话问题》，简要梳理利玛窦的儒学“意”论研究，展示利玛窦“意”论所对话的理论样态，并勾勒其与儒家“意”论的关联。孔维鑫认为，从深层次来看，利玛窦的论述理路已经由前人的儒耶交融发展到儒耶本质性差异显现的地步。

四川外国语大学于芮《俄罗斯汉学家科布杰夫阳明学跨文化传播研究》，基于对科布杰夫阳明学研究的梳理，总结出科布杰夫在跨文化译介与阐释中的特点——文言字词的语义分析，并对域外中国哲学研究提出跨文化阐释的建议。她认为跨文化传播不仅需要注重译介推广，而且要通过多模态话语阐释中国思想中的人类共同价值和生命追求，实现交流互鉴和认同，达到“视域融合”的效果。

武汉大学刘婧玥《法国近代汉学家对中国阴阳概念的解读——以葛兰言、艾田蒲和朱利安为例》一文指出，葛兰言、艾田蒲和朱利安三位汉学家都将“阴阳”概念定义为宇宙论概念，“阴阳”是宇宙运行的秩序。但三者的理论来源并不相同，葛兰言运用了社会学和民俗学的研究方法，而朱利安和艾田蒲则是采用中西方哲学对比的方法。但最终三位汉学家都将对“阴阳”的理解落到哲学层面上。

三、跨文化的翻译路径

翻译是对异文化的理解，是自我与他者的对话，是中国古代文化在西方传播研究中的重要环节。在中译外、外译中的翻译实践中，我们不能强行套用西方的翻译理论，要创造出自己的翻译理论以适应中国国情。

曲阜师范大学高敏霞《中国经典翻译的跨文化张力及其消解——理雅各英译〈孟子〉"性""善""性善"探析》，提出中国经典在跨文化翻译中必然出现准确理解和阐释文化概念，即如何消解"跨文化张力"的问题。她认为人们可以通过借鉴理雅各《孟子》"性善论"的翻译，对"跨文化张力"进行合理的消解。理雅各的译介活动为在西方学术框架和理论的冲击下重新表达中国传统文化提供了极佳的案例。

首都师范大学李越颖《何以"硬译"，"硬译"何为?》一文主张，鲁迅提出"硬译"理论以来，受到了大众的批评和嘲弄，但在与批评家的论争中，鲁迅的"硬译"观反而趋于成熟。鲁迅提出"硬译"思想的目的在于，在"破落的中国"，借助西方语法，为中国传递"新声"。

西北大学吴言《中、英〈论语〉中"异端"诠释比较分析》，站在诠释学的视角，梳理中国国内学者对《论语》中"异端"的诠释史，并收集19世纪到21世纪《论语》的12版英语版本，分析外国学者的"异端"诠释，比较中西阐释的异同，对《论语》在古今中外的活力进行跨文化诠释。

北京外国语大学韩祎然《19世纪新教传教士〈大学〉英译本的跨文化分析——以马士曼英译本为例》，运用奈达的翻译对等理论对中西两种文化语境下的《大学》文本进行跨文化审视，发现马士曼英译本《大学》受到译者文化背景和宗教思想等因素的影响，与原文本在内容和形式上存在诸多差异。马士曼对《大学》的译介活动展现了中国儒家思想与西方哲学理念的融会贯通。

四、中国文化的域外传播

中国文化域外传播具有深远的历史，不仅辐射了东亚汉字圈文明，而且沿着丝绸之路开启了在西方几百年的旅途，中国文化始终以一种谦和的态度与接受国的文化进行友好互动，其在世界的流行证明了中国文化的普世性和世界性。因此，对中国文化域外传播的研究也日渐成为世界学术的一部分。

南京大学张新雨《江户大学头林家与中国隐逸类杂传在日本的流变——以林读耕斋〈本朝遯史〉为中心》，认为中国典籍很早就开始在东亚汉字文化圈内进行"文本旅行"，隐逸类杂传在日本的流行与影响即是有力佐证。林读耕斋受中国隐逸类杂传启发，创作出日本本土隐士传记《本朝遯史》，由此展开的文本网络和文人交游体现出中国隐逸类杂传在东亚视域下的文化价值及中、日两国文化的融合与碰撞。

武汉大学阮文伦（Nguyen Van Luan）《从"传记辞章化"视角看越南传奇小说——以18世纪越南传奇集〈传奇新谱〉为例》，文章从文体的角度出发，在陈文新教授唐人传奇论的基础上，剖析段式点《传奇新谱》的"传记辞章化"特征，对其所反映的越南古代汉文小说之演进展开探索。阮文伦认为，在中国传奇文体的影响下，以《传奇新谱》为代表的越南古代传奇小说显示出“传记辞章化”的特征，“辞章化”新变大大提升了越南传奇文体的艺术品质，亦是越南传奇文体逐渐脱离史家传记藩篱的反映。

北京大学金胜原（Kim Seung won）《中国足球文化——足球起源于中国》，文章考证战国时期齐都临淄就出现了蹴鞠运动，即古代足球，也梳理了蹴鞠运动的历史发展和目前中国推广足球文化所作的努力。金胜原认为，在全球化的进程中，不同语言、宗教和生活状态下的人们不仅进行着理解文化异质性的沟通，而且通过相同的活动确认彼此的相似，足球即是代表。

兰州大学董豪《丝绸之路上丝绸技术西传之推论——以阿弗拉西阿卜博物馆大使厅壁画为例》，从阿弗拉西阿卜博物馆的壁画入手，结合丝绸西传的相关传说和文献资料，将丝绸技术传入中亚的时间明确到公元660年前后，深刻反映了中国同中亚地区在丝绸之路上友好交往的历史。

五、结　　语

此次入围的文章，集中体现了当前域外汉学研究的新方向，也展示了新一代青年汉学家的研究取向和学术态度。总体看来，大部分文章文从字顺，逻辑清晰，其中不乏文笔老辣和观点犀利之作，对材料的解读有超越前人之处，新的研究视角的引入也拓宽了域外汉学的研究领域。但仍存在叙述力度不深、学术勾连不连贯、概念混淆等问题。与会的专家学者在评阅后共同倡议，博士生在写作过程中要深入历史语境，将研究置于时代背景下。

（作者单位：武汉大学中国传统文化研究中心）

新时代全球视野下的汉学与中国研究：新议题、新模式、新方法

□ 王昕生 张 科

习近平总书记在考察中国人民大学时指出“坚持和发展中国特色社会主义理论和实践提出了大量亟待解决的新问题，世界百年未有之大变局加速演进，世界进入新的动荡变革期，迫切需要回答好‘世界怎么了’、‘人类向何处去’的时代之题”。为推进中外学术合作，回答时代之问，2022年，教育部中外语言交流合作中心通过“新汉学计划”先后与中国人民大学、北京大学、武汉大学、四川大学合作举办中外博士生工作坊，为“新汉学计划”培养的外籍博士生和中国大学相同领域的中国博士生搭建交流和合作的学术舞台，聘请中外资深专家学者担任点评导师，邀请顶级学术期刊主编现场“把脉”，挖掘年轻一代的学术新秀。工作坊累计吸引了50多个国家近300名中外青年学生、学者参与，就“新时代中国社会转型与发展”“后疫情时代的国际教育发展的趋势与展望”“翻译与研究：中国文化经典的世界之旅”“新时代国际中文教育多元化培养体系的构建与发展”等主题展开探讨。

一、聚焦汉学与中国研究前沿议题

（一）探索中国式现代化的经验与启示

“新时代中国社会转型与发展”社会学工作坊于2022年6月27日在中国人民大学举行，研究议题涉及当代中国的生活与就业、教育与发展、文艺与文化等领域，覆盖从儿童到老年不同年龄阶段的研究群体，兼具定性与定量的多样化研究方法，展现中外比较、借鉴与交流的视角。

北京大学阿尔巴尼亚籍博士生雅虹（Faosta Haka）分享题为“父母迁移对留守儿童教育和健康结果的影响”的研究，她利用中国农村-城市迁移调查（RUMiC）数据，分析父母外出务工时间占儿童总体生命的比例，探讨父母外出务工对儿童的教育和健康结果的影响。武汉大学白俄罗斯籍博士生奥佳（Volha Azhgirevich）分享了“汉口万里茶道文化遗产美学研究”，她选取“汉口”这个源头城市开展研究，通过文化遗产美学的独特视角，归纳“万里茶道”中各类主体创造和传承的物质遗产与非遗文化传统。北京语言大

学韩国籍博士生金涛熯（Kim Do Young）分享了“以幼儿时期中西文化综合教育缩小新时代中国社会阶层间差距”的研究，基于当前中国儿童为继承和发展传统文化作出的努力，分析中国文化消费现状及其与社会阶层的关系，探讨中西文化综合教育对缩小社会阶层差距、社会阶层融合的重要性。

（二）展望后疫情时代教育的发展趋势

“后疫情时代的国际教育发展的趋势与展望”教育学工作坊于 2022 年 11 月 5 日在北京大学举行，分为“疫情影响下的在线教学”“学生流动的新趋势和新问题”“教育与社会需求协同创新”“国际教育研究”“教育质量与公平”和“教育技术与市场应用”6 个分论坛，探讨未来国际教育发展的趋势、挑战与对策。

北京大学美国籍博士生戴文仪（Liang Christine Wen-Yi）分享了主题为“影响香港中学生出国留学决策的因素”的研究，她从文化资本的角度对香港学生出国留学的决定做出分析，指出留学是香港中产阶级家庭投资移民的重要途径。北京大学尼日利亚籍博士生（Oluwasegun Adesola Oladipo）发表了《国际学生来华修读双学位的动机研究》，他基于与北京大学商学院的 12 位国际学生的深度访谈，将国际学生来华修读双学位的动机总结为寻找就业机会、拓宽人际网络和提升跨文化竞争力。北京大学韩国籍博士生裴维珍（Bae Yoo jin）分享了《教育中的数字技术建议：强调学习和平等机会》，她认为数字鸿沟与经济不平等有着深刻的联系，应通过建立数字化学习生态系统、确保在线学习可及性和学习内容数字化等三个方面打破数字鸿沟。

（三）推动中国文化经典的国际化传播

“翻译与研究：中国文化经典的世界之旅”翻译与文化工作坊于 2022 年 11 月 17—18 日在武汉大学举行，聚焦海外汉学，助力培养中华文化国际传播优秀人才，在全球化的时代利用多文化的背景认识和理解不同文化的差异。

复旦大学土耳其籍博士生卢梦莎（Rumeysa Sen）分享了《翻译中的“他者”与王韬的中国经典外译》的研究，她从王韬在中国经典外译方面的活动考察其面对知识、文化、宗教等方面的“他者”之时所作出的个人选择，梳理了王韬在中国经典“走出去”方面的历史性贡献。武汉大学越南籍博士生阮文伦（Nguyen Van Luan）《从“传记辞章化”视角看越南传奇小说——以 18 世纪越南传奇集〈传奇新谱〉为例》一文指出，以《传奇新谱》为代表的越南古代传奇小说与中国传奇显示出许多同质之处，“辞章化”新变大大提升了越南传奇文体的艺术品质，亦是越南传奇文体逐渐脱离史家传记藩篱的反映。北马其顿知名翻译家、汉学家，“新汉学计划”优秀毕业生冯海城（Igor Radev）以“无用之木：读、翻译古代文学还有价值吗?”为题进行主题报告，从自我、社会、历史三个角度探讨了翻译与文学、艺术的关系，指出阅读、翻译古代文学的作用并不仅仅表现在日常生活中，还表现在自我修正和自我提升等方面。

（四）促进各国国际中文教育多元发展

“新时代国际中文教育多元化培养体系的构建与发展”国际中文教育工作坊于 2022 年 12 月 18 日在四川大学举行，围绕“中外语言文化和教育的比较研究”“海外中文教育本土化建设研究”“国际中文教育数字化转型研究”等议题展开深入研讨，来自不同国家的博士生们从自身研究角度提出的课题内容，丰富了论坛听众对世界语言文化的认识，深化了对外汉语教学的实践路径，强化了国际中文教育的本体基础。

厦门大学法国籍博士生狄西蒙（Simon Decker）分享了《中国说唱的现状、挑战及未来发展》，他从空间理论出发，分析了中国说唱的现状，并展望其未来的发展方向。四川大学南非籍博士生郭昕慈（Hsin-Tzu Kuo）发表了《论“把”字句宾语属性明确性与焦点的关系》，从“把”字句宾语属性明确性与“把”字结构中的焦点指向问题出发，重新讨论“把”字句结构中宾语的性质。喀麦隆教育部汉语督学、新汉学优秀毕业生佳妮（Ngo Bayiha Jeanne Berthe Epse Nyemb Ntoogue）分享了《喀麦隆中等阶段汉语教学的挑战》，她针对喀麦隆中等教育阶段汉语教学的教师本土化、教材本土化和情境教学本土化展开论述，从教师、学生、学校三方面为喀麦隆汉语教学的发展提出了切实有效的建议。

二、探索中外学术交流合作新模式

（一）中外青年深度对话

“新汉学计划”博士生工作坊以对话式交流为特色，中外青年的不同视角推动了汉学和中国研究的创新发展。工作坊鼓励中外青年就相同话题进行深入探讨，展现比较与交流视角下的多元思考。不同文化、不同观念、不同思维的相互碰撞，不仅深化了外国博士生的中国经验，而且提升了中国博士生的国际水平。

在翻译与文化工作坊上，武汉大学博士生严欢发表了《想象中国：马礼逊与唐诗的早期英译》，通过分析马礼逊翻译的五首唐诗，指出其英译唐诗的风格传承了18世纪西方浪漫主义思潮下田园牧歌式的审美趣味。北京外国语大学波兰籍博士生蒲杉杉（Aleksandra Pólchlopek）则在《浅谈从诗歌实例看中国古典诗歌翻译成波兰语问题——以屈原〈离骚〉之波兰语译文为例》的文章中，从中国典籍当代翻译实践的角度，提出当代译者应当通过艺术效果的准确表达，呈现中国古代古典诗歌的丰富含义。中外青年的精彩发言为翻译研究带来了新观点、新理论、新方法。

在国际中文教育工作坊上，清华大学韩国籍博士生史惠善（Sah Hye Sun）分享了“基于CRITIC权重法的国际文言文词汇排序研究初探”的研究，她采取CRITIC权重法对王力先生《古代汉语》里的古汉语常用词的难度进行评估，最终提出了9个古汉语词汇难度等级。北京语言大学博士生许丽嫱在《面向国际中文教师发展的远程教学研究》中以SCOLT远程中文教学为研究对象，采用内容分析法对参与SCOLT的91位中文教师的教学反思日志材料进行了分析，归纳远程中文教学中教师教学、师生交流和网络技术等三方面问题。中外博士生的研究均体现了新理念、新技术、新方法在国际中文教育领域内的创新性应用，为国际中文教育的数字化、信息化发展提速增效。

（二）学术脉络赓续传承

“新汉学计划”博士生工作坊以精细化培养为目标，师生之间的深入交流促进了汉学和中国研究的传承赓续。工作坊注重不同代际的专家学者对青年博士生的指导和帮助，开创了资深前辈“传”、青年学者“帮”、同代学长“带”的新模式。

资深前辈“传”指的是具有重要影响力的专家学者将自己研究的理论经验和核心方法传承给青年博士生。在国际中文教育工作坊上，北京语言大学前校长、世界汉语教学学会副会长崔希亮教授发表了《国际中文教育的变与不变》的主旨演讲，他站在国际中文教育事业发展和学科设置的高度，从宏观、中观、微观三个维度梳理了国际中文教育的各项前沿研究课题，阐述了转型发展期间国际中文教育中“变”与“不变”的辩证关系。

青年学者“帮”指的是各专业领域的中青年教师对中外青年博士生的悉心帮助和精心指导。社会学工作坊邀请了17位来自中国高校的中青年学者担任点评导师，为15位参与工作坊中外青年博士生答疑解惑。澳门大学历史系林少阳教授将工作坊青年师生的互动模式概括为“教学相长”。中国人民大学社会与人口学院房莉杰教授认为，无论是发言同学还是点评老师，都表现出了这个时代的青年学人认真、严谨、热爱的学术态度。

同代学长“带”指的是“新汉学计划”项目优秀博士毕业生从自身的经历出发，分享治学的经验和方法，带领在读博士生共谱学术华章，在翻译与文化工作坊和国际中文教育工作坊上，两名“新汉学计划”优秀毕业生——北马其顿知名翻译家、汉学家冯海城（Igor Radev）和喀麦隆教育部汉语督学佳妮（Ngo Bayiha Jeanne Berthe Epse Nyemb Ntoogue）分别分享了自己从事中国研究经验和成果。

（三）研究成果百花齐放

“新汉学计划”博士生工作坊以全链条赋能为导向，青年一代的聚力发声丰富了汉学和中国研究的学术成果。工作坊不仅限于一次现场的学术互动，而是持续性的学术赋能。4场工作坊共收集了120多篇中外青年博士生的研究成果，不少学术期刊的执行主编和审稿专家对投稿论文的前期选拔给予指导建议，并对优秀论文的公开发表进行后续指导和持续追踪，提升了工作坊的学术性、专业性、实践性。

翻译与文化工作坊邀请《汉学研究》《华中师范大学学报》《湖北大学学报》等众多期刊主编参与研讨，并邀请《国际汉学》主编、北京语言大学张西平教授以“中国古代文化经典外传研究方法论”为题分享从事海外汉学研究的“历史”“文献”“语言”“知识”和“方法”。其他三场工作坊同样邀请了知名学术期刊主编为中外博士生提供专业指导。期刊主编的精彩点评和独到见解，有效促进了青年博士生学术研究的成果转化。《人口与经济》编辑部主任、副编审方志老师高度评价了北京大学新汉学韩国籍博士生金廷河（Kim Yeon Ha）分享的“最低工资上涨对就业的影响——来自韩国的数据”研究。他认为这项研究论证过程清晰稳健，实证分析扎实突出，选题具有前瞻性与现实性，鼓励她尽快修改后向期刊投稿。

参与工作坊的期刊编辑们还对中外青年博士生研究的原创性给予高度赞扬，鼓励他们继续在前人理论的基础上作出更多原创性的尝试，呼吁在中国的学术交流增加更多跨学科、跨文化的碰撞，点燃灵感的火花。

三、助力培养新时代的青年汉学家

“新汉学计划”是教育部中外语言交流合作中心于2013年启动并深化实施的高端国际学术人才培养和交流项目，旨在培养一支中文水平优异、文化背景多样、科研能力突出的青年汉学家队伍，推动汉学和中国研究发展，展示真实、立体、全面的中国。十年来，教育部中外语言交流合作中心立足长远、久久为功，共支持了90多个国家800余名外籍青年来华攻读博士学位或开展研修，通过创新设立“新汉学计划”中外博士生系列工作坊等特色项目，建立全链条、精细化、量身定制、知行合一的培养体系，帮助他们成长为新时代青年汉学家。

“立德立言，无问西东”，“新汉学计划”中外博士生系列工作坊“力求扎根中国现实、洞察社会问题、回答时代之问，坚持“立足中国、借鉴国外，挖掘历史、把握当代，关怀人类、面向未来”的发展思路，聚焦中国社会、教育、文化和语言等领域的前沿议题，在国际视野的比较研究中，拓展中国研究的方法和理解中国的方式。助力中外青年一代通过自己的观察、思考和钻研，引领汉学和中国研究领域的多元交流和理性对话，消除无知和偏见，促进各国学术研究的多元发展、共同繁荣。同时依托业界前辈的真知灼见和宝贵经验，帮助中外青年博士生在学术研究的道路上持续前行、不断成长。借助期刊主编的专业指导和持续追踪，推动青年博士生在学术领域发出声音，为加深中外学术交流合作“鼓与呼”。

参与工作坊的专家学者一致认为，中外青年博士生们理论基础扎实、学术素养深厚、研究视野开阔、问题意识敏锐，他们的选题把握当代、面向未来，具有较强的前瞻性、广泛性与现实性，体现了新时代青年汉学家锐意进取、思想活跃的风采。

（作者单位：教育部中外语言交流合作中心）

中国儒学缄默维度的展开

□ 肖宴红　龚　慧

中华文化源远流长，博大精深，滋养着中华民族，也影响着世界。作为中华文化的主干，儒学深刻地影响着中华文化的各个方面，影响并塑造了中华民族的内在追求与外在事功。从最高层次的儒学构成要素来说，分为治统、道统、学统；从深刻影响中国的经典而言，有六经或称六艺；从儒学的最根本的特点而言，是其人格修养与礼乐教化。① 与其他的儒学研究者从单个角度切入不同，张昭炜教授综而兼有，他抓住儒学注重人格修养的根本特点，追问儒家经典记载的孔子所言之所以言者，礼乐教化所行之所以行者，认为其根源在于儒学缄默维度。儒学缄默维度指关于宇宙本体的功夫体验及其境界，相对于典章制度、器物理则等显性维度重视健动持敬而言，更为注重静的深度体知。中国儒学缄默维度有悠久的传统，始于孔子观周见金人“三缄其口”，分化为孟子、庄子、屈原、《易传》四大思想资源，传至扬雄、周敦颐、朱子、文天祥、王阳明、杨简、胡直、万廷言、刘宗周、王夫之，终于方以智证成“太极丸春”，这一道统谱系复活重现了幽隐状态下的孔颜默会传统。中国儒学缄默维度的深蕴与特质在现代语境展开之后可以概括为二十五个基本特征。上述成果集中体现于《中国儒学缄默维度》（中国社会科学出版社 2020 年版，简称《缄默》）。

《缄默》将儒学的研究由显性维度转换到缄默维度，开创了中国儒学以缄默维度为中心的研究新范式。由于研究范式的转换，此书关注到许多传统儒学研究中被忽视的人物和问题，提出许多极富新意和极具启发性的观点，吸引了众多的学者参与讨论。2021 年 11 月至 12 月，由武汉大学中国传统文化研究中心张昭炜教授召集，学者分别就“功夫论范式下的中国儒学史”“三教视域下的儒学缄默维度”“方以智思想世界的缄默维度”“恶的对治与善的呵护”“‘无’的超越与善的挺立”“孔颜之学的缄默维度”“阳明学与船山学的缄默维度”“知识论与功夫论视域下的缄默维度”“西蜀之学的玄静气象”九个主题展开讨论，前后有 50 余位学者参与，反响热烈。本文就上述议题涉及的缄默维度视域下的儒学史、人性论、知识论与功夫论、三教关系作一综述。

---

① 张学智：《儒学的精神与演进》，孔学堂书局 2020 年版，第 2 页。

一、儒学史

《缄默》系统深入地呈现了传统儒家的精神世界，补充了传统儒学史。传统的儒学史主要通过语言、文字、知识表现儒学，注重经典诠释与概念、命题、范畴的辨析，呈现出阶段性特征，是儒学显性维度，属于容易传播的“印本”。例如《中国儒学史纲要》介绍关于儒学的起原、创始、分歧及其与玄学、道释两教融合的知识；①《中国儒学史》以历史发展为基本线索，系统阐述儒学发生、发展及演变的历史过程。考察儒学基本问题，辨析儒学的思想概念、命题、范畴，考辨与诠释儒学经典文献是主要内容。② 这些儒学史按照西方知识论建构，重在积累，以求知识的渊博。《缄默》则将儒学视为具身性的功夫体验，注重主静功夫及其境界，重在庶几屡空，是儒学缄默维度，属于难于授受的“秘本”。蒋国保指出儒家是双向的思想维度，但出于引导民众的需要，儒家主要讲显性维度，民众接受的也多是显性维度，这造成缄默维度被忽视或规避了。《缄默》首先系统地、全面地梳理儒家缄默思想发展、流变的过程，此是其突出贡献。尤西林认为《缄默》能够揭示被印本的儒学史书写遮蔽的部分，为印本传统注入活力，其创作可以称为“重写中国儒学史”。赵法生提出，传统的儒学史是半部儒学史，《缄默》从功夫论的角度重写儒学史，补充了儒学史的另一半。

中国儒学缄默维度与显性维度相互助发。缄默维度是在语言关闭的缄默中，转向静的深度体证，“润沃着富有深度的哲学本体、氤氲冲和的审美体验、明觉一体的伦理实践、介如石坚的爱国情怀”③，最后表达为充满生机活力与灵性的显性知识。显性知识承载缄默维度的体证，成为经典传颂于天下后世。例如，在传统儒学史中鲜少提及文天祥和方以智等儒者，《缄默》将他们作为主角，由主静功夫深入他们思想中的密境，揭示他们面对民族存亡之际表现的真儒担当，并总结出相应的缄默维度特征。这相较于平面的知识体系，更能给人以震撼和启发。张锦枝指出，“《中国儒学缄默维度》从体的角度言说缄默，将缄默的意涵从语言的静默推进到意识领域的渊默，大大丰富了缄默的意蕴，也增进了缄默在语言维度方面作用的效果。因此，缄默亦是沟通”④。

以缄默维度道体论及功夫论为取舍，可以建构缄默维度道统谱系。与韩愈、欧阳修构建的道统谱系排斥佛老、弘扬儒学政教不同，也不同于现代儒学史以事功及凸显儒学的时代特色为标准，《缄默》建构的道统更注重儒学精神的传承。儒学缄默维度道统以孔颜默会为基点，向前追溯至文王於穆乃至唐虞十六字心传，向后延伸至扬雄、周敦颐、杨简等在此领域有深入体证的儒者。由于缄默维度视野的打开，方旭东认为《缄默》在中国儒学史的人物研究上有突破。此道统尤其突出了以先秦孟子、南宋文天祥、明代方以智为代表的浩然正气传统，弘扬他们的孑然傲骨和为国为民、敢于担当的精神，多层次展现了儒

① 杜金铭：《中国儒学史纲要》，国立华北编译馆 1943 年版。

② 汤一介主编：《中国儒学史》，北京大学出版社 2011 年版。

③ 张昭炜：《中国儒学缄默维度》，中国社会科学出版社 2020 年版，第 6~7 页。

④ 张锦枝：《书评：张昭炜〈中国儒学缄默维度〉》，《哲学与文化》2022 年第 6 期。

学缄默维度的丰富内容。需要注意的是，周丰堇指出缄默维度道统不是代替韩愈、二程构建的道统，而是补充他们建构的道统。

将庄子与屈原引入儒学，是《缄默》的另一个特色。《缄默》主张主静功夫深入儒学道体（一团太和元气），元气内在自然生发，达致“似初春”的境界：以道德审视，是湛然纯良的至善；以艺术考量，是焕乎文章的大美。徐复观认为孟子的“四端之心”彰显了人的道德精神主体，庄子的“虚静之心”彰显了人的艺术精神主体。《缄默》在此基础上推进，主张孟、庄、屈会通互补：庄子、屈原皆讲虚静之心，他们“怒”“怨”互发转化为爱国为民的气节，既是艺术精神主体又是道德精神主体；孟子的四端之心从平旦之气涵养而来，同样是至美、至大、至刚的艺术精神主体。① 倪培民也认为《缄默》包含精神性的层面、语言学的层面、深度心理学的层面和人格塑造的层面，大大深化了我们对缄默维度的认识。②

《缄默》建构了缄默维度哲学框架。赵法生指出，作者不仅详尽地分析了中国儒学缄默维度的发展历程，而且有体系性的归纳，“他力图呈现出一种缄默的哲学，建构缄默哲学的体系”，这有利于完整叙述并建构具有合法性的中国哲学。《缄默》归纳出中国儒学缄默维度的四个典型特点与二十五个基本特征，并以前三个特征为“三法印”，阐述了中国儒学缄默维度的本体与功夫。③ 如王正所说，《缄默》的创见与创建有两重内涵，一是李存山先生所言；另一个内涵中创见指由孔颜默会引申出的道统，创建指以缄默维度为本体及其功夫论。张锦枝认同这个观点，她提出缄默维度指向本体，这个本体有多重维度，作者使用了丰富概念表达这个意蕴，比如沉潜、涵明、退避等。由于缄默维度本体的特殊性，将其表达清楚是很困难的问题，所以与之配合的功夫论成了十分精微的面向，而作者较为成功地在感和寂以及其中生出的春意等方面完成了阐发。

《缄默》的开拓创新既有丰富的文献支撑又是时代问题使然。在思想上，庄、屈入儒导源于方以智。方以智认为孟、庄、屈三子同堂，三子归宗于《易传》，《易传》隐于三子中。④ 作者吸收方以智一分为三的哲学思想，构建了中国儒学缄默维度传统。此传统始于孔颜默会，至先秦稍微展开为孟子、《易传》、庄子、屈原，其后展开为扬雄、周敦颐、朱熹等人，最后合于方以智，呈现出合—分—合的整体特征。在道统上，作者在多年阳明后学研究的基础上吸收了扬雄、万廷言等儒者建构的谱系，⑤ 并以缄默维度道体论与功夫论为根据钩沉索隐，揭示了诸如周敦颐《东阳楼记》、朱熹所注《远游》、文天祥《正气歌》、陈献章《夜座》潜藏的缄默维度。所以李存山先生称赞《缄默》注重文献史料与哲学思想的结合，兼取“六经注我”与“我注六经”，表现出“创见”与“创建”两个特征。其中创见是指内容富有哲学思想，作者吸收明代心学的资源并结合个人的功夫体验来诠释中国儒学缄默维度；创建是指以文献史料为依托复现了缄默维度道统。另外，《缄

① 张昭炜：《中国儒学缄默维度》，中国社会科学出版社 2020 年版，第 4 页。
② 倪培民：《缄默维度与理性的自恋》，《中国社会科学报》，2023 年 3 月 1 日，第 10 版。
③ 张昭炜：《中国儒学缄默维度》，中国社会科学出版社 2020 年版，第 475~478 页。
④ 张昭炜：《中国儒学缄默维度》，中国社会科学出版社 2020 年版，第 437~450 页。
⑤ 张昭炜：《中国儒学缄默维度》，中国社会科学出版社 2020 年版，第 459 页。

默》的行文结构呈现出“合—分—合”的特征，以主静功夫为主并兼顾持敬，在追求功利、多欲浮躁的环境中有利于贞定自我。与之对照的是张岱年先生在《中国思想源流》中指出的，中国文化经历了一个“正反合”的发展历程，刚健中正是中国文化固有精神之精髓，以自强不息鼓舞群众抗日救国。在现实意义上，《缄默》也可以和张岱年先生的《中国思想源流》对照。① 从现实层面来说，尤西林指出，生活在人工智能和信息技术时代，我们面临的重大问题是：人类精神活动应当何去何从？当尝试回答这个问题时，就在逼问缄默活动，这体现了退回主静领域的紧迫性。

当然，与会学者认为《缄默》建构的谱系与哲学仍然有待进一步完善。首先，从儒学史的角度来看，虽说缄默维度道统是对显性维度道统的补充，但是从扬雄到濂溪，文山到白沙，屈子到朱子、船山是断裂的，断裂的部分在新道统中所处的地位和省略传统儒学史的重要人物原因需要做出说明。其次，从个案来说，朱熹与王夫之所注的《远游》在整个朱子学、船山学体系中的地位还待考量。另外，在阳明的弟子中，罗念庵是阳明后学的缄默维度的代表，《缄默》却选择胡直、万廷言而忽视罗念庵，加之在行文中大量引用方以智的思想，在某种程度上体现出作者个人的偏好，如此或将使此书偏离“儒学史”的目标，最终成为“个人功夫论体验的一个报告”。再者，在哲学上，需要说明缄默维度是否仅是一种维度，抑或隐晦的本体。如果将其视为一隐晦的本体，那么讨论的“三法印”及其他二十二个特征，发散性过强，对于缄默维度这个哲学体系的支撑不够有力。而且书中使用了大量比喻，比如蓝洞喻、初春喻，削弱了思想体系的清晰性和严谨性，并不符合现代学术的言说体系与话语。虽然《缄默》有严密的路径，但在文字的表述上是跳跃的，给读者造成了阅读困难。最后，从总体而言，过于偏重气论，道教气息浓厚；相比以缄默统贯儒学的谱系，以“儒家哲学的缄默维度”为题或许更为稳妥。

二、人性论

在中国儒学中，人性论问题向来是讨论的一大重点，这个问题首先可追溯至孔子的“性相近也，习相远也”（《论语・阳货》）观点。在孔子之后，以孟子和荀子为代表，儒家人性论出现了“性善”与“性恶”的分化。孟子提出性善论，将恻隐、羞恶、辞让、是非之心分别等同于仁、义、礼、智，认为善性由天赋予人，人皆具有这种相同的本质。荀子提出性恶论，从事实判断的角度指出人性本恶。人性论在孟、荀二人的影响下，开出了两条不同的道路。如两汉时期分出了两种方式，一种以董仲舒、王充为代表讲“性三品”；一种以扬雄为代表主张“性善恶混”。两汉之后，大多不离这两种说法。至宋明时，

① 肖宴红：《第一期中国儒学缄默维度工作坊——“功夫论范式下的中国儒学史”》，《衡水学院学报》2022 年第 2 期。系列会议报告已刊出的分别是朱智通：《第二期中国儒学缄默维度工作坊——“三教视域下的儒学缄默维度”》，《衡水学院学报》2022 年第 3 期；单珂瑶：《第四期中国儒学缄默维度工作坊——“恶的对治与善的呵护”》，《衡水学院学报》2022 年第 5 期；韩文菁：《第五期中国儒学缄默维度工作坊——“‘无’的超越与善的挺立”》，《衡水学院学报》2022 年第 6 期；魏思远、李欣：《第六期中国儒学缄默维度工作坊——孔颜之学的缄默维度》，《衡水学院学报》2023 年第 2 期。

理学家发展出二元人性论，因受到佛教如来藏思想的影响，他们以孟子性善论为“天地之性”，又将荀子性恶论作为“气质之性”，一个上升到形而上的高度，一个则降至形而下的位置，实际上还是将“性善”作为人性论的主流方向。宋明之后，人性论的研究也大多循着这种传统，围绕“性善”展开不同角度的论述。

近代以来，随着西方思潮的涌入，中国传统人性论受到冲击，如弗洛伊德的“潜意识”理论，犹太教、基督教的“原罪”观念皆指出人具有强烈的幽暗意识，这使得中国儒学传统中一直秉持的“性善”的理念顿时变成一种天真而肤浅的思想。① 众所周知，人性论问题是伦理学中的基本问题，对这一问题的理解决定了伦理体系的建构以及功夫论的着力点，所以，“性善”论被推翻的结果是整个与之相关的伦理学系统架构和功夫论的崩塌，与会学者对此作出回应。梁涛重新阐释荀子“性恶”之说，指出荀子的性恶实际上是“性恶、心善说”，他将荀子“性恶善伪”与“心虑而能为之动谓之伪”(《荀子·正名》)联系起来，认为“伪”代表心的思虑活动，其中蕴含了善之动力。梁涛以郭店竹简的上“为”下“心”之“伪”理解荀子之“伪”，并指出，“‘人之性恶，其善者伪也’可理解为：人的性是恶的，善则来自心的思虑及行为”。② 由此将荀子“性恶”说中善的动力提炼出来，表明在性恶之下依然存在“善”的趋向。花威从西方宗教的角度出发，指出西方宗教支持性善论，如基督教本身便是讲人性本善，只是从亚当开始才堕落了；奥古斯丁也认为神的恩典与人的意志相互作用，使人弃恶向善，将善真正践行出来。李科政从康德的角度指出，人类生而具有善的禀赋，作为一种潜在的能力，但在发挥出来以后，由于彼此之间的相互作用，加上人们任性的自由选择，才造成了道德上的恶。杨泽波提出“无善无恶心之体”的新解释方式——“隐默说”，将良知界定为基于生长倾向建构的伦理心境。他认为，良知的本质是伦理心境，是一种“潜意识”：在未遇事接物时处于隐默状态，不显现自身，既无善相，也无恶相；在遇事接物后才会显露自己，进而有善有恶、知善知恶、为善去恶。这种“潜意识”与弗洛伊德的不同，后者是从性的角度来讲，而前者选择了生长倾向的角度，生长倾向在隐默说体系中的重要地位在于它解释了人最初向善动因的来源，规定了善的方向性。《缄默》通过王阳明及其后学对“无善无恶心之体”一说的发挥，构建出一个围绕“元善”而展开的功夫论，由此提出“元善”理论，以应对西方“潜意识”与“原罪”之说。其以藏密思想来解读阳明的无善无恶，通过王龙溪“无心之心则藏密”③ 的观点，指出“无”的层次是一个根本性的、先天性的内容，且此间藏“密”。这个“密”是人先天存在的东西，若以此渗透至后天之中，则后天产生的均为先天之“密”所化，接近先天之“密”，从而让心回归至“无”的状态。从人的功夫层次来讲，一般是先从显进入，发现人性中的恶，进行去除，但恶是无法被完全去除

① 关于“潜意识”的讨论，参见张昭炜：《中国儒学缄默维度》，中国社会科学出版社 2020 年版，第 16~17 页。

② 梁涛：《荀子人性论辨正——论荀子的性恶、心善说》，《哲学研究》2015 年第 5 期。

③ 王畿：《天泉证道记》，《王畿集》，凤凰出版社 2007 年版，第 1 页。

的，所以需要通过打开先天这个无所不有的“密”①，来达到对恶的消解，让心回归于“无”。进入密体的主要途径是静坐，也就是阳明主静无欲的修养功夫，此功夫袭自周敦颐。周敦颐将孟子的“养心莫善于寡欲”（《孟子·尽心下》）与《中庸》诚体相贯通，言“盖寡焉以至于无，无则诚立、明通”②。周敦颐强调无欲，以无欲入虚静，从而达到“善”。王阳明“私淑”周敦颐，将其主静无欲的功夫作为入道之门，王龙溪承此功夫，将静看做一种积累功夫，作为透关的前提③，通过主静深潜进入密体，达到透关的境界，随后便焕发出生生不息的春意，形成透关的不竭动力。这种在透关之后的“春意”，便是《缄默》所说的“元善”，这个元善源自性善之说，也是对性善论问题本体上的追溯。元善并非一种静态的事物，它需要功夫来打开，即在主静去恶到一定程度后，达到透关，打开关窍之时，元善才会涌现并不断滋养着心体。

《缄默》对人性问题的阐述指向一种超越性善恶之外的“无”的问题。正如前述，由于人性在善、恶上的分歧，后世形成了不同的伦理体系的建构和功夫论的走向。仅从功夫论而言，孟子由“性善”而言“养浩然之气”（《孟子·公孙丑上》），荀子由“性恶”而言从“虚壹而静”入“大清明”（《荀子·解蔽》）。由先秦儒学发展至宋明理学的功夫论大致可分两种，分别借《周易》二卦来讲：一是《剥》的功夫，即对恶的层层剥落，以达到去恶、无欲的目的，可解读为“恶的对治”；二是《复》的功夫，即不断生发出善，让善启动，可解读为“善的呵护”。二者可以联动，协同促进。这两种方式，主要建立在善、恶对立的基础上，善恶形成了一种此消彼长的关系，扬善和去恶在某种程度上成为同一件事，最终目的都是将善凸显出来。在此基础之上，又开始衍生出超越性善恶的“无”的问题，如王阳明“无善无恶”说。而在“无善无恶”的基础上又产生了无善、无恶的对立。张昭炜在这个问题上做了一个延续，他从王阳明的“病根喻”与“钟声喻”入手，认为“病根喻指出良知发用的潜在风险，并说明为什么要向‘未发’做功夫的原因”④。病根是潜藏在人体深处的，未显现时人便看似正常，但随时具有发病的危险。恶正如病根那样，在内心深处潜藏，随时有表现于外的可能，这便要求人们看到人性中含有恶的一面，并正视恶的风险，不对性善盲目乐观。由此可见，阳明的“病根喻”指向的是性恶之说，而与之相对应的要求是对恶的根除。“钟声喻”讲钟声在“未扣时原是惊天动地，既扣时也只是寂天默地”⑤，张昭炜认为，“阳明反转常识，在反转中显赫良知隐微之体的重要性。如同《庄子·在宥》‘渊默而雷声’，尽管良知处于未发状态，尚未表达在显性维度，貌似寂天寞地，但实际是惊天动地，爆发的动能蓄积充满，显示出良知在缄默维度的力量。在已发后，如同钟鸣而息，良知表达已经结束，动能衰竭殆尽，反而是真正的

---

① “无之密则表现出无所不有，先天具足的富有。”参见张昭炜：《阳明学发展的困境及出路》，中国社会科学出版社 2017 年版，第 247 页。

② 周敦颐：《养心亭说》，《周敦颐集》，中华书局 1990 年版，第 52 页。

③ 王畿所论及中国儒学缄默维度的四个问题，参见张昭炜：《中国儒学缄默维度》，中国社会科学出版社 2020 年版，第 190 页。

④ 张昭炜：《良知精微之体的喻指与表达——王阳明与王龙溪对〈中庸〉要义的诠释》，《武汉大学学报》（哲学社会科学版）2022 年第 3 期。

⑤ 王守仁：《传习录上》，《王阳明全集》，上海古籍出版社 2011 年版，第 130 页。

‘寂天寞地’。从良知的‘有’‘无’来看，‘未扣’与‘既扣’可分别对应‘无’与‘有’，钟声喻指向‘无’蕴含的‘无尽藏’”①。所以“钟声喻”在某种程度上偏向性善之论，将钟声看做本体中隐藏的更高层次的“善”，《缄默》称之为“元善”，此间蕴藏着无限生机。无论是“病根喻”还是“钟声喻”，二者皆从显性的维度转向缄默，探索善恶之下隐藏的“无”。

综上，性恶与潜意识、幽暗意识有关，如同阳明的“病根喻”，是一种潜在的危险；性善指向元善，蕴含着灵觉生机，如同阳明的“钟声喻”，是在未发之时存在的不竭动力；为善去恶关键在于发动元善、去除隐恶。元善一旦激发则具有强大的冲击力，推动天机盎然流行。通过默识的功夫剥恶复善，即剥即复、剥尽复来，可以启发元善，表现为生生之善，这或许可以为儒家人性论提供新的思考方向。

三、知识论与功夫论

在知识论维度，默会知识与功夫论有交汇。郁振华指出，长期以来，认识论的关注点在命题性知识，在20世纪，一些哲学家开始关注到非命题性知识。例如罗素区分亲知和摹状，赖尔区分了命题性知识和能力之知。1958年，波兰尼提出默会知识，涵盖了亲知和能力之知等知识类型。以格里门为代表的后期维特根斯坦传统学者区分了强的默会知识和弱的默会知识概念，有力地推动了默会知识论的发展。强的默会知识指人类知识中原则上不能充分地用语言表达的部分，弱的默会维度指事实上未用语言表达但并非原则上不能用语言表达的知识。② 强默会知识本质上是非命题性的，可以表述为亲知和能力之知。罗素讨论亲知时提出，感觉材料以及反省时的内在活动是最清楚、直接的，自我是亲知的对象。因此，亲知也称第一手经验，原则上不能讨论，缺乏第一手经验则知识不能传递，学习无法展开。赖尔提出的能力之知（knowing how）是 knowing how to do something 的简称，指用行动表达，而不是用命题表达。与默会知识概念密切相关，波兰尼有句名言“我们知道的多于我们所能言说的”，默会知识指向比较高级、精微的能力之知，例如科学家的技能、鉴别力、判断力、理解力。强默会知识有亲知和能力之知两种基本的形态，它们都强调第一手经验，所以在默会知识视域下，哲学研究、科学研究能够称为一种修身活动。

在功夫论维度，功夫的语言文化性可以沟通知识论。陈立胜从目标定向性、时间历程性以及自反性这三个方面，知觉地刻画了修身功夫和一般技艺活动之间的区别和联系。他指出，与缄默维度相关，后自由主义神学学者林贝克提出从语言文化性讲宗教信仰。林贝克认为语言和文化塑造了缄默的、体验的向度。因此儒学缄默维度的呈现一定是在语言文化的脉络里被塑造好的，没有语言做中介，我们无法描述缄默维度。儒学缄默维度涉及宇宙论的气、功夫论、境界论等诸多内容，共通的向度应该通过概念分析、语言表达使我们领会；原则上无法领会的深层内容，也应该尝试用一种语言描述，让人普遍地可以理解。

① 张昭炜：《良知精微之体的喻指与表达——王阳明与王龙溪对〈中庸〉要义的诠释》，《武汉大学学报》（哲学社会科学版）2022年第3期。

② 郁振华：《人类知识的默会维度》，北京大学出版社2022年版，第23页。

张学智提出“绕路说禅”正与此相应。他指出从庄子的三言到魏晋的玄言诗，从僧肇的格义佛教所讲的般若无知、涅槃无名，到后来的禅宗，特别是慧能之后的祖师禅的机锋、公案、绕路说禅，都是用各种不同的表达方式婉转地达到对于要说的内容的肯定。这种言说方式是对《诗经》“赋比兴”的修辞方式所奠定的诗性思维的发展，是中国传统哲学中“象思维”这种重要方法的展现。它对逻辑思维的清晰、直率、刚性的方向是一个扭转，使它转为一种负的、柔性的思想方法。这些已然不同于知识论一般性问题中的“可知”与“不可知”，因为这在表面看来是不可知论的，实际表达的意味却是可知论的，这是用了“绕路说禅”的方法。通过这些方式功夫可以呈现为知识。

中国儒学缄默维度即缄默即显性，即功夫即知识，为揭示中国哲学的知识论与功夫论关系提供了新的视角。《中国儒学缄默维度》的原始表达是《氤氲一气似初春——儒学中静的深度体知及透关》，“氤氲一气似初春”是功夫所致的境界，“静的深度体知”是具身自反的主静功夫，“透关”是功夫的节点，这是对功夫论的收窄。把知识收窄到道德伦理领域，进一步收窄到缄默体知的孔颜默会，引入默会知识，这是对知识论收窄。收窄功夫论与知识论后，形成了“缄默维度”这一特殊的形态。中国儒学缄默维度即功夫即知识，功夫的衡量指标是“透关”，知识的衡量标准是以下三个法印：第一，缄默维度需要功夫才能呈现的；第二，随着功夫的深入，道体出现了三种状态：无欲而主静，静极而真动，在静极处产生了关节点；第三，真动而生生，获得一个生生春意，表达在显性维度。中国儒学缄默维度不表达在显性维度，就会成为宗教；表达在显性维度就是生生的春意，可以转化为内在自足、既能指导自己生活又影响他人的知识。知识论在缄默维度形成了两个发展方向：一是将缄默维度体知视为知识的来源，缄默维度不断涌现、洋溢，二是不可知论。不可知论又分两种情况：第一种情况是缄默维度在功夫的介入下敞开，不着功夫则处于关闭状态，不可知；第二种情况是随着主静功夫的深入缄默维度不断丰富，这种丰富性可以用“深不见底”来描述。①《缄默》将默会知识引入功夫论域，将具身性功夫表达为显性知识，推动了功夫论哲学化，充实了知识论，这呼应了杜维明提出的体知儒学。杜维明指出，西方最重要的神学家之一阿奎那认为“自己晚年的宗教体验，如对上帝的爱、内在的悟性等，与他的整个神学体系不能同日而语，即他的整个神学体系和内在宗教体验相比，显得毫无价值”②。借助体知，儒学的研究方式不限于伦理学，还涉及知识论、美学、形而上学乃至神学。③ 在缄默维度的视野中，能、灵性、体知比知、理性、推理重要。默会知识强调知识的私人性质，与缄默维度强调的体知有相似之处，因而《缄默》借用了默会知识的英译，但二者在内涵与应用中有本质区别。进入中国儒学缄默维度需要全身心相互配合，甚至包含艺术创作；进入缄默维度后，能够愉悦身心、升华道德境

① 张昭炜：《中国儒学缄默维度》，中国社会科学出版社 2020 年版，第 17 页。

② 杜维明：《儒家“体知”传统的现代诠释》，《杜维明文集》第 5 卷，武汉出版社 2002 年版，第 370 页。

③ 杜维明：《从身、心、灵、神四层次看儒家的人学》，《杜维明文集》第 5 卷，武汉出版社 2002 年版，第 329~336 页。

界。①

统合中国哲学知识论与功夫论的三条进路皆涉及师生授受。郁振华指出维特根斯坦派的学者区分强的默会知识和弱的默会知识，是在挑战无法用语言充分表达的强默会知识，意在说明即使是默会知识依然能够有效地传达，这一区分挡住了廉价的神秘主义。明述知识可以通过明确的语言传达，默会知识可以通过行动和指示性的语言传达。技能或许是缄默的，但技艺活动是明见的。无论多么出神入化的技艺都可以通过技艺活动及技艺作品表达，此时语言依然有用，虽然它不充分。比如轮扁把斫轮的技艺传授给他儿子，并告诉他应该“不疾不徐”，轮扁的行动就是抽象的语言，“不疾不徐”是指示性的语言。虽然仅靠演示以及笼统的语言没有办法让他儿子完全学会斫轮的技艺，但不能否认这样一种语言依然存在并且有效。在谈论授与受时，波兰尼会强调第一手经验。学生拥有从事某项活动的经验，老师以指示性的语言在一旁指导，通过这样一些过程能够有效地传递任何复杂的技艺。轮扁说“行年七十老斫轮”是把缄默知识神秘化，使之成为不可传递的。陈立胜也认为，严格意义上说缄默维度是可以言传的。尽管强的默会维度不可言传，我们仍然可以通过亲知、默会实现道的授受。如果无法用任何语言描述，那么只有两种可能，一是缄默维度是中国语言特有的塑造一种体验，二是缄默维度是形而上学建构，原则上我们无法领会，也无法表达，只不过是哲学家通过一种形而上学语言把它建构出来的东西。《缄默》主张，功夫介入后不可知能够向可知转化，缄默维度体知产生的渊、根、玄、均等众多流动的表述也能够归纳，但是缄默维度授受确实存在困境。缄默维度功夫存在层次，随着功夫的进入，每个阶段有不同的表现，因此缄默维度的授受关系中没有固定的师生，授受双方例如孔颜是相互助发的关系，授受内容也会因为体知功夫的深浅产生差异；由静极产生的“深不见底”境界只能通过消解语言、“默识躬行”直透。

三条进路的交汇点在概念。陈赟指出，郁振华讨论的是知识，张昭炜提及的是经验，知识理论与经验体验有区分也有交集，交汇点在于概念，陈立胜注重语言文化、知觉地刻画功夫实际也是此观点。概念被用来表达经验、建构理论，如果概念能够隐喻经验，那么理论可以整理经验。此经验是先于概念原初的、纯粹的经验。当我们用概念表达经验时，每个概念都是一个具有原创性的或者是反复性的经验的索引，沃格林称之为 index。沃格林区分了两种真理类型，一种是客体化的，一种是生存经历。客体化的真理以意向性的方式加以把握，意向活动指向某物，可以说是意向世界的客体，这个结构层次对应着意识本身的意向主体。他借助现象学观点，认为意向主体和意向对象是相应之物。使得这样的相应性所以可能，在于一个生成的东西，即意识在指示意向性客体的同时，还有一种启明性的结构层次。这个层次实际上不再指向某一个物，而是以参与的方式指向一个领域。沃格林认为有两种物，一种是我们讲的事物，还有一种是实在的物，这种实在的经验完全是被动性经验，不能还原为意识主体的建构。意识在这里不是作为一个躯体的功能意义上的意识，而是人遭遇到某一种力量的牵引，被它穿透，在它的指引下运作。例如“我饿了”，不是我让我自己饿，而是我感受到了饿，饿是一个被动性经验，甚至于我们不能把这个被

① 张昭炜：《中国儒学缄默维度》，中国社会科学出版社 2020 年版，第 11 页。

动性经验还原成某一个东西。"饿了"只能在某种意义上对我显现，但是不能还原为某一个东西的作用，只是比喻性的表达。沃格林强调这种居于经验性经验的底层、并使得意向性经验成为可能的启明性经验，完全是默会的，可以不言而喻。这种经验，可以通过"知觉地刻画"方式理解，也可以通过默会知识、缄默维度的角度呈现。

探究中国哲学知识论与功夫论不同进路各有价值。郁振华认为，探讨学术不能够指望一个概念打天下，需要建立一套概念，形成概念网域。默会知识和明述知识的区分，只是一个切入人类知识的角度。这一探讨也只是在知识论维度上，对于溢出知识论的范畴的内容并且不得不讨论他们时，知识论就会捉襟见肘，因为有的概念来源于生存经验。做哲学的主要工作是概念化，成就也主要体现在概念化的维度上，建立一套概念体系十分重要。

四、三教关系

《缄默》提出儒道两家在缄默维度的总体特征上相似度高并且皆有"气"的生发，佛教虽有拈花一笑的默会传统，但没有缄默维度。儒释道三教的关系需要从缄默维度的功夫——主静切入。三教皆把主静作为手段：相较于一般的动静，儒释道三教讲求逆反求静，以主静为真进，由深静引发真动。儒家以元气为基础，通过主静立人极，由人极合太极，将个体生命与天道本体合而为一，展开生生仁体；道家内丹修炼由主静进入，追求元精与元神相合，体证玄关一窍，逆反成仙；佛家以主静出生死，密宗以元声为基础进入密教的声密修炼，追求彻底解脱。从修炼手段看，三教都由主静进入元的层次。从终极原则看，佛家脱略了气，主静原则最为彻底，却有空静之病；儒道皆追求元气的生发，主静不离身心，期望动而有主，静而无妄，尽性致命。① 因此《缄默》认为"儒释道三教的密教均是开发元的层次，三密内在统一"②，儒学具有宗教性。

李建欣、刘悦笛、赵法生皆赞成儒学宗教性中有缄默的面向。李建欣指出美国著名宗教学家尼尼安·斯玛特定义了宗教的七个面相（seven-dimensional），提供了"将儒学视作宗教"的多元认识框架。这七个面相分别是：（1）实践和仪式的面相（The Practical and Ritual Dimension）（2）体验和情感的面相（The Experiential and Emotional Dimension）（3）叙事或神话的面相（The Narrative or Mythic Dimension）（4）教义和哲学的面相（The Doctrinal and Philosophical Dimension）（5）伦理和法律的面相（The Ethical and Legal Dimension）（6）社会和制度的面相（The Social and Institutional Dimension）（7）物质面相（The Material Dimension）。③ 这七个面相可以粗略分成两组，第一至四强调了宗教的非世俗性、神圣性和终极性，第五至七阐释了宗教的世俗性和社会性。《缄默》深刻揭示了儒学宗教向度的第一、二个面相，《缄默》开发了孔颜授受之秘。刘悦笛则从孔颜乐处揭示了儒学宗教性的特色。他指出，孔颜之乐是"情理神秘"——既符合（道德）理性又具有（审美）情愫。"情理神秘"有四个特点：第一，"通巫史"，与远古的"巫史"传统

① 张昭炜：《中国儒学缄默维度》，中国社会科学出版社2020年版，第465~467页。

② 张昭炜：《中国儒学缄默维度》，中国社会科学出版社2020年版，第467页。

③ 李建欣：《新时代宗教学学科体系建设刍议》，《世界宗教文化》2020年第5期。

是相通的。第二，“准宗教”，它类似宗教但不是宗教；第三，“高道德”，超越西方自律与他律的对立，升入高级的“自律”之境。第四，“泛审美”，不是面对审美对象的审美，而是重在差异与对比中所产生的审美和谐。简言之，孔颜之乐既有智与德，也有美；没有神但有圣，由此形成神秘合一。

赵法生提出“中道超越”重新审视儒学的宗教性，这也与缄默维度密切相关。他认为儒家的超越性是上下加内外，立体的中道的超越。从内外向度看，孔子继承周公的外在超越面向“礼”，确立天命信仰；开拓儒家哲学的基础“仁”，开辟内在超越面向，确立了儒家的信仰。从上下维度言，孔子吸取三代宗教的精华，尤其是周公的天命信仰、礼教和祭祀传统，以强烈的情感色彩对待主宰之天；孔子摒弃外在于人的天，放弃有限的语言，通过体知和证悟让心灵与天沟通，缄默的问题在此时突显。在仁礼基础上产生了修身概念。“修身”是默识躬行，包括身心关系和下学上达两部分内容：就身心关系而言，身心一气贯通，强调反省与内在体证，打开了缄默维度；从下学上达而言，修身是在日常学习、体悟、践行中不断体会天命。孟子提出夜气说，为良知提供了一个质料的支撑。在志气的关系中，孟子把志作为气的统帅，提出“集义以养气”，通过浩然之气把个人之气与宇宙之气贯通。也可以说是在缄默向度对气的体验。

儒道融合共通既有师承授受可循又有学理为证。张昭炜提出，孔子之后，颜子是儒道共通的典范；汉代时扬雄注颜渊，代表了道家和儒家的结合；其后，从扬雄到周敦颐的传承，展现了蜀学的隐逸与玄静气象对理学的深刻影响。例如，严君平对老、庄、《易》的重视不仅启迪了扬雄，而且启发了魏晋玄学；周敦颐在蜀期间深受阴长生的《金碧五相类参同契》、张陵的《太清金叶神丹经》的影响，将“无极”引入《太极图说》，发挥顺者成人思想，提出“太极本无极”，形成了回返倾向。舒大刚从蜀学的源头及传承回应了这个观点。他指出，蜀中独特的阴阳观、天地人三皇和五色帝信仰，大禹提出的五行观等思想造就了蜀学的玄静气象。蜀学自严君平引《易》、儒入老，传至扬雄、赵蕤，构建了道家的道德与儒家的仁义并立共建系统，由他们发展的图书《易》理路和气一元论对周敦颐、张载、二程、朱子的思想皆产生了深刻影响，这是蜀文化对中原文化的贡献。李远国认为儒道皆起源于三皇时代，《周易》与道家之学相依互存，因此促成了后期的儒道互补。

儒佛的契合处在静坐。《缄默》强调从主静进入缄默维度，佛教也有静坐功夫。魏道儒提出，儒佛静坐形同实异，儒学缄默维度的“静坐”与佛教的“禅定”有相似之处也有很大的不同。儒佛有“主静”的互镜，魏道儒提出禅定是一种以守静为主的精神训练，而印度禅学传入中国后，中国禅学发展出了自己的特色：渐趋放弃思维修炼，转向追求完全没有思维活动的直观感受。佛教的禅定和儒家的静坐是有差异的：禅定以生死解脱为最终目的；而儒家更强调入世，如日常的“静坐常思己过，闲谈莫论人非”，又如《大学》修身以齐家、治国、平天下为“定而后能静”的最终目的。儒佛主静亦有相似处：都不是追求纯粹的静，追求静是为了动。“静则一念不起，动则万善齐彰”，守静、排除杂念不是无，而是为了有。在实例上，张培高谈及马祖道一和圭峰宗密以及他们对阳明学的直接影响，也提出拈花一笑和孔颜默会如何在传统中融合还需要进一步梳理。

缄默维度建构了宗教学中层理论的基本范畴。金泽指出，关于儒学是不是宗教的问题始终存在争议，在理论中，哲学与宗教的界限是明晰的；在现实中，具体到人物、学术流派中时，宗教与哲学的界限是模糊的。“缄默维度”可以作为宗教学中层理论的基本范畴。缄默维度具有两重性：既是理念的中层体系，又是实践的方法和路径，这样的中层理论可以将现象与本质打通，展现出具体的抽象与抽象的具体。从最终目的来看，缄默虽与努力阐述的言说路径相反，但两者都是要领悟、发现、揭示、认识现象背后的超越性的实在，因此言说的“有”和缄默的“无”事实上指向同样的内涵。《缄默》梳理、提炼出了儒学中的一个重要范畴，可以促使宗教学理论和儒学研究互相推动、共同向前发展。

总之，《缄默》是一本极富开创性的著作，正如尤西林所言：“《缄默》揭示了儒家精神的根基与华夏文明的底蕴。”① 无论是在儒学史、人性论，还是在论述知识论与功夫论的关系、三教关系时，都提出了新颖见解，与学界同仁产生了一定的共识。虽然有些许不足，其实这恰恰表明了它的意义深远，具有深入开展的可能性。正是在这样的考察和观照下，《缄默》不仅有儒学史的意义，而且会在未来可能生发出作者试图建构的这样缄默哲学的意义。由此对当下现代人的生活，产生某种反思性和启示性的意义和价值。②

（作者单位：武汉大学中国传统文化研究中心）

① 尤西林：《儒学精神根基与华夏文明底蕴的揭示——评〈中国儒学缄默维度〉》，《学术评论》2022 年第 3 期。

② 王正：《我们该学会“缄默”了》，《博览群书》2022 年第 3 期。

武汉大学中国传统文化研究中心大事记

（2022 年 1—12 月）

□ 李小花

1 月

18—19 日，范云飞、朱明数参加中国历史文献研究会和中国训诂学研究会主办，南京晓庄学院文学院承办的“经学文献青年学者论坛”，范云飞发表论文《〈通典〉六朝礼议的文本层次与渊源初探》，朱明数发表论文《〈丧服〉中的“出母”“嫁母”服》。

20 日，郭齐勇在线上出席尼山世界儒学中心、中国孔子基金会主办，《孔子研究》编辑部承办的《孔子研究》创刊 35 周年座谈会并发言。

本月，冯天瑜《中华文明五千年》由北京大学出版社出版。

吴光正主编《宗教实践与星云大师文学创作》由佛光文化事业有限公司出版。

2 月

吴光正主编《古代中外文化交流与文学创作专题研究》由北方文艺出版社出版。

3 月

3—4 日，贾晋华参加香港中文大学“佛教与中国哲学之交涉”学术研讨会，发表论文《楞严经与唐五代禅宗》。

5 日，郭齐勇在三亚南海文化研究院出席“《民藏》编纂会议”，主持上午会议并发言。此会议线上线下同时举行。

12 日，郭齐勇在海口出席中国比较文学学会古典学专业委员会主办、海南大学社会科学研究中心承办的第九届全国古典学年会“海德格尔与古典”会议，在大会上作主题报告《老庄道论发微》。

19 日，陈伟在中山大学古文字学强基班学术讲座主讲《试说楚文字中的“苑”》。

25 日，郭齐勇在线上出席郑州本源书院主持的第八届全国书院论坛筹备会并讲话。

郭齐勇在线上出席中央电视台“典籍里的中国”栏目组主办的关于第二季书目的讨论会并发言。

周荣在武汉大学宣传工作会议上获得表彰，其《愿用遗编续断缘——在武汉大学图书馆读程千帆、沈祖棻藏书》一文在武汉大学 2021 年度优秀网络文化成果评选活动中，被评为“优秀网络文章”。

27 日，郭齐勇以预录视频方式参与海南出版社在海口举办的“博约文丛”读书活动。

4 月

8 日，郭齐勇参与武汉大学哲学学院“哲学导引”课程录制，讲授《中国哲学史的几个基本问题》

9 日，郭齐勇在山东“尼山讲堂”系列讲座中主讲《儒家大智慧与学习型文明》(上)，讲座在中国孔子网、孔子网 APP 等平台播放。

14 日，郭齐勇应广州暨南大学哲学研究所高华平所长邀请，通过网络视频讲演《中国哲学史的百年回顾与当代发展》，并回答了提问。

16 日，郭齐勇在山东“尼山讲堂”系列讲座中主讲《儒家大智慧与学习型文明》(下)，讲座在中国孔子网、孔子网 APP 等平台播放。

18 日，聂长顺参加武汉大学文科青年教师学社、武汉大学中国传统文化研究中心主办的“解释一字即是做一部文化史——冯天瑜、聂长顺《三十个关键词的文化史》讲读会”，作题为“冯先生的概念史研究”的报告。

20 日，周荣被中国古籍保护协会聘请为中国古籍保护协会编目专业委员会委员。

27 日，贾晋华应 Duke Kunshan University（昆山杜克大学）邀请，作演讲“The Classical Confucian Conception of Heaven's Mandate and Human's Destiny”。

29—30 日，姚彬彬线上参加 2022 第十届华严专宗国际学术研讨会，提交并宣读论文《华严与唯识思想径路之分野——以华严学对唯识名相的新诠为视角》。

本月，吴光正《神道设教：明清章回小说叙事的民族传统》由武汉大学出版社出版。

5 月

13 日，郭齐勇应河北大学哲学与社会学院程志华邀请，在线主讲河北大学坤舆哲学讲坛第 104 讲，讲座题目是“熊十力论为学之思”。

20 日，周荣参加华中科技大学人文学院古籍保护与整理工作座谈会。

21 日，郭齐勇在线上出席西安外事学院马克思主义学院主办的“马克思主义与中国传统文化”高峰论坛并作主旨演讲《儒学与马克思主义中国化》。

郭齐勇在线上出席北京人文大学国学院主办的“课堂教学汇报暨当代国学人才培养云端研讨会”并作主旨演讲《经典·人格·教养》。

杨华线上参加《孔子研究》举办的第二次“社会科学视野下的儒家思想”学术研讨

会，发表题为“儒家学说与上古中国的山川祭祀”的论文。

27 日，聂长顺应北京工业大学文法学部名师工作坊邀请，作题为“中日文化往还间‘国学’概念的变迁”的学术报告。

本月，郭齐勇主编、欧阳祯人执行主编《阳明学研究》（第五辑、第六辑）由人民出版社出版。

欧阳祯人《以诚待人，讲信修睦》由人民出版社出版。

吴光正《原型与母题：中国古代小说叙事的重要元素》由武汉大学出版社出版。

丁四新编著《求同存异 和而不同》由人民出版社出版。

6 月

1 日，欧阳祯人应邀参加西安外事学院校庆三十周年学术讲座。讲座题目为“‘论语’从天到人的实践哲学”。

6 日，李维武参加华侨大学哲学与社会学院主办的在线讲座，讲座《中国哲学史研究中的思想史方法》。

11 日，郭齐勇出席中南财经政法大学哲学院主办“现代新儒家与中国哲学知识论”工作坊暨第二届“现代新儒学青年论坛”，作主题报告《从“性智”到“体知”——现代新儒家的本体-认识论》。

11—12 日，徐少华线上参加复旦大学主办“赓续传统求实创新：复旦大学中国历史地理研究所建所 40 周年学术研讨会”，作开幕式致辞《传承与创新——祝贺复旦大学中国历史地理研究所建所 40 周年》。

13 日，姚彬彬参加“一带一路”与佛教中国化文化论坛，提交并宣读论文《早期佛典与大乘佛典疾病治疗观念之比较》。

24 日，郭齐勇线上出席河北省社科院主办的“阳明学与现代儒学发展研究中心”成立大会暨学术讨论会，在开幕式上致辞并在前沿论坛上作主旨报告《综论现代新儒学思潮》。

徐少华线上参加北京大学主办“历史地理学科发展论坛”，作大会报告《古鄂国历史地理析异》。

聂长顺参加武汉大学中国传统文化研究中心、武汉大学文科青年教师学社主办的“概念史视野下的中国政治现代性”论坛，作总结评议。

25 日，聂长顺参加华中师范大学和南京大学联合举办的“政治概念与田野政治学”学术研讨会，发言题目为“语言、翻译与政治概念”。

26 日，郭齐勇应杭州阳明学研究会邀请，通过腾讯会议在线上演讲《家风、家训与家教》。

29 日，郭齐勇应国际中哲学会与华东师大邀请，通过腾讯会议在线上出席第 22 届国际中哲大会，并作大会演讲《中国哲学史的问题意识与主体性建构》。

周荣线上参加中国古籍保护协会古籍编目专业委员会成立会议。

本月，吴根友编著《安不忘危，居安思危》（第一作者）由人民出版社出版。

吴光正《文化与神话：八仙故事系统的内在风神》由武汉大学出版社出版。

余来明《新名词与文化史》（第一主编）由武汉大学出版社出版。

7 月

2—3 日，姚彬彬参加宁波雪窦山首届慈氏学学术研讨会，提交并宣读论文《〈大慈恩寺三藏法师传〉与〈续高僧传·玄奘传〉文本差异考析》。

8—10 日，杨华参加武汉大学中国传统文化研究中心主办“礼学与制度”青年学者工作坊。

薛梦潇参加武汉大学中国传统文化研究中心主办“礼学与制度”青年学者工作坊，发表论文《读〈樊敏碑〉》。

范云飞参加武汉大学中国传统文化研究中心主办“礼学与制度”青年学者工作坊，发表论文《从日常行政到知识生产：六朝礼议所见的“尚书故事”》

朱明数参加武汉大学中国传统文化研究中心主办“礼学与制度”青年学者工作坊，发表论文《“敬宗”与“贵贵”：宗族建设的两种理念》

9—10 日，姚彬彬参加广东佛学院云门学院三十年校庆学术研讨会，提交并宣读论文《五四前后学人的宗教观与佛教中国化问题》，并担任第一组第一场会议评议人。

12 日，郭齐勇应北京大学高等人文研究院邀请，通过视频主讲“精神人文主义”云讲堂第 33 讲，讲座《从“性智”到“体知”——现代新儒家的本体认识论》。

16 日，杨华线上参加中山大学哲学系主办“儒学礼仪与信仰研究”中青年学者工作坊。

18—19 日，欧阳祯人召集、组织的“纪念王阳明诞辰 550 周年暨从朱熹到王阳明”学术研讨会由中华孔子学会、中华孔子学会陆九渊研究专业委员会、武汉大学中国传统文化研究中心、武汉大学阳明学研究中心、贵州龙冈书院共同主办。与会代表近三百人。

郭齐勇线上出席中华孔子学会等主办的“纪念王阳明诞辰 550 周年暨从朱熹到王阳明”学术研讨会，致开幕词并作主题演讲《中国哲学史研究的新思考》。

25 日，郭齐勇在贵阳孔学堂出席中国经典研习班开幕式，并致辞；于上午演讲《四书导论》。

26 日，郭齐勇在贵阳孔学堂中国经典研习班演讲《〈四书〉中的词组与格言》。

28 日，郭齐勇在贵阳孔学堂中国经典研习班与张文江会讲楚简《恒先》的文本与思想。

30—31 日，徐少华线上参加陕西师范大学主办“守正与创新——纪念史念海先生诞辰 110 周年暨 2022 年中国历史地理学术研讨会”，作大会报告《史念海先生与先秦秦汉历史地理研究》。

申万里线上参加中国元史研究会、南京大学中国元史研究会年会，发表论文《元代科举与社会舆论的生成与传播》。

31 日，杨华举办并主持《张之洞督鄂年谱》出版发行会。

本月，吴根友主编《珞珈中国哲学文存》由上海东方出版中心出版。

8 月

5 日，郭齐勇在贵阳孔学堂出席“孔学堂论坛——阳明文化的当代价值”学术研讨会并致辞。在贵阳孔学堂出席中国经典研习班结业典礼并讲话。

欧阳祯人出席“孔学堂论坛——阳明文化的当代价值”学术研讨会，作《阳明后学与陆象山哲学思想的评论》大会主题报告。

杨华线上参加汤勤福主持的多卷本《中华礼制变迁史》发布会。

6 日，郭齐勇在贵阳孔学堂主持孔学堂学术委员会年会“孔学堂十年及其现象”并发言。

7 日，郭齐勇在贵阳孔学堂出席、主持“民本思想与《民藏》学术工作坊”并发言。欧阳祯人、杨华、范云飞参会。

傅才武参加“文化产业园区创新发展（武昌）高峰论坛”，作总结报告。

8 日，傅才武参加第四届“新时代文化创新论坛”，作主题报告《长江国家文化公园：价值定位与规划设计》。

9 日，欧阳祯人主持贵州孔学堂四季论辩大会“国学的复兴如何从娃娃抓起”，参与者有武汉大学国学院孙劲松，深圳大学哲学系王兴国、问永宁，山东曲阜师范大学宋立林等。

13 日，郭齐勇线上出席中国现代哲学研究会与河北大学合办的“燕赵文化与中国哲学创新发展”学术研讨会并在大会上发言《怀念张岱年先生》。

15 日，郭齐勇线上出席北京师大与四川大学合办的“通过孟子而思——孟子学新探暨《孟子新探》”学术研讨会并发言。

16 日，杨华为全国语言工作培训班举办讲座《三礼文献与中国传统文化》。

17—19 日，陈锋参加第五届财税史论坛“历史上的地方财政与地方治理”，作大会主旨发言《晚清地方财政的兴起》。

20 日，郭齐勇线上出席清华大学哲学系、清华大学国学研究院、中国哲学史学会联合主办的“旧邦新命与中国哲学——陈来先生七十寿辰纪念及学术思想研讨会”，并报告《陈来先生的学术创见与贡献》。

20—21 日，张昭炜参加由清华大学哲学系、清华大学国学研究院、中国哲学史学会联合举办的“旧邦新命与中国哲学——陈来先生七十寿辰及学术思想研讨会”，发表论文《儒学的修身特质及审美——以〈诗经·淇奥〉为中心的讨论》。

25—26 日，陈伟参加华东政法大学主办第十二届“出土文献与法律史研究”国际学术研讨会，发表主题演讲《岳麓书院藏秦简（柒）校读》。

27 日，郭齐勇线上出席兰州大学与中哲史学会等主办“国际易学与哲学学术研讨会暨《刘文英文集》出版研讨会”，并报告《中国哲学史的问题意识与主体性》。

9 月

3 日，杨华线上参加北京大学礼学研究中心主办的“天道、鬼神与礼乐”学术研讨会。

胡治洪线上参加山东大学儒学高等研究院和儒家文明省部共建协同创新中心主办的“儒学全球论坛（2022）：儒法对话与国家治理”国际学术研讨会，发表论文《熊十力经学思想中的外王说》。

5—7日，杨华线上参加中国镇山文化高层论坛，作题为“儒家学说与上古中国的山川祭祀”的主题发言。

7日，聂长顺应南昌大学赣学研究院邀请，作题为“中日文化往还间‘国学’概念的变迁”的学术报告。

17日，郭齐勇出席武汉大学哲学院、学报编辑部与江苏人民出版社联合主办“十卷本《中国哲学通史》（学术版）新书发布会”，并作主题发言。

胡治洪参加“十卷本《中国哲学通史》（学术版）新书发布会”，发表《中国哲学通史现代卷》撰著感言。

17—18日，贾晋华参加中国社会科学院主办，中国社会科学论坛（2022·宗教学），发表论文《楞严经传译及真伪之争新考论》。

21日，聂长顺应邀为水利部公务员初任培训班作题为“学好党史新中国史，坚定理想信念”的专题报告。

22—23日，申万里参加中华炎黄文化研究会科举研究分会、浙江大学主办的“第二十一届科举制与科举学国际学术研讨会”，发表论文《元朝高丽进士李穑的“燕客录”——以李穑诗为中心的考察》。

24—25日，申万里在线参加新疆大学历史学院主办的第二届“中华民族共同体视野下的历代西北边疆治理研究”学术研讨会，发表论文《从“伐不止”到“优渥有加”——蒙元之际元丽互动与蒙古统治高丽制度的构建》。

张昭炜参加由中国社会科学院世界宗教研究所儒教研究中心举办的“儒教文明中的家庭伦理：传承与变革”学术研讨会，发表论文《汉学与宋学之孝的综合评判》。

25日，欧阳祯人参加由四川大学主办的“中华经典与世界文化中的自然观”国际学术研讨会，提交论文《〈中庸〉天命性情的流转与诗化哲学》并发言。

26—28日，郭齐勇以视频演讲方式在第八届尼山世界文明论坛作题为“以儒家智慧超克现代弊病”的主旨演讲。

欧阳祯人参加第八届尼山世界文明论坛，提交论文《陆象山在湖北的心学实践》，并发言。

30日，郭齐勇出席湖北省文史馆国学院工作会议。

胡治洪《胡治洪新儒学论文精选集》由台湾学生书局出版。

傅才武《近代化进程中的汉口文化娱乐业（1861—1949）——以汉口为主体的中国娱乐业近代化道路的历史考察》由西苑出版社出版。

10月

3—4日，郭齐勇到黄州安国寺出席《郭齐勇文集》编辑工作会议与“仁者寿”重阳文化交流主题活动。

14日，陈伟在武汉大学文学院黄侃讲坛“学术人生”系列讲座中主讲《〈鄂君启节〉

与我的学术探索》。

21—25 日，薛梦潇参加中国秦汉史研究会第十六届国际学术研讨会，提交论文。

范云飞参加中国秦汉史研究会第十六届国际学术研讨会，提交论文《汉末旧君名讳论辩钩沉》。

25 日，李维武参加中国马克思主义哲学史学会主办的在线讲座，讲演《毛泽东“实践论”的创立与中国共产党哲学基础的形成》

27 日，杨华在武汉市经心书院作《〈礼记〉导读》讲座。

28 日，陈伟在西南大学文献所学行堂名家讲座（出土文献系列讲座）主讲《〈秦律十八种·司空〉中的“方”与“板”》，

29 日，余来明参加中山大学中文系主办的“《文学遗产》明清诗文论坛”，宣读学术论文。

29—30 日，聂长顺参加“西学东渐：近代东亚思想的转折”学术研讨会暨 2022 年度中华日本哲学会年会，主持第三分科会“日本近代哲学与思想”的第三场。

张昭炜参加由老子道学文化研究会、山东大学哲学与社会发展学院联合举办的第七届“昆仑高峰论坛”暨老子道学文化研究会 2022 年度年会，发表论文《孔庄之学的人道天道会通与托孤》。

30 日，欧阳祯人应浙江省稽山王阳明研究院的邀请，在该院讲授《〈中庸〉天命性情的流转与诗化哲学对与王阳明心学的影响》。

本月，丁四新《洪范大学与忠恕之道》由商务印书馆出版。

杨国安、赵士第、彭昊博编著《莲都文书》（九卷本）由广西师范大学出版社出版。

11 月

2 日，贾晋华参加 University of Ljubljana 主办的“Remembering Li Zehou: A Commemorative Conference”，发表论文“Li Zehou on the Distinction and Interaction of Ethics and Morality”。

5 日，余来明参加华中师范大学文学院等主办的“明清文学青年学者工作坊”，担任学术主持人。

5—6 日，姚彬彬线上参加第十届中国杭州国际智力文化峰会，提交论文《近现代以来文化精英群体的围棋生活考略》。

8 日，欧阳祯人应武汉商学院邀请，在该校讲授《国学经典与幸福人生》。

傅才武参加《湿地公约》第十四届缔约方大会“共建生命长江，传承大河文明”长江大保护论坛，作主题发言《长江文化发展历程与愿景》。

10 日，欧阳祯人应陕西师范大学哲学系邀请，在该院讲授《〈中庸〉与阳明心学》。

范云飞参加清华大学人文学院主办“《通典》与中国制度史”学术工作坊，提交论文《礼书乎？史志乎？——论〈通典〉礼议的文本来源与性质》。

12 日，余来明参加武汉大学文学院主办的“书院与文学”学术研讨会，在开幕式致辞。

吴光正参加武汉大学文学院等主办“书院与文学”学术研讨会，发表论文《元代大

儒吴澄诗歌中的出处情结》。

12—13 日，余来明参加复旦大学古籍所主办的第六届明清文学青年学者论坛，宣读学术论文，并担任学术主持人。

吴光正参加《文学遗产》编辑部、福建师范大学文学院举办“《文学遗产》2022 年小说论坛”，发表论文《杜光庭道教传记研究与杜光庭道教传记的文体规范》。

15 日，李少军在江汉大学人文学院作题为“近代日本对长江流域的扩张”的学术讲座。

聂长顺应邀为中央统战部组织的 2022 年第二次海外华侨华人专业人士国情研修活动作题为“中国传统文化”的专题报告。

17 日，欧阳祯人应中南财经政法大学邀请，在该校讲授《王阳明的“不动心”》。

19 日，中国哲学史学会第十届理事会成立，丁四新当选副会长。

19—20 日，欧阳祯人参加海峡两岸“朱子学与新时代”学术研讨会暨海峡两岸朱子学阳明学与书院论坛。作大会主题发言：《阳明心学对孟子的继承与发展》。

欧阳祯人参加由中国哲学史学会、中国政法大学联合举办的“新时代中国哲学的处境、问题与使命”学术研讨会暨中国哲学史学会 2022 年年会，提交论文《阳明后学对陆象山哲学思想的评论》并发言。

欧阳祯人参加“衡水董仲舒与儒家思想国际研讨会暨中华孔子学会董仲舒研究委员会年会”，提交论文《〈中庸〉的精神》并发言。

张昭炜参加由中国哲学史学会、中国政法大学联合举办的“新时代中国哲学的处境、问题和使命”学术研讨会暨中国哲学史学会 2022 年年会，发表论文《恶的正视与交轮——明清之际儒学人性论的新发展》，当选为中国哲学史学会理事。

吴光正参加上海外国语大学主办“中古叙事文学”学术研讨会，发表论文《杜光庭道教传记研究与杜光庭道教传记的文体规范》。

姚彬彬线上参加湖南大学岳麓书院主办第五届“经学与经学史”工作坊，提交论文《清代以来“汉学”与“宋学”分野观念之形成及其内在两难》。

姚彬彬线上参加第十九届吴越佛教学术研讨会暨第六届东方唯识学专业委员会年会，提交论文《近代中国佛学界与日本〈大乘起信论〉辨伪》。

20 日，丁四新参与制作的中央广播电视总台社教节目《看见纪南城》大型历史人文纪录片第三集《思考者》在中央电视台 10 套科教频道（CCTV10）播出，后于 12 月 6 日在湖北卫视重播。在节目中，丁四新主要介绍了郭店楚简的思想内容及其文化价值。

23 日，周荣线上参加“古籍保护立法研究”课题咨询会。

26 日，郭齐勇线上出席西北政法大学主办的《赵馥杰文集》出版座谈会并发言。

26—27 日，郭齐勇、胡治洪在线上出席北京大学高等人文研究院主办之第十一届嵩山论坛，郭齐勇作主旨演讲《五常及其现代意义》、胡治洪发表论文《精神人文主义的证成、流变及其意义》。

杨华参加河南大学人文语义学交叉学科建设暨《语义和文化》出版发行会，宣读论文《理雅各〈礼记〉翻译的局限问题》。

周荣线上参加中国社会保障学会慈善分会首届三次理事会。

张昭炜参加由华东师范大学举办的“返本以开新：王船山《大学》思想”学术研讨会，发表论文《儒学的修身特质及审美——以〈诗经·淇奥〉为中心的讨论》。

张昭炜参加由安徽大学方以智研究中心举办的“方以智哲学与明清思想转型”学术研讨会，发表论文《以慈成孝：儒家孝道观的反思及家庭伦理建设的启示》。

姚彬彬参加2022年净慈寺祖师文化研讨会（南宋）暨南屏书社成立，提交论文《净慈寺与灵隐寺——并以济公传说为媒介的考察》，并担任会议第三场评议人。

27日，聂长顺参加由中国日本史年会主办，北京大学历史学系、天津社会科学院日本研究所承办的中国日本史学会2022年会暨中日邦交正常化50周年纪念学术研讨会，宣读论文《近代新名“主义”在日本的创译与入华》。

28日，郭齐勇在线上出席山东省委省政府中国文化两创会议并发言。会议主办单位为山东省委、教育部、光明日报社。

本月，冯天瑜《概念的文化史：以“封建”与“经济”为例》由外语教学与研究出版社出版。

欧阳祯人《指向现代的儒学》（合著）由贵州孔学堂出版书局出版。

欧阳祯人《古琴艺术的文化追寻》（博士生导师文库）由光明日报出版社出版。

储昭华主编《中国哲学智慧》由人民出版社出版。

12月

2—4日，胡治洪线上参加南昌大学主办中华孔子学会年会，发表论文《熊十力的经义说》。

3日，陈锋线上参加首届“中国经济史研究：前沿与趋势”研讨会，作大会主题发言《近40年财政史研究的进展与缺失》。

张昭炜参加由清华大学国学研究院、清华大学哲学系联合举办的“东林学派与明清儒学学术研讨会”，发表论文《方以智对于中国儒学人性论的统合与发展》。

张昭炜参加由中华孔子学会、南昌大学联合举办的“儒学思想发展与经典诠释”国际学术研讨会暨中华孔子学会2022年会，发表论文《儒学死亡视域的打开与生生仁体的锤炼——方以智的药树思想形成及发展》。

3—4日，欧阳祯人参加“儒学思想发展与经典诠释”国际学术研讨会暨中华孔子学会2022年会，作大会主题发言《禅让制的历史背景与思想内涵研究》。

范云飞参加湖南大学岳麓书院主办第七届“中国四库学高层论坛”，发表论文《惟圣时宪：试析南北朝隋唐的改撰〈论语〉现象》。

朱明数参加湖南大学岳麓书院主办第七届“中国四库学高层论坛”，发表论文《作为解经方法的省文、互文与对文》。

6日，吴光正参加黑龙江省红学会年会，发表论文《张锦池先生的红楼梦研究》。

傅才武参加武汉大学主办、武汉大学国家文化发展研究院承办的“中国式现代化：历史文化路径”学术会议，作会议总结报告。

7 日，余来明参加复旦大学主办的中英高等教育联盟论坛，以英文发表学术演讲。

9 日，杨华为安徽大学徽学研究中心作题为“三礼文献与中国传统文化”的讲座。

10 日，张昭炜参加由北京大学哲学系、中国哲学史学会、中华孔子学会举办的“中国哲学的返本于开新——《中国哲学概论》学术研讨会”，发表论文《明代哲学源流与中国哲学》。

10—11 日，陈伟参加日本京都大学人文科学研究所主办的“中国古代军事史的多视角考察”国际学术研讨会，发表论文《岳麓书院藏秦简〈尉卒律〉所见傅籍制度》。

欧阳祯人参加由东北师范大学主办的“中国古代政治哲学思想主题与研究前景”，提交论文《先秦儒家政治哲学再次崛起的必由之路》，并作大会主题发言。

范云飞参加北京大学中文系主办“礼学文本的成立、经典化与诠释”研讨会，发表论文《礼书乎？史志乎？——论〈通典〉礼议的文本来源与性质》。

朱明数参加北京大学中文系主办“礼学文本的成立、经典化与诠释”研讨会，发表论文《韦玄成“五庙而迭毁”说与西汉庙制变革》。

11 日，李少军组织召开“民国时期中日关系与中国社会”学术研讨会。

17 日，杨华线上参加海南师范大学历史系主办“中国礼制文化与国家治理国际学术论坛”，作题为“‘大一统’与秦汉帝国的神权统一”的主旨报告。

聂长顺应安徽新华学院外国语学院主办的“2022 年度江淮日语教育与日本研究国际研讨会”邀请，作题为“中日文化往还间‘解放’概念的变迁”的特邀讲座。

17—18 日，余来明组织由教育部中外语言交流合作中心、武汉大学中国传统文化研究中心、国际教育学院、外国语言文学学院、文青学社等单位联合举办的“新汉学计划”博士生文化与汉学专题工作坊“翻译与研究：中国文化经典的世界之旅”。

聂长顺参加由“新汉学计划”博士生文化与汉学专题工作坊“翻译与研究：中国文化经典的世界之旅”，主持第一场和第二场论坛。

傅才武参加 2022 场景（中国）高峰论坛，发表论文《在中外学术对话中发现差距和优长》。

傅才武参加第十九届中国文化产业新年论坛，发表论文《长江国家文化公园作为文化共同体的概念及政策表达》。

24—25 日，陈锋线上参加“宋代以来的制度、文化与社会变迁”国际学术研讨会，作大会主题演讲《再谈明清财政变革、转型与财政治理能力》。

吴根友线上参加“武昌佛学院建校百周年暨学术研究讨论”，提交会议文章《以佛洗心——王安石的与佛教有关的诗、文、行止及其心灵的自我净化》，并主持第一场学术报告。

张昭炜参加由中国社会科学院哲学研究所、华侨大学举办的第四届海峡两岸人文学论坛，发表论文《大陆与台湾〈中国哲学史〉的差异与统合》。

26 日，姚彬彬参加“广东省佛教协会成立四十周年暨深入推进广东佛教中国化”研讨会，发表论文《实现“祛魅”的岭南中国化佛教——入世与理性的惠能禅宗思想》。

31 日，张昭炜主讲孔学堂传统文化公益讲座《明代心学的底蕴与审美》。

本月，郭齐勇《国学与国魂》《国士与国风》《国音与国韵》由海南出版社出版。

贾晋华编著 *Traditional Chinese State Ritual System of Sacrifice to Mountain and Water Spirits* 由 Basel, Switzerland：MDPI 出版。

本年度，陈庆以客座研究员身份在韩国首尔大学人文学研究院中国语文学研究所访学。